U0915600

ZHONGGUO XINMEITI YANJIU BAOGAO 2023

中国新媒体研究报告2023

主　编　曾祥敏

副主编　赵淑萍　吴炜华

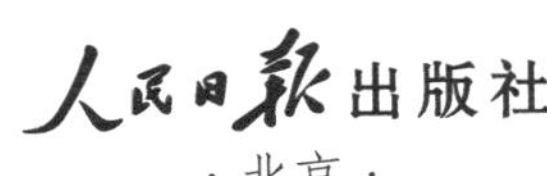

·北京·

图书在版编目（CIP）数据

中国新媒体研究报告. 2023 / 曾祥敏主编. -- 北京 : 人民日报出版社, 2024.2

ISBN 978-7-5115-8151-8

Ⅰ. ①中… Ⅱ. ①曾… Ⅲ. ①传播媒介—研究报告—中国—2023 Ⅳ. ①G219.2

中国版本图书馆CIP数据核字(2024)第015958号

书　　名： 中国新媒体研究报告. 2023
ZHONGGUO XINMEITI YANJIU BAOGAO . 2023
作　　者： 曾祥敏　主编

出 版 人： 刘华新
责任编辑： 刘　悦
封面设计： 大咖书房

出版发行： 人民日报出版社
社　　址： 北京金台西路2号
邮政编码： 100733
发行热线： （010）65369509　65369527　65369846　65369528
邮购热线： （010）65369530　65363527
编辑热线： （010）65363105
网　　址： www.peopledailypress.com
经　　销： 新华书店
印　　刷： 北京盛通印刷股份有限公司
法律顾问： 北京科宇律师事务所 010-83622312

开　　本： 710mm × 1000mm　1/16
字　　数： 546千字
印　　张： 33
版次印次： 2024年12月第1版　　2024年12月第1次印刷

书　　号： ISBN 978-7-5115-8151-8
定　　价： 98.00元

编委会

主　　编：曾祥敏

副 主 编：赵淑萍　吴炜华

撰稿专家：汪文斌　彭　兰　王晓红　胡　钰　赵子忠　支庭荣
张洪忠　周葆华　李　彪　曾祥敏　赵淑萍　吴炜华
罗　昕　王佳航　苏林森　崔　林　曹晚红　杨凤娇
顾　洁　叶明睿　涂凌波　付晓光　张　悦　丰　瑞
夏丽丽　白晓晴　王婧雯　王嘉婧　姜宇佳　李泓江
李尽沙　翁旭东

编　　辑：刘日亮　杨丽萍　董华茜　郄　屹　董泽萱　况一凡
胡海月　陈沫含　黄睿思　李佳佳　高　瑶　赵婧怡
李超鹏　周　倩　毛俪蒙　赵子龙　王子潇　杨　芊
王　念　黄　珩　杨英姿

序

融合十载，赓续前行

——全媒体传播体系建设再赴新征程

2023年是习近平总书记作出“加快传统媒体和新兴媒体融合发展”重要指示十周年，也是全面贯彻落实党的二十大精神的开局之年。十年来，新闻战线认真贯彻落实习近平总书记重要指示精神，新型主流媒体全面挺进主战场，媒体融合成效卓著，党的创新理论更加深入人心，主流思想舆论更加强劲有力，意识形态领域更趋安全稳定。站在重要时间节点上，各级媒体集中解决“老问题”，前瞻布局“新发展”，不断推动媒体融合再上新台阶，全媒体传播体系建设再迎新阶段，逐步成为建设文化强国的重要基础和实现中国式现代化的有机组成部分。过去一年，各级媒体围绕中心，服务大局，策划推出一批主题重大、形式多样的融媒体产品，涵盖党的二十大、“一带一路”十周年、杭州亚运会、成都大运会等重大主题宣传报道，俄乌冲突、巴以冲突等国际议题，以及天宫课堂、南极科考、深海探秘等。不同场景、不同议题的报道都是对全媒体传播体系建设成果的检验，回顾媒体融合发展进程，我们可以看到体制机制、内容生态、技术人才、监管治理等各项工作，均交出亮眼的成绩单。

在复杂多变、日新月异的媒介环境中，我国的全媒体传播体系建设以顶层设计引领全面融合发展，战略目标和路径日益明确。党的十八大以来，《关于推动传统媒体和新兴媒体融合发展的指导意见》《关于加强县级融媒体中心建设的意见》《关于加快推进媒体深度融合发展的意见》等关键性文件先后出台；

习近平总书记关于媒体融合发展、国际传播工作的系列重要讲话高屋建瓴；党的二十大报告更是明确提出“加强全媒体传播体系建设，塑造主流舆论新格局”；2023年10月，习近平总书记对宣传思想文化工作作出重要指示。这一系列重要讲话和重要指示具有很强的政治性、思想性和指导性，为主流媒体深度融合实践指明发力点，绘制时间表，是新时期深化媒体改革创新、巩固全媒体建设成果的根本遵循与行动指南。2024年7月，党的二十届三中全会进一步指出，构建适应全媒体生产传播工作机制和评价体系，推进主流媒体系统性变革。

融合十年，赓续前行，创新如虹。新型主流媒体在方向引领上，筑牢政治建设的“根”与“魂”。坚定马克思主义，坚持党的全面领导，借助新媒体用清新朴实、鲜活生动的文风话风，解读宏观政策和大政方针，让党的创新理论“飞入寻常百姓家”，让百姓听得入耳入脑，用得入心入行，社会主义核心价值观广泛传播，从而夯实全党全国人民团结奋斗的共同思想基础。融合形式上，把握媒体融合的“合”与“分”。以“合”为目标，以“分”为策略，既发挥融合效应，共筑同心圆，又以差异发展激发活力，以分众管理取得合众目标。中央、省、市、县各层级各有侧重点：中央媒体以“旗舰”力量发挥内容创新和主流舆论引导作用；省级媒体立足区域性特色，打造品牌；市级媒体因地制宜，加快探索适合自身的融合发展模式；县级融媒体打通融合的最后一公里，深入基层调动群众积极性。成效成果上，提升融合传播的“效”与“能”。各级媒体注重技术运用的实际效果，准确识别、适时求变，用智能技术赋能创意，提升内容生产的效率和质量，让融媒体作品富有科技感；提升话语表达的创新能力，与用户同频共振，用百姓更容易接受的方式谈政策、说事实、拉家常，平实的语态中不乏科学、理性、深邃的分析。不同类型的融媒体产品形成“组合拳”，多渠道分发，达到“千树万树梨花开”的传播效果。社会价值上，坚决守好媒体的“职”与“责”。新型主流媒体不仅是时代的记录者、监督者和瞭望者，更是借助全媒体矩阵、搭建自有平台，逐步成为综合信息的集纳者、便民生活的服务者和数据安全的保障者。在城市发展与社区治理方面，创新运营方式，以“新闻+政务服务商务”模式助力国家治理体系和治理能力现代化。

当前适逢第四次科技革命和第三次全球传播浪潮，媒介化、数字化、智能化加速渗透，算法、元宇宙、生成式人工智能等技术引起广泛关注，给新闻传播行业带来深刻变革。这是挑战，更是机遇。各大媒体“报网端微”百花齐放，文图视音竞相发力，借助最新技术，发挥创意巧思，在响应突发事件、回应舆论热点、报道重大主题等方面统筹调动、谋篇布局，以一件件精品力作，描绘出全面小康的生活点滴，记录下乡村振兴的感人瞬间，展现出高质量发展和中国式现代化征程上的美好图景。

文化兴国运兴，文化强民族强。国家的富强、民族的复兴、个人的成长都需要从优秀文化中汲取精神力量。2023年10月召开的全国宣传思想文化工作会议，与以往相比，此次会议名称增加了“文化”两个字。令人瞩目的是，会议首次提出了“习近平文化思想”，对进一步加强文化建设，坚定文化自信，巩固文化主体性都具有十分重要的理论价值和实践意义。主流媒体是人民获取信息、丰富精神世界的主渠道，是文化强国建设的主阵地，肩负着传播先进文化以启润心智的使命。过去一年，“文化”成为主流媒体融合发展和破圈传播的关键词，无论是传统电视节目还是移动端融媒体作品，都越来越注重对经典文化的诵读与展演，将文化注入媒体融合的逻辑中，通过视听感官刺激来加强情感共通和文化认同，为增强文化自信营造良好的社会舆论氛围。逐渐兴起的“考古热”“文博热”，给主流媒体创新文化传播带来新思路，品质优良的系列报道不断涌现。例如，以博物馆为主题，带领大家走遍九州、造访名馆，探秘“唐代丝路上中西文化交融”的陕西历史博物馆、“琴棋书画 优雅雍容”的辽宁省博物馆等，将汉代青铜奔马、海昏侯马蹄金、殷商妇好鸮尊等国宝文物的故事娓娓道来；以考古为主题，对三星堆遗址考古挖掘、敦煌石窟研究等进行持续跟踪报道，向广大受众传递历史知识，展示中华文明的灿烂成就。各级主流媒体，特别是区域性媒体充分挖掘本地区文化资源，聚焦中华文化符号，多角度设置议题，运用影音、融媒体、出版物等多种形式，多元立体展示中华文化的魅力。与此同时，面对当今世界正在经历的百年未有之大变局，主流媒体充分把握国际传播面临的“局与势”，利用数字技术为国际传播开辟新平台、新模式，在坚定文化自信自强中推动中华优秀传统文化更好走向世界，增强中华文明传播力影响力。在习近平总书记关于新时代加强和改进国际传播工作重要论述精神的指引下，主流媒体持续加强并推进国际传播能力建设，积极打造国际传播融合平台和国际传播矩阵，促进中华文化以自强不息、海纳百川、美美与共之势走向世界，助推中华文明成为引领21世纪人类文明进步的一面旗帜。

1994年4月20日，中国正式接入国际互联网。这30年是互联网助推中国经济社会迅猛发展的30年，也是中国走向世界、造福人类的30年。新媒体的最初概念与互联网相伴而生，如今新媒体深入全社会、各领域，概念早已为人熟知，但对于新媒体基础理论的研究还需进一步加强。传统传播方式与智能传播并行，新旧迭代下的媒体变革需要新的概念阐释、研究框架和理论体系。因此，在政策、技术与学理的综合背景下，全面审视中国新媒体发展的现状，廓清中国新媒体研究的思路，正当其时。

2023年是《中国新媒体研究报告》（以下简称《报告》）在我国媒体融合战略背景下深入探索主流媒体融合发展的第五个春秋。作为加强新媒体服务引导、促进和推动新媒体新闻传播事业健康发展的重点行业智库报告，《报告》系列始终坚持围绕全媒体传播体系建设和媒体融合发展的态势，领悟党中央各项决策部署，紧跟新媒体发展进程中的新动态、新议题，对媒体融合进程中的经验趋势与规律进行总结。

2023年《报告》由“总报告”“重点聚焦”“行业报告”“专研报告”和“融合精品分析”五部分构成，聚焦2023年全国新媒体行业发展与主流媒体融合转型的热点、亮点与难点，在报告内容上作出更为翔实与创新的拓展。“总报告”从新型主流媒体高质量融合发展和中国新媒体主流舆论传播创新力的全局出发，基于全国范围的调查问卷、对主流媒体人的深度访谈和对重点媒体单位的实地调研，梳理近一年媒体深度融合和新媒体发展的新特征，回望媒体融合十年间的纵深发展成效，为加强建设全媒体传播体系、塑造主流舆论新格局提供策略借鉴与进路参考。“重点聚焦”既着眼系统层面的全媒体传播体系建设，从现状、问题和创新策略等方面进行深入剖析，又思考关键层面的重要发力点，关注新闻媒体的平台化和自有阵地建设。“行业报告”从内容篇、技术篇、管理篇三个方面关注媒体融合的行业动态，既有持续观察，又有最新议题，尤其关注以ChatGPT为代表的生成式人工智能对传媒生态的影响。2023年的行业报告还对每个主题增加概括性的综述，从总体上梳理重点、厘清方向。“专研报告”瞄准本年度融合创新实践中具有代表性与影响力的细分领域，就对外融合传播、中央企业新媒体平台、省级融媒体的区域传播、城市媒体参与社会治理、主流媒体助力乡村振兴和西部地区省级媒体融合发展等六大主题，展开深入研究。“融合精品分析”致力于发掘年度优秀的新闻融合精品案例，为媒体从业者提供内容生产的范例和先进经验。2022年，作为全国优秀新闻作品最高奖的“中国新闻奖”对奖项设置进行改革，顺应时代需要和媒体融合发展情况，打破传统媒体和新媒体的介质界限，注重全媒体视野下的融合生产能力。2023年，“融合精品分析”从第32届中国新闻奖获奖作品中精选12件代表作品，涵盖重大主题报道（新媒体）、融合报道、新闻专栏（新媒体）、国际传播（新媒体）、典型报道（新媒体）、舆论监督报道（新媒体）、应用创新等奖项。本次《报告》也是对中国新闻奖改革后的第一批获奖作品进行综合分析，挖掘融合精品的创作经验，探析内容产品与融合进程的表里关系。本研究报告也是2022年度国家社科基金重大项目“建强新时代国际传播专门人才队伍研究”（项目编号22&ZD315）的阶段性成果。

时岁有五，初心不渝。2023年《报告》的付梓，离不开各媒体平台、研究机构的倾力合作，离不开新媒体专业领域各位专家学者的精心研究与探讨，更离不开新闻报道一线同人们的敢于坚守、勇敢攀登与执着探索。在这里，向五年来所有给予《报告》支持、帮助、关怀与厚爱，陪伴《报告》成长的朋友们、兄弟单位们致以最诚挚的感谢！

循大道，至万里。一路走来，实践经验告诉我们，我国的媒体融合是可行必行之路，加强全媒体传播体系建设是主流媒体深度融合转型的目标与方向。站在回首成效、展望未来的新节点上，在习近平新时代中国特色社会主义思想科学指引下，各级主流媒体要守正创新、主动作为，展开系统性变革，加强全媒体传播体系建设，塑造主流舆论新格局，以实际行动和实际成效助力文化强国建设，推动宣传思想文化战线昂首前行、再谱华章！

目　录

第一章　总报告

第二章　重点聚焦

第三章　行业报告

第四章　专研报告

第五章　融合精品分析

第一章

总报告

系统化与再出发：新型主流媒体高质量深度融合发展研究

曾祥敏　况一凡　董华茜①

摘要：我国媒体融合战略历经十年，进入深化改革、整合资源、创新体系、重塑生态的新阶段。为贯彻落实党的二十大精神，实现高质量发展，过去一年，我国主流媒体重点强化全媒体布局，重新审视自身发展路线，为提升主流舆论引导力持续自我革新。本研究以发展为轴，从宏观层面考察了十年媒体融合的思维认知升级和策略变迁，并从中观层面聚焦主流媒体再出发的两个重要面向，进而在微观层面搭建并分析了主流媒体实现系统化融合发展的“五根支柱”的支撑架构。本研究认为，新阶段我国主流媒体需要诉诸内容，提升主流舆论引导力；通过跨界和深耕，构建差异化的市场竞争力；搭建以体制机制为基础，自建平台为阵地，媒介技术为驱动，全媒体人才为引擎，产业化经营为保障的融合系统观，在未来真正实现生态融合。

关键词：媒体深度融合；全媒体传播体系；主流舆论新格局；新型主流媒体

一、引言

2023年是习近平总书记作出“加快传统媒体和新兴媒体融合发展”重要指示10周年，也是全面贯彻落实党的二十大精神的开局之年。党的二十大报告明

---

① 曾祥敏，中国传媒大学电视学院教授、博士研究生导师；况一凡，中国传媒大学硕士研究生；董华茜，中国传媒大学博士研究生。本文系研究阐释党的十九届六中全会精神国家社科基金重点项目“加快新型主流媒体国际传播能力建设研究”（编号：22AZD073）的阶段性研究成果。

确指出，“加强全媒体传播体系建设，塑造主流舆论新格局。健全网络综合治理体系，推动形成良好网络生态”[①]，为主流媒体如何整合阶段性融合成果、彻底突破发展瓶颈明晰了方略。过去十年，媒体融合从战略锚定到战术推进，从散点式创新到体系建成，未来将纵深攻坚，全面深化改革，构建融合生态。过去一年，全媒体传播体系建设成为媒体深度融合发展核心目标，平台化建设方向进一步明确，重大主题报道和品牌精品打造进一步优化，媒介技术布局进一步深化。面对平台升级、重构内容生态、彻底打通生产流程、技术与理念从概念构想到实现创造性转化、调整产业布局、开发多元盈利手段等问题，主流媒体须得牢牢把握系统思维，充分发挥协同效应，于体制机制见活力，于内容生产见创意，于技术应用见效率，于媒体运营见魄力。如何发挥协同效应，激发内外活力，加强全媒体传播体系建设，塑造主流舆论新格局，是当下持续推进媒体深度融合发展的关键，也是新型主流媒体建设的方向和指标，更是对我国媒体深度融合布局和成效的检验。

课题组连续四年面向全国主流媒体发放调查问卷，并结合对主流媒体从业者的深度访谈和对重点媒体单位的实地调研，梳理每年度媒体深度融合发展的新理念、新举措、新成果。本项研究回望媒体融合十年间的纵深发展成效，探析全媒体传播体系建设过程中，新型主流媒体建设再出发阶段的关键问题和发展布局，为加强建设全媒体传播体系、塑造主流舆论新格局提供策略借鉴与进路参考。[②]

---

① 习近平. 高举中国特色社会主义伟大旗帜 为全面建设社会主义现代化国家而团结奋斗[N]. 人民日报，2022-10-26（01）.

② 《中国新媒体研究报告2023》课题组于2023年7月、8月向全国各级主流媒体发放问卷，共回收有效问卷4043份，其中男性占比为45.56%，女性占比为54.44%，男女性别比例均衡，问卷调查覆盖全国七大地理区域的中央、省、市、县四级媒体，其中中央媒体2.99%，省级媒体25.13%，市级媒体32.15%，县级媒体39.72%，比例较符合四级媒体的现实比例，且地方媒体比例均衡。被调查者中65.7%为采编岗，24.1%为管理岗，7.1%为技术岗，10.9%为运营岗（包含一人多岗情况），数据较为多元全面。根据问卷调研结果，课题组根据媒体属性、岗位和焦点问题的答案，筛选出十余名一线从业者进行半结构化访谈。此外，课题组还深入实地调研，走访了浙江、黑龙江、青海、湖南等地方媒体，获取了丰富的一手资料。

二、融合新基点：认知升级，策略聚焦

在媒介化、数据化、智能化的大趋势下，各级媒体也在探索适合自己的融合方案。主流媒体摆脱路径依赖，推进多点发力的步伐已经迈开：体制机制革新、技术创新应用、品牌精品产出、平台经营打造。但如何迈，先迈到哪里，迈得成效如何，暴露了哪些问题，这是动态调整着力探索的方向。从宏观视角考察主流媒体对媒体深度融合的认识变迁和策略调整，在认识论上，强化全媒体思维，树立阵地意识，聚焦融合动力；在方法论上，以平台为依托，诉诸提高辐射力度和链接强度，以内容为核心，重塑主流媒体权威表达的公信力，发挥主流平台盘活媒体生态的主导性。经过十年的积累，主流媒体优化资源的投入产出比，筛选锚定具备可行性的发展战略成为共识。

（一）总体方向：认识论层层深入，推动高质量发展

融合深入、移动优先已经成为多数媒体人的共识，但是仍然存在部分媒体人思维转型慢、对融合的认识不够深入等问题，导致融合方向不明确、成效不佳。主流媒体对“融合”的理解从跟风喊口号到有意识地结合自身发展扬长补短，在遵循新闻传播规律、顺应社会发展趋势、应对国际竞争的前提下，追求高质量融合。

强化全媒体布局是媒体适应网络社会发展趋势的必经之路，而在全媒体布局下，将资源转化为产能、提升主流媒体文化品牌的影响力才能打通高质量融合的“最后一公里”，因此，打造具有传播力、影响力和竞争力的优质内容，不断提升主流舆论引导力势在必行。以走在前列的某省级媒体的“十四五”发展规划为例，“‘十四五’期间，将继续实施‘全媒体、多元化’发展战略，培育集团公司发展新动能，充分发挥传播优势，聚焦主业，稳健拓展传媒相关产业，布局新媒体矩阵、视频电商、媒体科技、政务智库、‘文化+’、活动会展等领域，培育数字经济新增长点，提升多元产业反哺传媒主业能力。”[①]强化全媒体布局，多元产业是辅助，新闻主业才是先锋。新闻内容生产关乎主流舆论，主流舆论关乎社会、经济与国家发展，是大众对社会议题的代表性意见和社会总体

① 访谈对象09，工作单位为省级媒体，工作岗位为管理岗。

思维[①]，“主流媒体是舆论的主要出口，最重要的是需要体现权威性、真实性”[②]。

从各级媒体的发展策略上看，加强主流舆论引导力的核心路径仍然是增强内容的传播力、影响力和竞争力，通过新闻内容生产打造文化品牌。调研结果显示（图1-1-1），根据发挥主流媒体舆论引导力系列指标，各级主流媒体的平均分为：热点事件报道4.04分，重大主题报道（策划类新闻的组稿量、资源投入力度等）4.19分，突发事件一线报道3.92分，突发事件评论（突发新闻的短评快评、长篇评论等）3.5分，社会新近思潮（“躺平”“年轻人不上进只上香”等新媒体热点话题的舆论引导）3.35分，国际传播3.01分。由此可见，各级主流媒体在重大主题报道和热点事件报道上投入较多、成效较好，这也与中国新闻奖重视重大主题报道的导向和媒体冲在突发事件一线的职业素养息息相关。而从四级媒体交叉分析上看，媒体层级越高，其参与程度越高，即越重视主流舆论引导力所依托的新闻内容生产。归根结底，提升主流舆论引导力与打造具有传播力、引导力、影响力、公信力的新型主流媒体不谋而合，融合的是思维、技术和手段，不变的是内容、专业度和主阵地。

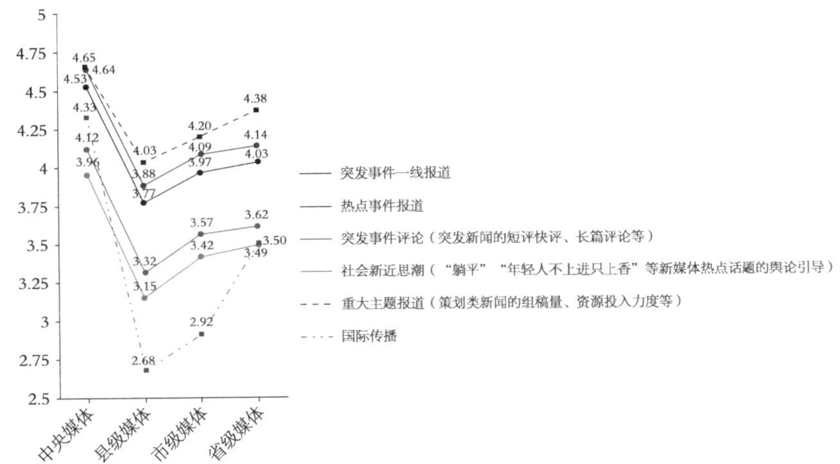

图1-1-1　“在发挥主流媒体舆论引导力方面，您单位在以下议题上参与度如何”一题的四级媒体交叉分析结果（样本总数4043）

① 刘建明.基础舆论学[M].北京：中国人民大学出版社，1988：11.

② 访谈对象11，工作单位为省级媒体，工作岗位为采编岗。

（二）突破关键：方法论扬长补短，锚定目标精准发力

在方法论上，过去十年各级媒体一直在作出不同的尝试，积累了不少经验，融合实践方向更加聚焦，手段更注重实效。

第一，以原创新闻为突破口，同步打造智慧服务平台，提升平台差异化竞争力。在移动优先战略下，主流媒体均继续着力生产流程调整优化，近九成的主流媒体已经完成多平台矩阵发布，同时，自建新媒体平台的建设迭代升级。调研结果显示，当前正在或计划对自建新媒体平台重新定位、转型（平台关停并转等）的主流媒体已达41.63%，可见依托第三方社交平台发布新媒体内容不是万全之策，要想形成核心用户群、通过品牌影响力吸引流量并转化为实际收益，最终仍要诉诸建强自建新媒体平台，并寻求差异化竞争。调研结果显示（图1-1-2），未来平台发展的首要重点为以原创新闻为第一任务，打造特色资讯平台，尤其是地方媒体平台的原创内容比例较低，亟待提升。随后加强一站式便民服务，突出生活服务创新，以及着重升级政务信息功能，融入智慧城市、社会治理。可见，经过一年多的发展，"新闻+服务"的理念已经普及，发挥资源优势建设服务型媒体，将新闻传播与社会治理融合是高质量融合阶段核心手段。

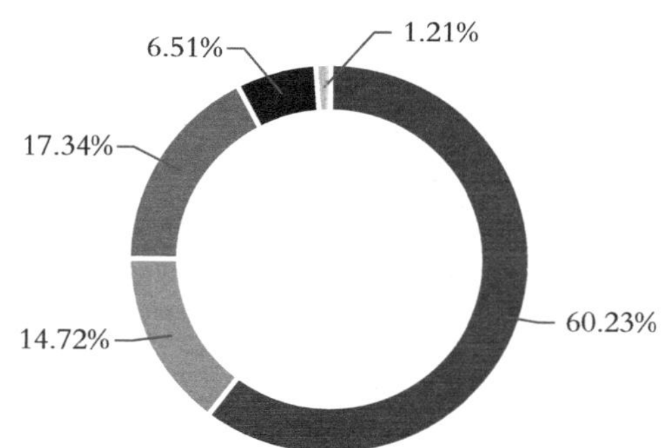

图1-1-2 "以下最符合当前您单位自建新媒体平台发展动态的是哪一项"一题的调研结果（样本总数4043）

第二，以用户思维倒逼技术创新应用和内容精准触达。没有用户使用的新闻产品就没有生命力，没有投入内容生产的媒介技术就没有应用性。主流媒体的竞争力在于具备雄厚的新闻专业能力、内容原创能力，以及专业新闻人才，拥有较强的平台基础推进服务转型。因此，重塑核心竞争力的关键就在于如何发挥内容生产的吸引力，并在此基础上实现技术深度应用，形成一套高效、高能、高产的内容生产传播体系。调研结果显示，用户希望看到的内容有三类：第一类是全球热点，快速直击，用户可以利用碎片化时间第一时间在移动端看到新鲜资讯；第二类是主流内容，清新表达，让大家愿意看、愿意转，在满足信息需求的基础上让用户共情；第三类是有态度、有观点、形成品牌的深度内容。[①]在“全员媒体”时代，各种新闻舆论混杂、内容质量参差不齐，需要梳理、辨别并加以引导，这既是主流媒体的责任，也是用户真正的需求。在此基础上，技术应用一定不只是个别融媒体产品的浅尝辄止，而是成为新闻内容生产和传播的基础设施。例如，山东闪电云可提供多终端策划、采访、编辑、审核、发布、评估的融媒体管理全流程和资源共享，目前已与全省136个县（市、区）实现互联互通，作为“覆盖全省、自主可控、互联互通”的新型媒体技术和数据平台，辐射面积广，应用范围大。

三、发展新布局：搭建体系，重塑格局

我们处在一个深度媒介化的社会，全球化浪潮和保守趋势共存，更便捷的连接背后隐藏着更顽固的隔阂。这是一个不断做加法的时代，在“互联网+”的趋势下，“新闻+”成为关键；这也是一个开始做减法的时代，视听化、数字化、电商化不可逆转。经过十年探索，主流媒体亟须整合资源、组合手段。从中观层面考察，未来媒体高质量融合发展的两个重要面向是加强全媒体传播体系建设，塑造主流舆论新格局，这也是实现上述提升媒体品牌影响力、增强差异化竞争力这一宏观目标的有效途径。

（一）建立横向影响力，深耕纵向穿透力

一方面，我国主流媒体的关系结构具有复杂性，横向的层级地域关系与纵

① 访谈对象12，工作单位为省级媒体，工作岗位为采编岗。

向的机关行业关系交织，在融合发展过程中，需要平衡协调与不同外部机构的关系；另一方面，在统一的目标指引下，各级主流媒体纷纷建设新媒体平台，数量庞大的平台怎么用起来。就需要平衡一般功能和特色定位的关系。因此，主流媒体要想开辟新领域，激发新活力，就要在“跨”和“深”两个维度上下功夫。

在四级媒体中，中央媒体和县级媒体优势明确、路径清晰。调研结果显示，中央媒体持续发挥领头羊作用，在品牌建设、技术应用和产业布局方面遥遥领先；县级媒体实现大幅度发展，不少媒体实现盈利创收；腰部的省级、市级媒体则要想突破变革困境。

省级、市级媒体需要搭建各主体间的良性互动机制，一手抓跨地区、跨领域、跨层级媒体合作，另一手要明确服务群体，深耕核心圈层。对省级、市级媒体而言，建立起纵横交错的影响力网络主要通过以下方式。

第一，建立起省—市—县三级联动的媒体合作机制。例如，江西省构建“1（省融媒体中心）+2（‘赣鄱云’‘赣云’）+11（设区市）+100（县、市、区）”的融媒体联动指挥体系，建立省市县三级融媒体联动报道机制。四川广播电视台、四川日报报业集团、四川新传媒集团、中国广电四川公司4家单位发起，联合21个市（州）级媒体、185家县级融媒体中心共建，集结形成“4+21+185”超大型编队“天府融媒联合体”。2023年，宁波加快省市县媒体一体化发展、构建全媒体传播格局，上线了融合都市报系的新甬派客户端，全力打造市级重大新闻传播服务平台。

第二，开展跨平台、跨行业、跨领域业务合作。例如，浙江日报报业集团与阿里巴巴共同打造“媒体融合服务体系”；河南广电与阿里文娱达成战略合作，通过一系列深度合作探索推出全场景、多层次的中国传统文化节目；四川广电早前也与百度签署战略合作协议；江门日报社、江门市广电两家市属媒体与江门发展集团达成战略合作，开启“国企+媒体”的发展模式。各地报业集团都在探索跨界融合、优势互补、资本并购、“非市场需求”业务拓展等创新模式。

第三，打造辐射本地的智媒品牌。例如，浙江日报报业集团等媒体通过“智能+”模式从城市大脑运营向智媒发展，湖南广电打造旗下新潮国货内容电商平台“小芒”，河南大象客户端有限公司运营旗下的大象5G智慧文旅平台，封面新闻打造“智能+智慧+智库”的智媒体平台等。

第四，强化融合内驱力，深耕本地新闻服务。对于省级、市级媒体而言，其用户群相对固定，更需要深度把握用户需求，灵活嵌入用户生活，通过深耕本地新闻、接通本地服务，在与中央媒体和其他地方媒体的竞争中开拓更适合自身的发展通道。具体来看，可以从两方面入手。一方面，立足民生新闻，深入百姓生活。“对于市级媒体来说，百姓关心的民生新闻应该是重点，也是主流媒体应该重点关注的新闻”[①]。另一方面，立足特色文化，打造文化品牌。实地调研发现，祁连山报社的“今日藏乡”藏文媒体平台抓住海北州民族文化浓厚和地域特色丰富这一特点，开设《海北民俗》《藏族谚语》《格萨尔》等栏目。同时，联合海北本土作家、专家学者、民间艺术家深入挖掘各民族服装服饰、饮食制作、非遗传承、生产生活等，制作编发了一批新闻作品，借助传统民族文化，树立本地新闻特色品牌，目前订阅用户覆盖青海、四川、甘肃、西藏等省区的涉藏地区。

（二）发挥舆论引导力，引领主流舆论新格局

塑造主流舆论新格局、把握意识形态工作领导权是新闻舆论工作的重要目标。国家“十四五”发展规划指出，要“加强顶层设计，注重总体布局，强化整体推进，构建网上网下一体、内宣外宣联动的主流舆论格局。改进和创新内容表现形式，打造群众喜闻乐见的新闻报道精品”。[②]过去一年，主流媒体建立常态化舆情引导机制，提升主流话语表达力，逐步有效引领主流舆论。

1.建立常态化舆情引导机制

当前，主流媒体已经建立起多样的常态化舆情引导机制。调研结果显示，59.4%的主流媒体建立了舆情预警常态化机制，57.5%的主流媒体建立了信息公开和辟谣常态化机制，55.7%的主流媒体成立了专职舆情监督部门，50.6%的主流媒体设立了内容举报渠道，47.9%的主流媒体布局了智能舆情监测系统（大数据、AI监测等）。

① 访谈对象03，工作单位为市级媒体，工作岗位为采编岗。

② 中华人民共和国国民经济和社会发展第十四个五年规划和2035年远景目标纲要[N]. 人民日报，2021-03-13（01）.

在此机制下，主流媒体表现出两点特征。

第一，中央媒体舆论引导意识强，发挥突出作用。中央媒体具有众多有影响力的品牌栏目、成功自主培养一批主流意见领袖，能够对社会热议话题予以引导。从调研结果来看，中央媒体在新闻生产中对主流舆论引导力的重视度和参与度，显著高于其他三级媒体，在各项常态化舆情引导机制的建立使用情况、在各项议题中发挥舆论引导力的参与度方面的评分，大多显著高于地方媒体。

第二，舆情引导涉及议题全面，重点关注重大主题和热点话题。主流媒体通过报道和评论突发事件、热点事件、重大时政主题、国际事件、社会新近思潮等议题，全面深入发挥舆情引导力。当前，主流媒体基本做到了对热点和突发事件的及时发布权威报道，以及事后发表评论引导舆论，但从调研结果来看，对社会新近思潮和国际事件的关注和引导可进一步发力。

2.提升主流话语表达力

正如访谈对象之一所言："我觉得不管时代如何变幻，主流媒体塑造主流舆论的功能不能缺失。面对现在短视频的断章取义，主流媒体必须在现场，把事实传递给大众。面对网络上的众多流言，主流媒体有责任弄清事情的来龙去脉，传递事实真相。"[①]大多数新闻工作者重视主流媒体在形塑主流舆论中的作用，认同对自身工作的要求。调研结果显示，"当前主流媒体在增强舆论引导力上，存在的较为突出的问题"一题，选择"舆情监测研判不及时、不到位"的比例仅为5.9%，选择"专门人才欠缺""形式缺乏创新，吸引力有限"的比例最高，达到41%和40.2%，说明各级媒体基本能够及时发现舆情，但在主流话语表达上效果不佳。从实践成果看，对社会新思潮的评论未能准确把握大众心理，最终评论"翻车"的现象偶有发生。因此，对主流媒体来说，提升主流话语表达力是关键。

具体而言，首先要做到主流话语表达的形式创新。例如，中央广播电视总台的作品《"国际漫评"年终联欢 谁才是绝技之王？》，通过漫画视频的形式梳理国际局势，于幽默轻松中传递观点、引发思索。学习借鉴优质"自媒体"账号的创意。例如，备受关注和好评的微短剧《逃出大英博物馆》，用优质故事表达唤醒民族记忆，让文物回家，提升视频化生产能力，顺应长短视频结合的传

① 访谈对象03，工作单位为市级媒体，工作岗位为采编岗。

播趋势。其次要把握群众需求，提升内容品质。用户青睐的主流表达是能够真正贯彻群众路线，急群众之所急，谋群众之所求，主流媒体要敢于抓住矛盾。例如，中央广播电视总台央广中国之声记者关注清洁取暖“一刀切”问题，福建电视台综合频道《帮帮团》栏目记者揭露“抽血验子”黑色利益链，《人民日报》记者追问校外培训乱象。在舆论监督上发声，是主流话语表达力的“重器”。最后要真正代表主流思想，在充分调研、深度观察的基础上发声，切忌拍脑门、想当然等情况，导致对社会议题的评论引导与时代变迁或人民群众的现实心理不符，从而减损媒体品牌的公信力和影响力。

四、发展新动能：定位先行，构建生态

主流媒体在融合发展的路上经历了从点到面的改革期，正处在从面到网的深化期，要实现宏观目标、落实中观策略，离不开一个支撑主流媒体生存发展的全新的生态网络。具体而言，要搭建一个以体制机制为基础，自建平台为阵地，媒介技术为驱动，全媒体人才为引擎，产业化经营为保障的系统，“五根支柱”相互支撑，协同发展。课题组连续四年的调研结果显示，主流媒体往往能够意识到改革方向，但是在针对具体问题制定和实施改革举措上效果参差不齐，导致高质量融合程度不一。发展至今，各级主流媒体基本能够找到症结，对症下药，有的放矢。

（一）稳中求变：体制机制持续变革

作为文化产业的一部分，传媒的体制机制改革与社会的转型发展是内在统一的。伴随我国市场经济的发展和现代经济制度的确立完善，媒体产业化发展步伐加快，要想突破主流媒体过往的路径依赖，就要明晰机构的结构体系、运营体系和监管体系，敢于打破固有的利益体系，引入更能适应现代化生存和发展的规则。与此同时，重新考量媒体内部的组织设置、业务流程和管理体系，通过机制革新激发内生活力。当前，主流媒体在推进全媒体生产传播的一体化运维、业务流程协同、组织形式创新上取得了重点突破。

1.深化组织架构一体化

主流媒体在体制机制上持续调整变革，将传统端和新媒体端的新闻资源和人员管理进一步融合，向更加协同、统一、高效的融媒体机制转型，在新闻资

源统一调度、人员工作统一管理、绩效考核统一标准上取得成效。调研结果显示（图1-1-3），央省市县四级媒体在新闻资源统一调度方面的完成度均在75%以上，人员工作统一管理的完成度均在70%以上，绩效考核统一标准的完成度均在60%以上，体制机制变革的幅度、速度和深度逐年递增。但从中也能够看出，四级媒体在新闻资源协调机制调整上的进度领先于人员和绩效的调整。相比于新闻资源，人事管理和绩效管理所涉及的情况更加复杂，在改革和调整时所面临的难度也更大，但从长远上看，后者也更能影响内容生产的质量和机构发展的成效。

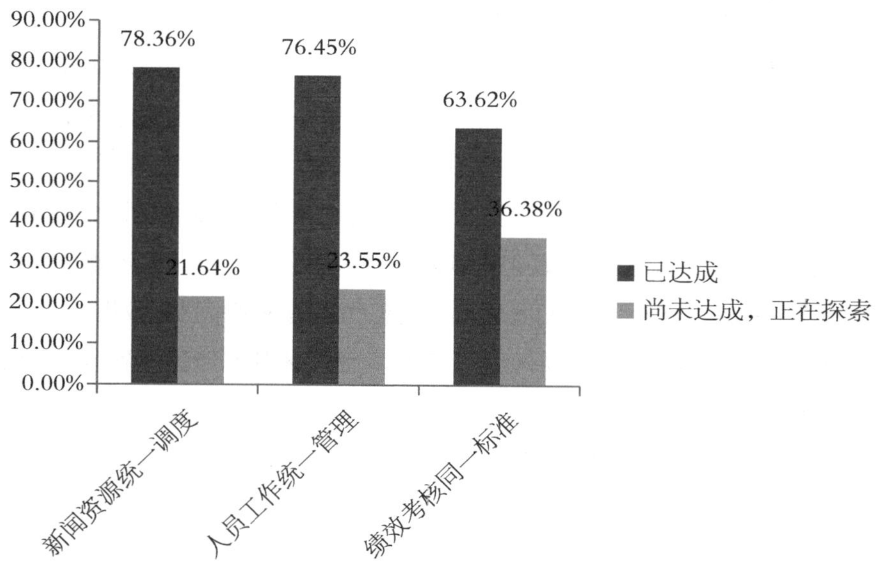

图1-1-3 “在传统端和新媒体端，您单位的组织架构调整动态是什么”一题调研结果（样本总数4043）

此外，从四级媒体的交叉分析来看，中央媒体和县级媒体在新闻资源、人员、绩效三个维度的表现都更加突出（图1-1-4所示）。中央媒体在组织架构一体化调整上仍然居于“排头兵”的地位，县级媒体在传统媒体时代的发展和积累相对薄弱，但近年来体制机制改革走在前列，向新媒体转型的表现亮眼。一方面，县级媒体近年来在调整内容生产流程上付出较大努力，另一方面，县级媒体的传统端新闻生产体量较小，转型调整的压力和难度相对较小，在探寻媒体融合发展的道路上反而发挥出“船小好掉头”的优势。省级、市级媒体，特别是市级媒体，在传统端和新媒体端一体化方面难度相对更大，究其原因，主要是省级、市级媒体既缺乏中央媒体资源优势，又有维持较大体量的传统端生产的负担，“一方面报纸思维的产品生产任务仍不小，另一方面媒体转型压力大，因此采编队伍工作量明显提升”[①]。

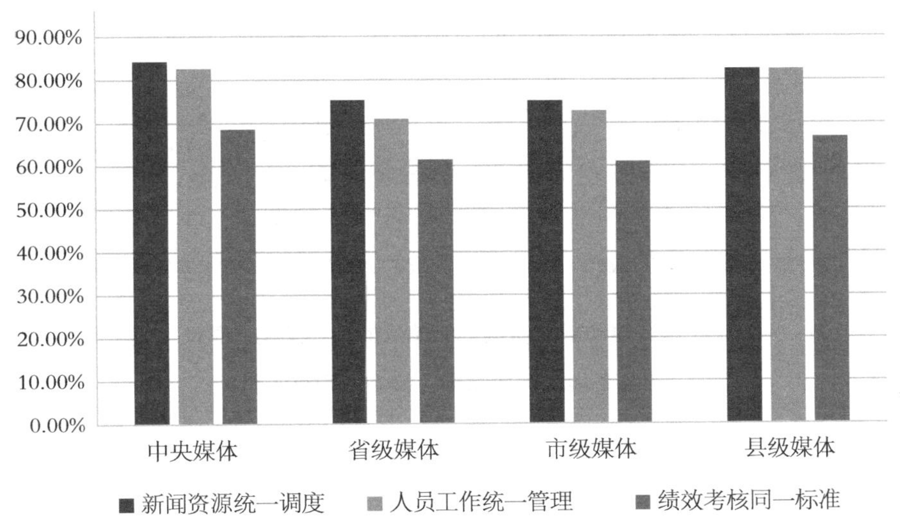

图1-1-4 “在传统端和新媒体端，您单位的组织架构调整动态是什么”一题四级媒体调研结果（样本总数4043）

我国媒体的体制机制改革具有复杂性，主要体现在既有层级地域系统又有部门行业系统，不同地域的媒体，在经济、文化和社会发展上的差异往往是影响其融合的重要因素。从地域来看，调研结果显示（图1-1-5），西南和华东地区的主流媒体在组织架构方面的转型调整成效最好。西南地区的经济发展情况相比其他地区并非领先，但以四川省为引领在组织架构方面的调整成效最好。华东地区的上海市、江苏省、浙江省、安徽省、福建省、江西省和山东省经济

① 访谈对象04，工作单位为省级媒体，工作岗位为采编岗。

基础实力雄厚，改革开始早、见效快。

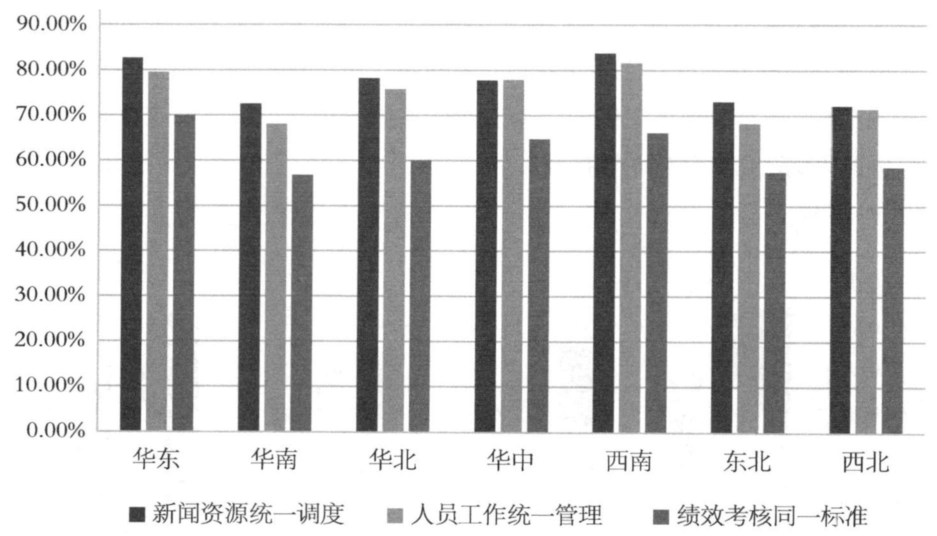

图1-1-5 “在传统端和新媒体端，您单位的组织架构调整动态是什么”一题各地区调研结果（样本总数4043）

2.推进业务流程一体化

《关于加强网络文明建设的意见》指出，深入推进媒体融合发展，实施移动优先战略，加大中央和地方主要新闻单位、重点新闻网站等主流媒体移动端建设推广力度。①在“移动优先”战略下，势必要打通传统端和新媒体端的业务流程区隔，拓宽发布渠道，深化用户思维，提高生产效率。在媒体融合发展的长期实践中，主流媒体初步探索了内容一体策划、全媒体记者统一采集、多平台矩阵发布、两端协同编辑、发布效果监控等行之有效的调整策略。从调研结果来看，主流媒体的多平台矩阵发布完成度超过80%，基本实现内容的多渠道发布，在内容一体策划、全媒体记者统一采集、两端协同编辑、发布效果监控等生产流程再造上，四级媒体的完成度也都达到70%以上。可见，在以内容立足市场

① 中办国办印发《关于加强网络文明建设的意见》[N]. 人民日报，2021-09-15（01）.

的共识下，让内容以最高效的方式出现在全媒体端口，满足不同业务线的需求，已得到充分重视。

从四级媒体的交叉分析结果看（如图1-1-6所示），中央媒体和县级媒体在生产流程一体化上的完成度最高。以中央广播电视总台为例，2022年以来，总台总经理室汇聚全台优质资源，以“融媒体经营”为理念，整合“大屏+小屏”“广告+版权”，在重点项目营销过程中，为合作伙伴提供一站式融媒体传播服务。福建尤溪、江苏邳州、浙江安吉等县级融媒体中心已形成具有地区特色的融合发展模式。从地域来看（如图1-1-7所示），华东和西南地区的主流媒体完成度最高，这与组织架构一体化的改革进度一致。目前，相当一部分地方媒体生产流程仍然处于半打通状态，已经有新媒体意识，但在实际操作中还是偏向传统媒体，这也是新阶段主流媒体亟待解决的关键问题。

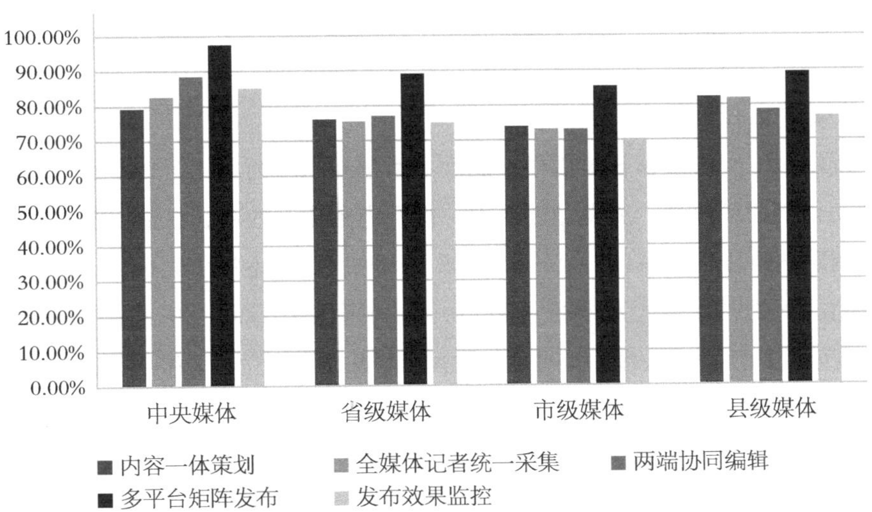

图1-1-6 “在传统端和新媒体端，您单位的生产流程调整动态是什么”一题四级媒体调研结果（样本总数4043）

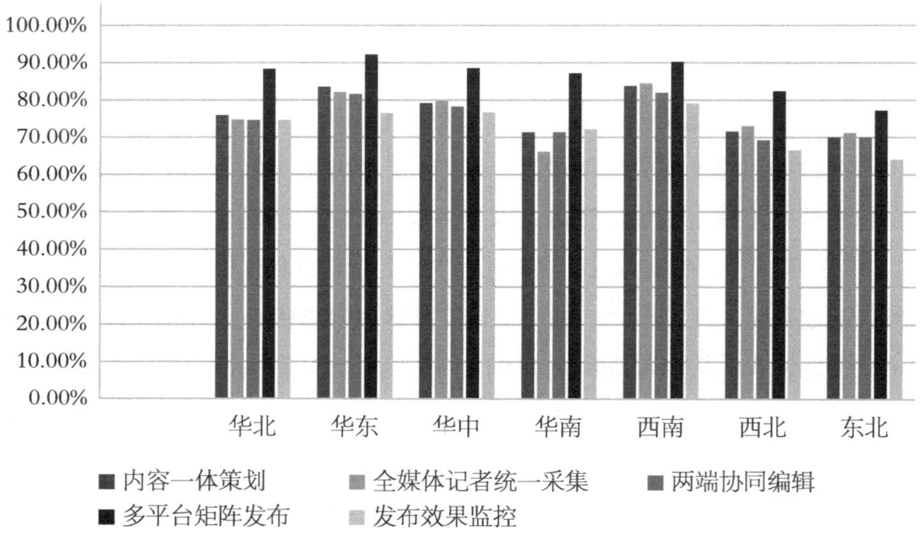

图1-1-7 “在传统端和新媒体端，您单位的生产流程调整动态是什么”一题各地区调研结果（样本总数4043）

3.激发工作室制度创造性

近年来，主流媒体针对工作室制度不断创新，小而美的工作室有利于进一步调动人员的积极性，激发创新活力，提升内容生产效率，打造主流媒体新品牌。调研结果显示（图1-1-8），四级媒体在进行工作室制度尝试后，认为效果较好的占比均远高于认为效果一般的占比，说明工作室制度在实践中被证明是行之有效的，获得了较多的认可。超93%的中央媒体成立了工作室，这一比例显著高于地方媒体，且中央媒体选择“大力支持发展工作室”的比例为64.46%，明显高于平均水平44.25%，中央媒体对工作室制度的支持力度最大，发展成效也最好。从媒体层级来看（图1-1-9），中央媒体对工作室制度的各项评价打分最高，省市级媒体次之，区县级媒体打分最低，中央媒体实施工作室制度的普及度最高，对其效果的评价也最高。以人民日报为例，相继运行了麻辣财经、学习大国、金台点兵等近50个融媒体工作室，覆盖财经、时政、军事等领域，成为人民日报全媒体新闻生产的先锋队和“轻骑兵”。从地方主流媒体来看，工作室制度推广实施还有所不足，调研结果显示，地方媒体中目前暂无正在运营的工作室的占比均超过20%，县级媒体暂无正在运营工作室的占比近40%。

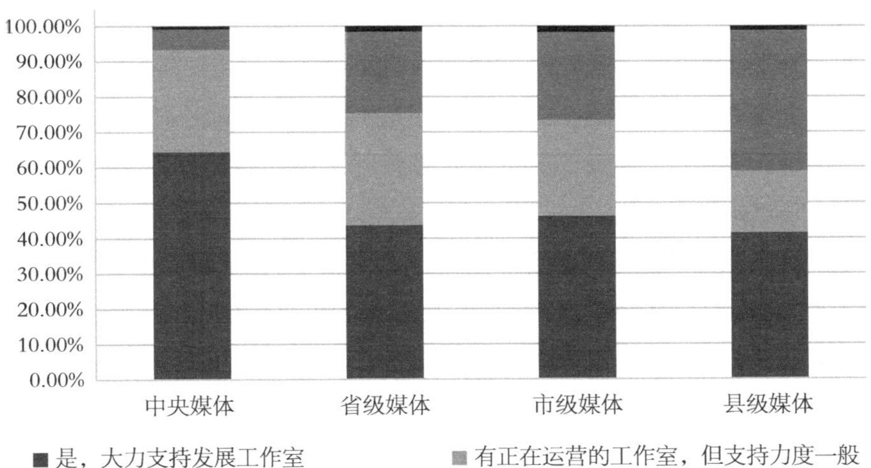

图1-1-8 “在体制机制变革中，您单位是否仍将工作室作为长期发展的方向”一题四级媒体调研结果（样本总数4043）

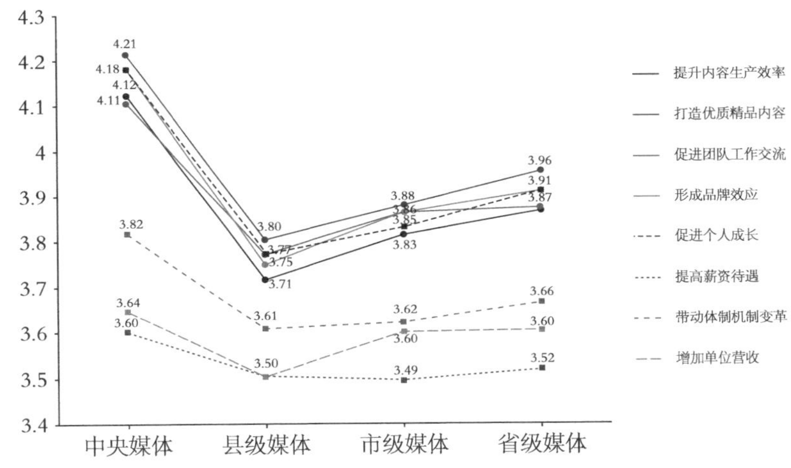

图1-1-9 “您认为工作室制度在以下方面的成效如何”一题四级媒体调研结果（样本总数4043）

在工作室制度的人员组织形式上，可以按照合作期的长短和人员的流动性，将人员组织划分为“长期组合，人员较为固定”“长短兼有，更重视长期组合”“短期合作，人员不断流动”和“长短兼有，更重视短期组合”四类。调研结果显示，将“长期组合”和“更重视长期组合”的结果相加，四级媒体倾向于长期合作的比例均在85%以上，说明工作室制度能够保持长期的生产力和创新力，便于打造优质精品内容。但作为一种灵活新颖的机制，尽管不少媒体成立了工作室，但其积极效应传递到人员待遇提升、单位营收增加，辐射到整个体制机制变革上的程度有限。

从工作人员的从业年限来看（如图1-1-10所示），不同从业年限的媒体人员对工作室制度成效的评价与从业时间长短成反比，即从业年限越短打分越高，从业年限越长打分越低，表明新从业的媒体人更能适应工作室模式，对工作室机制的态度更积极，该模式更能够激发年轻媒体人的工作热情。

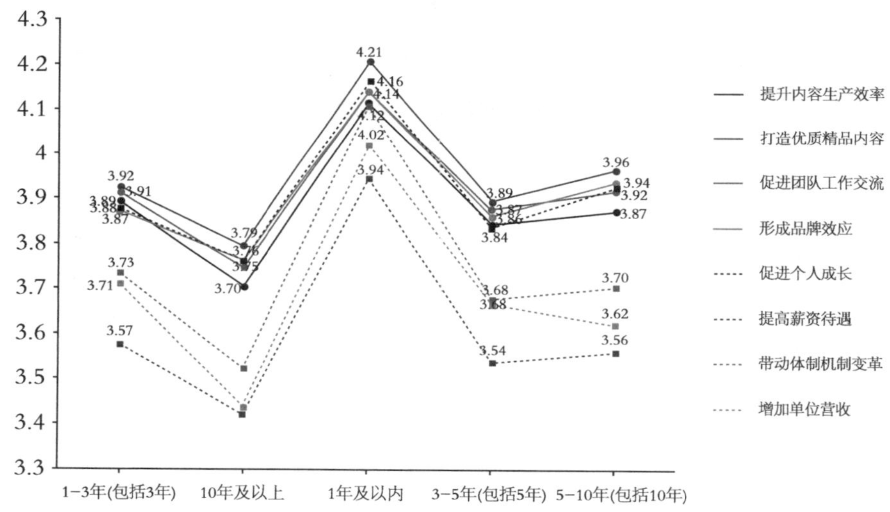

图1-1-10 “您认为工作室制度在以下方面的成效如何”一题各从业年限调研结果（样本总数4043）

（二）合中有分：平台发展差异定位

经过几年建设，主流媒体的自建平台初步形成了以新闻为主，融合政务、服务、商务多种功能的新媒体平台。调研结果显示，近90%的主流媒体自建平台已完成初级建设，我国1330家主要报纸自建客户端达570个[①]，平台化发展取得阶段性成效。在完成初级建设后，主流媒体的自建平台呈现两大趋势。第一是细分，十年间主流媒体已经融合形成了规模较大的传媒集团，在庞大的资源网络和用户网络支撑下，主流媒体普遍采取垂直细分的策略。以上海报业集团为例，旗下共设立了上海观察、澎湃新闻、文汇报、界面、财联社、周到上海等12个客户端，服务不同需求的用户。第二是整合，对于主流媒体而言，多线作战需要投入巨大的人力物力和财力，如果客户端无法吸引新用户、提高活跃度，反而起到一加一小于二的效果。因此，将处在瓶颈的各类平台整合为一个功能多元、内容丰富的客户端，更有利于发挥整体优势。2023年“浙江新闻”“天目新闻”“小时新闻”三端合一为“潮新闻”客户端，是地方媒体整合平台的典型案例。但是，无论是细分还是整合，每个平台都需要在实践中不断调整思路，对自建平台进行重新定位，聚焦自身优势资源，针对核心用户群体，寻求差异化、品牌化竞争发展。

1.打造服务型、应用型、互动型平台

不同媒体的用户画像不尽相同，中央媒体强调特色内容，地方媒体突出本地服务功能。调研结果显示，中央媒体在“自建平台发展的重点”一题中，选择“以原创新闻为第一任务，打造特色资讯平台”的占比为82.64%，明显高于平均水平60.23%。中央媒体在原创新闻方面优势明显，因此倾向继续发扬主营业务优势，以高质量原创新闻为平台发展的核心。与此同时，地方媒体也积极探索更适合自身特点的自建平台发展模式，地方媒体的用户较集中于同一地域，便于有针对性地对接具体的政务和生活服务，特别是市级、县级媒体选择“着重升级政务信息功能，融入智慧城市、社会治理”和“重点发力一站式便民服务，突出生活服务创新”的占比显著高于中央媒体。地方媒体选择与政务服务和生活服务相接轨，可以发挥地方服务业务精准触达的便利优势。

市级媒体既没有省级媒体的富足资源网络，又不如县级媒体能精准触达社区和社群，媒体融合战略实施以来长期处在融合发展洼地，但在过去一年，市

---

① 黄楚新，蒋晓静.深度融合时代主流媒体新闻客户端的发展创新[J].南方传媒研究，2023（3）：12-18.

级媒体化劣势为优势。例如，长沙广电“我的长沙”城市融媒平台，强化区域内政务服务和城市服务功能，打造政务服务移动端、城市服务聚集端和新闻资讯触达端“三端合一”的服务平台。“我的长沙”与“城市大脑”实现用户数据打通，按照人口属性、社会属性、用户行为等建立用户标签体系，与商业传播平台通过用户阅读行为来进行用户画像不同，“我的长沙”基于用户的办事行为打造了一套智能推荐算法，如教育类政策信息推送给六岁以上孩子的家长，交通类信息推给有车的人，人社保障信息推送给关注养老的人群，大幅提升了信息的传播效率。同时，“安全隐患随手拍”“违停随手拍”“文明随手拍”等应用，真正为老百姓解决了身边问题。各地也涌现了诸如“四川乡村”客户端、贵阳“壹刻宝”社区平台、“南太湖号”移动开放平台等应用创新案例。

2.强化原创性、视听化、实用性内容

新闻资讯始终是各主流媒体平台的核心内容，对此，主流媒体不断调整自建平台新闻内容的发展重点，顺应新闻生产的变化趋势，不断突出自身平台的优势特长，打造互不雷同、各有亮点的内容资讯平台。调研结果显示，重大主题报道是当前主流媒体在自建平台新闻内容调整中最普遍关注的类型，央省市县四级媒体选择“以重大主题报道为优先”的占比均超过80%。

主流媒体积极适应当前新闻生产新趋势，强化短视频等视听内容的媒体比例均超过40%。2023年8月，江苏广电旗下“荔枝新闻”客户端在上线十年之际全新改版，以“泛资讯+视频化”为定位，设置健康、教育、娱乐、体育等垂直频道，全面提升视频的比重，拓展省市县三级的政务和服务资源，连接教育、健康、文旅等与受众息息相关的资源，服务百姓衣食住行。

央省市县四级媒体在自建平台内容调整方向上呈现出一定区别。媒体层级越高，选择“强化突发新闻报道”和“深耕垂类内容”的比例越高。突发新闻报道对媒体的采访报道速度、调度能力要求较高，垂类内容对媒体的专业知识储备要求较高，层级高的媒体优势较大。地方媒体更加关注本地新闻，媒体层级越低，选择“侧重聚焦本地新闻”的比例越高。

值得注意的是，在规则和方法上，主流媒体仍存在短板。在激发用户生产、强化社交属性上不足。四级媒体选择“加强新闻的社交圈层设计”和“激励用户生产”的比例均低于10%，主流媒体的自建平台当前并未普遍采用社交媒体的内容生产和运营规则，主流媒体自建平台的内容主要还是由媒体生产，而将内容生产的主动权下放给用户，加强社交圈层属性等社交媒体的运营方式尝试得较少。同时，地方媒体在灵活运用新媒体推荐机制，增强影响力方面仍需加强。

3.建立媒体间合作机制

调研结果显示，四级媒体在“您单位自建平台在新闻内容方面，重点发力的前3个类别”一题中选择“加强媒体间协作”的比例为22.7%，这反映了开拓不同媒体之间的协同合作依然有一定的难度。不过，有的媒体已取得一定成效。例如，湖南日报“新湖南”客户端采用内容供稿机制，鼓励各频道、中心、媒体积极通过平台账号供稿，对供稿情况进行台账管理，对排名前三予以奖金奖励，对未完成供稿任务的部门予以相应处罚；同时建立了与其他媒体的联动机制，与京津沪等地的26家党媒新媒体建立联系，以媒体资源互换、共享方式，开展开机页置换，同步直播、慢直播，以及优质报道内容的转载转播等合作，积极拓展传播渠道，为全媒体内容生产与传播提供协同保障，增强优质内容曝光度。2023年7月，天府融媒联合体成立，四川集结省、市、县三级逾200家传媒单位，共同探索媒体深度融合新路径。

（三）循序渐进：技术驱动诉诸成效

融合的重点之一是如何实现各类资源的优化配置，以激发媒体的市场竞争力。媒介技术成为提高生产效率，甚至促进生产关系变革的重要力量。正如卡斯特所言，“我们现在所经历革命的变迁核心是信息处理与沟通的技术”[①]。伴随网络社会的形成，媒介技术正在成为主流媒体基础设施的一部分，5G、4K/8K超高清影像、大数据等技术逐步融入内容生产和传播流程中，围绕人工智能、XR技术、区块链进而构建元宇宙的新布局正在成为现实。过去一年，主流媒体不断引入新技术，为提升内容生产效率，优化作品呈现效果，拓展创意空间提供了新可能。

1.新闻生产新技术普及度较高

主流媒体积极拥抱新技术，但引入的新技术是否在日常工作中得到充分利用，进而转化为生产力仍是关键问题。调研结果显示（图1-1-11），在新技术

① 曼纽尔·卡斯特.网络社会的崛起[M].北京：社会科学文献出版社，2000:35.

的种类方面，5G、4K/8K超高清影像和大数据是当前主流媒体使用频率最高的新闻生产新技术。在使用新技术的频率上，“每天都使用”和“每周使用3次以上”的占比为52%，这说明新技术在主流媒体从业人员中得到较普遍的使用，但主流媒体应用的主要是普及度较高的技术，搭建成本较高的技术尚难大规模使用。

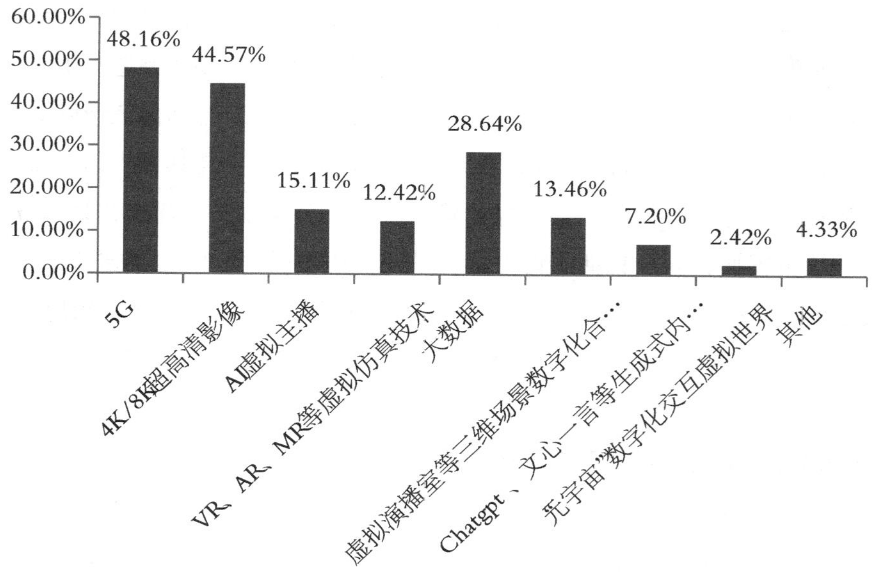

图1-1-11 “最近一年，您使用频率最高的新闻生产新技术有”一题调研结果（样本总数4043）

此外，从媒体的层级来看，是否采用新技术与媒体层级并无显著关系，市级、县级媒体使用各个种类新技术的比例并不显著低于中央、省级媒体。从新闻工作者的从业年龄来看，从业年限的长短与是否使用新技术并无显著关系，说明从业年限长的工作人员也在积极尝试新技术。但在日常使用频率上，从业年限短的工作人员，经常使用新技术的比例较高。

2.新技术旨在提升生产端效率，优化用户端体验

主流媒体引入的新闻生产新技术覆盖生产端和用户端，有效提升生产端的内容生产质量效率，优化用户端的使用体验。调研结果显示，主流媒体普遍认

为，新技术对产品本身的优化作用最明显，具体表现为优化产品呈现效果、提高内容生产效率、实现创意落地。例如，四川日报社川观新闻研发的“川观算法”，已应用于多个业务场景中，包括智能采集、智能简报、RPA自动流程机器人、智能投放、智能评论审核辅助、党政知识库智能搜索等，实现智能算法与主流信息传播有机融合。线索监控机器人在线索采集上，提高了快速反应能力。智能投放算法通过自动化流程和智能分析、人机协同，将频道运营成本缩减了90%以上。智能评论审核辅助算法通过人机协同的方式使编辑的评论审核效率提升了200%，优化了新闻客户端的评论质量。党政知识库将川观新闻的核心党政数据进行知识化存储，提高了党政类内容编辑和校对的效率。①

值得注意的是，新技术对组织管理、减轻机械工作、了解用户、制定战略的作用不够明显，这从侧面表明，主流媒体对媒介技术的潜力开发尚且不足，未来对新技术的应用要从点到面，由表及里顺次铺开，开发新技术的全组织、全流程、全平台生产力。

从媒体的层级来看，中央媒体打分最高，其次是省级和市级媒体，县级媒体打分最低，中央媒体对新技术的接受度和满意度最高，这也与其媒体能力、平台高度和资源优势相关，从侧面反映出地方媒体在技术引进和应用上的现实局限。从新闻工作者的从业年龄来看，从业年限越短打分越高，从业时间越长打分越低，其中从业时间在一年以内的人员打分显著较高。这表明新从业的新闻工作者更愿意使用新技术，并能达到较满意的使用效果。因此，在对新技术进行应用推广时，需要重视资深新闻工作者已有的习惯和多样的情况。

3.新技术推广需加强培训，注重落地效果

主流媒体在推广使用新技术的过程中，仍需突破培训和应用效果上的考验。

第一，部分媒体和新闻工作者受软硬件条件和工作时间的限制，缺少学习、使用新技术的渠道。根据调研结果，“缺乏学习和指导渠道”“单位未引进”“没有时间学习使用新技术”是新闻工作者较少使用新技术最主要的原因，占比分别为45.9%、34.6%和20.1%。在学习使用的软硬件条件方面，媒体层级越低，因“单位未引进”“缺乏学习指导渠道”而较少使用新闻生产新技术的情况越多

① 访谈对象01，工作单位为省级媒体，工作岗位为技术岗。

（如图1–1–12所示），当前新技术内部研发难度较大，外部引进费用较高，对层级较低的媒体来说存在一定难度。在学习培训的时间上，从业年限较短的人员，选择由于“没有时间学习使用新技术”而较少使用新的新闻生产技术的占比为32.04%，显著高于资深从业人员15.2%（如图1–1–13所示）。因此，若想充分发挥新技术提升新闻生产力的作用，需要进一步加强设施和配套学习指导，增加对新闻工作者，特别是新入职的工作人员的技能培训。

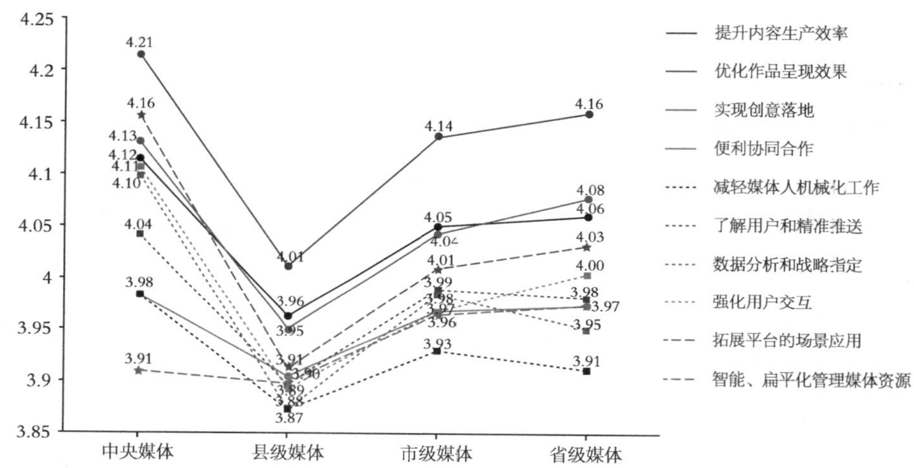

图1–1–12 “您认为新技术在以下方面的作用如何”

一题四级媒体调研结果（样本总数4043）

第二，仅仅依靠技术，并不能完全满足优质内容的制作要求，要重视已经引入的新技术的落地应用效果，避免“展示”多于应用。调研结果显示，媒体层级越高，因“炫技对内容生产没有太大帮助”“对新技术的制作效果不满意”而较少使用新技术的情况越多。媒体需要时刻关注前沿技术，不断在业务场景中进行尝试和融合，才能更好地实现创新①。也有部分新闻工作者表示，元宇宙、数字人等技术产生的传播力、影响力效果有限，更多是噱头②。“部分媒体或领导

① 访谈对象01，工作单位为省级媒体，工作岗位为技术岗。

② 访谈对象02，工作单位为省级媒体，工作岗位为技术岗。

迷信新技术，在当前媒体机构，特别是发达地区城市媒体，存在新技术成为展示品的情况，为了引进新技术而引进新技术，而不是为了应用场景落地而引进新技术。”①

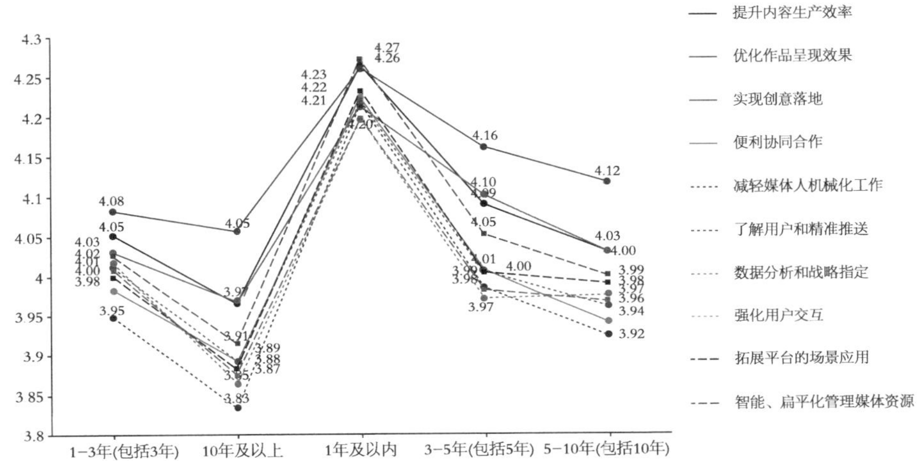

图1-1-13　“您认为新技术在以下方面的作用如何”一题不同从业年限人员调研结果（样本总数4043）

（四）固本培元：人才培养激发活力

媒体深度融合对传媒人才的素养与能力提出了全新要求，不仅要求老传媒人与时俱进，加速思维转型，而且要求新传媒人一专多能，夯实研判和实践能力。②在融合实践中，人才问题始终是制约融合进展的重要因素。调研结果显示，创新人才激励制度连续多年成为主流媒体人眼中的当务之急，要想最大限度地激发人才创造活力，则应按需下药，从根本上解决新闻从业者的后顾之忧。

1.新闻工作者培训提升意愿强，区县级媒体人才需求大

为激发新闻工作者的创新创造活力，各级媒体出台了多样的人才引进、培养和激励措施，包括增加人才招聘岗位、推行项目制、工作室等机制改革、完

① 访谈对象08，工作单位为市级媒体，工作岗位为技术岗。

② 曾祥敏,余珊珊.“新文科”语境下全媒体人才培养路径探析[J]. 中国记者，2021，(10)：49-52.

善人才晋升和激励机制、提供多样的交流机会、组织技能学习和培训等。针对新闻工作者对人才激励措施实施评价的调研结果显示，从业者对“组织技能学习和培训”的评价最好，平均得分为3.9，说明当前新闻工作者对参加技能培训，提升工作水平有强烈愿望，期望增进自身能力，具有不断学习提升的积极心态，而主流媒体也较为注重让经验流动起来，让人才交流起来。从新闻工作者从业年限来看，从业年限长短与新闻工作者对各项人才培养和激励措施的打分基本成反比，即从业年限越短打分越高，从业时间越长打分越低，说明人才培养和激励措施对新入职员工效果更好，也侧面印证了当前主流媒体团队年轻化的趋势。

中央媒体对各项人才培养和激励措施的评价均显著高于地方媒体，与此同时，县级媒体人才需求大，期望增加人才引进。人才是媒体的第一资源，引入并留存足够的新闻事业人才，是媒体发展的前提基础。调研结果显示，县级媒体在多个题目中均反映出对人才的强烈需求：在各项人才培养和激励措施方面，县级媒体对“增加人才招聘岗位”的评价显著高于省市级媒体；在增强舆论引导力上存在的各项较为突出的问题中，县级媒体选择的最突出的问题是“专门人才欠缺”，且显著高于其他三级媒体；在媒体的经营方面，县级媒体再度表现出对专门经营类人才的需求。

2.部分单位和岗位人员流动快，薪资待遇需提升

薪资福利是吸引和留存人才的关键因素。媒体市场化改革后，唯有与市场薪资待遇保持一致，才能在人才竞争中占据优势。当前，多数主流媒体采取“基础工资+绩效”的制度。部分媒体实行企业化管理，在薪酬制度和晋升制度上推行改革，对稀缺人才岗位采取议薪制，按市场化价格协议薪酬。员工入职后，按照业务和管理双通道晋升机制，根据级别制定薪酬，在引进人才上取得优势。也有部分媒体受单位经营状况影响，薪资福利待遇与市场预期存在差距，或简单按照“计件式”管理薪酬，难以吸引人才，导致人员流动频繁。

主流媒体各岗位的薪资待遇普遍低于互联网企业，但不同岗位的薪资待遇情况仍有所差异。调研结果显示，目前采编岗的薪资待遇总体偏低，“每个月到手不足5000元的大有人在，因此人才非常容易流失”①。部分主流媒体技术部门

① 访谈对象03，工作单位为市级媒体，工作岗位为采编岗。

采取企业化管理，事业化保障，技术人员参照互联网公司序列进行管理，一定程度上确保了人员的稳定性和调整的及时性。但是由于薪资与互联网公司技术岗、同城其他媒体的技术岗仍有较大差距，招聘流程长，以及薪资总额有限制，在人才引进上仍存在困难。① 在基本的薪资待遇之外，对工作的认同感、获得感也直接影响新闻工作者的精神面貌和工作状态。因此，各级媒体在人员管理上，也需要提升新闻工作者的职业认同感和成就感。有记者表示，“在复杂的舆论场中，主流媒体从业人员的工作荣誉感、获得感有所欠缺”②，值得引起关注。

（五）相辅相成：深耕产业化经营优势

从根本上讲，主流媒体转型的内在驱动力是自身发展不能适应社会需求所带来的生存困境，解决营利造血这一生存问题后，才能谈论如何争先创优，打造具有国际影响力的新型主流媒体。与体制机制改革的目标一致，产业化经营是媒体实现自我造血的必然手段，更是检验融合举措是否能够实现良性循环的标尺。过去一年是我国传媒产业的自我调整期，在错综复杂的世界局势和不可抗力下，传媒产业经历了低谷，据统计，2022年中国传媒产业总产值为29082.5亿元，同比下降2.11%，互联网广告、互联网营销服务、移动数据及互联网业务等传统高产值领域均出现不同程度的负增长，广播电视广告、图书销售、报刊行业收入规模总和不及网络视听相关领域市场规模。③但挑战的同时也带来机遇，主流媒体得以重新审视发展路线，深化互联网运营思维，推进数字化转型，不断优化产业结构。

1.传统业务收入持续下滑，拓展经营新路不易

传统经营方式难以为继是新媒体时代主流媒体长期存在的现实困境，对于“最近一年影响本单位营收的主要因素”一题，四级媒体均认为，传统广告收入下滑和传统业务收视率、订阅率持续下降是影响本单位近一年营收的主要因素。传统经营方式收入下滑，对不同层级、地域的媒体的影响程度有所不同。中央媒体在“近一年影响本单位收入的主要因素”一题中选择“传统广告收入下滑”的

---

① 访谈对象02，工作单位为省级媒体，工作岗位为技术岗。

② 访谈对象04，工作单位为省级媒体，工作岗位为采编岗。

③ 崔保国，赵梅，丁迈. 中国传媒产业发展报告（2023）[M]. 北京：社会科学文献出版社，2023.

占比为82.61%，显著高于省级（66.36%）、市级（69.94%）和县级媒体（58.00%）。从地域来看，传统经营方式收入下滑对东部地区媒体的影响大于中西部媒体。顺应新媒体发展变化，拓宽新的经营形式，不仅需要经营思维的转变，也需要引进经营人才、筹集启动资金、搭建合作关系等“硬性条件”。在这些前期准备上，县级媒体和中西部媒体表现出更大的需求，在开创新业务缺乏前期资金投入、缺乏相关的人才技术、与企业间建立的合作较少等方面的问题尤为突出。

2.重视营利活动创新，实现路径和需求各异

调研结果显示，各级媒体均认为“积极申请政府资金、与政府部门合作”（54.4%）和“创新线上线下营利活动形式”（46.8%）是实现媒体长远发展的当务之急。在寻求政府支持的同时，表现出对创新各种经营业务的自发性、积极性和重视度。但在拓展经营方式，尝试自我造血，实现主流媒体长期营利上，不同的媒体有不同的实现路径、目标和需要。

从媒体的层级来看，对于做大做强，实现主流媒体长远发展，中央媒体认为建强自有品牌，以品牌影响力吸引投资最为重要，且显著多于地方媒体；地方媒体认为积极申请政府资金、与政府部门合作最重要，且显著多于中央媒体。但是，调研也发现，重视开发本地化媒介资源的县级媒体在做强新闻主业的基础上，探索出独立的营利模式。以安吉县为例，其融媒体中心探索出由“融媒体+文创”“融媒体+旅游”“融媒体+知识产权”三大业务板块构成的“融媒体+”“三板斧”的经营路子。2021年，“融媒体+创收”总额超过3.7亿元。2022年，在行业“寒潮”下，安吉县融媒体中心通过产业转型发展，全年营收达到4.87亿元，连续9年增幅都在10%以上，2020—2022年间达到20%。

从地域来看，东部媒体选择“创新线上线下营利活动形式”的显著多于中西部媒体，结合市场化经营活动的参与情况，东部媒体对创新营收模式表现出更高的重视程度，也在实践中尝试了更多的经营路径。中部地区媒体选择“积极申请政府资金，与政府部门合作”最多，且多于东部和西部媒体，对政府资金支持表现出更多的需求。

3.以业务营收为主，市场化经营程度高

为增加收入，实现自我造血，各主流媒体积极利用主营业务优势，开展市场化改革，拓展多样的营收活动，当前，业务营收仍是主流媒体的首要营利方

式。调研结果显示，大部分新闻从业者均参加过市场化经营活动，其中承接外单位新媒体运营、视频制作项目和文化品牌活动是各级主流媒体参与最多的市场化经营活动。此外，主流媒体也在积极探索直播带货、线下展销、艺术培训、地产婚礼等多元手段。以中国青年报为例，2022年初，中国青年报·中青在线率先探路独立版权运营模式，已经发行数十首具有独立版权或享有长期版权收益的原创音乐作品，并取得可观的运营成果。

从媒体层级来看，地方媒体在多项市场化经营活动的参与程度高于中央媒体，这也反映了地方媒体面对经营压力积极寻求自我造血方式。从地域来看，东部地区的媒体参与的市场化经营活动更多，中部次之，西部地区相对较少。根据各媒体集团公布的财报，以南京广电集团为例，南京广电集团积极利用主营业务优势，实现市场化、产业化发展，其营收项目占比为：基层政务占比32.12%、视频制作（精品生产）占比20.67%、主题宣传占比16.05%、活动承办占比11.72%、舆情合作占比11.48%、商业宣传占比6.16%、奖励补贴和上级拨款等仅占比1.8%。此外，湖南日报社集团公司更侧重文化品牌活动和展览，打造运营了新湖南媒体视频产业基地、湖南百公里、走娃、湖南车展、湖南旅博会、红色旅游博览会、湖南文旅产业投融资大会等品牌及活动，2022年总收入约7.9亿元，其中广告、发行、印刷、新媒体等板块收入约6.4亿元，占比约81%，楼宇、投资等多元收入约1.5亿元，占比约19%，收入手段多元，市场化经营程度增强。

五、结语

融汇十年发展成果，在全媒体传播体系的总体架构下，媒体融合迈入新阶段，正在成为建设数字中国的重要实践基础和实现中国式现代化的强劲助力。媒体融合的阶段化发展历程，反映了全球文化气候的变迁趋势和我国传媒行业重塑竞争力的实践探索。面对现实复杂性和竞争挑战，主流媒体的融合发展注定是一个系统工程，要持续推进，需要国家政策的支持与引领，需要敢探索、敢实践的改革先锋单位；需要具备体系化思维和专业化素养的领导群体，更需要越来越多对传媒行业保有热情和认同的从业者。传媒行业的高质量发展关乎人民精神世界的丰富、社会主义现代化的实现和人类文明新形态的探索，媒体融合将始终与国家发展、文化风向与群众福祉紧密联结。

我国新媒体主流舆论传播创新力研究

胡　钰　王嘉婧①

摘要：我国媒体融合发展已有10年，新媒体成为传播主流舆论的重要载体和推动主流舆论传播创新的重要动力。本研究围绕对主流舆论传播力创新的内涵理解、重视程度、创新方式、创新难点和创新效果展开调查，采用调查问卷和焦点小组访谈的研究方法，对我国新媒体主流舆论传播创新力进行调研分析。研究发现，中国新媒体自发且积极地参与主流舆论创新，多元理解主流舆论的内涵，积极拓展创新的外延，探寻主流舆论创新和商业生态的平衡。未来，新媒体平台可以在创新观念塑造、创新人才培养、创新机制保障、理性化舆论氛围营造等方面寻求进一步发展可能。

关键词：新媒体；主流舆论；创新力

以信息为主要动力的第四次工业革命深刻影响着人类社会，互联网传播方式正在发生着结构性改变，并且仍然以开放的姿态快速迭代、变化。主流媒体的传统渠道不再是主流舆论的单一传播渠道，中国新媒体成为传播主流舆论的重要载体和推动主流舆论传播创新的重要动力。

习近平总书记指出，党的十八大以来，我国网络安全和信息化事业取得重

① 胡钰，清华大学新闻与传播学院教授、博士研究生导师；王嘉婧，清华大学文化创意发展研究院特约研究员。

大成就，党对网信工作的领导全面加强，网络空间主流思想舆论巩固壮大。① 党的二十大报告强调，加强全媒体传播体系建设，塑造主流舆论新格局。纳入更多社会力量参与主流舆论格局建设，增加传播介质、扩展传播渠道、扩大受众群体，是巩固和扩大主流舆论的有力方法，也是媒体格局发展的时代选择。当新媒体力量进入，并为主流舆论建设带来蓬勃动力之际，也涌现出一系列问题。从世界范围来看，政治社会在其内涵、组织、过程与领导权上被电子媒体根本形塑。②在迈向中华民族伟大复兴的新征程上，多重力量的加入是否能够引导主流舆论向好发展，是否能够推进强国建设，成为需要聚焦的新问题。在传播方式和媒体格局发生深刻变化的时代背景下，舆论生态建设变成一项更加复杂和系统化的工程。③

基于此出发点，笔者围绕主流舆论传播力创新的内涵理解、重视程度、创新方式、创新难点和创新效果等焦点，通过调查问卷和焦点小组访谈的研究方式，对我国新媒体主流舆论传播创新力进行了调研，在对数据进行方差分析和回归分析后，得出结论。

本次调研中，新媒体的范围包括：长视频类商业传播平台，如优酷、爱奇艺、腾讯视频、哔哩哔哩等；短视频类商业传播平台，如抖音、快手等；非新闻垂类全媒体信息商业传播平台，如微博、小红书、知乎等；信息聚合类全媒体信息商业传播平台，如今日头条、腾讯新闻等；以及各类“自媒体”账号。

本次调研中，有效数据量为447，调研人群来自29个省（区、市）（图1-2-1）。41.16%来自短视频类商业传播平台，17.67%来自长视频类商业传播平台，16.33%来自“自媒体”账号，15.88%来自非新闻垂类全媒体信息商业传播平台，8.95%来自信息聚合类全媒体信息商业传播平台。其中，超过70%的被访对象参与新媒体中的内容生产、运营。在新媒体中担任管理岗位的占30.65%，在

① 深入贯彻党中央关于网络强国的重要思想　大力推动网信事业高质量发展[N]. 人民时报，2023-07-16（01）.

② 〔德〕曼纽尔·卡斯特.认同的力量[M].夏九铸等译，北京：社会科学文献出版社，2003：306.

③ 喻国明，胥伟岚，耿晓梦.如何构建主流舆论格局：研究逻辑与学术框架[J].教育传媒研究，2020(06)：6-9.

运营岗位的占27.07%，在内容策划、生产岗位的占17.9%，其余分布在技术、销售、商务和后台支持等部门。他们在新媒体当中参与的工作环节包括选题策划（42.73%）、平台管理（42.06%）、数据分析（37.81%）、内容审查（36.24%）、平台运维（34%）、平面设计（29.08%）、编辑排版（28.19%）、摄影摄像（22.82%）、采写出镜（22.37%）、用户互动（22.37%）、商务销售（22.15%）、外联宣传（16.55%），基本涉及主流舆论传播创新的各个工作环节（图1-2-2）。

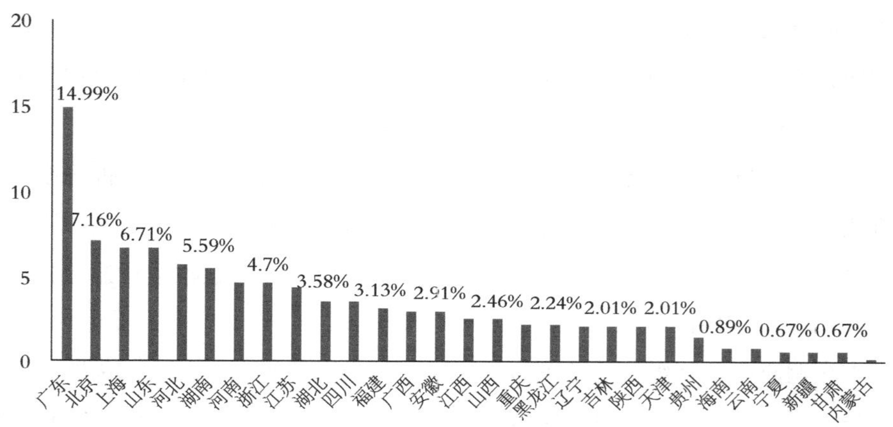

图1-2-1 有效样本地区分布

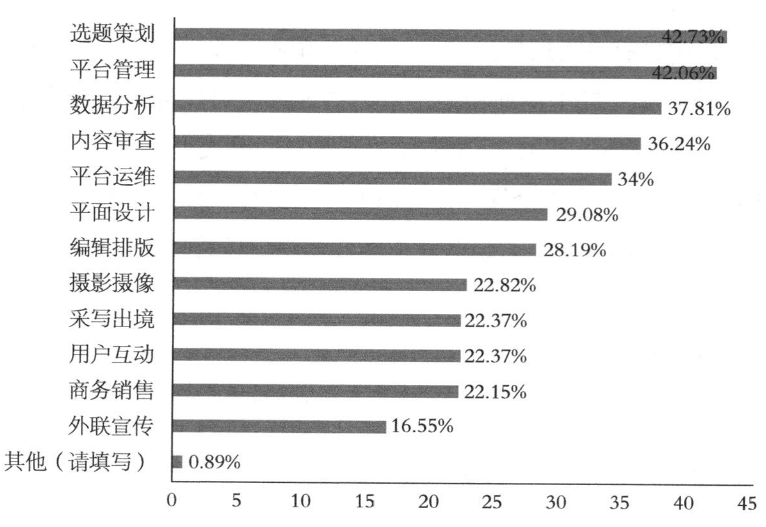

图1-2-2 有效样本参与的新媒体工作环节

有效样本中，年龄段分布最多的是30—39岁，占比53.02%，其次是29岁及以下，占比36.69%，40—49岁的占比7.61%，50岁及以上占比2.68%。32.44%的受访者从业年限是1—3年（包括3年），29.08%的受访者从业3—5年（包括5年），20.36%的受访者从业5—10年（包括10年），8.05%的受访者从业10年及以上。九成左右的样本都有着1年以上的新媒体工作经历，能够客观反映新媒体运行状况。

一、创新的锚点：统一、正向、丰富的内涵理解

新媒体的繁荣带来新闻传播活动的大发展。从工具理性的角度看，这种活跃度体现了技术进步的作用；从价值理性的角度看，这种活跃度存在行为失范的隐忧。[①]“主流舆论”的说法提出已久。中国道路的人民属性，造就了主流舆论会随着人民需求和社会矛盾的时代性变化而不断动态丰满。对于主流舆论在传播实践中的具体把握，很难落点至严格、清晰的执行框架。因此，创新主流舆论传播，确保其积极的发展方向，需要各方力量对于其内涵有基础的共识。调研结果显示，我国新媒体对于主流舆论的内涵有着统一、正向和丰富的理解。

整体而言，我国新媒体从业者对于主流舆论的理解是，积极、向上、善意的言论（68.46%），符合社会主义核心价值观的言论（64.21%），与社会发展方向相一致的言论（59.06%），占据主流地位的言论（56.15%），符合国家政策的言论（54.81%）；也有部分从业者认为，主流舆论是指真实、可靠的言论（49.22%），或者恰当、准确的言论（36.02%）（图1-2-3）。

在新媒体共性理解的基础上，不同媒体类别属性对于主流舆论的理解存在差异。“自媒体”账号从业者，更倾向将主流舆论理解为积极、向上、善意的言论（78.08%），高于将其理解为符合社会主义核心价值观的言论（68.49%）。视频类平台也对言论的积极、向上、善意更为重视，长视频与短视频类商业传播平台对该元素的重视度分别为67.09%、64.13%。值得注意的是，非新闻垂类全媒体信息商业传播平台和信息聚合类全媒体信息商业传播平台，对于符合社会主

① 胡钰，虞鑫.构建中国特色新闻学：何以可能与何以可为[J].国际新闻界，2016，38(08)：92-115.

义核心价值观的重视程度最高，分别为70.42%和72.5%。

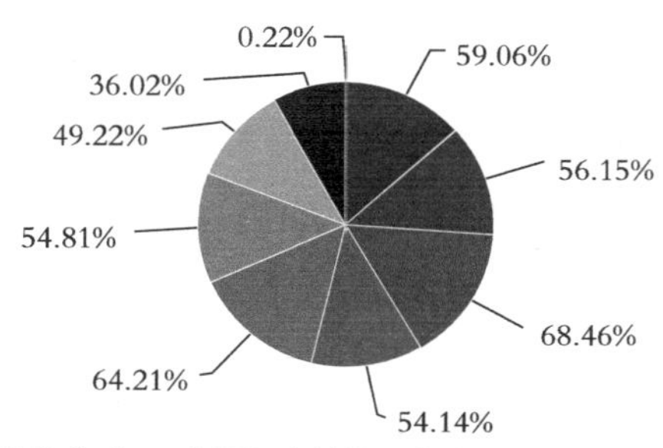

图1-2-3　中国新媒体对主流舆论的内涵理解

关于主流舆论体现恰当、准确言论的维度，不同平台表现出较大的差异（图1-2-4）。信息聚合类全媒体信息商业传播平台，如今日头条、腾讯新闻等，以及“自媒体”账号表现出较高的重视度，分别占比47.5%和45.21%。短视频类商业传播平台和非新闻垂类全媒体信息商业传播平台对此的认知低于平均值，分别为32.61%和23.94%。真实性是对新闻报道的第一要求，在马克思主义新闻观里，真实性的要求不仅是报道的原则，更是科学的方法，即坚持用辩证法和唯物史观来看待事物发展并给予全面反映。习近平总书记在党的新闻舆论工作座谈会上指出，真实性是新闻的生命①。真实、客观、准确是主流舆论必不可少的基石，从这个维度而言，新媒体对于该价值内涵的把握有待提高。

推动主流舆论的创新，需要明确其导向。在我国新媒体创新实践中，明确主流舆论的内涵，有助于拓展内容和形式的外延，确立正确的方向。对于主流舆论的理解，决定了不同媒体平台的内容制作偏好。总体而言，我国新媒体对于主流舆论的理解偏向感性层面，倾向发布积极、向上、善意的，符合社会主义核心价值观的内容，但是对于理性判断和处理信息的重视程度，仍有提升空间。

① 坚持正确方向创新方法手段　提高新闻舆论传播力引导力[N]. 人民日报，2016-02-20（01）.

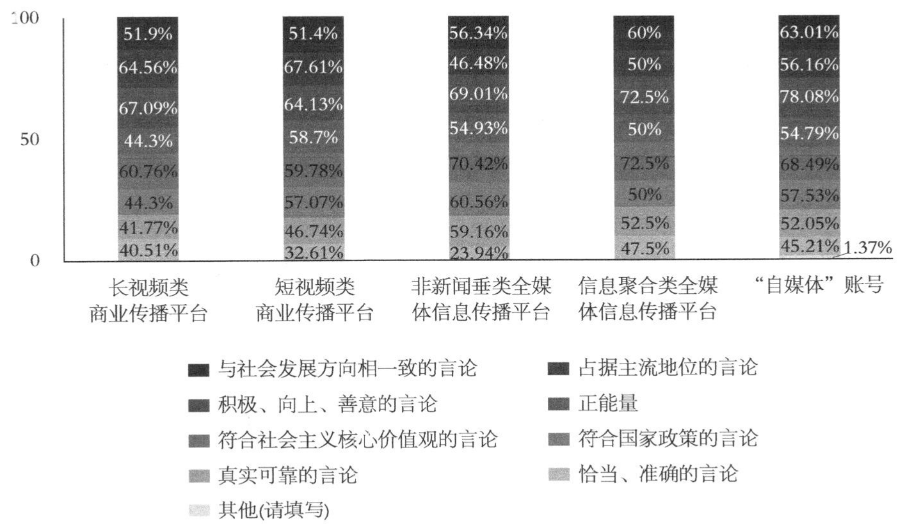

图1-2-4　不同媒体属性对于对主流舆论的理解

二、创新的动力：基于媒介责任与平台利益的高重视度

外在的政策要求和内在的媒体责任感，是媒体传播主流舆论的动力。但是对于多元、复杂、开放的新媒体环境而言，参与人员众多、诉求不一、背景不同，难以对其进行统一的、标准化的要求，主流舆论传播创新更多是自觉的行为。对此的重视程度，决定了我国新媒体在此领域的投入力度，直接影响主流舆论创新效果。

（一）主流舆论传播力创新分析

总体而言，我国新媒体十分重视主流舆论传播力的创新。67.34%的被调查者认为主流舆论传播需要不断创新，根据时代发展，不断更新外在形式。对于创新的动态理解，促使新媒体持续迭代主流舆论传播形态，不断产出优秀的传媒内容。

以推动中华优秀传统文化传播为例，大量的“自媒体”账号持续产出相关领域内容，并在形式和内容层面不断推陈出新，传播爆款层出不穷。例如，博主江寻千通过自己的“自媒体”账号，完整记录千年来“传男不传女”的打铁花学习体验，展现了这一来自黔南技艺的“铁树银花落，万点星辰开”的极致浪漫。该视频上线至今，全网播放量破两亿次。在此之前，江寻千持续上传

“非遗”相关内容，如画糖画、做纸鸢、制作苗族传统银饰、制作绒花和通草花等。非遗题材内容大多以拍摄专业匠人为主，江寻千独辟蹊径，学习不同非遗技艺，创新出“体验派非遗”内容。她通过娓娓道来的讲述方式，诠释飞速发展时代，看似“失速”的非遗却意外地带来了宁静与治愈。持续产出和高流行度为其吸引了大量观众，带来了广告收入，继而形成良性的内容生产生态。

江寻千的案例可以被视为李子柒式国风类内容的升级。除此之外，许多“自媒体”账号还进行着传统文化传播创新尝试。“自媒体”账号“煎饼果仔（本人）”发布了虚构类短剧《逃出大英博物馆》，用拟人化的手法讲述了在大英博物馆的中国文物小玉壶的归家之路。小玉壶带着许多流落他乡的文物的惦念，辗转回到祖国，找到它们过去的伙伴，抒发着游子的拳拳在念。在时下年轻人喜欢的恋爱故事外壳下，寄托了既有文化底蕴，又有家国情怀的动人想象。全片只有3集，时长分别为2分43秒、4分39秒、9分38秒。该片正片上线5天后，在抖音平台的播放量就突破10亿次，并形成关于中国文物流失海外的社会讨论。值得一提的是，这部短片由创作者自制，并非大体量制作，导演同时兼任男主演，在中英两国拍摄，创作风格清新、出类。新媒体创作者又一次通过“小而美”的独立制作，为主流舆论传播创新带来了可借鉴的模板。

对于主流舆论创新的重视，是我国新媒体从业者的责任感和媒介素养的表现（图1-2-5）：63.98%的受访者认为，主流舆论传播力创新是对民众负责的举动，有利于社会发展；63.53%的受访者认为，这是媒体平台的基本素养，也是立身之本。部分受访对象认为主流舆论传播创新与平台利益具有相关性：55.7%认为，创新主流舆论传播力有利于平台的长远发展，47.2%认为能够帮助平台实现更好的传播效果，38.93%认为能够帮助平台获得更好的商业收益，也有38.7%认为在此方面的投入有利于平台建立良好的舆论氛围和口碑。只有30.87%认为出于上级机构的要求进行主流舆论传播创新。由此可见，我国新媒体从业者基于媒体责任感和媒体利益驱动，主动、自觉地参与主流舆论传播创新中。

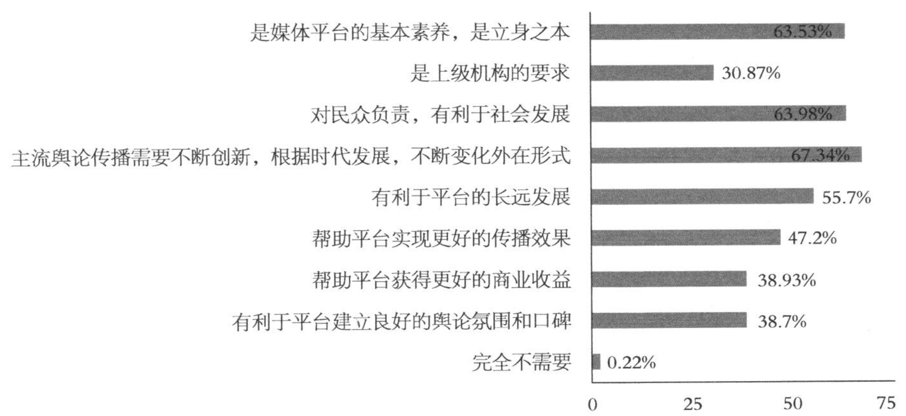

图1-2-5　中国新媒体主流舆论传播力的创新原因

（二）主流舆论影响力推动创新发展的考量分析

超七成的受访者表示，所在机构非常重视主流舆论影响力，其中30.43%给出满分5分，43.62%给出4分的评判（图1-2-6）。通过方差分析，基于评估机构属性（X）和单位属性（Y），得出对主流舆论影响力重视程度的影响。在假设检验中，我们发现F统计量的值为0.275，对应的p值为0.894，大于显著性水平（通常为0.05）。这意味着机构属性对主流舆论影响力重视程度没有显著差异。

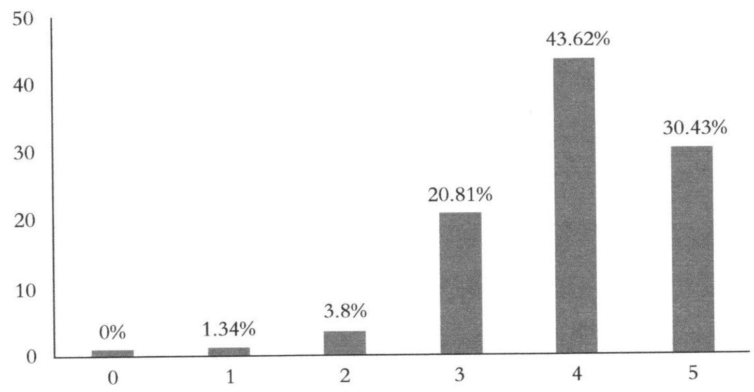

图1-2-6　在日常业务中，您所在的机构对于主流舆论影响力的重视程度为：（0–5，数值越大，重视程度越高）

在内容创新方面，八成以上的新媒体机构将推动主流舆论影响力纳入重点考虑范围。其中，接近半数的受访对象表示，所在机构以推动主流舆论影响力为动力进行创新（46.76%），35.12%表示所在机构强调主流舆论影响力，但不占据主导地位，18.12%表示所在机构会在前期选题阶段予以考虑，如果没有，也不会刻意追求。对于主流舆论创新的重视程度，决定了新媒体在扩大影响力方面扮演着重要角色。在内容建设体系当中，新媒体机构对于主流舆论影响力的重视程度较高。其中23.71%受访者的所在机构认为构建主流舆论影响力是内容建设的决定性因素，57.72%认为是重要因素。这说明，主流舆论内容比重不断提升，是内容建设不可或缺的一环。

为了保证主流舆论内容影响力，新媒体机构通过绩效考评体系予以调控和激励。其中17.9%的受访者表示主流舆论影响力是绩效考评的决定性因素，57.27%表示是绩效考评体系中的重要因素，仅有接近6%的受访者表示它在绩效考评中的影响力较弱（4.47%），或者不在绩效考评体系中（1.34%）。将主流舆论传播创新实际效果评分（Y变量）和所在机构对于主流舆论影响力的重视程度（X变量）两个因素进行方差分析发现，F统计量的值为12.621，对应的p值为0.000，小于显著性水平（通常为0.05），这表明在考虑重视程度级别时，不同级别之间存在显著差异。

分析结果显示，重视程度在绩效考评体系中的重要因素级别和决定性因素级别的均值较高（分别为4.70和5.17），而其他级别的均值较低。这表明重视程度在绩效考评体系中的重要因素和决定性因素，对主流舆论传播创新实际效果评分有显著的正向影响，激励性的绩效体系有助于推动主流舆论创新传播实现更好的效果。

综上所述，我国新媒体对于主流舆论传播创新十分重视，媒介责任感是创新的精神内核，发展主流舆论符合平台发展利益成为创新的内部动力，绩效体系等配套机制构建了创新的护航驱动。

三、创新的途径：寻求多元方式，扩大主流声音

在实践过程中，我国新媒体遇到诸多难点，尤其是把握主流舆论的根基与传播效果之间的平衡。同时，困难亦催生了创新的动力，我国新媒体尝试通过

多元途径，探索创新可能。

（一）联合创新：寻求与主流机构合作

在主流舆论创新方面，我国新媒体最常用的方式是寻求外部支持。与主流媒体合作，成为新媒体普遍的创新方法（58.39%）。主流媒体在我国民众心中有着较高的公信力和权威度，对于政策和舆论的理解更加深入、准确；新媒体在内容制作、传播能力、受众心理探究等方面有着明显的优势。二者的联合，可实现优势互补，贡献出一系列优质内容。比如，《中国妇女报》与“自媒体”账号新世相合作的《她改变的》系列微纪录片持续关注女性议题，讲述女性科学家、运动员、船员等各个专业领域的突出表现和感人故事。在妇女节上线的罗海香一期，关注村医群体，反映农村女性生育状况的改变，客观呈现了我国女性观念和地位的进步。该片因其清新的影像风格、细腻的叙事手法和温暖的故事基调，多次登上社交平台热搜，并被业内人士认为是主流舆论传播创新的经典案例。

除了主流媒体之外，政府和高校同样是新媒体进行主流舆论创新时会主动考虑的伙伴。46.53%的新媒体会加强与政府合作，如抖音有专门的部门同地方政府沟通，帮助推介当地资源等；43.18%的新媒体与高校加强合作，探索创新方向。

（二）选题创新：国家发展与民生关切，传统赓续与现实观照

选题创新是内容生产的第一步，决定了内容方向。我国新媒体主流舆论创新较为集中地关注以下选题（图1-2-7）。

1.基于大政方针

国家大政方针是新媒体内容选题创新的主要话题（53.91%），许多新媒体重点跟进打赢脱贫攻坚战、“双碳”目标等议题。比如，2023年是共建“一带一路”倡议提出十周年，新华社与“自媒体”机构“上度”共同推出《问道无疆》系列纪录片，从医生的角度，看待“一带一路”倡议对共建国家和人民的影响。第一集讲述医生心怀苍生之道，踏上靠近病人之路的故事。中国医生在照顾好本国病人的前提下，为共建国家诊疗、培养医生队伍，成为构建人类命运共同体的又一有力佐证。

2.观照社会发展

新媒体关注社会问题和发展趋势，48.77%的受访者表示所在机构会以此为

依据进行选题创新。微博、小红书、抖音等商业传播平台会通过热搜、话题机制进行议程设置，让时下用户关心的社会问题产生更大的关注度和讨论度。例如，小红书热门话题“感觉身边越来越多人在重启人生”，源于用户发布的个人分享帖。用户们分享着如何克服年龄或者学历的限制，即便人到中年，依然有权利选择更好的生活，打破看似平稳、实则“堕落”的稳妥，选择重回校园或者更换工作等。此类内容激发了用户的热烈讨论，评论区汇集了许多“重启人生”的个人经历。该话题虽然基于个体体验，却客观反映了社会包容度逐步增加，人们有能力和机会寻求自我提升，创造美好生活。新媒体平台通过话题设置和用户的真实分享，鼓励更多人突破自我、追逐梦想，抚慰着社会转型期寻求自我突破、但受阻于传统观念的群体的焦虑与迷茫，形成一股积极能量的传递。

3.关注传统文化

40.49%的受访者选择以传统文化为基础，进行选题创新。习近平总书记在2018年全国宣传思想工作会议上指出，中华优秀传统文化是中华民族的文化根脉，其蕴含的思想观念、人文精神、道德规范，不仅是我们中国人思想和精神的内核，对解决人类问题也有重要价值。[①] 在党的二十大报告进一步强调，中华优秀传统文化源远流长、博大精深，是中华文明的智慧结晶，其中蕴含的天下为公、民为邦本、为政以德、革故鼎新、任人唯贤、天人合一、自强不息、厚德载物、讲信修睦、亲仁善邻等，是中国人民在长期生产生活中积累的宇宙观、天下观、社会观、道德观的重要体现，同科学社会主义价值观主张具有高度契合性。[②]

近年来，新媒体中涌现了一大批以中华传统文化为根基的内容创作，掀起了传统文化热、国风热等一系列风潮。例如，博物馆内容的火爆，与新媒体平台的积极助推不无关联。央视新闻推出“央小新（文博版）”账号，聚焦传统文化和博物馆垂类内容。该账号从发起阶段就受到小红书平台的支持。小红书组建了专门团队，帮助央视新闻分析用户心理，探索内容创新，让传统文化内容

① 举旗帜聚民心育新人兴文化展形象　更好完成新形势下宣传思想工作使命任务[N]. 人民日报，2018-08-23（01）.

② 高举中国特色社会主义伟大旗帜　为全面建设社会主义现代化国家而团结奋斗[N]. 人民日报，2022-10-26（01）.

获得更多的曝光。

除了助力专业媒体，新媒体平台还鼓励民众参与传统文化内容的创新传播。用户们纷纷寻找着博物馆中的“显眼包”。这是网友们利用当下时代的认知体验对文物的再解读，形成了后现代解构的趣味诠释。景德镇博物馆的“无语菩萨”，广东省博物馆造型逼真的“白切鸡”，山东博物馆中象征着古代王权、却露出傻傻微笑的“亚丑钺”等“显眼包”文物都能够帮助发布者获得大量的关注，也推动了大众对于文物的认知，让更多人走进博物馆。新媒体平台通过话题设置、流量扶持、创作激励等方式，将传统文化与现代生活相结合，搭建当代人对于传统文化的兴趣桥梁，扩大传统文化在生活中的使用情境。

4.关注民众生活

39.37%的受访者表示，所在机构以服务民众为出发点进行选题创新。新媒体在公共服务范畴内扮演着越来越重要的角色。新媒体会根据地域、节庆、特殊事件等不同主题，推出多元的公共服务企划。例如，许多新媒体参与乡村振兴服务，帮助推广农产品、工艺品等。新媒体还将布局延展到社区内，从网络空间走入现实空间，通过叠加生活服务，为各类社会单元提供帮助。

另有33.78%的新媒体以公益为目的进行选题创新。民众对于公益的理解在新媒体的助推下得到了延展。新媒体的公益内容不只是以捐助为目的，而是带领民众走近特殊群体，如留守儿童、乡村女性、罕见病患者等。通过内容创作，这些常被忽视的群体走进大众视野，使人们能够平等地了解他们的生存状况。如此的创新方式，打破了过去“帮助”与“被帮助”的单一关系，改变着对于特殊群体的俯视审视，以更加健康、双向的方式建立对话。在大众为特殊群体带来帮助时，特殊群体也为大众带来情感价值和生活启示。从公益捐助的角度来看，新媒体汇集公益项目，让捐助途径更加便利，使公益从少数人的特殊行动，变成所有人都可以参与的日常行为。例如，腾讯公益将公益行为与小红花标志结合在一起，通过强视觉联动传递了意义：做公益的人都值得一朵小红花，小红花也可以累积成为捐助的资金。腾讯公益还与微信支付深度绑定，在支付后，会弹出凑整捐助公益的选项，让零钱发挥大用，让日常支付行为连接更大的社会贡献。以2022年感恩节为契机，腾讯公益推出“小红花，不怕晒”的活动，用户可以在自己的头像上添加小红花，显示参与的公益项目数量。许多主流媒体、“自媒体”账号率先更新头像，将公益行为转向生活社交场域。让“做好事”成为一件被分享的美好之事，并通过熟人社交关系网络持续扩散。新媒体推动公益项目的功能机制和内涵意义的拓展，助力中国公益事业发展向前。

（三）形式创新：积极拓展主流舆论流行度

42.73%的受访者表示，所在机构倾向对主流价值观选题内容进行形式创新，如表达方式、表现形式、互动形式和平台功能设置等。32.44%认为，应当运用年轻化的表达方式进行主流舆论传播。

有相当一部分用户生产的内容具有主流传播创新潜力。在传统的主流舆论传播中，这些年轻化或者通俗化的话语容易被修改为更加正式的表述方式。新媒体平台捕捉到用户自发内容与主流舆论的内部共性，通过形式创新，将主流价值观以更贴合用户的方式进行潜移默化的传播。

以话题“其实国内才是社恐人的天堂”为例，社恐是指恐惧社交压力的人，虽然是网络化用语，但也代表着一个庞大群体的共性特征。话题源于一些网友的个人感受：在国内通过扫码点餐、电子支付等一系列操作，能够在“低社交状态”中完成吃饭、购物、旅行等体验。这些体验侧面反映出国内发达的电子服务功能和便利的生活基础设施建设。许多“社恐”用户参与到这一话题中，用真实的生活细节分享国内的自动化城市生活。表面上，这类内容和主流舆论呈弱相关性；深入分析后可知，二者的内核有着强关联性。源于个体经验的真实表达，脱离于固有的主流语态，却为主流意识形态带来了更丰富且润物无声的佐证。再如话题“一把伞撑起了人间温暖”，最开始来源于用户上传的一张图片。图中十几个陌生路人为了避雨，紧紧蜷缩在一把路边红伞下，从衣着判断，既有警察、保安，又有路上行人。虽然天气不佳，但是每个人因为下雨的趣味相聚都露出笑容。话题通过示范、激发、鼓励参与的模式，形成了一次集体内容创作，完成了发布者与观看者关于“人间温暖”的共鸣。

仅有27.74%的受访者，会通过更新互动机制的方式，鼓励主流价值观。24.83%的媒体倾向打造主流舆论浓厚的社群文化。23.27%的新媒体会改变信息推送机制，加强主流舆论的曝光。这源于新媒体平台通常以用户为中心，由用户喜好决定内容曝光度，这也是用户黏性的根本原因。新媒体平台面临的竞争难题是内容逐渐趋同，如何通过推荐机制反向引导用户创作。因此，推荐机制、互动机制等被视为新媒体平台的核心竞争力。对于主流内容的推荐也需要在符合用户喜好的前提下进行。

图1-2-7 新媒体机构主流舆论传播力创新方式

四、创新的困惑：突破与安全、商业与责任之间的平衡

关于主流舆论影响力创新的方式，很多新媒体依然存在困惑，既有来自机构内部体制机制的挑战，又有需要联合外部力量通力解决的难题。

（一）创新的困境

在所有难题中，最为突出的是缺少专业人才（44.74%）。新媒体亟须既能够把握主流舆论内涵，理解国家大政方针，对社会问题有着理性、准确、建设性的判断；又了解传媒实务，能够在创作手法上进行创新，把握传播规律的创作者。部分新媒体通过外部合作的方式解决此问题，在特定项目中，邀请具有主流舆论创新能力的人才加入。但是整体而言，既能把控方向，又有实操经验的创新型创作者仍为少数。部分新媒体通过人才优势互补的方式进行创新，但是在执行过程中，二者的沟通存在障碍，存在磨合难度，较难形成完整的创新实践。

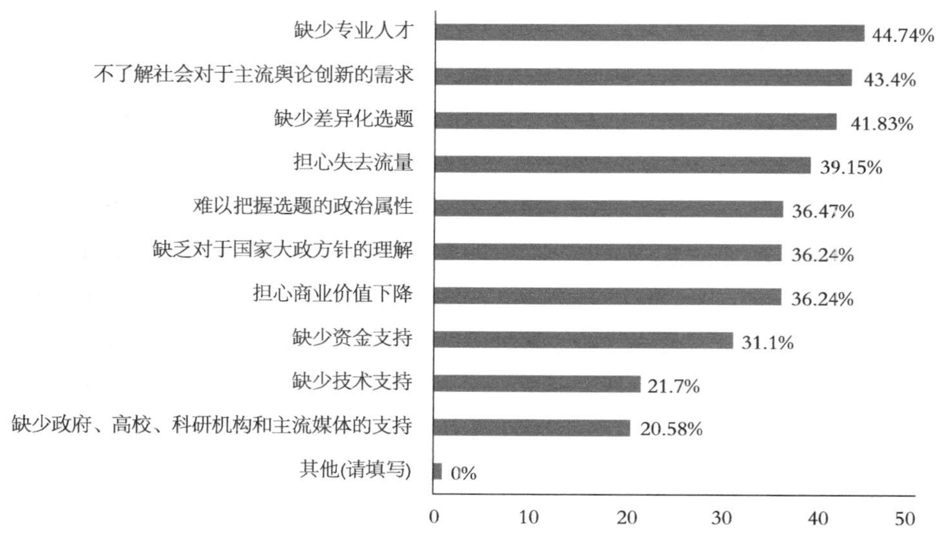

图1-2-8　新媒体机构主流舆论传播力创新难点

不了解社会对于主流舆论创新的需求，是目前新媒体面对的难题（43.4%）。在什么维度进行创新、如何创新、创新的边界在哪里、传播效果是否符合监管等是困扰传媒从业者的突出问题。对于主流舆论创新的模糊理解，会导致创新方向失焦、动力不足、趋于保守。对于主流舆论内涵了解不足，将导致一系列问题（图1-2-8），如缺少差异化选题（41.83%），难以把握选题的政治属性（36.47%），缺乏对于国家大政方针的理解（36.24%）。很多新媒体在具体实践中倾向于同质化、传统化，防止未知的监管风险和传播风险。一些创新的实践可能便被创作者或者机构埋没在摇篮中。有近四成的新媒体机构遇到的主流舆论传播创新难点是担心失去流量（39.14%），或者担心商业价值下降（36.24%）。主流舆论传播在民众生活中扮演着重要的角色，但是用户需要多元化的内容。同时，随着媒介意义的扩展，传媒已经不简单是传递信息价值的渠道，更成为生活工具。新媒体机构需要满足用户不同层面的需求，才能够确保其用户活跃度和商业价值。因此，要做好主流舆论与其他信息之间的内容平衡。

新媒体成为主流舆论传播创新的重要途径，但是这些机构也需要依靠外部力量去完成持续性探索。31.1%的受访者提出需要资金支持，21.7%提出需要技术支持，20.58%提出需要政府、高校、科研机构和主流媒体的支持。

虽然在主流舆论传播创新方面遇到了诸多困境，但是新媒体机构依然努力探寻破解方式。寻求主流媒体合作（51.23%），与高校、科研机构合作开展学习活动（51.23%），开展培训，深化员工对于主流舆论的理解（50.56%），成为最常用的方式；还有许多新媒体机构通过和外部制作机构、商业机构展开主流舆论内容的深度合作来进行创新（44.52%），也有部分新媒体机构选择与政府部门合作，如共同开发选题等（42.73%）。

（二）主动突破的方式

针对上文提到的人才不足的痛点，44.52%的受访者表示所在机构会引入专门人才负责主流舆论传播力创新的问题。

从商业营利的角度而言，新媒体机构在努力寻求商业与主流舆论影响力之间的平衡（图1-2-9）。其中，14.77%的机构，对于主流舆论传播创新的内容，不考虑商业表现；20.36%的机构，在主流舆论传播创新的前提下，会寻求商业可能，但是如果没有实现亦可；63.53%的机构希望更加可持续地发展，寻求主流舆论传播创新和商业的双重成功；只有1.34%的机构，在没有商业可能的情况下，不进行主流舆论传播创新。

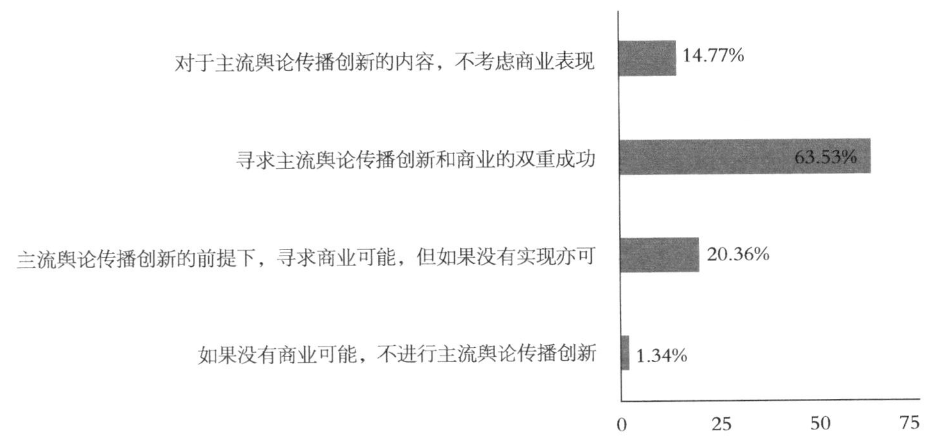

图1-2-9 新媒体对待主流舆论传播表现与商业表现间关系的态度

将自变量设置为单位属性，通过对自变量不同选项的均值进行比较，可得F值为1.004，对应的显著性水平为0.405，大于设定的显著性水平（通常为0.05），这表明新闻媒体机构属性对考虑主流舆论创新与商业表现间关系的影响存在显著差异。长视频类商业传播平台（均值：1.96，标准差：0.69）的样本均值较低，说明在此类平台上，主流舆论传播创新与商业表现的关系相对不显著。短视频类商业传播平台（均值：2.09，标准差：0.66）的样本均值较高，表明在此类平台上，主流舆论传播创新与商业表现的关系较为明显。非新闻垂类全媒体信息类商业传播平台（均值：2.14，标准差：0.57）的样本均值居中，表明在此类平台上，主流舆论传播创新与商业表现的关系较为平均。信息聚合类全媒体信息商业传播平台（均值：2.15，标准差：0.53）的样本均值略高于其他选项，表明在这类平台上，主流舆论传播创新与商业表现的关系相对较强。“自媒体”账号（均值：2.10，标准差：0.6）的样本均值与前几个选项接近，但略低于其他选项。

主流舆论传播创新与商业表现的关系在不同单位属性下存在显著差异。其中，在短视频类商业传播平台和信息聚合类全媒体信息商业传播平台上较为明显，即这两个平台更看重主流舆论传播创新和商业表现兼而有之。而在平衡创新与商业考量下，37.58%的受访机构会选择了解用户需求，进行有针对性的创新；32.44%的机构选择在此方向加大资金投入；28.64%的机构会建立专门的机制，鼓励主流舆论传播创新。

五、创新的未来：形成主流舆论与新媒体共同发展的正向循环

从实际效果出发，多数机构对于自身的传播创新表示满意。其中，17.45%的机构非常满意，42.95%满意，32.89%基本满意。

将创新实际效果评分和在日常业务对于主流舆论影响力的重视程度作为因变量和自变量后进行回归分析后发现，重视程度评分对效果评分有显著的正向影响，其系数为0.43，t值为10.30，p值为0.000，说明重视程度越高，主流舆论传播创新实际效果越好。此外，模型的R^2为0.193，调整R^2为0.191，F值为106.183，p值为0.000，说明模型拟合度较好。

其中，75.62%的机构认为获得很好的传播数据，如观看量、互动量等；62.86%的媒体获得更高的商业价值，如售卖额、广告收入等；57.49%的机构认为

创新内容获得良好的民众口碑；47.64%的机构认为对社会产生了实际推动效果，如推动乡村振兴、地方旅游等；也有35.12%的受访者对政府部门的认可和反馈较为满意。

受访者认为，22—32岁之间，也就是90后用户最能够接受主流舆论传播创新（综合得分5.89），其次是18—22岁的00后（综合得分5.04），紧随其后的是32—42岁的80后（综合得分4.72），70后（综合得分3.31）和18岁以下的未成年（3.17）受影响程度较少，52—62岁及62岁以上人士接受主流舆论传播创新程度最低。这与目前新媒体主要是针对年轻群体的用户习惯进行传播创新有较强关联。

（一）形成传播正向循环

保持主流舆论传播创新的持续性动力，要形成新媒体机构对于传播效果正反馈的正向循环。新媒体机构的商业属性使其必须平衡媒体责任和媒体生存之间的关系。这与过去主流媒体主导的主流舆论传播大不相同，会在操作方式、传播途径、传播语态方面表现出诸多差异。新媒体从业者应当对此怀有开放性的心态和时代性的眼光，把握主流舆论内核稳定的前提下，允许外延表现得多元与变化。

（二）鼓励包容性创新氛围

主流舆论是社会意识形态的基石，在确保其稳固性的同时，应当形成鼓励创新的包容性氛围。面对的创新人才紧缺的突出问题，新媒体机构需要在人才政策体系中突出创新导向，鼓励每一个社会细胞的创新活力。实施创新驱动发展战略，建立全方位全过程的创新人才政策体系，以及适应科技人才成长规律的人才政策体系，重点是评价政策和使用政策。[①]

（三）建立跨机构沟通机制

建立新媒体与政府、主流媒体、高校之间的沟通机制，既能解决新媒体对于主流舆论的困惑，又能帮助政策制定者、学术研究者、主流媒体从业者更好地理解最新的传播趋势、用户心理，在多方理念的碰撞下共同探索创新性。

① 胡钰.增强创新驱动发展新动力[J].中国软科学，2013(11)：1-9.

六、结语

做好党的新闻舆论工作，营造良好舆论环境，是治国理政、定国安邦的大事。推动主流舆论传播创新，要推动新闻舆论工作在理念、方法等方面的全面创新，建设积极清朗的新闻舆论生态，对内凝聚人心持续奋斗，对外展现良好国家形象广交朋友。同时，主流舆论创新需要清醒、客观地认知新媒体所带来的复杂化、多元化、情绪化、浅表化的媒介特征改变。新闻既是客观事实的反映，又在用户的发布过程中进行有选择的生产，反映了个体的价值观。新闻的这一属性在用户被广泛赋权的新媒体时代越发凸显，这向传统主流舆论引导方式发出了挑战。

创新观是新媒体主流舆论传播创新的精神指引，核心是以人民为中心。新媒体时代，让民众的声音更容易被听到，主流舆论传播创新需要时刻注意更好地服务人民、理解人民、表达人民、引导人民。新媒体的主流舆论创新需要把握积极性原则，释放善意、向上、和谐的价值观，推动社会进步，避免置身事外的旁观和不切实际的批判。要让新形势下的最新传播规律“为我所用”，推动主流媒体的内容生产和传播与用户需求相融合，接纳用户成为主流舆论生产者，并将着力点放在积极的舆论生态建构上。提升主流舆论的创新气质，不仅需要新媒体的参与，更需要政府、学界和传播从业者对于主流舆论创新的包容性理解、动态化更新、系统性分析和准确化判断。

第二章

重点聚焦

全媒体传播体系建设：现状、问题与优化策略

支庭荣　张颖琳①

摘要： 全媒体传播体系建设的重要目标之一是通过打造“关键节点网络”来巩固壮大主流舆论阵地。对于全媒体传播体系建设的评价，可从产品、渠道、用户等维度入手。目前，我国全媒体传播领域的生产者网络、传播者网络和消费者网络运行态势良好，效能可进一步提升。在政策落地过程中，从更为宏阔的视野来考察全媒体传播体系，许多难题有望获得突破，其中以理念、制度和技术创新为要。

关键词： 全媒体传播体系；媒体融合；关键节点网络

当今世界正经历百年未有之大变局。若从细部观察，新闻传播领域亦处于这一大变局之中。一方面，信息技术革命不断升级，大数据、区块链、人工智能等新技术大大拓展了自互联网诞生以来社会整体和用户个体的传播空间；另一方面，传播格局和媒体生态在技术与社会的交互作用下持续演进。新的技术打造新的平台，新的平台铸就新的传播阵地。数字化、网络化、智能化的技术导向既使传播主体更趋多元、平台嵌入更趋紧密、舆论场态势更趋复杂，同时对管理和调控的压力更大了，要求也更高了。作为应变之道，全媒体传播体系建设是媒体融合发展的新方向、新目标，对全行业来说堪称一场紧迫的自我革命。

面对国家战略需求和媒介领域变革的新情况，了解全媒体传播体系的基本

① 支庭荣，暨南大学新闻与传播学院教授；张颖琳，暨南大学新闻与传播学院研究生。

架构，分析其阶段性的成效和不足，有助于充分认识我国全媒体传播体系建设的发展路径，为这一系统工程的持续推进提供对策建议。

一、全媒体传播体系建设的目标与路径

对于我国的媒体行业来说，全媒体传播体系建设不啻一项意义深远、影响广泛的顶层设计。2014年8月，习近平总书记在中央全面深化改革领导小组第四次会议上强调，要遵循新闻传播规律和新兴媒体发展规律，同时指出，形成立体多样、融合发展的现代传播体系。2019年1月，习近平总书记在十九届中央政治局第十二次集体学习时指出，要形成资源集约、结构合理、差异发展、协同高效的全媒体传播体系。2022年10月，习近平总书记在党的二十大报告中强调，加强全媒体传播体系建设，塑造主流舆论新格局。“资源集约、结构合理、差异发展、协同高效”这十六个字是全媒体传播体系建设目标与路径的重要指针。

“全媒体传播体系”是对信息技术和媒体格局现实与未来的深刻洞察和精准把握。习近平总书记指出，全媒体不断发展，出现了全程媒体、全息媒体、全员媒体、全效媒体，信息无处不在、无所不及、无人不用。这是对媒体、平台、其他机构、普通用户以人工和智能方式生产内容、消费信息新理念、新方式、新形态的生动概括。信息生产和传播的泛在化现象，必然要求牢牢占据这一泛在空间的关键节点和制高点，打造新闻信息传播的“关键节点网络”，形成协同高效的一体化主流传播系统。

（一）打造新型主流媒体是全媒体传播体系建设的重中之重

套用计算机的术语来说，打造新闻信息传播的“关键节点网络”需要核心的架构、操作系统和其他软硬件。其中，新型主流媒体是最重要的硬件设备。

媒体融合发展从技术的涓滴累积、行业的零星探索、学界的日益关注，到上升为国家层面的顶层设计，推动媒体变革转型、建设具有强大影响力竞争力的新型主流媒体已成为全社会的共识。过去，主流媒体取得了显著的业绩，发挥了重要的舆论引导作用。当下，在全媒体传播体系建设中，新型主流媒体是不可或缺的基石。

在纷繁复杂的舆论环境中，主流媒体必须承担起引领舆论风向的使命，必须具有强大的传播力、引导力、影响力和公信力，在新技术、新现实、新用户

面前，确立自己的内容和其他优势，使党的声音有效触达各类用户，发挥好风向标、调节器、压舱石的作用。

新型主流媒体意味着顺应信息格局变化，把握新闻信息传播规律，走在时代前列，在源源不绝的信息流中占据领导和中心地位，从整体上建构和驾驭传播新生态，守护壮大社会主义核心价值观的版图，为中国式现代化保驾护航。

（二）构筑网上网下同心圆是全媒体传播体系建设的必然要求

回顾新信息技术革命以来传播生态所发生的重要变化，必然绕不开信息传播的分散化、碎片化与社群化。从个体到社区、群组、平台，从通信式连接到广场式站点，海量的长尾式的“非关键节点”逐渐拥有了影响乃至左右舆论场的力量。这对重构“关键节点网络”提出了新要求。

就网络空间而言，其中的“非关键节点”不仅数量庞大，而且成分多元，包含普通网民、新晋网红、网络大V、营销账号、机器人账号、各类平台等。在互联网趋向移动化、社交化且向Web3.0演进的背景下，网络舆论不仅复杂多变，而且容易与网下形成同频共振，令热点话题的振荡幅度加大，甚至会带来意想不到的附带后果。与此同时，由于意识形态差异，重大突发事件的影响或人为渗透突破国家边界，威胁网络空间安全，令互联网治理充满挑战。

从这个意义上来说，全媒体传播体系建设不仅依托主流媒体的转型发展，而且依赖社会生活、网络空间管理与治理架构的延伸及完善。网上网下的“媒体轴”与“管理轴”相互促进，共同筑就主流舆论阵地的钢铁长城。

（三）与现代社会治理相结合是全媒体传播体系建设的外在支撑

全媒体传播体系要建立在以Web3.0为标志的、高度信息化的互联网化社会的基础之上，实现全连接、全覆盖、全打通。与此同时，传播体系与社会生活的嵌套也更容易出现深度交织的情景。“四全”媒体既描述了信息流的全要素覆盖、全感官触达、全时空连接、全场景构建，又展现了新信息技术背景下新的传播关系、新的社会关系的生成可能性。①

信息的数字化和数据分析处理手段的智能化使媒体具有促进现代社会治理创新的重要功能。除了新闻媒体内容生产和信息传播外，全媒体传播体系可以

① 宋建武，王枢.论全媒体传播体系的技术逻辑[J].新闻与写作，2021（09）：39-45.

与各行各业相连接，借助传播力量拓展交流渠道，通过与多元利益主体的沟通、对话、协商，实现精细化的社会治理，成为面向人民群众、联系社会各方力量、排忧解难、凝心聚力的关键基础设施。作为社会有机体的连接器，全媒体可以参与疏导、沟通、监督等社会工作，将新时代党的群众路线落实到社区信息枢纽、服务平台的建设上，赋能社会治理。

从信息流动的角度来理解，全媒体传播体系有望成为用户、媒体、企事业单位、政府机关等多主体参与互动的、多向连接的、数字化赋能的综合信息服务平台，是国家和社会可依托的、沟通解决社会政治经济等问题的通道，是推进国家治理体系和治理能力现代化的重要载体。

二、全媒体传播体系建设现状评估的关键指标

按照上文关于全媒体传播体系建设目标与路径的初步思考，对全媒体传播体系的目标体系可以进一步细化为如下几点：

（1）宏观视角——全媒体技术环境下的传播体系（关键节点网络）；

（2）媒体机构“内”视角——基于全媒体产品生产的传播体系；

（3）媒体机构“外”视角——运用全媒体传播渠道的传播体系（媒体、平台、渠道相融合）；

（4）传播效果视角——面向全媒体终端用户的传播体系；

（5）管理视角——约束有力、张弛有度、良性互动的传播体系；

（6）行业视角——开拓全媒体价值链的传播体系；

（7）工信视角——促进社会信息化的全媒体传播体系；

（8）社会视角——与社会治理紧密融合的全媒体传播体系；

（9）国际视角——切入国际舆论空间的全媒体传播体系。

全媒体传播体系的目标体系亦可视为建构评价指标体系的第一步。其中，第（2）（3）（4）项为“媒体轴”，第（5）项为“管理轴”，第（6）（7）（8）项为“溢出轴”（经济—社会效应）。

（一）全媒体传播体系建设评价的主要指标

评价全媒体传播体系建设的进展、成就，以及问题与不足，可以借助上述目标体系，同时结合实际情况和不同目标。本文侧重“媒体轴”，主要基于针对

生产、传播、效果三个角度的分析，以管中窥豹。

全媒体传播体系的建立并非朝夕之间可以完成的，从产品融合、平台融合到体系构建，涉及媒体发展的方方面面：从报刊广播电视等传统介质、终端形态，到"移动为王"旗号下新产品形态的开发；从媒体的内容、技术、队伍，到平台渠道、经营管理、体制机制的创新；从中央媒体到省市县各级媒体的融合发展；从媒体的市场化到整个行业的价值链重构……全媒体传播体系是一个全方位协同的新架构。

1. 产品：全息化+体系化

"全息化"方面，全媒体产品体系的建设要适应移动化、社交化、视频化、智能化的趋势，从起点上实现信息的全介质生成、全方位传播和被感知。以介质和符号而论，囊括文字、图片、音视频等形式，以及纸质、电波、网页等渠道，构成多形态、多模态、全要素的媒体样式矩阵。

"体系化"方面，全媒体产品体系的建设往往采取"中心扩散模式"。例如，以中央厨房为基本形态，对策采编发的作业模式进行全面改造；以"多端多号"为主要移动形态进行全面布局，实现文字、图片、图表、动画、音频、视频、H5等多种生产手段和传播介质的打通；积极涉足跨屏、AR（增强现实）、VR（虚拟现实）、360° 全景现场等新技术领域。

事实上，中央厨房并非不可或缺的生产要素。在特定场景或组织架构下，分布式厨房亦可充分发挥各自的功用。不过，能否实现体系化，能否实现分布式组件的网络效应，是值得研究的。

2. 渠道：全程化+体系化

在传播链条或网络的中间环节，媒体机构是当仁不让的主力传播者。纵向而言，"中央—省—市—县—乡"多级覆盖是全媒体传播体系主流媒体建设的主桁架，是传播主力军"向下扎到根"的必然要求。

横向而言，以媒体为主干，还要注意多重渠道的协调，形成合力，重点是协调好"传统媒体和新兴媒体、中央媒体和地方媒体、主流媒体和商业传播平台、大众化媒体和专业性媒体"的关系。主流媒体与其他平台，特别是互联网平台、普通网民等内容平台方、生产方协同联动，串联成一个上下贯通、左右协调的全空间全程化综合性网络架构。

对于全媒体传播的理解，可以视为一部从传统媒体到新媒体，再到融媒体，进而到全媒体的演进史，更重要的是，能否从体系上实现“融为一体，合而为一”，全方向融通。产品形态的相“融”，技术的多重应用只是必要的基础环节，更重要的环节恰恰在于新闻信息在信息空间是否畅通无碍。

3. 用户：全覆盖+全效化

我国10亿多网民已涵盖了大量的老龄和低幼人群，网络空间已成为现实生活的镜像。用户的人口统计学特征、使用场景存在巨大差异。用户构成的复杂性对“关键节点网络”的全覆盖提出了巨大挑战。例如，互联网平台汇集了多元的内容生产者，使网络舆论生态越发复杂。因此，代表主流价值观的主流媒体更要发挥好内容的旗帜导向和引领作用。

用户的点击、点赞、转发等行为，为传播效果提供了实实在在的计量数据。与此同时，潜移默化的效果更加依赖主流的内容创作者经年累月地充满情感和技巧的传播。

（二）全媒体传播体系建设的现状分析

对于全媒体传播体系建设现状的分析，可从生产者网络、传播者网络、消费者网络和网络间关系入手。

1. 生产者网络：已经建立并日益健壮

内容建设之于全媒体传播体系，有如灵魂之于骨架。内容产能的扩张依托主流媒体方阵的阵型齐整和声台形表的铿锵有力。以人民日报社、新华社、中央广播电视总台为代表的中央媒体正在建设具有国际影响力的新型主流媒体“旗舰”和“航母”。各地省级媒体不断深化改革，成为所在行政区域广泛链接、特色引领、协调共享的排头兵；市级媒体着力破解“腰部塌陷”的难题，加快探索适合自身的“小而美”的融合发展模式；县级融媒体立足建强用好，实现可持续发展。各级媒体既上下贯通，又可以跨区域协作，共同谱写多声部的大型媒体乐章。

随着媒体融合持续向深度进军，我国媒体传播的骨干网络从头部、肩部、腰部到足部都进一步强壮。数字化技术亦从多个方面为媒体赋能，主流媒体作为权威信息供给者的地位得到进一步巩固。

2. 传播者网络：保障有力但存在一定风险

全媒体传播不只需要专注于内容生产，也需要健康的传播环境和市场秩序。我国不断完善网络综合治理体系，媒体、平台、政府等多主体参与推进依法治网，建设良好网络生态，取得了硕果。网络舆论环境的好转为正能量信息传播提供了有利的条件。

在互联网平台逐渐壮大、人工智能等技术快速发展的背景下，新闻信息受算法推荐影响较大，“自媒体”账号为流量制造噱头，网络空间的虚拟性和隐蔽性成为谣言的温床，大众情绪易于激化，积极向善的信息内容生态遇到较大挑战。

3. 消费者网络：满意度受外部环境影响大

全媒体传播体系建设拓宽了用户“使用与满足”的内涵。智能技术打破时空限制，提升各节点的连接效率，便于各种垂直应用的场景化使用。信息渠道和各端口被打通，社会各类信息数据得以聚合，互联网平台建构起自身的服务功能。这就为媒体服务政府、企业、个人提供了必要的技术基础，不同类型用户的不同需求均可得到满足，“新闻+服务”成为主流范式。

在依托“新闻+”的服务供给中，媒体处于前端。服务效果取决于多种因素，比如，服务于企业需要媒体机构和企业单位的协调磨合，实现双赢；服务于个人体现在各种民生服务中，衣食住行、健康养老等需要嫁接各种社会资源。用户在数字终端呈现的“数字身份”，成为全媒体时代构造新生活方式的新契机。

4. 网络间关系：生产者＜传播者＜消费者

从生产、流通到消费三大环节判断，生产者网络（作为集合的主流媒体）所能触达、覆盖的信息空间，要小于传播者网络的覆盖空间；而传播者网络的覆盖空间，要小于广大信息消费者构成的信息空间。在消费者侧，存在一定的不经由生产者的信息流“内循环”。全媒体传播的关键之处在于，生产者网络信息空间能否撬动传播者网络信息空间，进而撬动真实的消费者网络信息空间。

三、全媒体传播体系建设经验、不足及其原因

全媒体传播体系建设既是目标，也是过程，过程的重要性不亚于结果，或者说，这一进程未有穷尽时。作为媒体融合的重要发展目标，建设的进展既取得了一定的成绩，也存在不可回避的问题。全媒体传播体系的完善需要进一步

解放思想，在媒体融合的纵深推进中孕育出更强大的动能和势能，以系统的、耦合的、共构的视角向纵深探索。

（一）全媒体传播体系建设的主要经验

在技术运用、政策导向、市场孵化、示范效应等多重因素推动下，我国媒体的转型融合在探索创新的过程中逐步迈入内部升级、外部协调、纵横一体的新阶段，软硬件不断进化，多层级媒体差异化发展，局部实现深度融合，令全媒体传播体系从形态到实质均有大幅度跃升。

1. 政策引导扶持提供强大牵引力

在全媒体传播体系建设中，全国上下从中央到地方，各层级纷纷加强政策支持，安排落实财政资金，加快融媒体指挥中心、中央厨房等基础设施建设，各级各类媒体建立了多达数十个，甚至数百个端口的融合传播矩阵。

从全国来看，各地基本建成了“全国一盘棋、省域一至数朵云、市域一至数张网、县域一至数端口”的传播体系。在“资源集约”方针的指导下，各层级的媒体利用各自的资源禀赋，根据自身定位调整战略规划，明确路径，务求实效。尤其以中央媒体和省级媒体为代表，它们充分发挥自身优势，引领全媒体建设水平的提升。

2. 纵横布局织就信息流通骨干网络

经过历时数年的推动，央省市县四级融合发展格局已基本完成，覆盖全国、打通社情民意“最后一公里”的全媒体传播矩阵获得优化升级。媒体机构内部从组织架构到产品和服务的融合程度加深，服务边界不断拓宽，“新闻+”和“媒体+”成为发展新引擎。

以“结构合理、差异发展”的标准来衡量，中央媒体通过在新媒体端发力，如“央视新闻”“央视频”等新媒体平台，形成了传统优势和新优势两翼齐飞的局面；省级媒体充分整合当地资源，建设起一批新型主流媒体集团；市级媒体着力打造融政务服务、便民资讯于一体的城市便民平台；县级融媒体中心推动当地全媒体采编和内容生产的转型升级。

3. 主流媒体策采编发效能进一步提升

一大批新型主流媒体激发了新闻生产的潜能，推动了新闻业态的革新，产出了众多优秀的作品，壮大了主流舆论。人民日报社拥有报、刊、网、端、微、屏等十多种载体，推动“一次采集、多元生产、分众传播”模式成为常态。新华社MediaGPT“新华算法”大模型上线，在AIGC（人工智能生成内容）领域迈进了一步。中央广播电视总台深入推进“三台合一”“大小屏融合”，成为媒体转型升级的典型案例。

在内容效能上，主流媒体坚持正确政治方向、舆论导向和价值取向，准确传达权威声音，讲好中国新时代高质量发展故事，在重大主题宣传、重大事件报道中不缺席、不缺位，踔厉奋发，协同高效，树立了新时代标杆。

（二）全媒体传播体系建设的瓶颈及其成因

从“体系”的角度看，也存在亟待突破的瓶颈。对于“媒体轴”而言，很多表层的问题同样有着更深层的原因，需要从标和本两方面入手。

1. 媒体市场经营空间变窄

我国媒体在市场化的道路上，曾做了大量探索。然而，3G时代以来，互联网平台的崛起夺走了更多的流量，也改变了外部市场环境，令媒体经营面临比较严峻的形势，特别是广告经营空间变窄。媒体要兼顾社会效益和经济效益，既要致力于主流价值的传播，也要接受市场的考验。身处产业链条中的公益二类或三类媒体机构，必须努力开拓多元的经营和服务模式，培育自身的造血功能和营利能力。

2. 方法手段创新力度不足

我国媒体在产品创新方面已经产出了一大批优秀作品，积累了丰富的经验。但是，相对于广大用户不断增长的精神文化需求来说，依然存在着发展不充分不平衡的问题。部分新技术、新方法、新渠道的建设承载的仍然是旧内容、旧形式、旧表达，在全媒体语汇的运用方面较为生硬。在融合过程中，以“相加”代替“相融”的现象亦不在少数。要实现真正的融合创新，还有一段比较长的路要走。

3. 东中西部区域发展不平衡

我国幅员辽阔，各地的发展水平、开拓精神和信息流量均有差别，融合效率和成果因地而异。[①]层级差异化、区域不平衡是这一过程中的必然现象，但却

① 胡正荣，张英培.市场、技术与现代性：“十四五”时期全媒体传播体系的构建[J].出版广角，2022（03）：11-15.

可能构成可持续发展的一大挑战。囿于我国东、中、西部地区经济社会发展不平衡的现实，推动对口支援和边疆地区开发等重要政策的落地，可在一定程度上增强因区域差异而导致的薄弱环节。

四、全媒体传播体系建设的对策建议

全媒体传播体系建设更多的是从增量发展转变为存量改革，转思维、调结构、增活力、出成效是这一改革的主线。同时，必须伴以一定的外部条件，从技术到管理、从社会到产业，都需要齐头并进。

1. 革新理念，推动媒体继续转型升级

近年来，移动互联网发展变革加速。如果说Web1.0时代以冲击点击量、门户流量为标注，Web2.0时代强调社交属性、可读可写，那么Web3.0时代则更加注重垂直、场景和智能化。社会进入所谓的“大众自主传播”时代，人人皆媒、万物为媒，用户之间的连接逐渐增强，媒介即社会，社会即媒介。在这样一个时代，作为信息运行主动脉的全媒体传播体系建设至关重要。主流媒体角度的全媒体传播体系建设需要实现从“跟风”到“弄潮”，从“被动参与”到“主动作为”，从“简单互动”到“深度互动”的主体意识建构。

在全媒体传播语境下，媒体不只承担单一单向的宣传功能，还要跳出熟门熟路的运营模式与思维，审时度势，建立全媒体观、大媒体观、高维媒体观。虽然在执行层面必须落实到细微处，但是在理念层面应当“向高处立”。全媒体观念要求站在媒体—用户—平台—社会的多重结构中看待媒体转型。在战略思维上要紧跟技术发展的脚步，树立用户思维、社交思维、平台思维和服务思维。对于全媒体传播体系的建立，媒体及其全员的观念革新是转型升级的必要前提。

2. 创新体制机制，补短板增活力

激发媒体活力，离不开体制机制的变革。如果不能直接协同，则必须经过“再造”走向“协同”，从单位属性、组织架构、管理方式、经营机制等多维度进行调整，不断完善媒体资源配置机制，调整生产、传播、消费等联动机制，协调流量和市场效益的分配机制，落实政策保障和激励机制，激发媒体活力，实现体系内外各环节各要素之间的综合效应。

在全媒体传播体系建设过程中，相关体制机制不应是固化的、机械的，而

应保有一定的调节和容错空间。从全国层面来看，全媒体传播体系建设没有整齐划一的模板，各运营主体都要摸着石头过河，积极开拓。这就要求全媒体传播体系建设的决策者和参与者秉持创新意识，因时因地制宜，创造性地提出符合自身的建设路径。

3. 强化技术支撑，实现功能突破

目前，互联网行业、信息行业的技术突破走在媒体行业的前面，算法推荐、智能生产技术不断迭代，推动着媒体行业在垂直应用上奋起直追。互联网行业、媒体行业经过摸索，在推荐效能和茧房效应之间逐渐把握平衡，媒体智能化生产已经起步，这些都为全媒体传播体系建设增添了新的基石。

从长远来看，内容智能化具有广阔的前景。作为内容行业与时事政治、社会民生结合最紧密的领域，媒体行业对技术研发更深程度的介入，对于推动行业的可持续发展具有重要意义，是大有可为的方向。

总体来说，全媒体传播体系建设是媒体融合发展到一定阶段的必然要求，它的内涵和外延是随着技术的发展、时代的进步而不断丰富和拓展的。当媒体组织的低效、内容生态的失衡、技术应用的乏力或者信息基础设施建设的薄弱成为全媒体发展的桎梏时，必须进行战略性、结构性、系统性的调整。在中国式现代化进程中，全媒体传播体系建设的意识形态功能、舆论引导功能、公共服务和社会治理功能的社会意义必将越来越突出地显现出来。

平台时代的媒体自有阵地建设

张　悦　胥羽希①

摘要：媒体融合迈入纵深之际，人工智能驱动业态巨变，传播趋势的平台化转向推动了新闻媒体自有阵地建设的迫切要求。媒体的自有阵地建设应该走向何方？如何建设具有强劲传播力的信息平台？在信息传播之外，主流媒体的自有阵地建设还可以有哪些方向？本文深入研究每日经济新闻和封面新闻的工作模式，对行业发展有所启发。现阶段媒体自有阵地建设注重量体裁衣，发挥媒体特色优势；自决策层到执行层，坚定推动融合改革，紧跟技术趋势；从内容生产全流程的智能化入手，拓展技术赋能空间，将内容为本与技术驱动深度结合。不管是侧重“工程师”创新带动还是“产品经理”连接带动，未来媒体融合的深度发力点应借助平台化传播特征，将新媒体自有阵地建设成新闻信息基础设施，形成良好运行生态，汇聚强大力量推进媒体融合高质量发展。

关键词：平台化；自有阵地；媒体融合；智能技术

信息传播经历了传统媒体时代、网络时代、社会化媒体时代后，迎来了第四次转向——平台时代。平台时代的信息传播，整体上呈现出快速集中化与基础设施化两个突出特征。平台整合信息、分发信息，逐渐成为信息生产与传播

① 张悦，四川大学新闻学院副教授，博士研究生导师，传播学与新媒体教研室主任；胥羽希，四川大学新闻学院硕士研究生。本文系2022年“新时代中国特色社会主义新闻传播学研究”四川省哲学社会科学规划重大、重点项目培育项目“中国共产党百年奋斗重大成就的深远影响传播研究”（项目编号SX202207）成果。

的主导角色；平台连接社会、服务社会，逐渐成为社会运行与治理的重要空间。这种“平台嵌入社会中”的现象被描述为“平台社会”（platform society）。[①]平台社会甫一出现，便以新的逻辑重塑新闻传播业态。过去十数年，全球范围内拥有海量用户基础的互联网企业不断扩张领地，不仅抢占了原有的媒体职能，甚至将部分公共服务纳入自身经营业务，并借此不断壮大。以前，我们关注平台“入侵”新闻传播领域，较少谈及新闻媒体的平台化，但如今大型商业传播平台对人类社会运行方式的深度形塑，启发了主流媒体对新闻媒体自有阵地建设的新思考，主流媒体的新媒体阵地应探索如何借力平台化社会特征，汇聚强大力量推进媒体融合高质量发展。

一、传播的平台化及其力量缘起

媒体人对平台传播的理解往往从媒体中心主义的视角出发，囿于“平台是渠道的延伸进而实现触达范围的拓展”[②]这一工具性解读。在这一认知框架的影响下，媒体通常选择接入商业传播平台，顺应其既定规则，这在客观上导致媒体在信息传播中的主导权逐渐旁落。当下，要深刻理解平台逻辑的本质，首先应跳脱出媒体中心主义的窠臼，对数字平台进行主体化认知。平台的快速集中化意味着平台经济的日益垄断，而平台的基础设施化，一方面指平台深入社会生活的方方面面，已具备基础设施的属性；另一方面意味着平台在价值层面，应具备信息与文化的公共性。

“平台”是具有多重意义的词汇，仅在信息传播领域就有多个含义。我们通常会把互联网公司面向公众的具体应用（包括移动客户端和网页）称为平台（又被称作platform instances，以示区分），即具体的某短视频平台、视频平台、社交媒体平台等。从更广泛的意义上，我们也把拥有这些应用的互联网企业，尤其是在网络世界有宽广覆盖面和多样业务体系的企业称为平台，即平台型企业。本文所指的平台则是在以上两种含义的基础上发展而来的对网络社会新形

① DIJCK J V，WAAL M D，POELL T. The platform society：Public values in a connective world[M]. London: Oxford University Press，2018.

② 姬德强. 主流化再生：平台时代的媒体逻辑[J]. 青年记者，2022(19)：13-15.

态的凝练。所谓平台，是在组织用户之间（包括企业实体和公共机构）进行交互的一种可编程的数字体系结构。[①]在此基础上，单个的在线平台间并非相互独立的，而是嵌入一个平台生态系统（platform ecosystem），它的触手延伸至在线通信、商品交易、内容消费等日常生活的方方面面，俨然成为大众生活实践中不可缺少的基础设施。长期以来，“平台”用于泛指互联网公司开发的用户使用界面，但这一概念于2004年被脸书引入互联网信息传播领域时，是为了以一种中间姿态跻身原属传统媒体的阵地。如今，平台之所以重新引起学术界的关注，是因为社会化媒体发展到新阶段，其运行逻辑衍生了新变化，而平台的概念可以从市场和技术建构两个方面整合对这个新趋势的界定。[②]吉莱斯皮（Gillespie）重拾平台概念，将其定义为可以承载应用程序的基础设施，但他也更强调概念文字表述之外的平台所能提供的交流、互动及交易机会。[③]在传播史中，邮政、电信、广播电视都被视为传递信息并实现国家治理的基础设施，而今天随着越来越多的社会活动借由网络尤其是入网的移动终端进行，连接用户的大型平台开始承担基础设施作用。平台作为一种基础设施和新经济模式崛起并不断扩张的态势就是平台化。[④]斯尔尼塞克将平台化定义得更加具体，是一种以人类交互数据为生产原料，以不断优化的算法为萃取手段，攫取用户规模以形成网络效应，进而实现利益最大化的新型运作模式。[⑤]大量研究或以个案探讨平台如何崛起，或从宏观角度入手分析平台特性，在这些研究中，平台的可编程性、参与性直接解释了平台力量的缘起，值得关注。

作为平台最为突出的技术特质，可编程性指平台通过硬件或软件的不断开发，拓展系统功能和边界，确保其能够构建一个庞大生态系统。在具有可编

① DIJCK J V，WAAL M D，POELL T. The platform society：Public values in a connective world[M]. London: Oxford University Press，2018.

② RIEDER B，SIRE G. Conflicts of interest and incentives to bias：A microeconomic critique of Google’s tangled position on the Web[J]. New media and society，2014，7(2)：195-211.

③ GILLESPIE T. The politics of ‘platforms’ [J]. New media and society，2009，12(3)：347-364.

④ HELMOND A. The Platformization of the web：Making web data platform ready[J]. Social media+ society，2015，1(2)：1-12.

⑤ SRNICEK N. Platform capitalism[M]. Cambridge, Malden，MA：Polity Press，2016.

程性的技术架构之上，整个平台系统不必为生产新产品或适应外部环境变化而重新构建，而是以低成本、高效率方便第三方的市场主体在平台系统中创新产品、开发新的应用程序。从本质来看，可编程性映射了平台的开放与衍生特性，应用程序接口如同平台向外界延伸的无处不在的触手，帮助平台及时捕捉新的用户需求，并适时对其作出回应，从而使平台不断开拓新业务并聚拢新用户。2004年脸书作为社交网站被推出，其平台化发展的历程亦是不断完善可编程化的过程：[①]脸书为第三方开发人员提供边界资源，开放自身平台架构，经过Graph API、Ads API、Marketing API几次重要的应用程序接口迭代，脸书得以开发新的广告、营销应用程序，为合作伙伴不断提供更便捷的产品管理、推广、营销服务，将流量优势转化为精确服务，实现社交应用的开发与集成，从而构建起庞大而独特的生态系统，进一步稳固其在网络化社会中的地位。

可编程性反映的是平台从技术架构上对影响力的支撑，而参与性（也被称为连接性、大众性）则是平台运行机制层面的能量密码。平台参与性的特征其实就是平台将互联网效应最大化，这一过程被算法、大数据、人工智能等不断涌现的信息技术优化得越发精确、高效。互联网效应即用户越多，参与各方利益增值越多，[②]各互联网应用以提供聚合信息、即时通信、电子商务、O2O等服务起家，汇聚起来的用户被具化和量化为数据——用户的个人信息、偏好、使用行为等信息，在端口被采集、追踪并分析。例如，微博为博主提供的有偿服务"超级粉丝服务包"，博主购买该服务后能够获取其粉丝的活跃分布、性别年龄比、点击趋势等数据，在粉丝数据面板中，这些数据还会以图表等形式被可视化呈现，从而帮助博主研判粉丝喜好，调整内容创作方向，持续维护影响力。网站由此开发出更具吸引力的内容和服务，进一步提升用户使用体验，牢牢稳固用户，形成良性循环最终进化为平台。人们所熟知的国内外头部互联网公司就是依托其特有的技术、资本优势和庞大的用户基础，在平台上开放接口，衍

① HELMOND A，NIEBORG D B，VLIST F N V D. Facebook's evolution：Development of a platform-as-infrastructure[J]. Internet Histories，2019，3(12)：123-146.

② HAGIU A. Strategic decisions for multisided platforms[J]. MIT Sloan management review，2014，55(2)：92-93.

生各种应用，触及不同的社会领域，同时将从各个分支流入的数据集中起来，打造出功能完善、生态完整的巨型平台，占据了巨大的市场份额，积蓄了巨大的传播能量。

可编程性与参与性重新整合了我们所熟知的算法、大数据、流量效应等运行机制，从更本质的角度呈现了大型商业传播平台的技术逻辑、市场逻辑和关系逻辑，揭示了网络发展新阶段传播力量的本源。新态势之下，传播又应当回归媒介的本职，即各种介质沟通交流的中介。媒体如何将媒介的这一朴质又宏大的职能与当前技术特征相勾连，直接关系到融合改革的具体目标定位。有学者认为大型商业传播平台公司通过网页和客户端持续入侵经济、治理及基础设施建设，从根本上动摇了文化生产的运作模式。①面对平台化的时代情境，我们的主力军要超越当前信息发布渠道的现有功能，顺势而为，从平台逻辑出发，规划自有阵地建设，超越表层技术，构建全息生态，从而做大做强自有平台。

二、我国主流媒体平台化建设现状

在媒体深度融合的背景下，我国主流媒体平台化建设速度加快，纷纷搭建客户端、融媒体采编发等应用系统，不少媒体做出特色，形成独有的竞争力。这些开发应用是否促进了媒体的平台化转型，或者增强媒体在平台化时代中的竞争力？我们可以通过两则典型案例略窥一二。

2015年成立的封面传媒（以下简称“封面”）作为国内第一批探索融媒科技的媒体，始终走在媒体智能化平台建设的前列。封面传媒的核心产品封面新闻客户端于2016年上线，经过七年的更新迭代，2023年5月，已发展到融合前沿智能科技、各方面较为完善的9.0版本。

在2020年开启智能化技术转型元年的每日经济新闻（以下简称“每经”），是一股快速崛起的强劲的后起力量，在平台化建设发展中也不乏亮点。由于业务特点及策略定位不同，两家媒体平台化探索的起点不一，走过的轨迹也不尽相同。作为智能化技术创新的先行者和后勇者，封面和每经均开辟出自己的技

① POELL T，NIEBORG D B. The platformization of cultural production：Theorizing the contingent cultural commodity[J].New Media and Society，2018，20(11)：4275-4292.

术驱动媒体平台化建设的路径，发展经验可供探讨。本研究实地调研上述两家媒体并同其编委会成员和具体部门负责人深入交流，文中未注明出处的资料均来自调研。

（一）决策层挥好转型“指挥棒”

媒体融合转型不易，涉及内容建设、技术支撑、体制机制的方方面面，千头万绪之中，准确的方向和有效的策略是融合推进的最大内驱力。挥好转型的“指挥棒”，媒体组织内部才能上下一心，凝聚起强劲力量，走好自有阵地的建设之路。

两家媒体从内部决策层面保证变革思路的有效执行，建立制度，坚决落实。封面是融合转型中“拥抱新媒体”较彻底的媒体之一。他们起步较早，目标明确，规划清晰，强调技术在当前和未来媒体发展中举足轻重的作用。封面传媒成立当年就设立技术委员会，与编辑委员会、经营委员会并驾齐驱，确保研发、应用推进落实。封面对技术的重视十分外显，认为技术“不是从属的，而是占据引领地位的引擎”[①]，在访谈中也反复提到“将技术和内容完全融合，将技术变成一个公司的文化和公司的血脉”“把技术固化到我们的血液里面”。

媒体融合推进已近十年，但传统媒体思维下的桎梏依然存在，需要极大的魄力推行变革。为坚决执行技术优先战略，封面痛下决心脱离传统业务流程。封面在落实移动优先时，规定只算新媒体端稿件，且但凡某则稿件只出现于报纸上而没上客户端，部门主任受重罚。即便力度如此大，封面仍花了一年的时间方彻底确立移动优先的流程，可见改革之艰难。在向视频化转型时，封面也采取了非常强硬的措施，从总编辑到实习生，所有人都必须接受短视频报道集训，封闭式培训一周，以作品结业。所有作品要通过视频总监评审，过关再上岗，不过关就暂停采编工作，继续培训直到达标。封面组织内部人员，尤其是那些从华西都市报社转型过来的、只与文字打交道的老记者、老编辑，对这些雷厉风行的举措很难适应，施行过程中阻滞重重，但正因引领者破釜沉舟的勇气与高效坚决的执行力，封面实现“纸到端”“文字到视频”的两次跨越分别只用一年时间，在全国媒体融合转型的发展中勇立潮头。

---

① 李鹏. 以自我革命推动媒体融合实现质变[J]. 中国报业，2019，472(15)：22-24.

2019年，每经新任总编辑在谈及未来的发展方向时提出，“没有技术支撑的转型都是伪转型”。[①]总编辑将每经指引向一条新的发展，认为技术引领是每经未来发展的必然选项，每经将在技术引领下进行一场深度的传媒革命，完成向一流科技媒体的转型。每经的自有平台建设加速始自2020年，2022年被定义为“技术转型元年”，每经由此开启从优势传媒到智媒科技公司的转型跨越。每经十分重视产品经理的岗位作用，在融合变革中也非常注重发挥其在整个组织架构中的作用。董事长兼总编辑是报社的1号产品经理，亲自参与客户端产品策划，提出每经AI电视和雨燕智宣等核心产品构想，持续推进项目进度。就连客户端的设计也由总编辑参与定基调、抠细节，经过了数百次会议讨论，才得以在短时间内完成脱胎换骨式的改变。

从2020年到2022年，每经仅用三年时间，设计研发多项智能应用，实现了从快讯到视频再到平台系统的全流程智能化生产，并在2022年上线智能化新版客户端。两年时间实现从定位、构想到全面转型，需要强大的推动力和执行力，总编辑兼任产品经理能保证改革要素的最大化利用及灵活调动。对于需要快速行进的融合变革后勇者，以产品经理这一岗位连接传统媒体流程和网络信息技术，实现技术驱动的平稳落地，是每经能够快速、轻装、短期飞跃的法宝。在自有阵地建设中，媒体必然会遇到观念和现实的重重束缚，但只要“指挥棒”挥得正确、挥得彻底，媒体就会形成强大的内驱力，持续且稳定地助力媒体向前发展。

（二）打通媒体智能化生产全流程

优质内容的产出仍是媒体安身立命之本，在围绕自有阵地建设的融合转型中，技术被最先用于内容生态的提质增效，全面推进原有的“策采编审发考”流程的智能化。借助大数据、人工智能与云端等技术，封面与每经根据自身需求和价值预判，以服务自身运行为首要出发点，致力于智能支撑系统的研发。智能化技术融入媒体生产流程的各个环节，提高了各部门的工作效率。成熟而完善的媒体平台生态系统，能使生产流程的每一步都走向同一片“云端”，支持

① 每日经济新闻. 每日经济新闻董事长、总编辑闻达：技术引领，从优势媒体到一流科技传媒.[Z/OL]. (2019-11-08) [2023-07-05]. http：//www.nbd.com.cn/articles/2019-11-08/1384893.html.

媒体各部门的轻量化协作。

选题的智能化转变主要体现在热点监测系统的采用，实时、集中地获取新闻线索，升级原有的新闻选题及策划流程。封面通过自主研发的实时网络监控系统中的两个子系统——内容线索系统和舆情监测系统，智能化获取全网新闻线索，实时数据上升较快的线索纳入选题范围并分发给记者进入下一步采编流程。自主开发的自动剪辑拆条、H5快速生成、排版模板、语音转写、5G、4K、XR演播技术等，都不断充实着采编人员的工具箱，确保采编人员能快速掌握低门槛、傻瓜式的应用工具。

每经在2020年初开启与微软亚洲工程院的人工智能应用合作，智能监测沪深交易所每天发出的公告，抽取关键信息导入模板生成报道。机器生成AI文字快讯，大大提高每经公告报道的内容产出效率。过去，一天发布10篇公告报道便是极限；现在，能做到一天生产数百条，到财报季能达到一天数千条的效率。效率的提升直接扩大了每经报道的信息触达面，全面覆盖5000家上市公司。数据成规模后形成数据库，被纳入每经的数据资产。除了文字稿件的基本编辑操作外，每经还在文字报道向短视频报道转型方面作出创造性探索。2022年底，每经正式推出自主研发的AI短视频自动生成平台——“雨燕智宣”，编辑只需在平台上输入标题和文本，选定视频模板，机器就可通过算法自动挑选媒资库中最合适的素材与文案匹配，自动添加配合人工操作，快速调整音乐、画外音和视觉效果，只需一两分钟即可完成视频的制作发布，极大地缩减视频内容生产的时间成本和人力成本。

内容生产效率的大幅提高，对编辑审核也提出更高要求。每经在采纳的审核系统中搭配自建的“敏感词库”，每月更新，实现对敏感词的高效识别，缩短审核时间并提高准确度。封面也自主研发了“智媒审核云”系统，帮助编辑实现对文字、图片、音视频等富媒体内容的极速一键审核。通过云端协作，每一个使用者也在不断地训练这个“知识大脑”，使之更加智能。在内容分发方面，封面和每经各自对算法进行自主化定制并保持实时更新。封面集成了主流价值、市场价值等多维度要素，加强人工维护并不断调整要素的权重和比例，从而分配新闻在平台中的呈现位置，形成具有自身特点的“主流媒体算法”。在记者考核和稿件传播效果评估环节，封面与每经都在传统的“总编辑阅报”的基础上，加入全网数据流量的考量因素，辅以“数据阅报”的形式，实现稿件的全效果分析。其中，封面搭建了专门的“智媒考核系统”，通过机器智慧与人工智慧结合的方式，在考核评估环节实现数据表现与主流价值的平衡，正如其总编辑所言，“少一点流量焦虑，多一点主流气质”。

2018年8月开始，封面的“封巢”应用到智能写作方面，实现了秒级的内容生成。此后，封面不断拓展技术应用的边界，尝试新技术的媒介实现。虚拟主持人、3D视频、XR、元宇宙等前沿技术应用到新闻生产实践中，充分体现其智媒体定位的特色。封面积极探索机器人小封的绘画功能，2022年小封首次以“画家”的身份亮相，其产出的画作大大提高了新闻素材采集的效率，丰富了图绘产出。封面较早尝试虚拟现实技术在新闻报道中的运用，如在2023年全国两会期间推出“元里”沉浸式交互体验空间，打造出一个全国两会元宇宙平台，让用户化身虚拟人，只需“步行”至展区前，轻触想进入的空间，无须跳转等待，便能立即与场景进行交互，一键云游全国两会相关特色报道和融媒产品。作为国内率先将元宇宙技术用于全国两会报道的媒体，封面创新了重大主题报道的表达传播方式，加深了用户对内容报道的沉浸感与参与感。

（三）自有阵地建设量体裁衣

技术承载着创造者的文化热望①，宏观层面受社会塑形，中观层面则是设计方愿景的具象体现。作为先行者的封面与作为后勇者的每经，融合进程的时间节点不同，却各自生花，走出凸显自身定位特点的建设路线。

1.封面新闻：从紧跟技术到技术输出

封面的自有阵地建设路径从紧跟技术发展节拍到引领技术应用趋势，一直投身技术前沿。成立初期，封面传媒就将打造智媒体设为目标，预判智媒体将成为未来的媒体形态，在智媒体建设之路上一以贯之地以技术为支撑、以技术为驱动，立志做“懂媒体的技术，懂技术的媒体”。②封面从一开始就致力于自建专业的技术团队，其第一位员工就是技术工程师，目前，封面科技公司员工

---

① PFAFFENBERGER B. Technological dramas[J]. Science Technology and Human Values，1992，17(3)：282-312.

② 谭江琦. 让技术更懂价值 让技术更有价值[J]. 新闻战线，2023(12)：66-68.

约200人，其中技术人才约150人，是国内第一批探索融媒科技的媒体，第一家拥有百人以上建制技术团队的省级媒体。封面客户端的背后涵盖了七大类21个“智能+”技术产品的支持，主要为封巢智媒体系统、智媒云、智能媒资库、审核云等。其中，智媒云由融媒技术、数字文博、内容科技、智慧营销、产教融合5大矩阵、15个部分、42个关键节点、200多个功能模块构成，是基于智媒体的集成化创新引擎、多行业解决方案，是具有“科技+传媒+文化”特点的云。封面新闻客户端每月一小改、每年一迭代，已经成为既符合用户期待又不断开拓创新的信息服务平台。强大的技术支撑下，封面可以灵活探索平台建设的新空间。2023年，封面上线“科技元宇宙”频道（图2-2-1），建构虚拟空间，开启“逛新闻”的信息接触新模式。页面布局完全颠覆现有的瀑布模式，用具有未来科技感的360度全息3D展示，沉浸感、互动性强，为探索元宇宙概念在新闻业务的实际应用作出开拓性尝试。

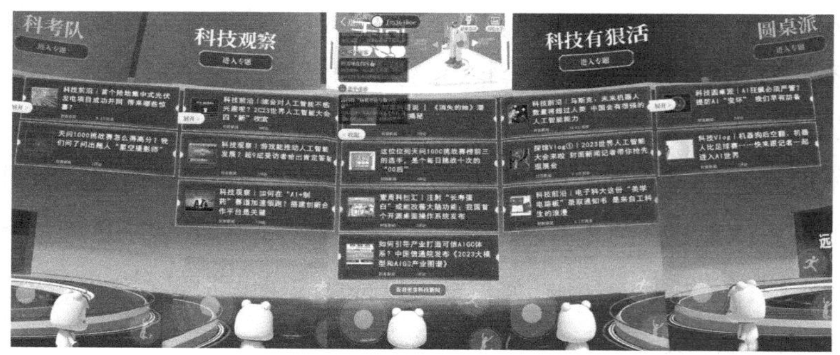

图2-2-1　封面科技元宇宙沉浸式交互体验空间部分角度截屏拼图

过去，媒体的对外输出主要集中在内容合作领域，而封面的实践证明，媒体也可以做大做强技术研发。封面的技术输出已经走出四川，拓展到北京、江苏、黑龙江、辽宁、海南、新疆生产建设兵团等地，涉及传媒、会展、医疗、教育、文博等多个领域。首先，向外输出客户端建设，由封面提供技术支持的川观新闻客户端入选2021年度中国应用新闻传播十大创新案例，紫牛新闻客户端入选2020年中国报业深度融合发展创新案例，极光新闻客户端获得2020年度传媒中国广播电视优秀融媒平台奖，成为区域现象级的移动端新闻和视音频应用，“新海南”客户端成为海南自由贸易港权威信息发布平台、海南媒体融合协同平台。其次，输出智慧治理信息综合平台，有效助力当地党委政府提升社会治理现代化水平。比如，黑龙江省党风政风热线平台、四川省泸州市数字政务应用平台“酒城e通”，国家数字经济创新发展试验区（四川）平台等。最后，深入布局泛文化领域中的数字文博和智慧文旅全产业链，包括云上博览、沉浸式展览、文物活化展示、展馆数字化提升。封面传媒连续承建了三届科博会云展馆，该项目是全国首个完全在云端呈现的国家级高科技展会。四川省庆祝中国共产党成立100周年主题展览、第九届科博会融合展览等大型线上云展平台，三星堆博物馆等文博机构开展的文物数字化项目等，都是封面技术在泛文化领域中的技术输出范例。

2．每日经济新闻：专业性与工具性兼具

在智媒体转型的探索中，每经总结出技术支撑是必然，但决定性因素在于技术与媒体特性相结合，每经的自有阵地建设路径也正是在技术引入的基础上充分体现财经媒体的特色。[①]在全国各级媒体的“两微一端”阵地建设得如火如荼之时，每经重新规划发展蓝图，以后起力量的姿态，定位“专业的投资工具类平台”，大刀阔斧地调整改革。每经2020年正式开启了AI助力媒体转型之路，自此年年有大动作，发展速度突飞猛进。2021年，“直播+财经”的构想借由“每经AI电视”落地，这一年也成为每经的视频转型元年。每经AI电视是全球首个全流程AI驱动的视频直播系统，是每经在AI视频化与元宇宙虚拟主持人的技术探索中的具体成果，打造了无间断播出的财经网络电视。每经AI电视既播出由人工智能自动生成文字、制作视频并串联播出的时事新闻，也进行财经会议、专业讲座直播，同时播出“财经下午茶”等真人访谈专题节目。AI电视的虚拟主持人仿真度极高，完全可以达到以假乱真的地步，而且节目内容还可支持多语种播出。借力AI，每经由2004年成立的报纸媒体实现了媒介形态的彻底打通。作为财经专业媒体，每经的新版客户端着力打造其模拟投资的工具属性。立足自身的专业优势和用户资源，开发客户端的特色应用，如与券商合作，在客户

① 刘学东，肖勇，张弩．智能传播时代的媒体转型研究——基于AI电视的媒体应用分析[J]．全媒体探索，2022，12(8)：118-120.

端上推出“每经App掘金投资大赛”，以10个交易日为一期进行模拟投资，通过动态排名、现金奖励、社群运营等方式，不断提升用户活跃度、增加用户黏性。

在AI战略与打造工具性平台战略之外，每经根据日常工作中的迫切需求，找到了另一条自有阵地的发展路径——媒资库的搭建与开发。智能化技术的应用提升了媒体的生产效率，媒体能够随时取用更多、更新、形式更丰富的素材。然而媒体资源的获取与使用又成了制约内容生产效率提升的阻碍，自有媒资库无法完全满足使用需要，向第三方支付版权费导致成本增加，甚至在媒资库不连通的情况下，使用同集团其他单位的照片还要向第三方平台支付版权费。发现症结、确定策略后，就要积极主动地解决问题，搭建完善媒资库立足媒体优势资源，由AI驱动，同时为AI深度嵌入媒体业务筑牢基础。重视媒体库建设的特点，专注经济金融特色，每经已实现国民经济生活中所有行业的媒资覆盖，覆盖成都地区所有上市企业以及全国近千家上市公司，其AIGC媒资生成量超过20万张。在未来一段时间，媒资库的建设与开发将是每经平台化建设的重心，每经计划在2023年内实现对中国所有上市公司和主要城市的媒资覆盖，并长期致力于促进媒资的商业化变现，将内容为本和智能驱动的融合应用做到实处。

由于战略定位不同，两家媒体走出各具特色的自有阵地建设之路。作为科技型媒体的封面传媒深耕前沿技术的研发和在平台中的应用，而作为专业财经的每日经济新闻则着眼于自身业务，围绕应用场景加入技术创新，重视产品经理的职能，重点丰富专业领域的媒资库。两家媒体所走的具体路径虽然不同，但路线选择存在共通之处，即量体裁衣，立足自身定位谋求发展。

三、媒体自有阵地建设的应为可为

每经与封面的技术战略为媒体产业提供了不同的思路，让我们看到在人工智能等技术深度驱动媒体业务变革的时代，媒体可以深度参与乃至引领技术创新。比照平台趋势和当前实践，媒体向平台转型依然长路漫漫。鉴于社会环境不同，我们无法完全用西方学术或产业界的标准来定义我国媒体的平台化转型方向，但又必须考虑全球传播语境和话语竞争的大背景，他山之石依旧可用，但要参考本文论及的平台化社会总体特征并结合我国媒体融合变革的方向目标具体探讨。

（一）通过产品职能深度参与技术创新

内容生产是媒体的优势，是最核心的业务，也是必须抓牢做实的专业技能，不过，过于关注内容生产可能会忽视其他方面的探索。尤其是从报纸转型而来的媒体，多年来在内容上的变革集中于内容语态、形态、样态，以及生产流程的再造，即便有技术革新，也是密切服务核心内容生产且以直接采纳为主，技术基因不足，此时通过产品职能发挥推动作用，能有效带动媒体深度参与技术的创新及应用。

媒体之所以深度参与技术创新，是因为其独特的业务内容无法简单地交由非媒体的技术公司单独完成。媒体的融合转向需要引入大量新技术，对以采编为主要业务的传统媒体而言，技术是一个相对不擅长的领域，短期内的技术需求要由第三方技术公司提供服务支持。但技术开发逻辑和媒体的采编业务逻辑藩篱颇深，若想获得预期的开发结果，媒体与第三方专业技术公司的深度合作势在必行。在这些年的融合进程中，媒体对外的技术采购猛增，收获的效果却各不相同，有的媒体钱没少花，成效却不尽如人意。一味地简单挪用技术，最终得到的是中看不中用的“绣花枕头”，编辑使用不便，用户体验不畅，投入与收获完全不成正比。有鉴于此，媒体深度参与技术研发要解决的第一需求就是技术要“称手”。

每经示范了一条媒体深度参与技术创新的路径：充分发挥产品经理的岗位作用，一定要让懂媒体业务的人参与技术创新，确保技术能准确适用媒体的具体场景，也确保技术上线后能持续迭代。每经的技术转型较晚，但技术部门已达到60余人，其中包括专门的产品部门，由既懂媒体又懂技术的员工深度参与外部合作。每经认为，互联网公司更专注纯技术领域的开发，对媒体业务、用户习惯并不熟悉，不能单纯依赖技术公司，必须经过磨合。这种磨合就需借由产品经理一职实现。产品经理能有效解决技术采纳的称手问题，让新闻业务端人员觉得技术好用、实用、愿意用。研发AI电视时，除了前期每经的产品人员全程参与，在最后的攻关调整阶段，每经与合作方各有10多人参加，在两个城市远程共同加班7天完成工作。正是在这种外部技术力量与媒体的不断磨合中，每经方才做出贴合自身业务需求、高度智能化的产品，比纯技术公司研发的产品更适应媒体工作需要。“全包”变“半包”，既节省了资金投入，实现投资回报的“高性价比”；又促进新闻工作者的技能更新，推动人才知识结构转型。

（二）通过自主研发输出技术服务

在传统的内容优势之外，媒体发力智能技术的成果也令人瞩目，值得进一步发掘。信息技术的发展异常迅猛，媒体持续跟进技术应用的成本投入非常高。互联网公司的技术优势在信息传播领域对媒体带来严重挑战，然而，媒体也可以尝试进入技术市场，在满足自身业务需要的同时，对技术进行商业变现，改变过去以内容为主的输出方式。这也是媒体传统业务受到网络侵蚀后，积极探索的一条突破之路。封面为全国20余家省级、市级主流媒体，以及高校、政务、医疗等领域的融媒平台提供技术支撑。仅2022年，封面数字化服务实现合同收入超过4000万元，同比增长28%；拓展各类项目40余个，落地项目16个，其中公司战略级项目3个，实现千万级项目突破。2022年封面数字化市场服务同比增长17.13%，占主营业务份额的24.76%。每经的“雨燕智宣”上线一年内，已经开始为当地头部政务新媒体提供服务，充分说明技术输出这条路对媒体而言是可行的。

平台的转型需要大量资金，研发费用与购买数字服务费用完全不在一个量级，媒体输出技术服务可为持续的技术升级提供动力。近几年，封面每年的技术研发费用约为1700万，这一数字高于大多数媒体一年总营收。在媒体融合的相关研究中，不少学者指出市级和县级融媒体建设中技术支撑乏力①，技术应用不精不深②，内容形式换汤不换药，这一现象或许可以通过融合先行媒体的平台化来改善。由具备技术创新力的媒体提供技术，于技术输出者而言，实现了投入的商业变现，有持续研发的动力；于技术购买者而言，价格实惠且满足需求，不同层级、不同定位的媒体在融合中各得其所。2023年中国记协新媒体专业委员会公布了第一批20项“融媒有技”优秀案例，这些获推案例集中展示了近几年我国媒体运用先进技术赋能融合发展的实践成果，再一次证明媒体强化技术输出，以自主技术支撑驱动内容是一条可行之路。

（三）构建主流媒体的生态体系

为适应平台化社会的传播特性，媒体需解决生态体系的构建问题。可编程

---

① 黄楚新，李一凡.2022年我国县级融媒体发展盘点[J].媒体融合新观察，2023，217(1)：4-7.

② 黄楚新.推动地市级媒体在整合融合上迈出新步伐[J].传媒，2022，387(22)：1.

性是区分网络传播主体是否平台化的关键，因为具备这一特质的传播主体可通过数据的去中心化而实现内容及服务的扩张，从而成为如基础设施般不可或缺的生活应用。出于各种因素考虑，我国主流媒体的内容和服务无法通过开放API（应用程序编程接口）的形式实现规模化增长，但智能生产流程的接入却可实现供给量和效率的大幅提升。对照国内外大型商业传播平台的成长背景，有一项至关重要的条件，即使用者的聚集效应。当某种网站或应用提供了用户需要的服务，它就能不断汇聚用户流量，从而产生数据，供自身迭代开发或者向外延揽服务开发，然后为用户提供更多更好的服务，从而汇聚更多流量，进入良性循环。流量之下的数据问题就是这一运行闭环中的关键，也是我国媒体一直尝试解决却尚未解决的一大难点。

主流媒体的内容传播率广，但很多来自第三方平台渠道，就封面而言，截至2023年5月，封面传媒矩阵总体用户规模超过1.9亿人，其中封面新闻客户端下载量超过7134万次，但实际上，大量的流量被第三方平台收割。这样的问题也摆在中央媒体面前。作为全国率先进行媒体融合探索的主流媒体之一，人民日报新媒体覆盖用户超7.5亿人，其中人民日报客户端下载量突破2.78亿次，但在微博、微信、抖音三家外部平台上收获的粉丝量已超过3.5亿人，足以体现其自有阵地的流量难题。①平台的参与性基本特征背后，就是数据支撑的运行逻辑。数据是网络社会的生产资料，对数据的获取、占有、利用，本质上是生产资料的所有制问题，在当前的传播政治经济学领域多有讨论，说明其处于媒介运行当中的主导地位。无法将流量引入自有平台意味着核心的用户价值无法被媒体继续开发使用，继而导致一系列的构想开发缺乏基础。如同公路和电力等基础设施的建设，使用的人越多，网络才会越发达，越发达也才会汇集更多的人，进而支撑社会的进一步发展建设。

目前，主流媒体没有开放接口的尝试，此次调研的媒体有的没有在客户端开放内容入驻渠道，有的曾经开放但并未作为发展要点，内容安全和工作容量是两个考量关键。媒体自有平台的用户体量也无法吸引够量的、优质的第三方

① 丁伟，刘晓鹏，朱利等. 新时代 新征程 新担当——人民日报新媒体10年发展的实践与思考[J]. 新闻战线，2022(19)：14-19.

内容产出，因此无法像商业传播平台一样让内容自然生长，提供丰富的服务内容，也就无法吸引、抓牢用户，无法直接拥有进一步发展的关键生产资料——数据。当前媒体平台建设的直接目标应是在深度参与技术创新、输出技术服务的基础上，构建以主流价值和需求为指导的应用生态体系，以智能技术提高工作效率，并以此作为接口开放的替代性方案。内容生产的全流程智能再造增加内容输出，加速新闻报道的提质增效，再以信息传播服务为基础，根据媒体特色资源优势扩展服务范围，搭建基础设施化平台，自主留存并挖掘技术价值，服务于内容生产，形成良性循环，依托平台化传播逻辑，打造具有强大影响力和竞争力的新型主流媒体。

四、结语

平台化是互联网演进的整体趋势，未来媒体的传播力、影响力将受平台化程度的直接制约。当媒体融合发展进入深水区，转型后的媒体能否成为新闻信息传播的基础设施，或者兼具公共文化服务职能，还面临不少亟待解决的问题。本文聚焦两家具有代表性的媒体自有平台建设案例，一家是市场化报纸融合转型的先行者，在信息技术发展应用的各个领域勇于尝新，偏向发挥工程师的创新带动作用；一家是专业化报纸的转型范例，偏向发挥产品经理的连接带动作用，虽然起步较晚，但是加速极快。二者发展各有路径、各具风格，但在媒体深度参与技术创新、输出技术服务方面都产生了卓有成效的实践成果。新媒体的自有阵地建设之路，无论选择哪一种方式，都应基于现有资源优势，找准定位方向，进而遵循平台化传播趋势，借助AI驱动，建成强大的新闻信息基础设施。

第二章

行业报告

第一节　内容篇

研究综述

李泓江　胡海月①

我国媒体融合发展十年来，信息技术基础设施建设稳步推进。5G、VR、云计算、物联网、大数据、人工智能等数字化传播技术加速升级，日益嵌入人民群众日常生活，持续推动国家经济社会发展，为数字中国建设提供了强劲动力。在此背景下，主流媒体全面挺进互联网主战场，适应新形势、直面新挑战、聚集新需求，充分发挥先进技术的强大支撑作用，全面加强内容建设，在建设全媒体传播体系方面持续发力，致力于塑造主流舆论新格局，为推动高质量发展、加快中国式现代化建设持续注入传播动能。

经过长期积累和大量探索，我国新媒体内容建设取得显著成效，在内容呈现形式、内容生产方式、话语叙事逻辑方面作出诸多新尝试。

一、创新内容呈现形式

党的二十大报告指出，要加强全媒体传播体系建设，塑造主流舆论新格局，巩固壮大奋进新时代的主流思想舆论。②随着媒体融合向纵深发展，短视频、直

---

① 李泓江，中国传媒大学电视学院讲师；胡海月，中国传媒大学电视学院硕士研究生。

② 高举中国特色社会主义伟大旗帜 为全面建设社会主义现代化国家而团结奋斗[N].人民日报，2022-10-26（01）.

播等媒介形式作为技术演进的产物，已成为全媒体时代的重要传播方式，全面融入社会发展和舆论阵地。

（一）短视频视听同构，引领内容生态

第52次《中国互联网络发展状况统计报告》显示，截至2023年6月，我国短视频用户规模为10.26亿，在网民总数中占95.2%。从专业短视频平台到社交通信类软件，我国短视频领域不断提质增效、精耕细作，持续引领视听传播内容生态体系创新发展。

弘扬主流价值，强化主流意识形态传播。在多方共同努力下，我国短视频的内容质量有所提升，逐步成为传播主旋律、弘扬正能量的重要媒介形态。一方面，主流媒体大力建强自有短视频平台，积极入驻其他短视频平台，统筹布局短视频生产传播全链条，依托大量优质短视频新闻，巩固壮大主流思想舆论。例如，围绕党的二十大，人民网推出"'你问我答'二十大"短视频栏目，以"短视频+图解"的形式宣介党的二十大的基本知识，全网播放量超千万次。另一方面，各大短视频平台加强内容监管和价值引导，精心策划宣传重大主题报道，以平台传播优势扩大主流舆论声势。例如，2023年全国两会期间，抖音制作政务专题、推送重点内容，让主流声音更好实现"破圈"传播。

精准锚定需求，亲近实用内容服务大众。短视频内容生产的垂直化、细分化已成常态，在泛娱乐化内容热度悄然消退之余，亲近性、应用性、服务性的泛知识类内容受到用户青睐。2022年短视频细分领域中，知识传播、文化传承、助农惠农等成为短视频行业的年度热点。[①]就主流媒体而言，亲近性与实用性不仅指向自有平台服务性功能的延展，还体现在短视频内容体系的构建上。当前，以专业内容助力知识传播是主流媒体优质短视频的重要创作特征。例如，2022年卡塔尔世界杯比赛期间，央视网推出短视频《踢丢点球有多难》，通过大量可视化素材与数据普及体育知识、解读观赛难点，为球迷释疑解惑。

（二）融合直播多维共振，重塑传播场景

2022年，网络直播成为新媒体传播的流量风口。在技术驱动下，我国直播行业发展迅猛，推动了移动互联网时代传播场景的多元化。

① 黄楚新.2022年中国短视频发展报告[J].人民论坛·学术前沿，2023（13）：78-85.

"直播+"系统延展边界，慢直播弥合时空。一方面，主流媒体将直播媒介广泛应用于新闻报道、电商带货、文艺传播、旅游宣传、扶贫助农等领域，使"直播+"生产模式日趋常态化，新媒体内容边界得以无限延展。另一方面，在媒体深度融合浪潮下，主流媒体充分利用5G、4K/8K、VR等新型媒介技术，围绕重大主题与热点事件展开慢直播报道，增强新闻临场性、互动实时性、场景流动性，消弭了传播场域中的时空隔阂。与此同时，主流媒体强化慢直播议题内容设置与舆论导向引领，从单纯构建陪伴式、原生态的内容场景，转变为着力打造弘扬正能量、主旋律的传播阵地。

大小屏双向联动，多平台纵横协作。从传统电视大屏直播过渡到移动网络小屏直播，不仅是实时同步技术的升级，亦是新媒体内容呈现方式的优化。主流媒体大力整合资源优势，既立足电视大屏直播的严肃性语态、高品质追求和专业化水准，又激活移动小屏直播的主体多元、时空交汇、文本开放等"液态"特质①，使二者联动，统一服务于全景式、跨屏幕的新闻事件直播系统。同时，从直播平台的搭建与协同来看，主流媒体既在纵向上联动中央、省、市、县四级融媒体传播体系，组成直播报道矩阵，实现生产高效化、内容差异化、覆盖全景化；又在横向上携手抖音、快手、微信视频号、B站等视听平台，打通内容传播渠道，连接用户社交圈层，统筹构建新媒体直播新生态。

（三）沉浸报道深度交互，革新用户体验

得益于VR、AR、XR、人工智能、全息影像等新传播技术的深度赋能，我国沉浸式报道形式日益丰富，呼唤用户感官回归、体验升级，助力实现"思想+艺术+技术"融合传播。

虚实融合，构建立体空间内容体系。与传统线性呈现方式不同，沉浸式报道依托虚拟技术，模糊数实空间边界，直接展现内容文本，从而形成一种非线性的表征形式，赋予用户主观视角，使其自由探索报道内容。2022—2023年，主流媒体以党的二十大、全国两会等重大主题事件为实践场域，聚合5G、XR、AIGC等多种技术，推出元宇宙展厅、超仿真主播、数智人记者等大量沉浸式融合爆款，打造特色智能IP，构建智能媒体空间内容体系，加快提升自身在全媒体

---

① 詹晨林."液态"的移动新闻直播：内在特质与生产变革[J].电视研究，2023（05）：76-78.

时代的传播力、引导力、影响力、公信力。

多维交互，重构临场对话拟态场景。如今，数字沉浸技术使用户得以突破屏幕、键盘等物理媒介界面的禁锢，通过不断精细的机器端口进入与传播者共在的交流场域，以虚拟化身实现身体“返场”。[①]从H5、SVG等平面交互样态到虚拟演播室、元宇宙空间等立体传播精品，从“指尖运动”营造参与感到“具身在场”强化临场感，主流媒体融合集聚文字、图片、音视频等多种媒介形态，通过提升报道内容的视听冲击力、艺术感染力、情感号召力，不断升级用户交互体验，编织深度对话拟态场景，助力主流声音更好入脑、入心、入行。

二、变革内容生产方式

在新媒体数智化转型过程中，主流媒体坚持内容导向，进一步整合生产资源、壮大生产主体，以优化生产流程，提高传播效率，推进生产机制变革，实现新媒体传播效果最大化。

（一）整合资源要素，激活生产动能

推动媒体融合发展是一项系统工程，需要整体研判、群策群力，整合各种生产要素与媒介资源，加强媒体与社会各界的内在勾连与良性互动，最大限度激活生产动能与传播效能。

扩大产业合作规模，链接社会资源。在深度融合的时代背景下，我国新媒体发展日益从传媒领域向政务、教育、文旅、游戏等多个行业领域拓展，辐射更大产业规模和业务范围，弥合媒体融合边界，放大资源集聚效应。随着“新闻+”模式趋于常态化，主流媒体深化产业思维，集成社会资源，打通以新闻传播业务为核心的上下游产业链，与社会各行各业展开跨界交流合作，将城市治理、电子商务、区域经济等多种业务纳入内容生产版图，在助力国家治理体系和治理能力现代化的同时，助推自身转型升级与创新发展。

加强文化创新转化，盘活文化资源。2023年10月，全国宣传思想文化工作会议首次提出习近平文化思想，强调围绕在新的历史起点上继续推动文化繁

① 李华君，康敏晴.故事还原、具身体验与主体回归：中国故事的沉浸式传播[J].新闻春秋，2023（02）：41-49.

荣、建设文化强国、建设中华民族现代文明这一新的文化使命。[①]文化要素越发成为媒体融合转型的重要推力，同时，当前融媒体内容生产高度关注文化要素。[②]2022—2023年，主流媒体深化创意思维，立足社会思想文化公共资源，大力推进中国优秀传统文化艺术的创造性转化、创新性发展，锐意创新SVG、微动画、微纪录等文化表达形式，充分发掘新媒体内容的文化价值，满足用户多样化精神文化需求，以文化焕新传承助力主流思想引领和文化中国建设，有效提升国家文化软实力和中华文化影响力。

（二）凝聚主体合力，重构生产模式

“共创”成为媒体内容生产的一种新方式。移动互联网时代，传统的单向传受关系难以满足传播需求，多主体共时协作成为全新的新媒体内容生产模式。

加强锻造人才队伍，培养全媒体传播人才。人才是媒体融合的关键支撑。在加快建设新型主流媒体的进程中，传媒业“人才方阵”发生深刻变化，如移动互联网技术人才大量加入、传统内容采编人员全媒体化转型等。主流媒体主要通过改革工资体系、优化评价机制、调整年龄结构、定期开展培训等方式，提升人员的全媒体素养，从而深耕内容品质，激发生产活力。然而，目前各级广电媒体人才机制灵活性不够，专业型人才仍然稀缺，队伍结构与激励制度仍有待优化。

指引人机共生关系，再造智能化生产流程。在智能化新闻生产的各环节，机器正逐渐成为信息采集、处理、加工的关键力量，推动人机共生、互联、协作关系的形成。主流媒体纷纷加大技术投入，借力大数据、云计算、人工智能、虚拟现实等技术体系，不断完善智能化生产系统，再造新闻策、采、编、审、发一体化流程，持续推出机器写作、智能合成、图像识别、虚实交融的融媒体产品，提高内容品质与传播效率，探索人机和谐共构的长效机制和最优范式。

深化用户本位理念，融汇用户自主创造力。2020年印发的《关于加快推进

---

① 坚定文化自信秉持开放包容坚持守正创新 为全面建设社会主义现代化国家 全面推进中华民族伟大复兴提供坚强思想保证强大精神力量有利文化条件[N]. 人民日报，2023-10-09（01）.

② 黄楚新.全方位融合与系统化布局：中国媒体融合发展进路[J].现代传播（中国传媒大学学报），2023，45（07）：1-7.

媒体深度融合发展的意见》明确指出，要强化媒体与受众的连接，以开放平台吸引广大用户参与信息生产传播。全媒体时代向前发展，用户主体地位与创新活力越发凸显，“开门办媒”也更加关键。主流媒体秉持用户至上理念，着眼于满足用户多元需求、激活用户创造潜能，通过开设专门上传渠道、普及“一云多屏”系统、搭建问政服务平台等方式，吸引用户参与海量新媒体内容的策划、生产与传播，在丰富内容形式的同时，增进用户连接与信任。

三、优化话语叙事逻辑

在数智化转型背景下，伴随新媒体内容呈现形式与生产方式的变革，主流媒体的话语叙事体系也在风格、样态、策略方面发生转变。

（一）锚定平台，话语风格差异化

进入深度平台化社会，传媒平台经济显著发展，各级媒体平台化建设逐步完善。一方面，主流媒体积极入驻互联网平台，扩大主流舆论宣传声势；另一方面，各级媒体大力建设移动自有平台，探索话语体系创新转型。以平台为中心，主流媒体基于不同平台的规则秩序和互动特性，形成了差异化的话语风格。

从传统媒体平台来看，主流媒体把握报纸版面、电视栏目、广播电台等平台传播规律，凸显话语内容的权威性、专业性、完整性、真实性，致力于塑造严肃、庄重、正式的话语风格，以凝聚人心民意、弘扬正确价值观、强化宣传引导，牢牢掌握意识形态话语权，做大做强主流舆论。从微信、微博、抖音、快手、哔哩哔哩等新媒体平台来看，主流媒体强调洞察用户媒介习惯和视听偏好，适应移动化、流行化、青年化传播趋势，制作大量兼具理论性、趣味性、价值性的新媒体精品，促进深涩、抽象、庞杂的官方叙事话语向浅显、具体、轻量的群众叙事话语转化，形成诙谐、轻松、日常的话语风格。通过不同平台的差异化传播，主流媒体正不断形成风格多元、矩阵共振、生态联动的话语传播格局。

（二）聚焦个体，叙事样态亲民化

近年来，新媒体发展日渐呈现分众化、圈层化的传播特征，随之而来的是用户个体意识的强化和主体本位的回归。与此同时，主流媒体坚持贯彻群众路线，重视个体需求与发展，促进叙事样态亲民化，增进话语认同，拉近内容与用户的距离。

适时转换叙事视角。叙事视角指的是叙事者从事叙事活动所采取的方位或角度，是视觉与被“看见”、被感知的东西之间的关系。[①]宣传思想工作话语权建设要考虑对象化，通过基本理论的阐述和释义达到特定传播效果[②]，同样地，新媒体话语传播亦需回应个体关切，与用户建立平等对话的良性关系。如今，主流媒体侧重以第一人称建构话语形态，通过平民化、大众化、生活化的“小人物”细化叙事视角，以见微知著的切入方式，用微观叙事折射宏大主题，实现时代话语的个体化表达。

精心设置叙事议题。如何选择、编排叙事议题，暗含着媒体话语的意识形态取向和价值传播观念。我国主流媒体坚持以人民为中心的工作导向，重视民生议题，关注现实问题，以深入浅出、简明易懂的新媒体话语表达，及时反映时代所需、发展所系、群众所盼，构建贴近群众、贴近实际、贴近生活的议题格局。2022—2023年，主流媒体围绕党的二十大、全国两会等重大主题，精准捕捉其中与人民群众生活福祉密切相关的话题，使新媒体成为党和政府与群众间的“连心桥”。

（三）把握情理，叙事策略感性化

习近平总书记指出，讲故事就是讲事实、讲形象、讲情感、讲道理。西方思维将情感与理性视作两种相反的力量，这种二元对立、彼此割裂的对抗性观念在移动互联网时代被彻底颠覆了。[③]事实上，情感表达已成为网络舆论的显著表征，同时“情感化”已成为数字新闻业的一种基本趋势，有益于拉近受众与新闻业的信任关系，使其获得更加积极的情感体验。如今，主流媒体更加重视情理兼容，将“讲实情”与“说道理”有机结合，不断寻求新媒体话语故事温度与逻辑深度的平衡点。

---

① [荷]米克·巴尔.叙述学：叙事理论导论[M].谭君强译，北京：中国社会科学出版社，1995：114.

② 栾淳钰，刘颖敏.宣传思想工作话语“青年化”的实现路径探赜[J].探索，2023（02）：175-188.

③ 强月新，梁湘毅.短视频新闻评论话语方式的四种转向——以央视《主播说联播》为个案分析[J].现代传播（中国传媒大学学报），2021，43（04）：61-67.

在理性叙事上，主流媒体坚守自身权威和专业姿态，做到及时发声、真实发声、理性发声，以澄清谬误、明辨是非，最大范围凝聚社会共识，确保牢牢占领话语制高点。在感性叙事上，主流媒体越发注重采用情感化叙事策略和故事化表达思维，精准把握用户心理，捕捉情绪燃点，寻求媒体与用户、用户与用户之间的情感联结与心理认同，实现新媒体话语共情传播，形塑一个情理相融的更具建设性的话语传播体系。

1.1　优质短视频的样子
——从长视频到短视频看话语表征融合创新之特点

汪文斌[①]

摘要：在新技术引领的融合变革背景下，短视频成为用户最喜欢的媒体内容。从长视频到短视频，不仅仅是简单的传播形态的变化，更蕴含了受众媒介习惯的巨大变化和主流媒体推进媒体融合的不断深化。本文从长视频到短视频在话语表征上的变化与特点切入，从短视频行业的现状、短视频的叙事风格和特征、创作优质短视频的关键要素等方面进行阐释，一方面为打造优秀短视频提供可复制的实现路径，另一方面为推动主流媒体话语体系转变提供更具体的视角和更具操作性的参考建议。

关键词：媒体融合；长视频；短视频；优质短视频

随着移动终端和5G网络的普及，以短视频为代表的大流量传播内容逐渐获得社会的青睐。从长视频到短视频，从内容形态上体现了社会变迁，是受众媒介习惯发生改变的结果。从长视频到短视频，是大视频时代萌发、成长的发展进程，长与短相互融合，共同成长并铸就起这个时代的内容基底。从长视频到短视频，同时伴随着主流媒体媒体融合的不断深入，主流媒体的话语体系和表达方式在长与短的变化中产生了极大变化。在融合变革的大背景下，用户媒介习惯的变化与视频形态交织演进，短视频凭借与时代与用户更加契合的内容气质，成为最具时代特征、最受用户喜欢的内容形态。

---

① 汪文斌，西安交通大学新闻与新媒体学院院长。

一、从短视频到短视频行业

当今，短视频已经不再是单纯的信息传播形式，而成为正在改变我们生活的重要力量。从被称为“短视频元年”的2017年至今，短视频已经连续5年居网民“唯一消闲媒介”首位，同时其内涵与外延、深度与广度均得到极大的拓展。短视频不再拘泥于是一种媒介社会的单一内容形态，更打造传播的新秩序，构建完整的发展生态，逐渐建立起以内容为核心的新行业。从用户规模、场景应用、平台聚合、行业产值、监督管理等方面看，短视频行业在社会生活与产业结构中，发挥着越来越多的连接赋能作用，所承载的信息传播与服务、文化传播、娱乐与经济等多元化功能逐渐凸显，并开启了面向规范化、健康化深入发展的新阶段。

超大用户规模。中国互联网络信息中心（CNNIC）发布的第52次《中国互联网络发展状况统计报告》显示，截至2023年6月，我国网民规模为10.79亿人，其中网络视频（含短视频）用户规模达10.44亿人，而短视频用户规模为10.26亿人，占网民整体的95.2%，一年时间增长了1454万人。①

全民生活标配。中国广视索福瑞媒介研究（以下简称CSM）调查显示，五年间短视频用户渗透率增长近12个百分点，用户从年轻化走向全民化，并渗透至生活全场景。短视频的应用场景体现出碎片化和伴随式的特征，短视频是人们在通勤、午休、用餐、睡前等碎片化时间的内容消费伙伴，日均观看1小时以上短视频的用户占比超过50%。除了休闲娱乐和放松减压，用户还从多元垂直化的短视频中获取资讯、学习知识技能、“种草”购物、获取经济收益等。不同程度上，短视频承载了用户对服务性支持、社会化连结、价值感认同的附加期许。

平台聚合传播。短视频网站/客户端是主要观看渠道。CSM调查数据显示，过去半年用户观看短视频的平台进一步聚合，在抖音、快手、微信视频号、央视频上看过短视频的用户合计占比达74.9%；资讯平台紧随其后，今日头条、腾讯新闻跻身前五。

---

① 中国互联网络信息中心.第52次中国互联网络发展状况统计报告[R/OL].（2023-08-28）[2023-08-29]. https：//www.cnnic.net.cn/n4/2023/0828/c88-10829.html.

商业前景广阔。短视频平台是短视频盈利的主要载体，它可以通过广告收入、付费会员和品牌合作等方式实现盈利。短视频“自媒体”账号则可以通过直播带货、电商推广和知识付费等方式赚取收入。2023年5月中国演出行业协会发布的《中国网络表演（直播与短视频）行业发展报告（2022—2023）》显示，截至2022年末，具有直播与短视频经营资质的经营性互联网文化单位有6263家，MCN机构数量超24000家。2022年，我国网络表演行业（直播与短视频）整体市场营收达1992.34亿元（不含线上营销广告业务），尽管受到宏观经济和疫情影响，直播与短视频行业整体承压，但仍呈现“韧性强、弹性大、潜力足”的增长特点。

内容提质升级。2021年10月开始，国家广播电视总局督导抖音、快手等10多家用户规模大、应用软件使用频率高的短视频平台。尽管政府监管划定了行业底线，但短视频行业起步于草根文化，以新鲜感获取用户关注并在算法加持上引领潮流成为短视频生产传播的常规操作，从而一定程度上导致短视频中价值观缺位、内容同质化、品位低质化等问题，更在一定程度上挤占了主流价值观在网络公共领域中的话语空间。在此背景下，短视频内容的提质升级不仅是打造清朗网络空间的刚需，更是短视频自身实现健康发展的必经之路。

值得关注的是，随着媒体融合发展提速，主流媒体坚持移动端创新，加速布局短视频，担纲主旋律、主流价值传播，已经成为短视频健康生态建设当仁不让的主力军。CSM调查数据显示，用户对短视频的整体内容评价从2018年的“刚到及格线”升至今天的“良好线”。越来越多的传统媒体加大短视频内容生产，主流化内容在短视频平台的传播价值日益凸显，涌现出大量符合大众审美需求、兼具思想性和艺术性的精品内容、正能量内容。这些优质短视频内容，一方面体现了主流媒体自身媒体融合的成就，另一方面反映了主流媒体在从长视频转战短视频的过程中，对于受众需求的深刻理解，对于长视频与短视频各自特征、差异化话语表达和不同生产规律的把握。

二、从长视频到短视频

以数字化生存、移动端社交和全媒体传播构成的媒介生态变革，是驱动视频内容从长到短的内在逻辑。长视频和短视频仅一字之差，看似只是内容时长的不同，但实际面临的传播环境、使用的传播渠道、运用的生产方式等都存在巨大差异。从长视频到短视频，是内容消费形式的根本变化。承载视频内容的传播渠道，已经从传统媒体的大屏转向新媒体的小屏，这充分体现了随着互联网技术成熟发展，在传播领域呈现的移动化、智能化、互动化特征。而从媒体生产和内容构建的角度来看，从长视频到短视频则是叙事方式和话语表达的转型。

（一）从长视频到短视频的叙事变化

第一，叙事时长。一般短视频是数秒到数分钟不等，通常控制在十分钟以内，长视频的长度通常超过30分钟，中视频一般指10—30分钟。

第二，叙事场景。相较于原来长视频具有固定场景叙事，系统化或者完整性的表达，以及以机构传播为主要传播渠道的特征，基于移动互联网的短视频则为话语实践构建了一种全新的移动化的叙事场景。从长视频到短视频，信息触达场景由电视横屏和大屏变成手机竖屏和小屏，加之叙事话语风格的适配，营造出人屏合一、身临其境的传播场景。

第三，叙事风格。长视频由于时长较长，呈现出系统化、完整性、深度性的叙事表达，而短视频由于基于网络化、移动化传播，所以在创作框架和叙事方式上均进行了全方位适配，表达上更重视创意表达、情感表达和社交传播。短视频和以往的长视频相比，主要话语特征表现为社交化、情感化、立体化。社交化指话语紧贴社交属性，具有趣味性和网感，话语风格上更多使用网络热词、网络元素甚至网络梗，口语化、人格化的表达比较明显。和过去长视频严肃板正、自上而下的话语表征相比，短视频拉近了与用户的距离。情感化指与长视频相比，短视频的话语表达风格从长视频的理性表达向理性与感性并重，情感强度和情感密度比长视频更甚。诞生于传统媒体时代的长视频，对于情感表达更加克制，讲究情感铺垫。而短视频针对用户的碎片化时间观看，必须在比较短的时间内抓住受众，使之达到心理上的沉浸状态。因此，短视频往往浓缩着强烈情感，以最快速度与用户产生情感共鸣为直接目的。立体化指的是短视频在短时间内，通过大量运用特写镜头、特色滤镜、创意混接、3D渲染等呈现立体化的视觉冲击力，又指通过立体语言形式传达故事本身的张力和传播价值的立体性。

（二）为用户提供贴近时代生活的价值

快节奏、碎片化的生活方式，使人们更青睐短平快的信息形式，它们不仅更轻松有趣，也更容易分享。从传统媒体到新媒体，从长视频到短视频，受众的选择主动性增强，需求也变得越发多样。除了最基础的获取信息需求，用户还渴望从中获得社交、情感、审美甚至更多功能性的满足。短视频之所以受到大家的喜爱，核心原因在于它们为用户提供了有价值的内容，满足用户放松休闲、获取知识信息、情感与社交的需求。

第一，情绪价值。和传统媒体相比较，短视频用平视化的百姓视角和代替化的语言表达方式，营造了一种真实的生活环境或者生活情境，从而使我们越来越倚重短视频来理解世界和自身。短视频成为我们生活中不可或缺的陪伴，成为我们日常生活的“电子榨菜”。

第二，体验价值。短视频通过创造虚拟场景的方式，使媒体从原来向受众单向传播转为双向互动式传播，同时通过各种技术手段和情景设置，为用户提供更加直观的体验。虽然我们看似只是在“看”，但事实是我们已经沉浸其中，成为短视频的一部分。

第三，实用价值。用户养成了以短视频平台作为入口，搜索生活技巧类、知识类、信息类内容的习惯，生活技巧、生活记录、社会记录、自然地理、历史人文、知识科普占据短视频用户的内容类型偏好前几名，购物、新闻、健康等实用性内容也在持续升温。因此，观看短视频已经不单纯是媒体消费，而是承载很多工具性的功能，受众能够从中获取在生活中的实用性价值。

三、优质短视频的六大特征

短视频从根本上，拥有与长视频完全不同的内容基因，因此优质短视频的特征也有别于长视频。从近年来主流媒体与商业传播平台生产传播的优质短视频来看，具体呈现出六个特征。

第一，关注社会，切中热点。优质的短视频、能够获得网民热切关注的短视频，往往都是关注社会热点的短视频。热点即民心关切，老百姓都在议论、思考的事，一定是他们认为比较重要的，与他们日常生活关系特别密切的，往往容易获得广泛关注。对于主流媒体来讲，关注热点本身就是充分彰显舆论引导力的重要手段。主流媒体如果能够直击热点，围绕这些热点、痛点、难点问题进行短视频生产，将国家的重大主题和老百姓的日常生活、民生时事紧密结合在一起，一定能够生产出既体现主流价值观、弘扬正能量，又能引发巨大流量的优质短视频。

第二，权威观点，鲜明态度。在海量短视频的众声喧哗中，优质短视频往往是观点态度鲜明的，能够一锤定音的。在当前纷繁复杂的网络环境、信息环境当中，不实信息、恶意信息、虚假信息不断地充斥在网络洪流中。主流媒体应当通过优质的短视频引导舆论，发挥在舆论洪流当中的压舱石和定盘星的作用，这也应该是优质短视频的必备特质。

第三，贴近生活，善用网语。传统媒体生产的长视频，在语言风格上总给人以高高在上的感觉，与老百姓日常话语体系相比，有一定的距离感。如果主流媒体的短视频能够更多地使用网民喜闻乐见的网言网语，特别是年轻一代网民经常关注、经常使用的网络热梗，就有机会成为爆款短视频。利用好这些网言网语，利用好年轻网民的网络文化，利用好网络热梗来进行二次创作，尽量避免使用官话、套话、空话、假话、废话，是成为“优质短视频”的重要特质。

第四，精准切口，微观叙事。不同于长视频常见的宏大叙事、恢宏视角和复杂完整的叙事结构，优质短视频往往只需要利用微叙事的方式进行故事的讲述，做到有所舍弃，开门见山，直奔主题，重点突出。在很短的时间内，通过一个非常小的故事或切口，来反映大主题大时代。

第五，全媒形式，引发互动。短视频虽然是一种视频形态，但实际上包括图文、动画和各种特效等多种形态，共同将想表达的内容传递出去。短视频与生俱来的、和长视频本质不同的特征就是互动性。对于优质短视频，用户不会仅满足于自己观赏，还有评论、转发、分享的需求，特别是通过弹幕的形式实时评论，即时为其他用户提供更多有意思的信息，帮助更多的用户更好地理解短视频的主题内容。弹幕已经变成短视频的有机部分，很好地体现了短视频的互动属性。因此，能够引发用户热烈互动，就是优质短视频的特征之一，也是主流媒体在思考如何打造优质短视频时需要着重考虑的地方。

第六，共情共鸣，直抵人心。长视频由于时间较长，共鸣点和共情点往往需要受众花费较长的时间才能寻找到，一定程度上稀释了内容所蕴含的情感浓度。而在移动化时代，受众往往没有太多耐心来等待和寻找传播内容中的情感共鸣点，即便遇到了也可能错过。短视频由于节奏快时间短，更容易第一时间抓住受众眼球，与受众产生共情和共鸣，从而产生更好的传播效果。例如，多彩贵州网的“村BA”火爆反映了“中国式现代化”在乡村的发展境况。“村BA”火爆的背后，是脱贫后农民对新文化生活的渴望，通过关注“故事之外的故事”，抓住网民的情感共鸣点进行内容生产和传播，体现了短视频的共情能力。

三、从短视频到优质短视频

在长视频时代，生产者基本都是传统媒体或专业机构，而在短视频时代，随着技术进步、智能设备普及，短视频创作门槛逐渐降低，除了专业机构外，普通的短视频用户也把短视频作为记录生活、填补空闲，甚至是获得自我成就感的重要手段，职业的短视频创作者不断涌现，一时间形成“人人都爱短视频，人人都做短视频”的局面。创作力量快速扩大与聚集，极大丰富了短视频的数量和内容。但过剩的供给之下，是用户注意力的稀缺和对短视频提质升级的迫切要求。如何生产出更多高水准、更受受众喜爱的短视频，成为无论是主流媒体还是商业传播平台继续破题、思考、总结的重要问题。从“短视频”到“优质短视频”，我们需要关注核心问题。

（一）抓住“优质短视频”创作的关键因素——用好网感

与长视频相比，进一步做好短视频创作，必须贴近短视频的传播渠道——网络。简单地讲，就是要在话语表达上增强网感。所谓网感，指基于对移动互联网观看习惯和社交习惯的洞察而建立起来的一种认知方式、理解方式和表达方式。主流媒体如果要生产更多爆款产品，就要适配网络时代的传播特点，深入研究、准确把握网民心理，以“网感”为抓手，与网民实现同频共振，让正能量产生大流量。

“网感”反映了“网生代”受众的审美旨趣和文化消费需求，是网络文化在视听作品中的折射。所谓“网感”通常具备以下五个特点。一是有意思。“有意思”的内涵非常丰富和多元，它必然是贴近生活的，让受众感到“有关有料有用”。二是新鲜。短视频的创作要尽量避免四平八稳、中规中矩、条条框框的东西，通过创新创意，呈现出最具时代感的内容，才能够吸引受众的关注和体验。三是直接。创作短视频必须对长视频里的层层铺垫和诸多环节进行精简，把最核心的内容直接呈现给受众。四是走心。短视频应当避免讲述大道理，要寻找情感共鸣点，实现以情动人，将创作理念直接传导至人心。五是有人设。在当前的社交互动环境中，鲜明的人设既是短视频实现社交互动的需要，也是优质短视频打动人、感染人的重要因素。

（二）创作“优质短视频”的重要路径——做好二创

短视频已经成为主流价值传播的重要载体。主流媒体拥有丰富的长视频资源和专业视频生产力量，因此它的短视频创作机制有别于商业传播平台和社会机构。最本质的区别是，除了原创外，二创也是主流媒体创作优质短视频不可或缺的重要路径。从长视频到短视频，主流媒体必须要打通理顺二创这条路，着力创建配套的培育机制。

无论是原创还是二创，优质短视频的创作必须基于深入细致的用户研究，找准用户喜好进行精准传播，满足网民特别是青年群体的需求。在长视频的基础之上做好短视频的二创，在重大主题、重大事件、重要时间节点当中把握好长短视频之间的关系，打造主流媒体短视频爆款，需要从四个方面进行实践。

一是全媒体策划。从策划阶段就要统筹规划长短视频的生产与传播。优秀的短视频与长视频往往是同步策划、同步生产的，并非有严格的先后顺序。不能简单地等长视频拍完之后再策划短视频，或者把拍完的长视频直接拆成短视频。因为长视频在设备使用、拍摄手法、叙事结构等方面都与短视频有巨大差异。短视频往往是一个单反相机甚至手机就可以完成的，其拍摄的视角更加强调伴随性和细节化。

二是创新性表达。长视频可能作为经典传世，流传很长的时间。但短视频新旧更迭速度非常快，再好的短视频很快就被新的短视频淹没，因此一定要强调创新。转瞬即逝、新旧更替的短视频时代，打造短视频爆款，创新性就尤为重要。

三是多主体协同。一个团队或者一个人既能做好长视频又能做好短视频是很难的，所以长视频和短视频都要有专门的团队。在短视频方面，特别要调动起广大网民，发动更广泛的社会力量，用好社会创作者这支队伍及其上传的素材，通过众包或共创的形式来帮助主流媒体生产既有品质又有流量的短视频。

四是长短互补共享。由于长视频和短视频的创作视角不同，共享不光指基于长视频创作短视频；反过来，短视频的创意也能够用于长视频的创作，实现双向互补，长短互相转化共享。

（三）带动“好短视频”提质升级的核心引力——建好标准

短视频行业的高速发展在不断给用户带来新鲜体验的同时，也不可避免地面临新生事物上升期的诸多挑战和风险。由于短视频行业暴露出价值观缺位、内容同质化、品位低质化等问题，真正的优质内容常常在以流量为目标的算法机制下被淹没。网络生态中亟须一套强化舆论导向和价值取向的短视频传播评价体系，从而实现主流价值的精神引领，给优质短视频的诞生与成长提供健康的土壤。

在此背景下，中央广播电视总台履行国家台的职责使命，从2021年开始着手构建短视频融媒体传播评价体系，研究制定充分体现主流价值观的短视频评价行业标准，于2021年底完成了短视频融媒体传播评价体系搭建。该体系设定了内容生产水平、信息聚合水平、技术引领水平、用户服务水平和平台营运水平5个一级指标，其下又设14个二级指标与31个三级指标。在此基础上，以“象舞指数”为品牌，采用客观数据与权威把关相结合的标准，先后推出年度报告、周榜、专题榜。在方式上采用“传播数据入围，专家评分定榜”，在评价中强力注入主流价值观基因，确保评价不落入“唯流量论”的漩涡。在榜单之外，“象舞指数”还组织业界学界专家作为观察员，对优质作品进行评议，总结主流媒体短视频发展规律。

以“象舞指数 · 世界杯短视频评议”为例，针对世界杯短视频的热播规律，评议活动提炼出巨星“焦点”、新知“痒点”、共情“泪点”、服务“痛点”、带入“接点”五个抓牢流量密钥的关键；针对“三农”议题如何搭上世界杯的“顺风车”来“借题发挥”，总结出“内容的角度独特，媒体的定位准确，话题的延展逻辑顺畅”三大“爆款基因”；针对世界杯中的动物“神预测”，以“人格化传播”的专业概念总结动物作为传播主体的重要意义等。从这个角度来看，“象舞指数”已经不仅仅是一套数据指标，更兼有权威智库功能。

依托“象舞指数”这一评价杠杆与智力支持，主流媒体的短视频创作具备了可参考可实践的“爆款密码”，从而实现了为短视频行业持续赋能，进而助力主流媒体“人人都懂短视频，人人都做短视频”的目标成为现实。

四、结语

从长视频到短视频，浓缩了技术的变革，移动互联网的崛起，以及人类社会生活的演变。从长视频到短视频，无论是传播媒介、叙事结构还是话语体系，都蕴含了视频内容形态进化的时代特征。伴随着媒体融合从发端走向深入，从长视频到短视频是主流媒体突破创新、转型升级的集中体现。深刻理解从长视频到短视频的内在逻辑，准确把握长短视频各自的风格特征，用好短视频的创作规律并积极转变话语体系，是主流媒体进一步推动媒体深度融合，积极践行媒体职责使命的重要命题和实践切口，值得我们持续关注并不断推进。

1.2 直播的进阶：理念、技术和治理

王晓红 丁舒珊[①]

摘要：在媒体融合的大背景下，主流媒体与新媒体平台所共构的视听传播新生态在凝心聚力、服务大局上发挥着重要作用，而直播是其中一种不可或缺的形式。近年来，网络直播的迅速发展改变了传播方式，也为主题主线报道注入了新元素。如何充分发挥大屏和小屏直播的潜力，推动媒体深度融合，从而壮大主流媒体的传播力、感染力和影响力是主流媒体面临的重要挑战。本文以主流媒体直播为观察对象，从理念、技术和治理三个方面展开研究。研究发现，2023年主流媒体直播体现出三个方面的追求，即理念上追求构建大小屏相融的全维直播生态，技术上追求运用创新技术拓宽人的感知、强化互动，政策监管上不断追求向垂直细分领域延伸。

关键词：主流媒体；直播；媒体融合

2023年是中国媒体融合发展理念提出的第十年。从“推动媒体融合”到“推进媒体深度融合”，从“形成现代传播体系”到“构建全媒体传播体系”，从“建设新型媒体集团”到“塑造主流舆论新格局”……十年间，媒体融合由简单的“物理相加”向更深层次的“化学反应”不断发展，从内部融合迈向跨界跨业探索。随着对媒体融合认识的不断深入，其发展的目标和任务不断调整变化，方向路径日益明晰。媒体深度融合发展是一项复杂的系统工程，既包括机制体

① 王晓红，中国传媒大学本科生院院长、教授、博士研究生导师；丁舒珊，中国传媒大学2022级互联网信息专业博士研究生。

制的优化和创新、新型传播平台的建设，也包括顺应互联网传播移动化、社交化、视频化的趋势，而短视频和直播可能是其中典型的应用。

纵观这10年，以短视频、直播为代表的新型视听迅速成长，并超越了工具性的使用，融入人们的日常生活。以学术期刊的研究为例，学术界对于直播的研究大致经历了两个主要阶段。第一个研究高潮发生在20世纪90年代末，以中央电视台为代表的经常性大规模直播勃然兴起，引发了全国范围内对电视直播的研究热情。电视直播的形式由表现式转播转变为报道式直播，由单一事件性直播转变为主题综合性直播，由大规模、战役性直播转变为专业化、日常化的直播。①学界开始关注直播这种与新闻事件发生、发展进程同步的电视现场报道类型，以及它所具备的汇聚社会认同的社会功能。第二个高潮始于互联网网络直播的兴起，外界环境的变化使人们改变了线下的交流方式，而网络直播打破了时空的制约，突破了物理距离的阻隔，为人们提供了线上在场的直接体验。因此，直播再次站在学术聚光灯下。检索中国知网（CNKI）的学术资源可以发现：疫情前，短视频是学界研究的重点，但2022年起，研究的关注点从短视频转向了直播。而从实践的维度，我们也可以看到网络直播借助移动化、社交化的特性，强有力地带动着传统电视直播的发展。进入2023年，网络直播已进入平稳发展的新阶段。本文以主流媒体的直播为研究对象，从理念、技术和治理三个方面探讨它在媒体深度融合进程中所发生的变化。

一、理念：大小屏共构全维直播生态

过去，直播是一种重装备的传播方式，需要专业的团队、精良的设备与卫星转播系统来支持，通常与重大主题、重大事件或者重大活动相关联，是传统广播电视媒体的独门绝技。然而，随着移动互联网技术的快速发展和智能移动终端的广泛普及，网络直播逐渐兴起。网络直播作为一种轻量化的直播，以其社交化、移动化和低成本的特征在社交平台中脱颖而出。任何人都可以随时、随地、随机、随意地观看直播、参与直播和创建直播。借由网络直播，视频被插上“+ING”的翅膀，多元的空间被映射在同步的时间中，形成全新的人类活

① 李盛之.直播常态化：历程、意义与趋势[J].现代传播，2003（05）：67-69.

动场域和生活方式。[①]在这一背景下，推动大屏小屏的深度融合，共构全维直播生态成为主流媒体直播发展的重要方向。

（一）融合直播成为新常态

传统的电视直播始终追求合理的机位设置、全面准确而精炼的内容表达。即使在今天，主流媒体的大屏直播仍然秉持着对高质量和高品质的追求，关注细节，注重对主题的深度开掘与诠释，并利用自身的信息资源优势，不断把直播做大、做强、做丰富。以2023年央视新闻《国产大飞机来了！C919开启全球首次商业载客飞行》直播节目为例，4个小时的节目，既保持了节目形式的丰富性，有飞行实况、记者连线、图文直播等元素；又对C919客机采用了什么特殊涂装、纸质登机牌有哪些特别设计、“五福临门”主题餐食等一手资料进行深度挖掘。这样的电视直播可以被视为一场有策划有组织的媒介事件，也可以被称为“电视仪式”或“节日电视”，甚至是文化表演。[②]这种精心策划的媒介事件在今天仍然具有重要的意义，在塑造国家形象、维护社会稳定、构建文化认同、凝聚情感共识、汇聚共同关注等方面具有不可替代的作用。而这样的坚持，也使主流媒体大屏直播的精品内容优势和可信度优势十分稳固。

但是与此同时，主流媒体也意识到这已经不再是电视大屏占据绝对优势的时代，移动小屏的活跃度不断上升，用户群体逐渐从年轻一代扩展至全社会。因此，主流媒体对小屏多点互动的重视日益增加，通过把大的主题化整为零，加强议题设置，营造互动讨论话题，实现大屏与小屏的联动，将传播效果最大化。在C919全球首次商业飞行的直播报道中，就设置了#C919全球首次商业载客飞行##C919飞机上有五福临门主题餐##C919获民航最高礼仪过水门#等多个话题。此外，小屏的活跃也改变了主流媒体直播的策划理念，大小屏共构的复合思维取代了单一思维，融合直播成为主流媒体直播的新常态。对于同一主题的直播素材，主流媒体会根据大屏、小屏不同的传播特点，策划并生产出适

---

① 中国网络视频研究中心.从“再现”到在场——直播促进共享共创研究报告[R].北京：中国网络视频研究中心，2022：4-8.

② 丹尼尔·戴扬，伊莱休·卡茨.媒介事件：历史的现场直播[M].麻争旗，译.北京：北京广播学院出版社，2000：1.

应不同平台的多元化产品，以增强“大屏+小屏”的联动效果。例如，中央广播电视总台联合港澳台节目中心及大湾区各城市媒体，为庆祝香港回归祖国25周年合作推出《直播大湾区》节目，采用“动直播+慢直播+短视频+大小屏并机”的方式进行，将电视直播与网络直播、新闻直播与活动直播融为一体，展现出主流媒体强大的专业性和资源整合能力。

（二）无处不在的“直播+”

进入2023年，直播变得更加生活化和日常化。它加深了传播领域不同要素间的渗透，加快了媒体融合发展的步伐，也拓展了主流媒体在融媒时代内容生产的边界。

第一，主流媒体将直播与文旅、文艺、体育、扶贫等领域相结合，进一步凸显直播在娱乐休闲、信息传播和生活服务等领域的多元功能。举例来说，2023年春季招聘期间，潇湘晨报·晨视频通过公益直播带岗进入多家重点企业，全面展示企业的用工需求、福利待遇、工作环境和企业文化，同时利用全媒体渠道资源，帮助用人企业与求职者实现信息互通，为湖南中小企业的发展提供支持。央视频联合拼多多为以公益直播带货的形式助力因台风“杜苏芮”受灾的企业尽早恢复运营。

第二，主流媒体引入网络直播的形式，使主题主线的报道更加生动有趣。主流媒体肩负着围绕党和政府的中心工作、重点工作开展相关主题宣传的重要职责与使命，因此其小屏直播仍然是有主题、有策划的直播。但区别于大屏直播，主流媒体的小屏直播往往视角更丰富，在内容呈现上更具有透明性、现场感和感染力，让党的理论宣传清新易懂，能够借助人的日常生活呈现出来。举例来说，为宣传报道相关政策促进消费市场回暖和复苏的情况，浙江之声推出系列直播节目《春天里的小店》，记者通过直播镜头，带着大家沉浸式品尝千年古镇的小店特色早餐、打卡乡村咖啡厅爆款咖啡、探访夜宵时分的街边饺子店，以人间烟火气的升腾反映消费市场的复苏。这种以小切口展现大主题，以小故事凝聚正能量的宣传形式，通过小屏直播找到了全新的触网打开方式，成为主流媒体的主题主线直播报道的新方向。

（三）慢直播的品质追求

慢直播是一种借助直播设备对实景进行超长时间的实时记录并原生态呈现

的直播形态，体现出原生态记录、超时长直播、陪伴与参与的传播特点。[①]2020年初，中央广播电视总台央视频首次推出《疫情24小时》慢直播，记录了火神山医院和雷神山医院的建设全过程。这次慢直播不仅向全球报道了我国应对疫情的中国速度，也使慢直播迅速获得广泛的关注，在之后的重大新闻事件报道中被主流媒体所广泛使用。慢直播被认为是一种突破了时间与空间限制的直播形式，让报道真正从“及时”成为“实时”。

但是，慢直播也曾走入误区，一味追求形式而忽略了它引起关注的原因。事实上，慢直播之所以能够引起广泛关注，是因为它所选择的主题与当下的社会情感有着密切的关联。新冠疫情作为一项突发重大公共卫生事件，与每个人的生活息息相关，因此火神山医院、雷神山医院的建造引起了上千万人的关注。这种共同关注，引发了大家情绪上的共鸣，每一个人都把自己当作共同体的一员，主动参与传播活动，受众在互动的同时目标趋于一致，情感上也达到高度共鸣，从而形成传播共振。[②]

今天，主流媒体的慢直播已经从单纯追求形式转向追求品质，对形式背后的情感逻辑、内容逻辑和互动机制也有了更深的理解和把握。一方面，在主题的选择上注重寻找与社会情绪的契合点。比如，中国军号在2023年中秋节和国庆节双节期间推出“你好哨兵”慢直播，邀请千万网友“沉浸式”体验戍边官兵的日常坚守，近距离陪伴最可爱的人。这场慢直播选在中秋节、国庆节这两个对中国人而言具有特殊含义的节日，通过节日将大家与慢直播想要表达的“万家团圆后的守护，山河无恙后的守望”这一主题建立起联系，从而引发受众的共鸣。另一方面，强化互动的设置，使受众因共同的“在场”“分享”和“互动”形成更紧密的情感共同体。例如，2023年高考季新华社、央视频等多家主流媒体联合快手合作推出的高考心愿墙系列直播，通过让家长、亲友和考生许愿、点歌和评论送祝福等互动方式，为考生和亲友提供情感释放和表达的空间，

---

① 张文娟.疫情之下，慢直播何以成为“爆款”——以央视频火神山、雷神山慢直播为例[J].青年记者，2020（14）：8-9.

② 王醒，詹秦川.传播仪式观视域下的慢直播研究——以央视频的“雷神山”“火神山”慢直播为例[J].出版广角，2021（03）：85-87.

以共同的心愿、共同的祝福建立情感的互动，形成紧密共同体，营造温馨和谐的舆论环境。

（四）多平台的协同直播

伴随着社交平台的快速发展，我们目睹了信息传播领域的全新格局，每个个体都有能力发表自己的声音并成为信息传播者。在这个互联网所构建的新的传播生态下，传统主流媒体的议程设置效力受到极大挑战。主流媒体开始意识到具有内容的权威性并不一定意味着具有好的传播效果，因此，需要协同一切可以协同的力量来增强传播力。在过去的几年里，人民日报、新华社、中央广播电视总台等在内的主流媒体以更积极和开放的态度与各方展开协作，多平台的协同直播逐渐成为主流媒体的常规生产与传播方式。

一方面，主流媒体通过整合系统资源，形成横向协同、上下联动的传播格局。例如，在第13个“中国旅游日”，浙江之声联合全省多家融媒体中心共同推出大型融媒体直播节目《游浙里@江南》。此次融媒直播以浙江之声为统一指挥中心，构建了省市县三级联动融媒体指挥体系，实现了主题统一策划、统一制作、统一分发，同时在广播和新媒体端音视频同步呈现。开播仅12小时，全网播放量就超过900万，相关话题阅读量超300万，话题“#浙江请求加入你的收藏夹”登上全国热搜要闻榜，[①]形成了协同效应，扩大了直播内容的传播力和影响力。

另一方面，主流媒体不断扩大传播朋友圈，与新型视听平台形成合力，在支持主流媒体价值传递的同时，深度连接内容用户和媒体生产者，实现主流价值的创新生产和更广泛的触达。例如，央视新闻与微信视频号在新年伊始合作推出“全球日出·追光2023”直播活动，这场长达十四个半小时的连续直播，依托央视新闻全球记者、视频号海内外创作者和境内外机构，直播了全球50多个城市地标的新年日出。直播通过呈现多个独特视角下的日出景象、暖心连线、互动点歌等活动，致敬守护时光的人，同时串联年度热点，在共情氛围中托举主流价值的“暖心流量”。相关主流媒体联合微信发起的“追光”系列直播活动已持续开展三年，参与人数逐年递增，2023年首次达到3600万。大屏的公域传

① 如何让“片儿川”飞上天？浙江之声12小时大型融媒直播这样做[EB/OL].（2023-05-22）[2023-05-22].http：//www.zja.org.cn/zja/system/2023/05/22/034197876.shtml.

播与社交媒体私域流量在协同直播中实现了共构，稀缺的注意力再次得到汇聚，正能量实现了有效流转。①

二、技术："致广大"而"尽精微"

随着对技术的深入理解和对新技术的广泛运用，主流媒体的直播展现出更多活力。一方面，新技术拓宽了视觉感知的边界，带来更广阔、更生动的视觉体验；另一方面，技术打破时空的限制，通过还原即时的交流而促进情感的流动。在广袤领域与精微情感之间，技术赋予直播全新的可能性。

（一）致广大，创新技术拓展视觉感知

直播曾经是一种高投入、重装备的节目形式，在今天，新技术的应用仍然有效推动着直播的发展。直播技术的不断进步使主流媒体的直播变得更加多样和成熟，在大运会的赛事直播中，VR、自由视角、8K等前沿技术的运用，呈现了更多的赛事细节，为观众提供了更多的观赛视角和更丰富的观赛体验。同时，新技术不断拓宽着人类的视野，带给我们全新的视觉感知。在中央广播电视总台《挺进地下一万米》直播特别报道中，采编团队引入融媒体轻量化制作系统、鹰眼摄像头等设备，克服了沙漠腹地大型转播车无法进入的困难，首次拍摄到地下万米地层的真实影像。在《全球首台16兆瓦海上风机安装：安装即将完成152米高空看海上风电场》的直播报道中，则采用高通量卫星站和电台自组网（MESH）设备构建了无线传输网络，首次实现了海上高空信号的实时传输，在百米的海上高空呈现壮观的海上风电场全景。这些新技术的应用，使电视直播的触角不断延伸，让我们通过电视直播看到更广阔的世界，在寻常肉眼所不能企及的地方与事件并行，与现场同步。

（二）尽精微，以技术带"活"情感互动

与传统的大屏直播需要事先布局，设置多个机位，追求直播画面的精良和内容的完整有所不同的是，小屏直播更简单、更生活，强调实时的交互。主流媒体运用技术打破时空的限制，还原"面对面"的即时互动，以有形的交流互

---

① 中国网络视频研究中心.共绘美好视听新生态：新型视听平台助力媒体深度融合发展研究报告[R].北京：中国网络视频研究中心，2023：18-27.

动带“活”无形的情感互动。以中央广播电视总台旗下新媒体账号“玉渊谭天”推出的《乘风破浪巡海峡》慢直播为例，该直播全程采用竖屏直播的形式，将贴近观众的主观视角作为主视角，画面简单朴素但充满现场感。在直播过程中，团队通过大量的互动议题引流，在直播过程中设计点歌、热线电话等多个互动环节，使用户时刻与现场保持互动，从而更深入地融入直播体验。而互动过程中，“听妈妈的话”“乡愁是一湾浅浅的海峡”等经典表达，则唤起了观众更深层的情感共鸣。充分运用技术还原即时的交流，以深度的交互体验触发情感的流动，折射出主流媒体对新媒体社交化、移动化的深刻理解，依托对移动直播技术的深刻理解，在策划、设计、制作和传播等诸多环节进行精准的思考谋划和互动设计，从而让“生产所能”精准对接“传播所需”，为观众提供了更具吸引力和有趣的直播体验，增强了传播的吸引力和影响力。

三、治理：政策体系不断健全，直播监管更加垂直细分

近年来，网络直播一直被高度关注。对主流媒体而言，在党管媒体的原则之下，有严格的信息把关机制。但对网络直播而言，则是每个个体的进入，生产与传播同步并行，部分内容甚至是通过和用户之间的互动所共同生产的。因此，这种把关的作用被极大地削弱，把关的难度也大大增加了。在这样的情况下，直播历来是管理的一个重点。但是，对直播的管理也面临着一些矛盾，因为它是一个巨大的产业，不能简单地“一刀切”式地管理而影响行业的正常发展。因此，《关于加强网络视听节目直播服务管理有关问题的通知》《互联网直播服务管理规定》《关于加强网络直播规范管理工作的指导意见》等与网络直播相关的政策和规定不断出台，行业综合治理的四梁八柱逐步确立，并且关注一些细分领域，不断细化监管要求，以功能性监管为导向，促进网络直播各类业务的规范运行。2023年，直播依然是治理的重要议题，并且向着更加垂直、细分的方向发展。

（一）关注青少年群体，强调未成年人保护

近年来，未成年人网络保护已成为社会广泛关注的焦点。2021年6月1日，新修订的《未成年人保护法》正式施行，首次将“培养和提高未成年人的网络素养”纳入法律范畴。其中，新增加了“网络保护”章节，以全面的法律体系

规范了网络信息内容管理、未成年人个人信息保护、制止网络欺凌以及预防未成年人网络沉迷等关键议题。此外，包括国家广播电视总局、国家互联网信息办公室、文化和旅游部、教育部等多个部门，陆续出台了多项法律、规范性文件和通知，针对网络直播领域的乱象制定了细化的操作规则，为未成年人保护提供制度与政策保障。《直播与短视频行业未成年人网络保护白皮书（2023）》显示，近三年来，至少有20多部法律法规及政策文件涉及“未成年人网络保护”相关内容。[①]

2023年9月，国务院第15次常务会议审议通过了《未成年人网络保护条例》，该条例聚焦未成年人网络保护工作面临的突出问题，将近年来未成年人网络保护工作实践中的成熟做法上升为法规制度，其中进一步明确了网络产品和服务提供者的责任，要求网络直播平台设立未成年人模式等。此外，一系列地方性法规在2022年末到2023年初集中出台和实施，北京、天津、江西等省（区、市）陆续修订地方未成年人保护条例，均对未成年人网络保护问题作出规定。

除了法规的完善外，国家网信办、全国“扫黄打非”办公室、工业和信息化部、公安部等相关部门也积极展开“清朗”“净网”“护苗”等专项治理行动。例如，2022年的“清朗·网络直播、短视频领域乱象整治”和“清朗·2023年暑期未成年人网络环境整治”等。这些专项治理行动旨在进一步加强网络平台在网络素养培育、网络信息内容规范、个人信息保护和网络沉迷防治等方面的责任，为未成年人健康成长营造清朗的网络空间。

（二）聚焦虚假直播，持续打击网络直播虚假宣传

近年来，直播带货等消费新业态、新模式已经跟人们的日常生活密切绑定，拓宽了消费者的购物渠道，大幅提升了生活的便利程度。主流媒体也利用自己的公信力和影响力，主动与新媒体平台合作开展各类公益直播带货，践行媒体的社会责任。与此同时，网络直播中的虚假宣传、销售数据造假、主播带货“翻车”等问题频频发生。相关报告数据显示，在2022年直播带货消费维权舆情信息中，涉及产品质量问题的占45.75%，虚假宣传的占37.82%，不文明带

① 王京仔.“青少年模式”应优化升级[J]. 法制与社会，2023（15）：54-56.

货的占5.19%，其中产品质量和虚假宣传是直播带货的主要问题。[①]事实上，随着公众直播素养的提升，人们对于直播内容的真实和品质有了更高的要求。“东方甄选”凭借小作文受到关注、小红书上董洁和章小蕙凭借“岁月静好”式带货受到欢迎，背后折射出的正是人们的这种需求。

聚焦这一问题，国家市场监督管理总局在2023年颁布实施了《互联网广告管理办法》(以下简称《办法》)，进一步规范网络直播带货行为，以及明星和网红虚假代言等问题。《办法》明确了“直播卖货”行业的某些“模糊地带”，规定商品销售者或服务提供者通过互联网直播方式推销商品或者服务，构成商业广告的，应当依法承担广告主的责任和义务。同时，《办法》要求直播营销人员以自己的名义或者形象对商品、服务作推荐、证明，构成广告代言的，应当依法承担广告代言人的责任和义务。国家市场监督管理总局同步组织开展了2023年反不正当竞争“守护”专项执法行动，网络直播虚假宣传也被列为专项行动的查处重点。

四、结语

党的二十大报告提出，加强全媒体传播体系建设，塑造主流舆论新格局。这为主流媒体带来了新的任务和挑战。过去十年，媒体融合取得了丰硕成果，下一个十年，在政策和技术的双重支持下，新型主流媒体的直播必将拥有更为广阔的创新空间。然而，不论生产模式、传播手段、产品样式如何变化，内容始终是最重要的核心竞争力。主流媒体要积极推进资源的整合与共享，持续不断地输出高标准的优质直播内容，构筑主流舆论的新高地，让正能量产生大流量，好声音成为最强音。

---

① 北京阳光消费大数据研究院、对外经济贸易大学消费者保护法研究中心、消费者网等.直播带货消费维权舆情分析报告[R].北京：北京阳光消费大数据研究院，2023：4-6.

1.3 “中国制造”议题在国外社交平台账号的呈现及其对中国形象的建构

苏林森　伍雨婷[①]

摘要：本研究分析了2017年至2022年人民日报和纽约时报脸书（Facebook）账号上关于“中国制造”议题的帖子特点、议题分布、消息来源和网民参与情况。分析发现，两家媒体在报道主题、消息来源、新闻框架及中国形象上存在显著差异：人民日报的报道主题以经济政策与贸易为主，消息来源以中国政府和官员为主，新闻框架以和平框架为主；而纽约时报的报道主题比较多元，消息来源以本报记者和外国政府与官员为主，新闻框架以战争框架为主。二者关于“中国制造”议题的帖子呈现对立状态：人民日报呈现经济形象，而纽约时报突出政治形象；人民日报提高网民认同，纽约时报推动网民讨论；纽约时报帖子多为中性或负面倾向，事实框架与科技形象的传播效果较好。此外，本研究还提出针对“中国制造”对外传播的建议：注重建立优势新闻框架；借助科技形象，打破刻板印象；通过第三方消息来源消除沟通障碍；进一步吸引网民互动，提升海外传播效能。

关键词：中国制造；国家形象；社交账号

一、国际媒体对“中国制造”议题的聚焦

与中国作为世界第二大经济体的地位相称，中国也是国际媒体关注度第二的国家，作为制造业大国的“世界工厂”，中国的产品和服务向世界各国流通，“中国制造”逐渐成为海外消费者观察中国的具象化窗口。作为中国形象的重要

① 苏林森，北京交通大学语言与传播学院教授；伍雨婷，北京交通大学语言与传播学院研究生。

载体，“中国制造”既体现着中国的经济成就，又蕴含着中国的社会文化。“中国制造”议题涉及内容丰富，“一带一路”“中国制造”等都与其有着紧密的关系。随着“中国制造”逐步转型升级并加大迈出国门的步伐，国内外学者和媒体也对“中国制造”议题进行了大量研究和报道，“中国制造”成为展现中国形象的关键窗口，也是中国开展国际传播的重要着力点。

过去，为融入经济全球化进程，中国向欧美等西方国家出口大量初级产品，“中国制造”也曾被贴上低质廉价的标签。近年来，“中国制造”发生了整体性、格局性的变化，“中国制造”在创新和高技术发展领域取得了巨大成就。在“走出去”战略的背景下，中国企业、中国产品等积极走出国门，全球消费者和媒体对中国企业及其产品形成的认知和评价，成为海外构建中国国家形象的重要基石。“中国制造”作为亮丽的中国名片，映射和影响着中国形象的变化。

国家形象是中国软实力的重要组成部分，可以分为国内形象和国际形象，国内形象主要来自本国媒体的塑造，国际形象在全球化时代越发重要，良好的国际形象可以增进国际合作和战略互信。自2009年重点媒体加强国际传播能力建设以来，中国主流媒体“走出去”速度显著加快，中国国际形象既受我国“走出去”媒体的“自塑”，也受外国媒体的“他塑”。互联网极大丰富了传统媒体的传播途径，推特（Twitter）、脸书（Facebook）等海外社交平台已成为全球受众直接、便捷的新闻来源。中国主流媒体也纷纷走出去，在海外社交平台上广泛开设账号，提高自身对海外受众的传播力、引导力、影响力和公信力。截至2023年10月底，人民日报脸书账号粉丝数达8531万，日均发帖数量超过30篇，成为中国媒体“走出去”的重要实践，助推包括“中国制造”在内的涉华议题的国际传播。

传播力决定影响力，话语权决定主动权，美国为进一步增强其在国际传播领域的支配性话语权，以纽约时报为代表的媒体在脸书、推特等社交平台也纷纷开设账号，截至2023年10月底纽约时报脸书账号粉丝达1957万，日均发帖40篇左右，其账号也广泛关注包括“中国制造”在内的涉华议题，深刻影响了中国的国际形象。中美主流媒体在海外社交平台使用共同的语言（英语）报道其感兴趣的国际议题，具有一定的可比性；然而，中美主流媒体因不同利益立场和意识形态，产生“同一议题，不同表述”的情况，生成了不同的中国新闻和中国形象，最终为海外公众从不同角度构建出多元化的中国形象。相较于普通社交平台账号，新型主流媒体通过反映官方话语权来影响海外网民，在海外网民对华形象的认知过程中发挥重要作用。本研究尝试以框架理论为基础，以关于“中国制造”的报道为研究对象，通过内容分析和文本分析相结合的方法进行研究，社交平台环境下，中美主流媒体在脸书平台上关于“中国制造”的报道有何差异？这些报道对海外网民参与（转发、点赞和评论）有什么影响？这些报道又如何塑造中国国际形象？基于对上述问题的探索和分析，以期为“中国制造”的对外传播提供参考。

二、研究设计

本文的研究重点在于对比中美主流媒体关于“中国制造”议题报道的差异，2018年中美贸易摩擦加剧，两国媒体对中国议题的报道差异自然也加大；同时，工业和信息化部《关于促进制造业产品和服务质量提升的实施意见》提出主要目标“到2022年，制造业质量总体水平显著提升”。故在报道样本上，笔者以2017年1月1日为起始点，以2022年12月31日为终点，以“中国制造”“中国产品”的英文表述“made in China”“Chinese product”“Chinese products”“Chinese good”“Chinese goods”为关键词，抓取纽约时报与人民日报脸书账号上关于“中国制造”的报道，探究“中国制造”报道的变化。样本选取标准如下：第一，该报道中出现“中国制造”字眼，或存在关于中国产品的具体描述；第二，整篇报道应以“中国制造”为主题，若仅涉及“中国制造”字眼则不被纳入样本。最终，经过人工阅读和筛选，获得人民日报脸书账号发布的“中国制造”报道406篇，纽约时报脸书账号发布的“中国制造”报道320篇。

内容分析的类目包括“报道主题”（经济政策与贸易、科学技术与创新、社会生活与文化、政治外交与军事、疫情防控与援助和其他共六类）、“消息来源”（本报记者、专家、企业和企业家、政府和官员、媒体、普通民众和其他共十一类）[①]、“报道立场”（正面、中性和负面共三类）、框架类型（事实框架、战争框

---

① 张克旭.中西方主流媒体的国际议题话语权竞争——基于“华为危机事件”的实证分析[J].新闻大学，2019（12）：50-66，120-121.

架、和平框架、归因框架、人类兴趣框架、解决方案框架和其他共七类)[①]、中国形象类型(人民日报关于“中国制造”报道所表现出的中国形象主要为:繁荣合作支持者、技术创新推动者、绿色发展引领者、传统文化继承者、大国责任担当者及其他[②];纽约时报关于“中国制造”报道所表现出的中国形象主要为:不公平贸易者、科技窃取者、生态环境破坏者、文化古老落后者、强权压迫者及其他[③④])。

三、研究结果

(一)中美主流媒体脸书账号关于“中国制造”报道的基本特征

1.报道数量2018年达到高峰

人民日报和纽约时报的脸书账号关于“中国制造”的报道表现出基本相同的数量趋势曲线,但人民日报的报道量高于纽约时报(图3-3-1)。二者的报道数量在2017年至2018年间均呈现明显增长趋势,人民日报的相关报道从58篇增加至88篇,纽约时报的相关报道由52篇增长为84篇;2018年中美贸易战摩擦是这一现象出现的主要原因。

---

① Ha L, Ray R, Chen P, et al. US public opinion on China and the United States during the US - China trade dispute: The role of audience framing and partisan media use[J]. Journalism & Mass Communication Quarterly, 2022, 99 (4): 930-954.

② 张超义.能源视阈下中国形象的建构与媒体呈现——基于新华社“全球能源互联网”报道的新闻图式研究[J].未来传播,2022,29(04):80-88.

③ 王莉丽,张文骁.美国媒体报道与中国形象建构——以《华尔街日报》为例[J].现代国际关系,2021(08):18-24.

④ 汤景泰,史金铭.核心话语与话语框架:论美国涉华舆论的话语建构[J].政治学研究,2022(02):66-77,169.

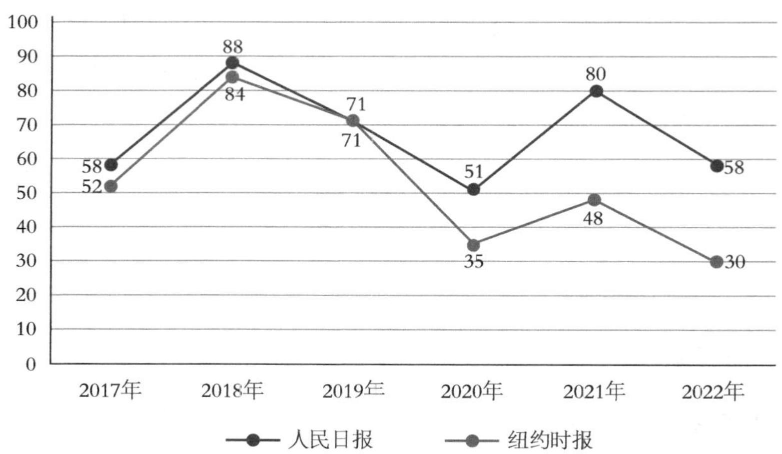

图3-3-1 人民日报与纽约时报脸书账号
2017—2022年关于“中国制造”报道的篇目数量

2.官方信源主导，民间信源弱化

图3-3-2显示，针对“中国制造”的报道，中外媒体、各国政府、企业和企业家是人民日报和纽约时报最重要的消息来源，人民日报重点引用中国媒体（26.85%）、中国政府和官员（16.99%）、本报记者（15.76%），其中新华社和中新网是其引用最多的中国媒体；外国政府和官员（28.75%）、本报记者（23.13%）、中国政府和官员（9.38%）是纽约时报位居前三位的消息来源。观此可见，中美主流媒体在报道“中国制造”议题时，首选本国政府机构或媒体作为消息来源，这表明官方信源占据“中国制造”报道的主导地位。虽然纽约时报在很大程度上选择、注意到中国声音（中国政府和官员、中国企业和企业家），但从具体报道内容可知，其将中国观点和看法置于多方不一致观点的包围圈内，利用消息来源重组等方式，将其作为靶子增强自身论点的说服力，完成对中国声音的驳斥和美国观点的宣扬。

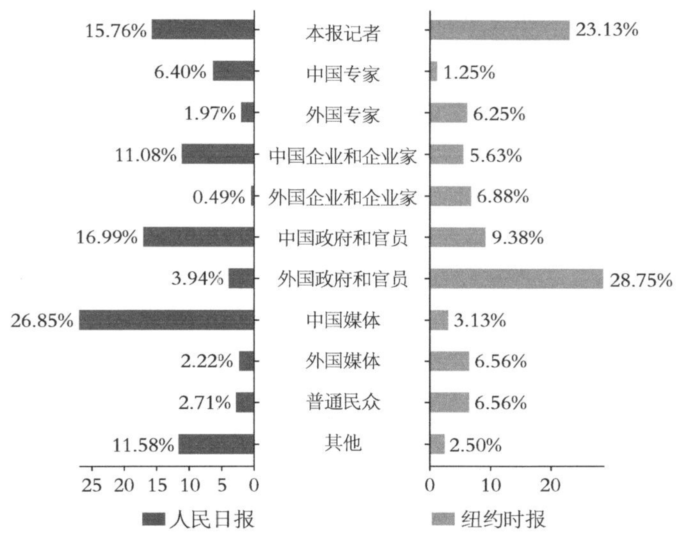

图3–3–2　人民日报与纽约时报脸书账号关于“中国制造”的消息来源对比分析

3.经济主题占上风，“中国制造”折射政治变化

由于“中国制造”议题的经济属性，人民日报与纽约时报都高度关注经济政策与贸易主题，分别占报道总数的44.58%和50.94%。除这一主题外，人民日报也极为关注科学技术与创新主题（25.12%），而纽约时报的报道主题比例较为均衡，政治外交与军事是其第二关注的主题，强调“中国制造”对美国在政治军事上的“威胁”（表3–3–1）。人民日报在经济政策与贸易、科学技术与创新、社会生活与文化三个主题上对中国媒体信源的依赖度较高，在政治外交与军事、疫情防控与援助两个主题上对中国政府和官员信源的依赖度较高；纽约时报经济政策与贸易、政治外交与军事、疫情防控与援助三个主题上对外国政府与官员有着较高的依赖度，在科学技术与创新、社会生活与文化两个主题上则对本报记者的依赖度较高。因此，无论是人民日报还是纽约时报，政治和疫情主题的新闻报道都与政府机构高度相关。

表3-3-1 人民日报与纽约时报脸书账号关于“中国制造”的报道主题

报道主题	人民日报		纽约时报	
	出现篇数	所占比例（%）	出现篇数	所占比例（%）
经济政策与贸易	181	44.58%	163	50.94%
科学技术与创新	102	25.12%	34	10.63%
社会生活与文化	43	10.59%	34	10.63%
政治外交与军事	40	9.85%	56	17.50%
疫情防控与援助	25	6.16%	29	9.06%
其他	15	3.69%	4	1.25%

（二）人民日报和平框架最多，纽约时报战争框架最多

人民日报对“中国制造”的新闻报道更多采用和平框架（39.16%），着眼于中国与世界的合作共赢，中国产品为世界各国带来积极影响；使用频率最低的框架是归因框架（5.42%），相对淡化“中国制造”问题和冲突的责任归因。纽约时报对“中国制造”的报道更多采用战争框架（35.31%），强调因“中国制造”而引发的冲突和消极后果；较少使用和平框架，忽视“中国制造”的积极作用（表3-3-2）。

表3-3-2 人民日报与纽约时报脸书账号关于“中国制造”报道的新闻框架

新闻框架	报道数量与占比	
	人民日报	纽约时报
事实框架	103（25.37%）	32（10.00%）
战争框架	31（7.64%）	113（35.31%）
和平框架	159（39.16%）	8（2.50%）
归因框架	22（5.42%）	45（14.06%）
人类兴趣框架	44（10.84%）	86（26.88%）
解决方案框架	43（10.59%）	30（9.38%）
其他	4（0.99%）	6（1.88%）
合计	406（100.00%）	320（100.00%）

（三）人民日报呈现经济形象，纽约时报突出政治形象

“中国制造”报道中的主体是各类中国产品，中国产品是中国国家形象的重要载体。中美主流媒体在脸书账号中关于“中国制造”的报道对于特定主体的呈现，在一定程度上反映出中美主流媒体对中国的态度和关注度，影响着国际网络舆论对中国形象的认知。笔者梳理中美主流媒体在脸书账号上对于“中国制造”研究和探讨的主要议题，发现相关报道均重点从经济、科技、生态、文化和社会等五个维度对中国媒介形象进行刻画：人民日报表现最多的是中国的经济形象（32.76%），其次为科技形象（28.08%）；纽约时报表现最多的是中国政治形象（35.63%），其次为经济形象（31.25%）；二者的报道均较少呈现中国生态形象（表3–3–3）。

表3–3–3　人民日报与纽约时报脸书账号关于“中国制造”报道所呈现中国形象

中国形象	报道数量及占比	
	人民日报	纽约时报
经济形象	133（32.76%）	100（31.25%）
科技形象	114（28.08%）	43（13.44%）
生态形象	20（4.93%）	17（5.31%）
文化形象	42（10.34%）	16（5.00%）
政治形象	79（19.46%）	114（35.63%）
其他	18（4.43%）	30（9.38%）
合计	406（100.00%）	320（100.00%）

（四）网民参与分析

1. 人民日报提高网民认同，纽约时报推动网民讨论

通过社交账号发布的内容提升新闻报道的到达率和传播效果是媒体开设社交账号的首要目标，网民参与是提升传播效能的落脚点。网民参与是指网民与社交账号上的新闻内容进行不同程度的互动，如观看、点赞、评论、分享等行为。网民与新闻报道的互动增强了受众的黏性，促进新闻报道通过新媒体平台提高其传播力和影响力。虽然点赞、转发和评论三个指标都可用于衡量网民参

与效果，但侧重的角度有所不同。点赞作为情感评价表明网民对社交账号帖子的接纳和认同程度；转发作为社交账号帖子传播效果的首要指标，可实现病毒式传播（viral reach）提高帖子对账号好友的渗透率；评论是网民看帖后的思考和看法，与作为传播效果积极指标的点赞和转发不同，评论有积极的正面评论，也有消极的负面评论。

分析发现，人民日报和纽约时报脸书账号在点赞数和评论数上有显著差异（表3–3–4）。二者关于"中国制造"帖子的平均点赞数最高，转发数次之，评论数最少；其中人民日报的平均点赞数高于纽约时报，平均评论数和转发数则均低于纽约时报。综上可知，人民日报关于"中国制造"的报道更能够促进网民情感上的接纳和认同，纽约时报的相关报道则具有更强的传播效果，也更易引发网民表达和深度思考。

表3–3–4　人民日报与纽约时报脸书账号关于"中国制造"帖子的网民参与差异分析

类别	账号	平均值
点赞数	人民日报	3249.56
	纽约时报	2362.75
评论数	人民日报	85.01
	纽约时报	463.72
转发数	人民日报	531.97
	纽约时报	782.90

人民日报与纽约时报关于"中国制造"的报道在不同报道主题、消息来源等方面的网民参与也存在诸多不同（表3–3–5）。从报道主题方面看，人民日报脸书账号上不同内容主题的"中国制造"报道在点赞数上差异显著，科学技术与创新主题的平均点赞数最高；纽约时报的主题在网民参与度上不存在显著差异。从消息来源看，人民日报脸书账号上不同消息来源的报道在网民参与度上没有显著差异；而纽约时报脸书账号上不同消息来源的报道在受众点赞数上存在显著差异，以外国专家为主要信源的报道的平均点赞数最高，这可能是由于专家立场的中立性或至少表面上中立客观，以及其在自身研究领域有一定成就，

具有巨大的影响力、权威性和国际知名度①。从报道立场上看，人民日报脸书账号上不同态度立场的报道在网民参与上没有显著差异；纽约时报脸书账号上中性报道的平均点赞与评论数最高。

表3-3-5　人民日报与纽约时报脸书账号关于“中国制造”帖子的网民参与统计

类别	主题	人民日报			纽约时报		
		点赞数平均值	评论数平均值	转发数平均值	点赞数平均值	评论数平均值	转发数平均值
报道主题	经济政策与贸易	2033.67	37.01	62.12	1876.37	408.87	638.10
	科学技术与创新	4041.30	126.45	1257.60	2721.09	565.26	1758.12
	社会生活与文化	3580.30	48.70	333.44	4009.06	521.82	1356.65
	政治外交与军事	3076.08	132.23	467.25	2116.18	455.36	398.59
	疫情防控与援助	2290.60	129.80	150.52	3162.69	627.07	497.93
消息来源	本报记者	3679.11	83.52	375.27	2671.96	536.58	1286.50
	中国专家	2503.23	43.19	74.00	2417.25	687.25	443.50
	外国专家	1802.38	41.75	32.25	6107.15	617.25	2297.30
	中国企业和企业家	2905.98	163.00	2448.00	622.61	195.17	97.78
	外国企业和企业家	890.50	19.50	18.50	1605.41	307.59	827.00
	中国政府和官员	1797.80	33.68	46.45	4755.03	742.70	1099.50
	外国政府和官员	2754.19	108.38	115.69	1430.87	429.11	289.33
	中国媒体	3245.04	59.30	124.17	1217.20	319.70	317.50
	外国媒体	1661.33	138.33	59.67	2153.90	467.24	634.38
	普通民众	6502.73	116.09	947.64	2095.57	266.71	517.62
报道立场	正面	3311.77	84.38	535.50	1388.86	160.07	291.57
	中性	4311.00	129.30	1103.39	3559.32	660.67	1106.11
	负面	1648.34	57.55	35.66	1896.51	396.44	672.04

① 贺强.从《全球智库看中国》看外宣报道的国际表达[J].电视研究，2017（09）：27-29.

内容分析结果显示，人民日报和纽约时报脸书账号关于“中国制造”报道的态度立场分化显著；由于相关报道的引导，网民对人民日报的帖子的评论整体积极，纽约时报的评论则大多呈现中性甚至负面倾向。以二者点赞数位居第一的报道为例，人民日报于2019年4月18日介绍中国贵州拱桥的报道，其评论多为“了不起”（Niesamowite）、“美丽中国”（Beautiful China）等赞扬话语；纽约时报报道了中国制造的假发对纽约假发市场的冲击，其评论诸如“‘中国制造’削弱了假发创作的魔力”（China started making them, and The Magic of undetectable-Ness was severely compromised）、“中国正在获得所有的业务，因为价格低廉！！”（China is getting all the business because the prices are affordable！！），认为“中国制造”的批量化和廉价性导致产品创新性的消失，破坏了他国正常的市场秩序，对中国产品的认知偏向负面。

（五）新闻框架、中国形象与网民参与的关系

1.事实框架点赞数多，战争框架评论数多

分析结果证实，新闻框架与网民参与之间存在显著关系，不同新闻框架的网民评论数也存在显著统计差异，不同新闻框架的网民转发数不存在显著差异。就“中国制造”报道中不同新闻框架的点赞数与评论数的均值而论，在点赞数上，事实框架主导的报道，网民点赞数的平均值均显著高于其他五种框架；而解决方案框架主导的报道，其平均点赞数低于其他新闻框架。在评论数上，以战争框架为主导的“中国制造”报道的平均评论数最高，和平框架的平均评论数最低（表3-3-6）。

表3-3-6 “中国制造”报道中不同新闻框架的网民参与情况

新闻框架	点赞数平均值	评论数平均值	转发数平均值
事实框架	5136.01	255.77	1041.53
战争框架	1822.53	350.54	429.23
和平框架	2630.42	90.68	645.12
归因框架	1943.73	284.81	371.36
人类兴趣框架	3042.01	333.58	862.05
解决方案框架	1255.59	107.56	145.18
其他	6296.80	1245.20	881.30

社交账号的传播方式强化了虚假新闻的传播速度，扩大了其传播范围，公众迫切需要真实[①]。事实框架往往通过证据和材料构建“中国制造”议题，可信度更高，满足网民对“中国制造”真实信息的需求，有利于获得网民认同，在点赞数方面具有一定的优势，是“中国制造”议题中必不可少的报道框架。冲突是国际新闻的共同主题，战争框架通过关注“中国制造”产生的分歧而使冲突升级，较少探讨“中国制造”的实质问题，趋向表现多方之间的对立，报道立场通常与某一方利益相关者相同，蕴含强烈的情感倾向，很容易导致公众焦虑、恐慌、质疑等消极情绪的累积[②]，具有很强煽动性，能够促进读者对新闻报道观点赞同或者反对的讨论，在评论数方面有较好的传播效果。与冲突框架不同，和平框架旨在缓解因中国产品产生的冲突，促进国家地区间和平关系，不易引发读者讨论，评论数相对较少。

2.科技形象点赞数高，政治形象评论数高

不同中国形象报道的网民点赞数存在显著差异，不同中国形象报道的网民评论数也显著不同，而中国形象与网民转发数间不存在显著差异。从点赞数来看，表现科技形象的“中国制造”报道获得的平均点赞数高于其他四类中国形象，经济形象的平均点赞数显著低于其他四类中国形象；从评论数看，表现政治形象的“中国制造”报道获得的平均评论数最高，表现生态形象的报道平均评论数最低（表3–3–7）。

表3–3–7　“中国制造”报道所呈现的不同中国形象的网民参与

中国形象	点赞平均数	评论平均数	转发平均数
经济形象	2039.59	188.32	349.66
科技形象	3582.68	243.52	1188.27
生态形象	3320.84	171.35	513.65

① 李青藜，刘嘉妍.孤独的理想主义者：美国当代新闻业“真相”话语的建构与断裂[J].新闻记者，2023（02）：15-31.

② 刘婵君，王威力.媒体类型、新闻框架与用户在线情绪表达：以新加坡“第一家族”纠纷的社交媒体呈现为例[J].国际新闻界，2021，43（04）：133-161.

续表

中国形象	点赞平均数	评论平均数	转发平均数
文化形象	2523.64	188.59	346.38
政治形象	2283.99	313.11	525.79
其他	6825.96	480.94	1206.40

四、中美主流媒体话语权竞争与中国形象呈现

本研究从报道数量、消息来源、报道主题、报道立场、新闻框架和中国形象等六个维度分析了人民日报与纽约时报在脸书平台对“中国制造”议题的话语权竞争，可以归纳为以下四个方面。

（一）中美主流媒体涉华议题的对抗与极化

从国家形象上看，人民日报与纽约时报均认同中国的经济影响力和科技实力，但纽约时报对中国具体的经济合作提出质疑，认为中国企业存在恶意收购、窃取知识产权等情况，最终归结为中国政府的不公平贸易措施。在政治上，二者关于“中国制造”报道的中国形象差异巨大。美国媒体既重视中国经济和科技实力的强大，又存在对中国的偏见和刻板印象，主观刻画负面的中国形象，中国媒体则努力向海外受众传递正面积极的中国形象。中美媒体塑造的中国形象逐渐走向两极分化，产生这种现象的一个重要原因就在于中美两国对“中国制造”的不同态度。

从新闻框架上看，中美框架竞争，形成对抗态势。在本文分析的六种新闻框架中，人民日报最常使用的是和平框架，着眼于消解“中国制造”引发的冲突危机，介绍中国产品的优势；纽约时报使用频率最高的是战争框架，主要强调“中国制造”引发的危机，从而引导网民讨论。同时，使用人类兴趣框架报道中国产品对个人的影响（主要是负面）更大，令读者感同身受，进一步引发共情。纽约时报对“中国制造”的评价以负面居多，涉及民族、人权、政治制度等方面的报道始终戴着有色眼镜；人民日报则承担着举旗帜、聚民心、育新人、兴文化、展形象的责任使命，塑造“中国制造”良好形象。二者的态度立场对比鲜明。

（二）"中国制造"事实性框架帖子点赞最多，战争性框架帖子评论最多

本研究发现，"中国制造"报道因使用不同的新闻框架，产生了不同的框架效应：事实框架能够提高"中国制造"报道的点赞数，战争框架对评论数有显著提升作用。事实框架依赖事实和证据，为网民介绍"中国制造"的真实情况，争议性较小，受到读者的认同和支持，故点赞数较高；而战争框架重点反映分歧，将中国与世界其他国家明显对立起来，使用战争隐喻塑造出"敌我对立"的语境，将政府对"中国制造"采取的系列措施都隐喻为战争手段，把与"中国制造"相关的人员隐喻为"战斗者"，这样的报道尤其体现在中美贸易摩擦中，争议性较强，自然也会引发读者对新闻内容的激烈讨论，评论数较多。

（三）网民对二者关于"中国制造"帖子进行对立性评论

"中国制造"报道既是媒体展示中国形象的窗口，也发挥着塑造海外网民对华认知和价值判断的作用，影响情感维度对中国形象的认知。受纽约时报引导，其网民评论呈现出民粹化趋向，对华情感认知整体偏向负面，把中国视为与自己国家存在差异的他者群体，认为"中国制造"不值得信任，将现实生活中对中国产品甚至中国的种种担忧、不满、愤恨传递到社交平台上，并借由互联网的匿名性进一步强化；人民日报的报道下，网民的情感性评论整体正面，大多表达对中国的赞叹与喜爱，但这种喜爱似乎只是浮于表面，网民对中国的了解并不深入，只是简单地回复"Love it（喜欢）""Very nice（很好）"等短评。

（四）对抗态势将长期存在

主流媒体的新闻报道需要服务于国家的核心利益。《纽约时报》往往对美国政府既定的政策予以支持和认同，"中国制造"也被置于美国利益框架下加以考量。具体来看，以纽约时报为代表的美国媒体对"中国制造"的理解已经从经济成功向政治成功转变，中国的经济进步被视为政治制度的产物，打破了经济发展需要西式民主的迷思；美国媒体也担心"中国制造"的强大会使美国既得利益受损，担忧中国与其他国家的合作会降低他国对美国的经济依存度。在纽约时报的"中国制造"报道和中国形象塑造中，经济利益政治化、意识形态广义化问题始终存在，不仅会破坏全球经济秩序，甚至会导致文明分化。而"中国制造"作为大国重器的去政治化议题，承担着国际形象的传播，利于中国国家利益，人民日报的相关报道一般秉持求同存异的原则，宣传"中国制造"互利互惠、合作共赢的理念，旨在促进中国和世界各国共同繁荣发展。

话语即权力，一旦某种话语占据主导性地位，就可以通过话语为其价值取向披上所谓合法外衣。[①]“中国制造”作为重大涉华议题，在纽约时报等美国主流媒体框架下具有明显的负面导向，成为其炮制中国“不公平贸易者”“强权压迫者”等他者形象的一个标靶。长此以往，一种对“中国制造”否定、排斥的舆论环境便成为美国掌握话语权的必然结果。为改变这种结果，中国主流媒体的“中国制造”报道必须形成与美国媒体对抗之势，尽可能通过一系列“中国制造”事实，塑造“繁荣合作支持者”“大国责任担当者”等良好中国形象。

五、对中国主流媒体对外传播的启示

社交平台账号虽然为中美主流媒体的平等对话提供了可能[①]，但通过对人民日报与纽约时报脸书账号“中国制造”议题的对比分析，本研究发现，中国主流媒体在社交平台使用何种新闻框架和叙事策略仍需要不断探索。

（一）建立优势新闻框架，提升媒体话语权

和平框架是人民日报关于“中国制造”报道使用最多的框架，但其网民参与效果不明显。相比而言，事实框架对网民参与的提升效果更强。在社交平台的国际舆论场中，事实框架是必不可少的一种新闻框架，基于事实证据的新闻报道，不仅可以体现我国主流媒体的专业性，赢得网民信任，也能够展现我国负责任的大国形象。

（二）借助科技形象，打破刻板印象

从分析结果看，呈现科技形象的“中国制造”报道能够获得更高的点赞数、评论数与转发数。随着“中国制造”的转型升级，中国在高铁、航空、互联网等领域取得巨大成就，中国科技产品、品牌的创新突破受到海外网民关注。例如，滴滴在智利推出快车服务、阿里巴巴的菜鸟驿站在泰国建立仓储和物流机构，中国品牌在“一带一路”共建国家受到广泛欢迎。靠技术在海外闯出一片天地，中国科技产品在海外消费者心中的形象得到了提升。中国主流媒体可借

---

① 李杨，柯瑞丰，周楠屿.突发公共事件中我国主流媒体海外社交平台的叙事框架与传播效果研究[J].新媒体与社会，2022（02）：47-67.

助中国科技形象的变化，打破中国在各国公众眼中的刻板印象，进而全方位展现中国国家形象的变化。

（三）引用第三方消息来源，消除沟通障碍

以中国企业和企业家为主导信源显著正向影响“中国制造”报道的转发数，以外国专家为消息来源也有利于提高点赞数。中国企业家、外国专家与政府等官方机构的联系较弱，属于第三方消息来源，更受读者信任。同时，外国专家为“中国制造”报道带来了国际化的表达，有利于消除跨文化传播的障碍，对中国产品的解读起到释疑解惑的作用。“今日俄罗斯”有着庞大的新闻网络，其外籍记者的比例远高于其他媒体，呈现高度国际化趋势，既扩大了新闻生产的途径，又提高了媒体自身的国际影响力。利用好第三方力量，能够为中国主流媒体的国际传播发挥事半功倍的效果。

（四）优化报道质量，吸引网民互动

人民日报脸书账号的帖子需要提高报道的深度，提高网民的深度参与，本研究发现，人民日报脸书账号的帖子仅在一般层次互动的点赞上吸引更多的网民参与，而在更能体现传播效果的转发和评论上不及纽约时报。考虑到人民日报脸书账号粉丝数多于纽约时报（截至2023年10月底，人民日报脸书账号粉丝数达8531万人，而纽约时报脸书账号粉丝数为1957万人），人民日报脸书账号粉丝的有效互动更低，表明人民日报脸书账号需要创新内容并以更活跃的形式吸引更有效的网民参与。

1.4 融合破圈与长短争鸣：网络视听内容生产的新特征与新趋势

姜宇佳[①]

摘要：媒体融合背景下，主流媒体和新媒体的网络视听内容生产在内容形态、文化表达、市场格局等方面呈现出新特征。短视频的主流化与主流媒体的短视频化成为媒体深度融合的重要现象和趋势。主流媒体与短视频为彼此注入新动能，长短视频竞合关系不断演进，合纵连横、共生共荣的生态逐步建构。中视频成为融合创新赛道，泛知识类视频获得充足发展空间。主流媒体的短视频生产与传播实践中，从选题视角、叙事话语、表达语态、技术应用、品牌运营等多方面探索升级，形成了契合短视频时代的融合破圈之道。

关键词：短视频；主流媒体；中视频；融合破圈

当前，我们已进入视听消费的跨屏时代。在全媒体传播体系建设中，媒体深度融合使网络视听内容形态更丰富，逐步构建和完善网络视听新生态。短视频的兴盛、与主流媒体的彼此赋能，以及长短视频的竞合互补、合纵连横，是时下不可忽视的网络视听内容生产新特征。在联动、协同、共生成为生态融合新阶段的背景下，以主流媒体为代表的内容生产主体基于新视听生态的多维创新探索，为网络视听内容的破圈传播带来了更多可能性。

① 姜宇佳，中国教育科学研究院助理研究员，研究方向为广播电视与网络视听内容、视听传播、教育舆情等。

一、双向融合：短视频的主流化与主流媒体的短视频化

随着“微”传播成为主流传播方式，高速发展的短视频已是网络视听发展的主要增量和内容生产的亮点所在。短视频深刻影响着视听传播格局，也为处于深度融合阶段的主流媒体转型升级提供新动能，成为主流媒体融合创新的重要内容。短视频的主流化与主流媒体短视频化并行，是融媒背景下网络视听领域的一大热点现象。两者交相呼应，携手向纵深发展，为网络视听展现新气象，为主流舆论引导效能提供正向推动力。

（一）短视频的主流化

过去十年间，在移动互联网浪潮的席卷下，短视频经历了由火山喷发式野蛮生长到提质增效、精耕细作的发展阶段，如今已成为网络视听内容竞争格局中极具分量的一大品类，也是当下用户规模最大的精神文化产品。第52次《中国互联网络发展状况统计报告》显示，截至2023年6月，我国短视频用户规模已达到10.26亿，占网民整体的95.2%。①短视频用户规模增速虽然有所放缓，但增长势头在互联网内容市场中仍居高位，且用户黏性、渗透率和影响力仍在稳步提升。2022年上半年的统计数据显示，通过各类渠道及终端观看短视频的网民占比高达93.2%。②短视频俨然已成为除“两微一端”外，网民获取信息的重要途径和新媒体阵地。

“主流化”不仅体现在短视频已是当前媒介环境下的主流传播方式，成为主流传播渠道，而且体现在短视频推动人的更高价值追求、助推主流价值观传播的积极作用。短视频兴起初期，曾受“流量至上”的行业增长模式裹挟，形成了泥沙俱下的内容生态。随着监管力度持续加大、流量红利逐步消退，短视频行业逐渐走向规范化发展，主流化特征日益凸显，行业生态得到净化。“色、丑、怪、假、俗、奢、赌”等违法违规信息内容是重点查处对象，内容低质化、

① 中国互联网络信息中心.第52次中国互联网络发展状况统计报告[R/OL].（2023-08-28）[2023-08-29]. https：//www.cnnic.net.cn/n4/2023/0828/c88-10829.html.

② 中国广视索福瑞媒介研究（CSM）.短视频用户价值研究报告2022[R/OL].（2022-12-08）[2023-06-16].https：//www.csm.com.cn/UpLoadFile/Files/2022/12/8/12702552ba.pdf.

过度商业化等短视频领域乱象得到一定程度的遏制。短视频平台加强自律，建立健全内容管理机制，主动地承担起平台在主流意识形态传播中的责任与义务。内容质量整体提升，短视频平台加大专业审核力度，以及大力推荐主流题材内容，使优质短视频内容实现更广的触达范围。

近年来，短视频内容生产与传播明显更注重与主流叙事的弥合和对主流价值的彰显。在社会价值与商业价值之间，短视频平台越发向社会价值倾斜，内容生产与传播中更加突出价值引领。在短视频内容细分的背景下，各平台积极布局泛知识、传统文化等题材优质内容，满足受众的知识学习和审美需求，实现了良好的社会效益。

在重大热点事件传播和主题宣传中，短视频的力量不容小觑。2022年，围绕党的二十大、全国两会、北京冬奥会、香港回归祖国25周年、卡塔尔世界杯等国内外热点事件，短视频的“国家队”和民间力量都积极布局，各出奇招，共同制造了以短视频赋能主流宣传的无数高光时刻。在党的二十大等重大主题宣传中，抖音、快手等短视频平台纷纷精心策划，开展主题创作和征集展播，推出专题页面，集中运营和推送主流题材短视频内容，取得了不错的传播效果。在发力主流价值传播的过程中，短视频在表现形式、技术手段等方面创新探索，守正创新讲好新主流题材故事，以新兴媒体之力壮大主流舆论的宣传声势，掀起了一波又一波主题创作传播热潮。

短视频的生活化、草根化内容特色及去中心化、碎片化等传播特征，也为主流价值传播赋予新的色彩。短视频多依托生活场景，强调日常表达，更长于承载具有浓郁烟火气息和日常生活质感、体现人间温情的内容，润物无声地传递正能量，唤起大众共情。而其轻松诙谐的内容调性和碎片化传播方式，也适当消解了主流意识形态内容的严肃性和距离感，一定程度上降低深刻的主流价值内容的接受门槛，实现大众化传播。可以说，短视频的主流化，对主流价值的传播兼具机遇与挑战。

短视频平台与主流媒体越发深入地联动与互融，不同媒体与平台间的合作，也为短视频主流价值传播提供助益。主流媒体集体进驻短视频平台，借助短视频的移动传播，占据舆论引导的传播制高点。行业内部的转型与净化，外部力量的加持与赋能，推动着短视频的主流化进程不断加快。

（二）主流媒体的短视频化

加速主流化的短视频不仅深刻影响着视听传播与媒介格局，也为媒体融合增添新动能，成为主流媒体坚守舆论阵地、实现生态化布局的重要抓手。主流媒体与商业短视频平台间的互嵌，也是媒体深度融合的一大突出现象和重要表征。相较于以往媒体融合中传统媒体与新兴媒体“你中有我、我中有你”的相融，主流媒体的短视频化，又呈现出全新的特征和景观，彼此互融的内涵又有所延展。主流媒体和短视频平台依旧保留各自特色，同时相互借力，为彼此注入更丰富和新鲜的能量。

人民日报、新华社、中央广播电视总台、共青团中央等相继入驻抖音、快手，并凭借主流媒体特有的权威性、公信力、社会影响力及优质内容，迅速积累大量用户，在短视频平台形成了极强的传播力。2022年上半年，人民日报、新华社、中央广播电视总台等8家主要央媒机构累计生产1.5万篇爆款短视频内容。截至2022年底，国内主流媒体开设并运维740个活跃视频号，在抖音共生产2915条点赞超百万次的作品、在快手共生产3671条播放量超千万次的作品。[①]重塑媒体格局和舆论生态的短视频，已成为主流媒体媒体深度融合的角力场。在加速入驻短视频平台的同时，传统主流媒体纷纷推出自身的短视频产品和应用。人民日报的“视界”、新华社网络电视的“新华15秒”、中央广播电视总台的“央视频”、北京广播电视台的“北京时间”、上海广播电视台的“看看新闻Knews”、湖南广播电视台的“风芒”等，作为主流媒体进军短视频市场的代表性成果，具备一定社会影响力。短视频新闻无疑已成为媒体融合转型的利器，短视频产品也是融合效果的试金石。

近年来，主流媒体与短视频的共融，在脱贫攻坚、法治宣传等方面取得了积极成效，通过在选题立意、叙事视角、表达语态等方面推陈出新，推出一批形式新颖、节奏轻快、导向积极的短视频产品，构建起新型主流媒体的话语体系和舆论影响力。例如，党的二十大期间，人民网制作了《“你问我答”二十大》系列短视频，通过动画和主持人解说的方式将二十大的相关知识点向全民

① 中国网络视听节目服务协会.中国网络视听发展研究报告（2023）[R/OL].（2023-03-29）[2023-06-16].https：//mp.weixin.qq.com/s/a2uhYTrCVPDfqxff9H0D2Q.

普及，其中“为什么党的二十大如此重要”更是在抖音和快手平台收获了上百万次点赞。央视新闻客户端将党的二十大报告中的要点进行整理，结合文字图解等打造出多部短视频作品，在多家短视频平台发布，收获了大量点赞与关注。主流媒体的专业化内容生产，在助推短视频的叙事质量、美学价值和影像力量提升上发挥了重要作用。主流媒体推出的短视频产品，与电视、报纸等大众媒介形成有益互动，协同发力，构建起立体化跨屏传播矩阵，在融合传播中实现与用户的同频共振与价值认同。

主流媒体的短视频化，也体现在生产模式、生态布局上的转型。多家广电媒体紧抓短视频的风口，孵化布局MCN机构，以MCN模式在短视频赛道发力。主流广电媒体在视听内容生产上拥有先天优势，通过整合并盘活媒体内部资源，向外拓展，牵手深植短视频基因的外部力量，从生产端向短视频全产业链延伸，实现产业化运作和升级，成为媒体深度融合背景下主流媒体积极探索的转型路径。

二、合纵连横：长短视频竞合关系新探

在媒体融合加速向纵深发展的背景下，长短视频平台深入对方“腹地”，成为网络视听内容发展的重要特征。全媒体生态已悄然发生变化：短视频崛起，长视频遇冷，平台视频化，视频平台化。如今短视频成为网络视听内容生产的亮点和增长点，而长视频则面临着用户增长乏力、产业活力不足、营收压力剧增等困境。深耕长视频的传统广电媒体、长视频平台在过去几年间都经历了一场挣脱困局、革新升级的自我进化与重生，逐步找到长短视频竞合常态下的融合破圈、互利共生的方法。

用户媒介使用习惯逐渐变化，长短视频围绕用户时间和注意力的争夺战暗流涌动，视频行业竞争逐步迈入下半场。短视频大幅抢占长视频的用户和流量，短视频的用户规模、使用时长逐渐反超长视频。而长期占据网络视听主导地位的长视频，则陷入生存危机和破圈困境。过去几年间，长短视频经历了从正面对垒、水火不容，到握手言和、合作共赢的关系演进。短视频野蛮生长期间的经营失范问题曾饱受行业困扰，长视频平台就版权问题集体向短视频“宣战”后，长短之争一度陷入尴尬境地。而在行业规范和监管之下，长短视频的关系逐渐缓和，抖音和搜狐视频、快手和乐视视频、抖音和爱奇艺、抖音和腾讯视

频等平台间先后达成合作，抖音旗下平台可对爱奇艺授权的长视频内容进行二次创作与推广。长短视频平台的关系不再是零和博弈，而是基于各自优势的互补，取“长”补“短”，共创共赢。受短视频的迅猛冲击，长视频平台也曾发力布局短视频业务，探索适合自身风格的短视频发展路径，但均未能打破短视频“两强”当道的市场格局。

事实上，长短视频的生产逻辑、叙事特征、传播场景等都有着显著差异，不同平台在网络视听内容生产上也拥有各自优势和战略侧重。短视频内容表达倾向微生活、微叙事和微情感，让用户在碎片化的时间中快速接受密集信息和娱乐化、戏剧化、情绪化等“爆点”①；而相较于短视频突出的新奇感和冲击力，长视频强调场景感和沉浸式体验、复杂结构和情境设定，侧重更具完整性的长叙事和细节的呈现，以及富有想象力的艺术化表达，用更具深度的饱满内容和更具仪式感的传播，营造静心沉潜的观看氛围，浸润受众心灵。在提高用户黏性和停留时长上，长视频无疑更具优势，短视频则更适合内容导流和营销。

如今，破冰后长短视频的“竞合”，正在探寻新的出路，逐步建构一个互联互通的长短视频合纵连横、共生共荣的健康生态。长短视频平台围绕二次创作展开合作，实现了效率更高的资源置换和优势互补，以优质版权内容为纽带，短视频通过混剪、解说、拆条、模仿等多种形式，与长视频建立起延长传播链条的新型合作关系。在短视频成为长视频的重要宣传渠道的当下，更多维度、更深层次的长短视频协同发展模式正在有力探索中。

长视频如何在恪守自身优势和兼容新形态、新理念中找到平衡点，适应媒介生态和用户习惯的变化，是融合大势下长视频坚守主流阵地的关键。中央广播电视总台出品、央视频推出的融媒体节目《中国短视频大会》，便是主流广电媒体整合长短视频资源、创新联动大小屏的有益探索，既拥抱当下最火热的短视频视听内容形式，也植入主流价值和专业视角，将主流媒体在长视频生产与传播领域积累的内容原创力、品牌力、权威性，与短视频UGC（用户生产内容）的个性化、交互性、创新力相连接，激发出长短视融合的新动能，既是深度融合的一次示范，又为短视频创作如何创新传播主流价值的行业命题给出答案。

---

① 刘俊.中视频：概念、基点与媒介规律[J].中国电视，2022，(06)：70.

三、“短”中见“长”：网络视听内容生产新特征

“艺术+技术”双轮驱动，赋能网络视听内容形态和样式创新。在自我边界的延展、与专业化生产的碰撞、与用户诉求迭代的良性互动中，短视频内容生产逐渐展现新面貌，创作模式和行业风向悄然变迁。在长短视频开放合作、协同发展的进程中，中视频获得充足发展空间，形成融合创新新赛道。从题材和表现内容来看，短视频创作的垂直细分化继续向纵深发展，与用户理性价值回归趋势相一致的泛知识类视频逐步走热，高度贴合用户需求，并具有强用户黏性，成为短视频一大内容亮点。而无论是兼具长短视频优点而兴的中视频，还是新需求催生下兴起的泛知识类视频，都体现着以“短”见“长”的澎湃力量。

（一）“取长补短”：中视频成为融合创新赛道

在长短视频走向融合的背景下，短视频变长、长视频变短成为网络视听内容生产一大趋势，长短视频的界限日趋模糊，时长逐步趋同，中视频日益受到行业和大众的青睐。

“中视频”的提法可追溯到2019年，当前业界多沿用2020年西瓜视频作为先行者对“中视频”概念的界定，时长区间框定在1—30分钟，在形式上以横屏为主，在生产上PGC（专业生产内容）占比更高，具有一定制作门槛。[①]中视频的时长是热议的焦点，结合国内外生产实践，当前普遍认为中视频内容时长为10—30分钟，比短视频更严谨，比长视频更凝练。自2020年“中视频热”兴起后，各大平台纷纷推出中视频专项计划，一度成为网络视听领域的新风口。在长短视频竞争进入下半场后，中视频又成为平台战略布局的缓冲地带和多向融合的重要主体。继西瓜视频、爱奇艺等平台上线中视频产品、支持中视频创作后，腾讯视频也发布中视频战略，通过现金奖励、加大分账力度、提供优质宣推资源等手段，激励中视频创作者。抖音、快手的时长上限再度放开，延长至10—15分钟。

可以说，中视频的崛起，是用户需求升级迭代的结果。用户对视频内容的

① 任利锋.“中视频”不容错过，西瓜将拿20亿元补贴创作人[EB/OL].（2020-10-20）[2023-06-26].https：//mp.weixin.qq.com/s/bUGjhYlFnJCcyTv8M-ZSQw.

消费从浅表性浏览、娱乐消遣，到深度阅读、审美欣赏，短视频在内容深度和厚度上难以满足受众需求，而长视频又受制于时长应用场景有限，集合两种形态视频优点、能够实现用户在有限时间内获取更有价值内容的中视频，便一举成为网络视听创新的突破口和新赛道。

从播出形式上看，中视频的一大显著特点是多为横屏呈现。作为移动互联网时代的内容产品，短视频通常以智能手机和平板电脑为移动终端，竖屏呈现更符合用户习惯，且更能快速拉近与用户的距离。竖屏的内容里多展示细节、人物、表情、情绪、交互等元素；横屏展示更重屏幕中各内容要点的逻辑、关系、气势、场面、环节等元素。①因此，中视频大多选择横屏呈现形式，更利于呈现具有沉浸式价值的视频内容，对于作品有效传达及用户接收和理解视频中的知识、信息效果更佳。同时，横屏呈现形式也与电视观众所熟悉的大屏观看相一致。

从作品题材来看，中视频对题材的包容度很大，无论是大众化知识传播，还是圈层文化输出，都能通过中视频找到对应的受众群。基于中视频的天然基因和优势，中视频创作中泛知识类内容占据不小分量，众多中视频创作者通过探讨和解读社会现象、普及各领域专业知识、展开产品专业测评等，积累了忠实用户群，逐步形成个人IP。而这一类型的中视频，也对广告植入、商业变现具有天然友好度，在视频内容与品牌营销需求的自然融合上具有一定优势。

从创作主体来看，相较于短视频，中视频明显有更大规模的专业生产力量介入，PGC（专业生产内容）和UGC（用户生产内容）共同构筑中视频发展的坚固基石。专业化制作在内容深度和品质保障上发挥优势，在鱼龙混杂的网络视听内容环境中，中视频更注重回归内容传播规律和美学价值，围绕提升用户体验，从内容选题、叙事话语，到表达形式、互动模式，不断强化专业设计，激活视频内容的人文内涵和社会价值，从而满足受众的多元诉求和更高期待。中视频不仅成为众多草根创作者和MCN机构的战略选择，也是主流媒体深度融合进程中提升传播力的有力抓手。主流媒体的公信力和专业性，在视频生产方面积累的资源和人才力量，都为中视频生产和传播提供支撑。多家主流广电媒

① 刘俊.中视频：概念、基点与媒介规律[J].中国电视，2022，(06)：70.

体依托自有客户端和新媒体账号，利用自身优势发力中视频，实现了明显的用户增量和影响力拓展，中视频不失为融合传播的优势增长点。

（二）价值回归：泛知识类视频掀起在线学习热潮

垂直化、细分化，已成为融媒体内容生产的常态特征，使用诉求多元的用户从垂直化短视频中找寻到更多可能，产生更强的使用黏性。整体来看，实用性、服务性内容越发受到用户关注，其中泛知识类视频表现突出，热度只增不减，成为行业热点和深受用户喜爱的内容之一。

伴随着泛知识传播时代的到来，泛知识类短视频经历了从被动接受到自觉需求的发展过程。泛知识类视频的持续升温，与用户的理性价值回归不无关系。在内容消费升级的大趋势下，网络视听用户对泛娱乐类视频逐渐显露审美疲劳，主流化、实用性内容的吸引力持续增强，泛知识类内容开始在短视频市场占据一席之地。知识焦虑已是当代年轻用户普遍面临的问题，中国广视索福瑞媒介研究（CSM）的调查结果显示，希望更多看到科技发展动态、知识或文化类内容的用户占比均超过30%。[①]生于社群时代的Z世代更乐于借助视频媒介参与社交性学习，用户的多元需求，催生了泛知识类视频蓬勃发展的在线学习浪潮。

如今，越来越多的用户将短视频平台作为获取新知的重要方式，各短视频平台均呈现泛知识类内容快速增长的态势。2022年1月至10月，抖音知识类内容作品发布数量增长35.4%，对知识内容感兴趣的用户超过2.5亿，知识视频及图文内容被用户分享了126亿次[②]；与2021年相比，2022年快手泛知识视频发布量增长39.6%、直播播放量增长60.6%[③]。交互发展的短视频、中视频成为“传播科学知识的新舞台、好舞台”。

短视频和新媒体平台打破了知识在传播中的固有壁垒，消解了传统意义上知识的边界感。轻量化、场景化、交互化的表达，将知识嵌入大众的日常生活

---

① 中国广视索福瑞媒介研究（CSM）.2022年短视频用户价值研究报告[R/OL].（2022-12-08）[2023-08-10].https：//www.csm.com.cn/UpLoadFile/Files/2022/12/8/12702552be5d979-a.pdf.

② 巨量算数.2022抖音知识年度报告[R/OL].（2022-12-28）[2023-08-10].https：//trendinsight.oceanengine.com/arithmetic-report/detail/862.

③ 快手大数据研究院.2023快手泛知识报告[R/OL].（2023-04-24）[2023-08-10].https：//mp.weixin.qq.com/s/u8VAZJ5iS_jRJzWBSeHTKA.

场景，以社交为纽带进行知识共享，让知识更便捷地触达更多用户。中视频如今已成为各大平台泛知识内容的主战场，在助力用户拓宽认知边界、产生更强获得感上起到积极作用。调查显示，生活百科、职场提升、艺术兴趣、商业管理、运动休闲、专业技能、考试考证等，是抖音用户希望通过知识学习获取的热门内容。[①]而"象舞指数"优秀科普短视频榜单上，数量最多的类型依次是前沿科技、航空航天，以及健康与医疗，榜单作品回应了公众在科普领域的需求。[②]

泛知识类视频的内容日趋多元化，专注不同领域知识普及的创作者收获了稳固的圈层用户。这些泛知识类视频的生产，往往兼顾知识内容的专业性、科学性、实用性，以及人文性、娱乐性、趣味性，既要严谨把关输出的知识和信息，又要注重人文价值，从用户需求角度出发，结合当下热点，强化与日常情境的融合和通俗化表达，使泛知识内容更易被接受和理解。如何平衡趣味性表达、碎片化呈现和内容深度、质量之间的关系，是泛知识类生产实践的一大挑战。

短视频是推动传统文化当代转化的重要媒介。用户对于传统文化的现代化、年轻化表达内容的需求越发旺盛，短视频也为传统文化的创新发展开拓了边界，为多元文化打破壁垒，为实现共享提供了新思路。近年来，短视频平台积极开展丰富多彩的行动，见证文化传承创新，为网民提供了穿越时空的非遗跨界体验。抖音推出"非遗合伙人""看见手艺""DOU有好戏""DOU有国乐""舞蹈传承"等计划，给予优质传统文化内容大量流量扶持，帮助更多手艺人实现增收，推动非遗创新传承。《2022抖音非遗数据》显示，截至2022年5月，抖音平台已覆盖1557个国家级非遗项目，覆盖率达到99.74%，国家级非遗项目视频播放总量达到3726亿次。[③]快手推出以染布、皮影、核雕等为代表的"新市井匠人

① 巨量算数.2022抖音知识年度报告[R/OL].（2022-12-28）[2023-08-10].https：//trendinsight.oceanengine.com/arithmetic-report/detail/862.

② 邹贞，陈玲.新时代科普短视频的现状、问题及优化路径研究——以"象舞指数"科普短视频榜单为例[J].科普研究.2023，18（04）：67.

③ 巨量引擎城市研究院.抖音焕新非遗——2022巨量引擎非遗白皮书[R/OL].（2022-12-20）[2023-08-12].https：//trendinsight.oceanengine.com/arithmetic-report/detail/854.

扶持计划”，2022年与非遗项目相关的视频收藏量同比增长72.7%。[①]

四、破圈之道：主流媒体短视频内容生产策略分析

主流媒体在短视频内容创作和传播中逐渐形成特有的生产法则与创新策略，在内容建构、叙事技巧、视听语言、立意表达等层面紧贴短视频的形态特性，展开多元创新探索，以增强传播效果，更大限度激发用户情感共鸣，提升主流媒体传播力、影响力。

（一）拓展叙事视角，弥合民间表达与主流话语

主流媒体的短视频生产，既延续了对新闻专业主义的坚守和主流话语的表达，也拥抱民间表达和民间文化，既具有宏观视野，从宏观层面关注社会经济发展，又在与短视频的碰撞中，以主流视角对普通人的生活现状进行本真呈现。在全媒体传播生态中，具有去中心化特征的移动短视频遭遇了具有话语属性的纪实影像，使纪实短视频形成了独特的媒介话语。主流媒体对短视频的使用，令视听作品的话语形态更加亲民，主流话语与民间话语的价值融合，能动地将媒介舆论转化为社会建设的重要力量。[②]

“人民日报”“央视频”等主流媒体抖音号对热点新闻事件的报道视角往往兼顾宏观与微观，兼具理性与共情。重大主题报道中，既从宏观视角关注爱国主义、英雄主义选题，生产和传播引发国民认同感和凝聚力、助于建立情感共同体的内容，厚植家国情怀；又聚焦个体，通过平凡人的讲述和富有感染力的镜头语言，直抵人心，体现人文主义关怀。每逢国庆节、烈士纪念日等节点，人民日报等主流媒体抖音号都会定时发布天安门广场升旗仪式相关短视频内容，以庄严神圣的仪式空间，建构仪式化场景，浓缩国家与人民同在的意义表达。2022北京冬奥会，更是主流媒体以多重视角凝聚家国情感的集中体现。开幕式、运动员高光时刻等主题视频，以较高频率和多场景呈现，让观众从不同视角感

---

① 快手大数据研究院.2023快手泛知识报告[R/OL].（2023-04-24）[2023-08-12].https：//mp.weixin.qq.com/s/u8VAZJ5iS_jRJzWBSeHTKA.

② 张之琨，邱紫东.全媒体时代纪实短视频的形态更迭与传播转向[J].当代电视.2023，(08)：105-112.

受冬奥会全貌，增强家国情感的共鸣，唤起国民集体记忆和身份认同。

主流媒体的融媒体生产，也从民间文化中汲取养分，在文本书写中注重呈现民间风情和生活情绪，以风格质朴、充满烟火气息的内容，消解传统主流视听的权威感和距离感。短视频内容常将官方话语、专业话语与民间表达相融合，充分凸显以人为本的短视频文化基因，以主流媒体官方账号平台为普通人提供展示自我的平台。乡土文化与情怀，也成为主流媒体的挖掘点，为短视频生产注入活力。例如，央视频扎根乡土打造的《我的“村晚”我的年》，便呈现了一场不同于传统影像风格和文化气质的乡村年味大赏。群众自编自导、自演自赏的节目中蕴涵着乡村的喜庆年味和浓郁的文化乡情，在传承文化年俗的同时，彰显出新时代农村新风和农民新貌。

（二）发力情感传播，达成深层共情效应

主流媒体的融媒体生产同样注重社会主义核心价值观的弘扬。后真相时代，情感已经成为信息传播的主要驱动力，用户往往被能够引发共情的信息所吸引，进而产生转发分享、点赞等行为。情感传播以一些常见的情境、特定的主题和叙事模式为基础，激发个体和集体的情感，引发民族认同感，促进舆论发展。[①]情绪感染是短视频连接用户、建构社会认同的重要抓手。从主流媒体的短视频内容生产实践来看，引发较好社会反响、形成裂变式传播的作品多凭借情感满足突出重围。

主流媒体短视频通过挖掘新闻事件背后的正向情感符号，找寻情感与理性的平衡点等方式，构建主流媒体与受众间的情感认同渠道，在文本空间中运用沉浸式情感叙事，拓展情感想象，实现当事人与用户、创作者与用户、用户与用户之间的共情与共振。较具代表性的人民日报和央视新闻的抖音号，精准把握情感元素与新闻信息搭配，保证了情感传播与理性传播的平衡，内容的情感化表达更易引发普通用户的共鸣。推出的短视频作品从平凡人物视角出发，紧扣人民群众日常生活，撷取亲情、友情等情感剖面及家庭、工作等生活切面，用日常生活碎片拼接出鲜活生动的生命图景和世间百态，彰显出平凡人的人性光辉，激发受众对各类普通群体的关切和对社会正能量的感同身受。

---

① 蒋晓丽，何飞.情感传播的原型沉淀[J].现代传播.2017，39（5）：12.

主流媒体短视频生产中，更多地借助新型情感传播模式，针对受众的情感诉求，在内容中适时添加相关情感要素，并融入情感传播的受众思维，进而达成共识，强化用户的主动性，拉近与用户的距离。一些爆款短视频基于新闻事件本身，配合与情绪和情感相匹配的字幕、标题、背景音乐、剪辑等，并恰当把握情感传播的精准性和指向性，使受众得到沉浸式情感体验，达成深度情感传播。例如，人民日报抖音号的短视频《苏炳添这句话……世界上没有随便的成功，只有难以想象的努力》，多场景切换剪辑了苏炳添的关键发言、在东京奥运会的精彩瞬间，背景音乐《一路生花》中的“我希望许过的愿望一路生花，护送那时的梦抵挡过风沙”呼应主题，激发受众的心理与情感认同，实现深层的共情效应。

（三）转变叙事语态，为主流表达注入网感

在融媒创作实践中，主流媒体越发注重消弭与年轻用户间的情感距离和沟通障碍，不断进行叙事语态上的调整，以年轻化语态贴近用户，在严肃与活泼中找寻平衡点。既不同于UGC短视频的奇观式、猎奇式形态，也不同于劝导式、说教式政治宣传，主流媒体的短视频话语叙事，逐渐形成具有自身品牌特色、颠覆大众刻板印象的话语表达。

淡化权威、凸显网感、平等对话，是主流媒体在短视频生产和运营中的共同理念。网生语言和圈层文化在主流媒体的短视频内容中日益常见，迥异于传统媒体的规范性、书面化语言风格，短视频通过“官话民说”，以民生语态将厚重题材和主流意识形态相关内容，转化为鲜活的人物和故事，更易打动用户。

主流媒体短视频产品中颇为突出的《主播说新闻》，便融入诸多时下热门的互联网用语，更自造“大喇叭论文”等热词，主播金句不断，充分体现通俗化、口语化特色；播报姿态也一改往常，增加了更富感染力的肢体语言，以接地气的播音和文本语态，塑造了亲近的新闻主播形象。“央视新闻”抖音号发布的短视频也在话语风格上去严肃化，使用生动鲜活的语言拉近与受众的距离。主流媒体在短视频中将英雄群体称为“蓝朋友”“孤勇者”等，受到网民的一致欢迎和追捧。

（四）巧用视觉修辞，轻剪辑触发情绪燃点

主流媒体短视频内容的叙事逻辑和叙事话语不同于传统媒体，受限于短视频的时长和文本空间受限，其发展难以按照时间逻辑推进，创作者通过省略、停顿等叙事技巧，以及剪辑、隐喻等叙事修辞，提升视频内容的节奏感和张力，更便于受众理解和接受。在新闻事件报道中，短视频所具备的短、快、轻型编辑等优势，助力主流媒体对新闻信息的呈现和社会舆论的引导。

主流媒体在短视频生产中往往兼顾线性结构和非线性结构叙事，多款破圈短视频产品打破要素俱全的叙事结构，选择新闻事件中的单一段落或场景，在第一时间抓取用户注意力。例如，地震救援短视频无须交代完整的事件背景、时间、地点、现场伤亡情况等，而是提炼出最具表现力和感染力的画面，配以现场同期声，以点带面，凸显应急救援消防人员立体化的英雄形象。

在主流媒体短视频中，以往常见的宏大叙事场景，多被“会说话”的镜头和轻剪辑叙事所替代。例如，引发刷屏热潮的“致敬每个平凡又不凡的你！”等盘点类短视频，采用素材拼接的方式，以简单的跳剪蒙太奇快速呈现具有冲击力的新闻事件画面和人物，给用户带来最直观和强烈的情绪震荡。

（五）升级视听体验，前沿技术赋能创意场景建构

“在传播场景趋于虚拟化、个性化和移动化的智媒时代，场景已然成为继内容、形式、社交之后媒体的另一种核心要素。”①新技术的发展和升级，为主流媒体融媒体产品的场景建构和视听体验营造带来更多可能性。随着“5G+AI”时代的到来，短视频的多元功能将进一步得到深化，未来将增加与更多行业和场景的连接点。5G、4K/8K超高清、VR（虚拟现实）、AR（增强现实）、MR（混合现实）、XR（扩展现实）等新技术，也在赋能短视频的艺术化革新，成为主流媒体升级短视频产品的重要突破口。

虚拟场景技术的应用，在主流媒体短视频产品中屡见不鲜。通过营造虚拟情境，形成一种“身体在场”场景，VR、AR等技术不仅丰富了短视频创意传播场景，更释放人们对空间的想象力，给身体感官带来更多体验，形成更强烈的沉浸感。全国两会期间，各主流媒体运用新技术搭建创意场景，成为全国两会报道的一大亮点。人民日报推出AI虚拟主播任小融，用户可通过相关链接与任小融实时聊天互动，获取会议最新信息。新华社新媒体中心创新推出“元宇

① 彭兰.场景：移动时代媒体的新要素[J].新闻记者，2015（3）：20-27.

宙·职业新体验”系列短视频报道，引入潮流的元宇宙概念与技术，运用虚拟演播厅、仿真数字人、3DMAX渲染等智能技术，为观众带来沉浸式虚实结合体验。

大象新闻推出的短视频《给你一支舞的时间！90秒5000年……打卡河南文化遗产》，通过各类特效让舞者穿梭于各种时空之间，以舞蹈的形式带领用户打卡河南5项24处世界文化遗产，颇具网感又不失文化底蕴，短时间内将用户直接带入视频情境。由中国军网制作播出的《打卡！中国军队》系列Vlog，用沉浸式的视觉、听觉体验，带领受众“上天入地”，直观感受人民军队的精气神。“AI剪辑大阅兵”由AI完成后期的栏目，由组合镜头、新闻标题和解说型字幕组成，成为AI运用于视频后期制作的一大突破。新闻图片经过虚拟抠像、3D变形等技术的处理，制成特效图片，被赋予动态化属性，丰富受众观感。

主流媒体短视频在加快内容建设的基础上，不断探索视频形态的升级，融入新技术新手段，扩展可视、交互、移动等产品体验，对内容视听呈现和交互体验的创新力度日趋加大，而技术的赋能还将持续给短视频视听体验革新带来更多想象的空间。

（六）强化人格化特征，精细IP化运营

主流媒体的短视频IP化打造，在品牌形象的塑造和传播中颇为重要。不仅能有效提高受众对其内容矩阵的关注度，增强短视频的辨识度，更有助于主流媒体短视频品牌建设。对主流媒体账号和记者、主持人进行精细化、系统化运营，凸显媒体的人格化特征和媒体人个人特质有很大帮助，成为主流媒体短视频的高效传播策略之一。

“四川观察”出圈的关键之一便在于其账号的高度人格化及其形成的强社交属性和鲜明表达风格。其内容评论区中随处可见其对官方互动角色的自称——“观观”。“四川观察”以“观观”之名与其他官方主流媒体账号展开趣味互动，并积极回应用户需求，加强与用户的多样形式互动。叠字的网感表达、与网民打成一团，塑造出一个亲和、风趣、有温度的官媒形象，大幅提升用户对“四川观察”的亲近感和参与度，成为主流媒体融合传播中的典范。

近年兴起的Vlog热潮中，主流媒体主动顺应新的传播趋势，推出新闻现场直拍、日常生活记录、新闻幕后拓展、独到观点表达等多类型Vlog内容，强化

“在场效应”，增强了真实感、灵活性和叙事张力。而主流媒体也颇为注重结合媒体人的Vlog内容特色和风格，对短视频进行IP化、系列化运营，更利于内容的传播。例如，中央广播电视总台的“康辉Vlog”通过竖版视频方式生动展示了康辉工作的幕后、台前，给以往仅通过电视新闻了解康辉的观众带来新鲜感受，在各大平台收获较高关注度。短视频产品和媒体人IP的打造，对于强化品牌形象、提升传播效果起到重要作用。

五、结语

全媒体技术深刻影响着社会交往方式与文化生产形态，全媒体传播格局加速视听内容生产模式与理念变革。短视频无疑是对传媒形态和业态颠覆性最大的形式之一，催生视听传播方式革新，短视频与主流媒体逐步走向共生共荣，相互赋能。主流媒体积极探索创新融合，将短视频作为传播形式和传播渠道纳入自身的融媒矩阵中，基于自身优势展开一系列探索。在生产与传播实践中，主流媒体与短视频的相融，还需把握好理性与共情的关系、形态与内涵的关系、技术与人文的关系，紧握融合转型和网络视听创新升级的机遇，进一步扩大自身传播力、引导力、影响力、公信力。

1.5 数字时代新闻评论的舆论引导价值

李泓江[①]

摘要：数字信息技术正在重塑新闻传播格局。在全新的媒介环境中，新闻评论的主体越发多元，包括职业评论主体、公民个体评论主体和组织评论主体在内的多元评论主体结构正在形成。多元化的主体类型使舆论生态变得复杂多样，如何更好地传播主流价值、达成公众共识是主流媒体面临的重要课题。当前，主流媒体正在展开话语层面的创新，评论形态视频化、评论姿态平等化、评论风格异质化是创新的主要方向。为了更好地发挥自身的舆论引导力，主流媒体新闻评论应当坚定立场，在评论中坚守正确的价值导向；权威准确解读党和国家政策主张，澄清谬误传播理性声音；坚持科学思维，以平等理性的对话寻求公众认同。

关键词：数字时代；新闻评论；舆论引导

新闻舆论工作，是社会主义建设事业的重要组成部分。做好党的新闻舆论工作，营造良好舆论环境，是治国理政、定国安邦的大事。党的二十大报告指出，要牢牢掌握党对意识形态工作领导权，全面落实意识形态工作责任制，巩固壮大奋进新时代的主流思想舆论。作为一种重要的舆论表达方式，新闻评论对于坚持巩固壮大主流思想舆论、加快构建舆论引导新格局发挥着不可替代的作用。

今天，数字技术正在重塑传播格局，从传播渠道、交往方式到传受关系，

① 李泓江，中国传媒大学电视学院讲师。

都在发生深层次的改变，新闻评论的传播主体、传播方式、话语形态、扩散逻辑及影响效果与传统媒体时代均存在一定程度的差异和区别。在这种情况下，如何充分发挥新闻评论的舆论引导价值，尤其是主流媒体新闻评论内容的舆论引导价值，是一项十分重要的研究课题。本文将结合数字环境的新变革、新语境、新趋势，探讨新闻评论的舆论引导特征、主流媒体评论的话语方式，以及主流媒体评论实现舆论引导的路径。

一、数字时代的多元评论主体与舆论引导特征

相较于传统媒体时代，数字时代最典型的特征之一，就是传播主体的多元化与去中心化。这种特征对于主流媒体的舆论引导产生了重要的影响。

（一）传播媒介的数字化与评论主体的多元化

按照保罗·莱文森的观点，每个消费者都是生产者，这是一切新兴媒介底层的核心特征[①]。用通俗化的话来讲，在数字化时代，原本处于信息接受地位的受众，也成为网络上源源不断的信息的生产者。多元化、去中心化成为数字时代的代名词，如今舆论场上的传播主体正在从单一走向多元，包括评论创作在内的新闻生产活动已经不再遵从单一的职业化生产模式和生产逻辑，而是社会化的、多元主体参与的共同生产。这种内容生产的转换，或许可以描述为一种中心性的、等级化的工业生产模式向一种高度灵活、形式多样之社会实践的转变[②]。这意味着在数字时代语境下，任何一个主体都可以成为数字公共空间的表达主体，亦可成为社会热点事件、新闻舆情事件的意见表达主体。在新闻评论领域，正在形成包括职业评论主体、公民个体评论主体和组织评论主体在内的多元评论主体[③]。

多元评论主体结构的形成，和数字媒介的赋权作用分不开。其一，职业评

---

① 保罗·莱文森.数字麦克卢汉：信息化新纪元指南（第2版）[M].何道宽，译.北京：北京师范大学出版社，2014：356.

② Mark Deuze，Tamara Witschge. Beyond Journalism：Theorizing the Transformation of Journalism[J]. Journalism，2018，19（2）：165-181.

③ 杨保军."共"时代的开创——试论新闻传播主体"三元"类型结构形成的新闻学意义[J].新闻记者，2013（12）：32-41.

论主体在评论场域中仍然占据着相当重要的位置，传统媒体的评论部门不仅仍然坚守报纸、广播、电视等传统的媒体渠道，而且纷纷在微博、微信公众号等社交平台开设账号，积极传播声音，具有代表性的账号有“人民日报评论”“侠客岛”“中青评论”“新京报评论”“玉渊谭天”“团结湖参考”（北京青年报评论部创办）等。其二，部分党和政府机构，尤其是新闻舆论工作相关部门，走进舆论场，在社交媒体上主动阐释党和国家政策，围绕热点事件积极发声，弘扬社会主义核心价值观，如浙江省委宣传部的“浙江宣传”。其三，公民个体成为越来越重要的评论主体。原本从事新闻评论工作的多是职业评论员，提供意见的知识门槛与大众媒介的渠道垄断，是构成职业评论员专业性的“护城河”。当数字技术消解了大众媒介的渠道垄断地位之后，原本就具有较高知识门槛的个体充分利用数字媒介所释放出来的红利，围绕新闻事件和社会热点展开评论，甚至成为评论领域的意见领袖，如“胡锡进观察”等。

除此之外，公民个体评论呈现出较为明显的两个趋势：一是领域的专业化，公民个体评论主体原来就是长期深耕历史、财经、国际关系等领域的专家；二是身份的弹性化和液态化，部分原来的职业新闻工作者，在专业媒体机构的阵地之外的社交平台上围绕热点事件积极展开评论。

（二）价值冲突：网络场域中的观点交流和交锋

多元化的主体意味着多元的观念。就个体而言，每个人的成长经历、家庭环境、知识积累、专业方向、价值观念、认知方式各有不同，不同的人在面对同一对象时，会形成不同的判断，产生不同的观点。就组织和群体而言，每一个组织机构都有各自的利益诉求，每一个群体阶层亦处在不同的立场，因此，不同的组织和群体，会存在不同的价值立场。因此，即便是面对同一热点事件、同一社会问题，人们也会有不同的价值判断。判断总是被人这一判断者作出的，其难免受判断者特有的色彩所影响。以2022年6月，唐山烧烤店打人事件为例，有人认为这一事件反映了女性在社会中的弱势地位，应当重塑性别权力格局；有人认为这一事件本质上是暴力侵犯人权，不应仅纠结于性别议题；也有人认为这一事件带有明显的黑恶势力性质，其凸显出唐山社会治安问题的严重性；还有人就严打黑恶势力做了长线思考，认为运动式执法令人担忧，法治环境建设任重道远。舆论场上关于这一事件的多元声音，正是多元主体之多元价值的体现。

复杂的社会事件往往会绽放开放性的讨论空间，使不同的价值、观念都有可栖息和停留的空间。例如，2022年B站UP主发布视频《回村三天，二舅治好了我的精神内耗》，播放量近5000万，引发了舆论高度关注，也成为不少评论的话题。据不完全统计，澎湃新闻先后发表了《命运如刀，二舅如歌》《二舅认真地活了半生，不是为了撕裂舆论场》《每个人生命中的二舅》,《新京报》发表快评《“二舅”的人生不应只是一次全民感动》,《中国青年报》发表评论文章《“二舅”全网刷屏：与其精神内耗，不如用力生活》,“自媒体”账号发表了大量评论文章。这一视频之所以引发这么多媒体和评论员的广泛关注，是因为原视频本身构成了一个争议性的文本，且其讨论的“精神内耗”问题也是很多人在生活中面对的复杂现实问题。争议性的文本再加上复杂的话题，这一事件构成了一个允许多种思维角度涌入的开放空间，诸多价值切入点均可以在这一开放空间寻求到栖身之所。

（三）主流媒体舆论引导面临的机遇与挑战

数字时代多元化的主体带来了思想观念的多元化，这种多元化对于主流媒体的舆论引导而言仿若“双刃剑”。

一方面，多元主体与多元化的思想观念，创造出一个更加良性、健康的舆论生态体系，有助于社会情绪的正常宣泄和疏解。一个社会需要良性的舆论生态，需要有相对开放的言论空间，这种良性的生态和开放的空间，总体上对于思想领域的治理和引导来讲是有利的。有学者认为，如果社会情绪得不到及时纾解，时间长了就变成高悬于社会之上的“堰塞湖”，甚至形成“结构性怨恨”，遇到特定事件刺激，就会奔涌出来，形成舆论波澜，甚至会掀起舆论风暴[①]。与此同时，主流媒体，尤其是中央主流媒体反映着党和国家的意志，也守护着社会主流价值观念和基本的公序良俗，更代表着广大人民群众的利益和心声，因此，不能将主流媒体的声音和社会上多元化的声音放在对立面，舆论场上多元化的声音有助于主流媒体更好地了解广大人民群众的心声，从而更好地反映人民群众的利益、诉求和心声。

另一方面，多元化的主体也为主流媒体的舆论引导带来了一定程度的挑战。

① 张涛甫.当前舆论治理的瓶颈和突破路径[J].新闻与写作，2018（06）：65-68.

有学者认为，在网络化的社会中，网络关系始终处在去中心化与再中心化的波浪式涌动之中，这使舆论呈现出多中心并且在流动中此起彼伏，如同个体化的公民一样，专业媒体也成为网络关系中众多节点中的一个。[①]相较于传统媒体时代专业媒体的垄断性地位，尽管如今主流媒体相较于其他传播主体仍在影响力上存在优势，但总体上来讲，其影响力也在相当程度上被稀释。与此同时，互联网带来了全新的呈现形态、话语方式、传播逻辑，如何更好地适应全新的媒介形势，增强主流媒体的舆论引导力，提高主流媒体新闻评论的声量，对于主流媒体而言是一个必须加以重视的时代课题。

二、话语变革：主流媒体评论的话语创新

话语是人们言说、叙事的具体言语，人们通过话语来讲述世界，也通过话语来理解世界。话语是一个具有复杂面向的范畴，新闻话语的研究范围不仅包括新闻的文本结构，还包括传播语境中、社会文化语境中新闻话语的生产和接受过程[②]。话语对于意见和观点的传播而言，有着十分重要的意义和价值。在数字技术变革的语境下，主流媒体的新闻评论话语呈现出全新的特征。

（一）媒介呈现形态创新与评论形态的视频化

随着信息技术的迭代升级，以数字化、智能化、多媒体化为代表的新媒体迅速崛起，网络内容的传播方式和节目形态都发生了深刻改变，中国互联网络信息中心（CNNIC）发布的第52次《中国互联网络发展状况统计报告》显示，截至2023年6月，我国网络视频用户规模达10.44亿，其中短视频用户规模达10.26亿，占网民整体超95%。[③]从这组数据中可以看出，网民接受新闻的方式已经大量转向视频，可看、可听的视频化趋势成为新闻评论发展的必然。其中具有移动化、社交化、碎片化特征的短视频是新闻评论发展的重要方向。哔哩哔哩（简称“B站”）、抖音、快手等视频平台，存在大量的时事评论账号，针对时

---

① 黄旦.重造新闻学——网络化关系的视角[J].国际新闻界，2015，37（01）：75-88.

② 梵·迪克.作为话语的新闻[M].曾庆香，译.北京：华夏出版社，2003：32.

③ 中国互联网络信息中心.第52次中国互联网络发展状况统计报告[R/OL].（2023-08-28）[2023-08-29]. https：//www.cnnic.net.cn/n4/2023/0828/c88-10829.html.

事发表评论短视频。

短视频的传播形态也正在促使传统的评论形态发生改变。从2021年12月30日起，人民日报大型评论品牌“任仲平”推出系列政论短视频《改变中国的力量》，包括“百年奋斗”“人民至上”“改革常新”“天下一家”“文化铸魂”5个篇章。这一系列短视频既保留了“任仲平”文章的思想底色、理论底色、政治底色，又充分融入短视频的移动化、社交化、可视化等特性，从而以影像化的方式对习近平新时代中国特色社会主义思想的主要内容进行解读。首篇《“两个确立”》播出不到3小时，微博话题#任仲平首次出品政论短视频#阅读量即突破百万次，新华网、光明网、中国经济网等主流网站首页推荐，今日头条、新浪网、凤凰网等网站也同步跟进推送。截至2022年2月8日，《改变中国的力量》仅在人民网各平台总计展现量就超过20亿次，播放量达1400多万次。

评论视频化趋势中另一个具有代表性的例子，就是中央广播电视总台新闻新媒体中心推出的《主播说联播》。从2019年7月29日正式推出以来，《主播说联播》已经成为新闻评论领域的现象级产品。这一节目的视频时长严格控制在2分钟左右，极大地契合了短视频传播的“微”诉求，同时充分满足了短视频用户娱乐化、个性化的信息需求。例如，2022年8月31日发布的《你参与了一个10亿+的大项目》和2022年10月7日发布的《每个奋斗的你，都是中国UP的底气》等短视频新闻评论，都以正面宣传为导向，并根据用户特点进行年轻态、生活化叙事，实现了新闻评论严肃化与年轻化的平衡，充分释放了短视频新闻评论的活力。

（二）用户思维与评论姿态的平等化

在传统媒体时代，专业媒体垄断着传播渠道，新闻评论被赋予了舆论监督、反映舆论、引导和教育群众的社会功能，这种给定性的角色使新闻评论常常呈现出精英写作姿态，评论作品往往呈现出较为浓厚的说教意味，身在评论面前的，是需要被启蒙、被教育的群众。随着数字时代的到来，过去处于被动接受者角色的受众，个体权利意识被激活，成为网络空间中的表达主体。在这种情况下，主流媒体越来越注重用户思维，以更加平等化的姿态开展新闻评论。

第一，主流媒体评论姿态的平等化表现在刚性判断话语的降低，以及柔性判断话语和解释性话语的增加。观点表达的本质在于提出判断，不过判断可以表现为刚性的判断和相对柔性的判断。刚性的判断强调对于社会事实、热点事件的直接判定，直接提出是非立场明确的判断；而柔性判断话语与解释性话语则更加注重回答“这件事是怎么回事”，关注事件本身的具体情况，潜匿“这件事的意义是什么”“我们应该怎么做”的动员性主张[①]。在互联网时代，刚性判断话语正在向柔性判断话语和解释性话语转变。例如，人民日报海外版微信公众号“侠客岛”，较好地使用了柔性判断话语和解释性判断话语。柔性判断话语和解释性判断话语能够更好地给受众提供发表意见和反馈的机会，这种互动和交流的特点显然更加契合移动互联网时代的特征。

第二，主流媒体评论姿态平等化表现在评论选题更加亲民。一是更多地关注人民生活。衣食住行、工作、教育、医疗等话题与人民群众的生活息息相关，在新兴媒介语境下，主流媒体在评论的内容选择上越来越多地关注人民的日常生活。例如，《光明日报》2022年9月13日发表评论《数字月饼卖的不是饼，是给消费者“画饼”》，直接针对社会生活中的乱象展开批评，关系到消费者的日常生活，紧扣民生，体现了人民至上的价值立场。二是评论选题、内容与人民关注热点相契合。《中国青年报》评论部微信公众号“中青评论”发表的《女教师上网课时遭家暴，“已和解”不该是处理终点》《“小帅和小美”会毁掉电影吗？》针对广受舆论关注的热点事件、社会现象展开评论，取得了较好的传播效果。《北京青年报》评论部微信公众号“团结湖参考”的评论更接地气，《唐山烧烤店行凶案为何激起公愤？》《养老诈骗里，还有没被发现的商机？》《葫芦岛的葫芦里装的是什么药？》等大量评论内容，皆指向热点新闻事件和社会热门话题，通过对这些热点议题的讨论，引导舆论的价值走向。

（三）多元平台与评论话语风格的异质化

随着数字时代新兴传播方式、传播手段的诞生，主流媒体的各种传播渠道构成了一个立体化、复合性的传播矩阵，既有传统媒介（如报纸、广播、电视），又有新兴媒介（如移动客户端、微信公众平台、微博、抖音、B站）。多元传播平台和传播渠道，是数字时代新闻传播的重要特征。面对这种情况，主流

① 陈阳，周子杰.从判断转向解释：移动互联网时代新闻评论论证结构的变化——以《人民日报》评论版和“侠客岛”为例[J].当代传播，2022（01）：27-33.

媒体的新闻评论采用了差异化的评论方式与评论风格。

在传统媒体平台上，主流媒体仍然沿袭较为正式的、官方的、严肃的话语风格。例如，人民日报的评论版、总台的评论栏目、光明日报的评论版等，这些严肃的时事评论，代表了党和国家的意志、声音。而在新兴媒介平台上，主流媒体则主动顺应网络传播规律，更多地采用轻量化、年轻态、亲和化、情感化的叙事策略和话语风格。例如，《主播说联播》的叙事方式贴近年轻网民群体的特点，里面有许多年轻化、网络化的设计，主持人的话语风格也更加轻松幽默，这种方式也使电视新闻主播成为新媒体平台上时事政治领域的意见领袖；"人民日报评论"（微信公众号）推出了"睡前聊一会儿"专栏，主要围绕人们关注的生活话题展开议论，如《"十元管饱"，东北盒饭里吃出平实生活味道》《一天狂刷几十集，网络短剧是不是你的"泡面番"》《围炉煮茶，是"复古范"还是"网红脸"？》，聚焦人们日常生活话题，语言轻松明快，在日常化、聊天化、情感共振化的话语风格中，传达主流价值观，增强人文关怀，实现了意识形态的柔性传播，从而达到最佳的传播效果。

三、对话与认同：主流媒体评论舆论引导的路径

坚持正确舆论导向，高度重视传播手段建设和创新，提高新闻舆论传播力、引导力、影响力、公信力，是党和国家对新闻媒体的重要要求。在数字时代，新闻评论不仅是主流媒体的灵魂和旗帜，也是主流媒体传播党和国家声音，实现舆论引导功能的基本手段。因此，通过新闻评论方式，不断提升公众对主流价值观的认同，增强凝聚力与向心力，促进社会平稳发展，是对主流媒体舆论引导力建设提出的必然要求。

（一）坚定立场：在评论中坚守正确的价值导向

在新的时代背景下，尤其是在新的媒介环境下，尽管包括评论在内的新闻作品在形式、体裁、方法、手段等方面都发生了深刻变化，但坚持党中央的领导，在价值立场上始终与党和国家保持一致，贯彻落实好宣传思想工作的使命任务，始终是新闻舆论工作的内核和底色。如果主流媒体没有声音，就会被众声喧哗淹没，甚至被其他错误的、歪曲的声音占据舆论场。只有把握好党性和人民性，把握好时代性和针对性，才能在主流声音中更好地体现主流价值。主

流媒体在新闻评论创作的过程中，在根本的价值立场上务必“讲政治”“立得住”，时刻同党、国家和人民保持一致，用正确的政治方向、价值取向与舆论导向指导新闻评论工作，切实增强主流思想舆论的传播力、引导力、影响力、公信力，推动良好舆论生态的形成和发展。

坚守正确的价值立场，要求主流媒体在评论中始终站在党和国家的立场、站在人民的立场，守护社会公共价值和社会道德底线。例如，人民日报官方微博发表微评论：“唐山这起群殴女子事件，令人震惊，不仅挑战了法律，还挑战了社会秩序，挑战了大众的安全感。被打女子仍在医院治疗，病床上的她们需要一个公道，全社会需要一个交代。尽快依法办理，让施暴者付出沉重代价，人们拭目以待！”这一评论，充分反映了社会共同的价值主张，彰显了主流媒体对于社会主流价值的呵护，也有效地引导了这一事件的舆情走向。

（二）权威解读：澄清谬误传播理性声音

澄清谬误、明辨是非，是党的新闻舆论工作职责和使命的重要组成部分。在具体的评论工作中，主流媒体要主动做好党和国家政策的阐释工作，在政策主张和人民群众之间架起沟通的桥梁，通过澄清谬误、明辨是非，实现团结人民、鼓舞士气、成风化人、凝心聚力的目的。要做到澄清谬误、明辨是非，主流媒体应当树立大局意识，深入解读和阐释党和国家的政策主张，使评论作品论点准确、观点鲜明，真正地把道理讲深、讲透、讲实、讲明白，给人以新的思想、新的感受、新的启发，能够引发人们的思考，促进正能量的传播。

例如，2022年末，正值防疫重要关头，面对部分地方政府的错误防疫举措，以及关于防疫政策的一些错误解读，浙江省委宣传部公众号“浙江宣传”发表评论文章《“人民至上”不是“防疫至上”》。这篇文章论据翔实，运用了大量支撑性的数据说明党和国家防疫政策取得的成效，同时直接提出核心论点——“疫情防控是为了防住病毒，不是为了防住人；从来只有‘人民至上’，没有所谓的‘防疫至上’”“每一种能力的背后，都有一个共同的价值考量，那就是人民至上、生命至上。公众的呼声与诉求，历来是我们调整优化抗疫政策的基点。抗疫目的只有一个，那就是为民造福，就是护佑每一个人的健康、平安”。这些价值层面的话语，反映了党和国家的价值立场——人民至上，有效地回应了人民群众的心理和价值诉求，对于当时的舆情走向和人民群众的心理纾解发挥了重要作用。

这篇现象级文章的成功，说明在数字时代做好新闻评论，应当在公众关切的社会问题和现象中及时主动发声，真实客观地介入和监督，理性引导分析，激浊扬清，荡涤积弊，去伪存真，凝聚社会共识。做好以上这些工作，既是数字时代主流媒体的社会责任和核心影响力，也是公众的期待所在。

（三）科学引领：以平等对话寻求公众认同

“明者因时而变，知者随事而制”。面对全新的媒介环境，以及信息传播“过载”、观点竞争“白热化”的现实境况，主流媒体应当顺应媒介融合潮流，把握互联网传播规律，准确识变、科学应变、主动求变，因势而谋、应势而动、顺势而为，深刻认识传播日益分众化、对象化的发展趋势，以更加包容的心态、更加平等的姿态、更加理性的方式，传播党和国家的政策主张，反映人民群众的诉求，呵护社会公共价值。

事实上，在今天的媒介环境下，平等理性对话是寻求公众认同的重要乃至根本方式。平等、理性的对话，当然意味着主流媒体要根据数字时代新闻评论话语特征的变化，在保持新闻评论专业性的基础上，有效提高语言的“柔性”，用更加通俗化、幽默化、形象化的方式，以及亲切、平和、幽默、诙谐的语言展开评论创作，用人民群众喜闻乐见的方式推动人民群众自觉主动阅读评论。平等、理性的对话，也意味着要顺应新兴的传播规律、传播形态，在评论创作中重视对社交平台、短视频平台等新媒介的把握。不过，更重要的是，真正的用户思维和受众意识，是公众意识和人民思维，要站在人民立场思考问题，从人民的价值和利益诉求出发展开创作。只有这样，才能在真正意义上赢得公众的广泛认同，才能事半功倍，使党和国家的政策主张转化为人民群众的自觉行动，使维护社会有序运行的正确价值主张和公序良俗充分发挥作用。

第二节　技术篇

研究综述

李尽沙[①]

数字技术迅猛发展，推动社会生产力不断进步。近年来，随着人工智能技术不断发展成熟，原本高深的科技名词走进了人们的日常生活，带来了社会生活各个领域的巨大变化。在媒体领域，人工智能技术的广泛应用影响了生产者、传播者、消费者等各类参与主体，覆盖了所有相关的文化领域，为媒体融合发展带来了广泛而深远的改变。

面对全新的机遇与挑战，深入了解新技术手段的底层逻辑与演进规律、积极思考新技术手段的应用方式与影响维度，成为进一步推动媒体融合发展、开创新时代宣传思想文化工作新局面的关键所在。

一、数字技术应用新逻辑

底层技术逻辑是当前传媒数智化发展的根本依托。传统意义上，通信行业以十年为一代，但5G已经不足以概括当前生成式人工智能的迅猛态势。国际通信标准化组织3GPP（第三代合作伙伴计划，3rd Generation Partnership Project）第46次项目合作组（PCG）会议提出，5G时代已经进入5G-A（5G-Advanced）

① 李尽沙，中国传媒大学电视学院讲师，师资博士后。

时代（或称5.5G时代），这是对当前生成式人工智能技术迅速推动5G向6G演进的精准概括，也是当前社会的基本技术逻辑。随着网络性能的极大提升、传输速率和延迟的优化，以及更强的地理定位能力，数字生产力被进一步释放，引领信息、内容、传播与网络的全面融合。了解人工智能的关键技术与应用场景，能够有效推动传媒行业的发展。

（一）五项关键技术

总体来看，人工智能在内容生产规模化中主要包括五方面技术原理：一是自然语言处理技术，训练语言模型获取语义理解与生成能力，随着样本数据量和参数级别的扩大，能够为专业领域提供更好的生成效果；二是语音识别技术，将语音信号转化为文本信息，语音识别系统由语音分析、声学模型、语言模型、解码器等技术模块共同组成；三是语音合成技术，将文本转换为语音信号，与语音识别技术的工作流程互补；四是计算机视觉技术，利用深度学习模型实现对图像内容的分析与转换，提取图像包含的数据信息，甚至修复补全视觉信息；五是多模态融合技术，通过不同模态之间的关联，实现多模态的理解和生成，打通融媒体生产流程，协助完成媒体内容创作。这些技术的综合运用，为实际应用奠定基础，助力传媒产业的创新发展。

（二）六类应用场景

在五项关键技术的推进下，“5G-A”进一步将5G的三大应用场景延伸到六个主要应用场景：第一，沉浸实时，虚拟世界无限接近现实世界，数字世界深度融入真实世界，甚至可能在便捷程度上超越真实世界；第二，智能上行，满足以大规模视频应用为代表的“广域大上行”业务场景需求，向着随时随地生成内容的高阶生产能力发展；第三，工业互联，满足工业互联的关键技术需求，促进实现一张网络多种能力，推动我国工业制造向工业“智造”发展；第四，通感一体，通过无线传感器和物联网技术，实现对于物体的实时感知和数据采集，不仅能够进行网络传输和数据采集，还能够智能化地感知人与物、物与物，构建新的“人—机”传播关系；第五，千亿物联，承载更大量级的物联网设备，实现多种类物联网设备实时传输海量数据和高效协同工作，并催生出全新的信息传播与个性推送方式；第六，天地一体，通过建立具备最广泛移动连接、最丰富业务应用场景以及最高性价比的网络，保证设备间协同工作和应急响应，激发出新的传播需求和新的媒体形态。

总体来看，5G的出现不同于以往作为产业事件的升级换代，而是带来了全媒体传播体系的全面构建和社会的数智化演进。5G–A驱动传播与社会的深度融合，助力社会各行各业传播成为常态，共同构建数字社会的全媒体生态。智能媒体的发展进步，也会对网络通信的各个层级、各类终端进行智能化重构，数字技术与融合传播将打造一个虚实相融、实时交互、万物互联、空天地一体的数实融合新世界。

二、内容产业生态新变化

由于人工智能技术的广泛应用，社会文化生活产生了诸多变化，传媒业从内容生产到分发消费等各个环节也面临着新机遇与新问题。把握产业生态乃至社会生态的变化方向，理解新技术背景下，人、媒介与生活的辩证关系，对于传媒业的未来发展至关重要。

（一）推动媒体内容生产变革

生成式人工智能技术最直观的作用，就在于改变了媒体内容生产的基本方式。从目前的实践探索来看，生成式人工智能技术仍然存在一定的不足，但充分结合其信息整合优势与媒体人的自身优势，已经带来了全新的机遇。首先，人机协同的新闻报道正在发挥日渐重要的作用，借助生成式人工智能技术提供的信息整合与创意素材方面的支持，媒体人能够将主要精力专注于现场报道、深度分析与评论等原创性工作。其次，知识产品生产迎来迅速发展，尽管生成式人工智能技术能否生成知识存在较大争议，但是在推动知识产品的生产、推动知识的传播与满足人类需求方面，已经表现出独有的优势。最后，新闻资讯的按需生产得以快速升级，在原本个性化内容分发的基础上，生成式人工智能技术能够进一步实现内容生产个性化、定制化，在降低成本的同时提高效率，逐渐取代传统的内容生产方式。

（二）推动全民参与内容生态

生成式人工智能技术推动了全民参与内容生态变革。智能技术的广泛应用为每个个体都提供了丰富自我表达、促进社会互动、改善日常生活的便捷工具，提高了人们的虚构能力与创作热情，带来了内容生态的繁荣。但与此同时，技术的双刃剑属性也越发凸显。随着虚假新闻和虚构性视觉内容的大量出现，事实与虚构、真相与幻象交融的数字空间被逐渐建立，不仅给新闻的真实性带来干扰，也影响人们对于真实环境的感知，媒体和其他专业内容生产者也面临着挑战。面对技术发展带来的复杂问题，只有加强技术研发、提升全民的媒介素养，才能使得全民参与的新模式更好地发挥正面作用。

（三）推动内容分发与消费变革

生成式人工智能技术，促成个体需求驱动的跨平台智能化分发模式逐渐建立。ChatGPT通过跨平台的信息整合与对话方式，提供更个性化和精准的内容分发，更符合用户需求，能够拓展内容接收终端、促进人机互动与协同，真正建构内容消费新的“个人门户”。但个性化分发消费的不断发展，也可能导致人们沉迷于机器互动、减少人际互动和公共交流，个人门户中所蕴含的更多个人信息，也面临着不当应用的更大风险。面对可能发生的消费变革，如何防止人对机器的过度依赖和机器对人的深层控制，已经成为值得思考的问题。

（四）推动传媒业权力格局再变化

伴随着传统生产消费环节的巨大变化，生成式人工智能技术进一步改变了传媒业的权力格局。一方面，传统媒体的影响力受到挑战，内容生产模式的变化挑战了信息源的独立性和内容质量，媒体的角色和价值也随之受到挑战；另一方面，智能平台可能成为网络新的权力中心，智能技术对于用户的吸引力逐渐增加，现有平台面临用户分流和影响力分化，智能平台的话语权日渐突出，对于人们的认知与行为的影响也日益深刻。面对这种变化，媒体需要理解智能分发渠道的内在逻辑，使内容进入相关应用的语料库，提高被机器采用、传播的效果，从而适应新的趋势，媒体治理也要关注如何对于智能平台进行有效治理。

总体来看，生成式人工智能技术已经深刻改变了传媒产业的各个环节。媒体与媒体人在新的时代，需要准确把握智能技术的优势与短板，需要在人文的坐标上寻找自己的价值，找准发展定位，助力智能时代的传媒业高质量发展。

三、传媒领域商业新应用

技术的演进与传媒业态的发展变化，带来了多领域商业生态的新应用。从技术的角度来看，从最初的基础语言模型，到当前生成式人工智能的多模态通用化发展阶段，大语言模型作为生成式人工智能技术中最前沿的形态，有力推动了文化传媒领域的各类商业形态的创新发展。

（一）新闻生产领域

生成式人工智能最直观的应用就体现在新闻生产领域，多模态大模型与新闻生产多环节结合，被广泛应用于新闻文本、图片和视频内容的生成。利用大语言模型提高内容创作效率、生成个性化内容已经成为国内外媒体机构的共同选择。除了新闻报道现场的人机协同外，编辑等相关工作都在新技术的助力下实现智能化、半自动化，提高新闻内容生产的效率与创造性。此外，借助于新技术，新闻生产的跨媒介生产能力得到显著提升，文本能够高效地转化为音频、视频等普通用户最乐于接受的媒介形态，新闻生产的视频形态得到快速丰富发展。

（二）艺术创意领域

生成式人工智能在创意领域也呈现出丰富的应用，在文学创作、美术音乐创作、动画游戏设计等领域都展现出强大的潜力。在文学创作领域，大语言模型借助强大的总结分析与推理能力，通过分析受众偏好和文本内容，帮助作家激发创作灵感、完成新故事。在美术音乐创作领域，使用算法基于大型数据集进行训练，模仿著名艺术家的风格或探索新艺术风格的新作品层出不穷，借助新技术进行新探索的先锋艺术家不断涌现。在动画游戏领域，通过介入从前期策划到后期制作宣发的全流程，形成文娱产品运营新模式，降低了动漫的制作门槛和难度。通过自然语言描述直接创建3D模型和动画短片的技术应用，极大地提高了艺术创作的速度，有望带来数字内容生产与交互新范式的发展。

（三）广告营销领域

生成式人工智能为广告营销领域带来了全新变化。以SaaS（软件即服务）模式为营销活动提供内容生成能力，辅助生成创意推广文案、图像和视频，广泛应用于营销领域咨询客服、广告投放等业务。文案写作方面，商业文案写作，特别是适合搜索引擎的推广文案成为大模型应用的着力点。图像创作方面，大模型围绕特定广告主题绘制的图像，已经完全达到商用水准。视频制作方面，大模型自动生成广告视频脚本，甚至具备生成视频的能力，已经得到各企业营销部门的广泛关注……这些应用都显著降低了企业进行营销推广的创意门槛与运营成本，极大提升了企业投放多样化广告的生产效率。

大模型技术作为人工智能技术新阶段的革命性突破，为文化传媒领域的商业发展营造了更大的创新空间，也加速了产业竞争的升级。随着多模态融通、专用领域预训练、安全AI建设与伦理规范等方向的发展，大模型将进一步推动内容领域商业生态的重构。

四、媒体规模化生产新经验

人工智能技术的发展与应用，带来了传统媒体规模化生产的新经验。媒体规模化生产是指通过高效流程和资源配置，提升内容产量并扩大受众覆盖面的生产方式。如今，传统媒体通过对生产工具与系统的智能化赋能，深度挖掘传统媒体的过往优质内容资源，为传统媒体的内容结构调整提供支持，满足多端发布甚至个性化推送的大规模需求。

以5G为信息基底的多元数字技术综合应用，推动着全媒体传播体系的全面发展。中央、省级、市级和县级等不同层级的媒体机构在人工智能技术的应用策略方面也各有侧重，涌现出值得参考的案例和经验。

（一）中央媒体：引领创新

在中央媒体中，人民日报AI编辑部在视频生产、图文内容生产等方面取得显著成效。新华社以人机协作为主要模式，对新闻生产进行全环节、全流程的再造，与顶尖互联网公司合作，软硬件发展并重。中央广播电视总台以视频内容为核心，打通全链条智能视频生产体系，并将智能化理念落地于“央视频”等新媒体平台。中央媒体依托“5G+”构筑媒体融合技术基底，不断优化信息采编播全流程，以引领姿态，强化智能技术应用的总体格局与布局。

（二）省级媒体：积极创新

在省级媒体中，四川日报报业集团自主研发智能化生产系统，实现了分层次的内容处理和原创新闻内容的规模化生产，调整优化了组织流程和考核机制，重视原创研发与技术创新。澎湃新闻通过大量探索，使用多种AI工具和技术手段，赋予融媒体项目更为沉浸式、智能化的体验。省级媒体积极统筹省内资源，努力打造定位明确的智能化新闻生产体系，在引领区域影响力的基础上，积极辐射全国，保持着高度的市场竞争意识和能力。

（三）市级、县级媒体：高效务实

在市级、县级媒体中，绍兴传媒集团灵活整合市场资源，通过原创研发与第三方合作并重的方式，注重促进绍兴市的社会服务与政民互动，完善“新闻+政务服务商务”的地方运营模式。长兴传媒集团积极思考将新兴技术为己所用，不仅维系了技术吸纳能力，也注重人才队伍、管理制度、经营模式的调整，在内容建设、组织改革、运营转型等方面进行创新。市级、县级媒体对于人工智能技术的应用，主要强调与当地发展需求的深度对接，积极实现与政府部门的信息对接，为民众提供更加个性化、实用性强的新闻服务，更加精准的信息传递，以及更加贴近生活的资讯和服务。

总体来看，人工智能与媒体生产场景深度结合下的智能媒体技术，已广泛作用于新闻媒体的规模化内容生产，这不仅推进了媒体生产流程的变革，也带来了媒体表达形式的创新。人工智能技术赋能生产流程的逻辑变迁，同时体现在人工智能技术赋能生产流程和智能生产系统重塑各级传播业态上。随着技术进步和应用场景拓展，构建以大数据和人工智能为核心的生态体系，提升媒体与人工智能结合的成熟度，将引领新闻媒体走向真正的智媒时代。

2.1　生成式人工智能技术驱动的传媒业再变革

彭　兰[1]

摘要：ChatGPT等生成式人工智能技术将在传媒行业得到不断应用，并驱动传媒业的再次变革。从媒体内容生产角度看，生成式人工智能将带来人机协同新闻报道的常态化，知识产品的丰富，以及定制化新闻资讯生产的可能。这一技术也会带来全民参与的智能化内容生产，这些内容会构建出事实与虚构、真相与幻象进一步交融的数字空间，大众利用人工智能技术进行的创作也会丰富与发展艺术内容生态。从内容分发与消费的角度看，个体需求驱动的跨平台智能分发模式会逐步兴起，用户的信息消费也会更加基于机器建构的内容消费“个人门户”。在生成式智能技术影响下，媒体权力被进一步侵蚀，甚至其作为独立信息源的角色及价值也会有所淡化。智能平台也会对现有的社交平台、内容平台等形成冲击，并可能进一步演化为新的权力中心。

关键词：ChatGPT；生成式人工智能；AIGC；智能平台；人机协同

2022年底出现的ChatGPT应用，使AIGC（人工智能生成内容）和生成式人工智能技术受到业内外的共同关注。ChatGPT的出现，不仅发展了智能内容生产的模式，也为内容分发、消费等带来新的可能。更重要的是，它为普通人开辟了智能化内容生产之路，由此也为内容生态带来更多的影响变量。内容市场格局也将在这一技术的推动下出现新的震荡。

① 彭兰，中国人民大学新闻与社会发展研究中心研究员，中国人民大学新闻学院教授，博士研究生导师，研究方向为新媒体传播、智能传播。

一、生成式人工智能驱动的媒体内容生产变革

机器进行新闻报道的实践在媒体行业早已开始，但并未完全普及。当前，ChatGPT展现出来的强大能力，再次激发了人们的猜想与担忧：机器生产新闻是否会成为常态？媒体人是否会被人工智能全面替代？

如果我们深入理解ChatGPT等技术生产内容的原理，我们能得出这样的判断：ChatGPT有它的强项与弱项，媒体人最需要思考的不是自己是否会被它替代，而是如何保持与发挥人自身的优势，以及如何利用技术的优势，来提升媒体的生产力与竞争力。

可以预见的是，在以下几方面，ChatGPT会给媒体带来新的机会。

（一）人机协同的新闻报道

从创作的角度来看，ChatGPT等工具自动生成符合新闻写作要求的稿件是没有障碍的。但是，ChatGPT运用的是现有的语料库的素材，其创作是对语料库中的信息与语言的再组织过程。然而很多新闻事件是正在发生的，如果它们的一些基本信息（包括5W[①]）还来不及进入语料库，ChatGPT就只能在已有语料基础上东拼西凑，形成表面像模像样但实质上胡说八道的文章。因此，在实时的事件性新闻写作方面，利用ChatGPT等生成式人工智能进行全自动的内容生产，存在很多应用风险。

可以预期，未来ChatGPT等工具在实时信息的收集、学习与整合方面的能力会进一步提高，但其工作原理使它在信息真实性、准确性方面难以保证，即使能实时生成新闻报道，也无法保证质量。这类智能工具在新闻写作中更多是完成基础性工作，在它的基础上进行人工判断、核查与完善，或者通过智能工具进行核实，仍是必要的环节。

当然，记者也可以为生成式智能创作工具提供新闻报道的关键信息，指定相应写作风格与模板，让机器在人的引导下生成新闻，这是另一种人机协同的

① 新闻五要素即新闻的5W，指一则新闻报道必须具备的五个基本因素，分别为何时（when）、何地（where）、何事（what）、何因（why）、何人（who）。这是新闻中不可缺少的五个方面，是对新闻报道的基本要求。

新闻生产。在一些程式化的新闻报道中，这样的方式可以提高生产效率。

但生动、准确报道新闻现场是ChatGPT等生成式人工智能始终难以企及的。智能机器只能针对可以数据化的对象进行处理，而那些无法被数据化的鲜活的现场与人，仍需要记者去采访和呈现。即使目前的ChatGPT可以生成一些“现场描写”，但那都是基于以往的相关语料形成的套话，并非对真实现场的反映，失实的描写难以避免，也很难形成个性化风格。

我们也看到，一些记者的新闻报道也充斥着类似的套话，即使他们去了新闻现场，也没有作出生动的报道。如果人们在机器时代维持现状，也难免会失去自身的价值。ChatGPT带来的挑战，会迫使媒体人有更多的求变意识。

在新闻生产中，生成式人工智能的主要优势在于信息整合与加工方面，它们可以对海量信息源进行搜索、学习，包括不同语种的信息，在此基础上形成逻辑化的、条分缕析的内容。而信息的结构化、逻辑化整合正是当下媒体面临的一个难点。

今天的移动化、社交化的传播渠道，都容易使信息传播呈现碎片化的特点。即使在专门承载新闻资讯的客户端，因其界面的特点，信息之间的关联、整合也被削弱，曾经在门户网站盛行的、作为新闻整合重要方式的新闻专题，在客户端里被弱化了。有限的一些专题也只是将相关信息罗列在一起，缺少逻辑化的组织。之所以出现这种问题，是因为专题制作的回报与投入往往不成正比，客户端的编辑也没有精心制作专题的动力。一些事件或主题所形成的海量信息，也是难以由人工进行筛选、梳理的。

因此，如何将生成式人工智能技术或其思维引入新闻内容整合领域，是媒体更需要探索的重要方向，一些媒体也正在作出相关尝试。

2023年4月，由百度智能云提供技术支持的“上游新闻AIGC创作中心”上线，其智能技术应用方向包括媒资知识图谱、图文生成视频、事件脉络、跨模态检索、智能审核等。这其中的事件脉络生成，便呈现了结构化整合的思路。未来，信息整合不只是时间维度的，还会包括空间维度、关系维度等多个方面，媒体在这方面的探索也会不断深入。

同样，即使ChatGPT技术可以进行有效的信息整合，很多时候它也不能独立完成任务，媒体人需要向它提出要求，如针对什么话题进行信息整合，整合的基本逻辑是什么，内容篇幅要求等。人对机器的训练、调教，也会不断提高它们在信息整合方面的能力。

当智能技术使高质量的信息整合越来越常态化，那些靠信息的搬运和简单整合生存的媒体或自媒体的存在价值就会受到很大挑战。

在媒体的内容生产中，ChatGPT等技术应用的潜力是，为媒体人的创意工作提供基础素材的支持。

报道选题的确立与深化，报道思路与方向的开拓，需要基于对前期、背景或比较性信息的了解，当完全靠人力梳理前期信息存在困难的时候，ChatGPT等技术会成为媒体人的好帮手。在媒体人进行新闻事件或主题的深度分析、评论时，也可以依据或参照ChatGPT提供的基础材料。当然，在这个过程中，人仍然是主导者。

可以预见的是，除了ChatGPT，必然还会有新的智能应用模式出现。但不论是哪种类型的智能技术，其核心的应用机制是人机协同，目标是利用智能技术将媒体人从烦琐的、机械的搜集整理工作中解放出来，使他们将主要精力放在现场报道、深度分析与评论等方面。

（二）知识产品生产

生成式人工智能技术的应用可以推动新的信息产品开发，如信息推理、数据整编、报告撰写、知识库构建等。①人们也期待，一些信息产品可以深化为知识产品。

当然，人工智能能否生成知识，研究者也存在一些争议，这源于人们对于知识的理解与界定不尽相同。在不同界定之下，人们得出的结论自然会出现分歧。

哲学家波兰尼认为，人类的知识有两种：通常被描述为知识的，即以书面文字、图表和数学公式加以表述的知识，是明确知识；而未被表述的知识，像我们在做某事的行动中所拥有的知识，是默会知识。②显然，包括ChatGPT在内

① 陆伟，刘家伟，马永强等.ChatGPT为代表的大模型对信息资源管理的影响[J].图书情报知识，2023，40（02）：6-9，70.

② 郁振华.波兰尼的默会认识论[J].自然辩证法研究，2001（08）：5-10.

的生成式人工智能技术目前无法拥有默会知识，但它们可以进行一定的明确知识的生产，并且在某些方面具有优势，这一点得到很多研究者的认同。

人类的知识生产通常也包括两类：一是从无到有的创新性知识生产，二是对现有信息或知识的梳理提炼。目前的ChatGPT完成的显然是后者。而且因为它可以高效处理海量的信息，所以在这方面拥有一定优势。但智能技术未来能否完成创新性的知识生产，我们还需要继续观察。

文化研究学者哈特利将互联网称为一种“或然率资料库”。相对于以博物馆为代表的永恒不变的“本质性资料库”，“或然率资料库”是经常变化的，而且每一次交互都会带来不一样的结果。有学者进一步指出，在“本质性资料库”到以互联网为代表的“或然率资料库”的历史演进中，ChatGPT正成为最新一环。①这种或然率资料库使每一个使用知识的人也成为知识的贡献者，但这也意味着基于或然率资料库的知识的准确性、权威性难以得到保障。

在某些类型的知识生产方面，生成式智能技术有一定优势，但它们并不能解决一切知识的生产问题，通过这些技术获得的知识，与人们通过自身探索学习的知识，其效应也不尽相同。

有研究者指出，由于AIGC和其底层技术的大语言模型都并不具有真正的思考和理解的能力，它只能通过深度学习的思维链条和语言概率逻辑实现文本生成。这和人类认识所希望达到的“认识自己”和“理解世界”的目的相去甚远。②当然，机器本身并不需要达到认识自己与理解世界的目标，但依赖机器的人可能因此而被机器误导。

由于机器的加入，人们在获取知识时更容易走捷径，而放弃走弯路，即直接获得答案，而忽略过程。但在知识学习中，走弯路是必要的。在人的自主知识学习中，往往需要理解知识的背景，寻找知识碎片之间的关联，辨析知识碎片的价值，梳理、拼贴纷繁的知识图谱，在获得知识的过程中提高认知能力。缺少这个过程，纯粹以填食的方式获得快餐式的知识，即使产生了知识“增肥”

① 周葆华.或然率资料库：作为知识新媒介的生成智能ChatGPT[J].现代出版，2023（02）：21-32.

② 吴静.从斜目而视到斯芬克斯之口——对生成式人工智能与认知中心化的反思[J].苏州大学学报（哲学社会科学版），2023（03）：21-29.

的效果，也只是“虚胖”。

通过生成式智能工具获得知识，会导致知识获取的同质化，“在这种套路的模仿与强化中，人们拥有统一的认知结构与知识网络，学习者极可能成为均等化、标准化的人，其鲜活的精神与语言被通用大模型高效而规整化的表达所磨灭。”①

机器生成知识的可信度问题会一直困扰人们。虽然未来的技术会使机器“一本正经胡说八道”的内容减少，但是机器的知识产出始终存在不确定性。

尽管生成式人工智能等技术生产的知识会有各种局限，但在知识产品生产方面它又具有一定优势。

我们需要意识到，知识产品不等于知识，它是帮助人们获得知识的手段，也可以说是知识传播与消费的方式。人们需要知识产品，也不仅是为了学习知识、提升认知能力，还基于其他各种需求。有的是为了提高工作效率，有的是为了跟上时代潮流，有些是为更好的人设，有些只是为了消遣。不同的需求对应着不同类型的产品。即使人工智能技术在未来也无法完成知识的创新性生产，但在传播知识方面，在以知识来满足人们的多方位需求方面，它的潜力是值得期待的。

媒体也需要针对市场需求，发挥自己在信息资源方面的优势，利用人工智能技术将其转化为特定的知识产品。

（三）新闻资讯的按需生产

ChatGPT等应用可能带来“按需式”“点播式”“定制化”的内容生产。虽然今天的内容分发已经实现个性化，但这仍然是在已有的内容中挑选适合不同用户的内容进行推荐。如果人们需要的某些内容没有被生产出来，需求就无法得到满足。而ChatGPT等应用可以根据用户需求进行内容生产，完全由用户的个性化需求所驱动。

20世纪90年代，出版界开始探讨“按需出版”的可能。在理论上，这是完全可以做到的，但成本等因素限制了这一理念的推进，实践中有限的按需出版也主要体现为按需印刷。今天，当人工智能和相关技术极大地降低了某些内容

① 高奇琦，严文锋.知识革命还是教育异化？ChatGPT与教育的未来[J].新疆师范大学学报（哲学社会科学版），2023（05）：102-112+2.

生产的成本时，按需生产的可行性变得更高，在以信息整合、信息挖掘为主的内容生产领域，尤其如此。

这样的按需生产，使尼葛洛庞帝在《数字化生存》一书中提出的“我的日报”（The Daily Me）离我们越来越近。“未来的界面代理人可以阅读地球上每一种报纸、每一家通讯社的消息，掌握所有广播电视的内容，然后把资料组合成个人化的摘要。这种报纸每天只制作一个独一无二的版本。”①“这份报纸将综合了要闻和一些‘不那么重要’的消息，这些消息可能和你认识的人或你明天要见的人有关，或是关于你即将要去和刚刚离开的地方，也可能报道你熟悉的公司。”② ChatGPT等智能技术扮演的正是“界面代理人”的角色，它们根据人们的日常生活需求与生活习性，进行内容的个性化、定制化生产。而人们也可以不断对这个代理人提出自己的要求，不断提高定制内容生产的精细程度。

但按需生产如果真正发展起来，可能出现人们对公共性内容的需求进一步减少，公共性内容难以触达更广的用户等问题，这些问题会对媒体这类公共内容生产者带来更大的挑战。

二、全民参与的智能化生产对内容生态的影响

生成式人工智能技术应用，不仅会推动媒体内部的变革，也会逐渐走进大众的世界。未来，智能化内容生产也许会演变成全民行为。

无论普通用户参与的智能化内容生产会带来什么结果，他们的参与是智能时代传媒业的一个基本特征，就像社交平台时代一样。来自用户的力量，会使内容生态和由内容构建的数字化生存空间发生持续、深层的变化。

（一）事实与虚构、真相与幻象交融的数字空间

一旦类似ChatGPT的智能技术得以普及，一些“自媒体”账号必然会利用来其生产新闻内容，以减少人力成本，提高内容生产的效率，增加内容的丰富度，这将是不可避免的趋势。虽然专业媒体对ChatGPT等生成式人工智能技术用于新闻生产会采取谨慎的态度，即使利用技术，也会设置人工核查、修改环

---

① [美]尼葛洛庞帝. 数字化生存[M]. 胡泳，范海燕，译. 海口：海南出版社，1997：181.

② [美]尼葛洛庞帝. 数字化生存[M]. 胡泳，范海燕，译. 海口：海南出版社，1997：182.

节；但“自媒体”账号利用这些技术时，未必会有专业的态度，甚至一些不良的“自媒体”账号在某些时候会有意利用机器批量生产假新闻。

普通用户虽然未必都会有意利用ChatGPT来制造假新闻，但他们可能会在无意中传播机器生产的虚假信息；或者他们虽然不直接参与新闻的生产或传播，但他们有意或无意提供的各种素材“污染”了语料库，也会导致机器生产的新闻出现偏差。

即使管理者在政策上作出相应限制，也不可能完全制止智能技术带来的虚假新闻的问题。

普通人利用生成式人工智能技术进行的日常表达，还会带来数量空前的虚构型视觉内容，虽然这些内容并不会全部进入新闻领域，但也会使内容生态变得异常复杂。

智能手机的普及，大大提升了普通人对图片、视频的生产能力，也带来了数字空间中视觉内容的极大繁荣。但这些图片、视频都反映的是现实世界，即使少数图片或视频会被加工，也是基于现实世界的蓝本。

但生成式人工智能技术提高了人们的虚构能力。以往的虚构大多是基于文字来完成的，在视觉效果方面，虽然PS等技术能进行一定的虚构，但仍要以现实的图片或影像为基础，影视作品的虚构也是以真实的影像为基础进行的情节虚构，而非视觉虚构。而Midjourney等生成式人工智能工具使视觉化虚构可以完全脱离现实素材，视觉效果又可以做到以假乱真。

虚构化的视觉效果，往往可以进行各种元素的自由拼贴：人物、景观、场景以及时空，今天我们看到的由Midjourney等工具创作的“特朗普被抓捕”“特朗普在中国”“马斯克在苏联”“中国历朝士兵的自拍照”等，只是这种拼贴的开始。

这些虚拟影像，不只会对新闻的真实性带来干扰，也会影响人们对生存环境的感知。AIGC营造的虚实难辨的视觉空间，既有超现实的成分，即通过建立在对现实形象的拼贴基础上形成的整体意象，传递出梦幻的超现实色彩①；也有

① 郑钰.“拼贴”的感觉与感觉的“拼贴”——达利绘画艺术中的现实与超现实主义[J].理论界，2011（04）：149-151.

超级现实的一面，即艺术与生活的距离消失，生活成为艺术、成为没有“舞台”的表演，或者没有“边框”的画作，无法区分真假。[①]在这样的环境中，人们对世界与自我的认知也会越来越混沌，甚至会面临更多的生存困惑。

虽然提高人们在智能时代的媒介素养是应对这种复杂局面的手段之一，但技术的不断成熟会使通过人力辨识虚假性的内容变得越来越困难，如何在技术上对智能生成的内容进行真实或虚构的标记，或者通过技术进行自动鉴别，将是人工智能生成内容应用中的一个重要课题。

（二）平民化艺术创作丰富的内容生态

传媒业的内容生产不只涉及新闻资讯，还会影响艺术作品。生成式人工智能技术也会在一定程度上促进用户的艺术性内容生产，如诗歌、小说、绘画、电影等。以往这些“高处不胜寒”的艺术领地，会有越来越多的大众进入。

在艺术领域，人工智能创作的作品能否称为艺术品一直存在争议。

很多研究者从原创性与突破性角度来衡量人与机器创作作品的差异。有人认为，人工智能所谓的艺术评价标准还是来自之前的艺术风格，并没有能力根据艺术整体的发展规律去突破标准、重新调整标准，而这种主动性却是艺术家所追求的。人工智能至少在目前是不可能从经验上升到整体的艺术思维和意识的。[②]艺术创作中的深度学习算法，本质上是经验回溯式的，既没有脱离既有经验的取向，也没有脱离既有经验的可能。而艺术家会在借鉴之外最终谋求对经验的否定和差异化。[③]

但是，机器创作一定没有创造性吗？人工智能哲学家博登（M. Boden）认为，创造性是可以被界定和形式化的，可以用算法来表示创造性。她将创造性分为“非可能性（Improbabilist）”的创造性与“非现实性（Impossibilist）”的创造性，前者是各种观念的重新组合，后者则是创造出之前未曾出现过的新观

---

① 王晓升.现代性、现代主义和后现代主义——概念的梳理[J].华中科技大学学报（社会科学版），2017（05）：1-8.

② 陶锋.人工智能视觉艺术研究[J].文艺争鸣，2019（07）：73-81.

③ 李丰.人工智能与艺术创作——人工智能能够取代艺术家吗?[J].现代哲学，2018（06）：95-100.

念。[①]机器至少可以进行观念的新组合，在艺术创作方面，观念的新组合，也会带来一些超出人类套路的新创意。因此，有学者乐观地期待，人类将能以ChatGPT训练伙伴和合作伙伴，不断掀起基于和超越“人工智能生产内容”的新的“浪漫主义运动”，最终变得越来越具有创造性。[②]至于人工智能在艺术创作中能否创造新的观念，还需要时间来回答。

不管怎样，现有的研究者多认为，至少在目前，人工智能创作的作品与人创作的作品仍有着本质区别，不能替代人的创作，但这些争论主要是在艺术家的层面，或者专业领域。而在普通人的领域，当艺术创作引入日常生活后，艺术创作的原创性、突破性未必那么重要。大众更关注的是，如何利用艺术创作这一新的手段，来提高日常生活的质量，丰富自我表达并与社会互动。这些自我表达必然会进入公共空间，带来内容生态的繁荣，也会使某些艺术形式呈现新的文化特点，正如用户参与的网络文学创作在一定程度上丰富了文学的样态，又如用户主导的短视频创作，极大地改变了影像世界的面貌，也改变了视频文化。这样的新文化也会反过来对媒体和其他专业内容生产者产生一定的冲击。

三、生成式人工智能技术改变的内容分发与消费

今天，在新媒体平台中，内容的分发主要有社交分发和智能分发两种重要模式，其中智能分发的基本方式是算法分发。但ChatGPT的出现，为分发模式的改变带来契机，分发模式的改变也意味着用户的内容消费模式发生相应变革。

（一）个体需求驱动的跨平台智能化分发模式

以往平台的算法都是解决本平台的内容分发问题，而ChatGPT则是应用各种不同平台、不同来源的信息与语料，因此，也可以看作一种跨平台的分发。

搜索引擎也是一种跨平台分发工具，也是由用户的需求驱动的内容再分发。一个网站的内容能在搜索结果中出现，且获得靠前的排名，内容的再分发效果就会更好。搜索引擎只是针对用户的问题提供一些信息索引，即相关的信息链

① 转引自：陶锋.人工智能视觉艺术研究[J].文艺争鸣，2019（07）：73-81.

② 邓建国.概率与反馈：ChatGPT的智能原理与人机内容共创[J].南京社会科学，2023（03）：86-94，142.

接，不负责对信息进行整合。ChatGPT在搜索引擎的基础上往前推进了一步，它的分发过程集信息搜索与信息筛选、整合加工于一体，很多情况下，可以更好地满足用户的需求。而与搜索引擎一样，它也是由个体的个性化需求驱动的。

面对ChatGPT的挑战，谷歌、微软必应也都作出回应，它们也将GPT技术融入搜索引擎之中。在新必应里，除了针对用户的问题作出信息综合外，还提供作为答案生成依据的相关信息的链接，有助于用户对信息整合的准确性、权威性作出判断。

ChatGPT带来的另一个变化，是采用人性化的对话方式提供答案，这不仅给用户带来更好的体验，也使人在信息获取过程中有了更强的参与感。用户提出的问题，决定了信息获取的方向，用户也可以对机器的回答进行反驳、质疑，促使机器不断提高回答的准确性，拓展回答内容的广度、深度。这样的对话过程，也是人机互动与协同的过程。

ChatGPT的模式也意味着，智能分发不必都通过集中性的平台，也可能以更个性化的“智能管家”的方式实现。用户可以通过适配的终端或渠道，通过嵌入在各种App里、专属于自己的信息管家获得特定场景下所需要的内容。个性化内容接收的终端也不限于手机，可能向智能家居、智能汽车等空间中的各种智能设备延伸。

（二）机器建构内容消费新“个人门户”的可能

从用户端来看，智能技术也会推动用户的信息消费模式发生变化。

社交媒体的出现，带来了“个人门户”式的信息消费模式，人们以自己的社交平台账号为中心，通过社交网络获取信息。这对传统媒体以及门户网站的点对面传播的“大众门户”模式是一个巨大的冲击。[①]

社交媒体时代的个人门户，是以社交为基础的，人们的关系网络对于内容的生产与消费起着重要的助推作用。没有社交互动，就不能产生内容的生产与流动。因此，人们并不是被封闭在个人中心里，而是由这个中心激发出多样的连接，无论是人与人的，还是人与内容的。

① 彭兰. 从“大众门户”到“个人门户”——网络传播模式的关键变革[J]. 国际新闻界，2012（10）：6-14.

ChatGPT等应用模式，则把这样的个人中心从社交网络中分离出来，也就是将人从其社会关系中抽离出来。机器为个体建构了另一种个人门户。

在以往基于社交平台的个人门户模式中，人们的社交网络决定着他们获取信息的广度与异质性。人们通常倾向在同质化的圈层中进行社交，他们获得的信息也容易受到这些圈层的影响。社交圈层影响人们对信息环境的感知，也影响着人们的意见、态度与行动。

ChatGPT等应用是以广泛的信息源为学习对象的，因此提供的内容会超越人们日常的信息获取渠道，特别是社交渠道。这有助于打破人们现有的社会圈子、社会位置的限制，从而获取信息、知识，也可以降低不同圈层的人获得的信息差。当然，其前提是人们能平等地接触与使用这些智能应用。

相比以往的社交传播网络，基于ChatGPT等技术的个人门户能在更广泛的领域提供信息与知识，即使存在不准确的问题，多数人并不会意识到问题的存在，反而会被其效率征服。人一旦有需求，机器总是有求必应，且能作出即时响应，这也容易给人们带来满足感。

如果这样的个人门户逐步普及，备受人们担心的算法分发强化信息茧房的问题，是会得到解决，还是进一步放大？答案也许并不明确。从理论上看，与人形成紧密互动的智能机器，会越来越了解一个人的习惯、性格，它所提供的信息也可以不断迎合用户的偏好。但究竟是否要向这一方向发展，则取决于开发者与应用者的意愿。像今天的算法分发一样，机器是强化还是破解信息茧房，最终还是取决于人如何利用机器。

从获取信息、知识，以及享受各种服务的角度看，由机器建构的新个人门户里，人们或许并不会感到不便利，不一定会受到信息茧房的困扰，甚至可能获得更高的效率、更好的体验，但信息获取模式改变的深层影响是人们交往模式的改变。如果人们将自己封闭在个人门户里，那就会产生研究者的预言：GPT有可能会改变人类的交往方式，使个体成为信息海洋中的“孤岛”，“孤单—求助GPT—孤单加剧—继续求助GPT”的循环怪圈可能成为人类生活的常态。[①]人

---

① 姜华.从辛弃疾到GPT：人工智能对人类知识生产格局的重塑及其效应[J].南京社会科学，2023（04）：135-145.

们在这样的孤岛中将逐渐失去自己在人际交往中的能力与资源。

当下，人们或许会因为厌倦人与人之间过度连接、过度社交而转向与机器对话，甚至在一段时间内享受这种与机器相处的方式。人与机器的互动，不仅可以获得信息、知识与服务，也可以获得一定的情感支持，且人机交流比人际交流更具可控性，因此在人们眼里也有更好的“性价比”。但人们是否能够完全脱离人与人的互动？人们是沦陷在与机器的交流中而日益远离人际交流，还是在与机器的相处达到某种程度后，重新回归人际交流？这些问题也将是智能时代不可回避的。

如果人们沉迷于与机器互动的个人门户，也就意味着人与人的互动、汇聚日益减少，公共交流也将减少，不同个体、不同群体间的相互认知、理解和支持进一步减弱，公共空间的舆论也不再明朗，而这未必是一件好事。社会风险会通过更个人、更隐秘的方式酝酿，虽然群体行动可能会相对减少，但个体的危险行动一旦爆发，会令人猝不及防。

个人门户也会影响人们的生活的其他方面，在很大程度上左右甚至控制着人们的行为。相比现在各种平台的算法，个人门户掌握的信息可以贯穿人们日常生活的不同层面，对人的个性、行为习惯的了解也更为充分，一旦这些信息被不当应用，风险将大大提升。

当我们预见到智能技术构建的个人门户可能存在风险时，就要未雨绸缪，在技术开发、产品设计上防止人对机器的过度依赖，防止机器对人的交流空间的封闭，更要警惕机器对人的深层控制。

四、生成式人工智能技术推动下传媒业权力格局的再变化

从新媒体的发展历史来看，每一次新技术浪潮带来的内容生产、传播、消费等环节的变化，最终都会引发传媒业的权力流动，导致权力格局的震荡与洗牌，生成式人工智能技术应用也不会是例外。以下两个方面的动向尤为值得我们的关注。

（一）媒体权力被进一步侵蚀

在ChatGPT等技术的内容生产模式下，人们获得的信息往往是进入语料库的多个信息源内容的综合，信息源本身的独立性和内容质量的重要性被淡化。

这种依赖群体而非个体信息源的模式，虽然对用户可能是好事，对媒体的品牌及影响力维护却是一个挑战。

尽管媒体还可以通过自建渠道来进行内容的传播，彰显自身的存在感与价值，但如果用户越来越多地依赖人机互动的“个人门户”获取信息，他们是否还需要通过媒体渠道获得信息？如果需要，媒体渠道应该为他们提供哪些信息？媒体要充分理解这些问题，才能找到智能时代自己的独立渠道的生存之道，但完成这一任务也会困难重重。

媒体也不可避免地要利用ChatGPT等智能分发渠道，这也需要理解这些技术的内在逻辑，努力使自己生产的内容进入相关应用的语料库。像新必应这样的搜索引擎，在给出答案的同时，会给出生成答案依据来源的主要链接，这些链接也有助于凸显其信息源的独立性。对于媒体来说，也要力图通过优化策略让自己的内容进入各种答案并力争成为主要参考资源。这同样需要深入理解相应技术的具体工作原理。

如同现在的网站往往通过SEO（搜索引擎优化）来提高传播覆盖面一样，未来媒体也需要专门研究智能分发渠道的应用策略，提高其内容被机器采用、传播的效果。如果能与智能模型的开发者合作，则可以进一步从源头上影响内容分发的模式，提升自己在模型中的权重。但这些策略也是媒体权力被削弱之后的无奈之举。

每一次新媒体技术的发展，都是对媒体自有传播渠道及其权力的一次侵蚀：门户网站的兴起，对媒体渠道产生了分权；社交平台的发展，动摇了大众传播的基本模式，传统媒体不得不向大型的商业社交平台聚集，自营渠道再次萎缩；移动时代，算法分发主导的内容平台，同样对媒体的新闻客户端产生很大的分流。今天，媒体再次面临来自智能技术的分权威胁，甚至其作为独立的信息源的角色与价值也会被削弱。

虽然新媒体时代用户仍然需要高质量内容，但市场给予媒体这类专业内容生产者的话语权越来越小，其生存越来越难。或许这不仅仅是媒体的困境，也是现代人类所面临困境的一种体现。

（二）智能平台成为新的中心

当人们在网络中的活动越来越多地基于人机互动的个人门户时，集聚足够规模用户的智能平台也将应运而生。

这样的平台可能是像ChatGPT这样的独立平台，也可能是新必应等在搜索引擎基础上发展出来的平台，还有可能像微软Office 365 Copilot一样，嵌入已有的软件系统中。如果这些智能平台足够充分地满足人们的需求，一些用户的活动重心便会向智能平台迁移，现有各类平台的用户就会分流，影响力会被分化。

而如上文分析，内容生产者为了其内容的传播，会努力顺应智能模型的逻辑，让自己的资源向这些平台汇聚。

面对智能平台的冲击，现有的各类平台如何生存？是维持现有的模式，还是向智能平台转化，或是与智能平台合作？不同平台或许会作出不同选择，但无论是哪种方式，市场格局都会发生变化。

用户向智能平台的转移，内容生产者对智能平台的趋附，以及其他平台与智能平台的合作，都意味着“互联网寡头对数据资源的重新分配，进而在市场上重新占据垄断地位”[①]，智能平台成为网络新的权力中心。这样的权力中心对人们的认知与行为的控制，可能比今天的社交平台和内容平台更为深层，权力更大。对这些平台权力的约束，也成为智能社会治理关键。

ChatGPT的兴起，促使人们更多关注智能时代传媒业的走向、媒体人的命运。尽管目前的ChatGPT不能替代媒体人，但技术将如何发展，我们并不能作出明确判断。但可以确定的是，如果媒体与媒体人要保持自身竞争力，就需要在人文的坐标上寻找自己的价值。

智能时代的传媒业与传播，也影响着每一个人，不仅决定着用户获得的信息，也决定着用户的生存。智能时代的传媒业景观，也是由所有人共同创造的，理解未来传媒业的走向，需要进一步理解智能背景下人、媒介、日常生活的关系。

① 陈全真.生成式人工智能与平台权力的再中心化[J].东方法学，2023（03）：61-71.

2.2 大模型的传播内容生产应用报告

燕东祺　林　润　张洪忠[①]

摘要： 基于大模型开发的对话人工智能应用在技术层面上超越了传统的专用人工智能模型，从而引发传播技术的新一轮迭代和传播范式的革新，影响互联网生态并应用于互联网内容生产。本文梳理了AIGC（人工智能生成内容）发展的四个阶段，并从传播内容生产视角进行观察，对大模型在内容生成领域的应用范式进行归纳。首先，AIGC与大模型迭代相交织，并进入多模态通用大模型阶段。其次，在大模型应用于传播内容生成领域方面，多模态大模型与新闻生产多个环节相结合，广泛应用于文学、艺术、动画游戏等创作领域，并在数字营销领域实现更加商业化的落地，营造了更大的创新空间，也加速了产业竞争的升级。最后，探讨大模型的重点发展方向，以及未来大模型驱动的AIGC应用普及所带来的影响。

关键词： 大模型；AIGC；ChatGPT；产业发展；智能传播技术

自2022年11月，OpenAI发布ChatGPT这一依托于大语言模型的新型AI聊天机器人工具以来，大语言模型（本报告后面将大语言模型简称为“大模型”）成为人工智能领域的新亮点。ChatGPT应用于互联网内容生产，给互联网带来变革与机遇。大模型拥有多项超越专用人工智能模型的技术优势。首先，大模型支持开放域的任务处理，即同一个模型能够处理多个领域、多种任务的问题，

① 燕东祺，北京师范大学新闻传播学院博士研究生；林润，北京师范大学新闻传播学院硕士研究生；张洪忠，北京师范大学新闻传播学院教授。

突破了特定任务范围限制。其次，大模型具备多轮回溯能力，即通过“上下文学习”（in-context learning）机制，不断回溯上下文内容，学习并整合用户多轮对话信息，支持“层层递进”的追问式对话[①]。再次，大模型拥有生成创造的潜力，即大模型在达到足够规模后会发生涌现现象，输出不同于训练数据集的结果，进而具备一定的创造能力[②]。以ChatGPT、国内的Chat GLM等对话应用为例，文本内容生成遵循“生成式”模式，以“字词接龙”的形式逐字生成新的文本，而不是在已有文本数据基础上进行拼接或填空。最后，随着多模态识别与转化能力的升级，多模态大模型开始支持跨模态交互，如GPT-4模型能够实现自然语言与图片、视频等多模态信息之间的识别与理解。[③]

大模型已经成为最前沿的AIGC技术，为我们提供创造内容的全新方式。本报告梳理了人工智能生成内容的发展历程，并对大模型在传播内容生产领域的应用范式进行归纳，观察大模型引发的内容生产模式变革。

一、大模型是AIGC发展的第四个阶段

随着ChatGPT的大火，大模型在自然语言处理等多个领域持续凸显其技术优势，也推动更多大模型和类ChatGPT应用的研发。在OpenAI的GPT模型之外，国内外多家科技企业、科研院所竞相投入大模型研发，各类大模型在几个月时间内井喷式涌现，短时间内呈现出激烈的竞争态势。

在基础大模型研发方面，国外有谷歌公司先后推出的“T5”“LaMDA”“PaLM”等通用大模型，DeepMind推出的“Gopher”和“Chinchilla”等，国内有百度推出的“文心一言”、清华大学的GLM-130B等，各家大模型的推出此起彼伏。在垂类应用方面，一批企业机构关注场景应用诉求，锚定垂直领域大模型开发。推动建立起各行业与大模型的触达，推动电影式想象向现实化落地。一批拥有用户数据积累的中小型企业借助通用大模型，在医疗、金融、教育、

① 钱力，刘熠，张智雄等.ChatGPT的技术基础分析[J].数据分析与知识发现，2023，7（03）：6-15.

② 光明网.中科院院士陈润生：大语言模型存在“涌现”和“顿悟”现象[EB/OL].（2023-06-02）[2023-08-10]. https：//tech.gmw.cn/2023-06/02/content_36604772.htm.

③ 澎湃新闻.OpenAI发布多模态大模型GPT-4：直接开放API，ChatGPT升级[EB/OL].（2023-03-15）[2023-08-10]. https：//www.thepaper.cn/newsDetail_forward_22302801.

绘画等行业训练特定应用场景的垂类模型，开发垂类大模型应用。大模型对算力要求较高，成为许多机构研发大模型的门槛。字节跳动等拥有强大算力基础的科技公司，推出大模型训练云平台，为其他机构提供训练大模型的算力支持，在"百模大战"中充当"服务者"角色①。大模型及其应用产品的大量涌现，也推动人机交互进入新阶段，不仅实现人与机器主体之间以自然语言直接交互，也让机器主体能够像真人一样交流、具备"人"的语言交流特性。基于自然语言的对话开始替代图像界面、计算机代码等机器语言，可能成为人机交互的主要形式。

2023年8月，我国11个通过《生成式人工智能服务管理暂行办法》备案的AI大模型产品陆续上线，面向全社会开放。其中，首批名单中的8个AI大模型平台已经率先上线，分别是百度"文心一言"、百川智能、商汤"商SenseChat"、智谱华章"智谱AI大模型"、抖音云雀大模型"豆包"、中国科学院"紫东太初"、上海人工智能实验室"书生大模型"、MiniMax"ABAB大模型"。

从AIGC的发展维度看，大模型处于AIGC的第三个阶段，如图3-7-1所示。第一阶段以"N-gram"为代表的基础语言模型产生阶段。第二阶段是以"深度学习"引入语言模型的出现为代表的增强阶段。第三阶段Transformer架构出现并随之产生了GPT和BERT等大模型，AIGC进入大模型无监督自学习阶段。当前阶段，AIGC进入多模态通用化发展阶段，通过引入跨模态信息的融合和交互，补齐大语言模型的短板，给LLM加上"眼睛"和"耳朵"。

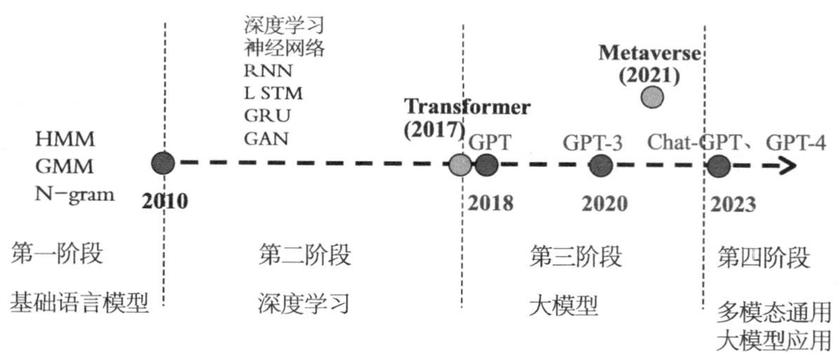

图3-7-1 AIGC发展四阶段

① 张洪忠，任吴炯. 大模型对互联网生态影响及其发展趋势[J].中国网信，2023（06）.

第一阶段（20世纪50年代至21世纪初）：隐马尔可夫模型（HMM）、高斯混合模型（GMM）模型、N-gram语言模型等基础模型出现[①②③]。这些模型基于统计方法，对上下文内的词语序列进行建模，但对长距离依赖关系的捕获能力较弱。这些基本模型在自然语言处理中可用于生成句子，为未来的高级语言模型奠定了基础。

第二阶段（21世纪第二个十年）：深度学习融入生成模型，解决了先前技术的局限性。递归神经网络（RNN）、长短期记忆（LSTM）、门控循环单元（GRU）和生成对抗网络（GAN）等高级模型出现[④⑤⑥⑦⑧]。在自然语言处理方面，生成较长句子的瓶颈得到突破。在计算机视觉领域，可以生成高质量图像。这个阶段发展的技术，为更高级的语言模型铺平了道路，加快了大语言模型的兴起。

第三阶段（2017–2022）：2017年，谷歌公司提出Transformer机器翻译模型，Transformer网络在训练过程中通过多层的自注意力机制和前向神经网络（feed-forward neural network）对序列进行处理，能够更好地捕捉文本中的长程依赖关系和上下文信息。大语言模型（如GPT、BERT、Vision Transformer、Swin

---

① Knill K，Young S. Hidden Markov models in speech and language processing[M]//Corpus-based methods in language and speech processing. Dordrecht：Springer Netherlands，1997：27-68.

② Reynolds D A. Gaussian mixture models[J]. Encyclopedia of biometrics，2009，741：659-663.

③ Bengio Y，Ducharme R，Vincent P. A neural probabilistic language model[J]. Advances in neural information processing systems，2000，13.

④ Mikolov T，Karafiát M，Burget L，et al. Recurrent neural network based language model[C]// Interspeech. 2010，2（3）：1045-1048.

⑤ Graves A，Graves A. Long short-term memory[J]. Supervised sequence labelling with recurrent neural networks，2012：37-45.

⑥ R. Dey and F. M. Salem，“Gate-variants of gated recurrent unit（gru）neural networks”，in 2017 IEEE 60th international. midwest symposium on circuits and systems（MWSCAS），pp. 1597 – 1600，IEEE，2017.

⑦ U.Khandelwal，H. He，P. Qi，and D. Jurafsky，“Sharp nearby，fuzzy far away：How neural language models use context”，2018.

⑧ Goodfellow I，Pouget-Abadie J，Mirza M，et al. Generative adversarial networks[J]. Communications of the ACM，2020，63（11）：139-144.

Transformer）正是在此基础上出现的[①②③④]。Transformer 最初是针对自然语言处理任务的突破，但很快就在计算机视觉领域（computer vision）和其他领域得到了应用。

第四阶段（2022年至今）：这一阶段人工智能从专用人工智能迈向通用人工智能，进入全新的发展阶段。随着海量数据集训练变得可行，更大、能力更强的大模型产生了，并进一步具备多模态能力。2023年3月，OpenAI发布了多模态人工智能大模型GPT-4，能够接收图文结合的输入，并输出文本回复，应用范围进一步拓展。百度的对话式大模型"文心一言"支持从文本生成图像、音频和视频的多模态能力。随着不同领域企业组织入局大模型研发及应用，大模型将在新闻、广告、娱乐等多领域实现应用落地。

综上，AIGC的演变可以被视为从基础语言模型到多模态通用大模型的旅程，大模型不断迭代更新，并在AIGC中变得越来越重要，进一步将AIGC的发展与大语言模型的密切演变交织在一起。

二、大模型在新闻生产领域的应用

在信息生产环节，大语言模型具备采集整合信息生成稿件的能力，并可以用于服务个性化信息需求。早在2018年，美国路透社就启用人工智能工具Lynx Insight挖掘并分析数据，提示可能存在的新闻线索，自动生成短新闻报道（图3-7-2）。在路透社的应用案例中，Lynx Insight在沃尔玛股价下跌10%的情况下提示记者关注这一现象，并给出上一次沃尔玛股票暴跌所关联的信息，分析可能的暴跌原因。这一案例给大模型在新闻编写方面的应用带来启示。目前，多

---

① Ramesh A，Pavlov M，Goh G，et al. Zero-shot text-to-image generation[C]//International Conference on Machine Learning. PMLR，2021：8821-8831.

② Lewis M，Liu Y，Goyal N，et al. Bart：Denoising sequence-to-sequence pre-training for natural language generation，translation，and comprehension[J]. arXiv preprint arXiv：1910.13461，2019.

③ A. Dosovitskiy，L. Beyer，A. Kolesnikov，D. Weissenborn，X. Zhai，T. Unterthiner，M. Dehghani，M. Minderer，G. Heigold，S. Gelly，et al.，"An image is worth 16x16 words：Transformers for image recognition at scale，" arXiv preprint arXiv：2010.11929，2020.

④ Z.Liu，Y. Lin，Y. Cao，H. Hu，Y. Wei，Z. Zhang，S. Lin，and B. Guo，"Swin transformer：Hierarchical vision transformer using shifted windows，" in Proceedings of the IEEE/CVF international conference on computer vision，pp. 10012 – 10022，2021.

模态大模型与新闻生产多环节结合，赋能生成文稿、图片、视频等多种形态的新闻内容。

REUTERS World Business Markets Sustainability Legal Breakingviews Technology Investiga

Asia Pacific

Malaysia's July CPI up 2.2%, misses forecast

By Lynx Insight Service

August 25, 2021 12:04 PM GMT+8 · Updated 2 years ago

Aug25 (Reuters) - Malaysia's consumer prices in Julyrose, less than forecast, 2.2% from a year earlier, government data showed on Wednesday.

July's consumer price index (CPI) was expected to rise 2.9%, according to 16 economists surveyed in a Reuters poll. In June, the index was up 3.4%.

Our Standards: The Thomson Reuters Trust Principles.

图3–7–2 Lynx Insight参与撰写的新闻[①]

在大模型助力新闻文本图片生成方面，2023年1月，美国媒体公司Buzzfeed宣布，计划使用OpenAI提供的大语言模型API接口协助创作个性化内容，如利用这一技术对用户进行个性化调研，根据用户反馈生成个性化的文本内容。同时，Buzzfeed还宣称，AIGC生成内容将从研发阶段业务转变为核心业务的一部分。2023年2月英国《每日镜报》和《每日快报》的出版商Reach已经成立工作组，探索利用大语言模型帮助记者撰写交通报道、天气报道等简短新闻报道的方式，并在传统内容领域之外，为ChatGPT寻找创造性用途。2023年3月，全球首个完全由人工智能生成内容的新闻报道平台News GPT已经投入运营。该平台通过分析各种来源（包括社交媒体、新闻网站、政府网站等）的数据，为观众提供各种主题的最新信息。2023年7月，美联社与ChatGPT的开发公司OpenAI达成一项为期两年的协议，双方将共享部分新闻内容和技术。同月，德国媒体巨头Axel

① Malaysia's July CPI up 2.2%，misses forecast. [EB/OL]. (2023-03-09) [2023-06-01]. https: //www.reuters.com/world/asia-pacific/malaysias-july-cpi-up-22-misses-forecast-2021-08-25/.

Springer宣布成立全球生成式人工智能团队。

在国内，2022年，新华社与百度新一代知识增强大语言模型文心一言开展深度技术合作。2023年2月，在2023 AI+工业互联网高峰论坛上，百度智能云宣布，文心一言将通过百度智能云对外提供服务，随后多家企业宣布接入百度文心一言生态。上海报业集团旗下澎湃新闻宣布接入百度“文心一言”，体验“文心一言”的所有能力，打造内容生态人工智能全系产品及服务。新京报宣布成为百度文心一言首批生态合作伙伴，将百度的智能对话技术成果应用在新闻选题策划、创意展示等领域。2023年6月，新华社媒体融合生产技术与系统国家重点实验室宣布与文心一言共同探索其在新闻领域的应用，将进一步加速人工智能技术在新闻生产全链条的应用落地，推进媒体深度融合发展和转型升级。优化后的文心一言将在新闻写作、内容审核、智能问答、AI辅助写作、AI数据库管理等高频业务场景中实现落地，赋能新闻生产全链路提质增效。在新闻写作场景中，文心一言既可根据关键词、摘要等信息生成内容，也能对已有内容进行修改优化，帮助创作者高效产出满足不同受众需求的优质内容。同时，基于强大的对话交互、多模态生成等能力，文心一言有望成为媒体平台的“智能问答助手”，以文字、语音、图片等形式回答问题，为用户带来智能、便捷的新闻资讯体验。2023年7月，北京师范大学新闻传播学院启动大模型媒体创新应用工作坊项目，采取“实战学习+项目开发”相结合的模式，旨在面向新闻传媒领域从业人员和青年学者，将大模型应用从“好莱坞式”的想象引入现实社会场景，帮助媒体从业者建立起大模型媒体应用的技术思维和场景理念。①

在视频内容配音与字幕、报道的多语种编译等方面，大语言模型可以辅助记者与编辑实现工作的半自动化处理，提升报道内容生产的效率与创造性。2022年，Meta公司推出名为Make-A-Video的文本生成模型，可通过文本直接“书写”视频，其AI模型还能将两张静态图像转成视频，或者根据两张图片生成一段连续视频，以及基于一段原视频生成新视频的能力，生成的视频具有一定的审美和艺术风格。谷歌公司也推出名为Phenaki的AI模型，只需向其提供一段

① 新媒体观察.全国首个大模型的媒体应用创新工作坊在北师大成功举行[EB/OL].(2023-07-07)[2023-08-07]. https：//mp.weixin.cq.com/s/XeYW9e5S7sfAwCWz-CCAzg.

剧本提示词，这个文本转视频（Text-to-Video）模型就能生成一段长达两分钟且颇具故事性的视频内容。国内，2022年百度推出基于知识和大模型的文字生成图片系统“文心一格”，2022年12月，新华社与百度文心一格联合推出一支AIGC视频《AI描绘天宫盛宴》，视频画面全部由AI自动生成，通过一幅幅具备东方意象的恢宏绚丽画作，回顾了30年来中国载人航天的辉煌历程。2023年全国两会期间，百度运用可交互式超写实数字人与大语言模型等AIGC技术，将数字人与人工智能生成内容相结合，以科技感十足的人机交互式对话方式，向公众在线解读最高人民法院工作报告。

表3-7-1 2022—2023国内外媒体机构与大模型合作形式

公司/机构	应用描述	大语言模型的作用
Buzzfeed	使用OpenAI的API接口创作个性化内容	协助创作个性化内容，如对用户进行个性化调研，生成个性化文本内容
Reach	利用大语言模型帮助记者撰写交通报道、天气报道等简短新闻报道	为记者提供简短新闻报道创作支持，并探索ChatGPT的创造性用途
News GPT	完全由人工智能生成的新闻报道平台	分析各种来源的数据，为观众提供各种主题的最新信息
美联社	与ChatGPT达成为期两年的合作协议	双方共享新闻内容和技术
Axel Springer	成立全球生成式人工智能团队	推进大语言模型在媒体应用
澎湃新闻	接入百度文心一言	利用文心一言打造内容生态人工智能全系产品及服务
新京报	成为百度文心一言首批生态合作伙伴	将百度的智能对话技术应用于新闻选题策划、创意展示等领域
新华社	与百度文心一言共同探索在新闻领域的应用	推进AI技术在新闻生产全链路的应用
	与百度文心一格联合推出AIGC视频《AI描绘天宫盛宴》	大模型为文字生成图片系统文心一格奠定技术基础
最高人民法院新闻局	与百度合作，运用虚拟数字人向公众在线解读最高人民法院工作报告	虚拟数字人人机交互运用可交互式超写实数字人与大语言模型等AIGC技术

三、大模型在创意领域的应用

随着ChatGPT-4和NUWA-XL等多模态大模型的推出，创意领域见证了技术与艺术交融的新浪潮。这些模型作为连接艺术家、设计师和程序员的桥梁，激发了创意领域的革新，并引发了关于人工智能在创意产业中所扮演的角色的新思考。从文字到声音、图像，从平面创作到3D建模，大模型技术的不断演进和应用图景的不断扩充，正重塑计算机图形学、动画、游戏设计和电影制作等行业的工作流程和创意过程。这一趋势标志着大模型在多模态AIGC生成方面的潜力不断嵌入产业实践，不仅扩展了创作的可能性，也不断进化与人类创造力的互动方式。

（一）文学创作领域

2022年谷歌研发的基于大模型的人工智能工具Wordcraft，旨在激发作家创作新故事的灵感。目前，谷歌正在基于大模型LaMDA构建Wordcraft，这是一种原型写作工具，可以帮助作家创作新故事[①]。2023年3月，百度“文心一言”AI大模型发布会上，百度创始人以《三体》为例，展现“文心一言”对《三体》进行续写，并回答事实相关问题的能力，体现了强大的总结分析与推理能力。2023年6月，腾讯智能创作助手文涌（Effidit），帮助创作者开阔思路、提升创作后的文本水平和质量。据官方介绍，文涌融合了知识抽取、文本理解、文本生成、大规模预训练模型、经典语言模型等技术，部分功能使用“混元”系列AI大模型作为底层预训练模型。

（二）艺术创作领域

人工智能艺术创作是指使用计算机算法生成原创艺术作品。这些算法在现有艺术作品的大型数据集上进行训练，并利用机器学习技术生成模仿著名艺术家风格、技巧，或者探索新艺术风格的新作品。GPT等多模态大模型的发展使计算机不仅可以创建文字，还可以创建画作、音乐等艺术作品。Midjourney在几秒钟内创建了一张雷蒙德·钱德勒（Raymond Chandler）小说风格的照片——

① Yuan A，Coenen A，Reif E，et al. Wordcraft: story writing with large language models[C]//27th International Conference on Intelligent User Interfaces. 2022: 841-852.

一名记者使用笔记本电脑在海滩上写故事。Midjourney的底层模型是一个大语言模型，它已经在海量图像和文本数据集上进行了训练，能够生成既逼真又富有创意的图像。由OpenAI推出的DALL-E系列，即现在的Craiyon，最早是基于VQ-VAE和VQ-VAE模型开发的。随后，扩散技术也被应用到该产品中，成为DALL-E-2。由Stability.ai创建的DreamStudio是一种文本生成图像服务，它利用稳定扩散技术根据给定的短语或句子生成图像。这项技术的性能与DALL-E-2相当，但处理速度更快，因此受到许多用户的青睐。谷歌开发的Imagen模型在其图像编辑和生成服务中同样使用了文本到图像的扩散技术。

《富春山居图》是中国古代水墨山水画的佳作。在2022年7月召开的2022百度世界大会现场，百度首席技术官展示了基于文心大模型“补全”后的《富春山居图》。这次画作“补全”，使用了“视觉生成大模型+单样本微调”的大模型落地策略。利用AI助力文物修复已屡见不鲜，但应用文心大模型“补全”《富春山居图》与以往有所不同，其亮点在于每个人都可以根据自己的想法“补全”缺失的部分，从而赋予画作更具个性化的意义。从应用角度看，文心大模型可以持续在书画文物的修复中发挥作用，做出基于中国文化艺术的数字内容创新。同时，也能帮助更多非专业人士以多元的方式参与书画艺术创作，拉近艺术与生活的距离。

在音乐创作方面，可利用深度学习技术和人工智能算法生成新颖、原创的音乐作品。2020年OpenAI基于大模型研发出一款“自动点唱机”——Jukebox。无论是摇滚、HIP-Hop，还是爵士，Jukebox都能毫无压力地生成相应风格的音乐。

（三）动画游戏领域

大语言模型广泛投入应用，有望塑造数字内容生产与交互新范式，并有望带来文娱内容消费市场的繁荣发展。传统技术下，动漫、游戏等ACG文娱作品需要人工完成建模、绘画等工作流程，而大语言模型可以全面融入从前期策划到后期制作宣发的全流程，形成文娱产品运营新模式。

基于大语言模型文本生成图像能力开发的AI制图软件Midjourney和Stable Diffusion在动画圈大火，能直接帮助创作者设计人物、场景、风格、分镜。Midjourney嵌入了一个专门用以生成动漫的模型——Niji，掌握丰富的漫画风格并长于创建动态镜头。降低动漫的制作门槛，使MG动画的制作难度将大大降低。对于3D动画而言，传统的手动建模过程可以在大语言模型辅助下通过自然语言描述创建3D模型。OpenAI推出新模型Shap-E，即可以通过文字提示和图片提示，生成多样化的3D模型。除OpenAI外，谷歌和英伟达等公司也纷纷加入“文本生成3D”的大模型赛道，加快提升AIGC的3D内容生成模型的速度和质量。

在这些功能的支持下，已经出现了多种创新的ACG作品生产模式。美国洛杉矶一家名为“数字走廊”（Corridor Digital）的工作室制作动画短片《动画版石头剪刀布》（Anime Rock, Paper, Scissors），讲述一对双胞胎王子在国王殒命后，利用“石头剪刀布”争夺王位的微故事。该短片制作模式即通过真人拍摄视频，再通过Stable Diffusion模型将真人视频转化为动画视频。

直接通过文本描述制作动画短片的方式也在文本生成视频的大语言模型支持下成为现实。微软研发的NUWA-XL模型即支持将文本转化为动画电影，并已经通过十六句话的自然语言描述，生成长达11分钟的动画短片《打火石》（The Flintstones）①。

大模型技术在动画领域所展现的建模、绘图能力，同样可以应用于游戏的开发流程。一方面，大语言模型可用于游戏场景的搭建，当下开放世界类游戏逐渐成为游戏市场的主流，《塞尔达传说》《GTA5》《原神》等热门游戏均具有开放的游戏世界观。通过大语言模型来创建场景和NPC人物可以省去大量重复性开发工作。另一方面，过去游戏世界NPC行为需要人工创造脚本设定，接入大语言模型后，游戏中的NPC人物行为逻辑可由大语言模型进行设定与驱动，依据玩家行为做出相应反馈，给玩家更加灵活开放的互动空间。目前，NPC逻辑自动生成已经初步应用在《黑客帝国：觉醒》（Mass AI，车辆行人等将独立于玩家操控变动）、《荒野大镖客2》、《怪物猎人：世界》等大型游戏中。此外，大语言模型可以将真人玩家行为作为一种多模态信息输入进行学习，模拟真人玩家决策过程，从而创设AI玩家与用户共同玩游戏。OpenAI在GPT模型开发过程

① Yin S，Wu C，Yang H，et al. NUWA-XL：Diffusion over Diffusion for eXtremely Long Video Generation[J]. arXiv preprint arXiv：2303.12346，2023.

中，就将模型应用于MOBA类游戏《Dota2》中，利用职业选手游戏素材训练出机器人玩家供真人玩家对战。国内游戏厂商中，腾讯开发了机器玩家模型“绝悟”，可在操作频率、技能释放精准度、游戏策略等方面模拟不同层次的真实玩家游戏水平。这些模型既可以供玩家进行人机对战，又可以用于游戏开发的平衡性测试、游戏教学训练、离线托管等方面。长远来看，大语言模型可能带来游戏世界所有元素可交互、人机共同游玩的发展前景。

大语言模型带来诸多新型文娱内容模式。专门从事合成数据技术的初创公司Synthesis AI开发了一种生成式AI Avatar方案“3D Generative AI”，可以通过文本提示创建逼真的虚拟数字人。数字人形象接入大语言模型功能之后，可以自主化接收信息并产生反馈，使虚拟主播直播超越目前真人动捕扮演的模式进一步智能化。

四、大模型在广告营销领域的应用

大语言模型更加商业化的落地应用体现在数字营销领域。其内容生成能力通常以SaaS（软件服务）模式作为营销服务工具参与营销活动，可辅助生产创意推广文案、图像、视频，更能够用于咨询客服、广告投放等业务当中。

创意文本方面，人工智能企业Jasper基于GPT-3模型开发的同名文案生成模型已经被应用于商业文案的写作。该智能模型可以提供广告话语与文案模板，生成包含更多关键词、更贴合搜索引擎搜索逻辑的推广文案，也可应用于社交平台账号的运营中。Jasper生成的内容均由用户决定内容风格，同时还支持用户训练个性化的文本风格。目前，Jasper已经形成庞大的AI辅助营销工具矩阵，用户规模已经超过10万人，用户中包含了体育咨询网站Sports Illustrated、服饰品牌Anthropologie等。

广告图像方面，大语言模型可应用于图片生成和编辑，并已经产生了DALL-E系列模型、MidJourney等成熟的图片生成模型被用于绘图。当前视觉中国已开发出基于大模型技术的AIGC功能，支持通过自然语言对旗下版权图片进行“模特转换”“插画转换”等方式的二次创作，使图像更灵活地应用于商业营销。海外图片版权供应商之一Shutterstock与OpenAI达成合作，将OpenAI旗下DALL-E模型生成的图片商用作为主营业务之一。从实际应用案例来看，飞猪用图像生成模型围绕“这个五一玩什么”的广告主题绘制了一千多张平面广告，以AI的视角描绘景点，其广告创意与创作水平均达到商用水准。

视频制作方面，电视广告和数字视频广告领域的头部创作服务商Waymark拥有完善的素材模板资源，并提供傻瓜式的广告编辑工具。在此基础上Waymark接入GPT模型，开发自动生成广告视频脚本功能，平台用户可以通过自然语言描述业务需求，由Waymark平台自动生成原始自定义脚本以供用户参考，大大降低了视频广告制作的创意门槛。

五、结语

大语言模型技术的发展使人工智能技术实现了革命性突破，并以“倍速播放”的方式改变AIGC。从ChatGPT、文心一言等基础大模型应用相继上线，到面向内容生产的文心一格、Midjourney、NovelAI等垂类应用大模型爆火，大模型与内容生产的结合，将AIGC带入崭新阶段。这种生产模式的迭代跃迁为传播业带来前所未有的影响，拓展了新的内容生产方式，营造了更大的创新空间，也加速了产业竞争的升级。

未来，大模型的重点发展方向主要有如下几个。首先，多模态融通将成为大模型发展趋势，萨姆·奥特曼曾预测，人工智能大模型技术将以聊天机器人为切入，逐步纳入图像、音频等多模态模型，成为继移动互联网之后最大的技术平台[①]。未来AIGC与多模态融通大模型的结合将极大提高内容的生产效率和丰富性。其次，大模型技术未来将强化专用领域预训练，“GPT+行业专家系统”的应用模式已成为当前大模型技术落地的重要动力[②]。未来大模型技术的发展，需要形成基座模型、领域垂类模型、专用大模型三元共生的层次与格局，实现技术框架满足应用需求。未来的内容生产将更加专业化和个性化。通过强化专用领域预训练，可以实现更加精准和高质量的内容生成。例如，可以通过专用的

① REID HOFFMAN. AI for the Next Era[EB/OL].（2023-06-02）[2023-06-02]. https：//greylock.com/greymatter/sam-altman-ai-for-the-next-era/.

② 澎湃新闻. 国内大模型迎来中场战事[EB/OL].（2023-08-11）[2023-04-19]. https：//www.thepaper.cn/newsDetail_forward_23217585.

医学大模型来生成医学相关的内容，或者通过专用的法律大模型来生成法律相关的内容。这将使内容更加专业、精准和有价值。最后，安全AI建设与伦理规范将成为大模型发展的下一个突破点。内容的生成和传播需要遵循一定的伦理规范，以防止虚假、暴力、色情等内容的产生和传播。未来的内容生产模式需要结合安全AI建设和伦理规范，确保内容的安全、健康和正能量。在大模型的技术伦理方面，AI需要有合理的监管和道德标准，以防被滥用或失控，也可开发追求真理而存在的TruthGPT①。总的来看，开发多模态融通的专用安全模型既是大模型技术未来的发展方向，也是AIGC技术的发展方向。

随着大模型能力的发展和应用的普及，大模型驱动的AIGC应用数量势必持续增长，并支持以更快的生产速度和更低的成本创造内容，带来内容生产大变革。在数字化浪潮推动下，内容创作的工具曾由纸笔转向计算机语言图形；而大模型所实现的人机交互形式，又将使内容创作的工具从计算机语言向自然语言转变。在以大模型为代表的人工智能技术加持下，内容生产领域将拥有更大的市场想象空间。在可预见的未来，人工智能将走下技术的神坛，让大众没有使用门槛。这意味着无论是新闻信息、文艺创作还是广告营销，大模型和AIGC技术将重构内容相关领域的商业生态，给未来带来更大的想象空间。

① 澎湃新闻. 马斯克将推出寻求真理的TruthGPT[EB/OL]. (2023-08-11) [2023-04-19]. https: //www.thepaper.cn/newsDetail_forward_22750637.

2.3　5.5G时代的传媒数智化演进

赵子忠　卢　迪　杜　洋　刘湘渼①

摘要：以5G为信息基底的多元数字技术综合应用引领媒体融合的发展和创新，“5G+”成为一种先进技术驱动的媒体融合发展模式。近年来，在各级主流媒体创造性的全面应用下，5G不仅构筑了媒体融合技术基底，丰富了媒体融合传播形态，提升了媒体融合传播效能；更作为更好地联系群众、服务用户的新手段，探索出媒体融合运营新模式。5.5G，即5G-Advanced，是5G向6G演进的必经之路与过渡阶段，5G-Advanced的技术实力和传播能力是在5G基础上的升级。后5G时代，沉浸实时、智能上行、通感一体、千亿物联、天地一体等创新传播场景将被全面打开，全方位、立体化地推动传媒数智化发展进入“快车道”。

关键词：5G；5G-A；媒体融合；传媒数智化

在5G上半场中，“5G+”不仅构建了媒体融合的技术基底，更发挥了引领媒体融合发展，驱动媒体融合创新的作用。在我国5G商用第四年之际，5G已经进入相对成熟并向6G演进的5.5G阶段，5G−Advanced（以下简称为5G−A）再一次升级，突破创新。在5G原有的eMBB（增强型移动宽带）、uRLLC（低时延高可靠）、mMTC（海量机器通信）的“三角能力”基础上，5G−A进一步拓展应用场景，从5G的三大应用场景延伸到六个主要应用场景——沉浸实时、智能上行、

① 赵子忠，中国传媒大学新媒体研究院院长，教授、博士研究生导师；卢迪，中国传媒大学新媒体研究院书记，副研究员、硕士研究生导师；杜洋、刘湘渼，中国传媒大学媒体融合与传播国家重点实验室硕士研究生。

工业互联、通感一体、千亿物联、天地一体。在5G下半场中，5G-A不仅意味着网络传输和通信能力的大幅提升，更意味着数智媒体将开启一个新的纪元，加速媒体深度融合，驱动传播与社会的深度融合，共建数字社会的全媒体生态。

一、5G-Advanced：信息传播数智化能力升维新阶段

5G-A是5G迈向6G的必经阶段，5G-A极大地提升了5G的网络性能，其泛在千兆、毫秒级时延的网络特点标志着技术的成熟。5.5G背景下，技术不再仅以内容载体和承托形式而存在，还将触发千行百业释放更强大的数字生产力、拓展应用场景，为数字社会提供能量，助力人类实现数字化生存。

（一）5G-Advanced是5G向6G演进的必经之路与过渡阶段

移动通信大约每十年更新一个技术标准代际，在我国5G商用第四年之际，5G已经进入了相对成熟并且向6G演进的5.5G阶段。2021年4月27日，国际通信标准化组织3GPP（第三代合作伙伴计划3rd Generation Partnership Project）在第46次PCG（项目合作组）会议上，正式将5G演进的名称确定为5G-Advanced。2022年6月，以中国移动、华为等产业伙伴发布的全球首批5G-A端到端产业样板和《5G-Advanced新能力与产业发展白皮书》为标志，我国5G-A正式迈入产业构建阶段[①]。2019年以来，我国5G的快速发展和规模性技术应用让数字技术融入千行百业，开启了全面数字化的新阶段，数字经济领域逐渐繁荣、活力不断，数字社会建设也逐步完善。我国5G的发展实践表明，5G对于经济社会的重大影响不在于5G本身，而在于5G与云计算、大数据、物联网、人工智能等新一代信息技术的融合发展。

美国Open AI公司开发训练的聊天机器人程序ChatGPT引发各行各业热烈反响，成为人工智能发展历程中的现象级事件，生成式人工智能也成为学界和业界的关注焦点。5G-A背景下，AI、5G等数字社会“新基建”将不仅仅以“内容”的承托和传输载体而存在，或将成为深度参与内容生产的核心要素。2023年1月召开的全国宣传部长会议强调，以数字化为宣传思想工作赋能。我们不能简单地

① 华为.中国移动携手华为等产业伙伴联合发布5G-Advanced产业创新成果[EB/OL]（2022-06-06）[2022-06-06].https：//www.huawei.com/cn/news/2022/6/5ga-2022-chinamobile.

认为数字化就是互联网化，也不能把“以数字化为宣传思想工作赋能”完全等同于通过客户端和社交平台账号发布内容。强调以数字化为宣传思想工作赋能，必须运用数字技术对传统的宣传思想工作进行升级，促进形成以数字技术为基底、宣传内容为核心的有机整体，尤其要注重发挥数字内容生产的优势特长，用好5G、大数据、云计算、物联网、区块链、人工智能等信息技术成果[①]，将新技术、新手段，全面、深刻地融入信息传播的各个领域、各个环节。

信息技术的发展是需要时间和能力储备的，量变才能达成质变，5G迈向6G亦是如此。5G-A是5G发展的必经阶段，跳过这个阶段来发展6G是不现实的。就能力来说，5G-A极大地提升了5G的网络性能，5G-A的上行和下行速率比5G提升了10倍，网络接入速率达到10Gbps，时延降低到毫秒级。5G-A也实现和巩固了上行千兆（1Gbps），下行万兆（10Gbps）的传输速率，延迟也无限接近于完全同步，更加匹配车联网、高阶辅助驾驶、自动驾驶的场景需求。另外，5G-A的地理定位能力也从“米级”提升至“厘米级”，进一步拓展了新的应用场景、强化了在具体场景中的能力。

（二）5G-A标志技术成熟，进入大规模应用新阶段

以5G应用的规模化程度为标志，5G产业发展可以分为四个阶段，分别是试点阶段、起步阶段、成长阶段和规模发展阶段。[②] GSMA发布的报告《中国移动经济发展2023》显示，2022年中国建设了88.7万个5G基站，截至2022年底，中国的5G基站已超过230万个[③]，我国5G大规模成熟应用已经进入新阶段。当前阶段的5G发展特征主要在于5G技术与不同行业的适配性，以及对于商业模式的探索和商业化的推进。

在赛事直播方面，2022年北京冬奥会和世界杯等重要赛事中出现了很多5G创新应用，例如“子弹时间”360度全景回放、毫秒级低时延多视角切换以及“5G+4K+VR+AR”全景式直播等，这些创新应用为全球观众提供了多维度的

---

① 施郑平. 以数字化为宣传思想工作赋能[J]. 思想政治工作研究，2023（02）：1.

② 中国5G进入规模化应用关键期[N]. 中国纪检监察报，2022-06-25（04）.

③ GSMA.2023年中国移动经济发展报告[EB/OL].（2023-03-28）[2023-03-28].https：//mp.weixin.qq.com/s/2_D8-RAd3hwwcFvkDzewnA.

个性化观赛体验。在文博领域，很多博物馆都在尝试将5G+全息、5G+VR技术与展览展示融合，基于5G数字技术探索智慧博物馆和文化数字化之路，为文化传承创新提供了新手段、新视角。在旅游行业，5G技术也越来越多地在旅游场景中发挥作用。5G消息的创新应用为游客提供了便捷的“吃、住、行、游、购”一站式服务，5G+AR景区游览和5G慢直播的普及，在提升游客体验的同时推动智慧旅游发展。在5G的数字化赋能下，政务新媒体也逐步实现办事流程便民化、服务推送精准化、功能实现智能化的发展。

当前，我国5G应用整体还处在发展之中，仍存在市场需求不足，渗透率不够高，应用场景不够丰富等挑战。随着技术演进，5G将迈入规模性发展阶段。5G-A技术有可能以其泛在千兆、毫秒级时延的特点实现市场需求新的突破口。新的市场需求将更加多样化、复杂化，对5G网络能力提出更高要求。在5G向6G演进过渡的阶段，将进一步实现新一代信息技术之间的深度融合，大量创新应用也会应运而生。应用场景拓展将进一步源源不断地为数字社会提供能量，助力人类实现数字化生存。

5G-A是5G网络升级演进的必经之路已成为产业共识，是确定性的产业发展趋势，将触发千行百业释放更强大的数字生产力。特别是对于媒体融合发展而言，5G-A更重要的意义在于其技术前瞻性和方向引领性。如果说4G全面推动媒体和信息传播向移动端倾斜，5G让媒体和信息传播全面呈现视频态、直播化，那么5G-A将是信息、内容、传播与网络、计算、感知、生成、体验全面融合的起点，也是“云—数—智—网”与传媒深度融合的开端。①

二、“5G+”：数字技术对全媒体传播体系的引领与驱动

以5G为信息基底的多元数字技术综合应用引领驱动着媒体融合的发展和创新。当前，从中央到省、市、县级的主流媒体，都在利用5G技术优化媒体的采编播全流程，提升新闻生产、分发效率，推动媒体信息传播朝着立体化和沉浸式方向发展。“5G+”多元技术应用模式在丰富媒体产品内容，提升用户观众使用

---

① 卢迪，孟祥东，杜洋等.场景开拓 数智融合——媒体深度融合中的5.5G创新方向[J].视听界，2023（02）：5-9，31.

体验，支撑融合宣传报道，以及建设全媒体传播体系等方面发挥了积极的作用。

（一）格局与布局："5G+"构筑媒体融合技术基底

近年来，中央主流媒体对5G的融合应用，充分体现了5G技术对媒体信息采编播全流程的优化，是推动智能视听领域与全程媒体、全息媒体、全员媒体、全效媒体发展的全新探索。5G与人工智能等技术的结合，大幅提升了新闻生产、分发效率；重构了协同化、一体化、集约化生产流程；实现了由"平面媒体"到"立体媒体""沉浸式媒体"的升级。①

中央广播电视总台全力构建"5G+4K/8K+AI"的战略格局，充分实践了一系列5G科技创新成果。在2022年虎年春晚的多个节目中，中央广播电视总台充分运用AR、VR、XR等多种虚拟现实技术，以及全息采集、裸眼3D、AI多模态动作捕捉等技术。这些技术使舞台之上与舞台之外的现实世界无缝衔接和实时交互。舞蹈诗剧《只此青绿》、创意舞蹈《金面》、少儿舞蹈《星星梦》等节目都展现了新技术应用的创新成果。2022年冬奥会是首次采用5G+8K技术转播的冰雪盛会。这一创新不仅让观众可以在小屏上观看高清转播，还实现不同场景间的跨屏融合传播。在北京市内的20个城市公共空间，观众们可以欣赏8K超高清大屏上的直播内容。这种创新的转播方式为观众提供了身临其境的沉浸式观赛体验，让观众更加真实地感受到冬奥会的魅力。在2022年全国两会期间，虚拟主播"AI王冠"在央视频特别节目《"冠"察两会》中与真人主播同框互动，共同解读全国两会的内容。这一创新形式进一步深化了"5G+4K/8K+AI"战略布局，充分发挥了媒体融合传播的优势。通过虚拟主播与真人主播的互动，观众可以得到更多维度、更深入的解读和分析，从而更全面地了解全国两会的议程和重要议题。这种媒体融合的创新形式提供了一种新颖而丰富的传播方式，使信息传递更加生动、有趣，并且拓展了传播的边界。人民日报数字传播也积极在"科技+媒体+通信"的领域布局，在党的二十大召开期间，人民日报数字传播以5G视频彩铃的方式向手机用户展现中国非凡十年，借助5G技术向用户推送新闻内容，打造人民日报5G时代下的新闻传播示范样例。

2022年，以人民日报社、新华社和中央人民广播电视总台为代表的中央主

---

① 矫月. 5G夯实网络强国基础 千行百业革新迈向新征程[N]. 证券日报，2022-10-25（A2）.

流媒体继续深耕5G融合媒体的实践，探索媒体在更多场景下发挥作用的可能性，不断巩固和壮大主流舆论阵地，推动国家对外传播建设能力。在内容形态方面，中央媒体积极采用5G+VR、XR等技术，引入虚拟场景、虚拟主播，实现信息创新传递，重构主流媒体在高清视频的场景应用。另外，在用户体验方面，5G自由视角应用于春晚、体育赛事转播等方面，突破了编辑主导视角，让观众拥有多维度的观看选择，创新了全媒体的内容观看形式。通过充分利用5G技术的高速、低延迟、多样化的传播特点，中央媒体可以实现内容传输的高质量与高效率，提高国际影响力。中央媒体可以借助5G技术以更加灵活多样的方式呈现内容，如VR、AR、全景视频等技术的应用，将观众带入沉浸式的传播体验。这种全新的传播方式将吸引更多国际观众的关注，提高中央媒体的国际竞争力。

（二）内容和产品："5G+"丰富媒体融合传播形态

2022年，省级主流媒体在党的二十大、2022年全国两会等重要会议召开期间，深化全息技术的应用，并积极运用虚拟数字人创新媒体报道方式；在跨年晚会、体育赛事等活动中充分利用5G+VR/AR、5G+AI等技术，给观众带来沉浸式观看体验；同时根据本省实际情况，挖掘本省特色，将5G应用到文旅等方面，进一步建立省域文化品牌和城市传播能力。此外，省级主流媒体积极尝试结合5G技术，开发、探索包括5G消息在内的融媒体手机报等产品创新，以此为省级媒体融合发展提供助力。

2022年省级主流媒体继续布局5G在各大场景中的应用，以党的二十大、全国两会为代表的重大事件中，省级媒体对于5G的探索应用实现大范围的普及。除了各大会议中的5G云访谈、5G虚拟现实展厅、5G直播和慢直播等表现形式，5G探索应用逐渐呈现出常态化的特点。同时，省级媒体将5G应用落地于旅游场景，通过VR、AI等先进技术，既保留了历史的厚重感，又展现出极具活力的年轻姿态。省级媒体开始布局智慧政务服务领域，运用"5G+区块链+AI"技术打破政务审批环节存在的技术壁垒，打造数据高效共享的一站式服务平台。省级媒体积极谋求线上采编播的可能性，由此迎来了5G+云、5G+全息、5G+VR/AR等技术在省级媒体中的广泛发展和迭代，技术发展进一步推动了省域城市的数智化转型。

在2022—2023跨年晚会中，江苏卫视借助虚拟现实、人工智能等技术让歌手周深与"邓丽君"完成了跨时空合唱。全息技术打造而成的虚拟人需要实时捕捉、实时渲染、实时驱动倾斜等，在5G技术的赋能支持下，虚拟人才能更加逼真且具备情感表现力，并顺利和真人完成高质量的合作，为观众带来虚拟与现实相互融通的视觉效果。2022年川渝春节联欢晚会在节目编创中用5G技术赋能XR（扩展现实技术）和VR（虚拟现实技术），扩展舞台的边界。这种创新的技术应用让观众在舞台虚拟世界中身临其境地与演员、主持人互动，增强了观赏体验的沉浸感。① 2022年10月，北京广播电视台融媒体中心和北京时间共同发布4K超高清AI真人数字人“时间小妮”。作为中国首个广播级智能交互真人数字人，“时间小妮”不仅在“北京时间”客户端上提供生活缴费、天气预报、社会保障、交通管理、教育资源查询等各项便民服务，还为北京广播电视台打造了自有主持人品牌，成为独特的IP，作出重要贡献。②

（三）效率与能力：“5G+”探索媒体融合运营模式

目前，市级媒体的5G+媒体融合工作呈现如下特点：在设备上依附5G直播车等先进产品，在平台上依托5G消息，在内容展现上结合VR/AR等综合技术，形成高效率、高产能、高质量的媒体内容生产与传播体系。同时，随着5G等先进技术赋能下应用场景的不断拓宽，市级媒体的业务边界也逐渐模糊和蔓延。媒体不再局限于新闻资讯的生产，而是更主动地投入全行业联动的全媒体传播体系的构建当中。2022年，市级媒体对于媒体融合探索的表现不凡，积极谋求5G前沿科技在媒体工作中的应用机会，相继建立5G融媒体实验室，与其他行业机构签署战略合作协议，推动市级媒体乃至整个城市的数字化和智能化发展。此外，各市级主流媒体大量开展5G直播，运用超高清沉浸式的内容形式吸引用户；在全国两会等大型新闻活动中，越发重视5G消息平台的作用，与用户建立起连接，形成稳定的用户圈层结构，进而扩大市级主流媒体的影响力。

5G作为一种技术手段，对于媒体最直接的赋能作用之一，就是在媒体的内容生产与传播体系中带来更高效的变革。例如，荆门广播电视台、长江日报等

① 重庆卫视公众号.官宣！“川渝一家亲 欢乐幸福年”首个川渝春晚来了[EB/OL].（2021-12-03）[2021-12-03].https：//mp.weixin.qq.com/s/h8qsw8-W8dae_tI8QFA6gg.

② V传媒.北京广播电视台AI数字人“时间小妮”打造新闻＋政务新模式[EB/OL].（2022-12-05）[2022-12-05].https：//mp.weixin.qq.com/s/VOaocYbYp-3M3i5jLT512A.

媒体相继启用5G直播车，通过配备5G传输技术与流媒体制作技术，保障信号内容在全媒体矩阵中超高清、超流畅播出，让原本的户外直播从实施难度大、回传时延高、新闻时效弱，变成随时随地超流畅传输、超高清画面、超大连接度地在多平台全媒体播出。5G网络支撑下的慢直播能够在无须主持人等工作人员的参与下，生产出24小时甚至更久的极大体量的内容产品，一定程度上使市级主流媒体的内容生产解放了劳动力，同时满足更高产出效能的需求。

5G消息也深受市级融媒体的重视，有了“更多”“更深”两大应用成效。自2020年三大运营商发布《5G消息白皮书》后，5G消息被业内广泛关注。2021年，徐州报业、长沙晚报、济南舜网等市级媒体开始试水5G消息，但总的来看，2021年的5G消息在媒体行业尚未掀起较大水花。而从2022年的市级媒体表现上看，5G消息引起了更多市级媒体的重视，并被大量运用于全国两会等大型专题报道中，作为人们获取资讯的新入口被推广开来。除了更广泛的应用，市级媒体对于5G消息平台的探索也有了深度上的突破。跳出传统的新闻资讯服务，5G消息被用来宣传城市、提供政务民生的便民服务，甚至一些媒体在5G消息中加入一键拨号、地图导航等功能。在市级媒体的探索下，5G消息被发掘出更多功能，真正成为功能一体化的富媒体平台。这种多功能多业务的聚合，也推动着市级主流媒体完善自身定位，为基层媒体机构增添创新活力。

（四）用户和群众：“5G+”走好媒体融合基层路线

近年来，县级融媒体中心对于5G等先进技术的应用和发展呈现稳中求进的态势，以往在各级媒体的实践中被证实为高效适配的技术，相继在县级融媒体中心大范围推广普及。全国县级媒体着重发挥5G智慧电台、5G直播车、5G背包等5G平台和设备的作用，通过经济、集约的生产方式，制作出高质量、有价值的内容服务。5G视频彩铃、4K大屏传播等技术也正在被各个县级融媒体融入基层信息服务和治理的场景中。通过5G赋能，县级媒体构建全媒体传播矩阵，突破时空局限，通过多领域联动提升媒体传播声量，进而达到建设成为主流舆论阵地、综合服务平台和社区信息枢纽的目标定位。

全国县级融媒体正在朝着全面数字化、智能化升级迈进。一方面，5G视频彩铃、5G消息等新兴技术应用在县级融媒体中心逐步得到创新尝试和应用落地。例如，重庆市潼南手机报升级为5G视频彩铃，成为全市首家5G视频化手机报；

北京延庆区融媒体中心在北京视听小站室外部分设置的4K大屏，在区县范围率先实践大屏小屏交融的应用，在终端呈现上做出全新的升级。另一方面，以5G智慧电台等为代表的一批相对成熟的技术产品在县级融媒体中全面铺开，5G智慧电台逐渐成为县级媒体的“标配”。例如，2022年茌平区、绵竹市、长葛市、钟祥市、互助县、应城市等多地融媒体中心相继进行了5G智慧升级。大量县级融媒体中心利用5G智慧电台突破大众对广播的认识，通过5G智慧电台的智能编排、播报、分发、监控等能力，实现广播电台的新一轮智慧升级。

县级融媒体中心运用5G技术这个加速器，极大程度地解放人力，降低资金成本，在最小的技术门槛上发挥出最大的生产效能，进而推动建立起四级媒体融合的全媒体传播生态体系。在先进技术的支撑下，县级融媒体中心在内容层面尝试了更多元丰富的表现形式，在用户层面收获了更坚实的用户基础，在技术层面呈现媒体智能化持续普及和进步的特点。在此基础上，县级媒体的信息服务能力也得到显著提升。

（五）主题与主线：“5G+”支撑媒体融合宣传报道

对于党的二十大、全国两会等重点主题宣传报道是5G+融媒体新应用的实践场。党的二十大新闻中心开设的融媒体体验区，提供5G条件下智能化、强互动、沉浸式、线上线下结合的融媒体体验服务，向参会记者展示媒体深度融合发展的丰硕成果。在党的二十大报道中，各级媒体积极将5G和人工智能技术引入融媒报道与宣传，综合运用5G+4K云连线、数字人、5G消息、5G+AI视频彩铃、VR云展厅、5G智慧电台等多种报道形式，积极推进跨界融合创新和边缘交叉创新，在坚定主流意识形态站位、突出导向的同时，以创新的媒体制播形式宣传党的二十大精神，推动党的二十大精神落地生根。在党的二十大新闻中心，参观者可以利用镜头将自己的形象转化为主播形象，从而体验主持人在演播厅的感受，还可以指挥拍摄机器狗“搜搜”，体验最新的远程、智能、越障拍摄方式。记者们可以与数字人物实时互动，亲身体验XR演播室，感受智能分析系统“AI时间切片”、超高速跟拍系统“猎豹”等创新技术。这些智能化、互动化、沉浸式的融媒体体验不仅让参会者感受到媒体融合深度发展的丰硕成果，而且用创新的方式让参会者深入了解中国的发展变革。

云连线、数字人主播等与新闻报道相结合，不仅促进媒体资源、生产要素的有效整合，实现信息内容、技术应用、平台终端的互融互通，更创新了媒介内容的表达形式，探索5G技术下可视化呈现的道路，将科技感注入宣传报道，在视频内容方面坚定主流意识形态站位，突出导向，强化引领，充分发挥主流媒体的作用，为观众带来多元化的内容呈现形式，更好地宣传报道党的二十大。

5G不仅创新了内容形式，同时开拓了新的传播渠道，并且提高了信息触达的有效性。除了两微一端，5G消息和5G视频彩铃也逐渐成为新的信息入口。5G消息将终端原生的短信作为入口，本身就具有精准触达的特点；5G视频彩铃在拨打电话时出现，具有碎片化、范围广的特点。在对党的二十大的报道上，将5G消息和5G视频彩铃纳入全媒体传播矩阵，能够助力全方位、立体化、多语种、交互式报道，适应新媒体时代新闻报道智能化、快速化、碎片化传播的特点，使权威内容和多种传播渠道深度结合，更好地发挥全媒体传播体系的优势，筑牢主流舆论阵地。

三、从沉浸实时到通感一体：5G-A打开应用场景创新之门

“5G+”不仅构建了媒体融合的技术基底，而且发挥了引领媒体融合发展，驱动媒体融合创新的作用。2023年是5G商用第四年，基于我国5G发展建设取得的成果，5G-A再一次能力升级，突破创新。在5G原有的eMBB（增强型移动宽带）、uRLLC（低时延高可靠）、mMTC（海量机器通信）“三角能力”基础上，5G-A进一步拓展应用场景，从5G的三大应用场景延伸到以下六个主要应用场景。5G-A不仅意味着网络传输和信息通信能力大幅提升，更意味着其将全方位、立体化地推动传媒数智化发展进入“快车道”。

（一）沉浸实时，虚拟世界与现实世界融合

沉浸实时交互是以5G+虚拟现实技术为基础展开的一系列应用场景。2022年起，元宇宙的概念和设想不断被丰富完善，以XR扩展现实为入口和载体的元宇宙对网络速率和时延提出更高的要求。5G-A时代，XR终端设备的分辨率将大幅提升，用户对于体验速率和传输时延的需求也会被5G-A所满足，AR、VR、MR等技术应用都将在深度和广度上得到大幅度的提升和增强。从终端设备到产品和服务，无论是面向消费者还是面向行业应用，沉浸实时交互业务将在5G-A的加持下实现进一步发展。虚拟世界无限接近现实世界，数字世界深度

融入真实世界，甚至在便捷程度上可能超越真实世界。5G-A带来的技术进步为信息传播带来跨越式升级，网络视听传播将从固定视角大范围地向360度自由视角拓展并逐步应用在实时直播中，XR等新应用所带来的虚拟体验也将逐步跨越现实体验的边界，实现沉浸式的实时交互。

（二）智能上行，通信带宽与速率大幅提升

视频监控、远程监控、机器视觉等典型的场景需求都是以5G的高上行能力为基础来满足和落地应用的。近年来的视频超高清化发展，全行业视频态应用趋势以及智能硬件设备的广泛普及，都对网络传输的上行带宽和速率提出更高要求。无论是安防领域的视频监控，传媒行业的视频内容生产，还是工商业领域越来越多的机器人、无人机等自主无人智能设备，视频信息的采集、存储、编辑、加工、展现的每个环节，都要求技术全面提升，从而支撑不断提高的业务需求。仅高清摄像头在个人、企业、城市中的应用，对上行网络速率的要求就达Gbps级别。而5G-A的网络性能是5G的10倍，实现和巩固了下行万兆（10Gbps），上行千兆（1Gbps）的传输速度，时延更是达到毫秒级别，完全满足以大规模视频应用为代表的“广域大上行”业务场景需求。届时，新闻传播领域的慢直播、4K/8K、VR、自由视角等新型视听应用将会更加繁荣，视频媒体生产力将向万事万物皆为内容，随时随地生成内容的高阶生产能力发展。

（三）工业互联，提升制造业数智综合实力

工业互联网并不是互联网在工业的简单应用。工业互联网具有更为丰富的内涵和外延，数字化、智能化、柔性化生产是工业制造加速提效的核心。近年来，工业领域的5G创新应用层出不穷，但是由于工业制造业门类众多，结构复杂，不同的场景的需求差异较大，例如，制造业工厂的机器视觉应用对网络传输的上行速率要求高，而电力行业的配电自动化则要求高精度授时能力。相比5G初期的技术能力而言，5G-A的能力提升就体现在面对B端众多行业的差异化需求方面。5G-A将满足工业互联对上行大宽带、确定性低时延、低功耗、高精度定位、海量无源物联和高精度授时这五大关键需求，通过5G-A技术促进工业互联网实现一张网络多种能力，构建更强的综合技术体系，推动我国工业制造向工业“智造”发展。

（四）通感一体，通信能力与感知能力融合

通信感知融合技术指的是通过无线传感器和物联网技术，实现对于物体的实时感知和数据采集。5G-A技术既能提供稳定的网络通信，保证高品质的信息传输，又具有对信息传播环境中的人和物进行高精度感知的能力。5G-A在降低硬件成本的基础上有效扩展感知范围，在构建低成本、高精度、无缝泛在的通信感知一体化网络方面具备独特的优势，能够充分满足不同行业应用场景下对通信+感知能力整合一体化的相关要求。未来，通感一体融合技术可应用于各种行业场景，其中最典型就是智能网联无人机等智慧交通场景以及智慧家居生活场景。可以想象，5G-A通感融合技术应用于传媒行业不仅能够大幅度提升新闻素材的采集和传输效率，还可以充分拓展新闻素材的来源和渠道。例如，在“智慧交通”场景中，媒体可以通过智能网联无人机对实时交通流量、车行速度和车辆密度的智能监测，主动感知新闻热点，实时采集视频素材并自动生成交通新闻。通感一体技术的突破和创新不仅能够进行网络传输和数据采集，还能够智能化地感知人与物、物与物，构建新的“人—机”传播关系。一旦突破了“5G仅是媒体传播渠道”的传统观念，构建数字技术赋能的全媒体传播体系视野才能够真正打开[①]。

（五）千亿物联，海量设备全场景泛在连接

“物联”是指通过无线网络将物理设备相互连接，让设备和终端能够收集并分享数据，以实现各种智能化的应用。5G-A网络能够承载更大量级的物联网设备，甚至最终实现超过千亿级的连接[②]。千亿级的物联网架构将带来更广泛、更深入的设备互联和数据采集能力，并在家庭大屏（电视机）和个人终端小屏（手机）以外，进一步大范围地拓展传播媒介载体的范畴，从而在智能终端设备层面推动传媒数智化发展。5G-A提供的高速率、低延迟和大连接密度，可以使不同场景中的多种类物联网设备实时传输海量数据，并能够同时在网络环境中高效协同工作。此外，5G-A的边缘计算技术，还能够降低数据传输的成本和时间延

---

① 卢迪，孟祥东，杜洋等.场景开拓 数智融合——媒体深度融合中的5.5G创新方向[J].视听界，2023（02）：5-9，31.

② 刘艳. 5.5G并非只比5G多了0.5[N]. 科技日报，2021-08-16（006）.

迟，使全场景泛在连接成为可能。这些新的变化可能会改变人们获取信息和使用媒体的方式，将对信息传播和传媒产生深远影响。一方面，更广泛的连接设备和更便利的数据收集，使新闻内容生产更加准确、真实、高效。另一方面，随着物联设备的应用普及，新的信息传播方式或将随之产生。家庭场景中的多种智能设备根据不同的时间、空间、用户，推送相应的个性化、定制化内容将成为现实。

（六）天地一体，实现智慧低空场景

天地一体技术通过卫星网络和地面蜂窝网络的融合，建立一张最广泛的移动连接、最丰富的业务应用场景和最高性价比的天地一体网络①。5G-A技术的高速率、低延迟特性，使无论在地面还是空中的设备都能够实时传输、接收大量数据，保证在复杂环境下的设备间协同工作和应急响应。同时，由于空中和地面的时空环境和业务场景有天壤之别，5G-A网络切片技术的灵活性还能够满足天地一体场景中的差异化需求，为不同的应用提供定制化的网络服务。5G-A天地一体是对地面蜂窝通信网络与卫星通信网络的互补融合，形成一张全球无缝覆盖的综合通信网络，满足行业用户和个人用户无处不在的业务接入场景。2023年5月，工业和信息化部批复中国移动使用其4.9GHz部分5G频率资源在国内有关省份开展5G地空通信（5G-ATG）技术试验②。5G地空通信就是面向天地一体场景发展的第一步，通过地面与飞机机舱间建立的地空通信链路，乘客在机舱内即使开启手机“飞行模式”也能够保持畅通的网络通信，实现飞行期间不断网。5G地空通信的应用实践进一步提升了5G网络覆盖范围，丰富了5G在地表之上的创新应用场景。网络覆盖是信息传播的先导要素，5G网络通信融入新的空中应用场景，意味着未来将激发新的传播需求和新的媒体形态。当天地一体打通，智能网联无人机就能够完成自主感知新闻热点，自动拍摄新闻素材，无人机新闻业务或将成为可能。

① 新浪科技.中国移动丁海煜：5G-A产业加速，深化数智社会转型[EB/OL].（2022-08-29）[2022-08-29].http：//finance.sina.com.cn/tech/roll/2022-08-29/doc-imizmscv8155751.shtml.

② 工业和信息化部.工业和信息化部批复5G地空通信试验频率 进一步推动我国5G行业应用新发展[EB/OL].（2022-05-05）[2022-05-05].https：//www.miit.gov.cn/jgsj/wgj/gzdt/art/2023/art_9e1307dd3f4c4459a2af85ca3898a295.html.

四、后5G时代新生态：数智赋能加速媒体深度融合

5G前半场引领与驱动了全媒体传播体系，加速了媒体融合的创新发展，5G后半场将进一步向教育、体育、旅游、社会治理、医疗、交通等垂直领域全面拓展。5G-A更高速的数据传输和更低的网络延迟，将使万物互联、万物皆媒、虚实交融、实时交互、空天地一体真正实现规模化发展。在5G-A技术的赋能下，数智媒体将开启新纪元，加速媒体深度融合，驱动传播与社会的深度融合，共建数字社会的全媒体生态。

（一）智能传播构成数字社会生态的神经网

无线世界从2G升级到3G、再升级到4G，基本上只是一个行业性的事件[①]，而5G的出现则是一个里程碑式的质变。4G改变生活，5G改变社会。随着5G逐步商用，不仅各级融媒体5G应用丰富多彩，构建了全媒体传播体系；在社会重大事件和垂直行业中，也能看到5G赋能数智化演进。

5G-A更高速的数据传输和更低的网络延迟，将使万物互联、万物皆媒规模化成为现实，加速媒体融合创新发展。传媒行业基于海量物联大数据和5G应用将高效完成精准推送和预测性新闻编辑，为个性化新闻服务赋能，助力融媒体的精准感知[②]。在推进媒体深度融合过程中，不是只有5G-A发挥作用，5G作为技术基底，还能融合人工智能、AR、XR等多元技术，合力促进媒体深度融合。在多元技术的基础上，传媒行业才能实现智能推荐、精准投放、远程协同、实时传输等智能化的传播服务。在提高用户体验、降低制作成本、提高制作效率的同时，不断开拓市场，创造更多商业机会。可以预见的是，5G技术的演进将进一步细化和拓展应用场景，5G-A将全面融入教育、体育、旅游、社会治理、医疗、交通等垂直领域。对于传媒行业来说，5G-A的出现将驱动传播与社会的深度融合，助力社会各行各业传播成为常态，共同构建数字社会的全媒体生态。

① C114通信网.MWC23观察：华为以5.5G描绘无线未来 目前5G行业应用仍处于初级阶段[EB/OL].（2023-03-09）[2022-03-09].http：//www.ctiforum.com/jishu/dongtai/610183.html.

② 尹琨.5G建设发展与媒体融合相向而行[N].中国新闻出版广电报，2022-07-28（03）.

（二）智能媒体开启数实融合世界的新纪元

预计到2025年，中国将成为首个5G连接数达到10亿的市场。预计到2030年，中国的5G设备连接数将达到16亿，占世界总量的三分之一。这也意味着5G技术将在2024年超过4G，成为中国最主流的移动技术。①

5G自商用以来，经过五年的演进，能力不断增强，5G应用也逐渐普及化和规模化，从当初的蓝图变为现实。从5G-A的技术特点和六大应用场景来看，移动通信技术的发展对于传媒领域来说已经不仅仅扮演最初的“角色”。5G不只是媒体的信息传播渠道，通信技术也不局限于传输，沉浸实时、工业互联、智能上行、千亿物联、通感融合、空天地一体等5G-A应用场景将带来裂变式的创新效应。5G-A的“内生智能”能力也会对网络通信的各个层级进行全面的智能化重构，成为构建未来元宇宙的主要支柱。从智能终端来看，信息传播的媒介载体也不再局限于智能手机，超高清摄像头、可穿戴设备、智能网联汽车等都可以传播信息，未来网络中的移动终端数量将达到千亿级别。

5G-A时代，无处不智能、无时不智能，万事万物皆智能，信息网络的使用者或许不再局限于人。信息通信网络的“内生智能”关键能力将会使网络中的各类机器也具有智能化的处理能力，机器就是信息数据的采集者、接收者和使用者，并可以根据算法和逻辑作出自主判断和反馈。在可预见的未来，5G-A不断发展并向6G演进，数智媒体将开启一个新的纪元，数字技术与融合传播将打造一个虚实相融、实时交互、万物互联、空天地一体的数实融合新世界。

---

① GSMA.2023年中国移动经济发展报告[EB/OL].（2023-03-28）[2023-03-28]，https：//mp.weixin.qq.com/s/2_D8-RAd3hwwcFvkDzewnA.

2.4　人工智能赋能媒体内容规模化生产：进展与案例[①]

周葆华　赵鹿鸣　刘沂铭[②]

摘要：人工智能的涌现式发展对传统媒体的内容生态定位带来挑战，也为其深度的智能化转型提供了机遇。近年来，人工智能技术逐步落地，实现了在新闻线索、新闻产制与新闻编辑等业务流程中的应用。本文分析了人工智能赋能媒体内容规模化生产的技术原理与进展，对中央媒体、省级媒体与市级、县级媒体开展案例分析。研究认为，随着媒体智能化转型的深入，大语言模型等人工智能范式将凭借自主学习与高级理解能力，进一步突破基于固定规则与模板的生产方式，提升媒体内容的规模化生产。各级机构媒体可借助人工智能的赋能，实现业务逻辑、生产效益、身份定位的多重转变。

关键词：人工智能；智能媒体；新闻生产；规模化；数字新闻

近年来，作为媒体融合发展的重要推动力量，信息技术，特别是人工智能技术发展迅猛。处于深度融合进程中的新闻媒体，如何积极探索和应用人工智能技术，构建新一代的传播平台，并以此推动媒体融合向更深层次发展？本文结合案例，分析阐释如何将人工智能技术深度嵌入自身内容产制流程，赋能媒

---

① 本文是科技创新2030—“新一代人工智能”重大项目（编号：2020AAA0106700）、国家社科基金人才项目（22VRC186）、复旦大学人文社科先导项目“面向媒介深度融合的智能媒体创新研究与应用”（编号：IDH3353070）的阶段性成果。

② 周葆华，复旦大学新闻学院教授、副院长，信息与传播研究中心研究员，全球传播全媒体研究院、国家发展与智能治理综合实验室研究员，计算与智能传播研究中心主任；赵鹿鸣、刘沂铭，复旦大学新闻学院博士研究生。

体内容规模化生产。

一、媒体内容规模化生产的意义与现状

中国媒体融合已经走过十年历程，全媒体传播体系建设不断完善，但传统媒体的内容规模化生产仍亟待突破与改进。

（一）媒体内容规模化生产的意义

媒体内容规模化生产是指通过高效流程和资源配置，提升内容产量并扩大受众覆盖面的生产方式。从寻找、策划选题，到采写、编辑、摄制，再到排版刊发或播出，媒体内容生产一直面临着高额且固定的首拷贝成本，但后续分销的增量成本较低。随着数字技术的发展，内容产业大规模复制产品的成本趋近于零，因此其最终规模的制约由生产端转移到消费端，由消费者的注意力和时间资源的上限所决定。内容生产技术门槛降低，非专业行动者涌入，他们通过较短的制作周期、较低的制作成本与垂直运营策略，挤占了传统媒体的市场空间。内容市场的不断细分，以及不同平台的算法与用户特征，要求兼顾多样性与规模性的大规模定制（mass customizing）的内容生产模式[①]，这对内容生产者的差异化生产与分发能力提出更高要求。

面对变化的内容生态与行动者，传统媒体不断寻求转型，采取新技术、新观念和新运营模式，以增强内容规模化生产能力。从早期媒体融合阶段的报网互动、“两微一端”与“中央厨房”等举措，到当下进入深度融合阶段的“新闻+”模式，传统媒体的角色定位、内容结构与生产逻辑都有所改变。角色定位方面，在深度融合背景下，传统媒体的角色定位不仅是基于内容与行政逻辑的社会公共信息的提供者[②]，更是以“新闻+政务+服务+商务”为中枢的社会资源整合者，而规模化的运营才能够帮助媒体在提升传统新闻内容供给效率的同时，强化传统媒体的服务与连接能力，真正实现多元化、综合化的职能转向。内容结

① Da Silveira G，Borenstein D，Fogliatto F S. Mass customization：Literature review and research directions[J]. International journal of production economics，2001，72（1）：1-13.

② 喻国明，耿晓梦.“深度媒介化”：媒介业的生态格局、价值重心与核心资源[J]. 新闻与传播研究，2021，28（12）：76-91，127-128.

构上，传统媒体在“两微一端”等平台上展开矩阵式运营，但多平台多账号的运营方式反而加重了内容供给压力，使传统媒体在人力无法大量扩张的情况下，难于“无米之炊”。相对于海量的个体、社会机构和平台，传统媒体在融合转型中面临的重要挑战之一就是内容生产缺乏规模化，无法触及和回应社会生活的多面向，生产并分发足够多的内容，形成在深度“媒介化社会”中连接社会的力量。因此，在控制人员规模与成本的基础上，通过生产工具与系统的智能化赋能，深度挖掘传统媒体的优质内容资源，为传统媒体的内容结构调整提供支持，满足多端发布甚至个性化推送的大规模需求，就成为媒体深度融合进程中的应有之义。

（二）媒体内容规模化生产的现状

媒体内容规模化生产呈现出移动化、社会化与智能化三大趋势：主流媒体主动求变、积极应变，以移动化为支撑点，拓展媒体规模化内容生产的生态基础；以社会化为突破点，完善媒体内容规模化生产的内容布局；以智能化为着力点，强化媒体内容规模化生产的技术驱动。

1. 移动优先，拓展规模化内容生态

移动优先策略，是主流媒体融合一直以来的重点，目标是创建以手机阅读为主导，以多平台、多终端为矩阵的传播系统。截至2023年6月，我国手机网民规模达10.76亿，较2022年12月增长1107万，网民使用手机上网的比例为99.8%[①]。面对有限的移动用户资源，主流媒体客户端面临着商业传播平台客户端的强大挑战，仅有少数中央媒体和省级媒体的新闻客户端维持着较强的竞争力。

移动终端使传统媒体得以更迅速、精准地传播信息，实现与年轻用户的有效连接，提升传播效果。但同时，移动端对于信息时效性和数量的要求更加迫切，传播节奏更快。成本低、效率高、覆盖面广的规模化生产系统能够为移动优先策略提供有效支持，帮助新闻媒体在控制成本的同时，实现内容的快速发布与传播，并适应不同移动平台高速、多变的传播环境。例如，在对热门话题的运营中，先发布者能够成为话题的主持人，从而更好地发挥主流媒体的引导作用，实现传播效果的最大化。

① 中国互联网络信息中心.第52次中国互联网络发展状况统计报告[R/OL].（2023-08-28）[2023-08-29]. https：//www.cnnic.net.cn/n4/2023/0828/c88-10829.html.

2.社会化增量，完善规模化生产格局

主流媒体在坚持专业性内容生产的同时，提升内容供给的差异化、个性化、有效性，探索平台和专业性媒体的协同生产模式，依托自有平台建设内容矩阵。例如，《人民日报》的“人民号”，南方报业的“南方号”，澎湃新闻的“湃客”等。在主流媒体的自有平台化建设中，本地政务新媒体和媒体单位通常率先入驻，逐步纳入社会其他机构和个人内容生产者（包括高校、“自媒体”等），将自身打造为本地新闻信息的集散枢纽。

3.智能化提效，强化规模化技术驱动

进入互联网时代后，内容生产领域经历了从PGC（专业生产内容）到UGC（用户生产内容），再到AIGC（人工智能生成内容）的进程。目前，在新闻内容生成和编辑方面，语音转换文字技术、机器人写作、音视频自动生成技术、内容纠错技术等被广泛应用。这些人工智能技术将传统媒体从业者从重复与基础性的信息收集与处理工作中解放出来，使其能够专注于更需要创意、思考、判断的深度报道领域，为新闻内容生产增质提效。2022年起，以ChatGPT为代表的AIGC技术呈现涌现式发展态势，内容规模化生产的深度和广度将得到提振升级。

二、人工智能赋能媒体内容规模化生产的技术机理与应用场景

新一代的人工智能技术是媒体深度融合的重要动力。2021年至2022年，人工智能领域关键技术获得突破，为智能媒体创新提供动能。尤其是GPT-4等大规模预训练语言模型的出现，实现自然语言处理、计算机视觉等多项能力的有机集成。机器可以完成交互式问答、推理、代码生成等复杂的智能任务，逐步从弱人工智能转向强人工智能。在这一过程中，自然语言处理技术、语音识别技术等人工智能子领域齐头并进、相互推动，为实际应用奠定基础，助力了媒体内容规模化生产。

（一）人工智能在媒体内容规模化生产中的技术原理

1.自然语言处理技术

自然语言处理技术的原理是训练语言模型获取语义理解与生成能力。当前的预训练语言模型是其中的代表。以BERT模型为例，该模型由谷歌在2018年推出，基于Transformer Encoder结构，已在大规模的文本语料上进行无监督预训

练。在预训练基础上，BERT模型可针对特定任务进行微调，为专业领域生成更精准的语义理解与产出效果。[①] 例如，在传媒行业中，为实现新闻自动写作，可对微调BERT模型进行新闻报道风格的文本生成。通过大量的新闻报道语料训练，模型可根据媒体的新闻写作需求，模仿其语言风格和行文结构。在生成阶段，仅需输入新闻主题与关键信息提示，模型即可自动完成定制化的新闻写作。同时，随着模型训练数据量和参数级别不断扩大，新闻自动写作的质量也会得到精细化调整而不断提升。

2.语音识别技术

语音识别技术的目标是将语音信号转化为文本信息。其原理是构建语音识别系统，包括语音分析、声学模型、语言模型、解码器等技术模块。首先，语音分析模块可对输入的语音进行参数化表示，提取语音的声学特征。而声学模型对这些特征建模，预测语音对应的发音单元序列。语言模型利用大规模语料训练，为识别系统提供语言先验知识。解码器则综合利用语言模型和声学模型，搜索最大可能性的词输出序列。随着深度学习的发展，利用深度神经网络构建端到端的语音识别系统成为主流。该系统可直接利用语音数据训练声学模型，不再需要语音分析和人工设计的声学特征。在新闻采访中，语音识别系统可以识别人们的讲话并转化为文字，大幅提高采访报道中语音内容的转写效率。

3.语音合成技术

语音合成技术的原理是将文本转换为语音信号，与语音识别技术的工作流程互补。基于深度学习的语音合成技术，主要包括Tacotron系列和WaveNet系列两类。其中，Tacotron采用序列到序列（seq2seq）结构，编码器先将字符表示为语音频谱特征，然后由解码器将频谱生成的相应语音波形来表示语音。而WaveNet基于卷积神经网络，利用条件概率模型建模语音波形的分布。[②] 两者技术优势不同，但可以互补，许多语音合成系统已串联起Tacotron与WaveNet，从

---

① Devlin J，Chang M W，Lee K，et al. Bert：Pre-training of deep bidirectional transformers for language understanding[J]. arXiv preprint arXiv：1810.04805，2018.

② Shen J，Pang R，Weiss R J，et al. Natural tts synthesis by conditioning wavenet on mel spectrogram predictions[C]//2018 IEEE international conference on acoustics, speech and signal processing (ICASSP). IEEE，2018：4779-4783.

而填补声码器和声学模型的鸿沟。近年来，Transformer架构下的语言合成模型也在长文本任务中表现出理想的建模能力，进一步促进语音合成业务的性能提升。这些模型可用于新闻播报语音合成，输入新闻文本后自动生成语音，从而减少真人新闻播音的工作量，实现长时间、少差错、高度仿真的新闻播报效果。

4.计算机视觉技术

计算机视觉技术的原理是利用深度学习模型对图像内容进行分析与转换。基于卷积神经网络的模型，如VGG、ResNet等可通过层次的特征提取识别图像的物体和场景的类别、位置和数量等。而生成对抗网络（GANS）可以实现图像到图像的转换，如图像修复、风格迁移等。变分自编码器（VAE）则可以学习图像潜在分布，实现图像生成等。2022年以来，备受关注的Midjourney，Stable Diffusion等AIGC应用，融合生成对抗网络（GANS）、变分自编码器（VAE）等技术，实现从文本描述到图片的仿真生成。[①] 此外，利用计算机视觉技术，还可以实现对媒体资料库的智能化管理，通过预训练的数据对媒体的过往视频、图片进行初步标签分类，便于检索管理，还可以分析新闻图片中的人物事件，进行图像修复或转换风格以丰富报道，甚至生成相关创意图片，以补全视觉信息。

5.多模态融合技术

多模态融合技术通过构建不同模态之间的关联，实现多模态的理解和生成。典型的多模态融合模型采用单编码器结构，不同模态的数据都输入同一个编码器中处理。编码器学习不同模态来表示相互之间的关系，由解码器负责生成特定模态。例如，在图像字幕生成任务中，图像和文本的特征会一同输入编码器中，由机器学习两者的关联，最后生成文本描述。而在新闻编辑中，多模态融合技术有助于打通融媒体内容规模化生产流程，协同分析报道所需的文本、语音与视频资料，实现自动化的新闻撰写，以及新闻视频与配图的对应转化。

（二）人工智能技术应用于内容规模化生产的主要场景

1.获取新闻线索

传统业务流程中，记者主要依赖条线供给、公众投稿等渠道来获取新闻线

① Shan S，Cryan J，Wenger E，et al. Glaze：Protecting artists from style mimicry by text-to-image models[J]. arXiv preprint arXiv：2302.04222，2023.

索。进入平台化时代，社交平台上的用户讨论被视为重要的新闻线索，媒体可通过社交平台监测工具，发掘社交平台上的热点议题和事件，并将聚合后的热点内容推送至新闻编辑室后台。其局限性在于，依赖社交平台热搜来判断新闻价值，已然失去时效性。编辑部需要更及时地获取潜在的新闻线索，以争取新闻故事首发。

人工智能技术可为编辑部智能获取新闻线索提供新方案。具体来说，主要通过两步实现：第一，前置消息源头监测，将监测重点从社交平台站点转向职能部门站点，运用成熟的大数据挖掘技术搜集信息，监测所关注站点的信息更新；第二，整合自然语言处理技术，将所监测到的信息，自动生成摘要推送给新闻编辑部。在这一过程中，技术的关键是构建相关事件主题的知识图谱，以此更好判断信息的新闻价值。例如，面对地方组织部门发布的人事任免消息，需要针对人事任免的常见关键词构建图谱，然后通过命名实体识别、关系抽取、摘要生成等技术，输出新闻线索提示。这样，编辑部就可以快速依据新闻价值要求，判断是否需要进行事件报道。

2. 新闻生产制作

新闻生产的核心环节是制作新闻内容，这是媒体内容规模化生产的关键。根据当前融媒体新闻的需求，内容生产可分为文字和视频两大类。

文字类方面，人工智能应用计算机辅助写作、文本提示、采访语音直接转文字、机器人自动写作等多种实践形式。具体来说，在计算机辅助写作的阶段，人工智能可根据记者已撰写的新闻段落提供优化建议、续写建议和插入相关新闻事实等服务。机器人自动写作技术则主要应用于气象、体育、财经等语料库较为成熟、稳定的报道领域，它通过录入丰富的对应事件语料库，结合不同的输出模板，自动撰写实时发生的事件结果。而语音与文本技术的整合（如讯飞公司在2023年升级的“讯飞听见·会写”业务），可以实现录音内容（采访、讲稿等）自动转录生成新闻稿件，记者在此基础上进一步微调文字即可出稿，从而打通从新闻采集到写作的准自动化流程。

视频类方面，可分为文字直接转视频、虚拟人录播/直播两种形式。首先，文字转视频的逻辑，已不同于视频记者在时间线上筹备视频素材的非线性剪辑模式，而是根据所输入的文案脚本，机器自动提供标题、配音与分镜头素材。

记者可以在个性化定制中，选择改变标题、视频素材（如替换为新摄制的素材）、装饰效果、配音音色等设置。而为了实现这一效果，文字转视频功能的本地化配置中，媒体需要积极完成资源库建设，打通内部各单位、各部门的图片与视频资源，或购买第三方视频图片素材库。媒体机构可以利用人工智能中的预训练计算机视觉技术为素材粗分类，然后在二次训练或人工打码后，为视频图片素材贴上更符合需求的标签，从而实现相对精准的视频图片与稿件匹配。

虚拟人录播/直播的形式，需要在融媒体工程中结合计算机视觉、语音合成、仿真建模等技术。一方面，可利用机器学习录入真实人脸，将现实中存在的人物数字化，并学习其声线与动作姿态。另一方面，可自主采购或者研发专属的原创形象IP（如《中国日报》虚拟员工“元曦”，SMG融媒体中心虚拟新闻主播“申苏雅”），建立表情、声音与动作系统，实现可持续的录播与直播工作，进而推广新闻机构的品牌形象。在实际应用中，可将虚拟人录播作为常态栏目，或者与虚拟演播室直播相结合，实现真人嘉宾与虚拟人的互动配合。虚拟人主播有利于增加新闻内容对受众的吸引力，控制直播与录播的出错概率，同时减少人力和演播室搭建成本。

借助文本、图片与视频的多模态技术融合趋势，未来还可以实现由采访录音转文字、文字转新闻稿、新闻稿转视频、视频中装载虚拟人播报的复合形式，进一步整合自动化的新闻生产流程。

3. 新闻编辑

当发现新闻线索、记者完成内容制作流程后，在编辑所需的工作环节中，人工智能在媒体内容规模化生产的应用主要体现在自动审核、自动配图、自动标题、自动摘要、自动推送和自动分类标签等环节上。其中，计算机视觉技术和自然语言处理技术发挥着主要作用。例如，在新闻编辑过程中，常见做法是进行自动审核，主要利用自然语言处理技术中的文本匹配算法，自动识别新闻原文中是否存在敏感词语或错别字。

在人工智能驱动的采编工作中，可调用计算机视觉中的图像识别或生成技术，根据新闻文本的主题及关键词自动检索匹配图片，实现智能配图。同时，系统还可以利用自然语言处理技术中的文本摘要算法，通过提取新闻文本的主题词及关键句，自动生成表意准确的标题和内容概要。在编辑完成工作后，为了扩大传播范围，新闻编辑室还可以采纳自动推送服务。系统用自然语言处理技术为稿件赋予主题标签，既有利于媒体资源管理，让编辑可以根据标签快速查找过往的机构新闻资源；又便于算法分发，将其推送给可能对该类新闻感兴趣的用户。在客户端的新闻分发中，还可根据点赞、转发、评论、用户停留时间、完读率等指标综合计算其传播效果，供媒体的数据分析人员使用。

三、案例分析

人工智能技术正在各类媒体中蓬勃发展，赋能内容规模化生产。在案例分析阶段，我们主要以主流媒体为研究对象，将媒体机构分为中央、省级，以及市级和县级三个层面，对不同层级的媒体在人工智能技术应用方面的策略进行分析。

（一）中央媒体

1.人民日报

近十年，人民日报以构建全媒体新闻生产生态为目标，积极探索人工智能在内容生产规模化中的应用。核心产品——AI编辑部始终保持着较快的迭代速度。2020年全国两会期间，人民日报联合阿里云首次发布了AI编辑部；2021年全国两会期间，新增五大全新AI能力的智能编辑部2.0上线，结合5G+边缘计算技术，强化了在全媒体生产应用场景的深度、广度；2022年全国两会期间，AI编辑部迭代至3.0版本，进一步降低采编人员的使用成本与难度，推出移动版，并增加事实核查、5G全媒体生产、视频加密暗水印、热点汇聚、智能会议纪要、一键生成视频、数字人播报等直击采编流程痛点的新功能。① 在此期间，AI编辑部参与了1780分钟（约30小时）的直播剪辑，短视频代表作“政府工作报告这些话，暖心又提气”在人民日报“两微一端”全网推送，获得了微信阅读量10万+，微博视频播放量300万+的成绩。②

除视频生产，AI编辑部也通过多种方式赋能图文内容生产。其中，“多模搜

① 彭琪月，徐江旭.虚拟数字人、人工智能编辑部……媒体探索移动互联网前沿技术创新应用.[EB/OL].（2022-06-29）[2023-07-26].http：//finance.people.com.cn/n1/2022/0629/c1004-32460709.html.

② 郝冠南，刘星宏.技术创新驱动高质量内容生产——人民日报AI编辑部3.0助力两会报道[J].中国传媒科技，2022（05）：7-9.

索”功能已实现文本、图片、视频、多语言、语义等全方位智能搜索，与“新闻线索热点发现系统”配合，可以帮助编辑记者多方位了解互联网热点、同行业观点等，复现事件全貌，并通过知识图谱提供补充信息。而“智能数据导图生成”功能模块能够根据数据一键生成动态图表，丰富新闻素材，赋能可视化视频，提升新闻报道的说服力和表现力。①

人民日报快速应用人工智能技术的背后，是国家重点实验室的体系支撑。2019年，由人民日报社主管、依托人民网建设的传播内容认知国家重点实验室经科技部批准建立，成果频出。例如，实验室研发的“智晓助”系统，利用自然语言处理等技术，实现机器辅助提示纠正多模态内容中的不规范表述，大幅提升审校效率与准确度。传播内容认知国家重点实验室对多方向的智能生产研究作出理论与技术探索，给予内容生产规模化更多想象与应用空间。

2. 新华社

2019年，新华社首个智能化编辑部正式建成并投入使用。它以人机协作为主要模式，对新闻生产“智能采集—智能加工产品—智能审核—智能分发—智能反馈”链路进行全环节、全流程再造。在全国两会等重大主题报道中，智能化编辑部为记者配备5G笔记本、直播背包、AR直播眼镜、智能录音笔等装备，试图大幅提高融媒体产品的创新能力和生产效率。

2019年起，新华智云科技有限公司借助新华社平台试水数字人业务，而后逐步完善全链路的数字人生产能力。其自研数字人技术，可以通过照片快速生成数字人物，还可进行智能语音交互。这打破了过去真人出镜录制的时空限制，可广泛应用于新闻采访、节目主持等场景。截至2023年初，超过500家媒体、政府机构、金融机构、会议会展企业使用新华智云虚拟主播。2023年，新华智云进一步为数字人技术增强AIGC能力。使用者只需要提供文字描述，系统就可以在短时间内生成符合描述的数字人物形象，这为新闻内容创作注入更丰富、快捷的个性化元素。②

① 王京，徐江旭.从三大央媒实践看主流媒体智能化发展趋势[J].传媒，2023（08）：35-37.

② 新华网.元始于卯 · 人篇｜AIGC助力“数字人自由”，新华智云靠什么？[EB/OL].（2023-02-28）[2023-07-26].http：//www.xinhuanet.com/gongyi/20230228/4dbfff1e53534b3bb081e02947c5810c/c.html.

除了数字人形象的自动化生成，新华智云在自动图文内容生成方面也布局较早。2017年，新华智云提出“机器生成内容”的概念，并在2023年7月推出最新的写作模型“妙笔”。该系统实现了一键生成写作提纲和文章、提取关键词等功能，大幅提升了编辑写作效率。“妙笔”可针对不同场景与需求快速生成不同版本、不同语言的实时性、多样性的文章，助力新闻内容规模化生产。

在编辑过程中，新华智云的智能编辑技术也独具特色。该技术可以实现直播拆条、关键帧提取等智能剪辑功能，在金融、旅游、体育等垂直领域，视频内容的自动化生产效果良好，人工干预程度较低。同时，系统具备生成多模板、快速替换的能力，满足新闻编辑室不同栏目的个性化需求。这为视频剪辑工作从手工操作到智能化生产的转变，提供了关键技术支撑。

在新华智云的战略规划中，无论是数字人，还是图片、文本与视频的自动化生产，都被期望与元宇宙概念深度融合。2023年3月，新华智云发布了由AIGC驱动的元宇宙系统，可通过语音指令快速构建数字人物、虚拟场景和内容，极大降低元宇宙内容制作的门槛，为更多行业应用元宇宙技术提供可能。为此，新华智云还与多家媒体和科研机构组建创新联盟，通过接口开放的形式，推动元宇宙技术成果的共享和传播。

总体来看，作为中央媒体，新华社采取了与互联网公司合资创办科技公司的方式，来顺应人工智能潮流，使之为主流媒体所用。新华社软硬件发展并重，共同为内容生产赋能。

3.中央广播电视总台

为了深入推动媒体融合向纵深发展，中央广播电视总台积极构建“5G+4K/8K+AI”全新战略格局，推动媒体智能化发展。2019年，央视网正式推出“AIGC人工智能编辑部”系列创新产品。[①]该平台集成智能策划、智能采集、智能生产、智能运营、智能审核等全链条内容生产流程，致力于探索人工智能技术在新闻实践中的应用，为中央广播电视总台的“智慧+”数字化转型与

① 央视网.央视网AIGC平台获评2022中国互联网大会“互联网助力经济社会数字化转型”特别推荐案例.[EB/OL].（2022-11-23）[2023-07-26].https：//aigc.cctv.com/2022/11/23/ARTIvJWb9MpjAVWDfV3dBZiW221123.shtml

升级提供支撑。以央视网AIGC平台为基点，央视网还在2020年成立了智慧媒体学院，联合高校、科研机构和科技企业培养储备人才，通过产学研一体化的方式将发展成果辐射媒体、视听产业、政企等部门，以“内容+平台+技术”全媒体综合服务助力其他部门与行业的转型升级。①

总台的AIGC平台是跨设备、跨系统的智能云剪辑平台，它通过12路直播输入信号进行“找”“选”“编”三个阶段的智能加工，仅需1.5分钟即可渲染出一条短视频。技术上，AIGC系统已实现直播画面的关键帧自动化提取、智能转稿、智能拆条等功能，同时依托康辉、贺红梅等主播资源开发了自动配音工具，在维持自身调性的前提下，实现电视新闻向新媒体的智能化、自动化、批量化转换，以人工智能赋能构建“大屏支持小屏、小屏反哺大屏”的双向传播体系。②

总体来看，中央广播电视总台以视频内容为核心，充分利用自身资源优势，打通全链条智能视频生产体系，并将智能化理念落地于“央视频”等新媒体平台，在实际应用中验证了人工智能在大小屏内容的规模化转换与传播中的赋能效果，为行业的规模化生产提供了有价值的参考。

（二）省级媒体

1.四川日报报业集团封面新闻

引领区域影响力、辐射全国、保持市场竞争意识和能力，是省级传媒集团的运营重点。为此，在智能化转型的关键节点，省级传媒集团尝试引入人工智能技术，实现内容规模化生产，四川日报报业集团的智能化探索是其中的典型案例。2018年之后，四川报业集团意识到要正面应对新闻生态系统中多元行动者兴起的新态势，开启了自主研发智能化生产系统的进程。经过两年的迭代，到2020年，由封面传媒领衔的采编中枢系统“封巢”已具雏形。截至2023年，“封巢”日益完善，已完全承载四川报业集团旗下川观新闻、封面新闻等媒体的内容生产工作，具有良好的覆盖率与使用率。在人工智能赋能媒体规模化发展的技术开发模式上，四川报业集团针对核心需求完全自主研发，仅引入少部分

① 郭倩.AI赋能媒体！“数字小编”成为央视网两会报道的创新表达.[EB/OL].（2021-03-10）[2023-07-26].https：//news.cctv.com/2021/03/10/ARTI3LBDUPcwVl3YiTmadp52210310.shtml

② 王京，徐江旭.从三大央媒实践看主流媒体智能化发展趋势[J].传媒，2023（08）：35-37.

外包团队解决基础性开发工作。封面传媒不仅实现了智能技术的自给自足，而且通过将解决方案输出到其他省级、市级媒体，增强自我造血能力，反哺集团利益。

具体来说，在自动化程度上，“封巢”实现了分层次的内容处理：来自中央媒体的内容通过开放接口自动获取更新，其他主流媒体的内容实施人力与机器协同的半自动化采编。在原创新闻内容的规模化生产方面，封面新闻推出多款智能产品助力新闻内容生产。首先，封面科技围绕新闻线索采集，通过整合深度学习、文字识别、知识图谱等人工智能技术，辅助记者多渠道收集信息、归类信息、梳理事件脉络，来实现资料的一手或独家挖掘。在新闻写作中，采编系统整合语录库推荐、关键词识别、摘要自动生成等功能。同时，推出自动写作功能，即“小封写作”，作为封面新闻重点自主研发的智能IP，内嵌于封面新闻App中，可部署在体育、财经、地震播报、文学创作等领域，依据模板实施全自动化写作，提交候审，大幅度提升应对突发事件的反应速度，减轻记者编辑在常规新闻报道中的负担。在全量开放的情况下，“小封”可达到每月自动写稿10000篇的水平。[①]

除自动写作机器人，封面新闻在融媒体内容生产环节重点打造了“虚拟人+视频”的组合技术模式，主要应用在短视频栏目、虚拟成像演播室、VR技术等视频形式中。例如，“小清姐姐”是由封面新闻联合四川互联网联合辟谣平台自主研发的虚拟人，负责主持“辟谣”板块中的“小清话辟谣”视频栏目。该辟谣栏目完全通过虚拟人播报的形式呈现，能够根据提供的文字内容快速生成视频，大幅度提升政府与地方媒体对于社会谣言的响应速度，传播效果良好。

为适应智能化内容生产，四川报业集团在组织流程上也对封面新闻、川观新闻进行一定的调整。技术中心被赋予牵头协调业务部门和技术部门的职责。而审核流程从原来的三审三校调整为更为严格的六审六校，以强化人工智能生成内容的安全性。考核机制上，互联网化传播力导向与传统新闻质量导向的考核标准并存。其核心理念在于重视原创研发与技术创新，投入较高预算维护稳

① 朱珠.刚出完诗集，小封机器人又获奖了！[EB/OL].（2019-12-12）[2023-07-26].https：//www.thecover.cn/news/3178967.

定的核心技术团队，招聘虚拟人工程师、算法工程师等人才。

2. 上海报业集团澎湃新闻

2023年，是上海报业集团成立澎湃新闻品牌的九周年。作为植根传统报业集团的原生数字新闻项目，澎湃新闻在智能生产方面不断探索，与封面新闻一同形成东西部省级媒体的区域示范效应。目前，澎湃新闻日均产出全媒体内容超过500条，其中近300条为视频。为实现这样大规模的内容产出，澎湃推出AI海报、AI视频、AI写作和AI财报简讯等工具，通过AI技术实现快速乃至即时的事件响应和内容发布。例如，AI海报支持文字生成图像及图像生成图像两种工作模式，编辑可快速获取多种风格的高质量新闻海报，免于设计流程的时间损耗。而AI视频工具仅需文本输入，即可自动实现配音、字幕等效果，一键生成短视频。同时，澎湃AI写作工具基于语言模型，可以为记者和平台内容创作者提供写作提纲、故事、诗词、灵感创意等服务，同时支持智能校对、语言润色、风格改写、扩写缩写等多项文字辅助功能。这些AI工具形成矩阵，显著提升了澎湃新闻的内容生产效率。

在内容呈现上，澎湃新闻亦是传播、科普智能技术应用的先行者。通过综合使用4K、VR/AR/XR、3D、SVG动画、数据解读、交互视频、物理模拟引擎等表现技术手段，澎湃新闻为融媒体项目赋予更为沉浸式、智能化的体验。例如，2022年，在回顾天宫空间站建造历程的专题内容中，澎湃新闻引入电影、游戏行业的顶尖虚幻引擎技术，制作4K影视级渲染CG动画，以此完成天宫空间站的解释性报道，大幅度提升了融媒体新闻报道的品质。

在规模化生产前后端的资料管理上，同封面新闻一样，澎湃新闻建立了抓取关键网站内容的采集系统，通过监测新闻线索实现一手消息的即时挖掘，并将这一功能与编辑系统打通；同时，构建了自主研发的内容审核系统“清穹”，对内容进行智能审核，实现内容生产闭环管理。

面向未来，澎湃新闻计划转型为立足上海的全球媒体，全面增强国际传播能力。在这一过程中，人工智能被看作重要的驱动力，助推品牌实现全球化发展。例如，澎湃新闻计划打造24小时虚拟人主播的直播频道，利用AI+4K技术实现全天候新闻节目制作，进一步突破时间和空间限制，实现对全球热点事件的即时反应。

在封面新闻、澎湃新闻的内容及技术实践表明，头部省级媒体通过多领域、大范围运用AI技术，在规模化生产、管理等方面进行了大量探索，为传统媒体的智能化转型提供了宝贵经验。而他们的战略重点在于，智能化内容生产需要在业务需求与技术创新之间找到平衡。坚持可用性导向和培育自主研发实力，搭建人工智能赋能内容规模化生产的产制结构（精品、深度报道由人力主导，AI辅助；常态化内容由AI托管，人力辅助），从而增强媒体品牌在本土、全国乃至全球的影响力覆盖。

（三）市级和县级媒体案例

1. 绍兴传媒集团越牛新闻

2019年4月，绍兴市整合原绍兴日报社、原绍兴广播电视台，成立绍兴市新闻传媒中心（传媒集团），并于同年发布“越牛新闻”客户端。与中央媒体、省级传媒集团相比，市级县级媒体的资源禀赋与市场定位不同，因此在人工智能技术赋能媒体规模化发展上需根据地方情况进行差异化调整。绍兴传媒的特点是灵活整合市场资源，通过原创研发与第三方合作并重的方式引入智能技术。在人工智能的具体应用中，绍兴传媒集团注重促进绍兴市的社会服务与政民互动，完善“新闻+政务服务商务”的地方运营模式。

“越牛新闻”客户端推出四年来，技术团队已完成20余次版本优化与迭代，陆续为客户端加入语音处理服务和智搜机器人写稿服务。2021年12月，越牛新闻推出AI虚拟主播“小伊”，并为其设置“新闻早餐”“小伊说热点”等常态化的视频新闻栏目。2021年1月，5G+4K高清直播车为“越牛新闻”客户端及电视直播提供支持，实现了市级县级媒体直播从标清到超高清的制播升级。这些技术也拓展出实用功能，如利用客户端开展直播，收集居民关切问题，答疑解惑，疏导社会情绪等。此外，绍兴传媒还利用云计算和音视频识别技术，建设了智能数字媒资系统，可实现对历史音视频资料的集中管理，提升集团对内部数据与内容资产的价值挖掘能力。

为支撑人工智能赋能媒体规模化发展，绍兴传媒对内容体系、组织架构、经营模式等配套制度进行多方位改革，构建具有创新活力的融媒体生态。例如，在人才培养和制度建设中，绍兴传媒实施了“领雁”人才培育工程，重点培养名记者、名主编等新闻传播核心人才，为规模化生产提供引领性人才储备。截至2022年6月，“越牛新闻”下载量突破700万次，日均活跃用户量约20万人。①

2. 长兴传媒集团掌心长兴

2011年，浙江省长兴县整合报纸、广播、电视、网络等县级媒介资源，建立全国第一家县域全媒体传媒集团。十余年来，长兴传媒集团积极跟进人工智能技术，赋能媒体内容规模化生产。例如，在节目制作中，长兴传媒集团广泛使用自动配音技术，通过深度学习训练，实现了动画片、纪录片等多类节目音频内容的智能合成与增强，大幅降低了人工配音成本。同时，采用虚拟人技术，训练生成富有魅力的数字虚拟形象。目前，长兴传媒集团旗下的虚拟主播日均产出原创内容超过50条，获得较高的用户评价与黏性。

为了辅助内容产制的规模化，用户体验成为长兴传媒集团使用人工智能技术的关注点。例如，在内容推荐上，“掌心长兴”采用对话式人机交互技术，根据用户查询意图进行知识问答和智能回复，实现个性化推荐，日均交互次数超过1500次。集团还建立了用户大数据分析平台，能够对旗下几百万用户的兴趣标签进行精确划分，实现新闻内容的精准推送，提升编辑采写效率。

长兴传媒集团重视媒体资料的管理。集团构建了知识图谱，对人物关系、事件时间等知识点进行建模，知识点覆盖面达到80%，实现了相关信息的自动检索与推荐，提升了内容制作和管理的效率。在历史资料的运营检索中，集团重点运用计算机视觉和自然语言处理技术。例如，在视频处理上采用图像识别技术，可以自动分析视频画面中的人物、场景、文本等视觉元素，生成结构化标签，识别精度在90%以上，提升后续管理效率。另外，搭配使用自动字幕技术，让视频内容实现文本转录，既方便编辑检索以往的视听内容，也便于用户的精准检索。在机制配套上，2018年，长兴传媒集团率先在县级媒体中成立技术公司，同时新增数据管理部门，以保障技术应用。

可以看出，作为市级县级融媒体代表，浙江省的绍兴传媒与长兴传媒均闯出一条特色发展道路。面对新兴技术，他们保持对新技术的敏锐性、前瞻性与审视性，但并不“囫囵吞枣”，而是重点关注“能否为已所用”，以串联其总体

① 之江轩.“越牛”为啥这么牛？[EB/OL].（2022-06-02）[2023-07-26].https：//mp.weixin.qq.com/s/fUeVwLw7qmJfTxpX-lWlIw.

的融媒体转型策略。通过这一方式，绍兴传媒与长兴传媒不仅保持了技术吸纳能力，也注重人才队伍、管理制度、经营模式的调整，在内容建设、组织改革、运营转型等方面进行创新。其他市级县级媒体可以在深入研究这两个样本的基础上，结合自身情况，推进融合创新，实现影响力提升、品牌塑造和效益增长。

四、总结与展望

本文结合人工智能技术近十年的发展，分析阐释其具体应用于媒体内容规模化生产的过程，以及推动媒体表达形式创新和媒体产业转型升级的方式。基于以上讨论，本文对人工智能赋能内容规模化生产作出总结，并展望未来的发展图景。

（一）进展总结

人工智能与媒体生产场景深度结合下的智能媒体技术，已广泛作用于新闻媒体内容的规模化生产，不仅推进媒体生产流程的变革，也带来媒体表达形式的创新。需要注意的是，规模化发展并不意味着落入以平台与“自媒体”运营逻辑为基础的批量化生产套路中。在人机协同的新闻媒体内容生产过程中，人依旧是价值赋予者与质量把控者，机器只是替代了大量重复性劳动，充当任务执行者的角色。具体来说，本文将人工智能技术赋能生产流程的逻辑变迁梳理为以下要点。

1. 协同产制：人工智能技术赋能生产流程

第一，知识图谱技术统筹媒介资产。新闻媒体积累了大量优质的内容资产，其价值潜力尚未得到充分挖掘。过去的数字化转型建立起集中存储与管理新闻内容、版权资源的媒资库，但传统媒资库仅仅是方便归档与整理的存储数据库，在内容产量较小的传统媒体并不能发挥效用。智能知识图谱技术的发展，使多渠道的非结构化信息被结构化，多模态的媒介内容也被集成化，智能媒资库的功能由结构化的数据存储变为对海量信息的知识转化，媒介资产能够被充分且有效地调用，实现优质资源的有机整合。这既是智媒生产系统的中枢，又是定制化内容体验的支撑。

第二，线索发现技术强化选题效率。为提高选题效率，新闻媒体多采用网站监测方案，关注重要的新闻线索来源，同时通过对大数据的分析和挖掘，发现异常事件和潜在热点，抓住新闻报道的突破口。现有的自然语言处理技术能够更加智能地进行事件提取、脉络分析和背景资料提取，更贴合新闻媒体的生产逻辑，使媒体选题更加全面、客观和可信。统一的线索发现系统还能与中心化的选题分配方案相互配合，减少媒体融合中长期存在的业务“内卷”现象。

第三，多模态转换技术提升产制速度。传统媒体在跨模态内容生产过程中“苦工具不通用久矣”。例如，采访语音转文字、智能剪辑、自动审校、自动配图等功能相互独立，由不同厂商开发，影响了协作效率。近年来，各大媒体与互联网技术公司开发的智能媒体生产系统通过集成多种技术，如自然语言处理、视觉分析、语音识别与合成等，极大地赋能传统媒体生产过程。智媒生产系统可打破不同工具间的技术壁垒并增强其易用性。传统编辑室人员无须深入了解工具的内在逻辑，即可通过交互界面快速完成多模态转换的任务。多模态转换技术的发展为传统媒体的内容生产速度带来了极大提升，并为媒体产业的转型升级赋予了新的可能性。

第四，智能生成技术丰富内容生态。过去的写作机器人仅基于模板逻辑，局限于规律性强的新闻类型，实用程度一般。如今，在大语言模型基础上，部分媒体调试出基于媒体内容语料的百万参数级“小模型”，结合智能线索发现与知识图谱系统，小模型能够灵活地根据不同主题和需求生成多样化的底稿，不再受限于传统模板，直接提供大量信息并依据相关性进行排序，赋予写作者更多权限与编辑空间。结合大语言模型的提示词工程，智能生成技术还可以一键调整文字与视频创作风格，适应不同发布平台的传播逻辑。通过智能生成技术的灵活调整，主流媒体可以更好地适应不同社交平台内容生态中的用户特征与算法逻辑，增强内容的传播力和影响力。

2. 纵深融合：智能生产系统重塑传播业态

不同层级的媒体凭借各自策略纵深融合人工智能。

中央媒体以引领姿态，强化智能技术应用布局，不仅有效提升了新闻生产传播效率，更极大拓展了“媒体+”的运营模式。

省级媒体积极探索智能生成技术的应用，统筹省内资源，着力打造定位明确的智能化新闻生产体系。通过智能生成技术，省级媒体不仅提高了内容生产的效率，而且注重运营与服务思维的转变。部分省级媒体在探索自研技术系统的同时，对外输出技术服务与SaaS化的技术产品，实现技术反哺，为其他媒体提供智能技术支持，并开拓了收入来源。

市级县级媒体，在人工智能的规模化应用上寻找独特的转型路径。在提升生产力的基础上，市级县级媒体更加注重与当地政务、商务、公共服务等业务的深度结合，通过智能生成技术，实现与政府部门的信息对接，为民众提供个性化高、实用性强的新闻服务，更加精准地传递信息，为当地群众提供更加贴近生活的资讯和服务。

（二）未来展望

当前，人工智能已迈入强人工智能或通用人工智能阶段，在部分任务中表现出与人类智能相当甚至超越人类智能水平，并擅长完成学习、推理和执行任务。未来，技术进步将继续助力主流媒体内容生产朝着规模化、自动化与智能化转型，从而解放人力，让记者和编辑更专注于深度与优质的报道。

人工智能技术将成为媒体内容规模化生产的基础条件，深入改善细节业务，有望攻克目前尚未突破的技术难点。第一，线索发现技术将被进一步探索，以实现对新闻价值的自动判断和事件关联性的准确把握，打破信息孤岛。第二，媒资库建设成为重点，优质媒介资产的价值将得到充分挖掘。媒体将不断迭代升级标签化的智能媒资库，提供丰富多样的内容资源，作为智能配图和生成视频等生产引擎的原料。第三，未来的智媒生产系统将形成更灵活、系统化的内容生成方式，全面覆盖稿件生产全流程。同时，将更好地挖掘知识库和内容材料之间的关系与语境，为记者与编辑提供更高的创作自由度与支撑度。第四，人工智能发展将通过协同实现真正的跨模态技术，帮助媒体同时处理多模态信息。第五，数字人技术将精细化，以赋予内容更加个性化、富有情感的特点，提升内容与读者的互动体验。

人工智能赋能媒体规模化发展的技术发展目的，体现为媒体内容生产精度、广度与效率三方面的提升。大语言模型等人工智能范式将不断演进，从线索发现、内容生成到互动体验，形成系统化、高效率、低人工介入的自动化生产流程。随着技术进步和应用场景拓展，新闻媒体规模化生产将不仅实现内容生产量的提升，更能展现创作品质和用户体验的飞跃。构建以大数据和人工智能为核心的生态体系，提升媒体与人工智能结合的成熟度，将引领新闻媒体走向真正的智媒时代。

第三节　管理篇

研究综述

翁旭东[①]

由离散式探索创新向多元一体化生态建构转变，是我国媒体融合事业在当下走向纵深发展阶段最为突出的特征。先进数字技术的普及、新型生产平台设施的搭建、内容生产力的极大激活与信息产品的显著丰富，意味着我国的全媒体传播体系建设已实现零到一的跨越。在接下来的新征程中，面对业已形成的优势资源与有利条件，如何进行有效整合、布局与调配，从而进一步激发其潜在势能，提升新型主流媒体建设的效率与主流价值的传播效能，这就要求主流媒体在做强硬件的同时及时发展软件，进一步提升管理的水平。2020年，中共中央办公厅、国务院办公厅联合印发《关于加快推进媒体深度融合发展的意见》，为媒体深度融合发展提出总体建设目标，要求建立以内容建设为根本、先进技术为支撑、创新管理为保障的全媒体传播体系，管理要素在全面深化媒体改革的关键节点的重要意义与战略地位不言而喻。

回归管理学研究之中，对于“管理”概念的解读与阐释存在多种进路。如科学管理理论将管理阐释为通过他人或和他人一起进行工作的过程，并最终推动该过程的目标得以实现。行为科学理论进一步强调组织的需要与成员的需要

① 翁旭东，中国传媒大学电视学院讲师。

的协调适配。经验主义学派则将管理定位为努力让个人、群体或组织朝着某个共同的目标引领、领导和控制。优秀的管理必然是通过最少的资源与人力消耗来实现目标的[①]。与此同时，管理不仅包括组织内部的协调与运作，同时也涉及组织与外部的协调，在更大的系统维度之上，思考组织如何能够更好地生存与发展。

推动媒体融合向纵深发展，就要涉及深化体制机制改革。在经历循序渐进、由相加到相融、由战术创新到战略融合的过程后，围绕“资源集约、结构合理、差异发展、协同高效”的顶层设计要求，我国主流媒体积极主动整合各类资源、调整生产流程、理顺各类关系，为构建系统完备、科学规范、运行有效的管理体系而进行了一系列有益探索，在生产运营、组织架构、人才建设等方面形成一定的新路径、新模式。剖析这些可观的成就与宝贵的经验，可以发现，对于主流媒体组织架构再建设的现状跟踪与效果评估，以及新媒体语境下的网络综合治理，是现阶段媒体深度融合过程中管理创新领域需重点关注的主要议题，学界、业界应予以及时响应，以充分的观察与思考推动管理融合的进一步发展。

一、县级融媒体建设进入“成效检验”阶段

2018年8月，习近平总书记在全国宣传思想工作会议上发表重要讲话，提出要扎实抓好县级融媒体中心建设[②]。是年9月，中宣部在浙江长兴县召开县级融媒体中心建设现场推进会，先行启动600个县级融媒体中心建设。到2020年，县级融媒体中心已基本在全国2000多个县（市、区）中普及。《中共中央关于制定国民经济和社会发展第十四个五年规划和二〇三五年远景目标的建议》进一步提出“建强用好县级融媒体中心”的要求[③]，意味着县级融媒体中心建设已由“谋篇布局”阶段走向“成效检验”阶段，这将涉及更复杂与更深入的运行过程追

---

① 郭咸纲.西方管理思想史[M].北京：经济管理出版社，2010：263.

② 举旗帜聚民心育新人兴文化展形象 更好完成新形势下宣传思想工作使命任务[N]. 人民日报，2018-08-23（01）.

③ 中华人民共和国国民经济和社会发展第十四个五年规划和2035年远景目标纲要[N].人民日报，2021-03-13（01）.

踪与效果评估。

（一）多元尝试，建构县级融媒体中心评估体系

部分学者关注县级融媒体中心的传播效果问题，先后发展出多种评估方法与标准体系，为县级融媒体成效检验提供可行性进路。例如，谢新洲、朱垚颖、宋琢谢采取全国范围问卷调查与典型个案实地调研相结合的方式，对县级媒体融合的现状、路径与问题进行调研①。姬德强、朱泓宇提出三元化的评价体系框架，其具体包含传播、服务、治理三个一级评价指标，并主张综合运用定性和定量的方法获取数据②。卢剑锋认为，可参照县级融媒体中心定义所指出的媒体服务、党建服务、政务服务、公共服务和增值服务分类构建评估指标体系，采取层次分析法，进一步将上述一级指标逐层分解为二级、三级指标，并通过权重的科学设置实现量化评估③。

（二）整体向好，涌现一批相对成熟的特色发展模式

综合相关研究分析来看，县级融媒体中心建设整体向好。各地融媒体中心在传播内容上呈现本土化、贴近性特征，对当地用户具有吸引力；充分整合党政部门信息资源，提供特色政务服务；有意识地围绕用户日常生活挖掘资源和机会来引导和服务群众，并取得良好效果。与此同时，经过多年的转型探索，一批走在全国前列的特色发展模式也逐步成熟。例如，浙江“长兴模式”对当地报纸、广播、电视、网络等资源进行一体化整合，形成融媒体集团，借助市场力量进行产业化运作，在实现盈利的同时不断延伸产业链，提升影响力；甘肃“玉门模式”以县级电视台为依托，建成“一中心四系统+爱玉门App”云技术构架的融合媒体共享平台，有效减少了各机构间调度与磨合的成本，实现内容生产、传播与运营的高效组织。

---

① 谢新洲，朱垚颖，宋琢谢.县级媒体融合的现状、路径与问题研究——基于全国问卷调查和四县融媒体中心实地调研[J].新闻记者，2019（03）：56-71.

② 姬德强，朱泓宇.传播、服务与治理：媒体深度融合的三元评价体系[J].新闻与写作，2021（01）：25-31.

③ 卢剑锋.县级融媒体中心的传播效果与评估路径[J].传媒，2023（10）：37-40.

（三）现实困境，当前阶段的现存问题与主要挑战

从实际效果来看，作为一项极其复杂的系统性工程，现阶段县级融媒体中心的建设表现出一定的共性问题。这对今后的进一步发展提升构成了挑战。首先，部分县级融媒体中心缺乏明确的顶层设计，在建设过程中呈现“一窝蜂”式的跟风现象，对自身定位与长期发展缺乏规划。其次，部分县级融媒体中心“造血”能力不足，资金缺口大，同时缺乏稳定有效的营利模式，这进一步导致人才“不愿来”“留不住”的问题，平台建设、内容策划、技术升级也因资金投入问题而受到限制。最后，一些县级融媒体中心本身影响力有限，运营思路相对保守，媒体内容创新力、多样性与趣味性不足，对于政务与服务功能的开发不够深入。这些都是县级融媒体中心在接下来的融合转型建设中，需着力解决与应对的重要任务。

二、初步建构生态型智慧平台

随着媒体融合走向纵深发展，主流媒体的生产平台正经历新一轮升级。由集中指挥、高效协同、采编调度、多元生成的中央厨房系统，向以大数据、云计算、物联网等技术驱动的人工智能平台过渡。在优化内容生产全流程的基础上，通过技术架构与功能入口搭建、数据库共享、信息链上下游协作，进一步拓展政务与服务功能，将业务范围延伸至社会治理、公共服务、城市建设等领域，打造上下贯通的智慧媒介生态。从全国范围来看，生态型智慧平台的建设尚处于起步阶段，但也涌现出一些相对成形的模式，新华社“媒体大脑”与浙江“传播大脑”这两大平台就值得学界业界关注与思考。

（一）“媒体大脑”：自建平台，自动生产，平台共享

新华社“媒体大脑”为国内自主研发的媒体人工智能平台，由新华社同阿里巴巴合作研发打造，截至2023年底，已迭代至“媒体大脑3.0融媒中心智能化解决方案”。“媒体大脑”利用大数据处理、人脸识别、语音识别等技术，对文本、图片、视频等资料进行深度学习后可实现自动化快速处理，依托新闻算法计算新闻数据，将生产流水线引入媒体内容生产，从而在新闻线索的检测、新闻素材的采集、新闻内容的制作与分发，以及传播效果的跟踪与分析等环节实现智能化、规模化、自动化。

作为由主流媒体自建的智慧平台，“媒体大脑”保证技术与数据的自主可控，其所提供的产品与服务也更加契合主流媒体、政府机关、公共服务机构的需求，从而实现多方联动，有效助力社会治理与公共服务。以依托“媒体大脑”搭建的“江西教育融媒体平台”为例，该平台借助“媒体大脑”大数据+人工智能的新闻生产、分发与检测能力，向上连接江西省教育融媒体中心，向下融通江西省内各级教育局与高校，对外联动中央媒体、省级媒体和第三方机构，将全省的教育资源有效统筹管理起来，实现省内各地的互联互通与自由流转，形成全省教育宣传统一发声、教育内容多平台分发的全媒体传播体系。AI技术显著提高了教育内容生产的规模和质量，集中打造了一批高质量教育传播作品。舆情监测分析系统使江西教育系统能够第一时间发现相关舆情，为舆情的及时处置与有效防范提供了重要参考。这种多元化的互动服务，推动融媒体平台进一步向公共服务建设领域拓展。“江西教育融媒体平台”形成有效的引导力与传播力，被教育部教育管理中心选入2021年教育管理信息化应用优秀案例。

（二）“传播大脑”：多方联合，边界打通，生态开放

“传播大脑”由浙江省委宣传部指导推动，由浙江日报报业集团、浙江广电集团、浙江出版联合集团与浙江文化产业投资集团四家省属文化集团联合发起。以“传播大脑”为抓手，浙江更深层次地对省级媒体的组织管理建构进行大刀阔斧的改变，从战略性思维的高度出发对媒体资源进行重新布局。“传播大脑”打破了不同省级媒体数据平台的区隔，将分属浙报集团的“天目云”和浙江广电的“新蓝云”进行整合，从而集中优势资源，打造浙江省媒体技术统一支撑平台与媒体技术统一对外出口。

通过打造“技术集成中心、数据交换中台、融合传播中枢”①，浙江“传播大脑”在省内实现跨媒体、跨区域生产、投放与运营，实现最大范围的覆盖，最大精度的到达，有力凝聚共识，实现价值引导。从经济效益来看，这一智慧平台有助于充分调动各方参与的积极性，依托自有品牌、数据与流量等优势形成商业闭环，连接供需双方，盘活沉没资产，实现资产增值。此外，“传播大脑”

---

① 周俊杰，张宇宜.媒体要做主流，先要成为技术流——浙江省媒体技术统一平台“传播脑”在探索中前进[J].青年记者，2023（07）：68-70.

还同“浙江政务一朵云”“最多跑一次”等城市大数据平台形成综合协同机制，共建开放生态，为用户提供贴近日常生活与政务办理的智慧化信息服务，推动智慧城市建设。

三、凸显建立健全网络综合治理体系重要性

在互联网和全媒体传播语境下，网络社会主体多元化与行为隐蔽性使网络生态越发复杂，多元价值信息、各种社会观点涌现碰撞，这为守好网络舆论阵地、提升思想引导、增强价值引领提出新的要求。与此同时，当前互联网环境中暴露出虚假新闻、网络暴力、算法过滤气泡、算法歧视等一系列问题，对信息安全与社会秩序带来冲击。充分认识网络综合治理体系建设的重大意义，切实提升新媒体监管与治理的水平，可以从以下三点深入审视与分析。

（一）网络综合治理的主体责任需再廓清

2016年，习近平总书记在全国网络安全和信息化工作会议上首次提出网站对于信息管理应负主体责任。之后，相关指导精神与管理政策密集出台，制定推出一系列加强主体责任治理的政策。随着媒体融合进程的深入，平台已然成为当前互联网信息内容传播的内在技术支柱和外在行为主体。在平台化语境下，履责过程越来越强调主体的主观能动性与主客体间的深度互动。也就是说，在具体的责任治理实践中必须从“规定平台做什么”上升到“平台应该主动做些什么”。如此，治理主体需激发主流媒体、企业网站等平台相关主体履责担当的动力，明确责任属性，厘清责任归因，主动承担起信息内容传播的法律责任、道德责任和认知责任。

（二）平台化倒逼网络协同治理的再平衡

责任重塑一方面需要厘清主体责任的内涵，另一方面需要在主体关系视角下关注履责主体的责任范畴和主体性边界。互联网平台化、去中心化的特质改变了信息发布与传播的方式，伴随着网络平台成为社会基础设施，在坚持政府在网络治理过程中的主导地位的同时，网络平台承担起了部分协调与监管的职能。因此，平台企业的治理权责边界面临重塑。在这一背景下，网络治理必然要在集中管理与执行效率二者间作出平衡，避免出现因网络传播速度快、平台多造成的信息反馈链条过长而降低对不良信息反应与处理的效率。网络协同治

理还需有效权衡集中决策与分散决策的关系，发挥好平台在突发事件中快速分发信息和知识的独特优势，引导网民进行自主决策，规避或降低风险。在强化管理的同时，政府和主流媒体还需要主动适应网络平台化的新形势，强化互联网思维，提升懂网用网的能力。

（三）网络信息监管手段有待再丰富

法律和行政手段往往具有较为突出的强制性与规范性，难以充分调动企业履责、社会监督与网民自律的积极性。“运动式治理”能够及时对一些问题进行补充与修正，但从常态化的角度来看，并不能长远有效地解决相应问题。法律和政令往往从宏观着眼制定，进行方向性指导与原则性规范，有时并不能很好地对实践中层出不穷的微观问题进行有针对性的管理。网络信息监管还需在多主体相互信任、相互支持的基础上，充分调动各治理主体发挥各自的手段优势，从法律、技术和经济三个维度形成相辅相成的协同体系，从而有效推动网络综合治理体系的建设，维护意识形态安全与社会秩序稳定，形成有效价值引导。这些媒体深度融合在管理维度的发展趋势与前沿议题，呼唤着学界与业界及时予以关注和回应。

3.1 县级融媒体中心建设效能评估及模式创新研究

李 彪[①]

摘要： 随着乡村振兴的稳步推进，县级融媒体中心建设逐步融入基层社会治理。本文总结目前县级融媒体中心建设的“广电＋报业”的“中央厨房”、广电为先导的移动传播矩阵、县域传媒集团、借力省级媒体云平台等四种模式，在此基础上构建县级融媒体中心建设效能评估体系，基于该体系总结目前县级融媒体中心建设取得的成绩及存在的具体问题，并针对具体问题提出相应的针对性措施与策略。

关键词： 乡村振兴；县级融媒体中心；效能评估；媒体融合；模式创新

一、问题的提出

2018年，全国宣传思想工作会议提出，要建设县级融媒体中心。此后，作为接近基层群众“最后一公里”的县级融媒体中心建设如火如荼地铺开。县级融媒体中心建设试图重新激活基层广电媒体的公共性和在地性，让县级广电在数字化、信息化的融媒体时代，更多地参与地方政府的基层治理。五年来，县级融媒体中心对基层社会沟通和乡村振兴起到实实在在的作用。五年作为一个大考，有必要对目前县级融媒体中心建设的效果进行评估，总结经验，正视不足，从而使县级融媒体中心建设行稳致远。

① 李彪，中国人民大学新闻学院教授、博士研究生导师、副院长，主要研究方向为新媒体传播、舆论学。

（一）中国式现代化与国家治理现代化

当前，世界百年未有之大变局加速演进，县级融媒体中心处于互联网、基层社会治理和宣传三者的交点。但其前身县级广电、报业等媒体在传播力、引导力、影响力和公信力上式微，不能在新时代继续很好地承担应负的政治责任。基层如何运用互联网开展党建宣传和社会治理工作，将县级媒体平台嬗变为县级融媒体中心便是解决方案。中国共产党一直致力于推进国家治理能力水平和治理能力现代化，推进中国式现代化，“十四五”时期，要在加强基层基础工作、提高基层治理能力上下更大功夫。进入互联网时代后，我国社会结构发生深刻变化，人口流动加快、人民思想更加解放，无论是农村还是城市，都发生了巨大变化，“流水不腐，户枢不蠹”，县（市、区）基层治理的方式手段也应不断革新才能适应时代发展。与此同时，在基层积聚的问题得不到地方政府和媒体的恰当回应和及时解决时，往往会被互联网聚焦并无限放大，从而激起大范围的讨论，严重者甚至会发展成为重大舆论事件。

新闻媒体是党和人民的媒体，是党和人民的喉舌。舆论导向正确，就能凝聚人心、汇聚力量，推动事业发展；舆论导向错误，就会动摇人心、瓦解斗志，危害党和人民事业。在互联网出现前，基层民众如果想要获取政治社会讯息、了解国家政策，一般只能通过广播、电视和报纸等媒体。互联网出现后，大家的注意力被网上的各种信息吸引，甚至出现即使可以更便捷地获取官方讯息，人们对官方消息的关注度却明显下降的现象；而在公布的官方信息层面，大家更愿意讨论与自己利益相关的话题并常常关注来自民间的解释。在互联网上，人人都可以发声，人人都是媒体，这便带来传播资源的泛社会化和传播权力全民化①。

媒体融合自2014年上升为国家战略以来，主流媒体进行积极、全方位的探索和尝试，融媒体爆款产品层出不穷，主流媒体融合建设向纵深发展；随着抖音、快手等短视频平台的崛起，基层传播与“土味文化”所附载的县域成为移动互联网发展新的增长点，但县级传统媒体已不能适应当下移动传播规律与基层社会治理的需求，必须进行渠道下沉，建设县级融媒体，打通传播的“最后

---

① 李良荣，郑雯.论新传播革命---“新传播革命”研究之二[J].现代传播，2012（4）：34-38+65.

一公里”。因此，2018年被称为“县级融媒体中心建设年”：8月，全国宣传思想工作会议召开，“县级融媒体中心”首次出现在国家级会议上；9月，由中宣部牵头的县级融媒体中心建设现场推进会在浙江长兴召开，各地代表交流探索融媒体中心建设的经验；11月，被媒体称为“县级融媒体中心建设顶层设计”的《关于加强县级融媒体中心建设的意见》由十九届中央全面深化改革委员会第五次会议审议通过。随后，2019年1月，受中宣部委托、国家广播电视总局组织编制并审查的《县级融媒体中心省级技术平台规范要求》《县级融媒体中心建设规范》发布实施，并被批准为推荐性行业标准，县级媒体融合建设全面铺开。

（二）乡村振兴与基层社会治理转向

首先，县域用户成为移动互联网最大的增量群体。1994年互联网进入中国，经过近30年的迅猛发展，截至2023年6月，中国网民的数量已达10.97亿，普及率为76.4%，其中农村网民占比仅为27.9%，仅是城镇网民的三分之一左右，城镇网民去除儿童与高龄老年人等人群数量，基本上已发展到天花板，未来农村网民的占比会不断提升，按照城镇网民的网络普及率（72.1%）来看，农村网民至少还有0.5亿左右的增长规模（按农村人5亿的基数计算），[①] 因此县域一级的人群是未来网民规模增长的主要来源。另外，由于电信网络提速与资费下降，农村网民已成为数据流量消费的主要增长人群，即时通信工具、短视频等App已经成为农村网民主要信息消费方式，这些因素必然带动整个社会信息消费结构与基层传播格局的根本改变。

其次，以“土味文化”为代表的泛娱乐社交“农村包围城市”雅俗共赏。过去，国内的网络文化消费氛围始终集中在一二线中心城市，甚至仅以北上广为主要根据地。然而目前我国农村人口已逾7亿，占比约为全国总人口的一半，在各大城市市场均趋于饱和的情况下，农村消费市场成为大多数行业觊觎的香饽饽，互联网普及的壁垒随着经济发展被打破。伴随网络直播视频流行，“土味文化”横空而出，这种网络文化主要包括“土味”视频、社会摇、喊麦等，因为来自农村，具有乡土气息，因此被称为“土味文化”。“土味文化”属于城乡

① 中国互联网络信息中心.第52次中国互联网络发展状况统计报告[R/OL].（2023-08-28）[2023-08-29]. https：//www.cnnic.net.cn/n4/2023/0828/c88-10829.html.

文化碰撞结合的产物，与其说农村网民是“土味文化”的创造者，不如说是展示者——淳朴的表情、不标准的普通话、令人惊讶的娱乐方式……在日益加快的现代生活中，越来越多的都市人对身边的日常事物越来越表现出迟钝甚至麻木的态度，“土味文化”的崛起与流行恰好满足了现代人追求精神刺激和猎奇的心理，让农村网民得以有更多的渠道和机会用这个时代里仅属于自己的文化符号来诉求心声，甚至将自我表达做到流量变现，成功完成自我价值的实现。从小猪佩奇文身贴加手表的“社会人”标配，到微信上越来越多的爸妈同款表情包，越来越多的城市年轻网络用户加入“土味文化”的消费群体，更是衍生出“土味情话”这一雅俗融合的表现形式。农村网民正成为网络文化最活跃的人群，“土味文化”的盛行鼓励越来越多的文化资本转向现代农村市场及农村元素，在商业资本与文化风潮的双重刺激下，这种原汁原味的“土味元素”又具备二次创作潜力，顺应城市网民口味，这也一定程度上说明农村网络文化开始引领网络文化流行风尚。

最后，主流媒体传播面临“传播的最后一公里失灵”的困境。媒体融合成为国家战略以来，主流媒体强化互联网思维，涌现了不少现象级融媒体产品，但也不得不承认，个别主流媒体面临着“有爆款没用户，有流量没平台”的尴尬现实，没有建立起一个自主可控的基于互联网的融合平台，互联网上最有竞争力的平台依然掌握在商业公司手中。没有主流媒体自主可控的平台，就失去了话语权，失去了主流媒体在当地作为最有权威的信息枢纽、舆论制高点的功能；没有平台，无法变现，县级党报、广播电视台不断面对读者（观众）流失、经营业务下滑的困境；没有平台，县级媒体生产的内容常被自媒体账号随意拿取变现；没有平台，无法实现引导舆论的功能，一旦遇到突发事件，虚假信息满天飞，基层社会治理的难度不断加大。因此，建设县级融媒体中心，进行“通路下沉”并整合有限的传播资源，吸聚农村基层网民并将其分散、多元的文化元素进行整合，在此基础上建立起用户黏性和同质社群，构建基层社会基本治理单元和社交平台，进而构建现代传播体系已势在必行。

二、乡村振兴视角下县级融媒体中心建设现状及模式

五年来，县级融媒体中心建设取得长足发展，无论在数量还是质量上都达到一定的规模和高度，相关整体情况如下。

（一）整体现状

2018年，我国已率先启动600个县级融媒体中心建设，占到全国县域单位约四分之一。截至2022年8月18日，全国总共有2585个县级融媒体中心建成运行。本文统计的数据是相关主管部门委托中国人民大学新闻学院的专项课题所提供的，报告中提及的数据属于全样本统计数据。研究显示，部分县在内容生产、营利模式等方面的探索实践已经取得显著成效，甚至出现一些爆款内容产品，例如，三门融媒体中心以宣传剿灭劣Ⅴ类水为主题的H5小游戏《在三门寻水的鱼》，上线一天点击量就突破10W+，被新华社称为“一条网红的鱼”。

（二）县级融媒体中心建设的四种模式

1.“广电＋报业”的“中央厨房”模式

该模式主要以北京市延庆区为代表。北京是国内最早建设区融媒体中心的城市，目前下属的16个区均已建成融媒体中心，其中比较典型的是延庆区融媒体中心。延庆是2022年北京冬奥会的主赛场，其融媒体中心定位于服务国家大局，在人民日报媒体技术公司的支持下，建设国内首家区“广电＋报业”模式的“中央厨房”，将下属的“播、视、报、网、端、微”等传播资源整合成“中央厨房”，打造全媒体平台；对外资源链接，与中央和北京市属媒体、技术公司联合，借鉴先进融媒体经验，加速自身融媒体中心的建设。

2. 以广电为先导的移动传播矩阵模式

这一模式主要以邳州、玉门和项城为代表。该模式均以县域内最具影响力的广播电视台为中心，在此基础上整合报纸、网站及新媒体资源，以点带面，形成移动传播矩阵。邳州的融媒体中心建设是以广播电台为基础展开的，融合报、网、新媒体等传播资源，向下属乡镇、企事业单位实施“政企云”服务。目前全市（县级市）已有40多个乡镇、企事业单位入驻“邳州云”，融媒体中心

帮助企事业单位代运营政务微信公众号10个[①]。玉门融媒体中心以广播电视台为基础，建设了“一中心四系统+爱玉门App”（一中心指祁连云，四系统分别指报道指挥系统、融合生产系统、全景演播室系统和媒资管理系统）的融合媒体共享平台，构建了广播、电视、微博、微信、Web、App、户外大屏、全城免费Wi–Fi的传播矩阵，在加强和优化县域传播能力的基础上，强化服务功能，为县域用户提供公共服务和生活服务。项城融媒体中心通过整合电台、电视台、《项城市讯》和《项城瞭望》等传统媒体的新闻资源，成立“融媒体中心”，依托中心建设“项城网”、手机客户端、“瞭望项城”官方微博、“印象项城”微信公众号四大平台。

3. 组建县域传媒集团模式

这一模式主要以浙江长兴为代表。长兴融媒体中心整合多个部门单位，成立全国第一家县级传媒集团——长兴传媒集团，在融合策略上以移动端为优先，推出短视频、掌心传媒、掌心音频、微直播、微游戏、VR等多种类型的融媒体产品；在技术创新上，利用直播、无人机等技术探索融合传播，并自主研发了“融眼智慧系统”等媒体融合软件；在人才培养上，启动“万物生长”等培训计划，不断完善人才培养方式；在产品创新上，基于长兴帮频道和长兴帮App推出“电视看单，手机下单”的电视+电商模式，同时长兴帮App还提供吃、喝、玩、乐、购等O2O（线上到线下）服务、本地资讯服务和政务公共服务；在经营模式上，探索多元经营模式，开展以活动和视频为主的媒体类服务，如承接纪录片、宣传片等拍摄制作工作。

4.借力省级媒体云平台模式

这一模式是目前大多数县级融媒体中心选择的主要模式，也是国家广电总局推荐的主要行业标准。该模式是由中央或省级媒体建设“媒体云”，提供云制作、云汇聚、云转播和运营解决方案，帮助县级媒体打造县级融媒体中心。吉林广播电视台在建设完成媒体融合中心以后，积极帮助下属县级媒体实现媒体融合，2018年数据显示，已援助20多个县级融媒体分中心上线。天津市北辰区

① 广电视界.县级融媒建设有了江苏样板，“八位一体”让10万+不再难[EB/OL]. http://dy.163.com/v2/article/detail/DR4232860530MD86.html.

基于“津云”建设了“津云北辰”中央厨房，区域内的传统媒体和新媒体都可以入驻“津云号”，并可以利用津云大数据为新闻的采、编、发提供数据支持，进而实现“一次采集、多次生成、多元发布、多平台互动”。此外还有“长江云”“四川云”“新湖南云”等省级融媒体云，借助其技术力量，县级融媒体中心仅需花很小的成本就可以共享来自省级融媒体中心的各种资源，实现公有云平台与本地媒资云的交叉融合，形成上下联通、纵向整合的现代传播体系。

三、乡村振兴视角下县级融媒体中心建设效能评估

县级融媒体中心建设效能评估不能拍着脑袋下结论，必须使用科学的方法手段，有设计、有原则、有方法、有数据，只有这样评估的结果才具有参照性和可推及性。

（一）县级融媒体账号建设效能评估的基本方法原则

为全面反映每个县级融媒体中心的建设水平，基于县级融媒体中心的主流舆论阵地、综合服务平台和社区信息枢纽的定位，本文设计出舆论引导、综合服务、社区信息传播、技术能力、经营水平、内部治理体系六大一级指标，下辖若干二级和三级指标（表3-10-1）。一级指标中的前三个直接对应功能定位，后三个则是实现功能的支撑。

相关设计的具体原则有以下几点：一是定量、定性相结合，定量以统计数据为主，定性由学界业界专家打分；二是充分考虑地区差异，以当地人口总数、经济总量、媒体环境等为基础进行评估，不简单比较；三是以发展的眼光看问题，综合考量各县级融媒体中心建设起始时间、发展阶段与前景，不简单比较；四是指标宽细均衡，避免太细，限制以后建设中各自特色的发挥；五是过程与效果相结合，有些是在建设过程中或特定项目执行过程中，尚未见效果，不盲目否定；六是重视可持续发展能力，考察县级融媒体中心的商业模式、治理体系、组织文化等，关注造血能力与创新能力。

表3-10-1　县级融媒体中心建设效能评估指标体系

一级指标	二级指标	三级指标
舆论引导	导向	党和国家重要新闻发布量、正面宣传为主贯彻程度（专家定性评估）
	权威性	内容来源为党政部门、专业人士的比例
	贴近性	本地内容占比、内容满足日常生活程度（专家定性评估）
	影响力	点赞率、评论率、转发率、转载率、知名度（均相对于当地总人口），完播率、页面停留时长、使用时长、使用时间间隔
	用户数量	下载率、留存率、日均访问率（相对于当地总人口）
	用户活跃度	日活率、周活率、月活率（均为占用户总数），UGC日上传信息数量比例
	信息发布量	新闻、评论、图片、音频、视频、动漫、H5
	信息类型数量	文字、图片、音频、视频、H5、直播等各自数量
	信息质量	整体水平（专家定性评估）、原创率、更新率
	组织动员能力	组织活动数量、用户参与活动人数比例（占用户总数）
	危机预警能力	谣言的及时发现、舆情的及时发现（专家定性评估）
	危机处理效果	辟谣效果（专家定性评估）、事件处理效果（专家定性评估）
	适合移动传播（专家定性评估）	\
综合服务	政务项目数量	\
	服务项目数量	\
	公共政策发布量	\
	群众诉求发布量	\
	群众诉求反馈量	群众疑问的答复率、群众诉求的办结率
	群众反应	用户对相关服务的综合评价
	互动水平	用户互动功能数量、互动水平（专家定性评估）
	端口互联数量	缴费端口（如线上缴费是否与多个支付平台互联）、视频播放窗口（是否与其他视频平台互联）

续表

一级指标	二级指标	三级指标
社区信息传播	社区信息数量	\
	生活贴近性	\
	时效性	\
	讨论活跃度	话题群数量、话题数量、参与用户比例
	UGC（用户生成内容）水平	UGC用户数量、UGC占比
	社群秩序	谣言数量、违法违规内容数量
	地域文化特色	地方特色标志、地方文化信息数量、地域特色水平（专家定性评估）
技术能力	便捷流畅程度（专家定性评估）	\
	先进技术运用	大数据、人工智能、新传播技术
	安全保障	不良信息未过滤频次、用户隐私泄露次数
	平台兼容性	\
经营水平	营业额	\
	利润率	\
	商业模式	商业模式数量、商业模式收益
	融资能力	融资次数、融资额度
内部治理体系	人才队伍	采编人员数量、采编人员专业匹配度、采编人员学历、技术人员数量、技术人员专业匹配度、技术人员学历、经营管理人员数量，经营管理人员专业匹配度、经营管理人员学历
	岗位设置	岗位设置全面程度、岗位设置合理程度（均由专家定性评估）
	工作流程	清晰度、合理度（均由专家定性评估）
	激励制度	绩效考核体系、薪酬、晋升制度（均由专家定性评估）

（二）县级融媒体中心建设效能评估的总体结果

绝大多数县级融媒体中心能够围绕建设主流舆论阵地、综合服务平台、社区信息枢纽三大目标，顺应移动互联网信息传播特点，紧盯基层群众所需所盼改进新闻宣传和群众服务等工作，传播力、引导力、影响力、公信力明显提升，很多县级融媒体中心已成为基层社会治理的重要组成部分。

在新闻报道方面，各地县级融媒体中心新闻报道普遍能够贴近县域政治、经济、文化、社会生活，贴近实际、扎根本土。大多数县级融媒体中心坚持内容或栏目上的本地化，着力贴近民生、展现本地特色。例如，北京的“北京朝阳”坚持抓好两个“关键小事”，河北“冀云内丘”坚持“用百姓话说百姓事，身边人讲身边事”，山西“上党门”坚持“贴近生活、聚焦本地、关注小人物”，山东“兰陵首发”遵循“冒热气、接地气”的原则报道身边人身边事等。

在政务服务能力建设方面，县级融媒体中心以多种形式积极介入社会治理，与政府相关部门密切合作，提供内容丰富、独具特色的服务。目前，县级融媒体中心均提供多种形式政务服务，大多数能够充分整合党政部门信息资源，对接党政部门技术平台，提供数量可观的服务项目。例如，截至2023年底，江苏“最江阴城市综合服务”县级融媒体中心涵盖了287种1841项公共便民服务，几乎实现政务服务全覆盖；“北京朝阳”着力打造“政务服务平台”，上线2029种政务服务；“云上赤壁”链接省政务平台1150项服务，提供本地服务15项。多种类、接近全覆盖的政务服务功能，使县级融媒体中心成为“指尖上的政务服务中心”，很大程度方便了群众生活。此外，为保证政务服务的实效性，大多数县级融媒体中心设置专门的居民问政板块，打造“市民诉求平台”，畅通居民诉求表达、监督政府工作的渠道，并保证及时、准确地回复，解答和解决居民关心关注的问题和难题。有的县级融媒体中心追求服务的精准性，强调精准对接负责部门。例如，贵州“盘州全媒”设置专人处理问政信息，保证对接到负责部门，甘肃“爱玉门App”将居民表达的诉求、反映的问题同步到社会治理信息系统，分发全市各部门对口处理，湖北“云上大冶”将热线板块与市“12345”公共服务平台合并运行，以求精准匹配。在处理效果上，相关县级融媒体中心追求有问必答，有求必应。例如，陕西“爱子长”平台上群众提出的咨询、建议或投诉，99%以上得到政府部门的答复，湖南“掌上浏阳”对群众反映问题的答复、解决率达99%以上，山东“兰陵首发”在平台建设不足一年的时间里已解决群众各类诉求近3.7万件，江西“龙媒体”建立一套网信监测交办、部门限时答复、媒体监督报道的舆情快速反馈机制。有的县级融媒体中心注重政务服务的时效性。例如，上海“今日闵行”区长直通车板块要求相关部门24小时内回复网民问题，重庆“看万州”建有48小时部门回复处理机制等。

在服务群众生活方面，各县级融媒体中心围绕县域日常生活挖掘资源与机会，服务内容丰富，触及医疗、教育、就业、婚恋、房产、文化、旅游等诸多方面，取得良好效果。30%左右的县级融媒体中心提供招聘信息，其中10%举办线上招聘活动，受到用户好评。上海“今日闵行”推出在线招聘功能后，在疫情期间为近300家企业提供了1.5万个岗位招聘通道，收到应聘简历近万份。20%的县级融媒体中心开展县域优质特色产品、旅游服务等推广与销售，有效增加群众收入，方便群众生活。部分县级融媒体中心开通在线教育功能，如北京“北京朝阳”的教育培训栏目，辽宁“AI凌海”“党建云课堂·学习直通车”栏目，吉林“大河之声”网络课堂栏目，浙江“兰精灵”名师“掌上课程”，安徽“大美肥东”等线上学习平台，开展线上教学并提供课程回放；广东“融媒南雄”提供在线学习服务，在党政知识宣传、中小学在线教育、农业知识普及等方面发挥重要作用，助力教育信息化；另外，福建“智慧尤溪”上线“智慧食堂”，为全县干部群众统一办理记账式个人食堂专用账户，通过“智慧尤溪”App扫码支付，由此方便群众解决日常就餐问题。在与用户互动方面，大多数县级融媒体中心都比较重视，大多数设有发帖、投诉、反馈等板块，以便提供深度服务，更彻底地解决问题。总之，各县级融媒体中心引导群众、服务群众的功能已逐步凸显。

在传播力、影响力方面，部分县域特色比较明显，地域文化气息比较浓厚，有的县级融媒体中心的特色板块抓人“眼球”，能有效吸引当地群众。目前，各县级融媒体中心App的下载量、日活量等普遍呈增加趋势。例如，内蒙古“中国红山”县级融媒体中心推出“网上展馆”栏目，展示红山区各类非物质文化遗产、民间艺术作品等；湖南“掌上浏阳”打造跨地区的“直播浏阳”品牌，2022年直播400余场，总访问量超1.8亿人次，创收3000余万元；河北“冀云内丘”县级融媒体中心上线展现李保国事迹的微视频《接力》，仅3天阅读量就超过130万次。目前，县级融媒体中心日点击量超过百万次的已有一定数量，有的能达到千万次，影响力大幅提升。单篇稿件的影响力不容小觑，有12%的县级融媒体中心单篇稿件最高点击量超过百万，湖南“掌上浏阳”单篇稿件最高点击量高达1240万次，起到良好的舆论引导作用。

在可持续发展方面，各地县级融媒体中心初步建立社会效益转化经济效益的链条。很多地方思路灵活，能够做到线上线下联动开发多元商业模式，如比较热门的电商直播带货、举办相关文化社会活动、开发广告营销等，带来一定经济收益。在电商方面，重庆“看万州”的“三都电商”模块，河南“云上禹州”的“云上家园e”平台，安徽“大美肥东”的“东城严选”社交电商平台，福建“智慧尤溪”的“尤品汇”商城，湖南“掌上浏阳”的“羊淘商城”等，都实现了一定收益。在利用融媒体优势发展特色经济方面，河南“云上禹州”启动禹州本土100名网红团队打造计划，发展网红经济。在发展移动互联网广告业务方面，福建“智慧尤溪”自主设计、研发的“生活服务平台”支持自动搜索周边商家，包含美食、景点、酒店、商店、银行等，并提供导航服务，在方便市民娱乐消费的同时，实现广告的精准投放，获取广告收益；安徽“大美肥东”的东城楼市房产资讯平台、东城车友会汽车服务平台也实现了细分市场的广告收益，并形成品牌效应，可举办线下楼展、车展等活动，拓展经营范围。此外，有近20%的县级融媒体中心设置了积分体系，用户通过点击、转发、评论、参与直播等获得积分，然后用积分兑换商品，由此实现从“观众”到“消费者”的引流。

四、乡村振兴视角下县级融媒体中心建设的短板

根据以上评估指标体系考核当前县级融媒体中心的建构及实施情况，研究发现，县级融媒体中心建设还存在一定的短板和不足，需要正视这些不足才能有针对性地补足短板，推进县级融媒体中心又快又好地发展。

（一）顶层设计尚需加强

县级融媒体中心在整体发展方面尚需更有效的思路，一些县级融媒体中心在建设主流舆论阵地、综合服务平台、社区信息枢纽方面仍缺乏系统、成熟的规划。例如，在技术规范上不够统一，存在自建、依托省级平台和委托第三方建设三种模式，这会造成县级融媒体中心在之后升级改造、与其他平台融合方面存在困难。在内容管理方面，虽然所有县级融媒体中心均支持文档、图片、

音视频等全媒体数字资料的存储管理，但在对库内资源的检索再利用方面仍较落后，资源检索、分级存储、资源出库等功能不够健全。在将县级融媒体中心建设与智慧城市建设结合方面，大部分县级融媒体中心没有数据链接、统计、存储、分析、应用的意识和能力，难以为智慧城市建设提供参考依据。

（二）传播内容的影响力、引导力整体偏弱

虽然各县级融媒体中心客户端下载量、日活量等呈增加趋势，但头部效应明显，大部分县级融媒体中心的影响力仍然不足，尾部的县级融媒体中心单篇稿件最高点击量不足1万次。部分县级融媒体中心稿件多样性与趣味性不足，主要是当地政府各部门工作内容和一般性新闻事件，仅有6家在挖掘历史文化、民生服务上较为深入。部分县级融媒体中心原创少，更新范围、频率较低，其中日均新闻发稿量不足50条的占比为60.6%。在信息形态上，适合移动新媒体的图解、动漫、微纪录片、短视频、H5等类型少，仍表现出强烈的传统媒体气息。信息辟谣、舆论监督、突发事件报道等力度比较弱，舆论引导能力还不是太强。绝大多数县级融媒体中心缺乏数据分析意识，在舆情分析、效果分析和用户分析层面均有所欠缺，仅有海南“琼海发布”依托市融媒体中心指挥调度平台，对本市各阶段重点事件、热点话题进行抓取和分析，有效掌握和及时处置本地舆情，通过县级融媒体中心积极开展正面引导，其他县级融媒体中心对利用融媒体数据进行舆情管控和引导的投入不多。此外，许多县级融媒体中心与当地党政部门缺乏沟通，政策传播多是把政策直接呈现给受众，发布的信息量少，媒体的解释中介作用、创造性传播还不足，导致影响力受限。虽然所有县级融媒体中心均提供政务和生活服务，但绝大多数不具有服务评价机制。县级融媒体中心没有评分功能，也很少有定期统计服务满意度、办结率、优秀率、综合评分等的习惯，这使用户意见难以全面发现，也使县级融媒体中心工作的改善与优化缺乏参考依据。

（三）功能发挥不够均衡

由于县级融媒体中心绝大多数发源于电台、电视台、报纸等媒体，所以目前其以媒体功能发挥为主，政务、生活服务偏弱。目前，45%左右的县级融媒体中心提供的政务服务项目不足10项，8家提供的生活信息服务项目不足10项。部分县级融媒体中心的服务与日常生活的匹配不够细致，服务的实质性内容有限。例如，虽然大部分县级融媒体中心提供公交和停车场查询功能，但却无法提供相对应的匹配周边商家、支持平台内支付功能，服务难以完全覆盖出行场景。截至2022年底，全国县级融媒体中心中，仅有福建“智慧尤溪”、湖北“云上大冶”、四川“大美仁寿”3家实现了县级融媒体中心内的扫码支付功能。此外，部分县级融媒体中心的公积金、社保、交管、工商等服务功能仅支持查询，不支持缴费、申请等流程，作用有限。

（四）运营思路相对传统守旧

63.4%的县级融媒体中心日活量不足10000人次，大部分县级融媒体中心的用户数量不足当地人口的30%。在运营思路上，县级融媒体中心仍普遍缺乏互联网、新平台思维，仍停留在传统模式。比如，在自身推广上，大多数县级融媒体中心依赖传统“地推”和行政“强推”，在探索精准对接用户需求的“力推”上着力不足，无法实现对用户的有效吸引及长期存留。截至2022年底，除了湖南“掌上浏阳”着力实现新闻语音化，方便老年群体使用外，其他县级融媒体中心很少关注老年群体的用户体验；除黑龙江“宾县融媒”聚焦青年群体，在宾县圈搭建“早起打卡”“夜猫打卡”功能，提升青年用户黏性之外，其他县级融媒体中心很少有针对不同年龄群体的功能设置。另外，有的县级融媒体中心页面缺乏设计感，栏目简单划分，内容生硬堆砌，服务也只是对外部端口的简单化接入，外链内容常出现点击后无法跳转的情况。从用户角度说，难以在县级融媒体中心调整自己感兴趣的板块的顺序，无法设置常用功能的“特别关注”，难以实现常用功能的直达，体验不佳。

（五）“造血”功能普遍不强

多数县级融媒体中心在“造血”功能、商业模式开发上乏善可陈，运行机制也不够灵活，难以可持续发展。资金的丰裕程度一定意义上代表着实践的天花板，北京、上海百万级的支出与产品所呈现的效果是一致的，经济实力较弱的县域，对县级融媒体中心的投入也很少，西部地区硬件建完之后，日常运营、内容生产等方面投入严重不足的问题已比较突出。总之，如果县级融媒体中心过于依赖政府补贴，自身无所作为，终将制约自身发展。目前，部分县级融媒体中心在构建电商平台，但整体来看，广告、电商、打赏等商业模式并未普及，70%的县级融媒体中心没有专门的电商平台。截至2023年6月30日，有电商平台且具有直播打赏功能的典型代表是浙江的“爱安吉”。此外，现有收益也并不稳定，尤其是部分直播带货活动往往与特殊节日或事件相联系，无法实现持续的日常盈利。

（六）用户价值没有被充分开发

多数县级融媒体中心仍把用户简单地作为阅听人或服务对象，过于注重向他们单向生产、推送内容，不注重激发他们的自主性与活力。如果不注重建设用户互动空间与渠道，后者只在有限的板块内单调地自我呈现或互动，那么公共话语空间难以充分构建，使有价值信息的自主性生产乏力。比如，很多县级融媒体中心开通“爆料”板块，但主题有较多限制，使用户的话题生产能力难以发挥。大多数县级融媒体中心的用户是“原子化”的个体，而非趣缘社群。截至2022年底，全国县级融媒体中心中，仅有安徽“大美肥东”一家县级融媒体中心建有站内好友即时通信功能，提供语音、视频多重展现，强调县级融媒体中心内用户社交圈的构建，而其他县级融媒体中心在此方面仍十分欠缺。虽然部分县级融媒体中心尝试构建受众社区，开设群组功能，如摄影、文学、育儿、美食爱好、车友、楼市等，但因得力措施有限，活跃度不高，由此也激发不了用户创造内容等的自主性。整体来看，县级融媒体中心用户的自主性尚待进一步开发。

（七）技术能力制约内容创新

一方面，全国县级融媒体中心中，浙江“爱安吉”和福建“智慧尤溪”这种拥有特色专利的融媒体中心较少。另一方面，县级融媒体中心与省级技术平台的对接、融合还需加强，县级融媒体中心由省级技术平台建设的占比不足50%，多数县级融媒体中心无法得到省级平台的技术支持，安全保障、创新开拓等能力有限，内容建设受到明显的制约，如超高清视频、AR/VR、人工智能主播等都难以实现。只有不到20%的县级融媒体中心拥有AR/VR技术支持，如北京“北京朝阳”、广东“融媒南雄”、海南“琼海发布”、陕西“爱子长”、重庆“看万州”、河北“冀云内丘”。江西“龙媒体”推出过人工智能主播小晴，其他县级融媒体中心在人工智能方面着力极少。此外，用户在精选内容进入首页并驻留时存在技术上的困难，受数据结构、操作平台限制，无法便捷完成推优的工作。在利用互联网海量信息和精准推送方面，大部分县级融媒体中心不具备对互联网各类资讯的自动抓取技术，也缺乏对抓取的信息进行智能分析的技术，因此难以实现对互联网资源的充分利用，只能依赖人工抓取能力。同时，县级融媒体中心的硬件设备也不过关，例如，关键词语义匹配和实时抓取这两大关键技术，主要依赖服务器的海量容量和快速响应，但大部分县级融媒体中心的服务器无法支持。另外，技术也影响了部分功能的有效使用，如依据定位技术的周边商家推荐、导航功能等。综合来看，技术投入低、水平低、创新力不足是许多县级融媒体中心面临的主要问题。

五、乡村振兴视角下县级融媒体中心建设的模式创新

未来，县级融媒体中心建设有效提升效能，需要从宏观设计、中观建设到微观激励三个方面形成立体化的模式创新体系。

（一）充分调动基层党委政府的积极性主动性

应引导县域党委政府将县级融媒体中心建设作为“一把手”工程，尤其在县级融媒体中心建设的前期阶段给予有力扶持。比如，可从政策层面推动政务信息化建设，统一数据结构和标准，出台公共数据开放制度，要求各部门与县级融媒体中心共享数据，打破“信息孤岛”割裂现状，全力支持县级融媒体中心建设。同时，可由党委政府在工作框架内明确县级融媒体中心的职能定位、运营模式和考核要求，以增强权威性。例如，山东“兰陵首发”在调动各村各站积极性方面，采取考核激励措施，每周根据文稿点击量进行排名公示，每月对投稿、用稿情况进行考核通报，对投稿、用稿多的进行表扬奖励，对工作后进的进行通报批评，形成以上率下、层层落实的新闻宣传氛围，这种可靠激励模式值得借鉴。

（二）多措并举建设好内容体系

内容是吸引流量、形成用户黏性的基础元素，要作为基础工作来抓。全程媒体、全息媒体、全员媒体、全效媒体的全媒体时代重置了传播场景，唤起了全链条、多维度、多元化的社群参与，要求县级融媒体中心能够充分认清形势，有效整合县域主流媒体、信息等资源，努力丰富传播形式，重塑县域传播场景。要依据新媒体、移动传播规律建设内容体系，加大新媒体文案、图解、H5、动漫、微纪录片、短视频的生产力度，创作适合移动端传播、能够占领县域居民

朋友圈乃至中央媒体积极转载、商业传播平台广为欢迎的精品佳作。要适应县级融媒体中心面对的是县域群众的现实情况，生产他们喜闻乐见的接地气的内容。县级融媒体中心还应当发挥地域优势，在文化意义上建立起受众的临场感，最大限度地与县域文化社群相连接，着眼县域的文化共同感，体现文化特色。例如，河北“冀云内丘”围绕李保国教授开发的短视频、纪录片、专题报道、在线咨询服务等取得良好成效；内蒙古“中国红山”围绕赤峰作为红山文化发源地的优势，开展线上红山区各类文艺作品展、非物质文化遗产、民间艺术作品展等，调动了当地居民的参与积极性，这些做法使县级融媒体中心成为文化生产、传播、消费、反思的公共性载体。此外，县级融媒体中心应该高度重视评论类内容，增加此方面内容的数量，这样既有助于疏导社会情绪，又能有效引导舆论。

（三）切实贯彻县级融媒体中心运营的用户思维

当下，新媒体传播的过程不再是单向、固化、线性的状态，而是始终处于扩散、变异、波动的传播链条。受众对传播的参与和传播效果的生成过程具有同一性，是媒体与用户共同塑造信息产品的最终形态。因此，要重视建设用户关系，努力响应用户需求，优化其体验，以唤起其热情来参与打造更完善的平台。要创新机制去激发用户的主动性，将其培养成内容生产者、KOL。要高度注重社交功能以吸引用户深度介入，鼓励各地开设同城、随手拍、问答等板块，注重引导用户创建本地特色话题等，努力建设本地同城社交平台。例如，黑龙江“宾县融媒”的“宾县圈”板块支持用户随时随地发布动态、互动交流，丰富了信息来源，增强了用户黏性；四川“大美仁寿”的问答板块成为本地居民的生活百科，为用户与相关部门用户彼此之间提供了论坛式互动新模式。只有社交功能强大，才能吸引用户、增强其黏性，也才能发挥新媒体、移动传播的优势。此外，要重视即时通信功能。目前，极少有县级融媒体中心提供文字通信、表情推送、文件推送接收、添加好友、组建群聊、群聊管理等功能，朋友圈、动态、话题、论坛、问答等社交传播功能也比较欠缺。各地可以结合自身条件，效仿安徽“大美肥东”，将即时通信功能融入“我的”板块，设计好县级融媒体中心的社交功能。

（四）精耕细作平台生态

目前，全国各地县级融媒体中心已基本搭建完成并运行，现在的问题是整体框架仍相对粗糙，从形式到内容、服务等都尚有提升空间。要想实现用户快速接受并充分依赖县级融媒体中心，既要优化界面、页面设计，增强使用便捷性，又要提升使用绩效，优化传播流畅度和清晰度，丰富产品形态，提高媒体、政务、服务各类信息质量。在政务、服务上，要进一步做细做实，不能流于形式。在党建工作方面，大多数县级融媒体中心仅提供党建新闻和学习功能，仅有甘肃“爱玉门”纳入党务党建管理、在线考核、效果评估及党内沟通等功能。在生活服务方面，有的县级融媒体中心开设智慧停车功能，但大多局限于停车场查询，并未打通支付终端、智慧停车收费和精准咨询推介，更未引入车辆保险、汽车维修、4S店、银行等关联业务，功能较为单一。未来，应当着力细化服务内容，基于使用场景增加服务功能，提升服务的完善性和实用性。在新冠疫情期间，各县级融媒体中心开设的防疫宣传、健康申报、接触者寻找、人员流动轨迹记录、病情诊疗、线上招聘等功能发挥了不少作用，收获了不错效果，这启示我们，县级融媒体中心的服务要深度融入县域社会空间和民众生活，真正解决问题。

（五）基于县域生活场景建立“造血机制”

县级融媒体中心应当顺应“内容为王、关系为王、用户至上”的市场逻辑，在价值共创诉求下实现资源共享与市场开发，结合县域生活场景多方开发商业模式。应利用县级融媒体中心在当地具有的公信力和天然权威性，发挥无形资产优势，积极策划举办与各类机构的合作，开展文化、商务、节庆、教育培训等活动营销、事件营销，拓展产业链，如海南“琼海发布”承办“投资琼海智汇云端”系列线上城市招商、推介会，获得广告收益。结合当地资源与生活场景开发农产品直播带货、地方文创、优质内容打赏等项目，例如，河南“云上禹州”的“云上家园e”板块提供外卖点餐及配送服务，注册家庭用户4200个，供应餐饮商家35家，实现30分钟配送入户；四川“大美仁寿”也为当地网民提供一站式吃、喝、玩、购服务，具有比较稳定的平台收益。另外，县级融媒体中心要注重形成新型市场化的管理体制与运行机制，最好形成企业法人以便市场化运作，要建设能科学决策的法人治理结构、有效的员工激励机制，从而提高运作效率。要有品牌意识，打造具有代表性的个人及团体品牌，发展网红经济，例如，安徽“大美肥东”成立东城星球MCN，河南“云上禹州”启动本地网红打造计划，海南“琼海发布”培育、扶持本地正能量“网红”，树立“巧妇九妹”标杆等。在广告业务上，要结合移动互联网广告业务的特点，着力精准营销和社群营销，增加对广告主的吸引力。要充分发挥新型媒体机构的优势，打造全案策划、内容采编、展示制作、设计施工、运营维护为一体的全系统文化产业服务业务，推出官方微信代理运营、涉农活动策划执行、宣传片策划拍摄、活动直播、文创产品开发等多元化服务形式。

（六）更积极主动参与基层社会治理

县级融媒体中心应明确自身定位，积极作为，努力提高基层对社会事务治理的水平。从宏观看，应当以扩大公众参与社会治理渠道的总体思路来建设县级融媒体中心，打造开放、互动、协商式的新型沟通模式，为居民参与基层社会治理创造切实可行的条件；从微观上看，就是要为县域居民提供咨询、反映、投诉社会问题的接口。河北“冀云内丘”的“百姓代言人”模式、四川“大美仁寿”的有奖爆料模式、广西“魅荔灵山”研发的“飞鸽互动”服务号派发信息工具等经验都值得借鉴。另外，还要注重将地方政务、民生、商务、媒资等数据进行整合、存储，在此基础上分析挖掘，既能使自身实现精准生产与推送，也能助力社会各主体科学决策，即要基于大数据运营提供县域智慧城市解决方案。例如，内蒙古“中国红山”融媒体中心与赤峰蒙东云计算产业发展中心实现数据对接，入驻智慧城市指挥中心，接入智慧城管、智慧市政、智慧停车、食品药品电子化监管平台、综合救助平台等智慧应用系统平台；湖北“云上赤壁”打造智能管家App，将信息采集、加工、发布流程和实时反馈机制引入基层治理；甘肃“爱玉门”县级融媒体中心与技术公司合作，将问题同步到社会治理信息系统，分发全市各部门进行处理等。另外，还要注重融入基层场域，与当地社会情境相适应，解决一些实际性问题，如利用自身条件关注不熟悉新媒体的老年人群、边缘人群等。

（七）注重提升技术水平，增强创新能力

县级融媒体中心应重视自身技术实力建设，注重资金等资源投入，加强人才团队建设。同时，各省级平台应采取开放原则，根据市场常规技术参数尽可能大范围地开放端口，最好能实现省级平台统一调度指挥和已建设资源的充分利用，如甘肃、湖北、河北等省份做到全省一平台、全省一张网，实现平台统一、技术统一、数据统一和资源共享。在建设自身技术实力的过程中，应注重与鼓励创新，不断推出新的技术以提升效率并向外地推广。

3.2 传媒“智慧大脑”的建设现状与提升路径

罗 昕 张瑾杰①

摘要：在媒体融合向智慧化发展的进程中，传媒“智慧大脑”应运而生。在建设主体上存在媒体自建或与多方联合共建的不同形式，在建设方式上有单列业务线或以“智慧大脑”带动产业升级乃至媒体组织架构变革，在建设目标上逐步走向智慧服务和治理，涵盖提高新闻生产智能化水平，打通省级、市级和县级媒体业务流程，挖掘数据价值，以及打通政务服务商务的壁垒等。当前传媒“智慧大脑”的建设问题包括：缺乏顶层规划，“小散弱”较突出；侧重新闻生产，应用领域偏狭窄；疏离“城市大脑”，资源壁垒未打通；运营模式不清晰，缺乏可持续发展条件。推动传媒“智慧大脑”进一步发展，需要着眼整体规划加强顶层设计，持续探索融入社会治理的方式方法，形成与“城市大脑”的深度合作并调动多方因素，从而形成良性循环的运营模式。

关键词：智慧大脑；媒体融合；社会治理；媒体技术

人工智能技术革新推动社会多个领域的变革与重塑，传媒业也在积极汲取人工智能发展的丰富成果。从2015年腾讯财经频道运用自动化新闻写作机器人“Dreamwriter”开创国内机器人写稿的先河，到2017年新华社通过“媒体大脑”生成中国第一条机器生产的视频新闻，再到2018年新华社与搜狗联合发布全球首

① 罗昕，暨南大学新闻与传播学院教授、博士研究生导师；张瑾杰，暨南大学新闻与传播学院博士研究生。本文为国家社科基金重大项目“媒体深度融合发展与新时代社会治理模式创新研究”（19ZDA332）阶段性成果。

个全仿真智能主持人，以及近几年全国两会期间多次亮相的虚拟现实、增强现实等沉浸式体验“黑科技”，人工智能技术已经融入传媒业的各个环节。人工智能在传媒业的运用不应仅停留在新闻生产领域，还应该通过传媒业的智慧化发展赋能国家治理体系和治理能力现代化。2023年，传播大脑科技（浙江）股份有限公司（以下简称“传播大脑”）成立，提出“打造引领媒体变革的技术集成中心、数据交换中台、融合传播中枢，让更多媒体共享开源技术、共建开放生态”的发展目标①，为人工智能时代媒体参与智慧社会治理带来了更多值得探索的空间。

本文所探讨的传媒“智慧大脑”，是指由媒体自主或合作研发的，融合大数据、云计算、物联网、虚拟现实、人工智能等多项技术，实现数据挖掘与分析、数据共享、智能决策、自动内容生成等功能，在优化新闻生产全流程的基础之上，进一步赋能社会治理、公共服务等领域的平台或系统。因此，新华社“媒体大脑”与浙江“传播大脑”皆从属于传媒“智慧大脑”的概念范畴。区别于以“一次采集、多种生成、多元传播”为特征的媒体中央厨房，传媒“智慧大脑”不仅在技术水平上更加智慧化，而且将领域从新闻线索监测、采集、制作、编辑、分发与反馈等环节，延伸至智慧公共服务、智慧城市建设与治理之中，将视野从单个媒体的新闻编辑部延伸至上下贯通的全媒体传播体系。

一、传媒“智慧大脑”的建设现状

2014年，十八届中央全面深化改革领导小组审议通过《关于推动传统媒体和新兴媒体融合发展的指导意见》，这一年被称为“中国媒体融合元年”，到2024年，媒体融合走过十个年头。在这十年里，媒体融合发展的路径逐渐清晰，在体制机制、内容生产、技术平台、经营管理、人才队伍等方面涌现出诸多经验探索。传媒“智慧大脑”的建设也与媒体融合的步伐相伴，在建设主体、建设方式、建设目标等方面折射出媒体融合的理念与思路。

（一）建设主体：媒体自建或与多方联合共建

传媒“智慧大脑”具有技术驱动的特征，而主流媒体此前并不具备人工智

① 周俊杰，张宇宜.媒体要做主流，先要成为技术流——浙江省媒体技术统一平台“传播大脑”在探索中前进[J].青年记者，2023（07）：68-70.

能等新兴技术的优势。因此，媒体本身如何引入技术力量以提升传媒智慧化水平，在建设主体的安排上呈现出不同的特征。

一是媒体与科技公司联合建设。智能技术的研发能力是媒体的薄弱环节，媒体本身缺乏与市场接轨的技术团队，而传媒“智慧大脑”的建设又具有很强的技术属性。因此，由媒体联合第三方科技公司以共同研发、购买服务等方式，让已有成熟技术产品建设传媒“智慧大脑”成为一项能够借力使力的可行性方案。例如，北京市海淀区融媒体中心与中科大脑共同建设“掌上海淀数字孪生社区平台”，旨在精准服务社区居民。青岛市广播电视台联合百度共同升级智慧广电云平台，将5G技术、虚拟现实、区块链、人工智能、数字孪生、边缘计算等元宇宙领域先进技术引入平台体系建设之中。

二是媒体自行建设。随着技术驱动在媒体融合进程中呈现出越来越突出的重要性，媒体自身加强了技术团队的组建，或者成立科技公司，对传媒“智慧大脑”展开自主研发的探索。新华社和阿里巴巴共同投资成立新华智云科技有限公司，中国第一个媒体人工智能平台“媒体大脑”正是由新华智云自主研发的。此后，新华智云还陆续推出智媒体融合平台、文旅智能传播平台等智慧产品，其服务的媒体机构已超1900家。安吉县融媒体中心成立浙江文澜信息发展有限公司，专营数字化建设研发、安全运维和经营，如建设安吉县公共危机处理指挥中心管控平台、数字乡村平台等，其研发的各类智慧产品在全国300多个县市落地①。可以看出，由媒体自行建设的传媒“智慧大脑”不仅在技术与数据方面更加自主可控，而且形成的产品模式更适合主流媒体所需，能够进一步向外输出推广。

三是媒体联合政府部门、科技公司等多方共同建设。如今，“大传播”格局下一体化程度的加深，媒体的单打独斗也走向多元融合，不同主体之间的协同格局进一步强化提升。例如，长沙广播电视台联合长沙市数据资源管理局，推出城市综合服务平台“我的长沙”。其中，长沙广电与长沙城发集团旗下专门负责智慧城市建设和大数据运营管理的长沙数智科技集团共同出资，设立了长沙

① 颜珂，王云娜，申智林，孙超.让正能量更强劲、主旋律更高昂[N].人民日报，2023-07-17（12）.

数智融媒科技公司，并由长沙广电绝对控股。[①] 宁波智慧广电“社区大脑”是以宁波广电集团为责任主体，联合国家广播电视总局广播电视科学研究院、宁波华数广电网络有限公司、杭州海康威视数字技术股份有限公司共同建设的，旨在打造社区融合服务平台。“传播大脑”则是在浙江省委宣传部的指导下，由浙江日报报业集团、浙江广电集团、浙江出版联合集团、浙江文化产业投资集团四大集团共同发起，并与阿里达摩院、阿里云、钉钉建立技术生态联盟。在这一层面上，浙江的省级传播平台具备高位推动的色彩，整合了省域范围内的媒体资源进行强强联合，被赋予更高的价值使命。

（二）建设方式：单列业务线或以“智慧大脑”带动产业升级

传媒“智慧大脑”作为一项全新的业务范畴，媒体如何处理这项业务与既有业务之间的关系，成为划分其建设方式的标准之一。有的媒体是将其视为一项单独的业务，有的则是以建设传媒“智慧大脑”为契机，进一步带动相关产业乃至组织架构的变革与升级。

一是在现有业务基础之上单列业务线。这类建设方式遵循的是“加法”思维，是将传媒“智慧大脑”作为整体业务布局中的一个垂直领域，在原有基础上增加一条新的业务线。这种叠加的方式总体上不触碰媒体其他业务的调整，也不涉及大范围的体制机制变革，而是抓住人工智能的浪潮，尝试寻找新的增长点。例如，长兴县融媒体中心大力布局智慧产业，研发县域一体化智能化公共数据平台，拥有12000路治安监控、20000多路社会监控，并研发河长制智慧平台、党员分类管理平台等30多个综合性信息化服务平台，数字化产业拉动整体营收每年呈8%以上增长。[②] 在建设这类智慧产业的过程中，媒体所扮演的是承建方的角色，与其他承建智慧产业的市场主体实际上并没有太大区别，特别是其技术团队与媒体其他的业务团队相互独立，通过技术突破获取的优势成果仍然属于垂直领域的范畴。

---

① 曾雄.从城市媒体到城市平台的转变——长沙广电媒体深度融合的探索与实践[J].新闻战线，2022（03）：67-70.

② 广电视界.网络视听大会特刊之长兴县融媒体中心——二次改革激活内生动力[EB/OL].（2023-04-17）[2023-08-26].https：//it.sohu.com/a/668005811_99994436.

二是以“智慧大脑”带动相关产业升级。这类建设方式是以传媒“智慧大脑”为工作抓手，旨在通过技术驱动媒体融合向智慧化发展，整合现有资源，升级相关产业，以期焕发媒体的全新活力。例如，青岛市广播电视台推进智慧广电云平台系统建设，一方面，通过技术手段打通原先台内各个相对独立的生产网络和媒资管理渠道，并对制作系统进行革新，包括推出虚拟数字人主播、打造元宇宙春节联欢晚会等；另一方面，是在重点栏目、节目的基础上，构建链接媒体、政府、企业等机构的新型媒体综合协同服务平台，包括智能舆情管控与舆论引导、媒体物联网、智联网平台等新形态。

三是以“智慧大脑”驱动组织关系调整。这类建设方式更深层次地触及媒体组织管理架构的改革，以更具战略性的思维展开布局，将传媒“智慧大脑”定位为重点工程，寻求新的突破。例如，“传播大脑”是由原浙报融媒体科技公司和天目智慧公司重新筹建而成，并集聚了浙江省四大省属文化集团的优质资源和力量，定位为“浙江省媒体技术统一支撑平台和媒体技术统一对外出口”①。浙江全省统一的新型智能化融媒体技术平台“天目蓝云”，则是在浙报“天目云”和浙江广电“新蓝云”的基础上整合推出的。此外，“传播大脑”打造的潮新闻客户端将原先浙报集团的浙江新闻、天目新闻、小时新闻三端合一，旨在“以客户端数量的减法做传播力影响力的加法，开启新闻客户端高质量发展的供给侧结构性改革”②。这一项大刀阔斧的改革措施彰显出与时俱进，并在实践中不断理顺媒体融合体制机制的理念。

（三）建设目标：从新闻生产延伸到社会治理

基于上述分析，可以看出不同媒体对于传媒“智慧大脑”的定位不同，因此各自建设目标也不尽相同。总体而言，传媒“智慧大脑”的建设基本涵盖下列四类主要目标。

一是运用人工智能技术，提高新闻生产智能化水平。这一建设目标实际上延续了早期媒体“中央厨房”的建设思路，但需要在技术水平上更进一步。不

① 周俊杰，张宇宜.媒体要做主流，先要成为技术流——浙江省媒体技术统一平台“传播大脑”在探索中前进[J].青年记者，2023（07）：68-70.

② 姜军.“数说”省级重大新闻传播平台[J].传媒评论，2023（05）：8-10.

仅要打通新闻生产与分发的全流程，还要在各个环节充分运用5G、区块链、人工智能、云计算、物联网、虚拟现实等先进技术，打造“中央厨房”的加强版，以期塑造主流舆论新格局，实现媒体融合的高质量发展。例如，大众报业集团建设的“齐鲁智慧媒体云”是由中央厨房升级而来，进一步打造了5G短视频智能生产平台、端媒统一生产管理平台和主题数据库等项目[①]，采用持续迭代的方式不断提升智能化水平。

二是打通省级、市级、县级媒体业务流程，实现资源共享。特别对于省级媒体打造的传媒“智慧大脑”而言，在四级传播体系的框架下承担着赋能全省范围内各级媒体的职责使命。在县级融媒体中心建设的进程中，全国范围内已基本实现省级云平台对县级媒体的覆盖，但也出现市级媒体“空心化”的趋势[②]。浙江省以推进媒体融合“一张网”为建设目标，依托“传媒大脑”为全省各级媒体提供技术集成中心、数据交互中台和融合传播中枢，涵盖内容、运营等领域。例如，“融媒通”依托11家市级党报、90家县级媒体、1700余家机构共建的浙江融媒共享联盟，构建上下贯通、内外联动、多跨协同的集成传播机制。“洪泽”是基于省域媒体海量的聚合数据和先进算法，通过一站式流量数据对接服务，协助省内各级媒体挖掘增量价值。

三是充分挖掘数据价值，打造多样化数据智库产品。如今，互联网中沉淀了海量的数据资源，但这些数据的价值并未被充分挖掘与利用。因此，具备大数据基因的传媒“智慧大脑”在挖掘数据价值的领域具有广阔的空间。例如，四川日报打造的四川云2.0，基于数据共享平台每月发布“四川县级综合传播力指数”，该指数对全省县级政务号、县级媒体号和各地有影响力的垂直类账号的传播力进行综合分析。[③] 川观智库依托四川云，通过大数据智能化运营打造数据

① 汤代禄.“齐鲁智慧媒体云”支撑媒体深度融合发展[J].中国传媒科技，2021（03）：14-17，39.

② 谢新洲，石林.“上下夹击”与“中部突围”：我国地市级融媒体发展研究——基于四市媒体融合发展的实地调研[J].现代传播（中国传媒大学学报），2019，41（12）：1-8.

③ 董晓尚.四川云2.0重磅发布！媒体融合与社会治理新平台“破圈”进化[EB/OL].（2020-12-28）[2023-08-26].https：//sichuan.scol.com.cn/ggxw/202012/58000472.html.

智库和舆情产品。[①] 这类数据智库产品能够为各级政府部门提供决策参考。

四是打通政务服务商务的壁垒，提供智慧公共服务。传媒“智慧大脑”从新闻生产领域延伸到社会治理领域，通过“新闻+政务服务商务”的模式更加直接地参与公共服务供给。例如，江阴市融媒体中心打破数据壁垒，集成全市80多个部门（乡、镇、街道）的2000多项功能，打造城市唯一超级入口“最江阴”客户端[②]。宁波智慧广电“社区大脑”对社区的智慧安防、智慧养老、医疗服务、家政服务等场景进行开发与应用。[③] “我的长沙”客户端打造“城市服务+融媒体”平台，推动政务服务、城市服务和新闻资讯移动端“三端合一”[④]，以期实现媒体平台与城市平台的有机融合。

二、当前传媒“智慧大脑”的建设问题

从全国范围来看，各级各类媒体打造传媒“智慧大脑”的阶段存在较大差异。起步较早的媒体已经通过智慧项目实现营收增长并输出成果经验，而仍有媒体处于摸索之中甚至尚未展开探索。从现有实践案例来看，传媒“智慧大脑”在顶层设计、应用领域、数据资源、运营模式等方面存在系列问题，需要进一步探索提升路径。

（一）缺乏顶层规划，“小散弱”较突出

从现有传媒“智慧大脑”的建设情况上看，以一家媒体为核心，单独或联合科技公司进行建设的方式较为普遍，也有媒体联合政府部门进行建设，但其与政府部门之间的协同程度存在较大差异。类似浙江“传媒大脑”由省委宣传部指导，省级四大集团共同发起的建设情况在全国范围内较为少见。因此，各家媒体单打独斗会不可避免地导致分散化发展，以及重复建设、同质化竞争等

---

① 李鹏.科技强媒，以“智媒+”引领新型主流媒体建设[J].新闻战线，2022（05）：5-7.

② 杨明品.江阴市融媒体中心：加快打造生态式数智化全媒体[EB/OL].（2023-07-28）[2023-08-26].https：//mp.weixin.qq.com/s/VAzNeA8HmF9DYYk37XYbTQ.

③ 王伟，陈起来.智慧广电社区融合服务平台的创新与实践[J].广播电视网络，2022，29（06）：19-22.

④ 谷欣蔓，刘运喜.打造“城市服务+融媒体”平台——以“我的长沙”客户端建设为例[J].新闻战线，2023（09）：61-64.

问题，出现资源浪费，以及“小散弱”等情况出现。传媒“智慧大脑”作为一项重大工程，不仅涉及媒体转型与发展，而且关系到主流舆论与意识形态安全，且其中内在的技术属性与智慧化社会的发展紧密相连。在这一层面上，各家媒体的分散化发展并不利于形成合力，政府部门在其中的支持和引导作用需要进一步强化。

在媒体单位之中也存在总体规划不清晰的问题。智能媒体作为未来传媒业发展的重要方向，许多媒体都能捕捉到这一发展趋势，但未能从整体站位上进行布局与规划，仅从部分项目上采取边缘突破的策略，所产生的实际效果也并不显著。全国范围内各级各类媒体都在尝试向智媒化发展，但从现有实践上看，许多声称智慧化的项目仅是概念上的“炒作”，本质上并不能称为智慧化应用。

（二）侧重新闻生产，应用领域偏狭窄

赋能新闻生产智慧化是传媒“智慧大脑”建设的重要目标之一，但若仅停留在新闻生产领域，则未能发挥其在综合服务平台、社区信息枢纽等层面上的功能作用。这一点也是当前全国范围内多数媒体智慧化转型过程中所存在的短板。① 由于在建设“中央厨房”的过程中主要聚焦新闻生产流程的再造，导致迭代升级建设传媒“智慧大脑”的过程中存在一定程度的路径依赖。事实上，传媒“智慧大脑”涉及数字化社会的方方面面，具有更广阔的应用领域，应该更深入地嵌入生活服务。但传媒“智慧大脑”面临着市场化公共服务供给的激烈竞争，媒体所建设的智慧化应用项目与其他市场主体建设的项目相比，尚未形成其核心优势，在落地和推广的过程中缺乏行业共识，导致占领市场份额的速度较为缓慢。因此，传媒“智慧大脑”的建设常常被局限在新闻内容生产的领域，难以开阔视野。

（三）疏离“城市大脑”，资源壁垒未打通

传媒“智慧大脑”与“城市大脑”具有天然的接近性，二者均蕴含大数据、传感器、算法、人工智能等技术基因。“城市大脑”大多以政府为建设责任主体，其中储存着大量的政务数据资源，这些数据大多数情况下并未向传媒“智

① 宋建武.媒体能够为科技创造更多的未来——传播大脑科技公司成立仪式上业内专家观点摘登[J].传媒评论，2023（02）：26-28.

慧大脑”开放。数据就是人工智能时代的“石油”，是智慧公共服务供给的前提基础。但基于政务数据存在敏感信息和合法合规使用的考量，政务数据往往被妥善存储在政府部门。即使在媒体直接参与“城市大脑”建设的案例中，政务数据和媒体数据之间仍然存在资源壁垒。因此，具备相同基因的两座“大脑”相互疏远，数据资源之中蕴含的价值尚未被充分挖掘，与此同时，存在技术平台重复建设的问题。

（四）运营模式不清晰，缺乏可持续发展条件

各级各类媒体建设传媒“智慧大脑”的路径各不相同，亦有多家媒体在智慧项目领域取得较为可观的营收增长。但总体而言，营收结构仍以财政收入为主，市场化程度不高，未能探索出能够“造血换血”的可持续发展路径。不可否认，人工智能领域具有广阔的发展前景，但现有传媒“智慧大脑”的运营模式仍然延续了以往新媒体营销的常用手段，尚未借助人工智能的特性开辟全新的增长领域。如何基于现有优势打造生态闭环，实现增值效益，成为传媒“智慧大脑”可持续发展的关键所在。

三、传媒“智慧大脑”的提升路径

建设传媒“智慧大脑”不是一家媒体的职责，需要广泛调动多方资源，并将其放置在国家治理体系与治理能力现代化的命题中展开建设，进一步释放智慧媒体的功能与活力。

（一）加强顶层设计，着眼整体规划

要解决各家媒体单打独斗所造成的资源分散问题，单靠媒体自身难以形成协同合力，需要从媒体主管部门的层面上进行推动。例如，浙江省委宣传部从战略布局的视野出发，启动“打造一个内容账号、一家技术公司，一个新型重大传播平台”计划，在省级层面集合四大省属文化集团资源。这一举措聚集了省级层面的优势资源，集中力量打造拳头产品。基于各家媒体从探索媒体转型以来的优势积累，进一步理顺融合发展的体制机制，清理落后资源，盘活既有资源，开拓创新资源，为传媒“智慧大脑”的建设注入制度性驱动力。在媒体单位中的顶层设计同样具有战略性意义，特别是如何定位传媒“智慧大脑”的问题，是将其作为独立的一条业务线还是以建设传媒“智慧大脑”为契机推动整体的智慧化转型，需要根据不同媒体自身的特性进行统筹安排。由此，进一步涉及媒体内部的组织架构体系，需要对薪酬激励机制、人才引进与管理、部门间协同等进行整体性规划，从而为建设传媒“智慧大脑”提供制度保障。

（二）持续探索融入社会治理的方式方法

媒体建设的“智慧大脑”需要在技术层面有所突破，但媒体培育的技术优势往往难以与深耕技术领域的科技公司比拼。因此，应该进一步突出媒体本身所具有的传播力、引导力、影响力、公信力等方面的优势，将城市智慧化公共服务与权威信息发布、生活资讯传播更加紧密地结合在一起，打造懂用户、善传播、有保障的“智慧大脑”，从而区别于其他市场主体所打造智慧服务项目。例如，基于传统媒体时期在问政类、帮忙类节目和栏目中塑造的良好口碑，引入智慧化技术手段，将其升级为综合服务平台，彰显平台本身所具有的公信力；再以公信力作为保障，持续开拓媒体参与社会治理的各个细分领域。在探索细分领域的过程中形成的阶段性成效，又能通过媒体的传播力优势进行推广，从而巩固媒体的良好口碑。需要特别注重的是，嵌入公共服务领域的智慧化解决方案一定要满足公众的需求，坚持以人民为中心的理念，提升公众对智慧化公共服务的满意度。与此同时，基于在智慧社会治理领域所形成的优势资源，媒体成为政民之间有效的沟通桥梁。一方面，通过社会治理大数据洞察民情民意，减少政府的信息不对称；另一方面，通过主流算法增强舆论引导能力，提升智慧社会治理成效。

（三）形成与“城市大脑”的深度合作

随着数据开放、数据共享和数据授权运营等领域的探索不断深入，以及隐私计算等技术的发展，在保护隐私的前提下充分开发数据价值的模式日趋成熟。因此，两座“大脑”之间的数据联通有望激发更大的智慧治理的可能性。例如，“最江阴”客户端与12345、城市啄木鸟等平台进行数据联通，促进公共数据和社会数据融合，构建纵向到底、横向到边的数据共享交换体系。目前，正加快建设教育、卫生、文旅、娱乐、体育、数字乡村等35个数字化转型应用重点场景，通过数据融合，实现数字政府“一张网”，普惠生活“一本账”[①]。相比之下，“城市大脑”的起步更早，发展更成熟，深化二者之间的合作有助于传媒领域“站在巨人的肩膀上”，打造更贴近生活、贴近群众的智慧化应用。例如，浙江“传播大脑”与钉钉合作，基于“浙政钉”“浙江政务一朵云”“最多跑一次”等业务的成功，助力传媒行业深入政企客户内容运营、智慧化信息服务等领域。

（四）调动多方因素，形成良性循环运营模式

打造传媒“智慧大脑”的可持续发展模式需要更加充分地调动各方的积极因素，走创新型的发展道路。例如，“传播大脑”提出通过品牌、数据、流量等多种变现渠道打造商业闭环，实现跨地域、跨平台、跨客户端活动运营，以及连接供需双方、盘活沉没资产、实现资产增值的运营思路。齐鲁晚报的新媒体平台齐鲁壹点获批建设山东省新型智慧媒体重点实验室，在成果转化方面，提出通过知识产权运营、技术转让、技术许可、作价投资等方式对外复制推广，并以产业链上下游企业为生态基础，覆盖内容制作、大数据、人工智能、广告、服务咨询等领域的产业链生态体系[②]。这一产业链的思路是通过智慧媒体的技术创新赋能行业生态，再通过行业生态的成果转化反哺智慧媒体的创新发展，由此形成良性循环。

四、结语

尽管传媒业综合运用人工智能的先进技术诞生了诸多实践成果，但对于传媒“智慧大脑”的建设来说，总体仍然处于起步阶段。如何打造传媒“智慧大脑”并没有成熟的模式可以借鉴学习，全国各级各类媒体正在用实践书写这张试卷，呈现出百花齐放的格局。不过，可以肯定的基本论断是，传媒行业的智慧化发展已经成为大势所趋，传统的行业壁垒正在逐步消解，智慧化媒体将进一步嵌入社会生活的各个领域，全新的“媒体智慧大脑”蓝图正在徐徐展开。

---

① 杨明品.江阴市融媒体中心：加快打造生态式数智化全媒体[EB/OL].（2023-07-28）[2023-08-26].https：//mp.weixin.qq.com/s/VAzNeA8HmF9DYYk37XYbTQ.

② 魏传强，宋耀，司君波.技术引领智慧媒体建设的实践与探索——以齐鲁壹点山东省新型智慧媒体重点实验室建设为例[J].新闻战线，2023（10）：61-64.

3.3 协同治理视角下我国新媒体监管的难点与对策

顾 洁 吴 雪[①]

摘要：2018年4月，习近平总书记在全国网络安全和信息化工作会议上指出，要提高网络综合治理能力，形成党委领导、政府管理、企业履责、社会监督、网民自律等多主体参与，经济、法律、技术等多种手段相结合的综合治网格局。网络综合治理体系对于党委领导、政府管理、其他利益相关方协同的主体定位，与协同治理的理论逻辑实现了有效衔接。二者之间的内在契合性使协同治理成为我国网络综合治理体系建设的路径。基于对协同治理的理论内涵和理论要求的剖析，本文从主体、手段和边界三个维度对当前我国新媒体监管面临的难点和挑战进行分析，总结缺乏多元主体协同的主体困境，欠缺过程开放性的路径困境，以及政企资源整合工作待优化的边界困境三大难点。而后，针对性地提出以党委政府为主导的协同监管主体体系，法律、技术和经济手段相辅相成的协同监管路径体系，共识共创的协同监管边界体系三个新媒体监管体系建设对策。

关键词：协同治理；网络综合治理；新媒体监管

随着互联网与社会生活相互融合的程度不断加深，新媒体技术在促进数字经济蓬勃发展的同时，催生了网络资源分配不均、信息安全风险加剧、内容生产传播失范等网络治理难题，为党和政府的新媒体监管工作带来全新挑战。党的十八大以来，党和政府高度重视网络安全和信息化工作，网络综合治理体系基本建成。网络综合治理体系本质上是我国社会综合治理理念在互联网领域的

---

① 作者顾洁系中国传媒大学电视学院教授、博士研究生导师，研究方向为互联网治理、媒体融合、国际传播；作者吴雪系中国传媒大学电视学院博士研究生，研究方向为互联网治理。

体现、延伸和调适。

党的十八届三中全会提出，加快形成科学有效的社会治理体制，首次把创新社会治理体制置于国家发展战略的高度。从社会管理到社会治理，意味着转变为政府与各类社会主体多元化协同治理。“协同治理”（Collaborative Governance）作为一种治理理论和策略最早诞生并流行于公共管理研究领域，随后逐渐向其他学科领域拓展。顺应社会治理现代化的发展大势，协同治理旨在通过纳入政府、市场、社会等多元治理主体构建扁平化治理体系，应用协作化治理策略。从主体、目标、内涵与路径等方面来看，协同治理是社会综合治理及网络综合治理最好的理论注脚。

综上所述，网络综合治理实则是中国社会从管理到治理之秩序再建构进程的一个方面，涉及主体、路径、结构、机制和结果等诸多问题。本文难以涵盖这一命题的所有方面，旨在基于协同治理的理论内涵与理论要求，探讨我国新媒体监管当前存在的难点及相应对策。本文以“党委领导、政府管理”这一网络综合治理体系根本要求为出发点，从“新媒体监管”切入，围绕“问题—对策”框架，从主体、手段、边界三个方面探讨政府在加强新媒体治理、创新协同治理机制、完善网络综合治理体制方面的难点与对策，以期对协同治理从理论层面到我国网络综合治理实践应用层面的落地提供对于现状的洞察及对未来的思考。

一、协同治理的理论内涵与要求

协同治理的理论内涵主要围绕治理主体、治理对象和主体关系展开，在这三个层面分别形成多样化、协商化和扁平化的特征。协同治理从理论层面向人们展示了一种更加有效的治理模式和策略，这一过程必然涉及对当前治理秩序的重组与动态调整。基于其理论内涵，协同治理在治理秩序上提出政府主导、非政府主体有效参与、各主体构建紧密且正式决策过程的理论要求，成为我国网络综合治理体系建设的路径选择。

（一）协同治理的理论内涵

“协同治理”是自然科学中协同论和社会科学中治理理论在相互借鉴和互动过程中诞生的。20世纪60年代，美国学者奥斯特罗姆夫妇提出公共事务的治理应该摆脱市场或政府"单中心"的治理模式，建立政府、市场、社会三维框架下的"多中心"治理模式，这一模式可以被看作协同治理的雏形。[①] 20世纪90年代至21世纪初，协同治理理论在西方公共行政学领域得到进一步发展，逐渐成为西方社会治理的新范式。2004年，美国学者约翰·多纳休在著作《关于协同治理》（On Collaborative Governance）中正式使用了"协同治理"这一概念。[②] 此后，协同治理理论内涵逐渐发展成型。

协同治理的理论内涵可以归纳为以下三点。[③] 第一，治理主体多样化。协同治理强调在主体层面将非政府的利益相关者纳入治理过程，形成政府、企业、社会组织和公民等多个主体在治理过程中基于实现共同目标的互动过程。[④] 第二，治理对象协商化。协同治理主张将所有以协商和共识为基础的方式、方法和过程纳入治理范围，打破传统基于线性原则的公共管理思维对政府干预或市场干预的单一依靠，对治理主体与客体非此即彼的二分法予以否定。第三，主体关系扁平化。协同治理强调治理主体在话语权和地位上的平等性，增强协同治理作为互动过程的适应性，使协同治理在面对其所处境况的不确定性与复杂性时，能够灵活地在组织构架、协同规则、议题范围、解决方案等各方面进行动态调整。

（二）协同治理的理论要求

协同治理的理论内涵提示我们，网络综合治理中多元主体与协商性客体的共在必然形成治理秩序的博弈。网络综合治理作为中国社会秩序从管理迈向治理的时代命题，政府与非政府利益相关方之间的秩序再造是关键问题。"协同治理"通过其多元化治理主体、协商化治理对象、扁平化治理关系的理论内涵，

---

① 埃莉诺·奥斯特罗姆.公共事务的治理之道：集体行动制度的演进[M].余逊达、陈旭东，译.上海：上海译文出版社，2012.

② John Donahue, Richard Zeckhauser.Collaborative Governance[M]. Princeton: Princeton University Press, 2011.

③ 顾洁，栾惠.互联网协同治理：理论溯源、底层逻辑与实践赋能[J].现代传播（中国传媒大学学报），2022，44（09）：146-154.

④ 张贤明，田玉麒.论协同治理的内涵、价值及发展趋向[J].湖北社会科学，2016，No.349（01）：30-37.

指向了政府主导、非政府主体有效参与、各主体构建紧密且正式协作关系的决策过程。在协同治理中，多元治理主体的参与是“政府治理的有益补充”[①]，“政府仍然要起到非常关键的作用”[②]。换言之，协同治理理论是对传统政府单中心管控的“扬弃”而非“抛弃”。中国网络综合治理体系话语对于党委领导、政府管理、其他利益相关方协同的主体定位，不但与我国改革开放以来市场经济发展及数字国家建设过程中党和政府始终发挥主导作用这一国情一脉相承，也与协同治理的理论逻辑有效衔接。因此，坚持党委领导、政府管理，科学定位非政府利益相关方的角色与作用，是我们推进协同治理实践的基本前提。

协同治理之所以能够成为我国网络综合治理体系建设的路径选择，根本原因在于二者之间的内在契合性。协同治理的理论要求成为我国网络综合治理中政府与非政府利益相关方之间秩序再造的基本依据。以下从主体多元性、决策开放性、资源整合性三个方面对协同治理的理论要求分别予以阐释，从而为我国网络综合治理体系的秩序再造提供理论依据。

1. 构建多元化治理主体

协同治理的主体具有多元化的特征，其理论内涵的先进之处正在于对主体间关系的探索与重新规定，可以从两个维度观察协同治理中的主体角色。

第一个维度是政府的主导角色。政府不是唯一的治理主体，但在治理中处于中心位置，这就需要明确两点要求。一方面，政府需要转变职能，只承担必须由自己负责的事项，其他领域则让位于多元主体的参与。在政府将部分公共职权授予给非政府方这一过程中，“政府移交的是项目，而不是责任”[③]。换句话说，协同治理机制不但要求政府责任贯穿于各个环节，而且要求政府责任调整内在结构，建立并完善政府与社会组织、政府与企业、政府与公民之间的长线责任。第二，当协同治理主体参与度较低，或者各主体利益难以协调时，政府

---

① 徐嫣，宋世明.协同治理理论在中国的具体适用研究[J].天津社会科学，2016，No.207（02）：74-78.

② 田培杰.协同治理概念考辨[J].上海大学学报（社会科学版），2014，31（01）：124-140.

③ [美]约瑟夫·斯蒂格利茨.社会主义向何处去：经济体制转型的理论与证据[M].周立群等，译.长春：吉林人民出版社，1998.21.

需要扮演协调者和推动者等角色，在各参与方互动、沟通过程中起到积极的引导和促进作用，并为各参与方能力的提高提供足够的政策、技术、资金等方面的支持。

第二个维度是非政府利益相关方的协同角色，尤其是社会组织和企业在协同治理中获得了来自政府的部分公共职权，这就需要就政府、社会组织和企业的关系明确两点要求：一是社会组织和企业是政府决策的参与者，社会组织和企业应在针对具体问题的治理决策中提供来自一线的经验；二是社会组织和互联网企业是治理责任的共担者。协同治理对承担具体治理任务的合作者提出相应的责任要求，尤其是互联网企业，一方面要为自身作为经济组织实体而承担经济责任，另一方面要解决其经济目标与公共价值之间存在的潜在冲突，承担起网络治理中应有的主体责任。

2. 构建开放性决策过程

协同治理的本质是一种决策制定的“过程”，即协同关系的形成和治理有效性的达成需要一个过程，其核心关注点是如何确保多元主体“在场”的情况下制定出合理有效的“开放性”决策。开放性可以表现为信息、资源、优势的共享，议题和解决方案的协商，方案实施时的分工合作等。基于各主体为了实现共同目标进行积极开放性互动的需求，协同治理要求在具体的手段、工具和宏观体制机制层面畅通各治理主体之间沟通分享的通道。

值得注意的是，在非政府参与方的话语权及自主性这一议题之下，受众作为网络治理参与者的主体地位得到强调。追求成本最小化、效益最大化的市场，承担克服市场经济外部性责任的政府，在面临网络社会中日益复杂的治理需求时都具有回应能力不足的难题。协同治理作为开放性的决策过程，要求将社会公众的治理手段纳入其中，形成一个网民参与再结构化和治理权威再结构化的过程。

3. 基于资源整合构建协同关系

网络综合治理体系中，由于治理主体自身在国家现代化发展中的角色和作用不同，在社会整体秩序转变过程中的地位和能力不同，以及在互联网生态系统中所处的行动位置不同，政府、社会组织、企业、网民等治理主体具有差异化治理资源。可以说，单一主体的治理模式容易面临效率缺失或公平不足的问题，难以实现资源的优化配置，而资源的差异性为多元主体的合作奠定了基础。

因此，基于多元主体的差异化治理资源，协同治理的根本要求是对治理过程中的复合因素进行认知与整合，即治理主体的多元化与目标、资源、方式的多样性，基于差异化资源等因素区分治理主体，划分治理主体在目标、角色、方式等层面的“边界”，然后考察不同因素能否实现整合以及如何实现主体关系真正意义上的协同，进而确认和评估协同治理的有效性，实现网络综合治理中的边界重组与秩序再造。

二、我国新媒体监管的难点

协同治理强调了政府及社会组织、企业、网民等非政府利益相关方的治理秩序再造，涵摄了政府治理改革、非政府组织建设等国家现代化发展的重大议题。相应地，“新媒体监管的难点”这一问题所覆盖的实践内容也十分宽泛。但是梳理与提炼上述对协同治理理论内涵与理论要求，可以发现参与主体的多元性、治理手段的开放性以及治理资源的整合性是协同治理概念中不可或缺的基础要素，协同治理的外延问题都需基于主体、手段、边界三个核心要素展开，因此，以下将围绕这三个方面对当前我国新媒体监管面临的问题及难点进行分析。

（一）主体困境：监管主体单一，协同性待加强

1.难以应对监管对象“头部化”的发展趋势

我国数字信息发展产生“头部”效应，资源集中涌向网络空间中的核心节点和产业生态中的核心单元。可以说，当前我国新媒体监管的对象都是在产业生态、行业结构、社会结构中处于头部的主干，增强了监管难度。

首先，从产业生态来看，互联网空间的用户及内容信息基数大，“头部”尤其具有海量优势，哪怕针对一个具体精准问题进行治理，也意味着相当广的治理对象范围。例如，网络“饭圈”乱象、应用程序PUSH弹窗问题、互联网用户账号运营乱象等，这些治理对象虽然是细分领域的具体对象，但却是各自领域的主干部分，具有海量且影响力大的特征。近年来，中央网信办与国家网信办针对上述对象定期启动的“清朗”专项行动，正是这些治理对象范围广、基数大、监管难的印证之一。然而，政府牵头、非常规化的专项治理行动，在面对指数级增长的网络乱象时难以“单打独斗”，纳入多元治理主体势在必行。

其次，从行业和社会结构来看，“头部”互联网企业打造的平台逐渐成为社会基础设施，汇集了海量内容创作者、第三方合作商、用户信息与数据资源，政府需要与超级平台形成协同关系，传统政府单一主体的线性监管流程被打破。然而，企业作为个体私有组织，具有追求最大化经济利益的经营目标，在做大做强的过程中集中产生数据滥用、恶意竞争、排他性交易等问题，政府既需要将大型平台纳入监管主体中来，又需要对大型平台自身的乱象进行治理。如何在不损伤大型平台协助政府治理的主动性与积极性的同时，完成对于平台本身的自治与他治，给政府激发多元主体治理协同性提出全新挑战。

2.难以有效利用和发挥多元行动主体的监管潜力

“政府主导”这一垂直化、中心化的新媒体监管模式在方向把控、统一规划、集中管理等方面具有一定的优势，在我国互联网治理的起步阶段起到很好的谋篇布局、架梁立柱的作用，在我国互联网早期相对简单的环境中也起到较好的监管效果。

随着互联网生态越发复杂，这一模式的短板逐渐显现。

一是难以应对监管对象多元化的发展趋势。就治理问题来看，在人工智能、ChatGPT等新兴技术的推动作用下，突发公共事件舆情、谣言传播、信息安全等领域越发呈现出多源头、多支线、多中心的特征，政府独挑大梁已不适于当前网络环境。

二是难以有效利用和发挥多元行动主体的监管潜力。实际上，无论从历史还是现实来看，多元化的互联网行动主体同样能够利用其自身优势和特点扮演好“监管者”的角色。以谣言治理为例，主流媒体可以发挥信息和人才专业优势，帮助大众辨别真假，以正视听；网民则可以主动行使监督和举报权利，协助信息平台及时删除谣言信息；而互联网平台可以积极履行社会责任，加强对虚假信息的审核筛查。

因此，进一步加强新媒体监管，必须打破过去单一的“政府主导”模式，引入行业协会、媒体、企业、网民等多元主体的力量，并且努力发挥各主体间的协同作用，形成互联网治理的合力。另外，政府内部长久以来存在的部门条块分割、多头管理的问题，导致管理资源的浪费和管理效率的低下，亟须对现有的管理资源进行有效整合。

（二）路径困境：监管手段单一，开放性待加强

当前，以大数据和云计算为基础的人工智能技术得到快速发展与广泛应用。在市场竞争压力、资本支持、政策法规缺位等条件下，互联网平台致力于采集数据、开发算法，几乎垄断了这两大智能技术。但是企业亦具有损害公共利益的潜在风险，凭借对于前沿技术的掌握，互联网平台逐渐成为社会基础设施，在互联网平台面前，弱势者不仅包括普通公众，还包括政府。

党和政府加强“以法治网”，将相关行政法规上升到法律层面，增强治网权威性、引导预期、抑制潜在机会主义行为，凸显互联网治理的重要性和敏感性。法律和政令作为政府监管的主要方式，存在以下不足。

1.刚性有余，柔性不足

以强制性和规范性为特征的法律和行政路径往往采用删帖、封号、下架等简单直接的监管方式，容易引起被监管对象的反感，而且“一刀切”的方式也与当前多元复杂的网络生态不相匹配。更为关键的是，这样做容易在监管者和被监管者之间造成简单的二元对立关系，无法充分调动被监管者的能动性与积极性实现协同治理。因此，诸如企业社会责任、网民自律等“柔性”手段的作用无从发挥。

2.稳定有余，动态性不足

法律和政令具有较强的权威性，从制定到出台需要缜密的规划和细致的考虑，耗时较长。然而，互联网的发展日新月异，新问题、新矛盾层出不穷。于是，很多法律和政令难以作出前瞻性预判和系统性规划，在快速迭代的网络生态中很容易沦为明日黄花，在监管效力层面缺乏长效机制和动态机制。

3. 灵活有余，常态化不足

通过专项治理（如净网行动）、行政约谈、制度建设等灵活机制和政策工具，国家对法律法规动态性不足的问题进行一定程度的补充与修正。但是，这些补充性手段仍然面临着灵活有余、常态化不足的问题。

以专项治理为例，在当前数字社会中，专项治理的治理逻辑仍然是线性的，在社交平台不良账号处理、不良视听内容集中下架等专项治理行动中，往往遭遇“野火烧不尽”的难题，制约了专项治理的整体效果。

4. 宏观有余，微观不足

法律和政令往往都从宏观处着眼，进行方向性的指导和原则性的规范。然而，新媒体监管实践面对多元且复杂的微观问题，从整体和全局出发的法律行政手段往往难以做到点面兼顾，面对一些复杂问题时，行政监管的有效性也会大打折扣。

比如，面向网络平台推广的“青少年模式”，在实施过程中遭遇“上有政策、下有对策”的情况，网上涌现各色“破解方法”，部分平台也采用消极实名认证机制，未能达到预期效果。此时，单纯的行政命令就必须借助技术手段进行监控。再如，国家网信办要求各平台启动“关闭自动推荐”模式，以进一步对算法推荐进行监管。但是，囿于流量经济模式的限制，不少平台为了经济利益故意将关闭入口放在不起眼的位置，用户对关闭个性化推荐后的内容质量也不甚满意，实行效果并不理想。此时，新媒体监管对于信息内容生产与信息内容治理博弈关系的掌控就十分重要，相应的监管手段也呼之欲出。

（三）边界困境：治理边界漂移，政企资源整合工作待优化

数字时代中，数字经济运行逻辑和传统经济大相径庭，政府原来能够依据信息优势进行宏观指导，然而在网络平台成为社会基础设施的社会条件下，信息优势逐渐从政府转向网络平台。这带来新媒体监管的全新问题：政府的公共立场无法被替代，但在网络平台承担起部分协调和监管职能的情况下，政府的宏观监管行为、监管指标和监管手段需要进行调整优化。针对该情况，政府仍在探索有效对策，目前主要形成“以法治网”和“政企发包”两种模式。[①] 其中，“以法治网”的新媒体监管难点已在上文进行讨论。“政企发包”治理模式指政府令平台承担审查和治理的具体职责，使之在事实上成为行使“准行政权力”的“准行政机关”。[②]

“以法治网”和“政企发包”的基础治理模式导致政府与平台的关系面临着

① 彭波，张权.中国互联网治理模式的形成及嬗变（1994—2019）[J].新闻与传播研究，2020，27（08）：44-65，127.

② 于洋，马婷婷.政企发包：双重约束下的互联网治理模式——基于互联网信息内容治理的研究[J].公共管理学报，2018，15（03）：117-128，159.

多方面的调整，并开启了秩序再造和价值重塑的过程。也就是说，政府与平台企业之间的治理权责边界发生了一定程度的“漂移”。这种“政府管平台，平台管其他主体”的规制逻辑，给政府在以推动政企协同治理有效性最大化为目标的治理资源整合工作带来了全新挑战，可以从指标、流程和能力三方面进行分析。

1.集中管理与执行效率的关系需要平衡

集中管理必将增加信息传递的中间环节，然而面对互联网传播速度快、网络平台众多的现实，集中管理中信息反馈链条过长必然会降低治理反应的速度与执行的效率，使一些本该及时处理的违法行为和不良信息没有被及时处置，使本该迅速回应的问题没有得到及时回应。政府需要在集中管理与执行效率之间制定合理的工作指标，充分发挥政企协同治理对治理效率提升的作用，避免集中管理给治理工作带来的被动化与后置化。

2.集中决策与分散决策的关系需要平衡

“去中心化”是互联网的特征之一，目的是通过信息的分散存储来规避风险。以政府为主导的集中决策虽然规范了决策流程，但让分散决策规避风险的价值打了折扣。如果发挥好网络平台在信息传递、分散决策上的独特优势，则可以在突发事件中发挥快速分发信息和知识的作用，引导网民自主决策、分担风险。

3.管得住与用得好的关系需要平衡

习近平总书记着眼网络内容建设和管理工作整体格局，多次强调坚持正能量是总要求，管得住是硬道理，用得好是真本事。干部职工特别是领导干部需要转变观念、适应新形势，主动适应信息化要求，强化互联网平台思维，加强网络素养培训，提升懂网用网能力，才能把握好网络平台传播规律，将掌握的技术、资源、制度等优势转化为国家和社会治理体系和治理能力现代化的动力。

三、我国新媒体监管的对策建议

从治理主体多元性、治理手段开放性、治理资源整合性三大协同治理基础要素出发，上文分析了我国新媒体监管工作的具体实践情境，总结了当前我国新媒体监管工作面临的三大挑战，即多元主体协同的主体困境、欠缺过程开放性的路径困境、政企资源整合工作待优化的边界困境。以下将继续围绕主体、路径、边界三方面对我国新媒体监管工作提出相应的对策建议。

1.形成党和政府为主导的协同监管主体体系

党的十八大以来，我国的社会治理模式正在从单向管理走向多方协同，从垂直体系转向扁平结构，从单纯的政府监管发展为基于多元主体的社会综合治理。从主体协同维度来看，当前我国新媒体监管应当纳入党和政府、主流媒体、互联网平台、行业组织、网民五大主体，从宏观、中观和微观三个层次构建立体交叉、互惠互助的主体协同体系。

宏观层面的治理主体由党和政府组成。一方面，应当继续强化党在新媒体监管中的核心领导地位，要始终确保新媒体监管旗帜鲜明地坚持正确政治方向、舆论导向、价值取向。另一方面，应当在协同治理理念下进一步解放思想，打破部门壁垒、调和利益关系，通过创新改革政府管理的职能、机制和路径，彻底打破传统科层管理模式下的中心化、对立化和垂直化思维，进而确定以宏观把控、赋能放权、沟通协调为核心的职能定位和路径机制。

中观层面的治理主体包括主流媒体和网络平台，是互联网传播体系中主要的信息集纳与发布者。从协同治理角度出发，各级党委和政府应当深入贯彻落实习近平总书记“压实互联网企业主体责任”的工作要求，引导鼓励主流媒体、网络平台加强社会责任建设，积极发挥行业自律作用，构建“软”“硬”互补的监管手段格局。一方面，党和政府要建立社会责任的激励与保障机制，通过完善信息发布许可证授予规定、出台社会责任履行保障细则等保障主流媒体和互联网企业的相关权益，从内部保护和培育互联网企业和媒体的履责动力，并激励他们勇担社会责任，积极投身社会公益。另一方面，也要尽快完善社会责任的披露与评价机制。构建互联网新媒体社会责任信息披露平台，建立负面责任清单制度，对社会责任失范行为进行曝光或声誉管理。

微观层面的治理主体为行业组织和网民。网络行业组织介于党和政府、企业媒体与网民之间，是促进主体间对话交流、发挥沟通协调作用的“联络员”与“润滑剂”。近年来，中国互联网协会、中国网络视听节目服务协会等行业组织积极开展行业自律、倡导网络文明，在打造良好网络生态、营造健康网络舆论环境等方面作出重要贡献。行业组织应当在促进新媒体监管的制度化、常态化和理性化方面多下功夫。同时，各级党委和政府也需要在行业组织的系统化发展和组织能力建设方面给予更多支持。

在网络综合治理体系中，除了需要提升网民媒介素养、促进网民行为自律以外，更重要的是构建网民自愿主动参与新媒体监管的制度机制。一是要重视用户自审自查、监督预警等自下而上的调节型、自愿型治理机制，将网民监督举报机制规范化、法治化，构建跨平台、跨媒体的监督举报机制，形成多层次、多手段的监督举报系统。二是要重视网民中意见领袖的影响力，加快制定意见领袖媒介素养培训计划，建立违法违规意见领袖黑名单制度，多方联动激发网民的监管作用。

2.形成法律、技术和经济手段相辅相成的协同监管路径体系

在树立共同目标、建立相互信任的基础上，多元治理主体还必须充分发挥各自的手段资源优势，从法律、技术和经济三个维度形成相辅相成的协同监管路径体系，进而有效提升治理手段的柔性、灵活性和微观性，并从根本上调整治理监管的底层认知逻辑和行动路径。

在法律路径层面，首先要建立健全认定机制，进一步明确企业、媒体和网民的责权边界，适度保障平台、媒体和网民的权益，尊重治理对象共性与个性的差异，从而有效调动多元主体参与监管的积极性。其次要优化完善处置机制，摒弃简单粗暴的规训方式，充分尊重和给予被监管对象的申诉与表达权，用分级分类的处置替代整齐划一的标准，用更多的柔性沟通取代刚性处罚。最后要改革创新机制，尤其要探索法律规范制定的前置和动态机制，简化制定流程，增强条款的开放性、系统性和前瞻性，改被动的事后追责为事前引导与监测、事中应急与协调、事后溯源与完善相结合。

在技术层面，首先要充分认识技术的主体性，彻底释放技术在新媒体监管中的潜力。当大数据、AR/VR、元宇宙、ChatGPT等新技术逐渐成为信息传播的基本力量之后，治理主体已经在人和物（技术）之间出现了模糊地带。因此，要从根本上实现从过去的人工监管向人机协同监管的转变，将技术全面嵌入不同的治理场景，不断推动新型监管技术的开发与应用，针对由技术负面性导致的各种微观治理问题实现“以技术监管技术”。其次，要坚持用主流价值观驾驭和引导技术，倡导和引导更为合理、规范和平衡的技术应用机制，推动技术成为主流价值观传播的翅膀。为保障主流价值对技术监管的引导作用，必须尽快形成技术主体自觉尽责、技术应用价值嵌入、技术监督协同问责的协同监管体系。

在经济路径层面，监管者首先要厘清经济路径的内涵。经济路径与信息生产者和使用者的经济利益相对应。对于经济效益与社会效益二者关系的不恰当处理则是种种网络乱象频发的根源。因此，监管者必须善用经济手段去调和经济效益与社会效益的关系，从而从源头上遏制网络负面问题的产生。监管者要从认知框架和行动路径层面塑造有利于信息内容生产良性发展的监管手段、规范和体制机制。一方面监管者自身要彻底破除二元对立的监管理念，促使被监管对象从作为客体的“负面因素”向作为主体的“生产资源”转变，变堵为疏。另一方面，监管者要加强行动协同示范和价值共识倡议，帮助媒体、企业和用户破除对经济效益与社会效益相互矛盾的错误认知。并进一步通过出台体系化、组合化政策规范，促使从传播上游内容提供、传播中游平台准入，到传播下游受众消费信息生产传播全链条回归社会效益的底层逻辑，促使新媒体监管的内在驱动力从刻意追求稳定安全向主动创造综合价值发展。

3.形成共识共创的协同监管边界体系

基于政企之间治理边界及秩序重塑的现实状况，政府部门、社会组织和平台企业需要形成网络协同监管边界体系。该体系的治理结构在纵向与横向两个维度形成监管边界的重组。具体来看，在纵向维度，政府通过跨越层级和部门边界的协同实现政府内部网络监管力量的有机整合，摆脱刚性的部门职责划分与行政区域划分而形成的碎片化监管困境，从而有效回应人民群众对网络综合治理的动态性需求。在横向维度上，政府部门、社会组织和平台企业通过权力与资源共享建立相互信任的协同关系，充分利用专有资源并发挥各自功能优势，提供不同类型的网络治理行动，从而满足人民群众对网络综合治理的多样化需求。

在纵横双向维度进行边界重组的网络综合治理协同监管边界体系具有两个特征。

第一个特征是协同监管边界体系的形成基础是多元治理主体基于差异性治理资源进行资源流动与整合，进而达到成员之间价值共创的目标。例如，政府和平台企业治理资源具有明显的差异化和互补性。一方面，由于政府对公平的追求远胜于效率，其治理资源集中体现在法律、规章、制度等方面，例如，逐级许可、制度化吸纳、领导小组等治理模式，往往具有高成本、低效率的弊端。

另一方面，互联网平台能够借助大数据、建模算法等新技术实施精准治理，通过扣分扣点、罚款、评价体系、声誉机制等手段实现灵活治理，从而在技术资源、网络节点资源、信息资源等方面形成比较优势。政府与平台企业基于治理资源的互补，在网络生态系统中能够以“政府管理、企业履责”的基本模式主导各类治理主体之间的价值捕获、价值交互、价值创造与价值分配的过程，激发多元治理主体形成基于综合价值与共享价值创造导向的可持续性价值主张，培育公平、安全与高效的网络治理信任环境和互动环境，增强各参与者形成综合价值与共享价值创造的意愿与动力，最大程度规避机会主义倾向导致的价值创造行为异化问题。

第二个特征是多元协同主体对于“治理+发展”的目标达成共识，政府与平台企业有“以治理促发展”的共同目标。数据及基于数据形成的数字经济是推动我国经济发展的重要生产力，过去很长一段时间，我国网络治理都以支撑数字经济向纵深发展为核心目标。然而随着数字经济发展过程中暴露出越来越多的问题，网络治理与数字经济发展的关系已经从“以发展为主兼顾治理，偏向以治理为主兼顾发展”[①]。近年来，《中华人民共和国个人信息保护法》《互联网信息服务算法推荐管理规定》《网络安全审查办法》《关于加强科技伦理治理的意见》等一系列指导网络规范发展的法规相继出台，涉及算法推荐、个人信息保护、网络安全、平台反垄断、平台经济、科技伦理等多个方面。可见党和政府正在并将持续对数字经济建设进行系统化的政策规制，这就要求持续细化对数据化、数据中心主义及其所带来的资本与秩序问题的监管及治理手段，更重要的是，要形成以“治理促进发展”的网络综合治理理念并在多元治理主体之间达成共识，让数字发展与数字治理齐头并进，优化“以法治网”和“政企发包”的政府治理模式，践行“党委领导、政府管理、企业履责”的网络综合治理基本要求。

四、结语

本文首先剖析协同治理的理论内涵及理论要求，指出协同治理的理论要求

① 彭波，张权.中国互联网治理模式的形成及嬗变（1994-2019）[J].新闻与传播研究，2020，27（08）：44-65，127.

是我国网络综合治理体系中政府与非政府利益相关方之间秩序再造的基本依据。在此基础上，本文从党和政府的主体视角出发，从主体、手段和边界三个维度对当前我国新媒体监管面临的难点及挑战进行分析。总体来看，可以总结为缺乏多元主体协同的主体困境、欠缺过程开放性的路径困境、政企资源整合工作待优化的边界困境。对此，本文提出以党和政府为主导的协同监管主体体系，法律、技术和经济手段相辅相成的协同监管路径体系，共识共创的协同监管边界体系三个新媒体监管体系建设对策，这三个系统体系共同推动基于协同治理理论要求的网络综合治理体系建设。

本文认为，基于协同治理理论形成的新媒体监管系统，能够在内部结构的完善与外部环境的变革之间保持同步，增进系统的调适性，从而推进网络综合治理体系的建设。就网络综合治理体系建设的中心环节而言，其根本取决于政府、市场、社会关系的调整，通过政府职能完善、市场体制改革、网络管理制度加强，在集中与分散、公平与效率、治理与发展等方面实现平衡，这些往往是外部制度在系统内部结构的具体体现。在此过程中，协同治理能够通过整合多元要素实现内外系统的同步变革，为多元主体释放出足够的成长空间与行动空间，推进我国社会秩序实现从管理到治理的平稳过渡。未来，还需从两个方面探索基于协同治理理念的网络综合治理体系，一是从外在环境层面探索治理机制如何动态化适应各领域的发展状况，二是从内在结构层面实践具备观念共契、政策协调、制度相容特征的治理机制，从而加快推进协同治理从理论层面到网络综合治理实践应用层面的落地。

第四章

专研报告

专研报告一：中国对外融合传播内容生产实践创新研究

赵淑萍　李超鹏　周　倩[①]

摘要：当前，视频化、移动化、社交化的全球传播新特征使对外融合传播成为提升国家形象，以及建设与我国综合国力和国际地位相匹配的国际传播能力的重要方式。面对世界百年未有之大变局，系统推进全媒体传播体系建设，加强和改进国际传播工作，提升对外传播能力，比任何时候都更为必要和紧迫。基于此，本文以中国日报、中国新闻社、CGTN、海南国际传播中心为例，深入分析我国多家主流媒体的融合内容生产的现状与创新举措，并从智能化采集、大数据支撑、沉浸式拓展三个层面对未来数字化背景下对外融合传播内容生产态势进行研判与预测。

关键词：对外传播；媒体融合；主流媒体；内容生产

当前，全球化不断加深、技术飞速发展，媒体融合成为对外传播的重要举措。2014年8月，十八届中央全面深化改革领导小组第四次会议审议通过的《关于推动传统媒体和新兴媒体融合发展的指导意见》，将媒体融合提升至国家战略高度。在顶层设计的推动下，全国各级各类主流媒体积极行动，推动媒体融合向纵深发展，强化对外融合传播则是其重要内容。面对视频化、移动化、社交化的全球传播新格局，对外融合传播已成为提升国家形象，以及建设与我国综

---

① 赵淑萍，中国传媒大学电视学院学术委员会主任，教授；李超鹏，中国传媒大学媒体融合与传播国家重点实验室博士研究生；周倩，中国传媒大学电视学院硕士研究生。

合国力和国际地位相匹配的国际传播能力的重要方式。作为对外传播的中坚力量，我国主流媒体紧紧围绕党和国家的中心工作，积极顺应技术带来的全新机遇，探索对外融合传播内容生产的新思路和新方法，努力将自身打造成为具有国际影响力的新型主流媒体。

一、新时代对外融合传播内容生产的定位与坐标

新时代，我国主流媒体开展对外传播工作面临着新形势，主要体现在四个方面。一是纷繁复杂的国际舆论环境极大提升了我国对外传播的紧迫性。长期以来，“西方文化中心论”在世界话语体系中占据优势，美西方常对我国发起无依据的抹黑言论。同时，随着中国逐步走近世界舞台的中央，国际社会更加期待中国声音。二是我国不断加强对外传播的战略性布局。党的十八大以来，以习近平同志为核心的党中央高度重视对外传播工作，指出要加强和改进国际传播工作，构建具有鲜明中国特色的战略传播体系。三是新技术为我国媒体对外传播提供新机遇。新传播技术打破时空界限，信息在全世界流动，对外传播产品能在最短时间内抵达受众。如何科学高效利用新技术创新内容表达，成为对外传播的重要着力点。四是海外受众能动性提升，对外传播内容生产理念和流程等亟待革新。在社交平台，用户成为内容生产者，再生产与再传播影响对外传播效果。面对新的传播形势，主流媒体对外融合传播内容生产面临着更高要求。

（一）创新话语体系，增强国际认同

在全球化进程中，随着国际社会信息传播和交流日益频繁，构建既有中国特色又有全球视野的新话语体系成为对外传播的当务之急。习近平总书记强调，“要加快构建中国话语和中国叙事体系，用中国理论阐释中国实践，用中国实践升华中国理论，打造融通中外的新概念、新范畴、新表述，更加充分、鲜明地展现中国故事及其背后的思想力量和精神力量”，指明了对外传播的重要路径。

一是立足共通价值观，引起情感共鸣。在复杂多变的国际局势下，竞争博弈与交流对话并存。面对多元文化交融的世界图景，共通的价值观念在国际交流与合作中发挥着重要的作用。讲好中国故事，须充分考虑文化差异，选取人类社会共通的价值理念，打造具有文化共感的内容，引发国际受众的共情与认同。

二是用好关键概念，创新内容表达。随着我国综合国力不断提升，在对外传播中，强化中国概念、塑造中国话语，有助于在国际舆论中提升话语解释力。党的二十大将创造人类文明新形态列为中国式现代化的本质要求之一，此外，“人类命运共同体”“中国式现代化”等概念，凝练中国智慧、展现中国经验、关注人类共同议题。在对外传播过程中，主流媒体将关键概念融入传播内容，逐步建构中国话语体系，进一步提升舆论引导能力。

三是丰富叙事视角，吸引受众关注。视角新颖、体验性强、创意丰富的叙事表达更受海外民众的欢迎。一方面，以海外受众易于接受的叙事方式讲述中国和中国人民的故事。传播内容通过民众视角，以小见大地阐释国家理念，能够让更多海外受众了解真实的中国，感受中国的魅力。另一方面，灵活运用“他者化”叙事视角实现中国故事的国际表达。在跨文化传播中，他者视角的客观表达，立足海外文化背景，促进与他国民众对话，一定程度上减少“文化折扣”、打破“文化壁垒”。我国对外传播借助外籍专家、国际友人、外媒报道等他者视角，增加新闻报道在情感上的联结感和认同感。

（二）凸显中国特色，提升传播力影响力

当前，在世界话语体系中，中国媒体对外传播易陷入“西化叙事”陷阱，中国特色不足，且尚未形成集聚效应，缺乏传播合力。因此，加快构建具有中国特色的对外话语体系是提升国际传播力的关键之举。

第一，坚定文化自信，增强中华文明传播力影响力。中华民族具有百万年的人类史，一万年的文化史，五千多年的文明史。在中国共产党的领导下，中华文明在当代焕发新的生命力。在对外传播实践中，我国媒体须突破“西方中心主义”的国际传播逻辑，基于人类文明发展的共性，坚定中华文化自信，从宏观文化视角宣扬中华文明的文化价值，讲好中国故事。

第二，调动多元主体积极性，聚合内宣外宣力量。我国对外传播须充分发挥各级媒体优势，共同塑造良好的城市形象和国家形象。当前，国际舆论环境变幻莫测，国内新闻和舆情极易通过互联网发酵成为备受瞩目的国际事件。面对内宣外宣化的倾向，我国对外传播须充分调动我国省级、市级、县级等地方媒体的积极性，打造有特色的区域传播节点，推动各级媒体有意识地挖掘本地内容进行对外传播。

（三）讲好中国故事，塑造国家形象

“中国故事”是指凝聚了中国人共同经验与情感的故事，在其中可以看到我们这个民族的特性、命运与希望。[①] 通过媒体的长期实践，中国故事的具体表现不断延伸，分布在政治、经济、文化、生态、社会建设等各领域。但需要关注的是，讲好中国故事不意味着只讲“好”的中国故事，要遵循新闻传播的基本规律。在对外传播中既要讲述我国取得的发展与成就，也要正视自身存在的不足，进行全面的自我展示。具体来看，重大主题报道、重点事件报道、国际性赛事报道等对外传播内容创新是我国主流媒体对外融合传播的关键领域。

一是重大主题类报道的内容表达创新。我国主流媒体不仅开设重大主题报道专题专栏、推出特刊特辑、刊发评论文章，且积极适应全媒体时代受众需求，利用媒体融合传播手段，让重大主题报道表达方式更加生动活泼、贴近受众。中国新闻网和中国传媒大学联合出品系列融视频《十年百变》，选取一个个小故事作为时代缩影，折射十年大发展，通过创新视听语言，利用3D建模、图形动画等融媒体技术来增强视频内容表现力。

二是人类共同议题的国际媒体联动。2021年，云南15头野生亚洲象一路北迁引起国内外媒体的广泛关注，我国媒体持续跟进该事件，主动发布相关报道，覆盖文字、视频等多种形态，成为CNN、BBC、美联社、泰晤士报、华盛顿邮报、天空新闻网、路透社、纽约时报等西方媒体的重要新闻来源，让世界认识真实的中国的生态环境。

三是重大国际赛事的内容创新。国际赛事作为重要的媒介事件，是国家形象、城市形象的重要传播窗口。2022年初，北京冬奥会期间，新华社推出微纪录片《冬奥会开幕式总导演的“一天”》，讲述了总导演张艺谋及其团队为开幕式付出的奋斗故事。作品中冬奥团队精益求精的工作场面，体现出中国人胸怀大局、追求卓越的精神，生动展现了有活力的中国形象。

二、中国日报：以创意表达讲好中国故事

《中国日报》作为国家英文日报，是我国对外传播的重要阵地。党的二十大

① 李云雷.何谓“中国故事”[N].人民日报，2014-01-24（24）.

以来，《中国日报》深入贯彻落实习近平总书记重要指示精神，统筹利用好国内外采编资源，加强一体策划、锁定独特视角、丰富语态风格，以创新视觉表达讲好中国故事，传播好中国声音，促进了中外交流沟通，提升了对外传播的覆盖面与影响力。

（一）叙事创新：以独特视角展现中国精神

《中国日报》积极适应时代变化，改变叙事策略，在大格局中遴选微内容开展“小切口”叙事，把视角从“高处”放到“眼前”，通过刻画日常生活中的“小人物”来展现新时代我国的变化和取得的成就。

大众视角引发海外受众情感共鸣。面对严肃重大的时政话题，《中国日报》善于结合基层生动鲜活的具体事例挖掘故事细节，进行生活化、场景化呈现，讲有血有肉的故事，让海外受众从具体的人物、事件中产生情感共鸣。2023年全国两会之际，中国日报网的人物故事纪录短片原创系列视频栏目《好好生活》推出“两会专题”，分别以“基层医疗”“外贸”“乡村振兴”“就业”“养老”等五个主题为切入点，以大众视角，展示了普通百姓的日常生活及人们对美好生活的期待。

他者视角有助于形成认知共情。认知共情强调理性思维，在认知上采纳他人的观点、进入他人的角色。① 在我国对外传播中，运用他者视角的客观表达，关注人类共通共感的议题，展现中国特色方案与智慧。2021年，中国共产党迎来百年华诞，世界目光聚焦中国。《中国日报》在全媒体平台推出中英双语系列视频《求索：美国共产党员的中国行》，从美国共产党员伊谷然的视角，讲述伊谷然参与报道全国两会、亚洲文明对话大会、上海进博会、北京服贸会、世界园艺博览会，以及脱贫攻坚奔小康和改革开放40年等媒体工作经历，从他者视角向世界生动展现中国社会发展。

（二）语态风格：年轻化表达增强用户共情

《中国日报》根据年轻用户的兴趣偏好与阅读习惯，有针对性地设计报道内容与语态表达，使传播内容与目标用户在价值和情感上形成共鸣，增强用户情感黏性，提升重大主题创作的吸引力与感染力。

---

① 郑日昌，李占宏.共情研究的历史与现状[J].中国心理卫生杂志，2006（04）：277-279.

2019年全国两会期间，《中国日报》特别推出“小彭Vlog”，从记者彭译萱的个人视角报道全国两会，吸引了大批海内外年轻用户，实现了重大主题报道的年轻化表达。“小彭Vlog”自2019年全国两会期间成为爆款产品后，相继在“一带一路”国际合作高峰论坛、“中国式现代化与世界”蓝厅论坛等重大活动中推出系列报道。“小彭Vlog”带领用户看见别样的“后台式”会议现场，让传统时政主题报道更贴近用户。此类融媒体新闻产品通过个人化生动表达和独家新闻内容，已形成鲜明的报道风格。在党的二十大期间，“小彭Vlog”得到广泛关注，其中《小彭直击大会现场！那些报道二十大的外国人都在忙什么?》仅在B站播放量就达37.7万次。此外，针对海外“Z世代”，《中国日报》专门打造“Z世代”工作室。2021年6月，该工作室创立一档以全球“Z世代”为主体和对象的双语新媒体节目——《少年会客厅》。节目通过线上+线下的方式，组织全球“Z世代”围绕全球发展倡议、中美关系、中俄关系、中印关系等议题展开深入讨论，受到全球媒体界、学术界的关注。

（三）视觉呈现：以多样化风格提升内容鲜活度

在对外传播中，《中国日报》重视内容呈现形式创新，组建中外设计团队，加强美术部建设，将权威的国家媒体定位与海内外读者多元化的视觉信息需求有效结合，用精美的版面设计赋予传统纸媒新的活力，提升内容鲜活度。

2023年全国两会期间，为了使海内外受众直观地感受中国的发展成就，《中国日报》推出“大国奇迹”全媒体报道。第一期《云端的桥：让天堑变通途的“世界高度”》，以跨越黔滇两省的北盘江大桥为主图，将其桥长、跨径、海拔等重要参数明确标注，并配上稻城亚丁机场、措美哲古风电场等高海拔地区工程的数据资料与图片。新闻的二维码供用户直接链接到视频作品，视频通过3D建模展示大桥的建筑特点，借助动画、解说、音效等辅助方式，清晰直观展现“中国之最”超级工程的雄伟壮观，并进一步了解工程对当地经济社会发展的带动效果。

第43届新闻设计大赛中，《中国日报》的“庆祝中国共产党成立100周年”24版全彩专刊获得刊物整体设计卓越奖，“朱鹮保护40周年”“京杭大运河的变迁”等多个版面、4个信息图表作品获得卓越奖。《中国日报》和世界知名媒体同台亮相，其新闻作品收获多项大奖，向世界有力展示了中国媒体优秀的视觉传播能力。

三、中国新闻社：以特色专题创新对外报道

中国新闻社是我国以对外报道为主要新闻业务的国家通讯社。2022年，习近平在中国新闻社建社70周年的贺信中指出，70年来，中新社坚持爱国主义的报道方针，坚持为侨服务，为讲好中国故事、传播好中国声音发挥了积极作用。面对纷繁复杂的国际局势，中国新闻社始终坚定站在国家利益的高度，坚持正确客观的政治导向，通过扎实的新闻业务功底，紧跟时事热点，不断创新对外报道理念，打造特色品牌栏目，主动设置议题，加强对外传播内容端的有效供给。

（一）“近观中国”：聚焦重大选题，强调深刻立意

进入新时代，我国的国际地位日益提升，国际关注度不断提高。如何打破固有报道方式，让新一代海外华人、外国受众了解中国、理解中国，增加对中国话语的认知度，成为我国主流媒体亟须思考的问题。

契合新形势需求，设置主题专栏。2018年，中国新闻社特别策划“近观中国”深度报道专栏，专栏作品突出新闻性和对外性，紧跟时事发展，推出大国外交系列报道、“大变局・中国治”系列报道、“近观两会”等系列，解读阐释习近平新时代中国特色社会主义思想，特别是习近平外交思想，形塑新时代的领导人对外深度报道样貌。

创新叙事体系，把握受众兴趣点。经过长期实践，中国新闻社探索出独特的话语体系，被称为“中新体”，即“官话民说、中话西说、长话短说、空话不说”。在“近观中国”专栏，中国新闻社尝试延续自身叙事特点，作品多以提问开启，从场景入手，用讲述作答，缩短与读者的心理距离。在《“酷爷爷”与“小使者”，习近平如何与“未来”对话未来》一文中，讲述习近平总书记与当地青年的互动故事，“在美国犹他州卡斯卡德小学生沃娜亚的眼中，中国最高领导人习近平是个‘很酷’的爷爷”[①]，引入习近平总书记如何构建人类命运共同

---

① 中国新闻网.“酷爷爷”与“小使者”，习近平如何与“未来”对话未来[Z/OL].（2022-09-29）[2023-09-13].https：//www.chinanews.com.cn/gn/2022/09-29/9863653.shtml.

体理念，娓娓道来、情景交融。《曼谷APEC，习近平为什么引用孔子这句话？》《习近平为何首提全球文明倡议》《面向世界，习近平如何讲故事？》等报道，通过解答读者疑问，设置对外传播议程，层层深入解读，不断为读者提供信息增量，放大中国与世界的相同点，向海外舆论场提供适销对路的中文深度报道。

（二）“东西问”：促进理性对话，增进文明互鉴

当前，国际舆论场仍由西方主导，西方对中国的解读相较于实际情况存在不同程度的差异。媒体作为专业的新闻生产者，应第一时间把握热点议题，对相关问题展开深度报道，客观公正地诠释事件背后原因。为把握国际舆论场话语主导权，让海外受众理解中国智慧。2021年，中国新闻社推出融媒体栏目“东西问”，及时回应国际关切，与世界理性对话，实现不同文明之间的交流互鉴。

立足文明高度，在历史纵深中“观中国”。当今世界，各种文化思潮涌现，地缘政治冲突加剧不同文明之间的隔阂，阻碍国际交流与合作。为了推进中华文明与世界其他文明的交流，2023年5月，在马克思诞辰205周年之际，“东西问”推出报道《当我们纪念马克思时，我们在纪念什么？》。对于“中国式现代化”这一表述，报道没有选择直接正面阐释，而是从在人类思想史上占据重要地位的马克思主义入手，通过中西方的马克思主义学者的对话，逐步深入谈及中国式现代化这一马克思主义中国化的成果在应对世界问题中的优势。

寻找精准角度，设置议题发出“东西问”。面对纷繁复杂的国际局势，2023年5月，“东西问”主动邀请美国学者与记者就“零和游戏”和“修昔底德陷阱”两种言论展开对话，形成文字报道和视频报道。对于西方媒体污名化中国的声音，中国新闻社绝不失声，敢于表态，主动设置议题，在舆论关切中积极提问，通过相关领域外国专家的回答，发表权威言论，在回应国际社会的关切的同时，增强海外舆论引导力，驳斥错误言论。

截至2023年5月，“东西问”专栏累计播发中文稿件逾1400篇、外文理论稿逾200篇，涵盖英、法、德、俄、日、韩等多语种，访谈中外专家逾1000位，推出系列策划逾40组，网络综合阅读量逾25亿次。[①]

① 安英昭.立足“三个超越”，倡导“三个人类”，讲好“三个故事”——中新社“东西问”的实践与创新[J].全媒体探索，2023（06）：21-23.

（三）“中国焦点面对面”：关注核心议题，加强专业解读

纵观国际传播现状，须把握“中国眼中的中国”“中国眼中的外国”“外国眼中的中国”三者的关系，从“外国”的视角来审视问题，同时积极把握国内热点话题，用他人听得懂的方式展开解读，才可以有效开辟出新的跨文化话语空间。

2020年，中国新闻社推出人物访谈类专栏“中国焦点面对面”，邀请众多领域的专家学者、行业大咖展开讨论，挖掘与中国相关的焦点热点议题，真实、直观地解读中国发展，讲述中国故事，努力回应国际关切。

研判热点事件走向，及时做好舆论引导，回应国际关切。2023年4月，针对法国总统马克龙和欧盟委员会主席冯德莱恩同期访华一事，“中国焦点面对面”迅速推出相关报道，既有视频访谈，也有文字实录，邀请中国国际问题研究院研究员、欧洲研究所所长崔洪建就访华中的重要议题展开讨论，从同期访华的特殊意义到中法合作的历史回溯，再到中法务实合作的经济影响、文化意涵，层层递进，环环相扣，在一问一答中吸引读者紧跟脚步，为全世界范围内的民众答疑解惑。

内容融合、渠道融合、技术融合，助力媒体提升国际传播力。2023年6月，《中国焦点面对面》一书出版。该书精选“中国焦点面对面”43篇对话、近百幅照片。通过扫描随附每篇文章的二维码，读者可以观看访谈视频，使传统的平面纸质图书成为可读、可看、可听的全媒体产品，让海内外读者拥有更加丰富的阅读体验。

四、CGTN：以专业制播打造国际视听平台

中国国际电视台（英文名称为China Global Television Network，英文简称为CGTN）作为中国对外传播的主力军，已发展成为一个集电视、广播、新媒体于一身的融媒集群。CGTN通过搭建多语种、多平台的传播矩阵，力求为全球受众提供准确、及时的信息资讯和丰富的视听服务，打造国际视听高地，增进中外文化交流与互信合作。

（一）电视评论栏目：输出独到观点，阐明中国立场

CGTN充分发挥传统媒体与新媒体融合发展的优势，整合大小屏端，覆盖

全时段进行融合报道。在传统电视端，《今日世界》《环球瞭望》《亚洲直播室》《中国24小时》等新闻栏目紧跟国际舆论，关注时事热点，及时进行评论；《对话》《视点》《世界观察》《热点》《议程》《粉碎标题党》《舆论纵贯线》等品牌评论栏目，进一步延伸评论的深度，强化观点输出能力。CGTN通过新增《周末聚焦》栏目、开设《对话》栏目周末版，尽可能做到评论全时段覆盖。在移动小屏端，已经形成以T-House和大V工作室为中心的评论体系，涵盖时评、快评、漫画、数据动画等多类型评论，适应新媒体端用户使用习惯。

建构全球报道网络和加强报道能力。英文新闻频道深耕评论领域，西班牙语、法语、阿拉伯语、俄语频道也在推进各自语言地区的评论栏目建设。西班牙语频道的《CGTN咖啡座》栏目，从当下流行的社会热点话题入手，对文化领域进行深入讨论；法语频道的《对话》评论栏目重在观点表达和输出；阿拉伯语频道将《尼罗河边的对话》栏目升级为《面对面》，使栏目的内容覆盖面由埃及扩大至阿拉伯地区；俄语频道新增《观点》栏目。CGTN已初步实现全频道的评论栏目建设。

（二）多语种工作室：立足“一区一策”，强化精准内容

在实际工作中，由于部分国家和地区文化相近、语言相通，主流媒体在“一区一策”的基础上，探索形成精准化国际传播路径。

CGTN采取多语种账号协同运营策略。以英文海外社交平台主账号为中心，开设美洲账号、非洲账号、欧洲账号三个英语运营的区域账号，依据各自区域展开有针对性的内容策划。CGTN还开设了用俄语、法语、西班牙语、阿拉伯语四种非通用语运营的账号，为中国与世界不同区域国家的相互交流搭建开放平台。

CGTN采用主持人风格化的内容策略。依据主持人、记者的个人特点，充分运用个人账号进行内容传播，抵达海外细分用户。CGTN新媒体记者李菁菁，以开朗直爽的个人风格在海外社交平台收获大量粉丝的喜爱。其旅行Vlog成为海外受众了解中国的重要渠道，访谈节目《菁菁乐道》也成为海外用户的发声平台。目前，CGTN共拥有近30位多语种的百万粉丝大V主播，充分发挥轻骑兵、个性化、精细化传播优势，以个性化定位、多领域粉丝覆盖、多维度传播层级，突破海外传播平台限制，助力分众化、群组化、定制化对外传播。

（三）全案化视频制作：协同多元生产，提升作品品质

近年来，CGTN发挥自身专业所长，秉持“移动优先、融合传播”的理念，顺应对外传播的视频转向趋势，形成多主体参与、多形式采集、多平台共享、多终端分发的多样态内容制作模式。例如，面对美国长期以来针对中国阿片类药物滥用危机的不实指控，CGTN于2023年6月8日推出专题片《破局芬太尼》，将人物故事与数据分析相结合，呈现了美国毒品泛滥的现象及原因，并独家采访权威专家，以完整的论据链在国际舆论场发出正义之声，直指西方叙事要害。该专题片在CGTN英语频道首播，随后在CGTN西班牙语、法语、阿拉伯语、俄语频道，总台中文国际频道和相应新媒体平台播发多语种版本。截至2023年6月12日，CGTN全平台发布“破局芬太尼”相关报道185条，累计获得全球阅读量1.04亿次，视频观看量2156万次，被德国3SAT电视台、奥地利广播公司、卡塔尔半岛电视台等14个国家和地区的21个电视台及新媒体平台采用。

为了更好增强与受众的互动，实现信息的精准传播，CGTN引导用户参与内容生产，发起“拍客”活动，提升用户黏性，丰富内容生态。2023年2月，在由中央广播电视总台携手外交部、文化和旅游部联合举办的中国影像节“一带一路”主题展映活动启动仪式上，CGTN面向全球拍客发起短视频征集活动，邀请世界各地的参与者一起记录共同家园十年间的变迁。CGTN充分发挥拍客在地优势，在微博、微信等新媒体端推出“拍客独家”“拍客直击”“海客谈”等短视频内容，借助拍客镜头直击新闻现场，发掘人物故事。2022年2月，俄乌冲突局势紧张，CGTN推特团队第一时间刊发独家拍客视频《中国留学生呼吁中国网民为和平发声》获得海外网友的广泛关注和支持。该条视频一经发出，观看量超过135万次，点赞转发等互动超过1600次，成为CGTN年度推特平台最热视频推文。

五、海南国际传播中心：借力借势放大自贸港国际声量

地方媒体开展对外传播，是顺应全球传播发展之举，也是发挥地方媒体的在地优势之策。2022年4月，习近平总书记在海南考察时强调，加快建设具有世界影响力的中国特色自由贸易港，让海南成为新时代中国改革开放的示范，把海南自由贸易港打造成展示中国风范的靓丽名片。海南省系统化统筹、全局性

规划，整合海南日报报业集团和海南广播电视总台的国际传播资源，于2022年5月成立海南国际传播中心，让对外交流两方“主力”汇聚一堂，使“海南声音”成为“中国故事”的一支新力量。

（一）汇聚生产主力，打造全媒体体系

2023年是习近平总书记作出“加快传统媒体和新兴媒体融合发展”重要指示的十周年。十年来，在顶层设计的推动下，全国各级各类主流媒体积极行动，推进媒体融合发展。海南国际传播中心将融合发展成果运用在对外传播内容生产中，助力新闻产品创新。

海南国际传播中心已形成一支国际化传媒人才团队，70%以上的人员拥有海外学习或工作经历。中心利用自贸港外籍人才引进政策，聘请两名全职外籍主持人，不断壮大自身高层级、精技能、强专业的人才队伍。此外，中心加强与高校智库合作，赋能海南自贸港国际传播，分别与中国人民大学和厦门大学签署战略合作协议，就国际传播人才培养和学术研究展开校媒合作，全面提升国际传播效能。

海南国际传播中心与三沙卫视这两家省内外宣传旗舰媒体“齐头并进”“协同出海”，改变国际传播主体单一分散的局面，初步实现了海南省对外传播主体之间的战略、资源、力量、策略等方面的整合，共同推进对外传播内容生产。

（二）借助传播外力，多层级联动发声

对外传播主体多元，舆论环境日趋复杂，渠道建设与内容生产同等重要。海南国际传播中心通过加强自主传播矩阵建设，与中央主流媒体展开交流共建，与国外通讯社、境外主流媒体、行业权威媒体建立供稿合作，充分发挥不同主体的协同作用，推动海南故事传遍世界。

截至目前，海南国际传播中心已建立起以“海南国际传播网”（英、俄、日、韩四个语种）为核心，以推特、脸书、油管等海外主流社交平台账号为重点的媒体平台矩阵。截至2023年6月，海外总粉丝量近200万人，位居全国省级媒体海外粉丝量前五名。[①]

---

① 南海网.海南国际传播上榜！第三届中国报业深度融合发展创新案例公布[Z/OL]．(2023-06-16) [2023-09-13]. https://www.hinews.cn/news/system/2023/06/16/032993764.shtml.

借船出海，与中央主流媒体合作，发出海南声音。海南国际传播中心与新华社于2021年7月共同组建“海南自由贸易港国际传播工作室”。在党的二十大召开前夕，海南国际传播中心和环球网携手打造的海南国际传播“日语网”和“韩语网”相继上线。

借嘴传声，让中国声音更响亮，让中国故事更可信。海南国际传播中心加强与海外媒体的合作，与塔斯社、美联社、法新社、彭博社、《时代》周刊和《穆迪戴维特报告》等机构达成供稿合作协议，与韩国有线电视济州放送建立“一城一媒”国际友好城市媒体合作关系。与此同时，海南国际传播中心通过“海外传播官培育工程”，持续拓展“知华友华”的对外联络圈子，已组织近百名对外联络官，分布在30多个国家和地区，是讲述海南故事、传播中国声音的不可忽视的国际性力量。

（三）强化区域合力，讲好自贸港故事

我国主流媒体逐渐从宏大叙事转向微观叙事，用国际化的叙事方式进行内容生产。海南国际传播中心积极探索对外传播的表达转向，注重将平民化、故事化的微观叙事方法贯穿对外传播工作的全过程。

采取“小切口讲大故事”的微观报道手法。《美国网红托米》《全球新闻官鲁斯兰》《劳拉来了》《海外传播官种草海南非遗》等以外籍主持人、海外传播官为主体的体验类节目，用“体验”讲述“经验”，以增强报道的说服力、传播力。为了更好地满足海外受众的需求，海南国际传播中心定期对海外社交媒体平台的用户数据进行分析，追踪海南自贸港在全球范围内的热点焦点，发现海外用户对海南热带雨林比较感兴趣，特地推出双语微纪录片《这里是海南·秘境寻踪》。2022年11月，《这里是海南·秘境寻踪》第三季收官，前三季累计播放量超1.8亿次。①

打造多语种、多层次、多视角的融合报道形式。全方位展示海南，吸引海内外媒体转载，增强海南故事传播力影响力。2022年第二届中国国际消费品博览会期间，海南国际传播中心通过现场采访、远程连线、全球直播、高端专访等多种形式向全球报道展会盛况。其中，《亚太地区规模最大的消博会在中国海

① “心有所念 终有所往”[N]. 南国都市报，2022-11-21（08）.

南开展 全球名企竞相参展并抢滩落户海南自由贸易港》英文报道，被美联社、法新社、《时代》周刊、美国新闻与世界报道网、韩联社等900余家境外主流新闻通讯社和主流媒体转载，并通过英、法、俄等10多种语言向全球刊发。2022年，海南国际传播中心荣获美通社融媒传播奖，这是其继2021年获得美通社视听传播奖之后再次获得认可。

六、数字化背景下对外融合传播内容生产的新态势

随着科技的进步与时代的发展，数字技术为我国对外传播带来新机遇。人工智能、大数据、区块链等新技术应用于新闻内容采集、内容呈现、受众反馈等环节，优化资源采集与处理，创新内容产品形式，促进工作流程智能化，提升对外传播效率。

（一）以智能采集优化新闻资源

在新闻内容生产环节，智能采集主要通过大数据分析、自然语言处理等人工智能技术，自动收集、筛选和处理新闻资源，极大提高了新闻资源的采集速度和处理效率。通过算法筛选，从海量信息中精准挑选具备传播价值的新闻线索。人民日报“中央厨房”开发的“新闻线索热点发现系统”，能够对热点线索或话题进行网络聚合分析、传播态势分析、网民意见分析，为编辑和记者提供决策支持。

未来，智能采集将在融合新闻生产中发挥更重要的作用。如何提高算法的精准度，减少误判和漏判，是智能采集需要解决的关键问题。尤其是在新闻审核环节，目前运用得较为广泛的是“基于内容模型的新闻核查算法”和“基于社会情境模型的新闻核查算法”。[①] 前者是通过自然语言处理技术，基于语言学判断文本的真假。后者是结合文本上下文信息情境，对文本展开鉴别，主要应用于社交媒体的信息核查。现阶段，人工智能仍存在削弱新闻真实性的因素，如对非结构性数据的忽视、不确定性推理的累积、真实性核查的缺失等，从技术

① 陈昌凤，师文.智能化新闻核查技术：算法、逻辑与局限[J].新闻大学，2018（06）：42-49，148.

层面为新闻真实带来多方面的挑战。① 新闻审核作为新闻生产的关键环节，依然需要有专业人员进行核查。

（二）以大数据技术赋能内容创新

在数字化智能化转向的背景下，媒体融合展现出全新的传播形态。在内容生产环节，大数据、云计算等技术让内容生产者和运营者及时掌握传播效果及路径，便于其有针对性地优化内容，调整传播策略。

当前，大数据技术广泛运用于社交平台，根据用户兴趣偏好、使用习惯等，个性化内容被高效推送至目标用户，实现精准传播。随着互联网已成为人类社会的基础性架构，大数据在对外融合传播中的价值日益凸显。大数据不受时空限制，可以从互联网丰富的信息、海外平台用户行为习惯等数据中挖掘有价值的线索，分析并优化对外传播效果。

主流媒体拥有独特的平台与数据积累优势，能够强化用户数据的收集和分析，提升融合内容生产的数据应用，打造出更符合海外受众喜好的产品。主流媒体密切关注前沿技术的发展，通过与商业传播平台和科研机构展开合作，构建专属的算法和指数指标。在推进大数据建设过程中，主流媒体围绕自身应用需求来加强技术研发，促进关键核心技术的自主创新，提升新闻舆论的引导力。

（三）以“互动+沉浸”提升用户体验

交互式新闻、传感器新闻、VR新闻等前沿的产品形态，让媒体的信息生产逐步从静态可读到动态可视，再到交互体验。在对外融合传播中，重点在于“融”，这要求主流媒体不仅要有序组织海量信息，还要将有价值的内容以丰富的形式实现有效的全球传播。

定制化的互动新闻产品，提升用户参与感。相比于单一的融媒体报道，多层次互动的新闻产品更能丰富用户的阅读体验。我国主流媒体需要在融合新闻产品制作上寻找海内外受众的兴趣点，进一步打造在海内外具有广泛影响力的互动式新闻产品。

多感官的主题新闻产品，提升沉浸体验感。当前，媒介内容的呈现形式越

---

① 陈昌凤，师文.智能化新闻核查技术：算法、逻辑与局限[J].新闻大学，2018（06）：42-49，148.

发多元，5G技术使内容数据能够以超高清、无卡顿的方式呈现在用户面前，在视觉上为用户带来更真实便利的画面体验。VR、AR技术以真实而震撼的沉浸感重新定义了“现场”，为用户带来更具沉浸感的多感官体验。2022年，CGTN基于Web3.0技术，融入AR、VR、网页3D引擎等，面向海外年轻受众推出类元宇宙融媒体游戏交互产品《中国故事盒子》，聚合人物、美食、功夫、科技、自然风光等具有鲜明中国符号的故事，如《大美自然》《功夫传奇》《中国节气美食》《好吃客》等，用户可以在游戏中互动，沉浸式观看主题视频，全方位了解中国。未来，借助智能眼镜、智能手环等可穿戴设备，用户与新闻产品的交互体验可进一步提升，产生“沉浸”效果或将成为对外融合新闻生产的趋势。

专研报告二：中央企业新媒体平台信息发布与内容建设研究

付晓光　纪千贺[①]

摘要：国有企业，特别是中央管理企业，在关系国家安全和国民经济命脉的主要行业和关键领域占据支配地位，是国民经济的重要支柱。近年来，新媒体平台技术与用户群体运营深入发展，新媒体宣传途径在中央企业的思想宣传工作中逐渐发挥重要作用，中央企业的新媒体账号成为树立新时代企业形象、打通业务渠道、搭建用户桥梁的重要途径。央企新媒体形成互联网场域内的独特生态系统，其信息发布和内容建设形成特有逻辑。本文通过分析央企新媒体平台建设的新时代机遇、政策支持与既往研究，总结央企新媒体的发展特征和现实问题，由此构建未来发展思路。研究发现，央企新媒体的内容生产在理论武装、业务特色和文化宣传等方面呈现出一定企业特色。未来，央企新媒体仍有一定的进步空间，需进一步优化新媒体内容在责任分工、品牌推广和分众传播等方面的创新举措。

关键词：中央企业；新媒体；信息发布；内容建设

中央企业为“中央管理企业”的简称，是指由中央人民政府（国务院）或委托国有资产监督管理机构行使出资人职责，领导班子由中央直接管理或委托

① 付晓光，中国传媒大学电视学院教授，博士研究生导师；纪千贺，中国传媒大学电视学院硕士研究生。

中央组织部、国务院国资委或其他等中央部委（协会）管理的国有独资或国有控股企业。国资央企的新媒体内容发布，不仅是企业自身业务、建设成就的对外展示，更是国民经济新发展、新面貌的创新呈现。央企的新媒体建设还是央企树立新时代企业形象、打通业务渠道、搭建用户桥梁的重要途径。基于特殊的企业属性，央企的新媒体内容形成了一个有别于职业新闻媒体、互联网“自媒体”账号、民营企业宣传，又与主流舆论场息息相关的独特生态系统。

总体上看，央企新媒体自发展以来，以微博、微信等社交平台为主阵地，扩散内容传播渠道，以抖音、快手等短视频平台为发展阵地，在不断建设中取得了显著进步和重要成绩。在此基础上，本文以提出优化建议为出发点、以发现并改进现存不足为导向，思考如何从内容层面进一步提升央企的新媒体业务观念，进而更好地参与社会讨论，传递主流价值观。

一、央企新媒体平台建设的新时代机遇与政策支持

2009年，中央企业宣传思想工作会议强调，要加强宣传阵地建设，在发挥好企业报刊、电视等传统媒体作用的同时，善于运用企业网站、手机等新兴媒体，充分发挥新兴媒体的优势和作用，明确指出新媒体在中央企业宣传工作中的重要作用。2010年起，传统媒体和政务媒体纷纷入驻社交平台，建立官方账号，北上广深的国资央企也逐步在社交平台建立新媒体账号，成立官方话题阵地，聚集新媒体受众，形成线上线下的业务合力。此后，率先建立账号的央企新媒体在全平台排布矩阵，逐步完善，其他省份的央企新媒体也加强人才配置与新媒体建设，以双微渠道为发端，逐步发展线上业务。2015年至2017年是国资央企新媒体账号申请与矩阵建设的高峰期，“幸福武钢”“东风汽车公司”“中国移动”“中国南方航空公司”“中国联通”“中国移动10086”等企业的新媒体账号，积累了较为稳定的品牌价值，开发了业务菜单栏，提供业务订制与线上咨询服务。

2018年，国家级高新技术企业“清博智能”旗下的“清博指数平台”发布“中国企业双微综合影响力排行”。年榜显示，2018年1月至10月中国企业微博共发文35664条，转发量超806万，点赞量超458万。微信公众号共发文16138篇，

阅读总量高达25959万+，点赞总量为280万+。[①]其中，“中国工商银行”的综合影响力排名第一，显示出国资央企在双微平台的内容产出已逐步成熟。2018年至今，多数央企新媒体适应了更高的制作标准，更注重团队配置和平台资源的拓展与合作，以发文量、阅读量、点赞量、转发量等细分指标，形成日更、周结、月评的发布面貌，初步形成配置完善的新媒体内容制作团队。

央企新媒体的快速发展，离不开顶层设计的持续支持。国资央企的理论武装、意识形态管理、对外宣传由国务院国有资产监督管理委员会宣传工作局（党委宣传部）监管。各中央企业的新闻舆论工作、思想政治工作、企业文化建设和精神文明建设由国务院国有资产监督管理委员会宣传工作局（党委宣传部）监管与指导。总体而言，央企宣传工作的政策支持主要集中于国资委主导的思想引导、内容把关、技术扶持和社群组建等方面。

（一）宣传思想引导，传递政策主旨

中央企业宣传思想工作坚持以习近平新时代中国特色社会主义思想为指导，弘扬主旋律、壮大正能量、传递好声音，为国资央企高质量发展提供政治保证、凝聚精神力量、营造舆论氛围。2023年2月，国务院国资委党委召开中央企业宣传思想工作会议，深入学习贯彻习近平总书记关于宣传思想工作的重要指示精神，认真贯彻落实党的二十大精神和中央经济工作会议部署。国资央企宣传思想工作，要紧紧围绕学习宣传贯彻党的二十大精神这条主线，加强党对宣传思想工作的全面领导，聚焦政治引领、提振信心、文明创建、国际传播、主导主动和开拓创新，不断推动国资央企宣传思想工作展现新气象。

（二）媒体内容把关，定期发布新媒体抽查情况通报

国资委加强对国资企业新媒体的内容把关和价值统领，以“国资京京”微信推文的形式定期发布首都范围内国企新媒体影响力排行的周榜和月榜，以“综合”和“热门”两种形式划分上榜的新媒体账号，分别收集和分析市管企业、双管企业及所属子企业等市国资委新媒体账号的基础数据，从专业角度考量国资国企微信运营的实际绩效和影响力。

① 清博大数据. 2018中国企业双微年度榜单揭晓！[EB/OL].(2019-01-08) [2023-09-12]. https：//baijiahao.baidu.com/s?id=1622072931789659092&wfr=spider&for=pc.

地方单位对于此类新媒体账号的内容引领则具有自发性。深圳国企信息发布观察课题组发起“深圳国资国企新媒体信息发布观察榜”，此榜单由南方都市报联合深圳大学传播学院城市传播创新研究基地共同发布，以80家深圳国资委直管企业和深圳国资控股企业的企业微信订阅号、企业微信服务号为测评对象，提炼和分析深圳国企新媒体优秀传播案例。

（三）制作技术扶持，举办新媒体宣传工作训练营

2020年以来，国务院国资委干部教育培训中心与新闻中心每年举办国有企业新闻宣传工作网络培训班——新媒体实战训练营，以中央企业及地方国资委监管企业领导人员、新闻宣传部门负责人及其他相关工作人员为对象，邀请政务新媒体运营专家、新媒体行业领军人物作专题讲座，解答企业传播、新媒体运维与矩阵管理、央企品牌升级与社交媒体传播等实践操作问题。国务院国资委干部教育培训中心与新闻中心另外开设国有企业新闻宣传工作网络培训——短视频实战训练营，邀请知名高校、中央主流媒体、短视频生产机构及平台相关专家，针对短视频运营选题策划、内容生产和运营实践等环节设置课程。以上课程形成国有企业新闻宣传从业人员系列专业培训，进一步从政策优惠角度为相关从业者提供技术指导服务与实操训练指导。

（四）组建交流社群，按时进行工作经验互通

2012年，中央企业媒体联盟成立，目前已拥有理事单位93家，形成跨部门、跨行业、跨媒介整合传播的国企新闻舆论阵地，定期举办“学习大讲堂”，旨在以党建促联建、以学习推动实践，用科学理论武装头脑，是国资央企新媒体从业者学习创新理念、汲取前沿理论的重要途径。

中央企业媒体联盟整合政、商、学领域的权威专家和理事单位，打造“国企好新闻”“一线故事”“央企媒体读书会”“国资微沙龙”“走进新国企”等系列活动，推介优秀作品，构建信息联动发布机制，加强企业国资改革发展党建中心工作，为国资央企新媒体的社群组建培养了良好的跨企空间，为其互通工作经验提供了积极灵活的交流环境。

从行业前沿与理论视角入手，自2013年起，国务院国资委新闻中心每年举办中国企业新媒体年会，着力搭建政企媒学各界意见对话、资源对接、发展对标的高端平台，助力国资企业的品牌形象提升，聚集中央部委和政府机构代表、媒体和互联网平台代表、企业代表、高校学者，从行业前沿视角和多学科角度，多维探索企业的互联网建设创新之路。

二、既往研究、本文设计与主要发现

2011年起，国有企业新媒体相关问题逐渐受到学界关注，相关研究从思想政治文化工作入手，聚焦国企思想宣传与党建、舆论危机应对、融媒体新闻宣传的新媒体对策研究。各研究大多强调新媒体环境下转变宣传手段的重要性，从互联网环境变化、新媒体发展历程和新发舆论现象等方面阐述国央企新媒体发展的原因和必要性。

第一，党建引领宣传思想工作高质量发展。关于国有企业的思想宣传与党建工作的研究，分别聚焦国有企业对内思想教育与对外文化宣传两个方面。有学者梳理国企党建工作面临的挑战，认为新媒体为党的思想文化宣传提供新工具和新载体，并提出企业新媒体需要贴近基层、贴近民生，该研究肯定了新媒体在国企党建工作中的重要作用①，但是并未涉及国企党组织与公众沟通的新媒体社交策略。有学者认为，新媒体已成为国企思想政治工作新阵地，国企提升思想政治工作，需要利用新媒体进行矩阵化建设、栏目化运维、故事化创作和大众化参与②，在一定程度上总结了近年来国企新媒体的运营路径。此类研究大多对国企新媒体的发展环境进行总体概述，对其发展路径的分析集中于内容创新和账号分类等，未阐述央企新媒体部门结构、用户互动和平台机制对国企新媒体运营的影响。

第二，国有企业应对舆论危机的对策。此类研究探讨舆论环境对国企形象的影响，提出新媒体环境下国企应对舆论危机需借助社交平台官方账号，仍然局限于自上而下的传统新闻宣传路径，没有开拓自下而上的互动路径。有学者认为，国企官方网站、官方微博和新闻发布会等渠道对负面舆情的科学疏导具

① 范金娜，姚宏枝，敖忠平等.浅谈新媒体时代下国企党建工作面临的挑战与对策[J].科技与企业，2014(10)：58.

② 国梁.新媒体成为国企思想政治工作新阵地[J].人民论坛，2017(06)：134-135.

有积极的作用。[①]有学者提出，面对负面舆论，央企应建立新媒体时代应对舆情危机的工作机制，要公开发表意见并积极参与网上跟帖和讨论。[②]有学者关注国企官方账号与平台受众的互动效果，指出国企在社交平台的官方账号存在粉丝活跃度低、互动效果差的问题[③]。

第三，较多研究关注融媒体环境下国企的新闻宣传工作路径，但这一类研究仍然局限于背景分析，重点阐述由传统媒体到新媒体的宣传背景变化，强调国企开拓新媒体路径的重要性，但并未涉及具体的新媒体语境分析，较少采用个案分析研究国企宣传工作的路径转变。

总体来看，现有研究忽略央企新媒体宣传策略与传统策略的符号对比与表达差异，停留在由媒体技术与环境变化引起的宣传策略转换的必要性层面，未触及央企新媒体的深层发展路径，较少总结央企现有的新媒体内容成果，未进入央企新媒体的实践分析与模型总结阶段。

本文在既往研究的基础上，重点聚焦现实问题和突破路径，以央企新媒体账号为观察对象，从央企的职能分类、分布地区、组织架构三个方面选择样本，经过抽样，对样本三个月的发布时段进行持续采样和内容分析。样本选择考量如下因素。

其一，央企的职能分类。中央企业在关系国家安全和国民经济命脉的主要行业和关键领域占据支配地位，是由中央政府监督管理的国有企业，广义上的中央企业包含中央企业、中央文化企业、中央金融企业和行政类中央企业。其中，97家中央企业由国务院国资委履行出资人职责。2011年，国务院国有资产监督管理委员会相关负责人首度提出“公益型国企”概念，提出“具有公益性质的国企在中央企业层面包括石油化工、电网、通信服务等领域的企业”。2015年8月，中共中央、国务院印发了《关于深化国有企业改革的指导意见》，依据国有资本的战略定位和发展目标，结合不同国有企业在经济社会发展中的作用、

① 陈瑛，刘建安.我国国企负面舆情问题的成因及对策分析[J].新闻知识，2015(04)：30-31.

② 胡樱.央企舆情危机的现状与应对策略[J].中国商论，2015(24)：43-45.

③ 覃毅.基于社交媒体平台的国企形象传播研究[D].暨南大学，2018.

现状和发展需要，将国有企业分为商业类和公益类。[①]商业类国有企业以增强国有经济活力、放大国有资本功能、实现国有资产保值增值为主要目标，公益类国有企业以保障民生、服务社会、提供公共产品和服务为主要目标。[②]

其二，央企的分布地区。国资委旗下的97家央企的总部主要集中于北京，另有广东、上海、湖北、雄安新区等地。近年来，多家央企总部响应中央号召进行外迁，对于促进区域协调发展、深化央地合作、提高企业核心功能具有重要作用。[③]

其三，央企的组织架构。随着国企改革的深入推进，自2015年《关于深化国有企业改革的指导意见》印发以来，先后有18组、35家中央企业重组，中央企业由113户调整为97户，组建了铁塔公司、中国航发、国源公司、国海公司、国家管网等企业。[④]

本文参考2023年国资委新公布的央企名录，以国务院国资委履行出资人职责的97家实业类央企为主，从央企职能、央企地方分布、央企重组历程三个维度进行采样，覆盖能源电力、石油化工、建筑工程、运输物流和信息技术等职能类型，包含北京、广东（广州）、湖北（武汉）、四川（成都）、黑龙江（哈尔滨）等总部所在地。共调研18家央企新媒体，涉及以微信和抖音平台为主的36个一级账号、50个二级账号、108条图文内容、96条视频内容。账号主体如下：中国核工业集团有限公司（北京）、中国移动通信集团有限公司（北京）、国家石油天然气管网集团有限公司（北京）、中国储备粮管理集团有限公司（北京）、中国五矿集团有限公司（北京）、中国宝武钢铁集团有限公司（上海）、东风汽车集团有限公司（湖北武汉）、华侨城集团有限公司（广东深圳）、中国旅游集

---

① 新华社.中共中央、国务院关于深化国有企业改革的指导意见[EB/OL].(2015-09-13)[2023-04-15].https：//www.gov.cn/gongbao/content/2015/content_2937313.htm.

② 国资委研究局.关于国有企业功能界定与分类的指导意见：国资发研究〔2015〕170号[EB/OL]. (2021-08-16)[2023-09-12].http：//www.sasac.gov.cn/n2588035/n2588320/n2588335/c20234154/content.html.

③ 王雅洁.专访朱昌明：地方政府如何吸引外迁央企落地？[N].经济观察报，2023-08-07(003).

④ 刘青山.综述篇 国企改革五年间 静水流深千帆竞《关于深化国有企业改革的指导意见》印发5年综述[J].国资报告，2020(09)：44-47.

团有限公司（香港）、中国南方电网有限责任公司（广东广州）、招商局集团有限公司（香港）、中国东方电气集团有限公司（四川成都）、华润（集团）有限公司（香港、深圳）、中国长江三峡集团有限公司（湖北武汉）、中国第一汽车集团有限公司（吉林长春）、中国船舶集团有限公司（上海）、鞍钢集团有限公司（辽宁鞍山）、中国华能集团有限公司（河北雄安）。

对于样本的考察标准，以国资委宣传要求为导向，综合参考权威机构榜单，进行标准拟定。近年来，国务院国资委宣传局通过会议精神传达、新闻内容评选和品牌案例展示等形式，引领央企宣传工作的方向，从思想、内容和体系等多方面提升央企新媒体的责任担当与创新实践。自2014年起，国资委新闻中心（@国资小新）联合清华大学新闻研究中心、清博指数、中国企业联合会、中国经济网、《中国企业家》杂志发布中央企业新媒体传播指数榜，全面评测中国企业、中央企业媒体融合传播的全网影响力与宣传价值。由国务院国资委宣传工作局、中国记协国内工作部指导，国务院国资委新闻中心、中央企业媒体联盟主办，清华大学新闻与传播学院、北京大学新闻与传播学院等提供学术支持的“第十届国企好新闻”于2023年启动，活动公告再次指明宣传贯彻习近平新时代中国特色社会主义思想、展示新时代新闻战线、报道国资国企改革发展党建成就在国企宣传工作中的重要性，“鼓励广大新闻工作者积极传播国企正能量，发挥优秀新闻作品、优秀新闻创客的示范引领作用”。[①]

结合国资委宣传工作引导和相关榜单，综合考量国务院国资委开展的“2022年度100个国有企业品牌建设典型案例”“中央企业宣传思想工作培训班”“‘书写中国式现代化央企答卷’第六届中央企业优秀故事”“第十届国企好新闻”等活动的评选标准和优秀案例，本文提炼国资委对央企新媒体的引导路线，围绕央企新媒体宣传的精神引领作用和创新成果的传播效果，考察标准如下：

关于习近平新时代中国特色社会主义思想和党的二十大精神的图文、视频内容展现；

① 国资小新. 十年之约！第十届“国企好新闻”推介启动进入倒计时！[EB/OL].(2023-08-16)[2023-09-12].http：//gqhxw10.gold.org.cn/pub10/index1.html.

关于中国式现代化新征程的实践内容展现；

关于央企总部当地的基础设施建设和科技创新重大成果展现；

关于央企的品牌理念、企业精神和价值主张的展现；

新媒体平台语境下的创新性表达情况；

对于央企内部优秀故事的展现。

依据以上样本选择与考察标准，本文参照以下流程进行调查研究：

其一，样本收集。依据考察标准，观察18家央企新媒体官方账号在微信公众平台、抖音等主平台的内容，总结各账号在思想引领、现代化展现、科技创新成果宣传、企业精神树立和优秀故事讲述等方面的新媒体实践情况。

其二，文本分析。对央企新媒体官方账号的图文组合、视听制作进行内涵表达、语言转换和形式美观程度等方面的分析，总结央企新媒体在新媒体平台语境下的创新表达情况。

其三，数据查询。通过查询国资委新闻中心发布的中国企业新媒体指数榜，观察各央企一级账号的影响力排名，总结各账号内容制作与传播效果的总体特征。

调研发现，在新媒体场域中，各央企新媒体账号的运营主体、内容形式、受众定位和制作水准等基本特征具有普遍性。

（一）运营主体

运营主体的功能类型和业务体量影响旗下账号数量，大多数央企新媒体的运营主体以一个账号为主，在主账号中搭建业务功能，进行日常宣传；如果运营主体有子公司，主账号承载内容过多，运营主体会在主账号的基础上建立二级账号，搭建新媒体矩阵。例如，中国旅游集团有限公司在微信公众平台共有一个一级账号和一个二级账号，分别为“中国旅游集团”和“中国旅游集团招聘”，其中，一级账号“中国旅游集团”设置“产品预订”“中旅视窗”“加入我们”三个隔窗，日常发布企业内部工作报告、企业文化宣传等推文，目标受众与主体内容明确且紧凑。而在本次调研的账号中，中国移动通信集团有限公司以“中国移动”为一级账号，同时有较多二级账号，分别对应总部线上业务、子公司业务、全球业务和党建业务等。其中，一级账号涵盖具体的线上线下业务办理节点流程，承担主要的服务和宣传功能。

从账号运营周期上看，注册时间较长的央企账号的新媒体内容更丰富，线上业务渠道更完善，且具有较复杂的新媒体矩阵；注册时间较短的账号局限于企业宣传和活动发布，新媒体线上业务与线下业务的联动较少，难以在业务层面满足受众需求。

（二）内容形式

调研发现，建立可视化品牌形象、打造原创专栏更有利于提升账号整体性，但是大部分账号呈现出的内容分散、形式风格不统一，且鲜少有账号设计人格化形象，导致内容平铺直叙、缺少对话感。此外，个别央企的内容局限于单方面的内容输出，简单发布会议总结、工作记录、优秀员工介绍和学习党的二十大精神等内容，生硬罗列企业发展现状。在企业文化方面，此类账号从党建活动方面强调国家战略和活动响应，但缺少自我定位，未转化为各企业业务相关的具体动作，形成概念化架空。相比而言，中国移动和东风汽车在表达语态上作出成功的新媒体语言尝试，主要有以下几处优点。

第一，第二人称、动图和表情包的使用。平面化的图文作品难以塑造立体的人格化形象和动漫形象IP，但是优质账号充分利用语言风格的转换提升文案的对话感，避免企业文化的概念化架空。央企新媒体账号与用户建立对话场景，大量使用第二人称的叙述方式，将企业故事与成就以讲故事的形式呈现出来。例如，东风汽车的推文《明日9:00！我们在车城十堰等你！》，以小编视角为受众介绍第八届汽车科技创新周暨汽车嘉年华的活动信息，以“小编整理了一份游玩攻略，快快收藏吧”引出活动的具体内容。其中，“让你怎么拍都出片”“你最pick哪一种”等表达增强了对话感，使全文不再局限于平铺直叙的活动预告，转化为与受众需求息息相关的产品价值供给；“爱心发射”“冲鸭”等表情包强化了文章的可读性，为活动预告增添动感与活力。

第二，引文部分设置场景与情节，增大引文篇幅。在宣传主体业务之外，科普类图文与视频成为央企新媒体的主推内容，此类内容利于呈现企业与行业的成果，同时为消费者进行技术解惑。然而，科普类内容往往以专业知识为主，内容复杂、较难理解，大多数央企新媒体工作者仍然从技术方面出发，单向介绍技术运行逻辑，在受众与专业知识之间树立了语言壁垒。面对这一状况，优质账号采用场景化叙事的方式，描述工业制造场景与生活消费场景，在引文中设置生活场景与情节，并增大这一部分的篇幅，以引出专业知识。例如，中国移动从受众的衣食住行出发，展示技术发展对于人民生活的积极影响。《防止个人信息泄漏，这几点超实用》一文，引文为“试想，某天你突然接到一个陌生电话，对方说你中奖了，需要提供个人信息和银行卡账号，以便将‘奖金’汇入你的账户，你会相信吗”，从而引出“个人信息泄露”的主题。在配图“话不多说，直接送上干货”后，文章罗列泄露个人信息的多个渠道，包括“单据及凭证泄露信息”“社交渠道泄露信息”等，将生活场景与严肃知识科普内容相结合，提升受众的沉浸式阅读体验。

第三，结合热点，增大曝光度。时事热点和重要时间节点的运用可以增大图文作品的曝光度，多数企业账号主体紧跟节日与平台热点词条，优化自身产品特点。例如，东风汽车在2023年5月20日发布图文《__八__扑通___八__扑通___八__八__》，推文中设置“激情满满”“幸福狂奔”“无边想象”“活力四射”四个标题，介绍东风汽车四个系列产品，参与互联网场域内公众对于“520”这一话题的讨论，拉近企业和受众的距离。

第四，设计网感标题。部分央企新媒体账号通过标题的网感设计宣传企业成果。例如，对于2023年4月的第六届数字中国建设峰会的报道，中国移动的标题为《前方数智高能！》，利用图片表现工作人员展示产品的画面。照片中，工作人员直视镜头，单手指向展品，配合推文中的文字介绍，更有交流感，减轻图文形式远离受众、囿于单向宣传的种种弊端。而在类似的活动报道中，个别新媒体账号采用工作人员与客户的双人形象，配文略显平淡生硬，在形式上仍然保留传统新闻的规整格式，注重企业形象正面宣传，却难以引起受众共鸣。

（三）制作水准

从美观程度看，大部分央企新媒体账号没有统一的配色和文字格式，各专栏之间风格多变，缺乏垂类内容的整体性。从新媒体制作技术来看，部分央企新媒体账号的内容呈现形式仍然为传统的新闻采编形式，未充分利用新媒体平台的视频、交互和排版功能。

较多央企的微信公众号都具有“文摘”属性，在宣传企业主体业务的同时，通过文摘形式制作节日节气、员工介绍和企业文化相关内容，但是各账号同一类内容的图文格式仍不统一。例如，在对于二十四节气的介绍推文中，头图、行间距、图片尺寸和引文格式不统一，未设置系列主题色，缺乏官方账号的整体性。

（四）受众定位

调研发现，各央企新媒体账号对受众的定位分为两类：一类为企业内部员工，另一类为企业目标客户。前者制作的内容注重企业内部政策、内部活动和优秀员工事迹宣传。另一类账号受众定位为企业目标客户，此类账号多具有线上业务办理功能，伴有科普内容，同时承载企业活动发布、抽奖赢卡活动发布、线下业务宣传等功能，具有较强的互动感。

总体上看，央企的新媒体发布水平呈现出一定的企业特色，并固化了相应的生产流程和生产观念。

1.坚持理论武装，定期宣传党的创新理论

党的十九届三中全会对完善坚持党的全面领导的制度作出重大部署，强调加强党对各领域各方面工作领导，确保党的领导全覆盖，确保党的领导更加坚强有力。中央企业作为国民经济的重要支柱，应当贯彻党的指导思想，宣传党的重大举措，坚持不懈用习近平新时代中国特色社会主义思想和党的二十大精神凝心铸魂。各央企新媒体一级账号以微信公众号为主平台，形成定期学习、定期记录的专栏内容，大部分账号以学习党的创新理论为主要内容，建立固定栏目，如公众号中国华录集团、鞍山钢铁集团、国家管网等。

各央企新媒体账号在抖音平台的党建工作宣传中，合理转换视听表达手法，将党的思想形象化、具体化，传承“两弹一星”精神、脱贫攻坚精神等，为企业实践注入精神之泉。抖音账号中国宝武设立“爱国主义教育基地”合集，自2021年5月至8月，共发布9集视频，介绍李双良纪念馆、马钢展厅、武钢博物馆和武汉展厅等中国宝武首批爱国主义教育基地，除活动记录外，还发布珍贵影像，介绍爱国主义教育基地的历史内核。此类视频内容将党的创新理论学习与企业特色相结合，形成线下活动、线上宣传的新媒体内容生产思路。

2.立足企业特色，拓展线上业务宣传渠道

多数央企新媒体账号具有较为明确的主平台账号定位，并将业务办理渠道与新媒体相结合，拓展业务办理的多元场景。央企新媒体结合自身业务特征，分布在民生、文摘、财富和企业等栏目中，依据企业特色，提升新媒体内容创

意，促使国资央企在关系国家安全和国民经济命脉的主要行业和关键领域的支配地位显化为具体的视听形象，不仅拓展了民众办理医疗、房产和文化类业务的渠道，也使广大受众通过更便捷、更直观的新媒体渠道了解到矿产、机械和核工兵器等基础设施建设的先进成果。

央企账号关注民生需求，优化账号内容配比，通过细化微信公众号和抖音的业务菜单栏向受众提供线上服务。多数账号以微信为主平台，除了设置视频与图文简介之外，同时设有咨询获取通道和官方平台引流通道。微信公众号中国联通开设“营业厅”“我要办理”“客户服务”三类菜单，为用户提供便捷的业务办理渠道，同时纳入App下载渠道、“秒懂联通”信息获取渠道和投诉渠道，建立了较为完整的线上业务办理空间。对于视听观赏性更为突出的短视频平台，中国联通设置“中国联通”“中国联通官方旗舰店”“中国联通客服”等多个内容账号，并在“中国联通”账号中设置“联通达人秀”“通通测评”“5G伴我行”等栏目，将所办业务以视听形式进行更直观的展示，以此构建更完整的产品形象。

3.加强文化宣传，展现现代化成果与企业精神

习近平总书记指出，推进中国式现代化，是一项前无古人的开创性事业，必然会遇到各种可以预料和难以预料的风险挑战、艰难险阻甚至惊涛骇浪。中央企业宣传思想工作会议强调，聚焦提振信心，充分汇聚推进中国式现代化的强大力量。中央企业在中国式现代化新征程中发挥着重要的产业引领作用。[①]在现代化奋斗道路上，央企新媒体将企业的创新成果转化为图文、视频形式，从事件叙述上真情纪实，从思想内涵上生动刻画。多数央企新媒体兼顾成果展示与文化宣传两方面内容，树立立体化的央企形象。抖音账号中储粮开设视频合集“奋进的中储粮人”，以中储粮员工为主人公，以第一人称讲述其在岗位上的工作事迹，围绕奋进精神、专业素质和企业理念展开人物故事，具有较强的对话感。截至2023年9月，该账号共发布42条视频，获得18.2万播放量。第24集中，中储粮嫩江直属库员工说：“一粒合格的粮食出现在餐桌上，需要过五关斩六将！”这种表达方式不仅传达了企业的文化理念，更贴合了民众的日常生活，将

① 正确理解和大力推进中国现代化[N]. 人民日报，2023-02-08（01）.

企业业务与大众生活相联系，展现了央企对于提升人民生活质量的担当作为。

三、中央企业新媒体的现实问题与优化思路

近年来，央企新媒体坚持党的领导，逐渐形成理论宣传与业务推广并重的新媒体宣传格局，在新媒体场域内已成一定规模，不过，央企新媒体内容在全国舆论场中的影响力仍有一定的提升空间。从流程上讲，央企新媒体在发展的过程中，既要基于企业内部需求划分业务范围，又要根据互联网特性扩展传播范围，从而形成内外平衡的发展趋向，否则会出现内外失调的问题。从制作配置、品牌推广和分众传播三方发力，借力平台形成央企话语权与影响力在新媒体场域的提升，指日可待。

（一）战略引导与制作落实配套跟进，责任分工需进一步明确

新媒体作品时长较短、内容集中且时效性强，需要在社会热点事件发生时快速反应。因此，审核流程的效率影响新媒体作品的发布频率，关系到账号整体的内容投稿时间流畅度。由于央企的业务体量大、多级分工复杂，部分账号存在内容把关流程不明晰或流程过长、分工不具体的问题，导致新媒体内容的群审效率难以保障，在一定程度上形成部门分工失衡的恶性循环，整体工作流程协调性较弱。

新媒体宣传功能并非央企的核心竞争力，在央企的日常宣传中承担口碑维稳和舆论引导的作用，各新媒体账号的首要功能为引导舆论走向，次要功能为适应平台热点、以营利性新媒体账号的标准进行“养号”，此外，针对不同平台，多数央企相关部门采用同一批内容制作团队，难以贴合不同平台、不同栏目的内容调性。随着新媒体对于视听效果和内容价值的要求逐渐增高，视听作品制作的前期投入逐渐增加，人力资源不均衡的问题将进一步显现，对于图片、视频等内容的创作，越来越多的中央企业新媒体与外包团队合作，以求视听效果向行业优质制作技巧靠拢。特别是对于微信视频号、抖音、快手等短视频账号需求的视听作品，较多央企新媒体团队联合外包团队进行拍摄和剪辑，以求采用更高效果的设备和更高水平的视听质量。

对此，央企新媒体相关部门需要优化人员配置，提高群审效率，加强统筹管理。

其一，寻求多主体的内容平衡。在内容创作前期把握多层利益相关主体，确定内容流向。国资小新团队负责人在《全媒体时代，国有企业新媒体如何求新求变？》一文中提出："政府、企业、媒体、平台、受众等利益相关方，在媒体融合大格局中是相互作用的关系。"[①]企业作为新媒体内容的制作方，不仅要遵守政府的政策引领，还要考量媒体平台在企业与受众之间的连接作用，明确各方主体的需求，平衡多个利益相关方在内容层面的呈现比例。对此，各央企的新媒体制作团队需要搭建更稳固的新媒体矩阵，在各平台中找到内容发力点，进一步深化整合传播。

其二，促进多业务的信息传达。在内容创作过程中提取宣传重点，提升信息沟通效率，升级信息传达模式。提高内容的群审效率，促进上下级更为流畅地传达信息、提出改进修改意见，从而快速制订改进方案。提前生成企业账号的形式风格和主要内容，形成风格显著的账号调性，将企业文化融合内容传播逻辑，从而在实现上级指派的宣传要求方面，快速匹配账号内容需求，进行宣传要点的视听语言转译。

其三，优化多流程的审核渠道。提升群审效率，优化内容批改流程，同时注重技术沟通的共时性，从内容人员分配方面消解对于外包团队的过度依赖。国资央企应当设置更为严谨的群审制度，从政策解读起始，覆盖下发宣传要点、内容策划与制作、调配人力资源与沟通技术需求、初稿送审和意见反馈全流程，并在发布结束后依次回收链接，形成意见反馈。

（二）科技创新与品牌推广融合发展，视听标识需进一步统一

2014年5月，习近平总书记在视察中铁装备时提出，推动中国制造向中国创造转变、中国速度向中国质量转变、中国产品向中国品牌转变[②]。"品牌强国"的理念进一步落实，中央广播电视总台于2019年启动品牌强国工程，划分强国品牌、TOP品牌、领跑品牌、国资典范品牌四个层级，助力培育新时代国家级品

---

① 闫永.全媒体时代，国有企业新媒体运营如何求新求变？[EB/OL].（2021-01-27）[2023-09-12]. https://mp.weixin.qq.com/s/I3oUtqFd82w7UwenTMLPww.

② 深化改革发挥优势创新思路统筹兼顾　确保经济持续健康发展社会和谐稳定[N].人民日报，2014-05-11（01）.

牌。近年来，中央企业致力于打造各地各业务的代表性品牌，品牌竞争力进一步加强，但是由于品牌建设先于新媒体发展，新媒体在品牌推广方面的利用度较低，新媒体场域内，各央企账号的品牌效应需要进一步增强。

此外，多数一级账号展现的品牌面貌丰富，各业务工作进展繁复，品牌形象和企业总体发展的融合进程停留在初级阶段，特别是部分央企新媒体账号存在视觉整体性较为薄弱、各栏目风格多变、图文内容格式不统一和业务内容关联性低等问题。造成这一现象主要有两方面原因：一方面，部分央企总部处于宣传思想引导位置，以概念化的思想传达为主，由子公司提供图文、视频内容，组合形成一级账号的内容。这虽然保证了内容制作人员的鲜明分工，也在一定程度上保证了账号内容的充足库存和时间编排的规律性，但是账号未形成总体风格，内容连贯性差，难以积累稳定的受众。

另一方面，部分账号的素材来源复杂，针对会议、线下活动和优惠活动的二次创作难以与账号属性贴合，较多央企新媒体账号仍存在大量素材直接“搬运”的情况。从信息流通的角度看，多类中央企业的新媒体账号追求发文数量和阅读总量，直接转载其他合作单位账号的内容，较少结合自身企业特征进行解读；从语境转译的角度看，多类中央企业的新媒体账号难以将传统新闻视角下记录的视听素材进行新媒体语境转译，直接进行素材拼接和播报，无法有效综合各方素材内容，造成视频冗长拖沓的观感。这种形式难以适应新媒体的传播逻辑，作品前五秒未能呈现亮点内容，情节平铺直叙，起承转合的过程过长。

对此，央企新媒体需要进一步统一品牌推广的视觉标识，促进科技创新与品牌推广同时发力。

央企新媒体需要平衡多平台的热点分发，提高二创质量，把关采编的网感逻辑。获得活动现场拍摄的素材和合作单位提供的素材后，先进行分类和比较，依照企业在各平台的推送需求，进行素材的整理和组合；同时，熟知并运用各个平台的创作者发布规则，联动平台热点进行二度创作。随后，提升品牌理念的传播力，合理运用新媒体语言。央企新媒体账号视频内容发布的文本应当在一定程度上摆脱平铺直叙的桎梏，避免以书面文件的标准设置图文和视听作品标题。应当在一定程度上增加语言网感，将具体内容和引流词相结合，将科技创新工作融入品牌理念表述，形成统一的账号风格。

（三）价值统领与分众传播协调配合，舆论引导需进一步优化

目前，多数央企新媒体账号已明确价值统领，特别是在微信公众号、视频号平台发布的作品，更注重相关会议和报告的记录，部分账号已能从国家发展角度传播企业为社会主义现代化建设和科技进步作出的重要贡献。但是，中央企业的宣传工作不仅需要展现中央企业的精神文明创建水平，提升企业竞争力，还要巩固受众基础、推广业务，提升企业的社会效益和服务价值。此外，为对内部员工进行思想政治教育和行业技能科普，部分图文和视频针对员工制作。这三方面内容，大部分央企新媒体账号着重对一两个类型进行内容排布，个别账号意图兼顾三方面的内容，希望达到利用丰富内容吸纳广泛受众的效果。而在新媒体平台热点优先于优质内容的流量分布情况下，加之个别账号起步晚、粉丝基础薄弱，广泛的内容排布不利于账号养成，反而抑制了主体内容的曝光，对标受众越发模糊，忽视了受众作为消费者的真正需求。而对于主题教育和精神文明建设的相关内容，部分账号的表达逻辑过于书面化，模糊了大众的理解过程。

这在一定程度上表明，此类账号未能对账号进行合理定位，仍存在内部员工、管理者与消费者的分类模糊问题，造成账号受众画像的多客体杂糅。因此，各类栏目的内容针对性较弱，具体栏目内容未对应明确的受众群体，造成图文与视频的内容指向性较低，同一栏目主旨观点不集中。在栏目内容方面，多数企业的账号内容主要局限于企业内部活动资讯、企业日常工作和荣誉总结、企业相关政策与规划等内部范畴，较多账号虽然试图扩充企业文化的多种表达形式，将社会现象、员工故事、知识科普和文摘分享等内容作为切入点，软性植入企业文化宗旨，但仍局限于企业内部员工范围的转载与传阅。对于制作格式，同一栏目的图文与视频格式不统一，较少有微信公众号设置基础色，在首行缩进、字号、行距和页边距等方面未设置统一格式。

而对于已有的受众群体，个别非民生业务的央企新媒体内容往往局限于行业内部，缺乏破圈意识，与社会大众的互动感较弱。多数企业新媒体的简单罗列式内容多于形式多样的内容，互动感基本取决于传播内容与民生需求的匹配度，而新媒体语言作为弥合企业与受众的桥梁，并未得到充分利用。

除了各类账号的内容排布与平台调性适配度低外，企业账号总体形式没有

统一规划的问题也较为突出。企业自身业务类型对各类内容的分配比例具有决定性作用。自身业务直接关系民生的央企更容易通过图文和视频呈现自身业务内容，较容易直接将业务内容和时事热点联系，引发受众共鸣，如文化类、通讯类、金融类央企；与民生距离较远的企业，则难以在日常内容中发掘适合互联网传播的要素，加之创作水平有限，素材本身的平铺直叙和直接搬运使受众难以理解企业的业务现状，行业壁垒较高，广泛破圈难以实现。

对此，央企新媒体需要重视分众传播，提升舆论引导的效率，优化价值统领的内容表达形式。

其一，提升非民生直求需求内容的可读性，链接业务与平台。央企产出非民生内容时，应准确把握平台热点与时事热点，结合企业特征，借助平台流量推送算法，直达用户生活场景；对于内容与民生相差较远的图文和视听作品，可利用场景和剧情注入生活元素，将受众关注点与企业业务内容连接起来。例如，中国联通借助抖音平台的变装视频热度，制作“宽带工人”形象变装视频，促成企业形象的软性输出。

其二，提升分众传播的互动感，平衡受众与内容。中石化新媒体立足央企服务定位，走好网上群众路线，坚持从用户的角度出发，始终把受众关切的、利益相关的内容放在心里，塑造了一个具有人情味的暖男形象，具体“暖”在速度、角度、温度、力度四个方面。国资央企的新媒体制作团队应当依据企业文化，定位与划分目标受众群体，确立各平台的受众反馈指标，在内容创作中，加入受众可参与讨论的话题点，为进一步与用户对话建立契机；同时，针对不同受众打造爆款产品，培养品牌栏目。

综上所述，国资央企的新媒体内容提升策略涉及内部组织结构和内容创作过程两个方面。其中，组织结构需要调整人员分配和信息传达方式，从流程上把控新媒体内容的制作效率；内容创作需要注重平台媒介的深度合作，扩充目标受众的划分思路，从视听形式和制作质量上提升内容观感。

专研报告三：省级融媒体平台的区域联动与技术赋能研究

崔　林　吴　昊　毛俪蒙[①]

摘要：数字技术的飞速发展赋能省级融媒体平台实现功能与角色的革命性转变。本文基于对冀云平台、闪电新闻和触电新闻三个具有代表性的省级融媒体的动态观察，总结分析其在区域联动和技术创新的突破性举措，并立足省级融媒体平台技术与资源等多方面的优势，探讨其未来发展的着力点与可行路径，以期为区域媒体融合走深走实提供行动参考。

关键词：媒体融合；省级云平台；数字技术；区域联动

在数字化浪潮下，以大数据与云计算为代表的智能前沿技术逐渐成为全球连接基础设施的核心组成部分。通过对海量信息的捕捉、管理与解析，大数据技术构建了全新的互联网价值体系，赋能数据增值以促进各领域对前端产业模式的深度探索。为应对数据资源的膨胀增长，云计算应运而生，为大数据提供弹性的基础设施支撑环境和高效的数据服务，通过分布式处理更好地调用、扩展和管理计算和存储资源和能力，以“云端部署”实现产业的架构升级。伴随大数据与云计算应用的深层融合加速，数据生态体系建设逐步迈入成熟阶段，从以互联网为代表的信息化领域逐步向其他领域延伸。

① 崔林，中国传媒大学电视学院教授、博士研究生导师；吴昊，中国传媒大学电视学院博士研究生；毛俪蒙，中国传媒大学电视学院硕士研究生。

一、省级融媒体平台的发展现状与基本特征

2019年，中宣部和国家广电总局联合发布《县级融媒体中心建设规范》《县级融媒体中心省级技术平台规范要求》，明确了省级技术平台建设的发展路径，强调引领县级融媒体平台转型升级的必要性。数字技术作为省级融媒体平台构建与升级的核心驱动力，催生了传统媒体内容生产新生态。作为底层支撑的数字技术，重塑了媒体的生产流程与信息分发模式，融采编汇聚、策划指挥、内容管理、内容发布于一体，满足多种媒介传播的信息交互需求。数字技术进一步拓宽了媒体平台的公共业务边界，推动媒体实现从单一的新闻传播机构向与政府、商业机构等社会组织相连的“综合服务平台”的转变。此外，技术思维的深化革新了融媒体的跨层级联动共享体系，强化了融媒体的区域连接，以资源配置的优化实现各级融媒体平台的共通互融，在最大程度上释放平台服务效能。

当前，在大数据与云算法不断革新迭代的基础上，各省级融媒体呈现出以下发展现状和基本特征。

（一）发展定位：省域联通与基层赋能

自2014年“媒体融合”升级为国家战略以来，省级媒体率先展开实践，推动新兴媒体与传统媒体优势互补、融合发展，打造了一批特色鲜明的省级融媒体，初步实现了全省内容供给的生产、分发、经营和管理一体化。

在政策支持与智能技术的驱动下，媒体融合以四级融合为核心框架，加速下半场布局，进一步推进地市级媒体融合转型。作为承上启下的关节通道，地市级媒体具有不可替代的串联力和引导力，其融通建设是落实全媒体传播体系的关键发力点。2022年出台的《关于推进地市级媒体加快深度融合发展实施方案的通知》，着重强调要聚焦媒体融合目标，优化地市级媒体融合的相关举措。媒体融合逐步向平台再造纵深发展，具备资源优势的省级融媒体平台被赋予全新的功能与角色，以从源头上解决地市级媒体融合断层痛点。

2019年1月15日，受中宣部委托，由国家广播电视总局编制的《县级融媒体中心省级技术平台规范要求》正式发布，基于中央对县级融媒体建设提出的“一省一平台”要求，该文件进一步明确了省级技术平台的定义，即省级技术平

台是为县级融媒体中心媒体服务、党建服务、政务服务、公共服务、增值服务等业务开展提供技术支撑、运营维护的省级云平台。《要求》还规定省级技术平台应覆盖全省，与省域内县级融媒体中心实现互联互通、信息共享、协同互动，为省域内县级融媒体中心的业务开展提供云端服务和技术能力支撑，为省域内县级融媒体中心的业务开展提供基础资源支持，为宣传管理部门提供宣传管理和内容监管的技术支撑。

由简单叠加转向深入融合，技术赋能下的新型省级融媒体云平台正在区域媒体融合中发挥龙头作用，通过建设和运维的转变呈现以下三种功效。第一，内容产出增能提效。以大数据、人工智能为代表的前沿技术应用渗透新闻生产制作各个环节，对内促进机构体制架构升级，对外支撑区域内主流媒体策、采、编、发、评全方位革新，构建多形态产品、多渠道分发的新生态，以顺应信息化时代的要求。第二，拓展平台“媒体+”业务模式。平台化思维让省级融媒体从单一的新闻机构向多元服务综合体转型，省级融媒体的公共服务能力提升，有机融入城市治理体系，强化省域媒体服务的深度和精准度。第三，资源聚合实现省域联通。云平台将区域内各级各地媒体资源有效整合打通，既充分发挥资源调配的优势，为省域县级融媒体中心建设提供云端服务，建立协同发展机制，增强基层传播服务的能力；更以此为枢纽驱动地方媒体与中央媒体深层次的创新互融，在内容共建、资讯整合、舆情监测、惠民服务等方面进行广泛合作，聚合省域主流声音。省级融媒体云平台不局限于信息生产中心的建设，着力打通媒体融合的“最后一公里”，通过加强渠道、服务、技术等层面的建设，构建起良好的区域媒体生态。

（二）省级广电：云平台建设的主力军

当前，省级云平台建设呈现两个主要特征。一是省级广电媒体是各省云平台建设的主体，二是技术服务商的多元化。借力技术、人才、经验、渠道分发等多方面的优势，各省广电媒体加快推进传统广播电视业务与新兴业务的全方位融合，逐步构建与信息时代相匹配的立体化全媒体传播体系，成为云平台建设的主力军。

从省级融媒体总体发展历程来看，国家政策的引领与规范是推动省级广电先行建设的重要因素。早在2016年，原国家新闻出版广电总局就发布了《电视台融合媒体平台建设技术白皮书》《广播电台融合媒体平台建设技术白皮书》，引导和规范我国广播电视台融合媒体制播平台建设。在融合媒体发展目标的要求下，省级广电开始对传统广播电视技术平台进行改造，从多个层面实现快速互联互通、快速共享以及多元化发布。2018年1月，原国家新闻出版广电总局发布《广播电视台融合媒体互动技术平台白皮书》，指导和规范广播电视台融合媒体用户互动技术的实施应用，促进广电行业融合媒体技术发展，也具体提出融合媒体用户互动技术平台建设思路和总体框架。

国家大政方针的宏观指导和扶持驱动省级广电技术升级不断革新，随着媒体融合向纵深发展，省级广电秉持“新媒体优先、全媒体跟进、融媒体传播”的理念，在云平台、融媒体中心、数据中心、移动客户端等重点项目建设上加大力度，增强媒体的新闻生产能力、聚合能力、传播能力。从前期全国各地媒体融合建设实践来看，“视频”已经成为融媒体传播的主要方式，省级融媒平台必须满足大屏和小屏的专业视频制作播出需求，需要利用一定技术和经验，建设既适应传统媒体端又适应移动端传播特点的平台。相比传统纸媒，省级广电集团显然在新业务上更熟练，也拥有更专业的云技术开发团队与相关技术人才，能够较快探索出将过去全台网的技术架构转变成云架构的路径，自身媒体融合比较成熟，具有明显的资源积累优势。

省级广电媒体云平台建设也是省域县级融媒体寻求突破的必然要求。我国“四级办台”模式已近四十年，广电系统在工作实践中业已形成上下贯通、联系紧密的运转体系。省级广电作为省内媒体资源云平台的建设者和组织者，能够有效整合省级、市级、县级三级媒体资源，形成媒体合力。目前，我国县级融媒体中心的主要建设主体是县级广播电视台，因此在融合的路径、技术和内容体系的需求上，省级广电建设省级融媒平台的模式具有重要的示范意义，既承担着技术支撑和保障的职责，又从内容、运营等多方面推动省域县级融媒体中心发展，有利于上下联通、高质高效地开展县级融媒体中心建设。此外，在传播效果层面，比起报业等建设主体，省级广电凭借更加综合的传播分发渠道，更充分地满足融媒体的传播需求。省级融媒平台具备渠道整合优势，支持县级融媒体中心的外宣渠道拓展和传播效果提升。省级广电既拥有广播、电视（卫视）、IPTV、OTT、移动电视、地面数字电视等省内独有的传播渠道，又拥有移动端、微博微信等新媒体渠道，在提供丰富视听资源的同时，实现较广范围的区域覆盖。

对于省级广电之外的承建单位来说，尽管通过加大资金投入和专业人才引进等手段，能够弥补其建设省级融媒平台的部分薄弱环节，但依然容易造成重复建设、资源浪费等情况，既不利于短期内省级融媒平台的升级和发展，也可能加大建设主体在运营维护上的负担。因此，由省级广电承担省级平台的建设和运营，能够确保县级融媒体中心和省级平台对接的延续性、完备性和协同性，“以省带县”的模式逐渐成为县级融媒体建设的重要牵引力。

（三）模式探寻：“一省一平台”与“一省多云”

2019年，《县级融媒体中心省级技术平台规范要求》提出“一省一平台”的建设目标，但由于各省实际条件与需求的差异，在具体实践中并没有采用统一标准与模式。对应区域特点和发展定位，各省融媒体云平台建设路径各有侧重，在持续探索中完善基础技术架构、内容生产流程和多元功能布局。

目前，省级融媒体云平台的主流模式是“一省一平台”，按照“一地一端”的思路推进舆论阵地、服务平台与信息枢纽智能建设。不同体系、不同业态的媒体集约共建融媒体，统筹省域资源以提升信息的分发与传播效率，打造“一体共生”省域融媒体新格局。主要来看，省级云平台既赋能统一指挥调度，搭建区域媒体矩阵的全媒体中心，又支撑媒体“新闻+”业务模式的公共服务类平台。例如，由湖北广播电视台推出的湖北“长江云”深耕移动政务，以“覆盖全省、功能完备、互联互通、运行通畅”为核心理念，将舆论引导与意识形态管理、政务信息公开、社会治理和智慧民生服务深度融合，形成引领行业发展的特色模式；四川广电以“一库两平台三机制”为核心，打造“熊猫云”智慧媒体云平台，通过资源高度整合达成区域内开放合作、联合运营、资源共享，促进四川融媒体生产模式、呈现方式与形态的数字化变革。

在这个过程中，也存在融媒体平台“各自为政”的现象，报业、广电、新媒体集团等主体分别牵头搭建多个省级云平台，供县级媒体自主选择入驻。例如，湖南省内提供省级技术“云平台”技术支撑的两家单位分别为湖南日报社的“新湖南云”和湖南新媒体“红网云融媒体平台”，安徽省则由新成立的新媒体集团和广电集团各自完成云平台的建设，打造出“安徽媒体云”与“海豚云”。在部分省（区、市），多个媒体平台也会自主参与建设，以争取区域资源。贵州省政府虽曾指定由多彩贵州网建设的“多彩贵州网宣传文化云”作为县级融媒体中心建设唯一省级“云平台”，但贵州日报报业集团、贵州广播电视台、当代贵州杂志社等众多技术架构主体也纷纷加入县级融媒体中心的建设中。

从省级技术平台的功能来看，核心就在于满足县级媒体低成本、高效率建设的诉求，统筹资源打通区域端口，发挥其集约性、整合性与扩展性。例如，湖北“长江云”开放新闻信息端，进行全省范围内大批量、低成本的复制，促进新闻生产全流程增能提效。江苏“荔枝云”推出的微服务化、多租户化的新媒体服务，支撑区域新媒体客户端的内容生产与发布，高效配置业务流程安排。而相较于“一盘棋、一朵云、一张网”的战略思路，“一省多云”所带来的竞争虽能促进区域媒体融合提速发展，但其既需要集媒体合力投入高额的建设与维护成本，对资金、技术水平与人才储备提出更高要求；又会带来各项功能重复率高、平台服务力量分散等多重问题，不利于省域传播平台形成凝聚力，更有个别省级融媒体下沉抢夺县级融媒体市场份额，陷入恶性竞争。在某些省份，通过一定时期的云平台建设，部分分建的省级融媒体云平台呈现出再合并的趋势。例如，浙江省将浙江日报建设的“天目云”和浙江广电集团建设的“新蓝云”合并，结合双方优势推出“天目蓝云”省级智能化融媒体技术平台，以集约模式突破性打造技术集成中心、数据交互中台、融合传播中枢，为省域媒体深度融合提供技术底座，创造多重体系与业态的共融双赢。

省级融媒体云平台的建设决定着媒体融合能否真正从“相加”迈向“相融”。从当前各省的云平台建设实践来看，由于我国区域经济发展水平、区域主管部门的领导与协调、区域媒体生态与格局等层面存在较大差异，云平台建设也呈现各具特色的样态。在媒体融合纵深发展的要求下，各地要因地制宜加快探索平台建设架构，创建长期稳定的运营体系，发挥渠道集群效应以打破区域信息、技术等多方面的壁垒，从根本上实现互联互通。

二、冀云平台：以战略转型构筑新型聚合平台

2019年，由河北长城新媒体集团联手人民日报媒体技术公司推出的“冀云·融媒体”平台正式上线，为河北省构建“全省一张网”的融媒体生态迈出

第一步。

冀云平台积极响应媒体融合的国家战略，打造融媒生产、融媒客户端、大数据、智能媒资、共享联动、宣传指挥调度六大体系，服务范围涵盖省市县三级媒体、党政机关、企事业单位、社区乡镇和广大用户群体。借助强大的云平台和大数据技术，冀云不断深耕政务服务、民生服务、资源共享等领域，推进经营模式从新闻生产向多功能服务聚合的深层次转变。截至2022年底，冀云系列客户端总下载量突破5000万次，累计访问量超过160亿次；上线102类、316项便民服务功能，平台已发展成为省域最大的新媒体传播平台和综合信息枢纽[①]，一个新型聚合平台正逐步形成。

（一）全省互联：合纵连横，助推各层资源一体化

冀云致力于搭建覆盖全省的媒体资源共享平台，支撑全省范围内媒体资源的分析、协调与调度，通过纵向贯通与横向聚合，连接县域发展，逐层实现由内而外的省域全方位融合，达成区域的紧密联动。

在重大主题报道上，冀云优先聚合省直媒体力量，搭建共享共用平台促进优势资源流通，以媒体集群扩大品牌影响力。由长城新媒体、河北日报报业集团、河北广播电视台三家省直主流媒体平台引导，“中央厨房”云稿库实现一次采集、多元传播，打破了多级媒体单位之间的资源、技术、渠道等壁垒，支持宣传联动和稿件共享，让新闻信息生产实现全流程共享共创。长城新媒体集团升级搭建党的二十大和全国两会河北省云端指挥调度中心“云中央厨房”、河北冬奥报道媒体素材库，实现全省媒体报道、重大主题舆情信息、中央媒体涉冀报道等实时采集展示，成稿库、素材库相应更新，统筹全省域前后方宣传力量，真正达成资源云聚合、指挥云调度、作品云共享，累计实现省直三家主流媒体共享素材1200余条。[②]

为加强与省内各级媒体的连接，冀云融媒体平台采取扁平化的省市县三级

① 长城网.长城新媒体集团社会责任报告（2022年度）[EB/OL]. [2023-04-15]（2023-06-20）.http://heb.hebei.com.cn/system/2023/04/15/101134177.shtml.

② 长城网.长城新媒体集团社会责任报告（2022年度）[EB/OL]. [2023-04-15]（2023-06-20）.http://heb.hebei.com.cn/system/2023/04/15/101134177.shtml.

媒体中心联动机制，为入驻的各融媒体中心提供技术支持，推动分端技术纵深覆盖。借助云计算、大数据等先进技术，以冀云客户端为总端整合统筹各级融媒体中心的媒介资源，一键分发配送到已经入驻平台的各融媒体分端客户端，实现宣传指令秒达基层、宣传任务统一管理，以此打通基层融合传播的通道，统一部署全省的新闻宣传。在2021年全国两会期间，冀云融媒体平台充分发挥与县级分端的互通优势，于冀云客户端总端和各县级分端首屏同步设立两会频道，向基层群众传递两会声音。为了营造重大主题报道的浓厚氛围，冀云还联动河北省152家县级融媒体中心主动设置两会议题，共创《赞赞“十三五” 变化在身边》系列海报，制作并集纳全部海报的交互H5作品，叠加放大传播效果，形成“冀云+N”的联动效应。

（二）传播渠道化：产品革新，技术赋能视觉叙事

新技术的迅猛发展赋能媒体产品呈现全新形态，面对丰富的传播渠道与多元的传播需求，如何充分融入互联网基因推出高品质的全媒产品，成为融媒体平台内容运营的重点。

冀云以内容的可视化、互动化、场景化为核心理念，坚持守正创新。一方面，冀云顺应时代需求，聚焦轻量表述，综合运用视频、漫画、手绘等形式打造“长城视频”“冀云海报”“手绘长卷”等系列长城IP①，既以立体化的传播形式深度解读会议精神，又加强地域品牌的辨识度。为了进一步宣传党的十九届六中全会精神，融媒作品《雄关漫道真如铁——百年风华图景志》借助“手绘长卷+视频”的创意形式，将波澜壮阔的百年风华进行艺术化呈现，全网总浏览量达1.1亿次，成为河北省党史学习教育的特色案例。在党的二十大召开期间，《动漫丨什么是中国式现代化》运用动漫视频形式解读关键词“中国式现代化”，全方位、多角度、深层次地阐释其内涵，全面展现中国式现代化的发展方向和宏伟蓝图，阅读量高达600余万次。

另一方面，冀云持续强化对前沿技术的把握和利用，将技术高度融入内容

① 长城网.长城新媒体集团社会责任报告（2022年度）[EB/OL]. [2023-04-15]（2023-06-20）http://heb.hebei.com.cn/system/2023/04/15/101134177.shtml.

的生产方式和表现形式，设计搭建多形态、多层次的内容场景①，强化用户的沉浸式体验。冀云自主研发出国内领先的具备云端采访、直播导播等功能的“冀云采”远程视频产品采访系统，推出AI虚拟主播“冀小蓝”，开创直播新样态“云直播”，打出一套智能化的组合拳。借助交互技术在融媒作品中的应用，冀云不断创新大众感官体验，推出一系列极具破圈效应的高品质主题报道。冬奥宣传视频《创意视频|世界看崇礼：一起向未来！》中，综合运用3D建模、手绘创作、虚拟视频和真人交互等技术手段，深刻展现“中国制造”的先进理念，让冬奥精神具象化。集纳交互式短视频栏目《百姓看联播　聚焦二十大》则基于移动端发力，突破性地打造短视频应用程序，节目设置聚焦、看点、连线、动漫、反响和解读等六大板块，涵盖沉浸式仿3D旋转和拟真卡片切换等强互动性、强体验感的新媒体交互形式，以群众视角全面展现党的二十大盛况。

（三）信息聚合：信息流升级，精准推送

步入智能化时代，个体观念和个体诉求差异越发显著，受众群体的分众化加剧。融媒体平台要因势而动，通过产品内容的指向性和推送的精准化满足用户的不同需求，提升传播效率。

过去，冀云使用人工智能和大数据技术汇聚全省用户的具体数据，进入各级分端分析有效信息，包括用户类别、喜好、平台使用轨迹等数据，以此建立完整的用户推荐机制，有针对性地展开推送，并进一步为平台用户管理和区域线上营销提供决策支持。在此基础上，冀云平台与人民日报全国党媒信息公共平台展开合作，升级个性化智能推荐信息流模式，对平台频道进行整体改版与重构，进一步优化推送精度。

信息流产品依托全国党媒信息公共平台全面细分的用户画像、内容知识图谱化标签体系，智能分析抽取用户及内容特征，实现更精确的匹配与智能推荐。2022年北京冬奥会期间，在人民日报全国党媒信息公共平台的协助下，冀云客户端冬奥频道智能信息流展开全面改造，全国各级党媒生产的关于冬奥会的海量图文、音视频等多形态优质内容接入冀云平台，输送图文、视频、H5等全媒

---

① 丁伟.增强时代感 创新年轻态 打造技术派——长城新媒体集团创新做好党的二十大报道路径探析[J].新闻战线，2022（18）：68-71.

体内容累计高达3万条，帮助平台扩容增能；同时，信息流基于大数据技术对内容的重要性、时效性、领域属性等多维度展开分析，根据用户画像体系打造关联内容库，精准筛选出目标用户感兴趣的内容；在算法智能推荐之外，信息流还加大了专家推荐力度，以强化对内容价值取向的审核与纠偏，以主流价值观引领冬奥信息的高效覆盖。

三、闪电新闻：以智媒布局打造资讯服务旗舰平台

闪电新闻客户端是山东广播电视台推动新闻资讯移动互联网化的首创之举。经过长期的融合探索，闪电新闻逐步跳脱出传统资讯服务的定位，从内容生产、内容创意、内容传播、内容聚合和政务服务等方面突破创新，建设兼具新闻宣传和民生服务功能的综合服务平台。通过自主研发核心技术，闪电新闻持续推进县域治理体系和治理能力现代化，充分掌握融合主动权，达成跨屏交互、智媒表达与全省互联，探索出具有山东广电特色的融媒体平台智能化转型之路。

（一）平台互通：开放平台架构，多地协作叠加传播效应

闪电新闻构建了集多级媒体共用、互联互通共享、全天候内容生产调度、内容分发推广等功能于一体的“媒体大脑”，全面聚合专业领域优质资源，汇聚内容创作者力量，实现开放式生产，激活重大报道的联动机制。

闪电云是闪电新闻为贯通省、市、县三级媒体所建设的新型技术平台，其在融媒体生产管理、一县一端、屏幕播控系统等应用上进行优化升级，旨在将市、县（市、区）资源与宣传渠道统一汇合到闪电新闻平台上，让各市级、县级融媒体中心通过端口即能达成与省级的信息互通。党的二十大召开期间，闪电新闻联合泰安、淄博等16个融媒体中心推出《这就是山东・这十年这十秒》系列微视频接力传播活动，运用VR、H5等交互技术生动呈现山东发展的突出成就，作品达170多个，相关话题覆盖全省，触达基层。

省内联动之外，闪电新闻积极拓展传播渠道，跨省共创汇聚多维力量，形成强烈的聚合传播效应，带动报道破圈。在2021年全国两会期间，闪电新闻联动极光新闻、吉林广播电视台、北斗融媒、奔腾融媒、河北广播电视台、直播河南共同发起《“牢记嘱托种好粮”七省区联动直播》联动直播，借助七省区记者视角接力带领观众深入田间地头、育种实验室和春播现场，在融合地域特色的

共创中有效放大主题价值。闪电新闻还与潮新闻、四川观察、大象新闻等主流媒体发起特别策划《带着好品上北京！——两会行李箱》，聚焦各省代表委员行李箱这一小切口来展现中国式现代化大主题，通过“短视频+创意海报+接力发布”的形式，形成跨区域报道“朋友圈”，极大地拓宽了融媒产品的传播边界。

（二）移动优先：“短视频+直播”驱动轻应用

作为省级融媒体平台，闪电新闻秉持“移动优先”战略思路，布局短视频、直播两大领域，同时研发聚合可视化功能的“闪电轻应用”，加快一体统筹的移动端联动建设。

闪电新闻聚焦内容视频化呈现，采用“短视频+直播”策略优先破局，这也是根植于山东广电的鲜明产品特色。以闪电新闻客户端为主体，构建多个短视频及聚合类平台共同分发的传播矩阵，账号化运营原创短视频，在40余家聚合平台、短视频平台开通近百个账号。为了进一步创新生产制作模式，山东电视台打造短视频孵化机构闪电MCN——Lightning TV，重点建设短视频品牌，推出以“师画山东”为代表的优质短视频账号。2023年全国两会期间，闪电新闻继续发挥短视频传播优势，结合5G、人工智能等先进技术，生产出声动齐鲁、数说齐鲁、3D齐鲁等系列爆款短视频产品。当前，闪电新闻短视频年生产力达12万条，全年流量超百亿次，以精品短视频内容逐步扩大平台影响力版图。在短视频深入发展的基础上，“闪电新闻”进一步拓展直播领域。“闪电新闻”直播涵盖闪电连线、新闻速递、插入式直播、慢直播等多种形式，数量累计超13500场，实现全国多省（区、市）融媒联通之外，其直播足迹更遍布世界多个国家和地区。例如，2023年国际青年交流大会之际，“闪电新闻”发起“丝路十年”全球拍客联动直播，通过塔吉克斯坦、荷兰等11个国家拍客的镜头，实现中外青年的云端交流，充分展现山东积极融入“一带一路”倡议的风貌。

为了满足政府、媒体等多级领域创作者对移动端的运用需求，推动其内容创作向可视化转型，“闪电新闻”上线了轻量化、响应快、聚合度高的“闪电轻应用”，归集相关资源数据，整合AI、4K、VR、杜比音效等各类智慧化功能。“轻应用”通过“添加到桌面”的方式生成独立入口，解决创作者页面无法定制、集约化不足等问题。此外，“轻应用”可实现图文、短视频、音频、直播、VR等各类体裁创作和呈现，供应功能齐全的应用工具让创作者免费使用，极大地降低了创作门槛，放权赋能激活创作者生产动力。借助“轻应用”的集纳技术，2022年全国两会期间，山东省人大、省政协、各地多家融媒体中心等轻应用程序搭建了“两会轻应用”联动传播矩阵，打造系列智能精品，实现两会报道跨平台、跨级别的大流量传播，深度重构了省域媒体内容生产链。

（三）传媒智库：多角色拓展跨界业务

闪电智库是闪电新闻拓宽服务价值链的智能化转型产品，汇聚了诸多领域的行业专家和权威学者，包含政务智库、城市智库、品牌智库、行业智库四个体系，为政府、企业等各机构提供智力支持、决策参考等一站式、定制化服务，持续输出高质量产品，以此延伸平台的跨界业务。

闪电智库定期组织专家访谈与智库调研活动，为社会治理建言献策。2020年至2022年，闪电智库共与山东16个地级市政府达成深度合作，助力地方经济社会高质量发展。在“十四五”规划期间，闪电智库“高端智库看山东”系列专家调研行项目组织高端智库专家，深入济南、菏泽、东营、德州、潍坊寿光、临沂兰山6地进行实地考察，针对当前发展状况和痛点问题提出前瞻性的建议。2022年11月，为展现山东各地推动党的二十大决策部署落地生根，推进中国式现代化的实践，智库邀请多位党的二十大代表齐聚济南、章丘等地，共话惠民生举措，相关作品全网点击量达500余万次。为了优化智库与用户的互动机制，闪电新闻客户端上线智库频道，开发专家库在线互动、智库数据报告查询、在线民意调查等全新功能，以多维度服务加深与用户的联系。

闪电智库的发展也开拓了平台智能化问政的路径，赋能媒介参与社会治理，推动政府治理体系升级。基于山东广播电视台大型问政视听产品“问政山东”，闪电新闻开设“问政山东”专区，通过在线爆料、电话求助、舆情监控抓取等渠道汇总问政信息，采用先进技术实现智能集纳和匹配，对信息进行分类推送，并根据网友互动判断舆情走势，为相关部门决策提供科学依据，以智能化实现平台问政理政的“双向互动”。

四、触电新闻：以自研技术赋能“内容+政务+服务”综合体建设

触电新闻是由广东电视台自主研发的新型主流媒体平台，其移动新媒体业务布局较早，已经探索出相对成熟的融媒体平台建设路径，被称为“广电媒体

融合破题之作”。自平台运营以来，触电新闻始终以创新技术发展、传播手段、运营机制为核心驱动力，不断完善智能化融媒体平台架构，打造融媒体生产系统、互联网传播平台、舆情监测分析系统等，推进政务、服务、商务等综合化建设，实现社会效益和经济效益的相统一。

（一）跨区共建：整合地域优势，构建湾区第一窗口

身处粤港澳大湾区核心区域，触电新闻致力于将地域优势转化为发展引擎，打造立足湾区的重要舆论阵地。

触电新闻积极顺应互联网时代聚合共享的发展规律，以平台建设盘活湾区相关融媒资源，强化跨区域协作，释放湾区影响力。2019年，广东广播电视台承建县级融媒体中心省级技术平台“珠江云”，推动触电传媒建立完善采集端、制作端、分析端和客户端的融媒体全流程平台和全媒体舆情管理系统。截至2022年底，“珠江云”平台的建设已经完成了100余项功能的整体迭代升级，全省80多个县（市、区）融媒体中心全部接入“珠江云”省级技术平台，推进触电新闻与省市县三级融媒体中心的联通与协同创作，构建湾区的新媒体平台第一窗口。2021年全国两会期间，触电新闻联动11个湾区城市，与广东广播电视台肇庆站、肇庆广播电视台等媒体展开合作，共同推出《湾区的春天》系列直播，向世界立体化展现湾区的地域风情与发展现状。

在聚焦湾区内部融通的同时，触电新闻发起“融湾入圈”活动，吸引周边省份入驻平台获取海量资源，拓宽大湾区与周边省份信息互通的渠道。2020年9月，触电传媒与湖南安仁举行“融湾入圈”签约仪式，借助“珠江云”技术实现当地电视台信息流、政务、公共服务业务网上窗口与触电新闻平台成功对接。“融湾入圈”的策略不仅为安仁提供了面向大湾区的形象展示窗口，更协助大湾区企业机构足不出户就能在线上获取安仁发展信息，打破了双方在行政区域和时空距离上的限制，实现不同地域企业板块互补互融、业态互联互动与价值共建共享，这也是触电新闻推动泛珠三角区域对接粤港澳大湾区建设向纵深发展的重要举措。

（二）自研技术：平台内容检索与精准信息推送

关键技术的自主研发是触电新闻高速发展的核心驱动力。依托基于AI、大数据等前沿技术推出的创新产品，“触电新闻”实现了对平台分析端和分发端的智能化处理，激活融媒体平台的发展新动力，为用户创造更良好的体验。

直播、短视频等媒体形式增加了平台资源筛选难度与审核风险。2022年，触电传媒开发了基于人工智能的多媒体内容识别系统“秒鉴”，利用新兴AI技术实现智能审核、全网翻库和媒资检索等多个服务功能，支持全时段、全方位对客户端和矩阵号进行信息、图片、视频等多样化检索，定时检测历史发布风险，准确率和召回率均超过99%，深度赋能互联网内容生态治理。除了监测触电传媒旗下移动平台的内容生产，“秒鉴”多媒体内容识别系统更被广泛运用在广东广播电视台多个重要节目、内容生产部门中，持续提供强有力的安全技术保障。

“触电新闻”以打造“更懂用户的客户端”为主旨，为了进一步匹配受众的精准需求，自主研发了“Hello Live”系统。通过打散传统频道列表展示方式，把直播节目以栏目为单位进行碎片化处理，根据用户观看轨迹自动生成用户画像，由智能算法推荐给目标用户，将电视播出的大量内容以碎片化的形式引流到移动端，再由小屏反哺大屏。在党的二十大召开期间，“触电新闻”将各省市的电视节目资源纳入平台的大数据推荐系统，为每一位触电新闻App用户的推荐页面精准推送党的二十大的关联内容，有效提升了用户对党的二十大报道的关注度。①

（三）平台+商务：全案内容服务与用户市场开拓

近年来，触电新闻运营主体广东触电传媒科技有限公司以内容反哺经营发展，加强多方商务联动，开拓用户市场，逐步形成内生发展动力。凭借强大的内容创作实力、技术研发能力和平台传播影响力，触电传媒将经营业务分为技术支持业务和全案宣传服务，广泛与省直相关单位和部门、地方党委政府、事业单位等展开合作，商业版图从省内拓展至全国，设立上海事业部、湖南事业部和北京事业部等。

在技术支持上，触电传媒承接了多地重点融媒项目，既为当地融媒体建设提供技术支撑，助力区域融媒体的转型升级，更以此增强自我造血机能，保障平台稳定运行。例如，广东省开平碉楼“世界文化遗产+元宇宙”数字文旅建设项目，融入AR等数字技术，构建世界文化遗产元宇宙街区，打造虚实结合的高

---

① 孙璐，邓鑫怡，阮嘉虹.全媒体语境下大湾区主流媒体二十大报道创新探究——以广东广播电视台“触电新闻”为例[J].海河传媒，2022（06）.

沉浸式文旅畅游体验，推动文化的现代性转化与传承；与韶关市曲江区融媒体中心和新丰县融媒体中心达成合作，协助技术升级与项目共建。在全案服务上，触电新闻打破传统硬广营销模式，为合作客户提供策划、制作、宣推一体化的全要素服务。在广东省高质量发展大会中，触电新闻包揽直播、宣传和会务工作，搭建了中央媒体、地市级媒体和互联网平台互动的传播体系，线下会议的直播和宣传总浏览量超过1亿次。[①]此外，触电新闻还承担了珠海航展、全省农民丰收节等大型项目，不断扩大品牌覆盖面和影响力。2022年，触电新闻平台及衍生业务的营收规模突破2亿元。

触电新闻将加速布局新媒股份、触电传媒与N个产业板块的“2+N”新媒体产业体系，着重打通新媒体行业与其他领域产业的融合营收，从而创造新的经济增长点，构建平台商务发展新格局。

五、省级融媒体平台的内生外延与发展趋向

当下，省级融媒体平台的再造与优化已成为推进媒体融合纵深发展的关键点。乘着数字技术高速发展的东风，省级融媒体平台要从内容创新、合作赋能和治理参与三个方面，针对性地优化平台功能取向，补足内在发展动力，拓展平台服务的广度与深度，延伸向外的联动触角，助力县级媒体深度契合媒体融合需求，从内到外实现融媒业态的根本性革新。

（一）内容创新：算力支撑与协同生产

算力网络已成为融媒体平台发展的核心引擎。随着海量信息处理、数据计算需求急剧增长，融媒体平台加快数字化转型是大势所趋。以云计算为代表的算力技术结合5G通信网络可以形成强大的算力网络，打破传统媒体间的数据区隔，并以多元组合提供多样性、一体化的算力服务，满足不同需求，为融媒体平台应对日益丰富的数字化业务场景提供强力支撑。未来，算力网络将进一步在统筹、生产与运营层面助力融媒体平台创新，蓄力打造能力协同与创新的智媒新生态。

---

① 广电视界.蔡伏青：科技“触电”新闻客户端，开拓大湾区融媒广阔空间[Z/OL].（2023-07-18）[2023-07-20].https：//mp.weixin.qq.com/s/XRDNNm-vQQZZGzl7Z9MNog.

在平台建设上，基于“云、网、边、端”一体化的调度，系统打造以“5G+算力网络+智慧中台”为重点的融媒体平台信息基础设施、服务架构和技术体系，夯实融媒体平台的发展底座。借助5G连接、算力支撑与中台赋能的组合，将媒体各个应用系统的服务共享于统一平台上，实现数据资源的打包整合、统一调配和协同工作，构建起数据闭环运转的运营体系，有效解决前后台之间渠道、系统等方面割裂的问题，承上启下以达成业务的有机连接。人民日报、新华社、中央人民广播电视总台等主流媒体率先展开实践，例如，央视频采用先进的“大中台+小前台”设计，打通了从内容数据到用户数据的互联互通与多维度管控。

在内容生产上，“算力+人工智能”被广泛应用于融媒体信息传播的各个环节，数字克隆人、AI编辑部等应用正在媒体融合领域快速铺开，推动AIGC（人工智能生成内容）创作范式成为行业的新蓝海。AIGC的全流程智能化紧密适配“中央厨房”的核心概念，借助AIGC，省级融媒体平台不仅彻底更新了产品形态，实现各种类型的数字精品创作，更集合智能化汇聚决策、一键内容的多渠道发布、精准化推荐送达于一体，极大地提升了产品生产效率与传播量级。基于平台原有的发展方案，省级融媒体平台要把握风口，加速升级AIGC与业务的融合，构建高效的人机协同智能服务体系。

（二）合作赋能：架构升级与应用迭代

前沿技术的发展正驱动着融媒体基础平台架构的转型与升级，其支点则为对云计算技术体系的运用革新。云计算是统筹推进数字中国建设的先导力量，从行业发展现状来看，国内云计算整体呈现出以阿里云、华为云、腾讯云与百度智能云为领头羊的竞争格局。依托丰富的数据中心和扎实的技术积累，互联网企业在云计算行业始终保持着较高的研发投入，处于创新第一线。融媒体平台要加强前瞻性战略布局，主动把握互联网技术变革新机遇，在技术层面上加大与领军企业的合作力度，借助企业力量提升平台创新活力，重构融媒体发展边界。

互联网企业对于融媒体平台数据体系建设的协助主要表现为两个层面。一是提供自主研发的数据技术，包括数据存储、数据安全、网络与CDN建设等。例如，浙江省媒体技术统一支撑平台“传播大脑”与阿里云携手，共创浙江省融媒体平台顶层设计，描绘发展蓝图，阿里达摩院向“传播大脑”提供虚拟人、多轮对话和AIGC等产品与技术服务；中国广播电视网络集团有限公司与阿里巴巴达成战略合作协议，深度提升“广电云”智算能力。二是助力搭建媒体云平台与大数据底座，推动融媒体平台的数字转型。甘肃省张掖市与华为云合作建设大数据中心底座，充分发挥张掖市地理区位、产业基础等优势，构建产业云基地，加快推动张掖云计算大数据产业发展与聚集。

省级融媒体平台要顺势而动，把握技术驱动融媒体传播的“大风口”，在此基础上，联合企业探索可供复制推广的融媒云建设解决方案和服务产品，将融媒体平台建设经验推向全国，从根本上带动融媒体生态圈迈向新阶段。

（三）治理参与：数据整合与区域联动

坚持和完善共建共治共享的社会治理制度，是坚持和完善中国特色社会主义制度、推进国家治理体系和治理能力现代化的重要内容。这也要求社会治理方式从政府的单项监管转向多主体的协同治理。集本地性、交互性与协同性于一体，融媒体平台是社会基层治理中的关键一环。一方面，融媒体平台的信息协调功能有助加强顶层设计和探索基层良性互动，落实社会服务功能向基层下移；另一方面，融媒体平台为区域用户搭建了畅通表达的渠道，在及时跟进社情民意监测的同时，提升用户参与社会治理的主动性。随着融媒体平台深化对新型智能技术的应用，其作为服务入口与服务平台的附加价值在社会治理体系中日益凸显，赋能社会治理实现从数字化、智能化到智慧化的创造性转变。

从我国社会治理建设现状与需求来看，智慧城市建设已经步入发展的快车道，将成为未来信息化深入发展的主流趋势。例如，浙江省宁波市打造的“城市大脑”，以数字化改革打造具有全国影响力的标志性成果。智慧城市建设包括对经济、交通、教育、医疗等领域的信息流通产业革新，为市民提供全方位、一体化的服务，其运作核心就在于数据的高效融通与开发。作为贯通省市县三级的枢纽平台，省级融媒体平台要加快区域内资源数据共享联通，在此基础上，通过移动端拓展平台功能，聚合各类应用数据，将党建服务、政务服务、公共服务、增值服务中积累的数据资源进行归集共享，提升党委政府、治理主体与社会公众多元主体间的协同参与，打通最后一公里，为智慧城市建设提供数据支撑。

打破信息传播和服务的传统模式和地域空间限制，取长补短加速转型升级。部分省级融媒体平台基于地理位置，就近打造区域、城市融媒体集群，基础设施资源共建共享，重大突发事件联防联控，形成富有特色的联动模式。“云端共联”也是省级融媒体平台跨区合作的方式之一，通过建立协同发展共享平台和融媒体联盟，与不同层级融媒体中心合作，在制度、资源、设施、功能上高度集成，有效提升不同区域融媒体平台的融合传播效能与综合服务水平。

专研报告四：数字中国建设背景下城市媒体参与社会治理研究

曹晚红　蔡旻俊　赵子龙[①]

摘要：在数字中国建设背景下，我国媒体融合向纵深推进不断加速，全媒体传播体系的功能和应用也在向更深层次延展。媒体融合助力主流媒体作为多元主体参与社会治理，城市媒体的智能化发展与城市社会治理在治理主体、参与形式、治理手段等方面形成天然的耦合机制，为社会治理提供了多方位的支撑，并通过坚守舆论导向、发挥融媒功能、多元协同共治共建共享来提升治理效能，推动我国城市的现代化发展。

关键词：智能融媒体；城市治理；协同共治

随着数字化、信息化、智能化等新一代数字技术的飞速发展，全球范围内新一轮信息技术革命的浪潮正在兴起，面向数字时代的转型要求我国加快数字化发展的步伐。党的十八大以来，习近平总书记多次就数字中国建设作出重要论述、提出明确要求。党的二十大报告指出，要加快建设数字中国。全面推进数字中国建设，是我国在现代化建设过程中对世界信息革命的回应，是顺应世界新一轮信息技术浪潮而布局的国家战略。

媒体融合发展是信息技术的重要应用领域，在建设数字中国的时代背景下，我国媒体融合向纵深推进不断加速。主流媒体在顶层设计、技术赋能等因素的

① 曹晚红，中国传媒大学电视学院教授，硕士研究生导师；蔡旻俊，清华大学美术学院博士后；赵子龙，中国传媒大学电视学院硕士研究生。

驱动下，不断推进自身的融合化、智能化和数字化发展，全媒体传播体系的功能和应用也在向更深层次延展。从传统的采编分发业务到“新闻+政务服务商务”的运营模式，媒体融合不断助力主流媒体参与社会治理。

其中，城市媒体的智能化发展与城市社会治理在治理主体、参与形式、治理手段等方面形成天然的耦合机制，为社会治理提供多方位支撑。城市媒体通过传播平台建设与多元功能强化，服务、监督社会各方，推动城市社会治理现代化。在数字中国背景下，媒体智能化转型与社会治理升级将共同推动我国现代城市的发展。

一、数字中国背景下城市媒体智能化与社会治理特征

城市媒体作为城市社会治理的主体之一，积极参与和推动社会治理的媒介化发展。在数字中国背景下，媒体的智能化发展与城市基层治理的转型升级，推动媒体形成主体多元化、参与多样化、治理媒介化等特征。

（一）内生动力：媒体融合赋能城市社会治理

现阶段，我国城市化进程处在加速阶段。城市化引发空间结构调整、生产与消费重构、文化建设升级等新的发展课题，这成为城市媒体生态系统变革重要的驱动因素和智能融媒体建设的动力之一。

当前城市社会治理出现媒介化发展趋势。城市包含以政府、媒体、企业、居民为代表的治理主体，包含工具、媒介技术、建筑、自然物等物质载体，同时是各种社会关系、人机关系的承载空间。媒体融合背景下，治理主体、物质载体等实现了媒介化，并彼此相联结创设各种交互关系，缔结更加广泛、复杂的媒介网络。智媒时代的媒介化治理，指智能媒介网络中的所有行动者依托智能媒体的可供性，与彼此或网络外的其他主体以节点的形式开展协商互动，建立万物皆媒、人机共治、全程在场、全面覆盖的治理体系的过程，该过程发生在城市的空间与权力关系下，即媒介化城市治理。

国家发展战略中的媒体融合，其公共属性的终极目标是高效配置城市资源、高效服务群众需求，这与城市治理的逻辑起点相契合。在城市治理呼唤多元主体共同参与、实现精准治理的需求下，智能融媒体平台为各方搭建起需求对接平台、信息沟通渠道与意见反馈机制，为基层治理效能开拓了新的增长空间。

（二）平台基础：智媒发展提升社会治理效能

在媒体融合发展和智媒技术推动下形成的智能媒体传播体系，对于加强和创新城市治理具有十分重要的作用。城市智能融媒体建设为城市协同治理提供平台，其扁平管理与交互模式，使多元主体参与城市公共事务的过程简化、成本降低。这一方面有助于为各方参与城市治理开辟路径和通道，另一方面有助于政府了解民众需求和反馈意见，为城市治理措施的出台和改善提供有效助力。

加快融媒体智慧平台建设是提升城市治理能力的重大措施。智能融媒体能够保障多元主体之间的互相联通，降低多元主体之间的沟通成本和信赖成本，合理分配多元主体之间的利益。充分运用智慧融媒体进行城市治理，是实现城市治理体系和治理能力现代化的重要推动力量。

（三）治理主体：多元主体协同共治

媒介化城市治理需要多元共治，在社会治理“精细化”的要求下，出现公共需求多元化、公众群体细分化、基础建设信息化、智慧科技普及化的城市发展趋势，城市治理主体越来越呈现出多元参与的局面。在公共产品与公共服务供给的过程中，不仅需要由政府主导规划，由企业提供技术支持，由社会力量通过反馈、服务、监督等途径参与，更需要三者积极接入智能媒体网络，借助智能媒体平台推进城市“媒介化”进程。政府层面，在承担“元治理”角色的同时，积极建设政务公开平台，并与企业共建公共服务平台、城市数据中心、城市大脑；企业层面，为媒介化城市的建设提供技术基础；企业通过开发手环、智能手机、传感器等智能媒介终端与App平台，将城市治理功能嵌入智能平台；城市融媒体传播平台，基于新媒体技术的扁平化、互动化特征，成为城市社会治理中的“连接性、组织性”力量，把政府、市民、企业和社会组织等各类治理主体聚合到共同目标上来，并在社会关系的构建中发挥重要的组织职能。

（四）参与形式：形态多样具身在场

智媒时代，主体无须通过身体共在的形式进入城市治理场域，通过智能手机等智能设备，即可在融媒体平台享受政务、商务和公共服务。在web2.0时代，用户已可以通过网络平台活动实现在网络中的虚拟在场，并参与城市治理，如在线上论坛提出城市治理问题、在政府门户网站上留言。而在web3.0时代，借助5G、移动互联网等技术，用户可以在城市的移动场景中，在任何时间、任何地点通过多种渠道参与社会治理，如观看网络问政直播，与政府发言人实时互动，甚至可以让自身成为“延伸的媒介”，主动利用与自身联结的移动设备实时记录、发布信息。

随着媒体的智能化发展，在物理断连的情况下，城市空间中行动的人与物体也可以延伸传感器的“知觉”，通过身体、物体同传感器的互动形成社会事实数据，并传输至智能媒体系统中，实现主体断连的在场。公安系统建构了“天网”工程，该系统配置了2000多万个摄像头，动态监测和管理主干道路，以及酒店、学校、医院等复杂场所，并将利用人工智能和大数据技术，建立健全调度指挥系统，完善公安系统的智能媒介网络，提升公安系统快速响应水平。此外，人流量感知设备、RFID、地感线圈等技术也在人未感知的情况下，成为媒介化治理场域中的数字行动者，推动建立精确的城市生活数据画像。

（五）治理手段：大数据与媒介化

在媒介化城市中，随时都有海量数据产生。传感器感知信息、社交平台聚合舆情，各平台上行为数据及用户反馈信息、微博微信数据流、政府政策文件等信息都可以成为城市治理的信息基础，大数据与人工智能技术对上述信息的整合分析，有利于治理主体及时发现社会治理中的典型问题。媒介化的治理主体在获取数据、传输数据的过程中扩展了媒介网络，城市在数字网络中的延展也反作用于现实空间的城市治理，扩大城市治理的覆盖范围。

智慧城市感知层、传输层、应用层基础设施的建设，已使城市治理模式从静态向动态转变。而媒介化城市中的人、物、行动者，不仅可以利用可及的媒介终端感知、处理、发布信息，甚至自身也因智能媒体的生产可供性、连接可供性、感知可供性成为智能媒介终端，连续移动的、动态的、蔓延的、共振的智能媒介网络由此形成。具备全区域、全时段、全要素数据采集能力的智能媒介网络，不仅能实时获取物联网感知数据、成像设备数据，还能实时收集全网公开数据、政府数据，利用算法进行实时数据处理、问题识别、资源配置，使城市治理从定时、及时向实时转变。

此外，传统的治理模式呈现出受事件、周期性会议驱动的被动特征，难以应对突发情况，而媒介化城市治理既能自上而下推动政策快速到达广泛分布的媒介终端，又能自下而上反映特殊情况，使公众议程甚至个人议程快速进入城市治理议程。在媒介化城市中，政府、市场、公民的媒介终端相互联结、相互依赖，各主体获取信息的渠道增加，获取信息的能力提升，城市治理结构更为扁平。

二、奥一网：走网络群众路线 创新基层治理模式

奥一网是2005年南方报业传媒集团与“深圳热线”携手打造的城市新闻网站，自成立以来，立足民生、关注民生，2023年更是提出“打造最聚民智的网络媒体”的全新定位，建立起“接诉即办”“基层治理研究中心”“第三方调解评议”“高手在民间”等系列产品线，锚定基层治理和行业治理，充分发挥平台汇聚民声民意民智的优势，坚持走好网上群众路线，让人民群众在信息化发展中有更多获得感、幸福感、安全感。

（一）管理下沉，构建基层治理体系

立足街区治理现状，以基层治理研究推动问题解决。深圳市的部分高密度社区，通过构建居民代表议事会、社区专家参事会、党员群众共享会“一社三会”体制，拓宽基层各类群体有序参与基层治理，挖掘社区共建共治效能。2023年2月20日，奥一网联合南方民间智库、深圳大学共同成立首个广东高质量发展基层共治研究基地，落地民治街道，打造汇民声、聚民智、暖民心的全新平台。以媒体第三方的优势探索赋能共建共治，以“接诉即办”加“基层治理研究中心”的双轮驱动，精准关注辖区群众、企业的困难，通过基层治理的研究推动问题的解决。与此同时，深圳大学以专业学术优势，在汇聚民声的基础上，为高效能治理把脉、制定路线。在社会的开放性、流动性和异质性日益凸显的今天，如何应对民众的利益诉求多元化等问题，奥一网交上了城市媒体的答卷——建构多元主体互动与合作的政策和治理体制。

创新参与治理新模式，探索城市发展空间。传统的TOD模式①以公共交通站点为中心、以400—800米为半径，建立集办公、商业、文化、教育、居住于一体的城市综合体规划。在此基础上，深圳探索“轨道+物业”TOD模式，目前已进入产城融合4.0模式，以物业开发收益反哺轨道交通建设，以持续的短期

① TOD模式：以公共交通为导向的开发（transit-oriented development）.

收益弥合长期投资缺口。2023年5月，为落实好广东省委、深圳市委的部署，深铁置业与奥一网、南方民间智库共创共建广东高质量发展TOD创新实践（深圳）基地，旨在通过媒体观察、智库赋能、企业探索，在调研中寻找TOD模式的核心密码，在空间上可弱化站体内外各种公共空间的物理分割，通过地下、地面、地上的联系形成连续一体的公共空间系统，提供舒适、宜人的城市空间，在以人为本的基础上，融合产业、文化、生态，同时提高城市效率，促进城市可持续发展。

（二）数据说话，同频共振实现良治

奥一网下设奥一实测研究院，通过记者团队实测、深度访谈等深度调研方式探求真相并发现深层次问题，致力于为监管机构、行业和企业提出解决方案，并提升百姓生活幸福指数。实测研究院聚焦电动自行车安全、电信诈骗、二手房、医美平台、快递、贷款产品等，指出目前公共服务、行业产品存在的问题，使媒体和政府、社会、市场同频共振，促成良治的实现，实现社会效益的最大化。

紧抓现实发展难点，满足社会期待。2022年7月，《广东省实施〈中华人民共和国消防法〉办法》发布后，奥一网记者团队围绕社区电动车保有量、是否配建集中充电场所、是否存在入室充电、是否存在乱停乱放、是否张贴安全警示标志、是否配有消防器材、是否已经上牌等十个方面对广州市电动车安全使用的真实情况进行测评。团队花费3周时间，以广州市10个区的50个社区、500位居民为样本，形成一份集文字稿件、数据分析、图表展示于一体的《广州电动车安全使用深调研》。报告发布后，在广州市消防支队、广东省电动车商会、广州各区街道、社区引发了强烈反响。以此为契机，配合广东省电动自行车整治行动，奥一实测研究院启动了《电动自行车安全使用深调研项目》。至2023年3月底，该项目持续推进，设置电动自行车非法改装、限速、质检不合格等热点议题并引发社会广泛关注，并以连续报道的形式，不断探索相关领域的治理难点，针对民生痛点寻求破解之道，针对行业发展瓶颈探索突破之法。

在新时代新任务下，城市媒体作为党和政府与人民群众上传下达的桥梁，依据自身平台定位与功能，选择合适的方式主动参与社会治理，积极化解社会矛盾、弘扬正能量，凝心聚力促和谐，努力实现构建网上网下一体、内宣外宣联动的主流舆论格局，建立以内容建设为根本、先进技术为支撑、创新管理为保障的全媒体传播体系。

三、苏州广播电视台：以城市形象为指引 探索生态级产品服务

经过多年媒体融合实践，苏州广电以构建苏州城市新发展形象为指引，构建智慧型全媒体生态体系，从城市客户移动端、县级融媒体中心和智慧社区平台切入，积极探索“广电+”融合路径，推出全新融媒体产品与服务。借势城市发展新定位和日趋紧密的一体化效应，苏州广电聚合纵向、横向各类资源，搭建更加开放的合作平台，打造产业互补、功能共享、具有协同增强效应的生态伙伴关系，有效探索广电媒体融合转型的苏州模式。①

（一）客户端重塑生态，建设智慧城市

自2020年苏州广播电视台自主研发和运营SBS媒体云系统以来，苏州广电全媒体新闻平台的设施共建共享、信息系统运维、数据资源共享、业务应用协同等实现融合化、智慧化转变。在此基础上，苏州广电积极创新广播电视公共服务内容和业务承载形式，打造“融媒体+融服务”模式，创设“苏周到”“看苏州”和“无线苏州”等移动客户端，以融媒体服务模式着力构建具有人文气息、生活气息的城市名片。

目标用户明确，服务覆盖全域。“苏周到”App的服务对象涵盖1700多万苏州户籍人口、常住人口、商旅人员和在苏外籍人士，服务范围实现苏州六区四市的全覆盖。②“苏周到”平台对接21个市级政府部门，涵盖近300项公共服务，覆盖江苏政务服务网3600多项办事指南。SBS媒体云技术为该平台提供包括全网内容汇聚、人工智能、大数据处理和内容可视化呈现等核心技术支撑。2023年7月3日，苏州市人力资源和社会保障局联合苏州广播电视台在“苏周到”App开设“周到直播”，在线解答2023届高校毕业生创业热点问题，帮助他们了解在苏就业创业的政策，实时观看量近百万次，获得线上观众的高度认可。

---

① 沈玲.打造智慧型全媒体生态体系 赋能智慧城市建设——苏州广播电视总台“广电+科技+文化”模式探讨[J].中国记者，2021（01）：89-93.

② 沈玲.打造智慧型全媒体生态体系 赋能智慧城市建设——苏州广播电视总台“广电+科技+文化”模式探讨[J].中国记者，2021（01）：89-93.

客户端破壁融合，聚合便民服务。苏州广电旗下“看苏州”App聚焦便民服务，设置医疗、交通、政务、文旅服务云窗口，同时将苏州广电旗下电视大屏端各品牌栏目搬入客户端小屏，践行“小屏反哺大屏”的理念，推动大小屏深度联动常态化，充分发挥平台复合功能。“看苏州”App设置“融媒产品”专栏，以新媒体的锐视角和新形式开展漫评、暖评和快评。2023年6月30日，苏州开展第四季“传媒之夜”活动，积极进行线上线下联动宣传，展现苏州多样的活动空间、环境服务和文化内核，为苏州的新“夜”态注入更多活力，推动苏州广电打造的苏州夏夜IP深入人心。

（二）深耕城市文化沃土，打响苏州文化品牌

党的二十大报告指出，推进文化自信自强，铸就社会主义文化新辉煌。这为传统文化的创造性转化、创新性发展指明了方向。江南文化是苏州的标签，彰显着城市的鲜明底色和精神密码。苏州广电围绕江南文化的传承与创新，以打造苏州文化对外宣传的优质窗口为己任，依托媒体融合发展矩阵的规划，生产弘扬中华优秀传统文化的内容产品，以苏州深厚的人文内涵、自然和文化遗产为脉络，创新产品的表达形式，锻造产品辐射力、社会影响力、精神引领力。

以精品力作破圈，赓续江南文脉。2021年4月，苏州广播电视总台正式开设《长忆是江南》文化类网络视听节目。[①] 2022年11月，该产品获评国家广电总局“新时代·新品牌·新影响”广电媒体融合产品品牌。截至2023年6月，《长忆是江南》共发布短视频产品1000余件，视频产品全网累计播放量超10亿次，多次登上全国热搜，数十件作品被人民日报、新华社、中央广播电视总台、文化和旅游部客户端等媒体转载。2023年6月21日，《长忆是江南》官方微博发布短视频《为荷而来》，仅微博平台便有近百万次播放量。端午节前后，短视频《雨咬荷花》相关报道冲上热搜，央视《朝闻天下》《新闻30分》《奋楫中国　端午安康》等栏目频频点赞。《长忆是江南》在构筑多元化传播渠道的同时，注重耕耘社交平台，通过议题设置、话题引导，借助微博等社交平台抢占年轻人群的注意力，通过社交平台上苏州文化符号的社交裂变式转发、讨论，实现内容与营

---

① 魏代岭，严志平.打响江南文化品牌，推进文化自信自强——以苏州广播电视总台《长忆是江南》融媒实践为例[J].新闻战线，2023（12）：84-86.

销的融合，在实现行业突破的基础上，形成品牌变现能力和垂类影响力。据相关统计，2023年6月22日至24日，苏州市园林局直属14家园林景区入园游客超25万人次，与2019年同期相比增长24.64%。通过紧扣“最江南”的文化之魂，坚持精品化创制标准，《长忆是江南》逐步成为对外宣传苏州文化的优质窗口之一。

四、新京报：以智库资源为核心，媒体服务城市治理

基于服务国家治理的需要，面对网络社会信息传播的去中心化所带来的社会治理难题，我国主流媒体亟须融合转型，适应并引领数字社会发展。媒体智库的建设，将有效助力新闻媒体强化战略研究、决策辅助、沟通互动、社会服务等新功能，在网络主战场上牢牢掌握主动权和主导权。在此背景下，新京报积极建设媒体智库，以新京智库、千龙智库为依托，赋能新京报社的媒体转型与升级。《新京报社媒体融合三年行动方案（2021—2023年）》明确表示，新京报的智库建设强调自身服务北京、服务社会的定位，关注智库自主发展，积极联动报社其他部门，致力于推出一系列专业化、有影响力的产品与服务。

（一）顺应城市治理逻辑，服务数字政府建设

媒体智库建设既应着眼于当下社会发展，又应着眼于未来所需所谋，以深刻洞见、独特创见、战略远见的视野格局关注社会治理，深度参与科学严谨的标准制定，助推社会各行各业的健康发展。新京智库致力于服务北京建设中国特色世界城市的目标，紧贴地方发展重点和特点，将舆情监测纳入新京报城市治理服务流程，助力政府重大政策的论证与落地。

锚定自身媒体定位，献策城市治理。2022年12月，新京报社主办的“2022数字政府建设优秀案例”评选活动揭晓最终评选结果，30个优秀案例获奖，分为卓越示范案例、创新引领案例和实践领航案例。活动主要梳理了城市数字政府创新的共性特征与发展趋势，包括城市创新的动力与激励问题、如何发挥技术作用的问题、城市治理创新互学互鉴问题等。2023年2月，中共中央、国务院印发的《数字中国建设整体布局规划》明确提出，要全面提升数字中国建设的整体性、系统性、协同性，促进数字经济和实体经济深度融合。在此背景下，新京报社联合中国人民大学、北京师范大学、南开大学和千龙网，再次推出“2023数字政府建设优秀案例征集”活动，汇聚全国优秀案例，展现数字政府建

设新成就、好经验。2023年4月11日，“信心与繁荣——2023新京智库春季峰会”在京开幕，峰会设置了七大主题论坛，通过携手各个合作单位和专家学者，新京报社将春季峰会资源转化成用户所需要的优质的精神产品和智力服务，助力行业发展和社会进步，开启首都北京高质量发展新篇章。

（二）创新“记者+学者”模式，提升舆情治理效果

媒体智库的业务与产品往往涉及数据治理、政策解读、舆情监测等层面，政治、经济、文化、科技等领域的专家学者对相关领域的分析和研判具有一定的前瞻性和参考性。因此，充分利用“外脑”资源，强化与专家学者的多元合作，成为主流媒体智库建设的重要途径。新京报致力于将新京智库升级打造为新型媒体高端智库平台，与各界专家学者、研究机构紧密联动，探索“记者+学者”模式。2022年5月，新京智库春季峰会上，新京智库专家委员会正式成立。

重视舆情风险研究，强化大数据应用。新京报社旗下千龙智库的大数据全媒体舆情信息技术监测平台日均采集数据超过2.5亿条，可对新闻、微信公众号、微博、短视频等多平台进行监测，集成语义分析、数据挖掘、图片识别等多种功能，是千龙智库和新京报社研究舆情及各类安全风险的重要支撑。2023年2月，千龙智库联合人民大学开展“安全风险评估实战”和“模拟应急新闻发布”演练。该演练活动在中国人民大学公共政策实验室举行，演练内容充分结合安全风险评估和应急新闻发布典型案例，以安全风险评估为基础，结合应急管理“两场+三维”等模型，设计出应急新闻发布的实战模拟教案。

充分利用“外脑”资源，前瞻性探索产业发展。2023年5月24日，由中国老龄协会指导，中国老龄产业协会、新京报社联合主办的“2023老龄产业发展论坛”在京举行。论坛邀请了来自国家发改委、中国人民大学、中国老龄科学研究中心等相关职能部门、机构的领导，以及业界、学界大咖，共同探讨我国老龄产业所面临的机遇与挑战，遭遇的痛点和难点，分享创新与突破的经验，并凝聚共识、汇总各方所需的政策支持。在“老龄文化产业的高质量供给”圆桌论坛中，专家与嘉宾围绕老龄群体的消费特点、如何满足老年人的精神文化和消费需求等问题展开讨论。老龄产业发展论坛的举办，展现了新京报社以积极的姿态参与社会治理与行业标准制定，在行业评估和社会调研中发挥的智囊功能，也为推进落实我国老龄化事业和老龄产业发展的新要求，将积极老龄观、健康老龄化理念融入经济社会发展全过程、融入中国式现代化全过程提供了媒体参与的新思路。

五、荆州广播电视台：以民生服务为导向，加速转型助力社会发展

荆州广播电视台立足物联网与数字化时代需求，探索推进新时代媒体融合的新方向与新路径，集中人才与技术优势，在内容供给侧端发力，立足“新闻+”，着力推进政府服务、社会资讯、民生服务等方面的全媒体全平台内容建设。一方面，荆州广播电视台加速传媒产业转型①，打造成熟传媒产业链，助力释放经济活力，推动发展成果惠及人民。另一方面，荆州广电着力打造舆论监督融媒平台，除设立常态化舆论监督栏目外，还搭建政府职能部门与群众的专用沟通平台，助力清廉社会建设。

（一）把握媒体热点，助力地方产业发展

2023年，荆州广播电视台紧紧把握《东南西北贺新春》荆州分会场、2023荆州马拉松、首届楚文化节暨电影M榜年度数据盛典等重大活动，捕捉活动亮点，形成阶段性热点，引爆网络。2023年1月20日19点30分，总台《喜气洋洋合家欢——2023东西南北贺新春》在CCTV综艺频道播出，聚焦荆州特色年俗、非物质文化遗产、家风传承、地域美食、城市建设等，彰显荆州传统与现代交融的城市建设与日新月异的风貌。节目拍摄期间，网友们纷纷晒出装扮一新的古城宾阳楼与金凤广场，“总要去趟荆州古城吧”话题登上抖音实时上升热点。2023年3月至4月，首届楚文化节在荆州举办，荆州广电融媒矩阵先后策划楚文化节20多个相关话题，总体产生了超10亿次的流量。短视频抖音话题“有凤来仪荆州等你”总播放量超1亿次；首届楚文化节、大数据盛典等微博相关话题累计阅读量达7亿次；推送楚文化节相关短视频600多条，阅读总量2.4亿次，多次登上区域榜首位；“荆头条”抖音短视频《为什么是荆州》被新华社、湖北发布等100多家媒体分发，24小时播放量超1000万。② 在系列重大活动中，荆州广电在

① 杜一娜.媒体融合将有哪些创新点？[N].中国新闻出版广电报，2023-01-10（08）.

② 代志武，冉涛.以大型活动为媒，打造提升城市品牌影响力融媒铁军——以荆州广播电视台为例[J].中国广播影视，2023（11）：59-62.

影视作品引流、数字技术呈现、舞台展演表达、饮食文化传播、文化产品创新等方面发力，将楚文化资源优势转化成文化产业优势，形成社会合力助推荆州城市营销，彰显荆州城市治理水平，链条式传播发挥了“1+N”的传播效果。

（二）服务国家战略，促进乡村振兴

2022年，荆州市人民政府明确由荆州广播电视台与市农业农村局牵头打造“荆州味道”农产品公共品牌，挖掘、推广原产地绿色食材、美味特产。同时，荆州广电投资筹建集展示、交易、直播于一体的“荆州味道”直播基地，创设“融媒体+原产地电商”模式，围绕农产品打造节日、以农产品带动乡村生态休闲旅游。2023年3月9日，荆州广播电视台选送的《千里江陵一日还：骑行马家寨》获得湖北省十大“最具魅力乡村”最佳视频奖。该作品在荆州广播电视台《荆州新闻》《乡村振兴向前进》《Hi荆州》《江汉风》《无线荆州》《云上荆州》等栏目和平台陆续推出，达成良好的传播效果。荆州广播电视台着力建设服务深、传播广、内容精的全媒体服务乡村振兴融合平台，融合垄上频道、广播综合频率和各自控平台，以及“小垄锅”“荆头条”等30余个新媒体账号，打造一系列精品对农广播电视节目和新媒体矩阵，差异化发挥各平台优势，为乡村振兴助力，出色地扛起融媒对农宣传主责。

（三）立足“新闻+”，扎实民生服务

荆州广播电视台主办的荆州综合新闻门户网站——荆州新闻网至今已有二十多年的历史。该网站2010年开设“e线民生”，栏目自开办以来，不断升级改版，多渠道多方式提升民众诉求便捷度。2023年2月28日，“e线民生”政民互动平台改版后上线运行，整体设计上更加简洁明确、清新活泼、美观大方。页面五个大栏目分区层次清晰，既体现了地方政府部门政务服务的鲜明特点，又突出了“e线民生”的媒体属性。

收集网络民意，搭建政务服务专用平台。“e线民生”专设版块公示政府部门受理市民咨询、建议或投诉的进度和满意度情况，督促职能部门在线回复、释疑和解决问题，并通过线上线下、与现有电视节目联动等方式解决问题，效率更高、追踪性更强。“e线民生”平台每月发布运行情况通报，公布各部门回复情况一览表，点名对群众诉求敷衍了事的部门，并反馈给属地纪委监委，促进监督落到实处。[①] 2023年5月1日至31日，“e线民生”公众诉求平台共收到群众诉求1323件，回复率为100%，市民满意率为80.81%，群众反映热点问题主要集中在子女入学、学区划分、医保政策和电梯安全问题等方面，同时在5月情况总结中，点名多个部门存在回复滞后、过期的现象。通过“e线民生”平台，党委政府部门走好网上群众路线，倾听民声、收集民意、聚合民智，凝聚民众智慧参与社会治理。同时，荆州新闻网成为兼具办事、互动、媒体功能的平台，也成为充分连接受众、政府、媒体、社会各界的社会治理多元主体。

六、城市媒体参与城市治理的提升路径

城市媒体的案例为我们提供了主流媒体参与社会治理的多样化路径，在明确自身定位、特色与优势的前提下，城市媒体通过坚守舆论导向、发挥融媒功能、多元协同共建共治共享来提升治理效能，推动我国城市的发展。

（一）坚守舆论导向，延伸主流价值

从2014年到2022年，我国主流媒体在顶层设计和技术进步等因素作用下，通过对新闻信息生产、分发、传播的变革，实现了内容、技术、机制等方面的深度融合，极大提升了媒体的舆论引导力，通过延伸主流媒体价值，助力社会治理。

城市媒体坚持“贴牢党政、贴紧基层、贴近群众”的建设理念，以“党政满意、群众喜欢、市场需要”为发展宗旨，进行了各级融媒体中心建设，为社会舆论引导、政务服务监督、提升基层治理效能提供了重要的信息发布、内容沟通与效果反馈平台。城市融媒体中心结合地方政府赋权基层治理主体的制度探索，更好地协助基层治理主体服务群众，坚守舆论导向，延伸主流价值。

（二）发挥融媒功能，实现社会共建

共建就是共同参与社会建设。智能技术推动下，媒体融合进程不断加快，将原本分散的社会主体、经济和生活场景相互联通，让媒体与社会生活在融合

① 吴键，冉涛，胡楚玉等.融媒时代，地方广电如何做好舆论监督，促进清廉社会建设——以荆州广播电视台为例[J].中国广播影视，2022（18）：79-81.

互动中相互促进，成为“整个社会的操作系统”。[①] 地方级智能融媒体建设过程中，各地方依照国家战略先后出台地方融媒体发展“十四五”规划，基于技术、产业、人才交叉融合促进智能成果转化，加速地方“智慧广电”体系建设，通过拓展“新闻+政务服务商务”模式，发挥其社会治理功效，形成新视听产业与行业聚焦协同发展的格局。山东广播电视台闪电新闻客户端以“智库+AI+4K”的形式打造融媒体资讯平台，以客户端为依托，通过内容生产、多屏互动、视觉体验等形式，逐步打造智能体系；苏州广电打造的“苏周到”App对接21个市级政府部门，设置医疗、交通、政务、文旅服务云窗口，涵盖近300项公共服务，覆盖江苏政务服务网3600多项办事指南。城市媒体充分发挥媒体融合功能，有助于推动城市的媒介化治理，提升城市的社会治理水平和治理能力。

（三）加强跨界合作，多元协同共治

共治即共同参与社会治理，城市智能媒体的连接可供、生产可供、感知可供使跨区域协同共时治理得以实现。城市媒体是地方信息枢纽和资源链接平台，城市智能媒体依托5G、云计算等技术，能够更好地盘活多方资源、运用权威平台，更好发挥多媒体跨界合作的优势，实现多元协同的社会治理，提升治理效率。现阶段，已有城市媒体作出有益探索并取得一定成果。奥一网联合南方民间智库、深圳大学政府管理学院共同成立广东高质量发展基层共治研究基地，以媒体优势探索赋能共建共治，以“接诉即办”加“基层治理研究中心”的双轮驱动，通过基层治理的理论研究和实践推动问题的解决；荆州电视台搭建“e线民生”舆论监督平台，收集网络民意，督促职能部门在线回复、释疑和解决问题，提升城市协同共治效率。

（四）消除信息鸿沟，治理成果共享

共享即共同享有社会治理的成果，使社会治理的成效更多更公平地惠及全体人民。社会治理需要共建和共治，而共建和共治的目的是共享。政府应加强智能媒介化城市治理的理念、效果宣传普及。采取制作媒介化城市宣传片，组织城市数据中心、城市大脑参观活动，以及组织城市智慧化服务的“生活实验

---

① 严三九.融合生态、价值共创与深度赋能——未来媒体发展的核心逻辑[J].新闻与传播研究，2019，26（06）：5-15，126.

室”体验反馈活动等手段，宣传智能媒介的作用、功能等。在公共场所设置更多智能便民设施，并提升公共服务的精细化、个性化水平。

打造城市融媒体社区服务平台，应简化使用操作，增设垂直化服务，增强居民之间互动度，以服务为内容，以关系为动力，以智能媒体应用为推力促进公民参与城市治理。

针对特殊人群，通过城市融媒体服务平台提供智慧服务，打破信息鸿沟导致的社会不公，实现社会治理成果共享。例如，媒介终端自动感知老年人情况并通过智能媒介网络作用于其他智能媒介终端，为老年人创造便利的生活场景。通过多种方式，使全体公民真正成为社会治理成果的受益者。

专研报告五：主流媒体助推乡村振兴的创新路径研究

赵淑萍　朱笑熔　王子潇[①]

摘要：随着乡村振兴战略的全面推进，各级主流媒体纷纷立足传播优势，通过资源整合、融合报道、数字赋能等多元形式为助推乡村振兴探索新路径。本文深度分析了人民日报视频客户端“视界”、湖南广播电视台和元江县融媒体中心三个不同层级的主流媒体助推乡村振兴的实践，总结其在内容聚合、模态拓展、助农宣推等方面的创新举措，以期为各级主流媒体助推乡村振兴提供新经验与新思路。

关键词：乡村振兴；主流媒体；媒体融合；创新路径

一、主流媒体助推乡村振兴的功能定位

随着乡村振兴战略的深入推进，各级主流媒体不仅要践行举旗帜、聚民心、育新人、兴文化、展形象的使命任务，而且要充分发挥其在乡村振兴战略中的政策宣传、舆论引导、文化传承和社会服务等作用，通过整合社会资源、创新融媒报道、强化规范引导等方式，为推进乡村振兴营造良好的舆论氛围，提供智力支持。

（一）立足国家战略，宣传国家政策

实施乡村振兴战略是决胜全面建成小康社会、全面建设社会主义现代化国

① 赵淑萍，中国传媒大学电视学院学术委员会主任，教授；朱笑熔，人民日报社新媒体中心客户端运营一室编辑；王子潇，中国传媒大学电视学院硕士研究生。

家的重大历史任务，也是新时代“三农”工作的总抓手。乡村振兴是全方位、全领域、全系统振兴，涉及农村经济建设、政治建设、文化建设、社会建设、生态文明建设等方方面面，是一个庞大而复杂的系统工程。在传播方式深刻变革的当下，互联网舆论纷繁复杂。作为党和政府的喉舌以及国家政策的传播者，主流媒体成为助推乡村振兴战略实施的重要力量。立足自身的传播力、引导力、影响力、公信力，积极助推乡村振兴，成为主流媒体的重要职责。

在宣传引导方面，主流媒体一要及时跟进乡村振兴战略政策，第一时间将重大理论讲透彻，将相关政策讲清楚；二要牢牢把握正确的舆论导向、价值取向，推动乡村振兴主题与主流审美创作同频共振；三要积极拓展融媒思维，利用互联网思维和融媒体传播技术，增强传播广度，畅通沟通渠道，既做党和政府政策的解说员，也做人民群众的传声筒。

总体来看，在助推乡村振兴战略实施的过程中，主流媒体应发挥好舆论宣传主阵地作用，坚持正确舆论导向，聚焦以人民为中心的发展思想。顾全服务发展大局，做好乡村振兴政策的解读工作，把宣传党中央关于乡村振兴战略部署和各项方针政策作为重要任务，通过组织专题报道、开设专栏专刊等形式，为实施乡村振兴战略营造良好舆论氛围，凝聚发展共识，为乡村振兴战略的全面推进贡献媒体力量。

（二）强化规范引导，助力经济发展

数字乡村是乡村振兴的战略方向，也是建设数字中国的重要内容。以数字化的信息和知识作为关键生产要素，以现代信息网络为主要载体的数字经济是继农业经济、工业经济之后的更高级经济阶段。① 党的二十大报告强调，加快发展数字经济，促进数字经济和实体经济深度融合。② 2023年中央一号文件对乡村振兴作出进一步部署，“深入实施‘数商兴农’和‘互联网+’农产品出村进城工程，鼓励发展农产品电商直采、定制生产等模式，建设农副产品直播电商基

① 中华人民共和国国家发展和改革委员会.精准施策助力企业数字化转型“爬坡过坎”——《关于推进“上云用数赋智”行动 培育新经济发展实施方案》解读.［Z/OL］（2020-05-29）[2023-09-20].https：//www.ndrc.gov.cn/xxgk/jd/wsdwhfz/202005/t20200529_1229457_ext.html.

② 习近平.高举中国特色社会主义伟大旗帜 为全面建设社会主义现代化国家而团结奋斗［N］.人民日报，2022-10-26（01）.

地”。[①] 为助推乡村地区走出发展起步较晚、产业数字化转型滞后、资源平台与技术人才匮乏等困境，主流媒体应下沉基层，强化资源的精准对接，助力乡村经济发展。各级主流媒体在积极发挥沟通各界、信息传达的桥梁作用的同时，应持续加强乡村振兴过程中的规范引导作用，以自身在新媒体技术上的优势加速弥合城乡之间的数字鸿沟，继而在数字乡村发展战略的指导下推动乡村经济全面发展。

一是持续深耕新闻宣传，不断创新报道模式，精准聚焦乡村发展典型案例。通过聚焦报道优秀的乡村发展典型案例和创新经验路径，主流媒体可以为各地乡村发展及基层治理提供可复制、可推广的经验和启示。同时主流媒体通过适时解读和深入分析乡村产业发展、农民增收途径等，帮助农民了解市场需求和产业趋势，引导乡村产品优势向产业优势转化，以规范引导推进乡村经济腾飞。

二是积极开拓媒体职能，纵深拓展“融媒+”模式，持续探索媒体助农创收新途径。主流媒体结合自身发展需求，将媒体嵌入乡村产业链条，在国家大力发展数字经济的背景下，推进“融媒+电商”“融媒+文旅”“融媒+农产品推介”等新兴模式，从而更好地实现线下线上、多平台全方位助销推介的传播效果，帮助乡村特色产品、特色产业打响知名度。主流媒体应在纵深推进媒体融合的背景下顺势应变，积极打造新型传播平台，承担技术赋能与资源对接的中介作用，深入了解乡村经济发展难题，以有益实践助力乡村产业振兴。

（三）深耕乡土文化，促进乡村和谐

乡土文化是孕育传统农耕文明的沃土，也是乡村振兴的根基、文化振兴的内生动力。2017年，习近平总书记在中央农村工作会议上提出，要“传承发展提升农耕文明，走乡村文化兴盛之路”。[②] 2018年，中共中央、国务院印发《乡村振兴战略规划（2018—2022年）》，进一步强调，深入挖掘农耕文化中蕴含的优秀思想观念、人文精神、道德规范，充分发挥其在凝聚人心、教化群众、淳化

---

① 中共中央 国务院关于做好2023年全面推进乡村振兴重点工作的意见［N］. 人民日报，2023-02-14（01）.

② 习近平.论坚持全面深化改革[M].北京：中央文献出版社，2018.

民风中的重要作用。截至2023年8月，我国共有各级非遗代表性项目10万余项[①]，其中大多扎根于乡村；农业农村部先后推出四批共1399个全国乡村旅游重点村和两批共198个全国乡村旅游重点镇[②]，并连续12年公布了超过4000个“一村一品”示范村镇[③]；广阔的乡村还埋藏着数不尽的优秀文化资源尚待挖掘。在文化振兴已经成为全面推进乡村振兴的重要内容的当下，乡村成为主流媒体进行新闻报道、文艺作品创作的丰沃土壤，主流媒体在深耕乡土文化、发掘地域特色、弘扬非遗传承上义不容辞。

中国式现代化是物质文明和精神文明相协调的现代化，而乡风文明是乡村振兴的实施保障。必须坚持物质文明和精神文明一起抓，提升农民精神风貌，培育文明乡风、良好家风、淳朴民风，不断提高乡村社会文明程度。然而，个别农村地区文化建设长期处在滞后阶段，阻碍了乡村物质文明与精神文明的协调发展。2019年，中央农村工作领导小组办公室、农业农村部等11个部门联合印发的《关于进一步推进移风易俗建设文明乡风的指导意见》明确提出，各级各类新闻媒体要广泛深入报道婚事新办、丧事简办、孝亲敬老等新闻，积极引导树立正确婚丧观，弘扬中华孝道。这要求主流媒体在大小屏、全平台聚合文化引领作用，积极参与乡风文明建设，引导广大农民践行社会主义核心价值观，弘扬优秀乡土文化。让农民群众在乡村振兴战略实施过程中拥有获得感、幸福感、安全感，从而加速实现农业强、农村美、农民富的乡村振兴最终目标。

二、人民日报“视界”客户端：聚合精品内容，强化平台服务

2022年12月30日，人民日报视频客户端“视界”正式上线。这是人民日报社在加强全媒体传播体系建设、塑造主流舆论新格局方面的新举措，也是人民

---

① 张贺、郑海鸥、王钰.“让历史文脉更好地传承下去”[N]. 人民日报，2023-06-10（04）.

② 中华人民共和国农业农村部.对十四届全国人大一次会议第5862号建议的答复.［EB/OL］(2023-08-03) [2023-09-20].http：//www.moa.gov.cn/govpublic/ncshsycjs/202308/t20230804_6433602.htm.

③ 中华人民共和国农业农村部.农业农村部关于公布第十二批全国“一村一品”示范村镇及2022年全国乡村特色产业产值超十亿元镇和超亿元村名单的通知.［EB/OL］（2023-03-07）[2023-09-20]http：//www.moa.gov.cn/govpublic/XZQYJ/202303/t20230314_6423028.htm.

日报社推进媒体深度融合发展的新进展。上线以来，人民日报视频客户端“视界”坚持主流价值引领，增强原创和聚合能力，同时探索建立“新闻+政务服务”运营模式，强化平台服务能力。人民日报视频客户端“视界”的特色在于，搭建“央地融合”的智能媒体资源平台，吸引大量以县长、驻村干部、乡村带头人、乡镇红人等为代表的基层群体入驻，记录和传播最鲜活的乡村振兴实践。

（一）政媒联动：打通四级体系，拓展合作渠道

2020年8月出台的《“十四五”文化发展规划》明确指出全媒体传播体系“中央—省—市—县”的发展着力点。2022年10月，党的二十大报告提出，加强全媒体传播体系建设，塑造主流舆论新格局。人民日报视频客户端“视界”顺势而为，以“聚合 分享 记录时代”为口号，打造以PUGC为特色的视频社交平台，充分发挥人民日报的品牌优势、专业优势和聚合能力，横向联动地方媒体、行业资源，纵向打通中央、省、市、县四级传播体系，将平台内容根系深扎基层，通过四级联动上通下达，打通“央地融合”的“最后一公里”。

人民日报视频客户端“视界”试运行期间，江西鹰潭市余江区委主要领导就曾录制推介视频《谁不说俺家乡好——幸福余江我的家》为地方代言。“视界”正式上线后，固阳县委主要领导录制视频向全国网友发出邀请，欢迎大家关注固阳。“多彩固阳”入驻“视界”后，向全县各部门各单位及广大干部职工广泛征集原创视频内容，通过定期发布视频，全方位多角度宣介固阳。通过邀请县媒入驻矩阵号、使用云平台、打造“全国县级融媒体智慧平台”等路径，“视界”实现了与更多县媒的点对点联动，更好地服务乡村振兴。

围绕“中央—省—市—县”四级媒体的全媒体传播体系，“视界”充分发挥综合资源优势，加强政媒联动，在内容策划、统筹协调等方面为展现乡村发展建设、推广乡村形象注入新活力。在“视界”直播频道，用户可以观看乡村题材的直播，尤其是“村BA”“村超”“村VA”等乡村民间体育赛事的系列直播，取得良好的传播效果和广泛的社会影响力。此外，《千年古村什么样？快来衢州龙游三门源村打卡》《我们的中国梦　文化进万家——2023“淄在村晚”》等一批涵盖乡村建设、文化生活方方面面的直播，内容丰富多样、生动有趣，其中不少是与县域媒体直接合作制作，保持着长期良性的互动。

未来，随着央地融合不断深入，以人民日报为代表的主流媒体，将继续构建有连接力、组织力、引导力的全媒体传播体系，形成全程、全效、全覆盖的智慧全媒体传播生态，加强与地方党委政府合作，成为培养推广地方形象、助力产业发展的有生力量。

（二）精品呈现：聚合优质内容，推动品质升级

当前，短视频平台已经从传统的野蛮生长阶段向品质升级阶段。在5G技术深度应用的背景下，主流媒体短视频平台和商业传播平台争夺用户已经是不争的事实，优质内容成为主流媒体最核心的竞争力。作为新推出的视频客户端，“视界”打造爆款产品，努力形成自身的品牌传播效应，持续不断推出精品视频，引发舆论场的强烈反响。

依托人民日报新媒体的精品生产能力和渠道传播能力，在重大选题、热点报道中，“视界”主动策划，定期组织活动，邀请用户上传视频，分享所思所感。2023年全国两会期间，“视界”向全国网友发起征集，共同记录3月6日这一天的生活片段，并在上千个来稿中进行精选、集结成片，同广大网友共同创作了众筹式纪录片《中国一日》。视频中有不少片段由乡村创作者拍摄，经过“视界”团队的精心编辑制作，以真实感人的内容和满满的正能量打动了诸多网友。同时，这种人人皆可参与、人人都是主角的模式，充分体现了“视界”在聚合优质内容方面所拥有的强大潜力，展示了以PUGC为特色的中央媒体视频平台的创新活力。

打开人民日报“视界”客户端，可以看到大量驻村书记等基层干部群体，他们分享最鲜活的生活体验，展示一手的地方美景、风物。这些由“村里人”自己拍摄制作的短视频，将内容生产的触角伸到最基层，为主动投入视频传播主战场的主流媒体，提供了海量且鲜活生动的素材。

（三）视频孵化：培育乡村创作者，推广地方形象

为了挖掘培育更多的视频创作者，在“视界”正式上线之前，人民日报新媒体就已经将目光投向广袤的乡村与基层一线。2021年初，人民日报新媒体发起乡村振兴传播计划，与县级党委政府紧密合作，共同建设乡村振兴传播基地，开展乡村振兴网红孵化行动，组织“我为家乡代言”活动等。该计划依托人民日报客户端、人民日报视频客户端等新媒体矩阵，广泛汇聚资源，打造展示乡村振兴实践、讲好中国故事的生动窗口，凝聚全社会各方力量，共同写好乡村振兴这篇大文章。

围绕乡村振兴传播计划，“视界”面向县域招募“乡村讲述者”，鼓励返乡创业的年轻人、乡村致富带头人等通过短视频方式讲述乡村故事。同时，“视界”大量挖掘、培育县（市、区）原生优质内容创作者，做活做新农村电商，开展创意传播、提升县（市、区）知名度，开展正能量创作者孵化行动，邀请演艺人士为家乡代言带货。

为了帮助乡村创作者提高短视频创作技能，“视界”还提供系列创作技能培训，大力提升他们用短视频呈现乡村生活的创作水平。2023年4月，“视界”发起“人民好主播”全国招募活动，邀请有故事、会讲述，懂传统、知传承，在奋斗、善创新的创作者加入。此后，“视界”帮助入围者设计“人民好主播”成长计划，策划月度主题内容，提供短视频直播培训，共享短视频创作经验，并组织线下采风实地创作。

截至2023年9月30日，“视界”已吸引超万名主播及创作者报名，其中既有千万粉丝量级的优秀作者，也有对创作充满热爱的新手主播。先后发起的“视界因你而美好”“盛夏即事”“家乡好风物”等主题作品征集活动中，报名选手用镜头记录和展现家乡魅力，通过打卡体验等方式，生动讲述民俗与文化，见证乡村振兴的新成效、新发展。借助“视界”客户端的招募行动，人民日报努力构建“人人都是宣传员”的传播格局，激发出短视频的正向社会价值，真正让大流量澎湃正能量。

三、湖南广播电视台：创新视听传播，多模态展现乡村新貌

2023年，湖南广播电视台创新视听表达，推出纪录片《新山乡巨变》呈现乡村新貌；深挖地方特色，用“公益广告+主持人推介”的组合拓宽农产品销售渠道；聚合平台优势，借综艺流量打造乡村IP，助力农村产业发展。在全面贯彻党的二十大精神的开局之年，湖南广播电视台以纪录片、综艺节目、公益广告、融合报道等多模态形式，创新打造集视、听、感、阅于一体的助农传播模式，交上了一份主流媒体助力乡村振兴的高分答卷。

（一）融合报道：拓展视听表达，全景式呈现乡村新貌

近年来，在智慧广电工程建设的推动下，湖南广播电视台以融合报道、短

视频、直播连线等方式深入乡村振兴第一线，专注乡村振兴典型故事、典型人物，不断推出视听表达丰富、报道方式多元的文化产品，全景式呈现乡村新貌。

一是聚焦乡村振兴典型报道，立体呈现乡村故事。2013年以来，湖南广电在湖南卫视《湖南新闻联播》开展“新春走基层”报道，于每年春节期间将视角聚焦到脱贫攻坚的主战场上。2022年春节期间，湖南广电推出融合报道《新春走基层：新山乡巨变》，走进益阳市，聚焦五个乡村振兴基地的优秀实践经验，全方位、多角度地探索乡村振兴之路。报道形式从大型直播改为直播连线与录制结合，主持人从直播间走到田间地头，在为观众提供沉浸式体验的同时，打开一扇全景式的互动视听窗口。2023年春节期间，湖南广电从除夕至正月初五，连续六天推出系列融合报道《新春走基层：相遇隆回》。该报道以“听·歌声里的隆回”“看·神秘花瑶醉隆回”“赏·年画里的隆回”“尝·舌尖上的隆回”“闯·开放的隆回”“干·振兴路上的隆回”六个维度，立体呈现邵阳市隆回县民风民俗、历史文化、美景美食、振兴故事。该报道以“大屏+小屏”“线上+线下”的形式融合传播，正片及相关短视频全网累计点击量突破1.5亿人次。在此基础上，湖南广电适时制作出英文版报道《相遇隆回》，该作品在湖南国际频道、芒果TV海外版等平台播放，与中国日报等中央媒体的海外账号联动推广，并于人民日报客户端、央视频、风芒App、今日头条、Youtube、Facebook、Instagram等海内外新媒体平台同步推出，向世界讲述新时代的中国乡村振兴故事。

二是积极拓展表现形式，深度解析乡村振兴主题，真实还原乡村图景。湖南广电于2023年4月26日至5月22日期间，连续推出六集系列纪录片《新山乡巨变》。纪录片《新山乡巨变》以每篇上下两集的形式，精准聚焦益阳谢林港镇清溪村、湘西花垣县十八洞村和郴州清江镇，从文化兴村、产业兴村和生态兴村等不同维度深度解析这些村庄的乡村振兴特色发展模式。该纪录片不仅呈现了乡村的振兴路、致富经等物质生活的富足，也从小切口出发精准反映了村民精神文化生活的丰饶。例如，《书香绕清溪》围绕“文化振兴赋能乡村振兴”主题，聚焦著名作家周立波的故乡暨长篇小说《山乡巨变》的创作原型地益阳清溪村，深度挖掘清溪村的文化底色，真实还原了村民们的生活场景，立体呈现了在文化引领下清溪村产业融合发展的乡村振兴图景。① 纪录片是反映社会现实的重要窗口，《新山乡巨变》不仅多维度展现了振兴路上的乡村新貌，也推广了乡村特色资源及产品，对乡村文旅发展起到促进作用。

（二）公益广告：挖掘地方特色，拓宽农产品销售渠道

湖南广播电视台自2018年以来，连续六年开展“一县一品”“家乡好物”系列助农公益广告创制活动。2023年湖南广电陆续在湖南卫视、芒果TV、风芒App等多平台播出《家乡好物（第二季）》公益广告，重点宣传邵阳茶油、桑植白茶、麻阳冰糖橙、龙山百合等湖南15个县的特色农产品，全年投入广告资源价值约5亿元，为助力农产品销售贡献媒体力量。

内容策略上，湖南广播电视台结合当地特色，在生产地深度挖掘人文元素。湖南广电充分发挥省级媒体在本土文化上的传播优势，结合当地非遗工艺、歌舞、民俗等优秀传统文化，将“科普+推广”“特产+非遗”“电商+故事”等元素融合贯穿在15支长约1分钟的助农公益短片中。例如，《泸溪椪柑》穿插展现了当地非遗工艺踏虎凿花，又巧妙地以“小心肝”和“小心柑”之间的谐音让人引发联想；《绥宁青钱柳茶》则从猛犸象引入，结合青钱柳为第四纪冰川植物孑遗树种的背景，在科普的同时让观众了解到青钱柳茶的弥足珍贵；《桑植白茶》则结合当地“土家织锦”“苗族银饰”“桑植民歌”等非遗文化，最后引出“白族白茶”，让观众品味湖南民族风俗，同时加深对桑植白茶的印象；《新化红茶》结合红茶经风霜四季不怕晚的特征，《溆浦脐橙》讲述爸妈学习电商卖橙新方法，《城步峒茶》联动当地“认养一棵树”行动等。

传播策略上，湖南广播电视台采取“创意助农广告+主持人公益代言”的组合形式，由12位湖南广电知名主持人在广告末尾担任“家乡好物”推荐官，用“家乡有好物，我们来推荐”的口号，为湖南省特色农产品倾力宣传。此外，《家乡好物》系列公益广告左下角还附有“振兴云超市”“乡农荟”二维码，通过“大屏带动小屏”“大小屏联合互动”的形式搭建起直接、快速、有效的助农途径，观众扫码即可直达产品介绍区和购买区，完成购买行为，实现对“内容

① 湖南省广播电视局.同筑百年乡村梦 共赴振兴新篇章.［EB/OL］(2023-05-26) [2023-07-16]. http://gbdsj.hunan.gov.cn/gbdsj/xxgk/gzdt/hyxx/202305/t20230526_29359991.html.

宣传和消费共振”新模式的积极探索与有益尝试。

《家乡好物》系列公益广告充分利用湖南广播电视台平台优势，在宣传策略上以农产品宣介为主线，用非遗工艺来点缀，让传统文化作注脚；在深度挖掘地域特征的同时，生动呈现乡土风貌；最后由知名主持人出镜为“家乡好物”代言，搭建直接、有效、快速的销售渠道，从而达到农副特产与非遗文化的双效传播，助力农民增收的同时助推农产品“出圈”。

（三）综艺节目：打造乡村IP，多维度助力产业发展

2023年，湖南广播电视台在湖南卫视、芒果TV双平台推出乡村振兴互动体验类节目《云上的小店2》。该节目邀请全国乡村振兴青年先锋等新农人，以“乡村合伙人”的身份为当地建设出谋划策。该节目涵盖一系列赋能乡村建设的环节，例如，在汨罗江畔推动建设“江畔·怀瑾诗歌图书馆”，邀请农产品主播为周公塘莲藕直播带货等，从人才振兴、文化赋能、流量倾扶等多个维度促进当地文旅IP建设，助力当地产业发展。该节目收视成绩斐然，播出期间各类话题不断，登上多平台热搜，在一定程度上将线上流量转化为乡村文旅的客流量和乡村产品的销售量。据“中国视听大数据”（CVB）统计，该节目在电视端的平均收视率为0.294%，稳居同时段地方卫视节目前6名。该节目在客户端“芒果TV”期均播放量突破3000万次，累计播放量超3亿次，抖音平台“云上的小店”话题播放量突破10亿次。具体来看，湖南广电《云上的小店2》节目有效助农的成功经验，共有以下三点。

一是深耕节目主题，持续跟进乡村振兴发展新趋势。党的二十大报告对全面推进乡村振兴作出重要部署，坚持农业农村优先发展，坚持城乡融合发展，畅通城乡要素流动。加快建设农业强国，扎实推动乡村产业、人才、文化、生态、组织振兴。[①]《云上的小店2》紧跟国家发展战略，节目视角从村到县，从田间地头走到工业园区，最终将小店选址在平江县伍市镇高新技术产业园，聚焦城乡融合发展变化，见证乡村产业转型升级，在电视端将城市与农村深度联动。

二是创新内容形式，积极拓展综艺助农形式。《云上的小店2》结合问卷调

① 习近平.高举中国特色社会主义伟大旗帜 为全面建设社会主义现代化国家而团结奋斗[N].人民日报，2022-10-26（01）.

查，以乡村精神文化生活为切入口，节目在第一季服务式便利店模式上进行创新突破，以“乡村集成店”的形式打造新农村的实践基地，不断开拓面馆、超市、咖啡店、花店等全新的服务场景，以“云上小店”为切口为留守农村的有志青年提供“心灵家园”。节目充分挖掘当地资源禀赋，小店成员与湖南农业大学博士研究生团队一起实地考察周公塘，并和带货主播一起体验莲藕产品生产全过程，深度推介普祝村塘藕产业。

三是促进节目流量转化，助力当地文旅IP建设。《云上的小店2》联动当地政府，打造特色融合项目，丰富当地村民精神文化生活。节目组结合当地文风盛行的特点，联动当地政府在汨罗江畔建立“江畔·瑾诗歌图书馆”；创办以书换物，以诗交友的阅读市集；利用元宵节契机举办游园会，借助节目流量优势充分展示当地龙舞、平江皮影戏、泉水推灯等国家级、省级、市级非遗项目，谷雨烟茶、花丝镶嵌、阜山窑、木雕等省级非遗制作技艺，平江酱干、加义发饼、黄鳝面、平江茶油等传统美食及特色产品，持续促进节目流量转化为文旅和特产名气。节目播出后长尾效应显著，节目第一季在浏阳市小河乡留下的“云上的小店”如今被村集体运营，日收入最高达到14000元，小河乡特色好物销量同比增长40%。[①] 星河天文台、鱼鳞坝、乌石空间、活字印刷非遗馆等多处景点成为当地文旅的热门打卡地，实现了节目流量的有效留存和正向转化。

四、元江县融媒体中心：整合县域资源，多渠道助力农民增收

位于我国云南省中南部的元江县是以哈尼族、彝族、傣族为主，多民族和睦共处的山区民族自治县，民风淳朴、自然资源丰富、民族文化独特。元江县融媒体中心充分调动县域内的媒介资源，将电商直播作为助推当地农特产品销售的有力抓手，搭建直播助农中心，带动当地产业发展。在注重传播效能的同时，采取差异化的运营方式，构建立体式的传播矩阵，利用节庆效应，在金芒果文化旅游节、因远白族三月会米干节、彝族火把节等元江县特色节庆时，全方位、多角度推介县域特色产品，有效助推乡村振兴发展。

① 中国农网.《云上的小店2》再深耕：从“物质”到“精神”助力乡村振兴［EB/OL］(2023-02-23) [2023-07-20]. https: //www.farmer.com.cn/2023/02/23/wap_99921979.html.

（一）直播助农：发挥平台优势，提升农产品销量

元江县融媒体中心在数字乡村背景下积极拓展“融媒+”体系，将电商直播、线上销售作为助推本地产业振兴、推动农民创收的有力抓手。2022年，元江县融媒体中心成立全资公司热情元江文化传媒有限责任公司，以“热情元江”为平台，将公司发展与直播助农相结合。元江县融媒体中心将运营已久的广播电视、微信公众号、短视频账号等媒介资源充分整合，以“直播带货+品牌宣介”的形式探索“融媒+电商”生产经营模式转型升级，发展新兴助农商业模式。

一是以自身为平台，积极拓展与当地各乡镇企业的联动合作。元江县融媒体中心充分发挥县级融媒体中心贴近基层、熟知产业情况、了解当地发展的天然优势，通过搭建直播助农中心，展示和推介元江县农特产品，打造农产品品牌。以线上电商平台和线下销售两大渠道提升农产品销量，助力农民增收。截至2023年8月，元江县融媒体中心已与元江县各乡镇多家农副产品生产企业达成线上、线下销售合作，构建与中小微企业、乡镇（街道）村办企业、个体经营户等经营主体合作发展体系。

二是以特色农产品为主的推介主线，带动当地特产线上销售。元江县融媒体中心抓住县域内民族特色农副产品丰富的特点，制定以宣传推介特色农副产品为主线的直播模式。通过直播平台带动因远镇白族米干、洼垤乡特制臭豆腐、傣族炸米花、羊街乡哈尼梯田紫米红米、元江特色坚果等特色农副产品的线上销售。2023年春节期间，元江县融媒体中心带动农特产品销售额达6万余元。

元江县融媒体中心积极实践直播助农增收，以数字化为乡村振兴赋能，以融媒体中心带动当地农特产品线上销售链条完善，加快当地产业数字化步伐，助推当地构建社会效益和经济效益共同发展的良好局面。

（二）多元帮扶：矩阵式立体传播，助推农产品宣传推广

元江县融媒体中心充分调动县域内的媒介资源，以立体式传播矩阵助推当地农产品销售。在传统媒体端，元江融媒体中心整合元江县广播电视台、元江县人民广播电台、玉溪日报·元江专版等传统媒介资源，并结合县级广电在当地影响力较深的优势，实现助农信息一键发布、多平台联动、全县域覆盖的传播效能提升。2023年初，在得知元江县那诺乡18户菜农栽种的白菜、萝卜滞销的消息后，元江县融媒体中心派出记者深入调查和采访，第一时间以题为《那

诺乡：120亩白菜滞销　菜农万分焦急》的新闻在各平台传播矩阵发布。经《元江新闻》报道和微信公众号发布后，引发各界广泛关注，许多社会热心人士、志愿者服务队迅速发起助农活动。新闻发布仅一个半小时，1200斤滞销白菜就销售一空，元江县融媒体中心直接有效地帮助菜农走出销售困局。

在新媒体端，元江县融媒体中心则采取差异化运营策略，注重以品牌效应助推当地农产品打响知名度。元江县融媒体中心凭借在新媒体平台累计收获的70万关注量，及时分发引流，打造“热情元江甄选”助农直播间。以“甄选元江特产，助力乡村振兴”为口号，采取“主播+专家、农民、商家”的组合形式定期直播，在推广宣传元江农特产品资源的同时促进流量的转化。

元江县融媒体中还充分发挥自身平台优势，在“热情元江”微信公众号开设“元江招商”专栏，并定期在其抖音号、快手号同步推送招商项目、宣传各类优惠政策；同步推进“热情元江”“爱尚元江”数字品牌的传播建设，构建立体式的全效融媒传播矩阵，打响当地农特产品知名度。

（三）节庆活动：线上线下推介，打造特色文旅品牌

作为物产丰饶、气候独特的民族自治县，元江县不仅有历史悠久的因远白族三月会米干节、彝族火把节等民族节日，也有依托元江县丰富芒果资源的金芒果文化旅游节。其中，芒果作为元江“一县一业”重点打造的产业，在全县乡村振兴中发挥着重要的支撑作用。元江县融媒体中心抓住县域内节庆文化丰富、物种品类多元这一特点，在2023年第二十届元江金芒果节期间，以节前预热、节中引流、节后宣推的分阶段宣传模式，开展了一系列有创意、有重点的全媒体宣传活动。通过节庆期间线上线下的宣传推介，助推当地打响元江特色文旅品牌，以农文旅融合发展赋能乡村产业振兴。

金芒果节前夕，元江县融媒体中心推出《元江芒果的历史》《又到芒果飘香时，元江尽是遍地“金”》《热情元江，甜蜜之乡！太阳城飞出“小金凤”》等融媒作品，分别从元江芒果产业的历史、现状、优势和前景进行介绍，其中《定了！元江2023金芒果文化旅游节重磅来袭》一文在微信端收获7.5万次阅读量，MV《芒果mango》凭借具有网感的歌词、律动十足的旋律收获转发量2.7万次，点赞量3.5万次，系列融媒体作品的推出成功在节庆前夕铺垫预热。

金芒果节期间，元江县融媒体中心则以引导游客浏览为目的，围绕吃、住、行、游、娱、购，做好服务式宣传，在多平台推出“芒果节十大打卡点”“芒果节娱乐攻略”“方芳带你游元江”系列短视频；同步开展线上线下联动的直播宣传工作，在直播带货宣传、全程直播金芒果晚会、直播芒果节活动的基础上，通过主持人沉浸式体验芒果节的形式，带领游客云游芒果节，助力元江县打响文旅美誉度。在金芒果节结束后，及时总结宣推，积极促进金芒果节期间的热度留存转化。

元江县融媒体中心及时把握金芒果节重要节点，与中央、省、市电视台，新华社、中国网、云南日报、玉溪日报等各级媒体积极沟通、跨级联动。在新华社、农民日报、中国网等中央媒体平台发布新闻22条；在云南日报、云南电视台等省级媒体发布新闻16条。通过借力各级主流媒体平台，元江县融媒体中心精准推送了一系列以芒果为主题的新闻产品，有效提升元江县的对外形象与元江芒果的知名度、美誉度。

五、主流媒体助推乡村振兴的发展进路

互联网技术的日益下沉与数字乡村应用场景的多维度拓展，为主流媒体助推乡村振兴带来发展新机遇。本文基于全媒体时代语境与各层级媒体融合发展的多元实践，探寻主流媒体助推乡村振兴的发展进路，聚焦讲好乡村振兴故事，拓展叙事样态，推进数智融合传播；发挥桥梁作用，强化基层触达，注重双向互动与用户反馈；以数字化赋能乡村人才队伍建设，强化新时代乡土文化传播特色，以媒体力量推进乡村振兴。

（一）创新叙述表达，讲好乡村故事

全媒体时代媒介生态迎来深刻变革，去中心化的网络传播特征重塑了新闻传播形态，打破了单向度的传统传播结构。同时，VR、5G、AR、H5等新兴技术的联合嵌入应用，催生出更多表现多元、内容丰富的报道形式。这在一定程度上突破传统报道线性叙事带来的桎梏，为主流媒体讲述乡村故事带来新的创作动能与发展机遇。讲好乡村故事，主流媒体一方面要顺应用户趋于碎片化的阅读习惯，创新叙事表达；另一方面，在报道的呈现形式与技术应用上要持续革新，强化互动反馈。

一是以贴近视角丰富话语体系，注重亲民传播。随着Vlog、短视频等新媒

体产品凭借视角亲近、便于浏览、传播便捷等特点成为当下内容创作的主流，越来越多的主流媒体开始以贴近视角叙述乡村故事，注重宏大主题的柔性传播。2023年全国两会前夕，新华社以第一人称叙事的形式推出融合报道《更幸福的日子还在后面嘞！》，从河南省濮阳市庆祖镇西辛庄村党支部书记李连成的视角出发讲述他的两会体验，用淳朴的乡音、亲身的经历拉近与受众的距离，增强了报道的叙述感、亲切感。

二是以清晰定位拓展叙事样态，聚焦发展典型。如今的网络平台呈现分众化、差异化的特点，微综艺、短视频、连线直播等传播形式不断垂直扩展，主流媒体必须明确自身的内容定位、了解受众特点，并以此为基石拓展叙事样态。从2022年开始，中央广播电视总台财经频道以“赋能乡村振兴，讲好中国故事”为定位，连续推出纪实专题节目《乡村振兴中国行》。节目行走在田间地头，每集聚焦一地，深入乡村振兴示范县、示范村、示范项目，同时以“故事+纪实”“数据+金句”“分析+点评”的组合形式记录中国乡村振兴进程，分享各地乡村振兴实践经验。节目样态不仅定位精准，而且具有网感，充分适应当下的互联网传播特性。

三是以数智融合创新产品形式，实现精准表达。随着乡村振兴战略的深入推进，国家出台了一系列惠农利民的支持政策和帮扶举措，各地也取得了相应的助农成果。各级主流媒体在报道时通过嵌入应用AI、3D、VR等数字技术，将这些海量信息化繁为简，起到精准高效的智能传播效果。在此背景下，政策一图速览、数据可视化短视频、乡村振兴题材H5等丰富多元的新闻产品应运而生。2023年3月4日，央视新闻将AI主播融入短视频，将繁杂的数据简化为清晰的图示，推出融合报道《AIGC带你看从田间走到舌尖的“新科技”》，沉浸式呈现农业现代化的美好图景，实现智能感与美感的内容共振。

（二）融通平台资源，促进双向互动

近年来，随着媒体融合战略的纵深推进与5G、大数据、AIGC等新一代数字技术的涌入驱动，主流媒体的业务边界与功能价值呈现持续外延、不断拓展的特点，继而产生“政务+商务+服务”等“媒体+”融合应用模式，以及“电商+文旅”等全新传媒业态。在传播格局与媒介生态整体重塑的当下，主流媒体必须融通平台资源，充分发挥自身沟通传递、连接各界的平台优势，将新闻生产和资讯服务的功能融于一体，将政策宣传与舆论引导的职责协调发挥；深入了解基层社会实际情况和群众需求，让主流媒体成为基层群众与上级部门沟通与联系的桥梁纽带，推动乡村振兴战略深入实施。

随着我国四级融合发展布局的基本建立，各级主流媒体已经从单向度的新闻传播机构转变为提供综合服务、参与社会治理、推动区域经济发展的信息枢纽。不过，地市级融媒体建设水平参差不齐，部分媒体面临平台定位重复、服务效能低下、缺乏有效互动等融合发展困境。为提高传播实效、有效触达基层，主流媒体应积极作为，大力探索。

一是加强与各级党委政府的联系，积极拓展与基层的互动渠道，深度开展政媒联动。主流媒体通过定期组织小组基层调研、推出专题报告、开辟“三农”专栏等形式，深入了解基层群众需求，掌握基层政府在乡村振兴过程中的新思路、新举措，及时向各地输送乡村振兴战略实施过程中的新经验、好做法，并在此基础上积极探索建立与各级各部门间的合作机制，形成助推乡村振兴的工作合力。如农民日报社打造“视点”“观察”等深度调研栏目，积极引导记者下基层调研。2023年4月，农民日报社派出采访组深入浙江省30余个乡村振兴典型村镇开展调研采访，收集基层干部群众对乡村振兴的期望诉求，总结提炼乡村建设的经验做法。

二是以技术为驱动力，统筹整合各类平台功能，提升传播效能、精准触达用户。目前，地市级主流媒体基本实现了在各类新媒体端口的接入，但部分媒体在平台定位、功能作用上没有精准谋划，导致资源分散与效能降低。通过自建平台统一端口、接入助农板块等方式，主流媒体能够优化功能服务，有效惠农利民。例如，阿克苏地区沙雅县融媒体中心通过在“沙雅好地方”客户端上开设“搭把手”服务栏目，为农民搭建起直接的农产品销售渠道。栏目及时发布助农信息、协调客商收购，实际解决当地农产品销售难题。福建省尤溪县融媒体中心依托“智慧尤溪”客户端，推出“尤溪县数字乡村公共服务平台”，将民生诉求、农事咨询、便民服务、新闻资讯等功能融为一体，覆盖全县15个乡镇，精准触达当地30万名农村居民。

三是持续加强与农民群体的沟通交流，注重传受双方的双向互动。农民既是乡村振兴战略的受益者，也是乡村振兴的主力军。主流媒体要发挥其自身的信息传播和文化引领上的优势，利用全媒体手段将政府决策和政策内容传递给广大农民，引导农民形成正确认识和判断。注重用户反馈，进一步优化产品设置，以有效的双向互动，弥合城乡之间的信息差距，促进社会各类发展要素向乡村涌入，推动乡村振兴战略顺利实施。

（三）强化队伍建设，赋能人才振兴

乡村振兴的根本是人才振兴，人才是实现乡村全面振兴的关键因素。2022年1月，中央网信办、农业农村部等部门联合印发《数字乡村发展行动计划（2022—2025年）》，强调做好网络帮扶与数字乡村建设有效衔接。支持脱贫地区因地制宜开展数字乡村建设，鼓励和动员社会力量积极参与数字乡村聚力行动。探索通过线上线下相结合的培训方式，着力提升脱贫地区农村人口的数字素养与技能。[①]

《中国数字乡村发展报告（2022年）》显示，截至2022年6月，农村互联网普及率达到 58.8%，与城镇地区相比仍有一定差距。[②] 目前乡村地区普遍存在数字人才匮乏的问题，基层传媒从业人员品牌建设观念与意识薄弱，亟须接受数字素养与新媒体技能上的培训。一是在技能层面，各级主流媒体要充分发挥媒体优势，在乡村地区组织开展新媒体技能、电商直播等相关培训，帮助当地农民熟悉互联网传播规律、掌握电子商务技能和新媒体技术；二是从观念层面，协助当地政府培育新型职业农民、农民主播，调动农民在线上销售、电商直播等方面的主体积极性的方式，让广大农民提高数字素养、增进对数字经济的认识，从而更好地抓住数字乡村建设中的新机遇。

主流媒体要结合自身业务发展需要和受众特点，加强与乡村人才队伍的联系，形成合作共赢关系，建立长效机制，激励乡土人才积极参与乡村治理工作和乡村文化建设。主流媒体要担起深入挖掘乡土优秀传媒人才的重任，通过与乡镇政府开展深度合作的方式，扶持当地培养一批具备媒介素养、掌握新媒体

① 中华人民共和国国家互联网信息办公室.数字乡村发展行动计划[EB/OL].（2022-2025）.（2022-01-26）[2023-09-21].http：//www.cac.gov.cn/2022-01/25/c_1644713315749608.htm.

② 中华人民共和国国家互联网信息办公室.中国数字乡村发展报告（2022年）[R/OL].（2023-03-01）[2023-09-21].http：//www.cac.gov.cn/2023-03/01/c_1679309718486615.htm.

技能、懂传播规律的新时代乡土传播人才。例如，中央广播电视总台5G新媒体平台“央视频”举办的“乡村网红”培育计划暨《村里有个宝》大型融媒体直播活动，以各级文化馆为依托，与全国3000余家地方文化馆联合挖掘、培育乡村网红，并通过才艺表演、同台竞技、行走体验、制作品鉴等丰富的节目样态，围绕乡村美景、美食、好物，成功引领、聚拢一批新型乡村文化志愿者。

主流媒体可以定期组织电商培训，将返乡创业青年、退役军人、新农人、非遗匠人作为重点培养对象，帮助县、乡、镇、村培育本土带货主播，并根据当地农民主播与农特产品的特征与优势持续强化IP建设。以重庆市綦江区融媒体中心为例，綦江区融媒体中心从2019年开始启动萤火虫直播工程，以电商直播为发展载体，定期开展实地教学，适时举办专题培训班、交流座谈会等活动；创新打造村级直播间——坝坝直播间，探索“直播+乡村振兴”新路子。多年来，共帮助当地培育乡村主播200余名，开展公益直播近1000场，带动綦江及周边区域特色农产品销售近7000万元。①

数媒时代，手机成为“新农具”，数据变为“新农资”，直播变成“新农活”。要想让更广大的农村地区享受切实的数字红利，各级主流媒体既要让好记者、好主播成为传道授业解惑的良师益友，用一线的传媒实践经验赋能新时代的乡村传媒人才建设，强化基层群众的融媒意识与数字素养；又要充分发挥自身平台优势，通过与当地政府联动举办电子商务比赛、农民主播选拔活动，开展数字技能培训等形式，逐步开展网络帮扶，将优质师资与资源平台对接落地，以数字化赋能乡村人才振兴，为全面推进乡村振兴提供智力支撑。

① 贺玲. 全国报业乡村振兴优秀案例发布 綦江区融媒体中心入选[N]. 綦江日报，2023-06-30（01）.

专研报告六：我国西部地区省级媒体融合发展研究
——现状、路径与特征

涂凌波　蒲俊辰　刘梦青①

摘要：从当前媒体深度融合的进程来看，无论是完善四级融合发展格局，还是聚焦相对薄弱的地方媒体融合发展，西部地区省级媒体的融合转型值得关注。本研究聚焦我国西部地区省级媒体的融合转型，一方面以媒体平台建设和构造周抽样法为指标，用数据横向呈现其整体发展、内容供给与传播现状，并将西部省级媒体划分为媒体融合的先行者、探索者和潜力者三个梯队加以分析；另一方面，本研究从体制机制建设、人才队伍建设和服务地方与社会治理三个角度，采用案例分析法归纳西部地区媒体融合的路径探索。总体来看，西部地区省级媒体融合起步较晚且具备一定规模，但也存在平台建设大而不精、内容供给差异化不足、受众有所流失、传播力影响力差距较大等问题，仍需在平台资源整合、差异化精品内容生产和链接本地、服务地方社会治理上继续发力。

关键词：省级媒体；媒体融合；深度融合；体制机制；发展路径

2022年4月中宣部、财政部、国家广电总局联合下发《关于推进地市级媒体加快深度融合发展实施方案的通知》，在全国遴选60家市级融媒体中心建设试点

---

① 涂凌波，中国传媒大学电视学院教授、博士研究生导师、广播电视学系主任，媒体融合与传播国家重点实验室研究员；蒲俊辰，中国传媒大学电视学院广播电视学硕士研究生；刘梦青，中国传媒大学电视学院广播电视学专业硕士研究生。本文系国家人才支持计划研究项目“当代中国新闻学的思想资源、理论范式与话语体系研究”（WRJH202101）阶段性成果。

单位，按照资源集约、结构合理、差异发展、协同高效的原则，完善中央媒体、省级媒体、市级媒体和县级融媒体中心四级融合发展布局。本研究以西部地区省级新闻媒体的数字化转型案例为中心，点面结合，从数字化转型和全媒体传播体系建设的角度展开分析。西部地区融媒体建设在我国全媒体传播体系建设中占有重要地位：从"四级"纵向层级来说，如何推动省级媒体深度融合，与其他级别媒体形成层次分明、协同运转的全媒体传播体系，是当下媒体融合发展的重要环节；从地域来说，受地理区位、人才、技术、资源等条件制约，我国西部地区地广人稀，存在大范围民族聚居区，各省区地市行政区划范围广阔复杂。在建设新型主流媒体层面，西部地区省级新闻媒体面临严峻任务和挑战。[①]从媒介本体发展来看，中西部地区媒体的数字化转型和融媒体建设起步总体较晚，发展节奏较慢，但仍是具有一定影响力的新媒体端口。无论在地域差异性还是全媒体生态位的考量上，西部地区省级新闻媒体融合发展的总体情况与最新动向乃至未来展望，都是值得关注、研究与探讨的。

一、西部地区省级媒体融合发展现状分析

本研究所采用的省级媒体融合发展分类指标，主要考虑媒体平台化的建设情况，包括在商业化社交平台或综合性平台的传播力与影响力，以及客户端自有平台建设的情况。本研究将西部地区的媒体分为媒体融合先行者、媒体融合探索者、媒体融合潜力者三个梯队，统计指标包含两微一端的平台建设情况（粉丝量/作品获赞量/点赞最高作品），使用构造周抽样的方法，调研每个梯队典型案例的平台建设与内容供给情况。抽样时间跨度为2022年6月到2023年6月，去掉新年的第一周，总体有51个周。随后，给51个周顺序编号，在1–8周随机抽取星期一的样本，在随后的每7个星期随机依次抽取星期二到星期六，在最后8周随机抽取一个星期日的样本，即可得到一年的构造周样本。在平台选择上，主要参考两微一端平台数据。

① 黄楚新，贺文文，任博文.激活与探索：我国西北五省区地市级广电媒体融合发展状况[J].传媒，2022（17）：26-30.

（一）媒体融合的先行者

本研究将具备相关资源优势且较早开始媒体融合改革、平台化建设相对完善，具有较大传播力和影响力，在融媒体建设上具有一定创新性和典范性的西部地区省级媒体作为媒体融合的第一梯队，可以称为“媒体融合先行者”，主要分布在四川省、陕西省、贵州省和重庆市四个省市。具体媒体与指标如表4-6-1所示。

表4-6-1　西部地区“媒体融合先行者”省级媒体分布及指标

省份	名称	微博平台	抖音平台			微信平台		自建平台（客户端）
		微博粉丝（万）	抖音粉丝（万）	抖音作品（个）	获赞数	10万+篇数	10万以下篇数	
四川	封面新闻	3272.8	3163.7	34000	19.5亿	3	77	封面新闻App
	红星新闻	1818.6	3366.6	26000	20.9亿	11	117	红星新闻App
	川观新闻	1364.7	1203.6	21000	5.7亿	2	21	川观新闻App
	四川观察	1037.3	4686.2	24000	37.1亿	0	59	四川观察App
陕西	华商报	1112.1	168.2	10000	3544.8万	2	72	华商头条App
	陕视新闻	609	836.7	28000	2.8亿	0	140	陕视新闻App
	起点新闻	466.4	13.6	1900	173.9	0	115	起点新闻App
	陕西都市快报	406.4	1015.1	64000	4.2亿	36	81	都市快报App
贵州	多彩贵州网	612.7	79.8	3489	1979.7万	0	97	-
	贵州都市报	277.6	199.5	2559	9556.4	0	86	动静新闻App

续表

省份	名称	微博平台	抖音平台			微信平台		自建平台
		微博粉丝（万）	抖音粉丝（万）	抖音作品（个）	获赞数	10万+篇数	10万以下篇数	
贵州	贵州日报	140.8	252.7	18000	5776.7	0	62	天眼新闻App
	贵州交通广播	92	43.7	1818	380.9	0	105	–
重庆	上游新闻	889.4	456	19000	1.1亿	1	62	上游新闻App
	重庆商报	791.6	10.6	522	11.9万	0	21	–
	重庆日报	621.6	189.5	19000	3239.6万	0	72	重庆日报App
	华龙网	361万	299.7	12000	1.4亿	1	71	新重庆App

（注：数据统计时间为2023年9月，"–"代表该省市未完成相关平台建设）

媒体融合先行者主要有以下三个特点。

第一，发展起步较早，部分媒体的融合实践处于西部乃至全国前列。2014年，在国家推动媒体融合发展战略的背景下，西部地区一些省级媒体迅速响应。例如，自2014年起，四川日报全媒体开启移动互联网平台建设，全力打造移动传播终端川观新闻，至2020年已推动川观新闻7.0版本迭代升级；[①]四川广播电视台2017年上线四川观察客户端[②]；2015年，重庆日报报业集团联手国内技术研发团队，共同研发建设"新闻内容生产及运营监管服务平台"，成为国家示范工

① 李鹏.以智媒体为抓手 构建全媒体传播体系——四川日报报业集团探索媒体深度融合的创新实践[J].新闻与写作，2020（12）：89-95.

② 刺猬公社.对话四川观察：一个省级资讯号是如何观察世界的？[EB/OL].（2021-05-14）[2023-09-18].https：//www.thepaper.cn/newsDetail_forward_12672462.

程，[①]并于2017年正式启动“中央厨房”报道机制。[②]

第二，新媒体传播矩阵建设比较完善，已打造出具有一定传播力与影响力的账号与自有平台。这些省级媒体账号积极发挥渠道联动作用，在两微一端和抖音平台上发力，不断壮大和优化自身新媒体矩阵。媒体的传播力、影响力可以通过平台粉丝量、阅读量、作品数与获赞量等指标呈现。例如，在微博平台，四川省、陕西省和重庆市媒体的前4名微博账号粉丝量均在350万人以上，四川省头部媒体账号的粉丝量更是在1000万至3000万人之间。在微信公众号平台上，10万+阅读量被看作爆款的重要指标。本研究随机选择一周时间，调研四个省份的省级媒体的微信公众号文章阅读量情况。数据显示，四川省、陕西省和重庆市的头部媒体微信公众号账号的前3名均有10万+的爆款文章产出。在抖音平台上，四个省份的头部媒体均有超400万的粉丝量，维持着稳定的内容输出量与较高的用户活跃度。在自有客户端建设上，四个省份的融媒集团均有四五个新闻客户端作为融媒集团的拳头产品，并且不断更新迭代。

第三，媒体具有较多内外部资源支持。一是得到地方财政的支持。在地方经济实力上，虽然西部地区在全国范围内整体属于经济欠发达地区，但媒体融合先行者所处的四个省份的GDP排名均在全国中游及以上，经济实力和区域现代化发展为媒体融合发展带来坚实的经济基础和丰富的信息资源。在政府与财政支持上，四个省份媒体融合发展得到地方政府的高度重视，政府给予政策引导和财政支持。比如，2023年7月，四川省成立天府融媒联合体，在四川省委宣传部领导、各市（州）、县（市、区）党委宣传部协助指导下，天府融媒联合体顺应技术变革趋势，集结省、市、县三级逾200家传媒单位，整合资源、放大优势，共同探索媒体深度融合新路。[③]二是区域原有媒体（集团）经过多年深耕积累，具有专业生产能力和品牌影响力的基础。例如，曾位居全国都市报竞争力排行前三名的《华商报》，借助其丰富的机构媒体资源，积极实施“融合+转型”

---

① 管洪.习近平新闻思想与中国媒体融合发展新格局[J].中国记者，2018（07）：37-42

② 一路雄起　不忘初心[N]. 中国新闻出版广电报，2017-05-09（01）.

③ 李晓东.四川成立天府融媒联合体 共同探索媒体深度融合新路[N]. 光明日报，2023-07-18（09）.

战略，进行数字化转型。2018年4月，《华商报》在“2017年中国媒体融合传播指数指标体系”中位列全国第七位，被中国报协授予“报业融合发展创新单位”称号。2019年3月，华商报社建成了具有中央厨房功能的全媒体指挥中心。[①]

案例分析

封面新闻：先行者的转型之路

四川日报报业集团下属的封面新闻是由中国第一张都市报《华西都市报》融合转型而来。2015年《华西都市报》响应媒体融合战略，提出延伸资讯、社交、电子商务、互联网金融四大领域的“i战略”，打造“小前端、大平台、富生态”的融合发展格局。同年，由四川日报报业集团打造、《华西都市报》融合转型的新型主流媒体——封面传媒正式成立，旨在打造“智能+智慧+智库”的智媒体。

封面新闻作为《华西都市报》的转型产物，继承了《华西都市报》的品牌影响力和四川日报报业集团的技术、资源、专业等优势，形成智能化、智慧化和智库化的智媒体融合创新路径，逐步实现从新闻采集、内容生产、分发到传播反馈的智能化。此外，封面新闻还打造封面智库，以“一带一路”倡议和长江经济带发展战略为主题，为政府、企业、社会民众提供了智力服务。2019年，封面传媒成立封面研究院，下设政务研究所、舆情研究所、经济研究所、人文研究所、传播研究所五大研究所，着力打造封面指数和封面舆情两大拳头产品。

封面新闻构造周数据分析如下图所示，由于封面新闻微博账号设置仅展示半年内微博，无法建构构造周数据，故不计入统计分析。

① 陕西媒体融合发展课题组，赵锦荣，李勇鸿等.2015—2019年陕西媒体融合发展研究[J].西部学刊，2020（15）：5-18.

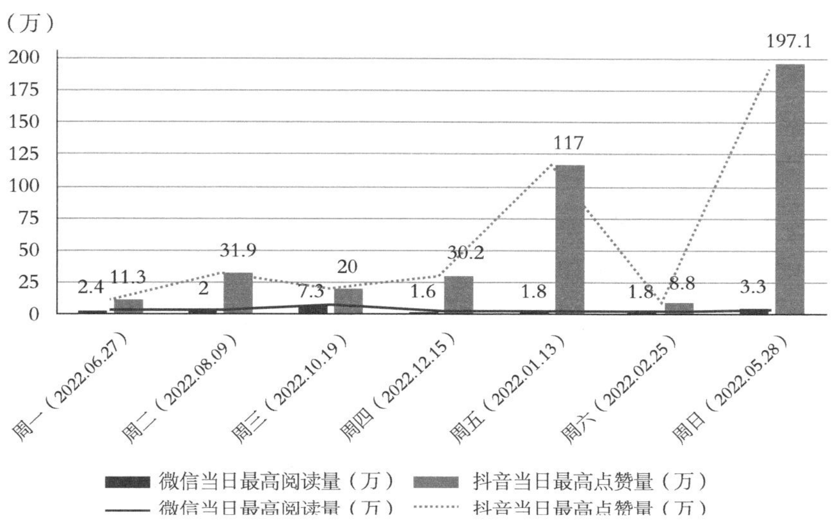

类别	周一	周二	周三	周四	周五	周六	周日
微信推送条数	11	12	10	12	12	13	18
微信最高阅读量文章类型	政经新闻	突发新闻	社会新闻	政经新闻	突发新闻	政经新闻	突发新闻
抖音推送条数	29	26	28	25	25	17	16
抖音最高点赞量视频类型	国际新闻	社会新闻	国际新闻	社会新闻	国际新闻	社会新闻	国际新闻

“封面新闻”构造周数据示意图

总体来看，封面新闻新媒体端内容生产数量丰富。从作品数量及阅读量来看，微信公众号日推文量为10—20条，当日最高阅读量在10000—20000次左右，最高达7.5万次；抖音日作品量为15—30条，最高点赞量在10万至100万次不等。但最高点赞量的新闻内容多为转载其他媒体或搬运用户上传视频，成为爆款产品有一定的偶然性。

从新闻类型来看，封面新闻微信公众号平台上政经新闻和突发新闻的关注度较高，抖音平台上国际新闻和社会新闻关注度较高。非新闻内容整体较少，主要涉及赞助广告以及自营节目与活动。封面新闻在关注地方、编发四川本地新闻上较为敏锐。例如，2022年6月27日发布的《取消文理分科！四川发布“高考综合改革实施方案”》一文详解四川高考改革，收获2.4万次微信阅读量①；2022年10月19日发布《连夺4金后，她叮嘱父母不要发朋友圈，妈妈：发了，把她屏蔽了》，专访世界射击四金冠军和亚洲举重锦标赛三金的四川选手，收获7.3万次微信阅读量②。但整体原创性新闻数量较少，大多数社会性新闻仅是转载、搬运生活日常事件，新闻价值欠佳。可见，做大做强自有平台是封面传媒成为媒体融合先行者的核心要义。封面新闻客户端（9.0版本）共分为首页、互动、云视听、听封四个板块。首页共开设29个频道，除主流算法加个性化定制的“精选”“推荐”频道外，新闻内容频道有6个，包括热搜、国内、国际、秒报、专题、辟谣，有着专业的内容生产能力。垂直领域涉猎丰富，包含政法频道、经济频道、文娱体频道、科技频道、教育频道、医疗健康频道，以及专属社区频道等。这些频道发挥“新闻+政务+服务”功能，全方位服务用户信息和生活需求。此外，客户端还开设互动专区，借助MR（混合现实）、AR（增强现实）、VR（虚拟现实）等沉浸式视听技术，创作优质的游戏式内容交互产品。

（二）媒体融合的探索者

本研究将在媒体融合进程中仍在持续发展且取得一定成效的，平台化建设较为完善且具有一定传播力和影响力的，但由于一些客观条件还需要持续建设发力的西部地区省级媒体归纳为第二梯队，称为“媒体融合的探索者”，这样的省份包括云南、广西、甘肃、宁夏。具体媒体与指标如表4-6-2所示。

---

① 何方迪、余思函.取消文理分科！四川发布“高考综合改革实施方案”[EB/OL].（2022-06-27）[2023-09-18].https：//mp.weixin.qq.com/s/ZZWV10jKdJyC8u4asOG8MQ.

② 谢杰. 连夺4金后，她叮嘱父母不要发朋友圈，妈妈：发了，把她屏蔽了[EB/OL].（2022-10-19）[2023-09-18].https：//mp.weixin.qq.com/s/thgtYGkdOLx19qtSoS-yGg.

表4–6–2　西部地区“媒体融合探索者”省级媒体分布及指标

省份	名称	微博平台	抖音平台			微信平台		自建平台
		微博粉丝（万）	抖音粉丝（万）	抖音作品（个）	获赞数	10万+篇数	10万以下篇数	
云南	云南广播电视台	229.6	329.9	12000	7553.4万	0	23	七彩云南App
	云南日报	108.9	70.9	7136	4602.6万	0	25	云报App
	春城晚报	1042.9	1203.6	21000	5.7亿	0	72	春城晚报App
广西	广西新闻频道	160.3	163.9	11000	2004.2万	0	114	广西视听
	广西日报	726.5	102.3	7785	3073.2万	0	32	南国今报
	广西新闻网	100	99.5	4112	4449.5万	0	26	广西新闻
	广西卫视	109.9	111	23000	621.5万	0	32	广西视听
甘肃	甘肃日报	9.2	69.9	5684	283.7万	0	54	新甘肃App
	甘肃卫视	156.4	1.2	500	4.4万	0	52	视听甘肃
	每日甘肃网	153.6	81.9	3657	457万	0	102	–
	甘肃观察	–	143.8	2280	4406.6万	–	–	–
宁夏	宁夏日报	244.7	47	4348	942.4万	0	46	宁夏日报
	宁夏新闻网	89.4	38.7	3900	655.1万	0	51	–
	宁夏广电新闻中心	24.7	40.9	8531	588.2万	0	43	–

（注：数据统计时间为2023年9月，“–”代表该媒体未完成相关平台建设）

第二梯队的省级媒体在媒体融合方面具有以下特点。

第一，媒体融合起步相对较晚。2017年，宁夏日报新闻客户端上线，集团形成了以宁夏日报为龙头的4报2刊2网站和客户端、两微组成的全媒体传播矩阵。2018年，甘肃日报社正式成立甘肃新媒体集团，并同步上线“新甘肃”App，2019年，再次上线省级移动新媒体平台“新甘肃云”，由此开启深度融合的改革序幕。2019年1月，广西壮族自治区十三届人大二次会议审议批准的政府工作报告中明确提出：建设“广西云”融媒体生态系统。广西云融媒体生态系统（前身为广西日报客户端）正式纳入政府工作安排。媒体融合起步相对较早的是云南省。2015年，云南报业集团、云南广电集团、新华社云南分社牵头建设融媒体中心，再由这三家单位分区域助力建设县级融媒体中心。

第二，新媒体矩阵搭建较为完善，但爆款IP和精品内容较少。如表4-6-2所示，各省级媒体的新媒体矩阵中，抖音账号粉丝量超过100万人的有6个，数量和规模低于第一梯队。从内容发布层面，聚焦本地民生热点的新闻内容获得的点赞数较多，平台内容发布频率相对稳定，但用户活跃度不高，平均点赞量在500次左右，内容的评论和转发数量较低。

第三，传统媒体核心竞争力不足，新媒体端发力不均。比如，在向新媒体转型的过程中，广西传媒业报网融合的探索主要处于传统媒体向新媒体拓展的阶段，新媒体内容生产缺乏创新产品，媒体融合人才较为缺乏，传统媒体团队向新媒体转型进程较慢。

案例分析

云南日报：具有地方风格的媒体融合之路

《云南日报》于1950年3月4日创刊，是中共云南省委机关报。目前，云南日报报业集团已发展成为以《云南日报》为龙头，包括《春城晚报》《云南经济日报》《云南法制报》《滇中新区报》《文摘周刊》《云南加油报》《民族时报》《云南旅游文化时报》《云南老年报》《大观周刊》《社会主义论坛》《影响力》《车与人》等子报子刊，以及2016年4月划转集团主办的4份外宣刊物，即泰文《湄公河》、老挝文《占芭》、缅甸文《吉祥》、柬埔寨文《高棉》，共10报8刊，连同云南网、云南日报网、春城壹网、云桥网等多个网站，已形成报刊种类齐全、分类广泛的媒体集群，传播力、引导力、影响力、公信力均居云南报业首位。其中《云南日报》从权威性、影响力、公信力上，都是云南省名副其实的第一大报；《春城晚报》是云南省都市类传媒第一品牌；云南网是云南省唯一重点新闻网站。

在平台选择上，主要参考两微一端平台数据。构造周数据如下图所示。

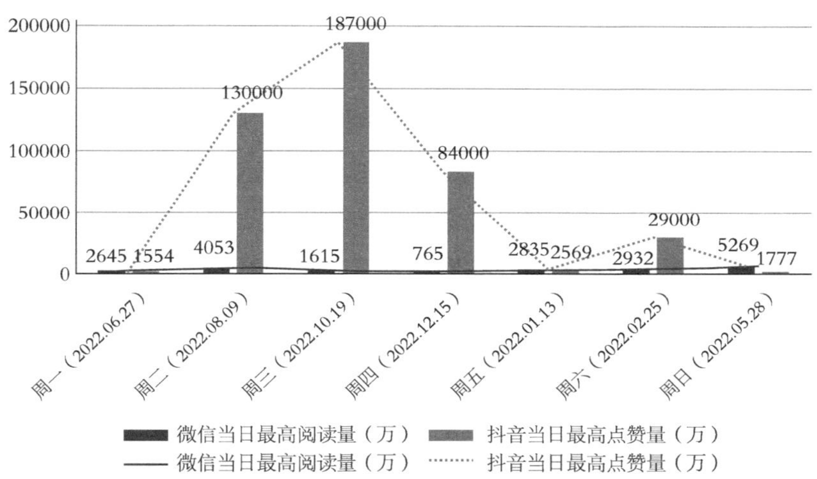

类别	周一	周二	周三	周四	周五	周六	周日
微信推送条数	5	3	2	2	4	2	1
微信最高阅读量文章类型	政经新闻	政经新闻	政经新闻	政经新闻	政经新闻	社会新闻	社会新闻
抖音推送条数	13	17	25	21	15	7	9
抖音最高点赞量视频类型	突发新闻	文教新闻	社会新闻	文教新闻	法律新闻	社会新闻	社会新闻

云南日报构造周数据示意图

总体来看，云南日报近一年主要在视频内容生产层面发力，不同平台的关注度和影响力极差较大。例如，抖音平台的视频数量和类型丰富，平均单日推送15条，突发新闻、文教新闻、社会新闻的视频关注度均较高，作品点赞量最高可达18.7万次；而微信平台的文章数量较少，平均单日推送2.7条，以传统政经新闻发布为主，但点赞量在5000次以下。这反映了整体的内容生产存在质量不均、传播效果欠佳等问题。新媒体平台发布内容集中于本地热点民生话题、民生新鲜事。进入2023年后，短视频内容丰富多元，但形式内容较为分散。同时，一些民生新鲜事配上流行的短视频音乐，也生产了独具特色的视频内容，展现了云南当地特色的风土人情、特色美食，形成独具地方特色的短视频风格。

（三）媒体融合的潜力者

本研究把西部地区媒体融合发展进程相对缓慢，但所处地理位置重要，地方新闻内容特色鲜明，有极大发展潜力的省级媒体看作第三梯队，也可以称为“媒体融合的潜力者”。第三梯队的省份主要包括内蒙古、新疆、西藏、青海。这些省份具有一定数量的新媒体账号，尽管在全国范围来看整体关注度不高，但其生产的具有民族风格或地方特色的视频产品偶尔能获得较高的关注和传播。具体指标如表4-6-3所示：

表4-6-3 “媒体融合潜力者”的省级媒体分布及指标

省份	名称	微博平台	抖音平台			微信平台		自建平台
		微博粉丝（万）	抖音粉丝（万）	抖音作品（个）	获赞数	10万+篇数	10万以下篇数	
新疆	新疆广播电视台	199.8	83	12000	2122.8万	–	–	天山网
	新疆日报	58.7	78	2456	429.2万	0	125	石榴云App
	中国新疆网	18.2	24.6	567	86.9万	–	–	–
内蒙古	内蒙古晨报	457.5	57.3	4057	642万	0	61	
	内蒙古日报*	240.1	–	–	–	0	145	草原全媒App
西藏	西藏商报	44.3	17.9	3360	338.2万	0	87	–
	西藏日报	12.7	20.1	4678	270.1万	0	88	西藏日报App

续表

省份	名称	微博平台	抖音平台			微信平台		自建平台
		微博粉丝（万）	抖音粉丝（万）	抖音作品（个）	获赞数	10万+篇数	10万以下篇数	
青海	青海青年报	232.8	–	–	–	–	–	–
	青海卫视	66.1	13.5	831	152.7万		14	–
	青海网络广播电视台	15.4	24.2	1117	683.1万	–	–	–
	青海日报	2.6	26.5	2849	276.4万	0	80	青海日报App
	西海都市报	51.3	33.2	6056	463.1万	0	147	西海都市报App

（注：数据统计时间为2023年9月，“–”代表该省市未完成相关平台建设。“*”内蒙古日报已开设“内蒙古日报蒙文版”抖音平台。）

分析来看，第三梯队有以下特点。

第一，媒体融合发展进程相对较慢。党的十八大以来，各省级媒体响应国家号召，迈上了推进建设融媒体发展之路，第三梯队的媒体融合也逐渐发展起来，但在十年的发展过程中发力不均，总体进展较为缓慢。例如，内蒙古日报于2014年制定了《内蒙古日报社媒体融合发展方案（2015—2017年）》，2016年4月出台了《内蒙古日报社关于进一步加强媒体融合工作的意见》。从传统单一的纸质媒介，逐步发展为13种媒介、34个媒体（机构）和30多个微博微信账号的融媒体矩阵，初步形成4种业态、4种语言、5条业务线、6个融媒体编辑部构成的媒体融合发展体系。但直至2023年，内蒙古日报集团下属的抖音账号中，仅有蒙文报一个端口的粉丝突破24w，发展速度未达到第一和第二梯队的平均标准。

第二，新媒体矩阵建设不够完善，有影响力的IP较少，各个端口发力不均，第三梯队媒体在“两微一端”的矩阵搭建尚不完善。例如，内蒙古日报只有微博和微信两个端口，缺少抖音端的内容输出；青海日报虽然三个端口完全，但微博端粉丝仅有2.6万人，抖音端粉丝29.8万人，各个端口发力不均，尚未形成一条新闻、多个端口、共同传播的传播矩阵。第三梯队中，影响力最大的为有457万粉丝的内蒙古晨报微博，但是发布内容的点赞评论转发数极低，近10条的微博内容点赞平均值为2次，传播效果不佳。

第三，媒体有很强的地方性，媒体融合中开设了特色的地方频道。第三梯队媒体融合虽然发展较为缓慢，但在整体矩阵建设中设计了许多特色的地方频道，如内蒙古蒙古文报、新疆广播电视台维吾尔语频道等。由于这些省份的地理位置具有特殊性，特色频道的作用也不仅仅是服务地方人民群众的信息需求，更承载着铸牢中华民族共同体意识和对外讲好中国故事、传播中国声音的国际传播职责。

案例分析

新疆广播电视台：多语种融合渠道探索垂直传播

新疆广播电视台的前身是1949年成立的“迪化人民广播电台”，1951年正式更名为新疆人民广播电台。1951年至1982年，继汉语、维吾尔语、哈萨克语、蒙古语之后，又增办了柯尔克孜语广播，步入全面发展的新时期。如今，汉语、维吾尔语、哈萨克语、蒙古语、柯尔克孜语共5种语言以20多个频率广播，每天播音达80多个小时，办有新闻、专题、文艺、广告信息等各类节目。1982年6月1日，新疆电视台汉语、维吾尔语分频道播出彩色电视节目，成为中国第一个用专用频道开办民族语言电视节目的省级电视台，并全部完成黑白电视向彩色电视的过渡。1995年8月，由国家投资350万元，更新改造了5种语言的播控设备，实现了数字化播出。当前，新疆电台已形成拥有卫星、短波、中波、调频四位一体的交叉覆盖网，和世界上20多个国家和地区的听众保持联系，是中国开办语种最多、覆盖面最广的省级广播电台。2001年7月1日，新疆电视台与新疆有线电视台、新疆经济电视台合并为新的新疆电视台。

2018年11月23日，新疆维吾尔自治区党委按照中央统一部署，根据新疆维吾尔自治区机构改革方案，撤销新疆电视台、新疆人民广播电台，组建成立新疆广播电视台，归自治区党委宣传部领导。12月12日，新疆广播电视台正式挂牌成立。在媒体融合实践层面，新疆广播电视台搭建丝路视听网，整合多平台新闻、视听资源，搭建具有官方新闻展示、民生服务、电视直播等功能的融合产品。其中融媒体板块57个，涉及微博、微信、抖音、快手等多个平台，官方账号与个人IP账号同步运营。例如，新疆广播电视台官方微博的粉丝总数为199.8万人；新疆广播电视台抖音号的粉丝总数为82万人，获赞总数超2000万次；小语种抖音账号内容垂直，受众精准，形成全新的融媒体矩阵。

在平台选择上，主要参考两微一端平台数据，但新疆广播电视台无微信公众号平台，无法建构构造周数据，故不计入统计分析。微博账号因官方设置问题，无法构建构造周数据。抖音平台数据分析如下图所示。

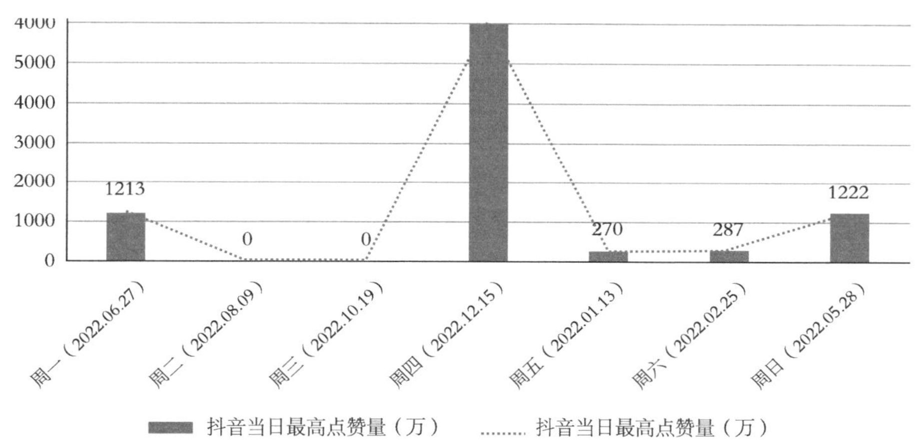

类别	周一	周二	周三	周四	周五	周六	周日
抖音推送条数	9	0	0	3	6	3	5
抖音最高点赞量视频类型	文教新闻	无	无	社会新闻	法律新闻	政经新闻	文教新闻

新疆广播电视台构造周数据示意图

从构造周数据来看，“新疆广播电视台”在新媒体端的覆盖度不足，内容生产数量整体较少。当前，新疆广播电视台正从搭建全媒体生产体系、壮大区域民语频道、创新对外传播策略层面发力，推动媒体融合发展进程。

第一，搭建媒体融合平台，促进媒体整合升级，自治区市级、县级媒体协同发展成果初显，媒体融合发展不断深入。新疆日报社、新疆广播电视台整合所属全媒体传播渠道，分别形成以“石榴云”“丝路视听”客户端为中心的全媒体生产传播体系，自治区主流媒体整体从“相加”阶段进入“相融”阶段。市级、县级融媒体中心依托“石榴云”技术平台，形成全方位、多层次融媒体传播矩阵。“石榴云”融媒体技术平台为全疆各级各类媒体推进融合发展提供基础资源和技术支持，6900余名采编人员、7200余名通讯员通过平台开展融合生产传播。和田地区、阿克苏地区、阿勒泰地区、巴音郭楞蒙古自治州、塔城地区、哈密市等6个市级融媒体中心、85个县级融媒体中心建成并入驻自治区“石榴云”融媒体技术平台。新疆日报社“石榴云”客户端累计下载量达2228万次，日均资讯发布量800余条。全区县级融媒体中心2022年累计生产短视频作品12万余部，较上年增加33%；全网点击量上亿次的短视频作品有20部。

第二，开设民族语言频道，对外讲好新疆故事、中国故事。受地域广阔和经济发展相对不足的影响，广播电视仍然是人民群众获取信息的主要途径之一，这也对新疆因地制宜生产不同的融媒体产品提出了明确的目标。新疆地处古丝绸之路的核心地带，是中国与中亚各国交流链接的桥梁和纽带。新疆广播电视台在多平台中发布适合国际传播的多语种创新产品。值得注意的是，如果广播电视节目制作水平参差不齐，人才流失较为严重，大量节目就只能引进而非自主生产，而引进的节目并不能满足当地民众的需要，因此针对民族语言频道的内容升级和机制改革是当务之急。在推进媒体融合发展的进程中，新疆广播电视台可以围绕当地民族特色生产视听产品，利用互联网思维，整合优秀资源，准确定位受众需求，拓展新的发展空间。

第三，融合传播内容较为单一，政经民生新闻较多，社交平台的爆款内容较少。总体来看，石榴云（新疆广播电视台新媒体端）整体发布数量偏低，点赞数平均在几十到几百次不等，偶尔有过千或过万次的情况。作品内容大多为本地民生新闻、节目切条、政经栏目专题，并未完全体现出新媒体特色，整体关注度不高。

三、创新与摸索：媒体融合的体制机制建设

建立健全体制机制是媒体融合发展的重要制度性保障。对于西部地区传统媒体的融合转型升级而言，既需要在体制机制上设计好顶层架构，进行整体制度创新，又需要结合不同媒体的资源禀赋、地域特色、现实条件等因素，选择合适的制度创新路径。

（一）制度创新与市场化改制

制度创新包含外在制度和内在管理制度两类，外在制度包括审批制、主管主办制、行业管理制和属地管理制等，内在管理制度则是传统媒体转企改制的市场化探索。在外在制度层面，有学者分析，严格的市场准入制度（审批制）、主管主办制、行业管理制、属地管理制给传统媒体带来诸多收益，再加上退出机制并未明确，传统媒体缺乏与新兴媒体融合的现实逼迫性。[①]但智能媒体时代，越来越多商业性综合性平台的出现打破了媒体的地域性限制，并对地方市场强势占有，传统媒体在媒体融合中亟待体制机制创新。传统媒体开启转企改制、加入市场竞争，成为融合发展的关键一步。

例如，2017年正式上线运行的“四川观察”于2022年1月开启公司化运营模式，通过承接四川广播电视台的节目宣推和研发运营，有效实现了传统媒体和新媒体平台的融合共生和互促发展。如今“四川观察”已探索构建完整的互联网传播商业模式，提供融媒体产品与品牌传播运营、特色MCN账号达人池建设、微综微剧、全域整合营销在内的全链路品牌传播服务，为媒体深度融合探索完整的商业路径，实现多元创收。

创立于2017年的红星新闻，由成都商报内部改革推出。成都商报在“立足纸媒，移动优先”的前提下化整为零，把纸媒部分人员以部门为单位转移到新媒体项目，融资之后将这些项目进行公司化运作、与纸媒切割，由此分批次建立起系统的新媒体矩阵，以超过1亿名用户的影响力实现模式上的转型，在商业营利和传播影响力上均取得较好成效。

---

① 朱鸿军，农涛.媒体融合的关键：传媒制度的现代化[J].现代传播（中国传媒大学学报），2015，37（07）：6-11.

（二）融媒化组织架构改革

体制机制的创新过程中，媒体融合还需从顶层设计层面重构部门组织架构，实现生产部门的融媒体化，搭建全媒体指挥调度中心和传播矩阵体系。

例如，“四川观察”所属的四川广播电视台对台内的广播、电视等进行全面整合，成立全媒体新闻中心、运营中心和技术中心，构建一体化全媒体组织架构，通过电视频道一体化、渠道营销中心化和融媒生态产业化三大举措加快融合改革进程。

云南日报报业集团坚持媒体深度融合发展，着力构建全媒体传播体系。集团党委统筹领导，加强全媒体指挥调度中心建设，推进“报、刊、网、端、微、号、屏”协同联动，“采、编、印、发、播、管、控”一体化运行，实现“统一策划、一次采集、多元生成、差异表达、全媒传播”。[①]

新疆阿克苏地区将阿克苏日报、地区广播电视台合并为地区融媒体中心（塔里木传媒集团），成立融媒体中心党委，任命一批年轻骨干走上领导岗位。围绕行政、采编、经营三条业务主线，下设管委会、编委会、经委会、技委会4个部门，负责综合服务、内容生产、营销创收、技术保障。同时，搭建报纸、广播、电视、网站、微信微博账号、移动客户端、电子阅报屏（栏）“七位一体”的全媒体传播矩阵，重构“策、采、编、审、发、评”一体化全媒体业务流程。形成全媒体立体传播矩阵、全媒体采编指挥调度灵活，阿克苏地区媒体深度融合改革试点取得突出成效。[②]

（三）新媒体内容生产流程再造

内容生产创新是媒体融合的重心。如何在海量信息中抓取亮点，做好优质内容的供给者，需要媒体统筹资源，打造高效集约的融媒生产流程。项目管理制、智能媒体系统、核心客户端生产平台等创新举措成为西部地区媒体再造采编分发生产流程的重要创新路径，提升采编分发的时效性和针对性。

例如，“四川观察”以建设内容生产平台、新闻传播平台、资源聚合平台、

① 云南网.【日新论坛“专家谈”】何祖坤：履行党报职责使命 推动媒体转型升级[EB/OL].(2022-08-19) [2023-09-18].https：//m.yunnan.cn/system/2023/08/19/032720526.shtml.

② 高质量书写媒体深度融合发展的时代答卷[N]. 阿克苏日报，2022-12-22（01）.

流量变现平台为目标，按专业化分工的思路，构建起商务、平台、技术“三大中心”为主的支撑架构。公司内部以项目为抓手，实行项目制OKR管理，对项目负责人充分授权，项目负责人在权限范围内可协调调动公司各类资源。[①]

红星新闻以“红星云”融媒体平台为技术依托构建分发矩阵，应用“深度融合+人工智能”一体化智能融媒体系统，实现实时采集、编辑、审核、发布全流程等功能。封面新闻则在全场景可视化新闻理念的支撑下，着手建立以内容科技为核心的智媒演播室支撑体系，以及在全新的分工下，确立智媒编辑部采编流程。[②]

四、选拔与联培：打造媒体融合的人才队伍

人才是第一资源。西部地区的经济社会发展依然不均衡，尽管有重庆市、四川省、陕西省等经济社会发展较快的省市，但是总体来看，西部地区对包括传媒人才在内的高层次人才聚集效应还有待增强，媒体融合的人才缺口较大。因此，培养全能型全媒体人才队伍是西部地区媒体融合建设的关键环节，也是实现融合创新突破的根本抓手。[③]西部地区省级媒体在媒体融合进程中，主要通过创新选拔考核体系，搭建全媒体记者转型队伍，联动高校打造人才阶梯培养，探索出不少激活人才转型提升的路径。

（一）创新选拔考核制度

传统媒体推进媒体融合深度发展，需打破编制壁垒，以竞聘双选、精准考核等方式激发人才主动转型。例如，四川观察在公司化改革后，按专业化分工运行，逐步建立起较为完备的内容、人事、薪酬、行政、财务等方面的管理和考核制度，在推动业务快速发展的同时，确保运行更加规范。

2022年1月，新疆阿克苏地区挂牌成立阿克苏地区融媒体中心，同步组建塔

---

① 国家广电总局发展研究中心调研组.【调研札记】四川观察：从“网红账号”到“新型全链路服务平台”[EB/OL].（2023-07-10）[2023-09-18].https：//new.qq.com/rain/a/20230710A00NRS00.

② 崔燃.从全场景可视化新闻到数字文化产业[J].传媒，2021（24）：19-21.

③ 黄楚新，贺文文，任博文.激活与探索：我国西北五省区地市级广电媒体融合发展状况[J].传媒，2022（17）：26-30.

里木传媒集团，成为全疆第一个市级融媒体中心和市级传媒集团。在选拔考核机制上，阿克苏融媒体中心将生产经营、聘用人员统一纳入塔里木传媒集团管理，打破事业编制与聘用人员身份界限，所有人员内部双向竞聘上岗，做到以岗定薪、同工同酬、绩效管理、以效取酬。出台融媒体中心绩效考核方案，根据不同岗位特点和工作难度、强度等确定岗位绩效指数，打破“论资排辈”选任干部模式，最大限度激发融合创新发展潜能。①

（二）全媒体人才队伍建设

媒体融合向纵深发展，最亟须的资源就是全媒体人才。所谓全媒体人才就是具有互联网思维，具备全媒体创意、生产、传播、运营、管理等相关能力，胜任全媒体流程与平台建设、全媒体业态与生态发展要求的专门人才。培养全媒体人才需要根据全媒体不同类型的能力模型，确定相适应的培养模式和培养路径②，主要有引进全媒体人才、提供全媒体记者在职培训与实践，以及联动高等院校合作培育全媒体人才等路径。

1.技术驱动与技能培训：组建融媒型人才团队

在全场景可视化新闻理念的支撑下，封面新闻开启全员视频化转型，构建5G时代内容人才和科技人才团队，包括懂视频的记者，懂运营的编辑，以及懂三维、平面特效、VR技术的技术人才。同时，封面传媒还提出衔接型人才建设，包括解决方案专家、数字策展人等全新的岗位，在云端展览、云端发布等项目中，为统合传媒和互联网科技提供整合服务，以形成“科技+传媒+文化”的合力。③

新疆阿克苏融媒体中心实施引进培养全媒体人才计划，放宽对优秀人才引进的学历、年龄等限制，2022年引进了一批提笔能写、举机能拍，能策划、会编辑的融媒型人才。采取“请进来”和“走出去”的方式，与浙江广电集团、新

---

① 国家广电智库.在全疆率先实现“三个第一”，“阿克苏融媒体中心”凭什么？[EB/OL].（2023-05-29）[2023-09-18].https：//www.sarft.net/a/214982.aspx.

② 胡正荣.媒体深度融合 全媒体人才如何培养？[EB/OL].（2020-09-03）[2023-09-18].https：//www.thepaper.cn/newsDetail_forward_9024850.

③ 崔燃.从全场景可视化新闻到数字文化产业[J].传媒，2021（24）：19-21.

疆报业集团、浙江传媒学院、郑州大学等媒体和高校合作，加大对采编人员全媒体理念和技能培训力度，全面提升能力素质。

2.联动高校打造人才阶梯培养

在全媒体人才尤其是后备人才建设中，媒体应与高等院校开展合作，通过建设工作坊、融媒学院和智库研究院等形式，利用高校科教与人才资源，发挥媒体自身的传播优势和组织优势，实现优势互补和资源共享。

例如，“四川观察”建立专业化的组织构架，为青年媒体人适配更好的创新空间；为了激励、支持骨干团队培养人才，与中国人民大学成立国际传播工作坊、新媒体运营产业学院，从而实现人才的阶梯培养，为探索全媒体运营打开了新视野。①

云南日报报业集团建设云南省媒体融合重点实验室，与云南省内高校共建融媒体学院，聚焦全媒体、复合型、应用型传媒人才的实践能力培养，创新具有全媒体时代特色的新型教育模式。目前，已与云南大学、云南师范大学、昆明理工大学、云南民族大学挂牌成立了4家融媒学院，并先后成立了云报集团培训中心、集团技能鉴定中心，培训从业人员近3万人次。②

此外，中共陕西省委机关刊物当代陕西杂志社与西安交通大学共建当代融媒体研究院。研究院充分发挥高校和媒体的优势，围绕融媒体研发及成果转化、人才培养培训、智库内容发布等方面进行创新探索，以此推动高校新闻传媒专业建设和陕西融媒体事业发展。2023年4月，西安交通大学新闻与新媒体学院与陕西网签订校企合作协议并揭牌“大学生校外实习实训基地”，在专业建设、育人模式、人才培训、科研项目联合攻关等方面开展深度合作，走出一条产学研合作创新发展新路。③

① 国家广电总局发展研究中心调研组.【调研札记】四川观察：从“网红账号”到“新型全链路服务平台”[EB/OL].（2023-07-10）[2023-09-18].https：//new.qq.com/rain/a/20230710A00NRS00.

② 余国鹏.云南省媒体融合重点实验室：加快转化运用 赋能国际传播[EB/OL].（2023-06-02）[2023-09-18].https：//new.qq.com/rain/a/20230602A02OMA00.html.

③ 交大新闻网.新闻与新媒体学院与陕西网签订校企合作协议并揭牌“大学生校外实习实训基地”[EB/OL].（2023-04-06）[2023-09-18].http：//news.xjtu.edu.cn/info/1219/194027.htm.

五、服务地方经济发展与社会治理

在当前媒体深度融合的重要阶段，5G、大数据等技术革新不仅影响了传媒行业的产业格局，也影响了社会的生活结构、改变了人们的生活方式。媒体融合与社会基层治理密不可分，新时代的社会治理也对媒体发展提出了极高的要求。作为社会治理的重要工具、政策信息传达的重要场景，媒体作为民众与政府之间的沟通纽带，在舆论监督、构建服务平台、搭建信息传播渠道等多层面完善基层社会治理体系。从“推动媒体融合”到“推动媒体融合纵深发展”，再到“推进媒体深度融合”，国家战略对媒体融合的重视程度和发展需要不断深入。从中央到地方各级媒体均展开特色实践，取得了显著成果。总的来看，中西部媒体在重构信息服务体系层面仍处于发展阶段。省级媒体作为“承上启下”的信息枢纽，建立起基层新闻、基层政务、公共服务体系对地方服务起到了积极作用。例如，新疆广播电视台官网丝路视听网在官方页面嵌入政务服务、公共服务、市场服务等紧密连接受众的服务端口，各个新媒体端口列于下方，便于民众及时、多元地获取信息，打造集新闻推送、政务信息、市场情报、生活资讯等内容于一体的信息聚合平台，实现人、事、物、地理位置等多种信息的融合。

首先，西部地区省级媒体依托传统媒体资源，因地制宜整合内容、平台、人才资源，探索出具有一定特色的发展模式，在服务地方和基层治理层面发挥了西部地区主流媒体的社会价值。如四川、云南、贵州等省份的省级媒体的产品围绕网红城市或自然风光打造特色文旅产品，为地方文旅产业助力。新疆、广西等省区因民族众多，特开设多民族语言频道，围绕地方热点民生事件，民族习俗、活动、服饰等具有鲜明地方特色的内容生产融媒体产品。位于“一带一路”沿线的新疆具有得天独厚的国际传播优势，以特色的专题节目展现文化、科技、社会等多方面的发展；以新媒体石榴云矩阵为抓手，展现丝绸之路沿线人民的勃勃生机，交流“一带一路”民心相通的新故事，为推进“一带一路”共建国家文明交流提供沟通的平台和纽带。

其次，西部地区省级媒体依托新搭建的融合媒体中心，整合政策服务、便民服务、综合信息平台，以融合传播服务人民群众。社会治理的重点和难点在基层，省级媒体链接民生的主阵地和服务场景也在基层，媒体融合的一大目标在于人民群众能及时、快速、充分地获得政务信息服务。基层是一切工作的落脚点，社会治理的重心必须落实到城乡、社区，加强基层社会治理是推进社会治理体系和治理能力现代化的重中之重。基层社会治理与媒体的受众群体具有高度的重合性，二者相互协同发展为基层社会体系的完善提供了坚实助力。同时，中西部地区省级媒体在落实中央政策、服务地方经济社会发展中也肩负着重要作用，在链接民众、内容创新、资源整合等多方面发挥自身优势，实现“引导群众”“服务群众”的总目标，是基层社会治理中落实创新发展、乡村振兴、国际传播等多方面的重要一环。

再次，西部地区媒体融合在基层社会治理层面着力增强基层民众的认同和社会参与。在面对突发事件或重大活动时，既要将国家政策以创新形式传递给基层民众，又要强化基层民众与基层政府之间的情感链接，增强群众的认同感、参与感。例如，重庆綦江融媒体中心推出“最美逆行者”系列作品，传播抗疫一线的工作人员的模范事迹，加深了基层民众对基层干部、基层工作的理解和认知，也增强了群众对党和政府的认同感。通过组织专题活动、典型人物重点报道，传播地方优秀传统文化，增强民众认同感，是中西部媒体改革发力的重点之一。

最后，西部地区省级媒体存在一定的分化，服务地方的内容到达率有待提升，创新生产的热点内容对基层治理的推动力有待加强，与本地民众之间的连接可以更密切。西部地区省级媒体第二梯队、第三梯队的新媒体账号在粉丝量、阅读量、点赞量等层面无法与第一梯队及其他一线城市的媒体相比较，服务地方及民生相关新闻的关注度不高，这主要是由于内容缺乏趣味性、原创性，在内容运营层面缺乏矩阵互动。第一梯队媒体看似粉丝量很高，但实际本地受众占比不高，内容创作也大多聚焦全国的民生新鲜事、热点新闻，服务本地的内容较少，这些实际的问题都有待破解。

六、结语

随着媒体深度融合的推进，西部地区媒体的融合发展虽然比东部和中部地区起步晚，但是发展较快，其现状、路径与特征值得探讨。

本研究聚焦我国西部地区省级媒体的数字化转型。从媒体平台建设的整体现状来看，西部地区省级媒体可分为三大梯队：在创新性和典范性上有所建树的“媒体融合先行者”，平台化建设已初步形成体系的“媒体融合探索者”，以及具备鲜明的地方特色内容生产的“媒体融合潜力者”。结合体制机制建设、人才队伍建设和服务地方与社会治理三个角度的具体案例分析，本研究发现，西部地区省级媒体的三个梯队在新媒体平台建设、内容供给和服务地方乃至国际传播方面已取得一定的成绩，但也存在多平台内容供给同质化的局限；第二、第三梯队融合发展相对迟滞，平台建设大而不精，以及地方受众流失、传播力影响力有待增强等现实问题。因此，西部地区省级媒体仍需在平台资源整合、差异化精品内容生产和链接本地、服务地方治理上继续发力，在巩固壮大主流思想舆论的综合优势的同时，以平台化、信息化建设赋能地方经济发展和社会基层治理。

第五章

融合精品分析

作品一：《战贫之路》

丰　瑞　陈正雅[①]

作品信息

作品标题：战贫之路

所获奖项：第32届中国新闻奖重大主题报道一等奖

主创人员：李忠发、饶力文、徐泽宇、武笛、侯雪静、申铖、郑晓奕

编　　辑：集体

原创单位：新华社

发布日期：2021年2月23日

发布平台：新华社客户端

作品简介

扶贫题材纪实影像作品是中国扶贫实践的最佳见证者，也是对外传播的优秀文化载体。2021年2月23日，全国脱贫攻坚总结表彰大会召开前夕，新华社播发重磅微纪录片《战贫之路》。在脱贫攻坚"收官"的重大节点，这部微纪录片生动再现了习近平总书记带领全党全国各族人民打赢脱贫攻坚战的艰难历程，向全球讲述了这一"人间奇迹"背后不为人知的动人故事，获得第32届中国新

① 丰瑞，中国传媒大学电视学院副教授；陈正雅，中国传媒大学电视学院2022级新闻与传播硕士。

闻奖重大主题报道项目一等奖。

《战贫之路》二维码

作品分析

微纪录片《战贫之路》是对于重大主题外宣报道一次有益探索。该部作品在调研策划、采访拍摄、推广传播方面，都具有强大的传播力和引导力。作品被译为15个语种在全球同步上映，被500多家中外媒体采用，全网总浏览量达6.8亿次，其中海外浏览量超过3000万次，在国际社会放大了中国声量。

一、立足重大主题，整合资源优势

要做好政论影像传播，什么样的站位，决定着什么样的视域。[①] 该部微纪录片视野开阔，立意宏远，将中国精神、中国方案巧妙融合到战贫故事中，实现了以浓缩展现精华，呈现出一个尽锐出战，在短时间内战胜贫困的中国；一个和衷共济，集中力量办大事的中国；一个美美与共，为全球减贫事业作出重大贡献的中国。

（一）高度站位：展现战贫台前幕后

做好重大主题报道对外传播，需要立足高度站位，展望宏阔视域。《战贫之路》开篇纵览，选取习近平总书记作为第一视角，将党和国家最高领导人所面临的重重考验进行可视化，描摹出中国反贫困斗争所处的社会环境与时代背景。本片一改传统脱贫报道的微观视角，站在新时代治国理政的政治站位，揭示党

① 岳群.新时代政论片的艺术驾驭：视域、思辨、表达——大型政论片《摆脱贫困》创作思考[J].电视研究，2021（07）：51-54.

中央的战略决策历程，贯彻了大格局、大情怀、大视野的影像创作理念。

此外，作品开创性地将“幕后”搬至“台前”，挖掘出党中央各项决策部署背后不为人知的故事。在前期策划阶段，主创团队进行了扎实的走访和调研，并发挥新华社主流媒体优势，在关于习近平总书记的大量报道中寻找典型案例、鲜活素材。团队与多次陪同习近平总书记国内考察的新华社国内部主任霍小光进行反复沟通，并采访原国务院扶贫办主任刘永富、财政部原部长刘昆及其他一线扶贫干部，了解到习近平总书记在脱贫攻坚历程中的深刻思辨和生动故事。例如，即便在疫情压力之下，习近平总书记仍然决定提前一周召开决战决胜脱贫攻坚座谈会，进行再部署、再动员。在此背景下，习近平总书记仍然要求财政扶贫资金不降反增，体现出党中央把脱贫攻坚摆在治国理政的突出位置，把战贫作为不可违背的誓言承诺，从而彰显“不获全胜、决不收兵”的攻坚决心。

（二）深刻思辨：讲好中国特色反贫困理论

习近平总书记在长期实践基础上，对扶贫工作进行科学总结和理论提升，形成精准扶贫方略。本片兼顾故事性话语和解释性话语，就“如何打赢脱贫攻坚战”形成立体诠释。

作品力图发挥文艺作品的阐释功能，讲述中国究竟如何把握减贫规律，构建起一套工作体系和政策体系，最终走出中国特色减贫道路。脱贫攻坚，精准是要义，作品跟随领导人的脚步，回顾了从以贫困地区区域开发为主，到以贫困家庭和人口为对象的精准扶贫的转向，并重点展示贫困人口建档立卡工作推进历程，有力说明了中国精准到村、到户、到人的扶贫方略何以成为世界范围史无前例的胜利。

深刻的阐释依托生动的故事。作品着重把握影像叙事和政策思辨的关系，以点带面讲述中国伟大减贫举措；着重讲述“悬崖村”的攻坚之难与跨越发展，以经典案例回答如何通过易地搬迁克服“压轴题”级别的脱贫攻坚难题。镜头略述习近平总书记在十八洞村第一次提出精准扶贫方略，悬崖村山乡巨变的故事随之铺展：深沟险壑上爬藤梯的村民告别贫困，楼房崭新、水电通畅、教室整洁、产业蓬勃……作品通过“悬崖村”的蝶变故事，娓娓道出中国脱贫攻坚的奇迹。

消除贫困是全人类共同面临的严峻挑战，而中国政府坚决消除绝对贫困的伟大行动，谱写了人类反贫困史上从未有过的“神话”。贫困问题是困扰全世界的难题，而中国给出诸如产业扶贫、教育扶贫等一系列可推广、可复制的中国方案。本片正是基于此完成了一次答案的重现，为全球减贫行动提供参照经验。

（三）内外融合：寻找中国立场的国际表达

作品力图找到中国议题与全球议题的互通性，融入国际话语体系。主创团队发挥新华社全球布点优势，引入多国政要、智库专家、国际组织负责人的采访片段，从人类减贫史高度诠释中国破解贫困难题的重大意义。

第一，借助外部视角，勾勒中国减贫实践的外部环境，营造强烈的故事张力。作品引用国际友人表述，将中国脱贫攻坚议题放置在人类减贫议题的视野下，例如，引用“每年脱贫约1000万人，每分钟让20人脱贫”，营造极强的紧迫感的同时，揭示中国战贫面临前所未有的挑战。再如，作品引用联合国秘书长的发言，“突如其来的新冠疫情之下，世界贫困人口首次出现上升”，以及柬埔寨王国政府首相助理大臣的采访，“（如果中国）推迟脱贫目标，这是完全可以理解的”，用外部视角勾勒出世界之变、时代之变、历史之变的大背景，也从侧面凸显中国逆风而上的攻坚决心。

第二，通过“借嘴说话”，增强国际话语分量。这些来自全球各地的重量级采访对象对贫困问题的关注，以及对中国奇迹的高度评价，共同呈现出习近平总书记指挥中国战贫的艰难过程、丰硕成果和历史意义，为作品增加了国际话语分量。例如，非洲政策研究所首席执行官表示，“我认为这是一种系统化的方法，世界其他地区也需要，包括我们非洲”。第三者的叙述提供了价值判断，有力证明中国脱贫攻坚实践浓缩而成的中国方案行之有效，成功将中国故事升华为全球故事，找到意义共享空间。

二、叙事创新求变，表达引人入胜

《战贫之路》以“战”字当头，用跌宕起伏的叙事节奏，讲述习近平总书记带领全国人民脱贫历程。在攻坚克难的形势迭进中，逐渐推动情绪节奏，从而形成独特的戏剧张力，带领观众领略“关关难过关关过”的中国反贫困斗争的伟大决战。

（一）构建危机结构，讲述波澜壮阔战贫历程

《战贫之路》借鉴电影化叙事，讲述战贫之路的一波三折。调研期间，主创团队从众多素材中选取了扶贫路上最具代表性的三大困难：如何定位贫困人口，如何制定脱贫战略，如何防止返贫。随着时间推进，“危机”不断加强，从“扶持谁”“谁来扶”到“如何扶”的精准作战，到脱贫“最后一公里”的冲刺之战，再到疫情突袭下的背水一战，观众仿佛也跟随习近平总书记的脚步一步步突破重围。

冲突性叙事最终是为了凸显超越性意义。主创团队成员饶力文在访谈中表示，“三重浪，一浪高过一浪，但习近平总书记都最终将它们解决了，体现出战贫的艰辛。[①]”过往作品大多重点展示脱贫攻坚战胜利后的伟大成就，然而宣传重结论，叙事重过程，本片注重展示战贫之路的蜿蜒曲折，通过欲扬先抑的表现手法，使观众深刻感知中国打赢脱贫攻坚战这项伟大壮举背后的深刻意义。

丰富脱贫话语内涵，传递勠力同心的战贫斗志。本片从扶贫话语转向更凸显积极主动的战贫话语，也潜移默化地表达了反贫困行动中上下同心的协作关系，上演起一场贫困群众在党和政府的领导下进行的“自救”和“他助”的人间奇迹，展现出上下同心、尽锐出战的脱贫攻坚精神。

（二）探索传记体表达，刻画人物立体形象

作品探索使用传记体的表达方式，平实讲述大国战贫奋进之路，用具有互动性的视听语言，展现习近平总书记的可亲形象。以习近平总书记视角讲述战贫之路，是本片最大特色，也是最大挑战之一。团队通过稿件梳理和重要采访，深挖习近平总书记战贫路上的生动故事细节。

微纪录片《战贫之路》以人民情怀为抓手，展现了温暖立体的领导人形象。主创团队借鉴新华社此前播发的《习近平的扶贫故事》《特稿：习近平指挥中国战贫》等稿件，挖掘出习近平总书记在扶贫过程中感人至深的细节，并配以习近平总书记的特写画面，凸显党和国家最高领导人兑现脱贫承诺的坚毅胸怀，实现了宏大主题与鲜活画面的统一。

作品力图还原大国领袖的心路历程。饶力文表示：“作品希望以更有贴近性

---

① 笔者团队对《战贫之路》主创人员饶力文的访谈内容，2023年9月。

的方式呈现党和国家最高领导人的为民情怀，展示内在情感和动力。真正讲出习近平总书记为什么跨越千难万难，一定要干成这件事。”[①] 作品通过表达细节，串联起人民领袖同扶贫事业的不解之缘：十几岁在梁家河时，最大的心愿就是让乡亲们饱餐一顿肉；当选总书记后，主动提出去阜平村“看真贫”；在中央扶贫开发工作会议上，强调“责任书就是军令状”。这些细节凸显了大国领袖决策背后不为人知的艰辛与担当，刻画出一位拥有宏大历史视野和深厚人民情怀、挂帅出征的领袖形象。

（三）以诗意视听语言，探索重大题材的艺术表达

相较于传统纪录片，微纪录片时长有限，有着独特的叙事方式和美学特征。[②] 以“微”体量呈现大主题，要求镜头语言做到精妙紧凑。《战贫之路》引入影视视听元素，在视觉符号、拍摄手法等部分予以艺术化加工。

通过对比叙事，凸显战贫成果。全片以“路”为线索，带着观众跟随习近平总书记的足迹，跋山涉水一路走来，去看真贫，扶真贫。悬崖村的故事紧扣“路”的主题，在精准扶贫战略下，村民回家的路，从崖壁藤梯变成牢固结实的铁梯，村民也借助旅游扶贫、易地搬迁走上宽阔致富路。

通过意义符号化，传递脱贫攻坚精神。作品反复出现群像步履不停、步履相接的不同背影，体现中国共产党团结一心、接续奋斗，诗意化表达了习近平总书记的重要指示和党中央决策部署，如何化为各地各部门扎实深入的实践，最终如期成功兑现庄严承诺，实现历史性跨越。利用路的意向，连接战贫场域，串联多元主体，“既是自然时空，又是符号化时空，由此表现出各原生态单元之间的意义张力”[③]。习近平总书记亲自指挥、亲自部署、亲自督战，走遍中国14个集中连片特困地区，寻找“贫根”的路，脱贫攻坚基层人员摸底排查、精准帮扶走过的路，贫困人口艰苦奋斗、开拓创新走出的路，最终汇聚成中国的战贫之路，通向了全面小康的致富路和中华民族的伟大复兴路。

---

① 笔者团队对《战贫之路》主创人员饶力文的访谈内容，2023年9月。

② 梁红.以融媒体思维建构中国纪录片未来的传播力——央视纪录频道纪录片媒体融合的探索路径[J].电视研究，2019（01）：7-9.

③ 杨蔚.纪录片讲好故事的叙事学思考——以《乡愁》为例[J].电视研究，2019（03）：75-77.

创作方式上，以丰富的画面层次强化视觉冲击力。作品综合运用航拍全景呈现贫困村风貌，巧用倒计时、数据图表动画呈现战贫之路的时间紧迫和飞跃式脱贫成果，采用大量新闻素材。此外，拍摄方面，摄制团队冒着严寒奔赴河北、四川、贵州、青海等地拍摄。由于悬崖村等地难以携带大型摄影机，团队创新性地采用微单相机搭配老式电影镜头的拍摄方式，在追求画面质感的同时，尽可能保留纪实性。

三、顺应媒体融合趋势，构筑对外传播矩阵

随着社交平台的快速发展，纪录片呈现出碎片化、年轻化和网络化的特征。《战贫之路》顺应媒体融合趋势，通过转变传播语态、开拓内外渠道的方式，实现立体化传播。

（一）转变传播语态，实现破壁出圈

在媒体融合发展大潮中，要想在重大主题报道中占据舆论引导、思想引领的制高点，就必须实现从选题立意、内容生产到传播策划全链条的融合，从而打造融媒体时代的“刷屏之作”。

融媒体时代，创新内容策划十分重要，团队转变自身的新闻报道话语体系，实现作品的破壁出圈。主创团队采用年轻化的传播语态，适应社交化的传播模式，借鉴新华社“刚刚体”的灵感，精心策划有吸引力的微信标题，连续推出创意报道《这些题，不会答就选C!》《为啥选C？看完你就懂了》。标题将“选C”与“选China”之意相结合，意指对摆脱贫困这道世界难解之题，中国交出了满分答卷，生动呈现“创造这一世界减贫奇迹的唯有中国”这一核心理念。这种接地气的传播语态，既保留了“新华体”一贯的简约通俗风格，也吸收了注重互动传播的新媒体特色。“选C体”成为被广泛引用的新媒体爆款标题范式，成功吸引网民注意力，从而爆发极强的传播力。

（二）坚持运维兼备，拓展全媒传播阵地

当下的媒体传播格局已发生深刻变化，要求主流媒体理解并适应碎片化、扁平化的传播规律。主创团队坚持互联网传播思维，突破渠道桎梏，打造一片融合传播的新阵地。

运维兼备，多平台同向发力形成传播势能。利用社交平台建立相关话题，

引导用户参与纪录片的策划、传播，可以激发用户对微纪录片的关注度、参与度。① 主创团队根据不同平台特点对作品进行多元加工，构建多维传播矩阵。作品除了在新华社自有端口播发之外，还被495家中外媒体采用。为扩大影响力，主创团队巧妙借力，联动热播扶贫题材电视剧《山海情》主要演员转发，使“战贫之路”话题在微博热搜榜置顶；并且注重短视频平台的运营和推广，在抖音、快手、B站、视频号等短视频平台推出不同剪辑版。同时注重二次创作和传播，精选海外网友留言进行加工，推出文章《看完这部讲述“中国奇迹”的热搜好剧，国外网友不淡定了》，形成长尾效应。

同频共振，线上线下、大屏小屏联动传播。主创团队充分发挥媒体资源优势，发挥微纪录片轻量化传播优势，在触达移动互联网的同时，登上数十个中央和省级卫视频道，并联动户外大屏和出租车屏推出，实现大屏小屏、移动端PC端、国内国外全链条传播。

（三）丰富国际传播渠道，实现靶向落地

《战贫之路》主创团队注重中国名片的国际表达。微纪录片通过15种语言在各语种互联网专线、国别专线和海外社交平台账号播发，浏览量累计超过3000万次，互动量超过22万次。推出多语种配音版本实现精准传播，进一步实现定向推送和精准送达，在广泛覆盖的基础上提升受众参与度。

团队策划多波次推送，有效延长作品传播链条。微纪录片在融媒体直播态视频栏目“全球连线”首发，海外社交平台浏览量超795万次；之后，团队利用新媒体碎片化、移动化、社交化的传播特征，将微纪录片碎片化包装推广，使影响力持续发酵。例如，团队配合同题英文“新华全媒头条”，以“短视频+图文”形式播发，被46家海内外媒体采用，海外社交平台浏览量超331万次，实现传播叠加效应。团队注重互动性传播，引发海外网友好评如潮，正面评价和互动比例超过91%，网民纷纷表达对中国最高领导人和中国战贫事业的赞叹。

① 幸小利，崔议心.媒体融合语境下主旋律微纪录片的创新研究[J].电视研究，2022（10）：70-73.

四、结语

《战贫之路》紧跟国家战略，既在宏观层面向世界讲述新时代中国治国理政故事、讲述中国减贫方案，也在中观层面诠释精准扶贫战略推进的方法论，亦有微观层面对贫困百姓生活变迁的细腻呈现，三重视域连缀成片，互为构建，相得益彰。叙事方面，借助戏剧性的冲突结构，以及传记体式表达和艺术化视听语言，彰显出脱贫攻坚伟大战役的广度、强度、力度，并借助融媒体传播矩阵，让重磅策划引起刷屏效应，完成了一次对重大主题报道的全新探索。

作品二：《复兴大道100号》

曾祥敏　伍绍娇[①]

作品信息

作品标题：复兴大道100号

所获奖项：第32届中国新闻奖融合报道一等奖

主创人员：刘晓鹏、张意轩、苗苗、宋嵩、余荣华、刘畅、张磊、尚丹、刘镇杰、刘珂君、林渊、安然、曹彦鹏、冯涛、郭芸婷、马可、李柏轩、方玮雯

编　　辑：梁昌杰、徐丹、胡洪江、曹磊、巩晗、左潇、胡润新、温腾、何洁琼、朱利、杨翘楚、李娜、蒋川、郑薛飞腾、赵雅娇、杨丽娟、张世悬、王坎、王靖远、张深源、徐雷鹏

原创单位：人民日报社

发布日期：2021年6月30日

发布平台：人民日报微信公众号

作品简介

《复兴大道100号》长图作品以超长画卷与“一镜到底”的形式，融合文字、

① 曾祥敏，中国传媒大学电视学院教授、博士研究生导师；伍绍娇，中国传媒大学电视学院硕士研究生。

画面、声音、动画、AI交互等多项网络信息技术，创造沉浸式体验，以丰富多元的场景与细节，记录百年征程。长图在手机端长达50余屏，覆盖300多个历史事件和场景，包括5000多个人物、400余座建筑，整部作品制作周期逾100天，最终成稿用一条路串起百年时间线，并以长图、H5、SVG交互、线下互动体验馆等多元形式呈现。截至2021年7月，长图H5仅在人民日报新媒体渠道浏览量就超1.2亿次，点赞量超290万次，微博话题阅读量近3.5亿次，全网首页首屏转载。围绕“复兴大道100号”主题的相关内容全网点击阅读量超10亿次。

《复兴大道100号》二维码

作品分析

融媒体时代，不断探索重大主题报道的创新路径是主流媒体的应有之义和必然之举。随着媒体融合向着纵深发展，重大主题报道已成为主流媒体创新舆论引导的主阵地、推进媒体深度融合的试金石、打造媒体品牌的主要产品。在中国共产党成立100周年的重大历史节点上，人民日报新媒体中心推出融合报道《复兴大道100号》，以手绘长图的形式再现中国共产党成立百年波澜壮阔的历史，凭借精美细致的绘画，生动有趣的交互设计，产品一经推出迅速引爆网络，成为刷屏之作。

一、技术加持创意，社交联结情感

（一）多种技术表达呈现，构思精巧制作精良

中国共产党成立100周年重大主题报道是主流媒体群芳争艳，各展所长的重要契机。如何在众多融合报道产品中脱颖而出？让人眼前一亮，成为“献礼

建党百年”融合报道的制胜法宝。围绕中国共产党成立100周年的主题，人民日报新媒体中心的主创团队在创作之初就将《复兴大道100号》创意定为“长图”这一载体，策划上以“一镜到底”的形式，通过超长画卷展现中国共产党成立一百年来的沧桑巨变。[①] 制作上采用音频、动画、H5、AI等多项技术，在聚焦百年征程重要节点、重大事件的同时，追求细节的极致还原，注重整体和细节的创新表达。《复兴大道100号》不仅打造线上产品，而且在线下打造创新体验场馆，满足用户全维度、沉浸式的体验需求。

区别于传统的消息、通讯，融媒体产品的制作周期长，技术含量高，需要团队协作完成。《复兴大道100号》的创作团队主要由统筹团队、内容团队、绘画团队、技术开发团队组成，人员资源实现共通共享。具体而言，统筹团队主要负责产品生产创作的进度安排和事务协调，内容团队主要负责脚本策划、历史照片筛选、图像梳理及内容校正，绘画团队主攻草图勾勒、上色制作，技术团队负责动画设计、特效处理等技术难题，最终以时间为线索串联各部分内容。[②] 该生产模式重塑和再造了融媒体产品的制作流程和机制，实现了资源的最大聚合及媒体优势的最大化。

在制作过程中，团队也曾遇到困难与挑战。最大问题是工期问题，由于百年党史跨度大，涵盖的事件多、内容广，创作团队的工作量大，工期较为不足。[③] 于是团队在保证产品质量的前提下，通过填补人手、加班加点等方式，推进产品的制作进度，保证产品如期推出。第二个问题就是画幅有限，如果将百年党史事无巨细地在画卷上铺陈罗列，既受限于画幅，又会让受众注意力流失，这意味着要对百年党史进行有选择的呈现。团队在查阅大量党史资料的基础上，对历史事件进行归纳梳理，最终整个作品以手机端50余屏的容量，保留了300多个事件场景、5000多个人物，以及400余座建筑等更具代表性的要素和更经典的画面。团队历时100天之久，用大投入、大耗时和大制作打磨出超级精品。

---

① 笔者对《复兴大道100号》主创人员刘镇杰的访谈，2023年8月。

② 同上。

③ 同上。

（二）优化交互设计，提升用户参与感

融媒体产品的交互创意设计，可以让用户在与智能终端的互动中实现对内容的系统化感知以及友好化体验。[①] H5作为一种能够为用户提供参与感的媒介传播方式，最大限度地挖掘交互潜力是发挥其传播价值的前提。《复兴大道100号》手绘长图借助H5的表现形式，利用AI交互技术，用户可以生成独属于自己的“百年征程纪念照”。在百年党史长图中，每隔十年设置一个“走进历史”按钮，用户通过点击按钮、上传人物清晰正面照，就能生成10张不同年代场景的“百年征程纪念照”，照片右侧的文字介绍则可以帮助用户了解所处事件和历史场景，从而借助纪念照切身感受古田会议军队新气象、建设红旗渠、参加新高考、为女排呐喊助威等重要历史时刻。

同时，长图设置了“放大镜”图标，用户点击图标之后就会弹出画面所对应的历史人物及感人事迹，选择“我要打卡”就能在社交平台分享，助推二次传播的实现。在百年历史长河中，通过交互设计丰富长图的层次感和故事感，提升用户的参与感和体验感，让用户在具体的事件和人物中丰富对党史的认知和记忆，发挥主流媒体在重大主题报道中的舆论引领作用。

（三）丰富视听设计，增强多维感官体验

如果《复兴大道100号》中长达50余屏的百年党史完全采用静态画面呈现方式，用户就容易产生视觉疲劳，因此，该产品同步开发H5和SVG海报两种呈现形式。[②]SVG海报主要以动态元素为主，比如，工人罢工时挥舞的双手，老百姓和八路军紧紧相扣的双手，风中摇曳的杂交水稻，申奥成功时挥摆的红旗……在H5中，则每一屏都设置动画元素，例如，嘉兴南湖上的红船，土地改革时劳作的人民，武汉大桥落地通车时桥面徐徐驶过的汽车，红旗渠滚滚流淌的河水，澳门回归时放飞的彩色气球……画面中的动态效果可以活跃视觉氛围，与文字画面相组合实现信息增量，并通过动态场景实现视觉引导，让用户的注意力跟随动画的路线行进，保持注意力的集中以获得最佳的沉浸式体验。

而音频内容的非视觉化特征为用户提供了一个新的体验空间。随着用户指

---

① 杨凤娇，宋一丹.主流媒体的音频新闻实践图景与发展策略[J].中国编辑，2022（10）：75-79.

② 笔者对《复兴大道100号》主创人员刘镇杰的访谈，2023年8月。

尖划过手机屏幕，不同音效匹配不同场景，将用户引入具体的事件之中。《复兴大道100号》的H5涵盖了现场环境音、新闻播报同期音、经典流行音乐等音效，为用户创造出在场感和介入感。现场环境声如“全世界无产者联合起来”的号召、南昌起义的第一声枪响、“打倒日本帝国主义”的呐喊、新中国成立时的锣鼓喧天等，这类音效充满冲击力和张力，让用户“声”临其境，感受不同历史时刻的情境和氛围，有着非常强烈的代入感。而建立深圳特区、第一届亚运会的开幕、青藏铁路的建成通车、雄安站建成使用等重大历史时刻则是通过新闻同期声加以强调，用户在播音员的声音中成为重大历史节点的见证者，增强了用户的参与感。H5中还穿插了许多用户耳熟能详的歌曲，如“南泥湾好地方”“风吹稻花香两岸”“学习雷锋好榜样”“我和你心连心”“万水千山最美中国道路”等，不同的歌曲被打上不同的时代烙印，熟悉的节奏和歌词唤醒用户久远的历史记忆，打造沉浸式体验。

指尖横向滑动屏幕的触觉体验，生动有趣的视觉动画和层次丰富的听觉设计，为用户搭建了集触、视、听于一体的多维感知系统，让用户从现实世界中抽离出来并沉浸于百年党史的线上时空，实现高质高效的媒介传播。

（四）唤起情感共鸣，激发社交传播自主性

1921年到2021年，中国共产党历经艰苦卓绝的奋斗，取得举世瞩目的成就。百年华诞作为重大事件和重要时刻，需要主流媒体进行宣传报道和舆论引领，进行集体记忆的激活和重构。

《复兴大道100号》不仅包含属于历史记忆的百年党史素材，更是集体记忆的载体。如中共一大的召开、红军长征、抗美援朝、新中国成立等事件描绘了中国共产党筚路蓝缕、奠基立业的艰辛历程；第一颗人造卫星发射、杂交水稻研发成功、女排夺冠、青藏铁路通车则从科技、农业、体育、交通等不同角度记录党和国家事业取得的伟大成就，而唐山大地震、1998年特大洪灾、新冠疫情等则展现了在党的领导下，人民群众万众一心，不断攻克难关取得胜利。

产品不仅立足宏观视野下的百年历史，也聚焦具体的人和事，立意高远的同时富有人文气息。如放牛娃王二小、卓嘎和央宗姐妹、刘胡兰、张桂梅等先锋榜样的故事和精神感人至深；跳皮筋、打陀螺、西游记、大哥大等具有年代气息的场景和物件十分接地气。产品通过百年党史中的人、事、物向用户传达党史信息，同时激发用户内心的爱国情怀、民族自信感和身份认同感，构建中国共产党百年历史的集体共同话语，并通过在社交平台分享“百年征程纪念照”或转发内容促成情感的维系，在情感共鸣和价值认同中形成合力，从而促进对产品自发主动的二次传播。这种对“大势”和公众情感的准确把握，正是用户意识的体现，也是主流媒体推进媒体融合、参与新媒体竞争的优势所在。

二、线上线下联动，构建传播矩阵

麦克卢汉认为，没有一种媒介具有孤立的意义和存在，任何一种媒介只有在和其他媒介的相互作用中，才能实现自己的意义和存在[①]。在媒体融合的背景下，媒介与媒介的连接和组合显得尤为重要。人民日报在围绕建党百年重大主题报道的策划中，聚焦媒体发展最新趋势，打通线上线下、融合不同的媒介形态。

在线上，人民日报同步开发《复兴大道100号》产品的H5和SVG两种形式，并联合百度VR在网上推出24小时全天候永不“闭馆”的VR体验馆，采用3D模型、景深在线、全景图片等技术打造最佳体验感，用硬核科技传递温情，做到高度、深度、温度的统一。

在线下，人民日报推出复兴大道100号互动体验馆，将百年党史实体化，让用户沉浸式体验可感可触的真实场景。[②] 线下体验馆以地面通道上1921年至2021年的时间刻度为指引，走到通道尽头便可通往“初心体验馆”“岁月回忆室”“奋斗一厂”“富民大街”“逐梦太空”等五个展区。每个展区通过打造实景展陈还原百年党史中的关键事件和生活场景，重塑历史时空，实现过去、现在、未来三个时间维度的连接，打通用户和场景在空间维度的融合。与此同时，人民日报在微博、微信、抖音等新媒体平台进行建党百年主题的图文、视频宣发，音频推广，以及主题MV发布，全方位、多角度、跨平台进行报道宣传，构建重大主题报道的传播矩阵，形成强有力的传播合力，实现精准、深入、高效的传播效果。

三、探索融合新路径，坚持守正创新

2019年，习近平总书记在全国政协十三届二次会议文化艺术界、社会科学

---

① [加]麦克卢汉. 理解媒介：论人的延伸[M]. 何道宽，译. 南京：译林出版社，2011：40.

② 笔者对《复兴大道100号》主创人员刘镇杰的访谈，2023年8月。

界委员联组会上两次强调文化艺术需要正本清源、坚持守正创新。主流新闻媒体的根基在于对社会价值的引领。越强调融合，越要坚持守正，变的是形式，不变的是媒体的责任和基本功。

近年来，人民日报围绕重大主题打造了多款爆款产品，建军90周年之际，以交互H5的形式推出《军装照H5》，用户上传照片即可生成自己的军装照，并在社交平台进行分享转发；改革开放40周年之际推出《时光博物馆》，以线上短视频、H5和线下创意体验馆的形式对改革开放以来新中国发生的变化进行可视化呈现；新中国成立70周年之际，推出《复兴大道70号》，以线上交互H5、长图海报和线下展览的方式对我国70年来的伟大成就和人民生活变化进行梳理；建党100周年之际，以线上交互H5、SVG长图和线下创意体验馆等形式对百年党史中的重大事件和人民生活变化进行梳理。

人民日报在重大主题报道中始终坚持守正创新，守正即认准自身定位，坚守意识形态的主阵地，勇于肩负政治引导和舆论宣传的媒体责任，以传播的社会效益为导向，做好党和人民的喉舌；创新即策划新、创意新、技术新、表达新，在媒体融合的大趋势下，不断提高专业素养和能力，坚持产品的用户思维，利用新兴媒介技术探索多平台多渠道的传播路径，创新话语表达方式，推进媒体融合向纵深发展。

四、结语

在媒体融合背景下，《复兴大道100号》是人民日报在重大主题报道中进行革新式融合传播的有效探索，顺应了媒体发展的趋势，为重大主题报道提供了一个行之有效的创新范式和传播逻辑。第一，巧妙的创意和策划离不开技术的加持，要瞄准技术前沿，不断探索与媒体传播可结合的方式，创新表达手段；第二，无互动不传播，要坚持用户思维，用人民群众喜闻乐见的方式生产创作；第三，构建传播矩阵，形成线上线下、多平台、多渠道的传播路径，让用户主动连接场景和信息；第四，始终坚持守正创新，提升媒体的传播力、引导力、影响力、公信力。最重要的是，每一次爆款产品的诞生都让我们看见人民日报对于高品质、好创意、新技术、广传播的追求，正是因为产品本身就饱含心血与真诚，才真正实现震撼人心、打动人心、感染人心。

作品三：《2021，送你一张船票》

牛文杰　曹晚红　吴奕璇[①]

作品信息

作品标题：2021，送你一张船票

所获荣誉：第32届中国新闻奖融合报道一等奖

主创人员：李忠发、焦旭锋、周年钧、梁恒、马发展、殷哲伦

编　　辑：孙承斌、陈凯星、齐慧杰、于卫亚、范天资、赵鹏、黄筱
刘惟真、屈萌、张书旗、关开亮、王朝、乔煜城、王靖云
关明辉、相昌盛、陈子夏、缪异星、王龙、陶叶

原创单位：新华社

发布日期：2021年1月2日

发布平台：新华社客户端

作品简介

为庆祝党的百年华诞，新华社于2021年1月2日推出重磅融媒体H5产品《2021，送你一张船票》。该作品在传播形式上融合了互动型动画、多重音效、答题游戏和船票分享，将党的百年历程展现得栩栩如生。报道以嘉兴南湖红船为

① 牛文杰，河南开放大学专职辅导员；曹晚红，中国传媒大学电视学院教授，硕士研究生导师；吴奕璇，中国传媒大学电视学院硕士研究生。

线索，用长卷动画形式呈现了建党百年来的关键节点和伟大成就。用户“乘坐”红船穿梭在历史进程中，通过交互游戏、问题互动，最后生成属于个人的船票页面。作品以用户的出生年份为切入点，增强用户连接，通过“记忆”重塑唤醒大众的集体记忆与历史记忆。该报道成为建党百年报道中“破圈刷屏”的现象级作品，全网浏览量超过5亿次，成为传媒业界2021年开年“刷屏”力作。不仅让H5这一传播形式焕发出新的光彩，也为主流媒体做好党史故事融媒体报道进行了积极探索。

《2021，送你一张船票》二维码

作品分析

作为中央主流媒体建党百年系列融媒体报道中的代表之作，《送你一张船票》H5新闻作品实现了技术赋能背景下重大主题报道的新闻传播力与历史影响力的有机统一。在宏观回顾中国共产党百年历史的同时，作品采用关键节点互动叙事加强用户对百年党史的了解，引导用户在这一百年翻天覆地的变化中思考中国共产党百年奋斗的历史意义，以此唤醒用户的集体记忆和爱国爱党情怀，调动用户分享动力，引发情感传播热潮。

截至2021年7月23日，“船票”报道全网浏览量达4.8亿次，其中，H5浏览量为1.13亿次。值得注意的是，在信息高速更迭的新媒体时代，“船票”实现了用户平均访问时长6分38秒的超强“完播率”。后台数据显示，2021年1月2日首发浏览高峰后，3月23日至4月3日和6月15日至7月4日，“船票”迎来了第二轮和第三轮传播高峰。临近七一建党节时，这款已经发布了6个月的融媒体报道被网民再次分享——连续一周H5每天浏览量在400万次左右。①为什么《2021，送你一张船票》的生命力如此之强？为什么这一历史文献类融媒体产品具有非凡的吸引力？这样引人瞩目的传播效果是新华社多年来在媒体融合向纵深推进的过程中，主动走近用户，利用交互技术创新表达形式，提前策划、制作、发布，全心全意打造有互动性、创新性和传播力的重大主题融合新闻的努力成果。

一、多重交互场景下重大主题融媒体报道引发深度共鸣

融媒体产品交互性创意设计是指在融媒体产品的设计过程中，将交互性作为一个重要的设计原则，通过深入分析用户需求、行为和心理，以及综合考量技术、媒介和文化等多方面因素，创造出有效提升用户体验和参与度的交互性设计方案。②新华社新媒体中心融媒体采访部副主任焦旭锋表示，“船票”在设计之初，为了达到良好的传播效果，主创团队就交互设计展开了激烈的讨论，最终在查询上百万字文献材料、走访多个红色遗址、深入分析用户特点后，经过三个多月的制作周期、100多轮策划案修改、440多次线上测试，实现了从内容选取、产品设计、传播运营等方面的交互设计。截至2021年8月，“船票”都是全网浏览量较高的H5产品之一，浏览量超“5亿次”是“船票”在多重交互场景下引发用户共鸣，达到良好传播效果的最好例证。

（一）藏在“新闻游戏”中的历史事件交互

“新闻游戏”是乌拉圭游戏设计师弗拉斯卡在2003年提出的概念，即以游戏形式展现真实新闻的方式，也是对传统新闻分发进行补足与丰富的融合性媒体形式。《送你一张船票》是以建党百年的历史事件为故事背景和动画场景，以H5技术作为传播介质的新闻游戏，能够在多终端、多平台以链接形式进行传播，具有传播快、强交互、易操作的特点，兼具新闻传播与游戏娱乐功能。美国学者赖特的大众传播四功能说的功能之一是“提供娱乐”。③所以，新闻的“严肃性”与游戏的“娱乐性”并非完全对立，而“新闻游戏”则是“严肃性”新闻与“娱

---

① 焦旭锋.融媒互动报道“送你一张船票”用数据解读爆款产品[J].中国记者，2021（08）：26-27.

② 宋希.关于融媒体产品交互性创意设计的解析[J].记者摇篮，2023（06）：84-86.

③ 郭庆光.传播学教程（第二版）[M].北京：中国人民大学出版社，2011：101-102.

乐性”游戏的有机结合、共生形式，是实现“看不见的宣传”的新闻传播方式。

新闻游戏提供了与传统新闻分发不同的用户参与式互动机制，提供用户自主选择的机会，更大程度地调动用户自主性。《送你一张船票》并不只是呈现历史事件的动画画面，或者通过简单的点击形式展开创作者亟待分享的内容，而是通过一系列“新闻游戏”式交互设计提升用户对历史事件的记忆度和参与感。

用户输入中国共产党成立年份和自己的出生年份，点击“出发”按钮才能乘坐红船开启党的百年奋斗历程，在百年党史回顾中回答五个闯关问题：“中国共产党诞生于哪一年”“中华人民共和国成立于哪一年”“党的十一届三中全会哪一年召开”“党的十八大哪一年召开”“2021年是党成立多少周年”，通过关键节点的游戏闯关唤醒用户的记忆，引导用户在与历史事件的互动中获得沉浸式体验，加深用户对中国共产党历史的理解与认同。比起传统新闻单一线性的叙事模式，“新闻游戏”的新闻与游戏文本相结合的“交互式”叙事，在丰富党史新闻元素的同时，让用户身临其境地体验党和国家的发展史、奋斗史，激发用户家国情怀，引发用户情感共鸣，助力用户自发传播。在众多浏览用户中，24岁以下的浏览用户占60.1%[①]，这也再次证明“用巧思凸显主题”是中央主流媒体在重大主题报道时走近用户、吸引年轻用户的可靠方式。

（二）嵌入互动仪式中的集体记忆重塑

法国历史学家、社会学家莫里斯·哈布瓦赫认为，集体记忆是一个社会群体所共同享有的记忆，个人只有作为群体的一部分，并且参与社会互动才能够拥有这种记忆。[②]《送你一张船票》将个人经历融入百年党史，建构了一场个人与国家的互动仪式。关于社会互动，美国社会学家兰德尔·柯林斯指出，互动仪式可以使参与的个体产生共享的情感和相似的认知体验，并转化为一种群体归属感与团结感，这对于群体的团结有重要意义。[③] 建党百年主题互动新闻的用户不仅年龄差异大，而且未能完整地经历过新闻传达的百年党史过程。对于自己没有经历

---

① 焦旭锋.融媒互动报道“送你一张船票”用数据解读爆款产品[J].中国记者，2021（08）：26-27.

② 莫里斯·哈布瓦赫.论集体的记忆[M].毕然，郭金华，译，上海：上海人民出版社，2002：42.

③ 兰德尔·科林斯.互动仪式链[M].北京：商务印书馆，2021：95-96.

过的历史阶段，用户没有办法与他人分享记忆，从而无法完成集体记忆的建构。

针对这一问题，《送你一张船票》在H5一开始就邀请用户填写自己的出生年份，成功将用户个人带入党史发展历程，帮助用户产生与百年党史相关的个性化回忆和共性化的群体归属感，以此塑造集体记忆的互动仪式，形成了情感传播。在32个党史大事件接连出现时，屏幕上会显示历史事件发生时用户的年龄，或距离用户出生的时间。作品通过这种设置大大增强了用户与历史事件之间的双向联系，建构了新型互动仪式链传播场景，塑造的共同“在场”将用户个体情感凝聚为群体共享情感，唤醒了用户与党史国史相关的共同情感记忆。用户形成强烈的身份认同后，自觉地共同维护并分享情感体验，从而实现新闻产品的广泛传播。该新闻产品做到了真情流露而非刻意煽情，寓价值观传播于潜移默化中。

（三）融入答题互动中的用户二次传播

《送你一张船票》在内容相关节点处穿插答题互动，答题过程引发用户竞赛意识，不仅满足了用户的互动感，提高了用户的分享欲，还让用户在潜移默化中接受了党史学习教育。

1.设置基础问题

《送你一张船票》在5分钟的动画内容所展示的32个党史大事件中精心选择了中国共产党成立、中华人民共和国成立、改革开放、党的十八大召开、中国共产党成立100周年五个重要时间点设置填空题，通过媒体的议程设置功能为玩家设置关注焦点。问题设置的难度较低，既可以充实用户的党史知识，又能够提高用户的满足感和参与感。

2.契合动画故事

《送你一张船票》主创团队没有采取在动画结束后多道问题一起回答的形式，而是让历史事件和与该事件相关的问题同步出现。问题出现的时间节点与动画画面中的历史事件高度契合，切实起到答题互动的作用。如果在动画结束后设置问题，大多数用户会直接关闭网页，不会参与答题互动。在动画进行过程中设置问题，用户必须作答后才能继续观看动画，不过即使答错也能继续挑战下一关，保障用户完整的体验。同时，增强互动感。在动画过程中结合历史事件画面设置问题是一种双向交流，让内容好看更好玩，刺激用户分享欲，提升产品传播数据。

3.满足竞争心理

竞争作为人类社会普遍存在的一种行为，是一种人与人之间相互比拼、较量的社会心理现象。《送你一张船票》不同于普通H5的简单交互，它通过答题和星级的游戏设置巧妙地满足了用户的竞争心理。竞争心理能够激发个体的紧张感，引起应激状态的情绪，提高个体对目标的热情和参与度。用户在《送你一张船票》中每答对一个问题就可以得到一颗星，实现自我的审视与认可，在H5结束后，用户转发至其他社交平台的船票页面可以多获得一颗星。星星越多，表明用户答对的题目越多。这在社交媒体分享中形成了一种无形竞争，获星多的用户获得了一种展示的社交资本，获星少的用户可能会重新进行新闻游戏以获得更多的星星。这种星级功能制造了用户间的竞争，用户出于自我评价的需要，将更为主动地投入到答题之中，甚至让用户为了提高星级而多次进入H5。这样的设置不仅提高了作品的传播力和影响力，也让用户在答题的游戏过程中获得一种沉浸感，从而不会对宏大的政治内容产生排斥心理，让新闻作品实现了更好的宣传效果。

二、多渠道运营背景下重大主题融媒体报道形成传播合力

新媒体时代，虽说依然是“内容为王”的时代，但海量信息一闪而过，“酒香也怕巷子深”。好内容需要好运营助力，怎么铺开渠道、在不同时间节点通过运营提高话题率和用户参与度，扩大内容影响力，也是主创团队努力解决的问题。“船票”报道在前、中、后期深度运营吸引受众、铺开渠道，有效提升了报道的活跃性、到达率和话题度。主创团队将提升新闻产品的互动性放在重要层面，致力于通过多渠道运营提升影响力，真正发挥出融媒体的优势和价值。

（一）创新分享机制助力自发传播

打造新媒体时代爆款内容，不仅需要内容生产设计上的巧思，还需要运营上的创新。《送你一张船票》主创团队将互动性和个性化思维贯穿了作品制作的始终，将分享打上个人标签，促使个性化传播，主动寻求促进融媒体产品的“二次传播”。在H5内容结束后，主创团队并没有被动地等待用户分享，或采用简单的类似“喜欢的话请转发支持一下”的简单提醒方式，而是延长了内容生产链，设置了附带星级、专属于用户个人的分享卡片，用户可以自己挑选背景、

生成配有自己头像和专属ID号的分享卡片。个性化的卡片分享方式提升了用户分享的动力，促使用户迫不及待地将自己的“红船之旅”转发至个人社交平台，而这样的分享又会吸引社交平台的有效用户自发加入“红船之旅”，形成内容的多渠道、多圈层传播，这也是《送你一张船票》达到5亿次浏览量的重要原因。

（二）设置话题互动引发广泛共鸣

随着信息技术的高速发展，新媒体平台纷纷涌现，以“两微一端”为代表的各大平台汇集了大批量互联网用户，选好内容分发平台，设置互动话题，抓住用户，引发用户广泛共鸣，促进用户自发传播也是主创团队发挥融媒体优势和价值的重要方式。《送你一张船票》主创团队抓住了微博这一用户量庞大的新媒体平台，在《送你一张船票》H5报道发布后，主创团队在微博发起了#送你一张船票#话题，吸引用户广泛参与。很多网友在话题下留言，分享自己的党史记忆，并为新颖的创意和精心的设计点赞。话题互动的设置提高了用户的参与度，反向助推了H5产品的浏览量，也收集了丰富的党史相关民间语料，使报道实现较好的传播效果。

（三）延伸线下活动积聚忠实用户

在党史学习教育过程中，“线上+线下”相结合的教育方式屡见不鲜，在影视宣发过程中，线上推广和线下见面会总是有机结合的，但在融媒体作品推广过程中，“线上+线下”的方式并不多。《送你一张船票》吸取行业经验，开创融媒体作品线下互动模式，引领用户走进党史，积聚一批有一定影响力和传播力的忠实用户。在全网多渠道推广《送你一张船票》H5作品时，主创团队在社交媒体平台发起抽奖活动，被抽中的幸运用户可获得“百年红色之旅”礼包，赴上海中共一大会址和嘉兴南湖红船参观。从线上宣传到线下参观，不仅提高了用户的参与度，还延长了百年党史宣传教育的链条。同时，制作团队还策划了其他线下宣传方案，比如制作文创产品，旨在通过线下实景实物体验将中国共产党的百年奋斗历程及奋斗意义植根在用户心中，促使用户成为党史的自发学习者和宣传者，形成传播闭环。

三、多方发力形势下重大主题融媒体报道的经验

重大主题报道是主流媒体优势和权威性的集中体现，也是各大主流媒体展

示看家本领的竞技场。融媒体时代，如何做好重大主题融媒报道，提高报道的接受度和传播力，让社会主流价值观更贴近用户，是主流媒体不断思考、解决的重要问题。新华社《送你一张船票》的成功“出圈”，证明在媒体深度融合的背景下，主流媒体做好重大主题融媒体报道是推动媒体融合建设、提升自身影响力的重要抓手。各大主流媒体可以从“船票”的成功“出圈”中汲取做好重大主题融媒体报道的经验。

（一）报道形式：技术赋能，创新驱动

传统的重大主题报道往往内容过于枯燥，体裁和形式较为单一，宣教意味过浓，会使用户逐渐失去阅读兴趣。透过《送你一张船票》的成功“出圈”，我们发现在信息技术飞速发展和媒介融合的大背景下，主流媒体在重大主题报道时，应该坚持在“内容为王”的基础上，注重技术创新，因为技术创新更能凸显报道的特色，让重大主题报道迅速脱颖而出。“船票”H5报道选择LayaBox游戏引擎，把H5以游戏级别的标准进行开发，首次完美解决了移动端横屏、竖屏切换难题，首次解决了H5在PC端及各种线下大屏的适配问题。[①] 这使用户进入“红船之旅”时就像进入一场游戏。技术革新带来高度舒适的体验，使重大主题报道的宣教意味降低，带给用户更多的是面对重大主题所产生的沉浸式体验与思考，重大主题报道传播效果不降反增。

（二）矩阵传播：多媒联动，凝聚合力

近年来，众多平台纷纷涌现，积聚批量用户，使主流媒体新闻内容分发渠道日益多样化。在媒介纵深相融的背景下，如何根据不同平台属性做好内容创意设计和分众传播成为主流媒体推动重大主题报道多媒联动，凝聚传播合力需思考的重要问题。注重多平台、多形式、多版本、多组合推送，形成各种形式的媒体平台联动，构建起全媒体矩阵组合传播，让重大主题报道“融”起来，是主流媒体打造强有力的传播矩阵，做好重大主题融媒体报道的重要手段。《送你一张船票》除了主力H5报道，还推出长图版、视频版及文字“融媒故事”版等多种形式，其中长图版在学习强国平台的阅读量突破1200万次，点赞量超过25万次。主流媒体以多媒体互动的形式呈现报道内容，可以有效提高报道的感

① 焦旭锋.融媒互动报道“送你一张船票”用数据解读爆款产品[J].中国记者，2021（08）：26-27.

染力、传播力和影响力。

（三）历史价值：海量资料，轻量传播

坚持党对新闻工作的领导，是主流媒体做好重大主题融媒体报道的重要前提。在这一前提下，坚持马克思主义新闻观和正确的党史观是主流媒体凸显报道主题，彰显报道内容历史价值，促使用户学习报道内容的重要原则。在重大主题报道策划前期，主创团队就应通过多种途径搜集海量资料，挖掘报道主题的历史价值，归纳总结报道重点，并化繁为简，用最通俗易懂、喜闻乐见的方式传递给用户。正如做好建党百年的融媒体报道，就要对党史学深悟透，筑牢理论根基。《送你一张船票》策划阶段，主创团队查询相关文献材料上百万字，多次实地走访南湖革命纪念馆、中共一大纪念馆等地了解“红船”文化，同时查找新华社稿库、中国照片档案馆，各地博物馆馆藏内容作为参考。在反复研究后，团队精心遴选出红军长征、全民族抗战等重要节点，以金线勾勒的国潮插画为表现手法进行视觉呈现，打造出既有内容厚度、艺术高度，又有体验新意的报道。在制作的整个过程当中，团队成员还持续向党史专家请教，反复对文字表述和画面进行核准，甚至设立了专职挑错成员。①

高度互动的重大主题报道可以对抗遗忘，是集体记忆建构的有效途径。《送你一张船票》对建党百年中关键性的历史节点做出系统性梳理，具有珍贵的史料与文献价值。同时，主创团队为主流媒体如何讲好重大主题回顾性融媒体报道提供了有益借鉴。这一报道通过高度的互动性，提高了用户对报道和历史的认知度、参与感，建构和唤醒了集体记忆。《送你一张船票》通过回顾党的百年历史，唤醒本就根植于人民脑海中的时代记忆，从记忆深处让人民和国家同频共振，激发民族自豪感，从而使重大主题新闻作品摆脱从上到下单向的宣教意味。《2021，送你一张船票》串联历史与现实，连接过去与未来，讲述的不仅是党的发展史，也是近现代中国的复兴史，更承载了对未来实现共产主义的美好憧憬。

① 焦旭锋.融媒互动报道“送你一张船票”用数据解读爆款产品[J].中国记者，2021（08）：26-27.

作品四：《为谁辛苦为谁忙》

曾祥敏　况一凡[①]

作品信息

作品标题：微视频丨为谁辛苦为谁忙

所获奖项：第32届中国新闻奖融合报道一等奖

主创人员：闫帅南、李浙、曲羿、乃扎尔·阿力木、刘林、樊浩

编　　辑：王元、李伟

原创单位：中央广播电视总台

发布日期：2021年12月20日

发布平台：央视新闻客户端

作品简介

2021年末，央视新闻推出时政融合创新微视频《为谁辛苦为谁忙》，回顾梳理习近平总书记这一年的考察足迹。该微视频在全网播放量超4000万次，相关话题阅读量超2亿次。该作品获得第32届中国新闻奖融合报道一等奖。

① 曾祥敏，中国传媒大学电视学院教授、博士研究生导师；况一凡，中国传媒大学电视学院硕士研究生。

《为谁辛苦为谁忙》二维码

作品分析

2021年末，中央广播电视总台央视新闻新媒体推出时政短视频《为谁辛苦为谁忙》，回顾梳理了习近平总书记一年的考察足迹，在广大网友心中留下了温暖印记，也为时政视频报道提供了一种“情感化表达”的融合新思路和新方向。

习近平总书记的年度工作梳理视频，往年多以时间线进行盘点，力求规范、标准。如何做出新意，如何让时政视频也能有新媒体的传播语态，如何让主旋律报道有流量，并与用户形成情感交流，就需要创新时政语态，以情感为内核，整合鲜活的现场画面、同期声、融合混剪、MV等多种短视频元素，全景化呈现习近平总书记浓浓的人民情怀。

一、胸怀大局，寓情于理回答“时代之问”

春夏秋冬、日日夜夜，从多彩贵州到闽山闽水，从八桂大地到青藏高原，从黄土高原到黄河入海口……习近平总书记的脚步走遍中华大地。走进田间地头，走进学校部队，走到群众身边，习近平总书记牵挂着老百姓过日子的每一件事。

好选题是新闻作品出彩的基础，也是中国新闻奖评选的重要标准。党的十八大以来，习近平总书记反复强调，新闻媒体要以“围绕中心，服务大局”为基本职责，胸怀大局、把握大势、着眼大事，努力找准新闻宣传工作的切入点和着力点。2022年，在向第二个百年奋斗目标进军的关键节点，短视频《为谁辛苦为谁忙》把握习近平总书记十年考察这一重要主题，以习近平总书记的人民情怀为核心理念，寓情于理回答了“时代之问”：我们为什么能够成功，怎样才能继续成功？答案便是视频中反复强调的"一切为了人民"。视频彰显和凝聚了党的领导人团结带领人民，开创新时代伟业的力量，在立意主旨上胸怀大局，引导正确的舆论导向。

在新媒体时代，有不少人认为硬时政内容缺乏受众，很难获得流量。对此，本片的编导——中央广播电视总台新闻新媒体中心编辑王元的看法恰恰相反。王元负责"央视新闻"视频号、抖音号的短视频策划、编导工作，他依据自己的工作经验，将大国风采、人民情怀、理论哲理总结为主流媒体吸引用户关注的三个"流量密码"。群众怀着浓厚的家国情怀对习近平总书记的爱戴敬仰，乐见展现大国外交、领袖风采、领导人为民情怀，以及解读理论方针、品读人生哲理的报道，习近平总书记的相关报道更是"顶流中的顶流"。[①] 新媒体时代不仅同样需要时政新闻，更需要让好的时政新闻发挥传播力、引导力、影响力和公信力，主流媒体要能够"讲好故事"，去创作更生动感人的作品。

以情感共鸣为基础，选题立意才能感动用户。《为谁辛苦为谁忙》从整体的结构设置，到具体的标题拟定，都以激发用户的情感共鸣为核心诉求。在标题的拟定上，"为谁辛苦为谁忙"七个字发出饱含深情的设问，为视频奠定情感基调：习近平总书记这一年跋山涉水、一步一履，为谁辛苦为谁忙？是为国操劳，为民奔忙，这样深厚的为民情怀最为动人。在结构上，视频打破以时间或地点为主线进行叙事的常规思路，通过"混剪"的方式，以情感的层层叠加递进为逻辑来组织素材，通过后期剪辑来把握节奏，在结尾以"总书记的十年牵挂"进行价值升华，达到情感的高潮。

二、拉近距离，"掐尖"真实细节增强感染力

时政类新闻因其自身的严肃性，容易让用户产生距离感。《为谁辛苦为谁忙》以习近平总书记的人民情怀为主题，如何让情感的感染力更为自然，而不让用户感到生硬？如何增强报道的亲切感，让"为人民服务"的初心底色深深感染广大群众？

《为谁辛苦为谁忙》之所以能做到吸引用户，并打动人心，是因为展现了

---

① 笔者对《微视频丨为谁辛苦为谁忙》主创人员王元的访谈，2023年8月。

"最朴素、原始、真实的情感"。[①] 编创团队希望在视频中展现习近平总书记像"邻居爷爷"一样关心群众的点滴生活，凸显亲和力，避免显得高高在上、有距离感。视频精心选取一年里习近平总书记深入社区、乡村一线，与群众面对面交流的时政画面。视频中，习近平总书记与群众聊生活、拉家常，询问农民收入，助老食堂的饭菜价格，桩桩件件都是老百姓寻常生活中的事，让人们直观地感受到习近平总书记与人民群众心贴心地在一起。"邻居爷爷"的形象，不同于一般的时政新闻常常展现出的习近平总书记严肃的一面，所形成的反差感让用户感到格外新鲜、眼前一亮。

内容素材的扎实积累，是创作的基础。受到制作时长、成本等因素的制约，由记者现场拍摄，再编辑发出的"自采型原创"新闻数量相对有限，媒体所生产的大量内容其实是"编辑型原创"的作品，编辑型原创同样考验编创团队的素材收集能力。在素材收集上，一方面，总台的前线记者拍摄了大量的现场视频画面，已播出的节目画面作为独一无二的视频版权资源存储在媒体资源系统中，可供编辑部门申请调用；另一方面，长期关注时政的编辑人员也会在全网搜寻视频资源，甚至用"笨办法"早做打算，长期积累，在当期节目播出时就录屏视频画面，长期保存，以备后用。《为谁辛苦为谁忙》将一年里习近平总书记深入社区、乡村一线的时政画面"掐尖"，一年积累的视频素材为画面的极致展现提供基础，从而保证每一帧每一秒，都有足够的感染力和表现力。据编导王元介绍，本片的几位编导均是时政爱好者，对习近平总书记历年的考察足迹十分熟悉，且保存了大量相关的视频素材。由此来看，《为谁辛苦为谁忙》的编创团队之所以能够及时发掘和策划"十年考察"这一主题，并将内容素材精心整合，离不开长期的时政观察和资源积淀。

除了内容素材的选取，在制作上，短视频使用大量的同期声和细腻的局部特写，通过"扑面而来"的习近平总书记与人民的温暖瞬间，快速将用户带进身临其境的"零距离"现场。短片使用大量特写镜头，比如习近平总书记走进群众家中，打开冰箱，掀开锅盖，看看群众吃得怎么样；走进田间，俯身摘下一个豆荚，一撮一捻，顺手将一颗大豆放进嘴里尝一尝……相比于仪式化的事

---

① 笔者对《微视频丨为谁辛苦为谁忙》主创人员王元的访谈，2023年8月。

件和场景，细节常被认为是在不经意间的自然流露，因此是最真实的。以这些细腻自然的动作为切入点，将习近平总书记心怀家国、躬身为民的点点滴滴娓娓道来，才最具有打动人心的力量。

谈及《为谁辛苦为谁忙》对海量现场画面素材的精选标准，主创团队更多遵从“主观的感受”[①]。以主观感受作为筛选标准看似感性，不够严苛，其实是因为编导团队有着长期的经验积累，熟悉自身用户的心理和以往用户对作品的反馈，因此对什么样的画面素材更能吸引用户有着经验性的直观判断。其中，“现场感”就是一个重要的标准。“现场感”是指视频能让观众身临其境，仿佛在现场旁观，有时候画质粗糙、原始的视频传播效果反而极好，正是因为“粗糙”的视频更有现场感。相比于经过后期制作精心包装的视频，最原始的现场直拍和同期声往往更有感染力和真实感。

《为谁辛苦为谁忙》未设置旁白，全部使用习近平总书记重要讲话的原声，且大部分为现场同期声。“我忙就是忙这些事，‘国之大者’就是人民的幸福生活。”“我们是人民的勤务员，这句话不是一个口号，我们就是给老百姓做事的。”习近平总书记的话亲切朴实，句句不离“人民”，短视频用一幕幕基层考察的场景进一步烘托了这种人民情怀。走在村民的家里、社区的食堂、植树造林的现场、学校里孩子们的包围中，习近平总书记的这些肺腑感言有了生动具象的诠释，升华出更加强烈的感染力。

三、短小精悍，平衡时长和叙事结构的艺术性

一寸短，一寸险。短视频不只是视频时长缩短，而且是视频的整体设计更符合移动互联网时代，用户随时随地观看，在海量内容中，选择短暂停留浏览的内容消费习惯。短视频平台的推荐算法与此思路一致，如果视频过长将会挑战用户的耐心，在算法评估指标上，体现为综合视频的转发、评论、点赞等反馈行为和完整播放率进行评价，继而影响推荐流量。

优质的短视频作品并不会简单地压缩时长，而是力求做到短小精悍。《为谁辛苦为谁忙》通过“混剪”的形式进行碎片化叙事，“混剪视频”是一种将多

① 笔者对《微视频｜为谁辛苦为谁忙》主创人员王元的访谈，2023年8月。

个预先摄制的视频文本，根据某一主题重新组合、二次剪辑的视频类型，具有主题鲜明、结构简单的特点，这种拼图式的操作尤其适合新媒体传播。《为谁辛苦为谁忙》短视频总时长仅有3分43秒，但“麻雀虽小，五脏俱全”，采用“三段式”的剪辑节奏，片头提纲挈领，习近平总书记与群众交流纪实为主体内容，片尾深化主旨，达到情感高潮。

在短视频制作中，有一句行话叫“15秒定生死”。实际上，在用户快节奏的短视频消费中，如果一个视频不能在前3秒吸引用户，那么等待它的只有被“划走”的命运。《为谁辛苦为谁忙》的片头共16秒，画面随着明快的背景音乐迅速切换12幕，其中前3秒切换5幕，以“紧锣密鼓”之势亮明主旨，迅速吸引关注，留存用户。实际上，编创团队在制作这段片头时还加入了节奏上的巧思。片头借鉴了以往纪录片制作的常用技巧，以一段快节奏的车辆赶赴现场的画面作为引入，正式进入主题后再将视频的节奏慢下来，疾驰的车辆能迅速将用户带入现场，“一快一慢”的张弛之间，既能迅速吸引用户，又能增强叙事节奏的仪式感和艺术感。

在短短15秒的开头中融入剪辑节奏上的巧妙变化，看似是极其微小的细节，这些节奏变化甚至都未必能被用户注意到，但却能悄无声息地增强视频的吸引力。对这些细节的处理和把控，正是体现编导和剪辑师功力的地方，有经验的剪辑师能够把控视频的节奏，合理排布每段视频的信息量，让视频有张有弛，“像呼吸一样自然”，用户观看起来既不会感到平淡无聊，又不会因为节奏过于紧张，而看得很累。[①] 这些细节上的差别在无形中影响视频最终的呈现效果，而其中的功力则来自长期的揣摩和经验积累。

鲜明的主旨，是混剪视频将散乱的素材组织在一起，并赋予意义的核心要素。大量习近平总书记一线考察的纪实内容之后，画面紧接着转到群众围着领导人挥手致意，以习近平总书记“我将无我，不负人民”的崇高承诺结尾。全片先以生动细节叙事，再上升到抒情，避免情感空泛，令习近平总书记博大、深沉、真切的人民情怀，和人民对领导人的爱戴层层递进，自然地推向高潮，在结构上避免平铺直叙，增强叙事结构的艺术性，同时有利于主旨更加深入人心。

---

① 笔者对《微视频丨为谁辛苦为谁忙》主创人员王元的访谈，2023年8月。

四、以情动人，用好背景音乐增强情感化表达

新闻消费方式的变革，使情感传播成为短视频生产和消费的重要部分。带有强烈感情色彩的内容更容易引发用户共鸣，也有利于拉近与用户的距离，打破媒体严肃刻板的印象。这种“混合情感传播模式”，以情感传播为外在驱动和影响诉求，以政论模式、信息模式、故事模式等为内在构成和信息要素，代表中国主流媒体在新闻生产常规上正在进行的转变。①

《为谁辛苦为谁忙》以一句饱含深情的设问为标题，选取习近平总书记深入群众的点滴瞬间，以细节特写和朴实的话语，在细腻情感传播中折射“我将无我，不负人民”的主题。此外，背景音乐与视频画面在情感上相互促进，在短视频的情感化表达中也发挥着关键作用。

音乐能在无形中悄然影响观众的情感走向，对于以信息传递为主要目的的新闻来说，背景音乐可能减损客观性，但对于以情感传播为主要诉求的报道，充分发挥背景音乐的作用，能让时政短视频更有感染力。音乐的起伏节奏，在混剪视频中发挥关键作用，若把声轨静音，视频将只剩下散乱无序的素材，难以凸显情感和主旨。

《为谁辛苦为谁忙》共使用三段音乐，分别与三段内容相配合。片头音乐节奏明快，配合迅速切换的画面，将用户吸引到视频中。纪实部分处于情感酝酿阶段，音乐悠扬反复，不喧宾夺主，与温暖、朴实的叙事风格一致。短片最后则换用更有气势的合唱，与群众紧紧围在习近平总书记身旁的画面相配合，将领导人团结带领人民的情感推向高潮。结构、音乐、画面、语言紧密配合，让情感传播避开僵硬的强行煽情，实现自然真切、深厚饱满，润心于细无声的效果。

抖音、快手等短视频平台是《为谁辛苦为谁忙》的重要播发渠道，短视频平台突出音乐在传播中的吸引力，背景音乐的选取对作品传播效果的影响较大。如何用好背景音乐，让背景音乐与内容情感配合得更自然，而不是喧宾夺主，显得杂乱或生硬？音乐即结构，音乐能够起到调整情绪节奏的作用。用好背景

① 张志安，彭璐.混合情感传播模式：主流媒体短视频内容生产研究——以人民日报抖音号为例[J].新闻与写作，2019（07）：57-66.

音乐，能使音乐与情绪的铺垫相契合，让视频的节奏更舒服，自然而然地推进情感高潮，但如果内容情感的“浓度”还没有达到，突然扬起高涨的音乐，用户在情感上会产生感知的差异，音乐就会形成干扰。因此，要想用好背景音乐，首先需要编导和剪辑师对内容有精准的把握，音乐要为内容服务，其次需要有丰富的背景音乐积累，培养良好的音乐审美，最好能做到“一看素材，就知道配什么音乐”。[①]

五、两年回望，算法推荐机制下坚守视频编辑原则

《为谁辛苦为谁忙》创作于2021年下半年，到2023年8月，时间已经过去近两年。在这两年的时间中，风云变幻的短视频创作领域有了新趋势和新变化，对本片的编导来说，也有了更深经验积淀和新的思考。

《为谁辛苦为谁忙》是一则编辑型原创的短视频作品，其素材来自此前的积累，或者是在网上搜寻而得。对编辑型原创的作品而言，如何通过二次创作赋予作品独特的吸引力，处处体现着编辑的功力。

传统电视端对新闻节目的后期剪辑要求不高，基本是对一线记者采访的画面进行简单裁切，展现出基本信息即可。受到制作成本、拍摄条件的限制，目前各新闻媒体新媒体端的编辑型原创的作品远高于自采型原创。对此，新媒体端的视频编辑首先需要在观念上摒弃传统端制作的“播发思维”，即摒弃那种忽视用户感受，只要制作完成、安全播出就算完工的做法。在移动新媒体时代，作品好不好，用户喜不喜欢，可以通过浏览量、点赞量和评论数据实时、直观地展现。其次，优化作品的努力体现在作品画面、节奏、音乐、结构等每一处微小的细节中，尽管这些细小的努力可能不会被用户直接注意到，但总能影响视频最终的呈现效果，决定作品是否能走向用户、吸引用户、打动用户。

《为谁辛苦为谁忙》的总时长仅有3分43秒，但今天，不少媒体为了迎合平台对视频“完整播放率”的要求，将视频的时长越压越短，甚至将短视频的时长压缩至一分钟或几十秒。当谈及如果今天重新制作这条视频，会采取怎样的调整时，编导王元表示，“该多长还是多长，不会压缩视频时长”。时长应当以

---

① 笔者对《微视频丨为谁辛苦为谁忙》主创人员王元的访谈，2023年8月。

视频的素材和剪辑的思路为准，如果视频本身做得足够好，能够吸引人留下来观看，也一样能收获很高的完整播放率，不需要通过压缩时长来迎合算法。“当时也不是没有考虑算法”，但靠近算法推荐机制的方式有很多，如选用更流行的背景音乐等，平台的算法推荐本质上是想筛选更优质、更吸引人的内容，而不是鼓励创作者为了迎合算法，去选择简单粗暴，牺牲内容质量的做法。①

六、结语

通过一条视频，梳理习近平总书记一年足迹；以一年足迹，汇十年牵挂；以十年牵挂，见百年初心……《为谁辛苦为谁忙》的创新之处在于，成功将短视频的碎片化传播和情绪传播手法代入时政视频的话语体系，不拖泥带水，也没有叠床架屋，摆脱传统时政报道硬叙事的桎梏，充分发挥短视频的传播特点，以情动人，让时政短视频更加柔软，有更多的细腻生动和亲切感，形成穿透效应，成就融合传播。

《为谁辛苦为谁忙》在报道理念和策略上，均有值得其他主流媒体借鉴的宝贵创新。“不日新者必日退”，当前做好宣传思想工作，比以往任何时候都更加需要创新，而是否善于创新，是否能够做到常做常新，正是新闻媒体发展壮大、保持强大生命力的关键所在。

① 笔者对《微视频丨为谁辛苦为谁忙》主创人员王元的访谈，2023年8月。

作品五："时习之"

王婧雯　卜欣荣[①]

作品信息

作品标题：时习之

所获奖项：第32届中国新闻奖新闻专栏一等奖

主创人员：何晶茹、申亚欣、邓志慧、秦华、任一林、黄子娟、宋子节

编　　辑：集体

原创单位：人民网

创办日期：2020年8月1日

发布平台：人民网

作品简介

"时习之"大型融媒体专栏自2020年8月创建，由人民网主办。专栏以习近平新时代中国特色社会主义思想为指导，通过文字、图片、音频、视频、数据、访谈、交互等多元融媒体形式创新报道语态，把宣传好习近平新时代中国特色社会主义思想作为核心要义，通过全媒体化视听交融的形式，深入阐释习近平新时代中国特色社会主义思想的丰富内涵，展现大国领袖的时代担当、人民情怀，搭建起国内外广大网友学习习近平新时代中国特色社会主义思想的学习平台。

① 王婧雯，中国传媒大学电视学院副研究员；卜欣荣，中国传媒大学电视学院硕士研究生。

“时习之”纵向分类涵盖政治、经济、文化、社会、生态、党建、外交等七个领域，横向包括学习金句、论述摘编、权威解读、独家策划、学习知行、学习深一度等专题。专栏全年报道不断档，策划团队24小时实时响应，稳定保持工作日日均一期以上的推出节奏，同时，重点内容均同步多语种转发，形成境内外联动传播，专栏累计访问量超过6亿次，成为品牌化、产品化、系列化的网络学习平台。

“时习之”作品二维码

作品分析

做好党的宣传思想工作，举旗帜、聚民心、育新人、兴文化、展形象是新时代主流媒体的使命任务。“时习之”专栏以做好习近平总书记报道、宣传阐释好习近平新时代中国特色社会主义思想为核心要务和首要责任，坚持导向为魂、移动为先、内容为王、创新为要，成为重大主题报道探索创新的典型案例。

一、举旗铸魂，壮大主流舆论阵地

“时习之”专栏举旗铸魂，以思想武装头脑，以观念引领方向，深入学习贯彻习近平新时代中国特色社会主义思想，着力培育和践行社会主义核心价值观，把握全局视野，坚守政治立场，精准表达，树立平台权威性，壮大主流舆论阵地。

（一）全局统筹，系统化组织

为做好习近平新时代中国特色社会主义思想的宣传阐释工作，“时习之”专栏坚持系统化思维，面对重大主题、重大新闻，第一时间响应，全局统筹谋划。专栏团队依托细致周密的顶层设计，制定框架方案、分阶段方案和具体产品系列方案，“将自上而下的组织指挥和自下而上的创意策划有机结合，集合优势资源做好核心报道”[①]，既保障了重点选题策划的高度站位，又激发了采编团队的活力，使重大主题报道内容深度、形式鲜活。在新闻生产过程中，专栏团队“准确把握时机，不滞后、不超前、不拖沓，对热点话题、重要活动速战速决，对长期议题久久为功。通过系统化的设计、梳理和阐释，力争在立意上高人一筹，阐释上深入一层，不断拓展深度，把报道做特做优。”

在建党百年、“十四五”开局、全面建成小康社会等重要时间节点，“时习之”专栏瞄准机遇，围绕重大主题系统化设置系列报道、专题报道，推出优质内容。习近平总书记在庆祝中国共产党成立100周年“七一勋章”颁授仪式上强调，新时代是需要英雄并一定能够产生英雄的时代。[②] 人民网结合建党百年重要时机，系统策划，拔高立意，选取各行各业中为伟大祖国繁荣昌盛而接续奋斗的新时代英雄，讲述他们与祖国共同成长奋斗的故事，推出《砥砺奋斗·习近平为他们点赞》。

同时，“时习之”专栏团队充分发挥集中作战优势，一体化组织指挥。在报道方案确定后，专栏团队以骨干编辑记者为核心力量，将不同任务分发到专业采编人员手中，通过采访、成稿、编辑、后期包装制作等全要素协同，把握新闻产品的整体质量和节奏，实现了策划报道的统一性、连贯性、系统性。

（二）精准表达，权威解读

作为宣传阐释习近平新时代中国特色社会主义思想的重要窗口，“时习之”专栏肩负着重要的政治使命和责任。因此，内容的精准度、解读的权威性是“时习之”专栏关注的重中之重。专栏团队保持高度的政治敏感与专业自觉，无论报道方式与话语表达如何创新，每篇报道都始终从习近平总书记的重要论述出发，精准传达习近平新时代中国特色社会主义思想的深刻内涵。“时习之”专栏认为，“新媒体化”“融媒体化”并不是要用“网言网语”，更不能因“流量冲动”“博眼球”而丧失安全性。[③] 专栏团队将“平稳、平时、平和”作为做好重大

① 笔者对“时习之”主创人员的访谈，2023年9月。

② 习近平.在“七一勋章”颁授仪式上的讲话[N].人民日报.2021-06-30（02）.

③ 笔者对“时习之”主创人员的访谈，2023年9月。

主题网上宣传报道的核心思路，在领导人报道上做到平稳、守正、严谨，展现大国领袖风范，在报道文风上做到平实、务实，有效传递思想的深度，在报道视角上与世界和平共荣，平和阐述“世界之中国”。

同时，为强化对习近平总书记重要论述解读的精准度、权威性、影响力，“时习之”专栏团队熟读、研习习近平总书记的著作、文章及讲话，在报道内容上严谨考究，并建立起权威、高端的重大主题报道专家库。栏目推出“党校公开课”“党的二十大精神理论大讲堂”“思政微课堂”等网络公开课，邀请名师讲解党的理论，与相关领域专家学者积极联动，保障新闻产品能够及时、准确、深度地阐释习近平总书记治国理政的新理念、新思想、新战略，让党的创新理论更加深入人心。

专栏的审核实行“编辑—主编—部门负责人—总编”“四重”稿件审核四审四校流程。在人工审核的同时辅以智能化技术手段，建立差错库、舆情风险库等学习工具，对相关特定表述进行准确识别、提示与拦截，做到采编审发全流程可管可控可查。

二、话语创新，打造时政新闻新样态

“时习之”专栏关切国情时情，从叙述语言、媒介载体、叙事渠道三方面创新话语表达方式，增强新闻接近性，拓展时政新闻传播力，提高时政新闻话语权，打造时政新闻新样态。

（一）小切口轻量化，引发情感共鸣

要让宏大的时政新闻“接地气”“察真情”，关键在于对细节的把握。“时习之”团队用“活鱼”来形容短小精悍、细节丰富、场景生动的新闻素材，“找细节、捞‘干货’、抓‘活鱼’”是“时习之”团队新闻报道中重要的叙事思路。通过平实生动的笔触、贴近百姓生活的细节、鲜活真切的故事，于细微处见大气象，展现习近平总书记高瞻远瞩谋划发展、倾听民声察民情的深厚情怀。例如，在2021年全国两会期间，“时习之”策划推出《总书记关心的“电热炕”到底啥样？》，从青海省班彦村村民们用电热炕改变取暖方式这一生活缩影入手，反映脱贫攻坚与乡村振兴的扎实成效，呈现人民的美好生活。2023年全国两会期间，“时习之”专栏又策划了《不负人民——习近平的两会关切事》系列报

道，聚焦习近平总书记下团组与基层代表面对面的所见所闻与殷切嘱托，如内蒙古嘎查的路、乌梁素海的水、四川悬崖村的“藤梯”等，透过鲜活细节展现百姓生活的巨大变迁。

“时习之”专栏注重以人为核心，见人见事见情，更好地拉近了时政热点与民生关切的距离，让党的创新理论“飞入寻常百姓家”，强化受众对习近平总书记治国理政方略的情感共鸣与政治认同。例如，为做好党的二十大相关宣传报道的预热，专栏推出《幸福说给总书记听》系列报道，回顾习近平总书记深入基层的考察实践，回访与习近平总书记交谈过的干部群众，通过深度的人物特写、生活深描，传递人民满满的获得感、幸福感。

（二）多元融媒赋能，以全媒体思维创新时政话语

根据报道内容与传播场景的不同，“时习之”综合运用文字、图片、音频、视频、数据、访谈、交互等多元融媒体形式创新报道语态，产品形态涵盖文字报道、图解海报、短视频、纪录片、动画、H5等丰富类型，以可视化、年轻化、时代化的理念收集整合习近平总书记图文声像材料、阐释传播习近平新时代中国特色社会主义思想，以全媒体的思维逻辑服务时政报道的话语创新。

图文产品具有快速响应、清晰易读的优势，因此，“时习之”善用图解海报形式将内容快速可视化。例如，《沿习之道——习近平的2022·初心如磐绘山河》《2023年中策划·谱写中国式现代化建设新篇章》等系列图解作品以主题化、系列化、模块化的思路提炼习近平总书记重要讲话的关键内容，海报的色彩、装饰等视觉设计紧贴新闻主题，与纪实图像相结合，在提供新闻信息的同时给用户带来清晰、直观的阅读体验。其中，《2022年习近平的这些信，跨越山海情真意切》以时间顺序梳理了习近平总书记2022年给国内外各界人士的回信，将国际友谊、体育精神、航天科技、科研教育等多方面内容巧妙地以信件的视觉设计融入一张长图。除此之外，栏目创新视觉表达，尝试用创意手绘漫画形式解读习近平总书记的重要讲话，推出《习近平“七一”讲话中提到的“教师爷”，究竟啥样？》，通过趣味的解读让习近平总书记提出的“教师爷”的形象深入人心。

“时习之”栏目积极创新时政报道的视听产品形态，不仅策划有新意的传统横屏视频，还尝试更符合移动传播用户习惯的竖屏微视频。栏目将虚拟合成动画与实拍纪实画面融合，推出《42年冰雪梦——这一天·向未来》，讲述中国参加冬奥会以来的大事记，展现中国的冬奥精神；将手绘动画与图文融合，推出《跟总书记学党史》动漫。栏目充分发挥竖屏视频的移动传播优势，推出微视频《30秒，带您了解政协委员向总书记展示的“天梯”》，用短短30秒时间，将富有现场感的竖屏纪实影像与文字关键词、背景音乐巧妙融合，打造具有“网感”的视听节奏，在简洁明快的视觉语言中呈现“天梯”及其背后的时代变迁。

（三）内宣外宣联动，积极引导主流舆论格局

面对日益复杂的国际舆论形势，主流媒体不仅要对内做好重大主题报道，更要掌握国际舆论引导的主动权，积极设置议题，构建内宣外宣联动的主流舆论格局。“时习之”专栏在对内建立党政垂直平台的基础上，对外重点强化国际传播的内容建设、话语体系建设与传播网络建设。例如，为讲好脱贫攻坚的中国故事，传播习近平总书记关于脱贫攻坚重要论述精神，“时习之”创作了《26个字母看中国脱贫制胜密码》创意海报，巧妙借助26个英文字母突出26组脱贫攻坚关键词，文字言简意赅，视觉语言表意鲜明，兼具中国思想与国际表达。作品被翻译成9个外国语种、5个民族文字，并重点面向社交平台、移动端口建立多渠道、广覆盖的传播格局，在脸书、推特、“一带一路”新闻合作联盟网站、人民日报英文客户端等国际传播平台取得良好反响，为提升国际传播效能提供了借鉴。

三、深度融合，迈向智慧全媒体传播体系

“时习之”专栏坚持守正创新，注重深度融合。从媒体内部的团队与平台两方面把握深度融合发展规律，打造一体化全流程协同团队与信息集成移动伴随学习平台，推动主流媒体构建智慧全媒体传播体系。

（一）全流程协同，“中央厨房”放大一体化效能

全媒体传播体系的建设与运行是一个全员、全流程协同的系统性工程。为此，“时习之”专栏充分发挥“中央厨房”生产模式在资源配置、流程协同上的突出优势，全媒体采编、跨部门协作。专栏建立起便利化的联通机制和渠道，以孵化新型“融媒体工作室”的形式进行总体统筹，使平台价值最大化。“从新闻策划、方案制定，到报道执行、包装呈现，全链条体现新媒体优先、移动优先理念，优化采编流程，打破部门界限，以产品为单位，成立项目团队，推进

新闻生产。”[①] “时习之”专栏打通资源壁垒，形成遍布全国、深入基层的采编团队，通过中央厨房机制凝聚总网与地方分公司的团队融合发力，进行跨领域多部门联动策划，强化了全媒体时政报道的时、度、效。每逢年中年末，专栏团队联动人民网分公司记者，跟随习近平总书记的足迹，回访与习近平总书记对话的村民、基层工作者，跟踪报道习近平总书记关切的人和事，展现基层人民的幸福感、获得感。同时，针对重点专题的策划与报道，专栏团队通过跨领域、跨部门的“云端”策划会，强化全流程各工种的协同效应，激发团队的创意与活力，为新闻产品的不断推陈出新提供动力。在产品的传播机制方面，专栏实行“一次采集、多形态呈现、多平台分发”的工作模式，针对独家原创的优质传播内容，面向PC端、两微一端一抖等多平台同步推送，实现传播效果的最大化。例如，人民网与中华人民共和国国家民族事务委员会《民族画报》联合策划推出《让中华民族共同体牢不可破 习近平这样嘱托》专题海报，集中多方资源与力量，放大一体化效能。

（二）信息集成，打造可交互、可应用、伴随式移动学习平台

随着媒体融合走向纵深，新型主流媒体正成长为服务大众的平台、渠道。融合新闻报道已不仅仅局限于单一新闻产品的传播，而是日益建设成交互性、平台化、集成式的信息矩阵与数据中台。“时习之”也进一步延伸新闻产品功能，将先进技术融入报道，系统、条理地整合内容，打造类数据库的移动资料中心。“跟着总书记学党史数据库”“党的建设数据库”提供权威、精确、全面的可搜索数据库。《十九届六中全会学习资料电子书》移动端H5作品汇总十九届六中全会重要论述、党的百年奋斗重大成就和历史经验，将学习资料数字化、移动化。“党务书库”电子书架涵盖200余份重要文件，为各级党组织和广大党员干部提供一站式便捷服务。

在此基础上，“时习之”专栏与由人民日报社主管、依托人民网建设的传播内容认知国家重点实验室协作共建，促进数据资源的智能平台集成，打造“习近平系列重要讲话数据库”，系统收录了习近平总书记相关讲话、会议、活动、考察、会见、出访、函件等内容，拥有原音、视频、图片等多种形式，形

① 笔者对“时习之”主创人员的访谈，2023年9月。

成了集权威资料、多维学习、智能检索等功能于一体的数据库聚合传播平台。通过系列学习平台的建设，“时习之”实现了新闻产品向应用产品的转化，更加深度地服务用户的实际应用场景与学习需求，让学习常态化，真正做到“学而时习之”。

当前复杂的舆论环境和迅速迭代变革的媒介生态格局，既磨炼着新闻舆论工作者的专业素养，也考验着其政治使命与担当。“时习之”栏目通过对时政新闻报道理念、话语、机制等全方位的探索创新，营造了良好的主流舆论氛围，为媒体深度融合与创新提供了有益的借鉴。

作品六：《Looking for answers: An American communist explores China（求索：美国共产党员的中国行）》

吴炜华　黄　珩[①]

作品信息

作品标题：Looking for answers: An American communist explores China
（求索：美国共产党员的中国行）

所获奖项：第32届中国新闻奖国际传播一等奖

主创人员：王浩、伊谷然、王建芬、郭凯、马驰、张文芳、王成孟

编　　辑：韩蕾、张春燕

原创单位：中国日报社

发布日期：2021年6月7日

发布平台：中国日报网站、客户端

作品简介

中国共产党成立100周年之际，对外讲好党的故事意义重大。经过多次讨论，主创团队将思路聚焦到中国日报网美籍记者伊谷然身上，他是美国共产党

① 吴炜华，中国传媒大学电视学院教授，博士研究生导师；黄珩，中国传媒大学媒体融合与传播国家重点实验室博士研究生。

员，对中国共产党和中国特色社会主义兴趣浓厚。主创团队决定由他出镜，推出系列视频，从“他视角”出发，“解码”百年大党的成功之道。

主创团队成立专门团队，深入学习习近平总书记重要观点、论述，翻阅党史文献资料，与权威学者展开多次研讨，经过反复讨论，决定从党的初心使命、工作方法、鲜明品格、组织架构、执政能力五个方面设置议题，逻辑环环相扣，完整地阐述中国共产党成立100年、执政70多年依然充满活力的制度优势。伊谷然的对话对象既有中共中央党校（国家行政学院）、北京大学、中国人民大学的资深专家，也有国际友人、普通党员，将专家学者的研究话语和老百姓的朴实表达相结合，再加上实际案例，多元声音让作品叙事层次更丰富，更具有可信度和说服力。2021年6月，中国日报网站、客户端陆续发布五集系列视频《求索：美国共产党员的中国行》，每期视频以纪录片的水准，对叙述策略、拍摄手法、画面构图、剪辑节奏精益求精，大量运用跟随运动镜头与第一人称视角，真实鲜活；结合不同主题，差异化镜头表达，融入史料镜头，让视频既娓娓道来，又具有历史厚重和深度。

《Looking for answers: An American communist explores China（求索：美国共产党员的中国行）》作品二维码

作品分析

2021年7月1日，习近平总书记在庆祝中国共产党成立100周年大会上指出：“一百年来，中国共产党团结带领中国人民，以‘为有牺牲多壮志，敢教日月换新天’的大无畏气概，书写了中华民族几千年历史上最恢宏的史诗。这一百年来开辟的伟大道路、创造的伟大事业、取得的伟大成就，必将载入中华民族发展史册、人类文明发展史册！”[①] 在党的百年华诞之际，“中国共产党为什么能”成为备受国际社会关注和讨论的重点话题。而如何生动、有效地讲好中国共产党的故事，如何向海外用户解析中国共产党的“成功密码”，以及如何展现百年奋斗历程所蕴含的中国主张、中国智慧和中国方略，成为我国主流媒体的重要任务与时代使命。

《中国日报》作为国家级英文日报，以及中国走向世界、世界了解中国的重要窗口，近些年来在新媒体方面取得令人瞩目的发展成绩。2021年，《中国日报》制作了一系列以中国共产党成立100周年为主题的新媒体视听作品，以全媒体平台为传播渠道、以海外用户为目标群体，取得了广泛关注。其中，以《Looking for answers: An American communist explores China》（中文片名：《求索：美国共产党员的中国行》，下文简称《求索》）为题的五集新闻专题作品的国际传播效果最为突出。该系列视听作品在中国日报全媒体平台刊发后，引发海内外广泛关注，共有100多家海外主流媒体转载转引系列视频200余次，全球传播总量超过4500万次[②]，获得第32届中国新闻奖国际传播一等奖。

一、主动设置五大议题，选取典型场景呈现

《求索》针对“中国共产党为什么能”的核心主线，主动设置了“人民至上”“实事求是”“自我革命”“组织建设”“治国理政”五个关键议题，分别从党的“初心使命”“工作方法”“鲜明品格”“组织架构”“执政能力”五个方面，对建党百年来的光辉历程和执政风格进行归纳与提炼。同时，《求索》在呈现这五大议题时，分别选取和设计了相应的典型场景，以差异化的视听表达、历史资料与现场实拍的镜头组接增强作品的感染力，提升了作品的美学价值，也赋予了作品形象化和立体化的历史纵深感。

（一）聚焦核心理念，打磨逻辑主线

中国共产党的百年征程是一段波澜壮阔的历史，如何从这段历史中提炼主题、升华理论，再将其拆解成面向海外受众群体的国际传播作品，是摆在《求

① 习近平.在庆祝中国共产党成立100周年大会上的讲话[N].人民日报，2021-07-02（002）.

② 笔者对《求索》主创人员王建芬的访谈，2023年8月。

索》创作团队面前的一道难题。在主题选择和逻辑打磨的过程中，《求索》创作团队成员多次翻阅、学习党史文献资料，比较世界各大政党的特点，并多次同外籍编辑进行深度研讨，最终逐步缩小范围，将主题聚焦到“人民至上”“实事求是”“自我革命”“组织建设”“治国理政”五个核心关键词之上[①]。

《求索》创作团队所提炼的五个核心词，为“中国共产党为什么能”这一宏大主题主动设置凝练的分议题，分别对应党的“初心使命”“工作方法”“鲜明品格”“组织架构”“执政能力”五个方面。《人民至上》从抗击新冠疫情、抗洪抢险救灾等案例出发，结合专家学者和国际友人的评述，具体阐释了中国共产党“全心全意为人民服务”的根本宗旨和“人民至上”的价值理念。《实事求是》描绘了中国共产党联系中国实际践行马克思主义的漫漫征途，以改革开放后快速发展的经济水平与社会面貌向海外受众解释“实事求是”是中国共产党领导革命、建设和改革不断取得伟大胜利的重要法宝。《自我革命》紧扣习近平总书记在党的十九大报告中所强调的“勇于自我革命，从严管党治党，是我们党最鲜明的品格”，介绍了中国共产党全面从严治党和反腐倡廉工作的成效，体现出中国共产党自我纠错、自我净化的能力。《组织建设》将目光投射到中国共产党保障党组织高效运转的举措之上，勾勒出从基层党组织到全国党代会和中央委员会的多层次组织管理体系，再由此进一步展示中国共产党在组织建设方面的制度优势。《治国理政》则着力展现我们党作为执政党的领导力、决策力和凝聚力，细数中国共产党执政70多年来所取得的举世瞩目的成就，如中国探测器登陆火星、中国人进入自己的空间站、中国拥有世界99%的电动公交车、新增绿化面积全球第一……

此外，五个核心词并不是对中国共产党成功密码的零散拆解，而是以主创团队精心打磨、环环相扣的递进逻辑排列在一起。它们完整地阐述了中国共产党成立100年、执政70多年依然充满活力的机制保障所在：“人民至上”是初心使命，是中国共产党一切工作的出发点和落脚点，因此被放在开篇；“实事求是”是中国共产党的工作方法，所以作为系列作品的第二集出现；中国共产党从诞生那一天起，就拥有自我革命的基因，帮助中国共产党自我净化和提升的

① 笔者对《求索》主创人员王建芬的访谈，2023年8月。

“自我革命”就是紧随其后的第三集；而“治国理政”主要展示了中国共产党在执政方面的优势和成就，最适合放在整个系列的最后；所以，作为中国共产党发展的制度保障的“组织建设”成为第四集的内容[①]，整个作品的逻辑就此确定。整体而言，《求索》的五集故事从建党初心开始，进而介绍中国共产党的工作方法、纠错机制、组织架构，最后阐述治国方略，叙事层层递进，逻辑严密清晰，完成了对“中国共产党为什么能”这一宏大主题详尽而明晰的解读。

（二）差异化表达，场景化呈现

在制作层面上，《求索》的五集故事结合各自不同的主题，量身定制了差异化的镜头语言，以史料镜头、典型场景和实拍创作的融合，让作品兼顾视觉观感层面的美学价值与主题表达层面的历史深度，显著增强了作品的感召力。为了实现差异化的表达，《求索》选取的典型场景主要有两种类型，一是典型历史场景，二是典型生活场景。

典型历史场景本身带有特殊的空间意义，能够与作品的主题形成高度互动。例如，在《治国理政》一集中，伊谷然遇到一位年近80岁的退伍老兵，衣服上挂了不少勋章。两人相遇和对话的场景是上海外滩，是象征着中国改革开放、经济飞速发展的典型历史场景。在这一场景中，退伍老兵向伊谷然滔滔不绝地介绍了他亲历的上海70年变迁，这正是中国70年巨变的缩影。老人的讲述与背景中的东方明珠塔、金融中心等地标彼此呼应，他身上的勋章也与上海的发展构成了一组有历史纵深感的场景互文，形成了跨越时空的意义共振。中国共产党70余年治国理政的成果因典型历史场景的衬托而更为凸显。另外，在《组织建设》一集中，伊谷然的第一个出镜地点选择在嘉兴南湖的红船边，也就是中国共产党的启航之地。在“秀水泱泱，红船依旧”的典型历史场景中，伊谷然介绍了中国共产党从13名代表到9500多万名党员的发展变化，并由此引入中国共产党组织架构的相关内容。南湖红船作为历史场景的补充，能够让海外受众直观明了地感受到中国共产党从嘉兴南湖的红船到领航中国的巍巍巨轮的巨大发展，并引发他们对于中国共产党如何治理如此体量的好奇心。

典型生活场景能够将作品重新带回普通人的视角和故事，以气韵流动的生

① 笔者对《求索》主创人员王建芬的访谈，2023年8月。

活真谛唤起海外受众的共鸣。在《组织建设》一集中，伊谷然进入北京市通州区东刘庄村党支部、中国能建葛洲坝国际公司党委的集体学习之中，以支部活动这一党员的典型生活场景，客观而鲜活地为海外受众呈现出中国共产党基层党组织建设一线的样貌。支部生活中的认真学习、激烈探讨、平等关系，无不体现出中国共产党不受政治资金、利益团体裹挟的民主集中制模式。《自我革命》一集也借用支部生活中批评与自我批评的典型生活场景，彰显出中国共产党的自我革命如何贯彻到基层、落实到个人，具体地展现了中国共产党自我净化、自我完善、自我革新、自我提高的能力显著增强的图景，也揭示了中国共产党历经世纪沧桑依然风华正茂的秘诀。

二、贴合国际传播语境，推进叙事模式转型

作为面向海外用户的国际传播作品，《求索》充分体现主创团队对国际传播语境的高度关注和扎实把握，在创作中积极实践叙事模式的转型和国际传播效能的提升。首先，《求索》注重微观细节的挖掘，并将其作为阐释宏大主题的载体，打磨出见微知著的叙事思路，使作品更易被海外用户理解和接受；其次，《求索》串联起研究学者、国际友人、退伍老兵、基层党员等多元主体的声音，以采访对象的多样性丰富作品的叙事层次，增强对话感和交流感，降低作品的理解门槛，增添作品的趣味性和可看性。

（一）见微知著：转变叙事思路

近年来，我国媒体的国际传播作品体现着媒介话语与传播实践的转型：重塑宏大叙事，以微观、民生、草根的视角勾勒新时代中国；构建多模态中国故事，以“四力”重写扎根中国大地的城乡变迁与新闻叙事；建设全新的全媒体传播实践，开拓视频逻辑与社交传播多频共振的跨文化、新全球式传播格局。[①]《求索》的主创团队同样以见微知著的方式转变了叙事思路，从具体的人物和鲜活的故事入手，吸引海外受众的关注，制造意义共鸣。

见微知著的叙事思路注重挖掘微观细节，并以之作为阐释宏大理念的载体。

① 吴炜华，黄珩.国际传播人才建设的时代图景与行动实践——基于本土国际传播教育与实务创新的研究综述[J].中国新闻传播研究，2022（06）：167-178.

微观的细节首先包括许多鲜活有趣的故事。例如，在《人民至上》一集中，伊莎白母子以北外分房的故事为例，讲述了当时的党员同志主动选择朝北的房子，把朝南的房子留给群众的具体事例，借此说明中国共产党党员的无私奉献精神。这比空洞的理论讲述更具有说服力，也更容易让海外受众印象深刻①。同时，微观的细节还包括一些生动形象的类比。在《组织架构》一集中，伊谷然在提到中国共产党成立时只有50多名党员，以调侃的方式说道："美国共产党现在只有几千人，中国共产党的发展让他看到了美国共产党的希望。"此处幽默的对比一方面为严肃的时政新闻作品增添了趣味性，另一方面将中国共产党的成功模式与别的国家联系在一起，帮助海外受众更好地理解中国共产党对于他们的借鉴意义。"这些细节对于受众的引导不是说教式、强加于人的，而是在潜移默化中增进他们对中国共产党的了解。"②

值得注意的是，见微知著的叙事思路并不是为了讲故事而讲故事、为了找细节而找细节，任何具体案例的展开依然需要紧扣宏大主题，以加强海外受众对宏大主题的认知。《求索》的做法，是以具体案例和专家观点、主持人点评的穿插，强调故事与其背后理念的勾连，平衡了微观细节与宏观主题，实现了从"见微"到"知著"的跃升。例如，在伊莎白母子讲述完北外分房的具体故事之后，片中立刻引用了学者的访谈，对其中的要点进行归纳。中共中央党校（国家行政学院）马克思主义学院教授陈曙光在采访中指出："中国共产党从成立以来，一直就是代表人民利益……我们现在做的很多事，其实就是代表人民的利益。"此段采访归纳了具体故事中的理念内核，与鲜活的案例之间形成呼应，更便于海外受众的认知与理解。

（二）多元对话：丰富叙事层次

为了贴合国际传播语境，《求索》以多元化主体的对话丰富作品叙事的层次，以客观、亲切、可信的视角，展现出真实、立体、全面的中国。《求索》的创作过程本身就是一场意涵丰富的人文交流活动，以美国共产党员伊谷然的

---

① 笔者对《求索》主创人员王建芬的访谈，2023年8月。

② 王建芬.以独特视角讲好中国共产党故事——中国日报网《求索：美国共产党员的中国行》的实践与思考[J].新闻战线，2022（21）：29-32.

“他视角”串联起研究学者的洞见、国际友人的体验、退伍老兵的故事、基层党员的日常，借由作品推动习近平总书记所强调的“我国同各国的人文交流和民心相通”[①]。

首先，《求索》的主讲述人和串联人伊谷然，具备着独特的“海外党员视角”和国际化表达，有效拉近了与海外受众的距离，让视频内容更容易被他们接受和理解。伊谷然在2008年全球金融危机中认识到西方制度的诸多缺陷，进而开始接触和学习马列经典著作。2016年，他正式加入美国共产党，并带着对中国共产党和中国特色社会主义的浓厚兴趣，于2017年入职《中国日报》，参与了多项重大主题的报道工作。他曾这样解释自己来中国的原因：“我在美国通过阅读掌握了马克思主义理论，现在我来到中国亲眼见证理论如何变成现实。”他的独特背景、信仰和经历有力印证了他来中国寻找答案的动机，为系列视频提供了真实可信的逻辑基础。这些年来，伊谷然在《中国日报》从事报道工作所积累的新闻素养，也有助于他形成独特而深刻的观点。

伊谷然的对话对象包括中共中央党校教授等专家学者，中华人民共和国“友谊勋章”获得者、英国共产党（马列）CPGB（ML）名誉主席伊莎白等国际友人，以及基层普通党员、退伍老兵等。在五集的系列作品中，普通人以“大白话”讲述鲜活的案例与故事，专家学者作总结性的专业表述，国际友人则在此基础上补充来自国际视角的看法。“接地气的基层声音、专家学者的理论升华、国际视角的补充说明，多元化的声音让视频叙事层次更丰富，角度更全面，更有可信度。”[②]例如，在介绍“实事求是”的工作法宝时，《求索》团队拍摄了中央民族大学的美籍教授马克·力文吉他弹唱自己编写的歌曲的情境。歌词中唱道：“（中国共产党将马克思主义）理论联系（中国）实际，创造伟大成就。”轻快悦耳的旋律配上朗朗上口的歌词，很巧妙地展示出中国共产党的百年奋斗历程与马克思主义中国化的百年发展历程之间的关系，并点出“实事求是”在其中的重要作用。对于海外受众而言，以英文歌曲为载体的做法降低了理解的门槛，也为作品增添了更多趣味性。

① 习近平.加强和改进国际传播工作 展示真实立体全面的中国[N].人民日报，2021-06-02（01）.

② 笔者对《求索》主创人员王建芬的访谈，2023年8月。

三、从效果到效能：国际传播作品栏目化探索

习近平总书记强调，要全面提升国际传播效能，建强适应新时代国际传播需要的专门人才队伍。要加强国际传播的理论研究，掌握国际传播的规律，构建对外话语体系，提高传播艺术。[①]“国际传播效能”既是中国共产党宣传思想领域的创新，也是传播学效果研究本土范式的发展契机，具体落脚于两个维度：其一是微观的“效”，即多模态国际传播产品的传播效果；其二是宏观的“能”，即国际传播能力建设的宏观设计。[②]

在国际传播效果维度，《求索》取得了优异的成绩，五集的系列视频得到全球网友青睐。海外网友留言说，这个世界“生病”了，所以有很多人就是宁愿当“睁眼瞎”也不愿看到社会主义国家的好！在中国日报客户端上，海外用户也纷纷留言表示，视频让他们看到了一个全心全意为人民服务的政党，感受到中国共产党真正为人民谋幸福而奋斗。有网友说：“以前不了解中国共产党，但这个视频让我真切感受到中国共产党为人民谋幸福。”在得到海外高度关注的同时，系列视频在国内社交平台上也掀起观看热潮，在腾讯新闻、新浪微博、抖音、快手、西瓜、哔哩哔哩等平台上，激发了广大网友，特别是年轻网友强烈的爱国爱党的共鸣感和表达欲望，获得上千万次的观看量，数十万条点赞、评论、弹幕“刷屏”，收获“中国共产党用了100年，把一个孱弱的古老国家带回世界巅峰”“世界上唯一一个以人民利益为核心的政党”“没别的，就五个字，为人民服务”“拥护中国共产党，热爱伟大的祖国”等留言。

在国际传播能力建设维度，《中国日报》还基于《求索》的成功，努力将作品及其蕴含的国际传播经验以栏目化的方式巩固下来，在获得传播效果提升的基础上实现国际传播能力建设维度的跃升。2023年6月20日，《中国日报》宣布成立“新时代斯诺工作室”，为中国日报外籍记者和国际友人提供更多平台和机会到各地深入了解新时代中国的发展变化，记录精彩的中国和中国共产党的故

① 习近平.加强和改进国际传播工作 展示真实立体全面的中国[N].人民日报，2021-06-02（01）.

② 吴炜华，黄珩.谱系赓续、效果提升与能力建设：基于国际传播效能的理论分析与路径探索[J].国际传播，2022（06）：23-31.

事，展示丰富多彩、生动立体的中国形象。“引进国际新闻工作者，尤其是高端专业人才，参与中国媒体的国际传播工作，有助于融通中外话语体系、贴近外国受众、提升传播效果。”[①]在“新时代斯诺工作室”的框架下，《求索》的主讲述人伊谷然继续发挥特色，对话各界重量级人物，包括美国前国务卿基辛格、中国前驻美大使崔天凯、中国第一位冬奥会金牌得主杨洋、中国美术馆馆长吴为山、“菌草之父”林占熺等人，作品均获海内外受众好评。除了伊谷然之外，工作室还为《中国日报》其他外籍人士提供了发挥才干的平台。他们用西方受众听得懂、听得进、听得明白的方式，讲述着中国故事以及中国共产党的故事。

四、结语

《中国日报》出品的系列专题作品《求索》以凝练的议题设置、清晰的逻辑主线、深入浅出的理念阐释、精准的典型场景选取、多元化的对话建构，取得了良好的国际传播效果，并进一步以工作室的形式巩固作品成果，提升国际传播效能。综合而言，对于未来的国际传播工作，《求索》有以下几点参考意义。

第一，建立知华友华的海外人才库，用好特色外籍人士。未来的国际传播应将更多知华、友华、爱华的外籍人士纳入国际传播能力建设体系，助力讲好中国故事、传播好中国声音，既能增加报道的可信度，拉近与海外受众的距离，又能为外籍人士深入了解中国和中国共产党搭建平台、创造机会。

第二，要善于将重大时政故事化，将严肃议题生活化。未来的国际传播应继续坚持宏大叙事的微观视角转型，善于挖掘生动、鲜活的细节，以细节打动人，以有温度的故事吸引人。

第三，要加强同海外主流媒体的合作传播。海外主流媒体已经积累了大量的本地用户，通过他们实现作品的海外落地，可以直接扩大我们的报道在海外的落地和覆盖范围。通过深化和创新与海外主流媒体的合作，更加精准地用区域化、分众化、本地化的方式讲述当地民众关心的中国话题、双边故事，有利于提升中国媒体在当地的曝光率和公信力，进而提升中国媒体的国际传播力和影响力。

---

① 杨芳，周敏.用好外籍媒体人才 讲好中国故事——中国日报社外籍人才队伍建设经验与思考[J].国际传播，2021（01）：40-47.

作品七：《“Daka！PLA”（打卡！中国军队）》

杨凤娇　赵耘嘉[①]

作品信息

作品标题：“DAKA！PLA”（打卡！中国军队）

所获奖项：第32届中国新闻奖国际传播一等奖

主创人员：欧灿、张晓辉、严珊、邹菲、曹春耀、谢菲、周舟、李倩、宋逸、徐冰怡、韩杰、欧冠豪、闫培、张扬

编　　辑：欧灿、张晓辉、严珊、邹菲、曹春耀、谢菲、周舟、李倩、宋逸、徐冰怡、韩杰、欧冠豪、闫培、张扬

原创单位：解放军新闻传播中心

发布日期：2021年12月3日

发布平台：中国军网

作品简介

《“DAKA！PLA”（打卡！中国军队）》是为庆祝党的百年华诞，由解放军新闻传播中心具体组织实施的大型网宣作品。该作品采取网络互动形式，带领网友沿着习近平主席领航强军兴军的足迹，深入习近平主席视察过的部队，重

① 杨凤娇，中国传媒大学电视学院教授、硕士研究生导师；赵耘嘉，中国传媒大学电视学院硕士研究生。

访习近平主席接见过的官兵、登上过的战车战机战舰，见证人民军队阔步向前的铿锵步履。记者深入第79集团军某陆航旅、舰载航空兵部队、空军轰炸航空兵某师实地打卡，聚焦武器装备，带领观众“沉浸式”体验，充分展现部队官兵风采和大国重器的震撼力量。

《“DAKA！PLA”（打卡！中国军队）》作品二维码

作品分析

讲好中国故事是建设国家软实力、提高中国国际话语权的重要策略。强军故事作为中国故事的一个重要部分，更是关乎着我国的国际形象和我国军队的国际形象。然而，在国际舆论场中，我国军队的形象长期被“妖魔化”，西方媒体惯用“中国威胁论”来抹黑中国。我们需要向世界人民展现中国人民解放军威武之师、文明之师、和平之师的风貌。如何对外讲好中国新时代强军故事，已经成为主流媒体国际传播中的重要议题。随着移动互联网向纵深发展，社交媒体以其互动性强、娱乐性强的特点获得了庞大的用户群体，其在国际舆论场中的重要程度也越来越高。相比于国际传播传统渠道，社交媒体在传播信息、设置议程方面具有独特的优越性，官方传播的信息也更容易被用户获取、接受。这为我国主流媒体对外讲述中国强军故事提供了巨大的机遇。

在此背景下，解放军新闻传播中心策划的《“DAKA！PLA”》系列对外军事报道作品，带领网友沿着习近平主席曾走过的足迹，前往第79集团军某陆航旅、舰载航空兵部队、空军轰炸航空兵某师实地“打卡”，见证人民军队阔步向前的铿锵步履。主创团队主动在海外社交平台发布《“DAKA！PLA”》系列视频，运用互联网“年轻化”的语态展现部队武器装备，为军事传播的“硬外壳”

披上“软外衣”，向海内外网友充分展现部队官兵风采和大国重器的震撼力量。

一、布局社交平台，带领用户远程漫游

在国际互联网上，与西方媒体相比我国媒体传播力和影响力仍存在一定差距，“西强我弱”的国际舆论格局没有发生根本性的变化，尤其在竞争十分激烈的军事信息传播领域，面向国际用户的军事传播作品数量相对较少。《“DAKA！PLA”》积极在海内外社交平台发布系列军事传播作品，把握社交平台时代新机遇，以来自舰载航空兵部队、空军轰炸航空兵等部队的官兵为报道对象，主动在国际舆论场讲述新时代中国强军故事。

（一）“社交平台+短视频”，更好触达海外年轻用户

《“DAKA！PLA”》利用海外社交平台的特点，针对平台特定用户的媒介使用习惯，量身打造“轻量化”的短视频，来匹配移动端年轻用户的碎片化浏览习惯，使中国强军故事更好触达海外年轻用户。

社交平台在国际传播渠道建设中的地位越来越突出，海外社交平台为我国对外传播作品提供了与国际用户直接接触的平台，成为国际传播的重要载体、国际舆论交锋的前线战场。[①] 因此，《“DAKA！PLA”》三期外宣产品选择在海外社交平台发布，带领国际用户“打卡”陆航旅、舰载航空兵部队、空军轰炸航空兵，深入感受Z-10武装直升机、H-6K轰炸机、J-15舰载战斗机等军事创新科技的震撼力量。制作团队选择脸书作为发布台也是有针对性的。脸书为全球超过三分之一的用户提供服务，在社交平台中，其活跃用户数量排名第一，是海外目前最大的互联网社交平台，且用户年龄中位数不超过35岁。《“DAKA！PLA”》制作团队选择在活跃用户群体更大的脸书平台传播，有利于作品接触到更多的潜在用户群体，且脸书用户年轻化的特征也很好地匹配了《“DAKA！PLA”》的目标用户群体。年轻用户相对来讲更容易接受新的观点、新的思路、新的事物，更容易破除传统西方媒体为他们制造的关于中国军队的刻板印象，接受《“DAKA！PLA”》所展示的中国军队真实面貌。《“DAKA！PLA”》采用非正式化、趣味化等年轻用户群体喜闻乐见的形式来进行“轻量

① 王慧.全面提升“中国话语”的国际传播效能[J].人民论坛，2023（08）：101-103.

化”的内容生产，更好地适应社交平台中年轻用户的关注信息偏好和习惯[①]，增强其在年轻用户中的影响力，进而获得他们的认同。

在社交平台中，信息的传播不再是单向的传播，而是以内容为基础的社交传播。短视频体量更小，在社交平台更易于被分享，成为用户的社交资本[②]，短视频因此天然地带有社交属性。相对于文字而言，短视频利用视听语言传递信息，对用户的要求更低、吸引力更强。[③]《“DAKA！PLA”》每期发布5—7分钟“轻量化”的短视频，以更适合社交平台的形式讲述我国的强军故事。同时，这也更加符合用户碎片化的浏览习惯，更充分地关注到用户需求，能够增强用户对于作品的黏性。

（二）“媒介漫游”式体验打卡，深入了解中国军队

《“DAKA！PLA”》为海外网友提供了远程体验中国故事的途径，用户能够以“媒介漫游”的方式深入了解中国，通过社交平台短视频“打卡”中国军队，以媒介延伸自己对于世界的认识、对于中国的认识。《“DAKA！PLA”》也得以在这个过程中向国际社会主动展示中国形象、讲好中国军队故事、传播好中国军队声音。

在社交平台语境中，“打卡”指的是利用社交平台标记自己在时间或空间中留下的印记，其特质在于突出影像在虚拟空间的呈现与传播，能够实现虚拟空间和实体空间的融合。[④]在现代生活中，人们对某一地点、某一故事并非一定需要亲身实践才能感知。人们能够通过媒介技术的视觉诠释，将原本难以感知的经验转换为共同在场的经验，形成“身体—媒介—世界”的具身关系[⑤]，达成数字媒介的远程在场。人们不仅通过“打卡”进行漫游，无法亲临现场的人也

---

① 笔者对《“DAKA！PLA”》主创人员宋逸的访谈，2023年9月。

② 彭兰.短视频：视频生产力的“转基因”与再培育[J].新闻界，2019（01）：34-43.

③ 王晓红.短视频助力深度融合的关键机制——以融合出版为视角[J].现代出版，2020（01）：54-58.

④ 孙玮.我拍故我在 我们打卡故城市在——短视频：赛博城市的大众影像实践[J].国际新闻界，2020，42（06）：6-22.

⑤ 徐婧，卢浩乾.屏幕之外别无他物：作为“元媒介”的数字屏幕[J].新闻与写作，2023（09）：45-54.

能通过他人的打卡视频远程进行“媒介漫游”，“打卡”成为网络流行的参与体验方式。《“DAKA！PLA”》系列短视频每一期都邀请一位官兵作为嘉宾，以他们为主要讲述者介绍普通人日常难以接触到的军事装备，叙述基层官兵的强军故事，带领用户打卡中国军队。这些真正接触过、使用过“大国重器”的官兵，他们从日常的知识积累、训练体验出发，向用户介绍军队装备的科技创新动态[①]，为用户创造独一无二的“媒介漫游”打卡体验。传统媒体对于现场的还原性呈现重视“现场感”，而“打卡”这种流行于社交平台的参观方式则更加侧重“在场感”。“打卡”代表一种个体私人化的参观方式，并暗示用户“打卡”的对象带有“网红”的有趣新颖特性。《“DAKA！PLA”》通过这种流行于社交平台、个人化的参观方式吸引用户观看，并在视频中传递主持人与军人在现场的切身情感体验，从而让用户产生更加真实的代入感，仿佛自己就身处“打卡”的现场，见证中国军队的强军故事。

对于在远程“媒介漫游”的用户来说，“打卡”中国军队的视频为他们提供了更多认识、理解中国军队的渠道和内容。[①] 而这种远程的“媒介漫游”也不只是观看，社交平台提供了用户互动所需要的技术和空间，用户能在反复观看、评论和转发的互动之中，与“中国”产生更深的连接。长期以来，中国军队被某些西方媒体塑造成与其观念秩序对立的负面形象，在有关我国的军事报道中经常会出现歪曲甚至丑化中国军队和中国军人的现象。这种“打卡”漫游的方式，有利于改善国际用户因负面舆论所形成的对于中国僵硬刻板的错误认识。[②]

二、为军事题材的“硬外壳”披上“软外衣”

军事题材的报道“硬外壳”体现在两个方面：首先，军事题材的国际报道彰显的是我国的军事“硬实力”，在对外传播中容易产生文化背景和意识形态上的冲突，中国军队在“走出去”的道路上面临诸多挑战[③]；其次，军事报道包含

① 曾一果，凡婷婷.重识“地方”：网红空间与媒介地方感的形成——以短视频打卡“西安城墙”为考察中心[J].新闻与传播研究，2022，29（11）：71-89，128.

② 笔者对《“DAKA！PLA”》主创人员宋逸的访谈，2023年9月。

③ 同上。

专业军事装备的诸多术语，在社交平台海量的信息浪潮中，用户难以对陌生化的专业军事领域产生兴趣。为军事题材的“硬外壳”披上“软外衣”才能让海外用户更多地接受中国强军故事。

面对这种情况，《“DAKA！PLA”》在形式上主打“软”传播的方式，采用年轻化的视听语言，运用海外年轻用户喜闻乐见的方式讲述中国军队的故事，在让用户从中感受趣味的同时，最大限度地减少其的抵触心理；运用板块化的叙事结构，把控短视频整体节奏，以用户适应的信息接受方式进行内容生产；运用非正式的语态，营造和用户之间的人际传播氛围，拉近与用户之间的距离。《“DAKA！PLA”》对军事信息的“硬核”内容进行“软化”包装，为军事题材的对外传播提供了可供参考的有效路径。

（一）视听语言趣味化，提高用户接受度

《“DAKA！PLA”》视听语言的趣味化首先表现在视频的剪辑手法上。《“DAKA！PLA”》采用卡点剪辑的方式，通过富有冲击力的视听呈现展示“大国重器”的震撼力量。卡点剪辑，是指音乐和画面进行搭配，画面随着音乐节奏的变化而切换。[①] 通过卡点剪辑，《“DAKA！PLA”》军事题材的震撼力量，给用户提供了其他题材难以企及的视听审美体验。

在“Flying to Win the War——Visit to an Army Aviation Brigade of the PLA 79th Group Army”（一树之高，他们向战而飞）这期短视频中，开头使用节奏紧张的音乐与军队机场的画面进行卡点剪辑，迅速抓住用户的目光。在介绍Z-10武装直升机和可操纵炮塔的智能头盔之后，视频再一次采用卡点剪辑的方式，背景音乐的每一次鼓点都配合切换一个轰炸机瞄准目标轰炸的画面。画面与音乐高度融合，视觉与听觉相互融合、相互补充，在短时间内连续打造出燃点和爆点，呈现一场视听盛宴，给用户提供强烈的观看“爽感”。在紧张震撼的卡点剪辑之后，团队往往会搭配对话或者旁白解说来点明视频所要表达的核心主旨，在营造张弛有度的节奏的同时[①]，也更好地向用户传达视频的核心内涵。

除此之外，有趣的包装也是《“DAKA！PLA”》视听语言的亮点之一。不

① 刘彧晗，喻国明.解析“神曲”模式：传播魅力的机制研究——认知负荷理论视域下用户注意力增强的可能路径[J].新闻与写作，2022（02）：48-56.

同于传统军事报道中军人、严肃的形象，三期视频作品中明星官兵出场的画面，都进行了趣味化包装。在“Meet PLA Air Force's H-6K bomber（‘战神’出击！）”和“Flying to Win the War——Visit to an Army Aviation Brigade of the PLA 79th Group Army（一树之高，他们向战而飞）”两期视频中，明星官兵的个人肖像配有彩色剪影涂鸦，画面上还配有嘉宾各自介绍的飞机样式。而且画面并不是静态的，制作团队利用动态的彩色条纹背景、抖动的肖像和剪影，使画面更加生动活泼，并选择了节奏感强烈的背景音乐来衬托军人昂扬挺拔的形象。在介绍Z-10武装直升机和J-15舰载战斗机时，《“DAKA！PLA”》使用色彩鲜艳、风格活泼的字样对武器装备进行标注，并配有卡通可爱的音效丰富视听。通过这种趣味化的包装方式，《“DAKA！PLA”》更加突出作品所切入的军事科技创新视角，强调作品的军事科技科普性质，减少了武器装备的威胁感和强攻击性，避开“军事威胁”的误区，有利于提升海外用户的接受程度。

《“DAKA！PLA”》运用多模态的表达方式，以视觉元素为主，精心设计、搭配文字和听觉元素，从科技创新的视角对中国的强军故事进行趣味化、新颖化呈现，能够提高军事传播产品对海外年轻用户的贴近性，使用户易于接受。但追求趣味化不等于过度娱乐化，对外军事报道事关国防建设，这一领域的报道产品天然具备严肃属性。因此，《“DAKA！PLA”》制作团队非常在意内容价值和娱乐性之间的平衡。记者宋逸在采访中表示：“不能为了一味迎合受众口味，将本该严肃对待的问题过度娱乐化，要牢牢把握‘守正’这个根本，正确发挥主流媒体对政治方向、舆论导向和价值取向的引领作用。”①

（二）叙事板块化，实现内容高效触达

短视频平台迅猛发展，人们获取信息的渠道和观看习惯也不断被重构，用户更加适应移动短视频碎片化叙事。然而短视频的碎片化倾向也对报道内容的深度剖析和连续性表达产生了限制。在此背景下，媒体进行内容生产既需要重视用户观看习惯，也需要平衡表达的深度和专业，提高信息触达的效率。

为了适应社交平台内容生产“短、平、快”的特点，《“DAKA！PLA”》制作5—9分钟的短视频，并采用板块化的叙事方式，高效输出每个部队的强军故

① 笔者对《“DAKA！PLA”》主创人员宋逸的访谈，2023年9月。

事。板块化是指把一个完整的内容按照叙事不同的重点和逻辑分割成局部内容。[①] 板块化叙事并非对内容的简单切割，其要求叙事者传播理念和传播逻辑的重塑。短视频采用小板块的叙事方式，需要在短时间内聚焦事件的纵切面，凝缩内容体量、精细表达主题，以最快的节奏形成视觉高潮，实现更有效的触达和更优质的传播。[②]《“DAKA！PLA”》三期外宣视频都采用了板块化的结构，每一期视频都由三个板块组成。每个板块之间又相互联系，共同讲述某个部队独特的强军故事。在“Meet PLA Air Force's H-6K bomber（‘战神’出击）”这期视频中，5分钟的视频分为“the‘Almighty of War’H-6K Bombers”（“战神”轰-6K）、“Cross-day-and-night training”（跨昼夜训练）和“‘Golden Darts’assessment”（“金飞镖”考核）三个部分。这三个部分并非完全割裂的，节目邀请官兵——杨钊（Yang Zhao）作为线索串联起整个内容。杨钊先是讲述H-6K轰炸机的部位构成和作战能力，并邀请主持人见证他和战友驾驶H-6K进行跨昼夜训练。在训练结束后，杨钊又说出近期自己正在面临“金飞镖”考核中的高难度挑战。由此，嘉宾杨钊成为整个板块化结构的串联线索，讲述了他们轰炸航空兵与“战神”一同出击、创造多项历史性突破的故事。《“DAKA！PLA”》并非独立出现的单个短视频产品，而是系列化、品牌化的国际传播产品。制作团队通过高度系列化的报道，弥补单条短视频体量小、浅表化的缺陷，更加全面、更具深度地向用户展示中国军队的形象。

《“DAKA！PLA”》运用小板块的叙事方式，挖掘每一个小板块的故事重点，从不同的侧面突出强军故事的主体，适应用户时下碎片化的视听习惯，用兼具趣味与深度的“微表达”形式，让军事传播产品“轻装上阵”，探索军事类视频作品对外传播的创新之路。[③]

（三）语态非正式化，拉近用户距离

《“DAKA！PLA”》选择非正式、自然轻松的语言风格，在平等对话的人际

---

① 田龙过，张芳.《习近平治国方略：中国这五年》的叙事与传播创新[J].中国广播电视学刊，2020（05）：75-78.

② 笔者对《“DAKA！PLA”》主创人员宋逸的访谈，2023年9月。

③ 同上。

传播氛围中拉近和用户之间的距离。传统的新闻报道，多运用第三人称“旁观者”的客观叙事，惯用严肃、正式的语言风格。但在社交平台的语境下，媒体机构不再是唯一的主导者，多元主体共同完成国际传播实践，要求叙述者使用非正式的、自然平等语态，在传播中营造一种与用户进行人际沟通的氛围。

《“DAKA！PLA”》正是使用这种平等自然的语态与用户互动，带领用户前往不同的部队“打卡”参观。主持人并非以高高在上的“传授者”的姿态出现，而是如同朋友一般向观众娓娓道来。通过生活化的语言、自然轻松的互动，用户得以同出镜记者和军队嘉宾构建起“朋友式”的连接，营造出主持人和用户之间的亲近感，拉近了叙事者和用户之间的距离。用户仿佛身在现场一般和他们进行“面对面”的交流，进而产生一种“在场”的沉浸打卡体验。①

在“一树之高，他们向战而飞”这期视频中，相比惯常端正严肃的风格，《“DAKA！PLA”》记者的出镜风格更加自然放松，使用诸如“这个长长的是什么设备”这类非正式、口语化的表达与嘉宾进行互动。记者还亲身试戴了可联通炮塔的头盔，在与官兵的互动中体验高科技武器装备的先进性能。通过这种“朋友式”自然、松弛的互动对话，《“DAKA！PLA”》拉近了和用户之间的距离，用户更容易将注意力和情感倾注到传播者身上。这很好地契合了当下国际传播的走向，使传播更具影响力、亲和力，同时让用户在不知不觉中从跟随主持人的讲述到接受整体的叙事逻辑。

《“DAKA！PLA”》跳脱出传统军事报道宏大、严肃、正式的惯例，以更加平等、非正式化的方式靠近用户，采用板块化的叙事方式让用户更加高效地获得信息重点，并通过趣味化的视听语言为用户打造视听盛宴，使用户能更好地接受军事报道披上“软外衣”的“硬核”内容。

三、聚焦军队小故事，讲述强军大主题

对“人”的关注是社交平台短视频的文化基因。这种“以人为根基”的文化要求产品关注人的体验、人的故事。② 在国际传播中，要“传递好中国声音”

① 笔者对《“DAKA！PLA”》主创人员宋逸的访谈，2023年9月。

② 彭兰.短视频：视频生产力的“转基因”与再培育[J].新闻界，2019（01）：34-43.

也要求媒体改变以自我为中心的传统，以“讲故事”的方式打动人、感染人、影响人，提高对外传播产品的创造力、感召力、公信力。[①]《“DAKA！PLA”》的内容虽聚焦武器装备、展现“大国重器”的震撼力量，但依旧深入挖掘其中属于“人”的故事。制作团队关注官兵与武器装备互动中故事化的细节，请他们讲述训练时的真实故事，流露出他们保家卫国、守卫国土最诚挚的感情，使用人物故事的小切口去展现强军故事的大主题[②]，以此增强报道的可看性和感染力。

在“‘战神’出击”中，制作团队以轰炸机飞行员杨钊为核心人物，并关注杨钊正在面临“金飞镖”考核的巨大挑战。在这次考核中，轰炸机投弹的高度提升了1000米，且因为天气原因考核组临时调整了考核方案。杨钊和他的战友们面临着难度设置升级、情况多变的巨大考验。但他们依然完美通过考核，两枚炸弹都命中了目标，驾驶轰-6K成功完成挑战。虽然这期视频重在介绍“战神”轰-6K，但制作团队依旧发掘了其中“人物”的因素和“故事”的部分，通过“杨钊”和“金飞镖考核”等具体人物和挑战故事，更细致地刻画了我国军队强军练兵的决心和毅力。

在人物故事化的过程中，《“DAKA！PLA”》没有采用旁观者客观的视角进行叙述，而是采用第一人称的口吻来讲述嘉宾面临困难与挑战时的想法和心情。通过个人化的情感讲述，作品向用户传递官兵最真实鲜活的情绪感受，让用户进入视频呈现的故事情境中，以叙述官兵的视角代入其中，产生替代性的情感体验，增强用户的体验感和沉浸感。

在叙述J-15舰载战斗机着舰困难时，三位飞行员对着镜头讲述他们在着舰挂索过程中的心路历程：从在高空艰难寻找茫茫大海中如邮票般大小的航母，到着舰挂索那一刻血脉偾张、呼吸沉重，再到挂索成功后心中万钧压力的释放。军队飞行员以第一视角，讲述自己驾驶J-15着舰最真实的感受、最惊险的瞬间，使用富有冲击力的“情感自述”，增强用户在飞机着舰这一陌生化领域的代入感，使海外用户能够在中国官兵的训练故事中更加真切地体会到军队飞行训练的困难与挑战，传递中国军人不畏困难、勇于挑战的坚毅精神。

---

① 王方，陈昌凤.全媒体时代的国际传播：智能化、平台化、故事化[J].电视研究，2020（03）：65-67.

② 笔者对《“DAKA！PLA”》主创人员宋逸的访谈，2023年9月。

《“DAKA！PLA”》以展现作为“大国重器”的军事武器装备为主题，深入挖掘嘉宾和武器装备互动的故事，通过以个人化的微观叙事讲述中国军人如何面对训练中的挑战，展现中国军人“血肉之躯”的一面。微观的个体故事抓住体现人类共同价值的行为、情感和思想，有利于《“DAKA！PLA”》突破国家、民族、文化的界限，使用户对中国的强军故事产生认同感。

四、结语

《“DAKA！PLA”》是制作团队首次尝试成系列地对外传播的军事报道作品。相较于以往单个的传播作品，系列视频更具连续性，能够从不同角度讲述主题一致、细节各异的军队故事，从而打造国际军事传播作品品牌，不断积累自身的影响力和号召力。

在这次系列化对外传播尝试中，《“DAKA！PLA”》为我国主流媒体提供了可供参考的创新经验。在媒介渠道上，《“DAKA！PLA”》系列产品充分利用海外社交平台，带领海外用户以“媒介漫游”的方式来中国军队打卡。在形式上，《“DAKA！PLA”》采取“软传播”的方式，利用小板块的叙事和自然轻松的语态结构为用户打造层次丰富、有趣新奇的视听体验。在内容上，挖掘官兵和武器装备互动的故事成为《“DAKA！PLA”》突出的重点，通过中国官兵个人化的自我讲述，传递真实的情感感受，使用户代入到“远程在场”的打卡漫游之中，并在潜移默化中认同中国强军故事。

未来，我国主流媒体将打造规模化、常规化的融合传播矩阵，加强总体谋划，掌握议程设置主导权，围绕某一议程进行长期稳定的内容产品输出，打造系列化、品牌化的产品影响海外用户对中国的认知。[①]《“DAKA！PLA”》团队可以继续沿用“软传播”的策略，融合军事传播和社交平台的属性特征，坚持守正与创新相统一、内容与形式相结合，在实践中总结不同平台运营特点，有针对性地进行产品包装和分发，在海外更多的社交平台发布融媒体产品，构建融合传播矩阵，以更具创造力、感召力、公信力的方式向国际用户讲好中国强军故事、传递中国声音。

---

① 杜健.新华社外文报道国际传播力研究——基于美国智库相关转引数据[J].青年记者，2022（17）：71-72.

作品八：《体育老师王红旭生命中最后一次百米冲刺》

吴炜华　王昭阳[1]

作品信息

作品标题：体育老师王红旭生命中最后一次百米冲刺

所获奖项：第32届中国新闻奖典型报道一等奖

主创人员：张一叶（张勇）、康延芳、刘颜、佘振芳、易华、谭苏菲、谢鹏飞

编　　辑：吴太亮、余志斌、姜念月

原创单位：重庆华龙网集团股份有限公司

发布日期：2021年11月3日

发布平台：华龙网首页、新重庆客户端头条

作品简介

2021年儿童节当天，35岁的重庆大渡口区育才小学体育老师王红旭，看到有儿童落水，本能地百米冲刺、跃入江中，以生命托举生命。中宣部授予他“时代楷模”称号，褒扬他是“新时代‘四有’好老师的典范”。

本报道突出王红旭的感人事迹，并挖掘其本能选择背后的教师世家家风传承，让典型人物可亲可敬。主创团队第一时间行动，并赴京采访“时代楷模发

① 吴炜华，中国传媒大学电视学院教授，博士研究生导师；王昭阳，中国传媒大学电视学院硕士研究生。

布厅”录制情况，共采访其亲人、朋友、学生二十余人，再现其为人子的孝顺、为人父的慈爱、为人夫的深情、为人师的仁心，将一位凡人英雄呈现得立体全面。为减少多次采访对逝者亲友的二次伤害，作品创新使用“动画还原+真人讲述”相结合的形式，并让王老师与他生命中重要的人告别，旨在让亲人、朋友、学生能够走出悲痛，重拾生活的勇气，勇敢前行。

《体育老师王红旭生命中最后一次百米冲刺》作品二维码

作品分析

党的十八大以来，习近平总书记多次点赞先进典型和模范，号召学习先进典型，学习先进榜样，并强调“新时代是需要英雄并一定能够产生英雄的时代”“实现中华民族伟大复兴，需要更多时代楷模”。《体育老师王红旭生命中最后一次百米冲刺》聚焦被誉为“新时代‘四有’好老师的典范”的“时代楷模”王红旭的故事，讲述细腻、画面感人、表达创新，体现师者仁心、人间大爱，弘扬正能量。

一、实践转向：典型报道的时代发展

我国无产阶级新闻事业的特殊性质和作用，决定了典型报道在我国不同历史时期的新闻宣传中始终占有重要且突出的地位。我国的典型报道起源于20世纪40年代，1942年《解放日报》对劳动模范吴满有的报道被认为是我国首篇典型报道①，吴满有本人作为劳动生产英雄的榜样登上头版头条，呈现出“更高，

① 张威.典型报道：渊源与命运[J].新闻与传播研究，2002（02）：38-49，96.

更强烈，更有集中性，更典型，更有理想，因此就更带有普遍性”的形象，用以助力推动社会主义生产。此后，中国典型报道高潮迭起，逐渐挖掘和塑造出罗盛教、黄继光等抗美援朝英雄，雷锋、焦裕禄等社会主义建设先锋，钱学森、邓稼先等爱国知识分子，随着改革开放而诞生的步鑫生、马胜利等勇立潮头的企业家榜样，徐虎、张海迪等社会主义道德楷模，以及党的十八大以来涌现的王继才夫妇、张桂梅等时代奋斗者。总的来看，典型报道肩负着重要的政治使命，与中国共产党的宣传事业牢牢绑定。同时，典型报道的人物体现的社会价值和时代风貌始终与党的方针政策高度一致，促进社会思潮转变的同时助推一系列的社会行动。

从吴满有到张桂梅，我国典型报道在理念和操作层面不断发展变化，取得长足进步，但仍有亟待解决的问题。在生产流程方面，典型报道的文本在平衡客观事件与政治意涵方面仍然在不断调适。当前的典型报道基本遵循新闻传播规律，回归事实本位，也鲜少对典型人物简单地贴上政治标签，做出神话式的拔高和解读。但是，一些报道仍然局限于陈旧的方式，为了彰显典型性故意迎合刻板印象，以至于报道不仅不能发挥正面宣传作用，反而在刻板印象的作用下使得典型人物越发脱离群众。在渠道建设方面，大众收受信息的主要方式发生了明显的移动互联网转向。在典型报道“融合呈现成为标配”[①] 的今天，主流媒体应当思考如何更有效更普遍地利用融媒体矩阵打破垂直化的内容壁垒，保证内容准确全面触达用户，进而引导用户自觉对典型人物发起正面阐释，营造和谐有序的社群氛围，激发积极向上的网络讨论。在传播效果方面，应当意识到我国社会群体价值判断的多元化使同一的报道模式无法在个体层面达成同质化的情感连接，更无法在群体层面收获一致且正面的社会反响。当今社会环境下，由典型报道引起的社会争议更为常见，这种复杂的社会争议也能反映出较为分化的价值判断。平衡消息触达层面上的“大众”概念和信息接收需求层面上的“分众”概念，在社会争议中不消解典型话语、不降低大众的社会信任，是面向未来的典型报道需要考虑的问题。

---

① 庞明广.深挖典型人物背后的时代精神——“燃灯校长”张桂梅报道思考[J].青年记者，2021(21)：31-32.

崇尚英雄才会产生英雄，争做英雄才能英雄辈出。在我国社会主义现代化建设中发挥过重要作用的典型报道，今后还将继续发挥其重要作用。《体育老师王红旭生命中最后一次百米冲刺》（以下称为《百米冲刺》）讲述了被誉为“新时代‘四有’好老师的典范”的“时代楷模”王红旭的故事。他跳入长江勇救落水儿童，将两名落水儿童先后托举出水面，自己却不幸牺牲。《百米冲刺》在信息呈现、框架构建和社会关系整合方面作出创新，取得良好传播效果。

二、微观层面：见微知著描摹真实细节

细节的大量使用是《百米冲刺》的显著特征。作为一部优秀的典型报道作品，《百米冲刺》在以新闻为本位，全面客观地讲述真实故事的基础上，还将不同类型的细节融进作品。细节的合理使用是创新典型报道文风的重要手段，在结构上能够加深报道所涉多种样态的融合程度，使报道产生有助于互联网传播的记忆点；在内容上能够补充新闻作品的信息，使报道拥有更强的表现力和沉浸感；在情感上更好彰显典型人物的独特品质和个人魅力，使人物形象更加贴近普通大众。最终，融合的多种形态、精彩的内容表现和亲切的人物形象都有助于增强典型报道的人文关怀。

在结构上，细节的运用能够使整部作品拥有统一的情感基调和鲜明的记忆点，涉及多种表现形式的画面也能在同一部作品中自然流畅地转换。该报道采用了实地采访、资料影像与平面动画相结合的方式，讲述了一位“见义勇为的好老师”的故事。作品开场便采访逝者家属，回应“家属如何评价见义勇为逝者”这一关键疑问。全片的第一个镜头是王红旭妻子的特写采访画面，画面中能够清晰看到她通红的鼻尖和顺着脸颊滴落的泪珠。面对镜头，她真诚地表达了对儿子缺少父爱的担忧。第二个镜头，中景画面中王红旭的父亲则表达了对儿子见义勇为的自豪。然而这里的转场细节值得考究，从采访镜头到实拍影像过渡，父亲的认可渐隐于母亲在摆满花圈的殡仪馆中，用面部和双手紧贴儿子的大幅遗像，站立不稳失声痛哭的无声镜头。在母亲的悲痛中，画面逐步过渡到新闻事件的叙述。画面被黑白处理，只有醒目的暗红色圆圈标记出王红旭露出水面、随波浪浮沉的半个头部，挣扎求生的英雄身旁是手牵手形成人链的救助群众。画面之上，音乐配合文字讲述了王红旭的牺牲原因。“这是体育老师王

红旭生命中最后一次百米冲刺……”这句话与“硬新闻”式的大标题形成呼应，准确、形象又艺术化地概括了新闻事件，形成了有利于互联网传播的情感记忆点，由此引出后续动画形式的、与王红旭告别的内容。总的来看，开场的镜头段落涉及多种展现形式的转换，而细节处理到位使这些转换流畅自然，充斥着崇敬、悲痛、遗憾等复杂的情感。

在内容上，由动画串联的新闻内容有利于主体形象和细节内容的充分展示。首先，该报道使用了具有简洁美感的平面动画，突出故事段落中的主体人物，简化了观众收集信息的难度。其次，动画视频的非线性特质，让制作团队能从海量的现场信息中提取出服务主题的关键细节，并加入视频供观众探索和发现。例如，动画将展示时间定为晚上，符合“将王红旭比作星星”的人物设定，也为情绪的渲染提供了适宜的氛围。除了妻子流泪拂拭全家福照片，父亲深夜做好面条放在空着的椅子上等常规信息，还能发现窗台上逝者相框旁边有用以祝福好运来临的四叶草，以及餐桌上悬挂着的《为师三训》牌匾等细节信息。读者在看到四叶草、阅读牌匾内容时，自然会联想到妻子对丈夫的关爱、祝福与思念，以及良好的家风是王红旭无私奉献、舍己救人的精神来源。这种温馨的氛围更加渲染出遗憾和悲伤的情感，也为王红旭与他的家庭关系一一道别提供了必要性。细节信息是一种更隐蔽地有选择性地展示信息的行为，它避免了过于直接的评论解说或情绪过于饱和的镜头；对于观众来说，他们往往更加信任自己挖掘出的细节信息的真实性。这样一来，单向传输信息的动画视频因这些可供探索的元素而大大增强了互动性，最终观众会在与媒介的互动过程中提升自己在主题报道中的沉浸程度。

在情感上，《百米冲刺》尺度得当的自我表达彰显出典型人物的时代精神。王红旭在视频中数次出场，与自己身边的人一一告别，给予他们宽慰和新生活的希望。王红旭在短片中的再次出现和自我表达，从叙事上讲，再一次帮助了他身边需要帮助的人，带给了他人宽慰、温暖和希望。除了告别和叮嘱之外，制作团队还希望通过王红旭表达与人为善的愿景。无论是对父亲说“像你们一样成为好老师”，还是对妻子说“会有更多的人来爱你们”，以及视频最后的希望“做一个平凡又有价值的人”，都期待善良与温暖在社会中传递，这也是一种通过典型人物传达时代精神的愿景。通过这种自我表达的形式，王红旭的亲人、朋友、学生能够更好地理解其行为动机和伟大人格，不失为一种人文关怀的体现。

三、中观层面：扎实采写刻画时代人物

《百米冲刺》的优质内容呈现和热烈社会反响是其坚持马克思主义新闻观的结果。在这篇典型报道的生产过程中，创作团队始终坚持以人民为中心的创作导向，扎根一线获取新鲜素材，融合报道深入刻画典型，最终塑造出时代精神与个人特质兼具、先进性与群众性兼具的典型人物，打造出信息增量与价值宣传并重、舆论引导力和社会影响力并重的优秀典型报道作品。总的来看，这篇典型报道的创新之处在于利用全局考量的策划思想、极其扎实的采写风格和平易近人的多重视角刻画出符合现代价值引领、能够被普遍接受的“平凡英雄”形象。

策划方面，标题拟定的“硬”和内容呈现的“软”形成对比，这种看似矛盾的处理背后却能通过统一的中心主题和鲜活的人物形象融为一体。

第一，报道采用了《体育老师王红旭生命中最后一次百米冲刺》这一传统意义上的“硬”标题，体现出制作团队对于主题报道新闻属性的重视。① 如此一来，该标题就能够利用在当地具有重大影响的社会事件在观众心中天然的接近性和显著性，凸显人物和事件本身的典型性。其中，“体育老师王红旭”点明了典型人物的身份特征，“生命中最后一次”能够极大地吸引用户，显示该选题极强的新闻价值，而“百米冲刺”不仅是其行为的最客观描述，还与其职业内容相呼应，暗示其“直到生命最后一刻”，仍然忠实地履行自己的职责，点明了人物的某种“典型特质”和新闻事件具体内容。该标题概括性极强，凸显了新闻事件本身的极高价值。

第二，与标题明确凸显的新闻事件与新闻价值相对的，是作品内容“软”处着眼，时刻体现出人情味。短片并没有采用注重参与性和体验感、需要网友参与较多的交互式H5；而是采用更能够带给受众心灵上的感动与共鸣的沉浸式短视频。5分多钟的视频，相较社交平台上流行的1分钟内短视频时间稍长，但是其布局精巧、镜头细腻、内容丰富，情感上的起承转合十分流畅，通过多个

① 笔者对《体育老师王红旭生命中最后一次百米冲刺》主创人员的访谈，2023年8月。

视角和不同形式，与标题相互配合，完整地将王红旭这一凡人英雄的形象呈现出来。

扎实深入的采写风格也是该报道的特色。由于该事件已经被众多媒体以各种形式争相报道，制作团队便选择通过深入采访，挖掘“英雄救人”这一瞬间抉择背后的动力，为这一英雄举动提供了充足的背景和语境，引导公众全面理解新闻事件背后的张力，从而倡导舆论场的有益讨论。[①] 正是基于这一出发点，创作团队了解到王红旭出身教师世家，他的爷爷奶奶、爸爸妈妈全部都是老师，从小对他言传身教，让他有了生死关头毫不犹豫去救人的信念。短短几分钟的抉择，实则是一家三代教师“爱生如子”的家风传承。因此，作品对英雄生活场景的描述和生平回顾基本上采用了动画与采访相结合的形式，丰富了画面内容和表现力，同时减少对家属造成的二次伤害。[②] 例如，王红旭的父亲提到儿子最喜欢吃自己煮的面，妻子说红旭曾说老了陪她跳广场舞，以及三岁的儿子追问“爸爸去哪了”，妻子答“爸爸变成了星星”，儿子说“那我长大后要开飞机，这样就能离爸爸近一点”。深入采访获取生活细节，扎实采写开阔报道视角，平实叙述加深切身体会，观众能够在情感的贴近中减少与“舍身救人的英雄”之间天然的疏离感。

值得注意的是，不同呈现方式的融洽结合也体现出创作团队扎实的叙事功底。面对已经逝去的英雄，创作团队不忍反复采访揭开家人的伤疤，于是想到创新使用手绘动画还原与真人讲述相结合的形式。在动画呈现中，创作团队真正做到每一句文案都要基于事实，每一帧画面都要经得起考究。最终，视频通过家人、朋友的动情讲述，穿插细腻的动画，以星光为喻，礼赞凡人英雄。妻子说，看到视频，似乎真的与王红旭进行了一次“告别”，最后也要了视频原片作为珍藏纪念。[③] 现场资料有冲击力地直面王红旭救助孩童却无力游回岸边，热心群众牵手排成人链守望相助的场面，强烈的现场感赋予传奇故事以高度真实

---

① 史安斌，王沛楠.建设性新闻：历史溯源、理念演进与全球实践[J].新闻记者，2019（09）：32-39，82.

② 笔者对《体育老师王红旭生命中最后一次百米冲刺》主创人员的访谈，2023年8月。

③ 同上。

性；平面动画多视角地回顾王红旭的生平；小景别的采访画面清晰呈现人物面部，与同期声一起传达交流感，将情绪引向了高峰。同时，文字资料表明英雄所受到的表彰，与人物生平共同出现，彰显了英雄荣誉、人物行为与时代精神，弘扬了社会主义核心价值观。

创作团队采用了多重视角的报道手法刻画王红旭这位平凡英雄。以王红旭的多重社会身份为基础，从丈夫、父亲、儿子、朋友、老师等多重视角出发，作品实现了已逝英雄与重要的人的一一告别。这种告别一方面能够纾解他太过突然的离去给身边的人留下的遗憾与不舍，帮他们走出悲痛，重拾生活的勇气；另一方面能塑造主流媒体在典型报道中的角色，实现从缺少温度的客观事实报道转向面对未来的积极关怀。动画开场，母子二人站在星河流转中缅怀父亲，既美好又遗憾的想象空间连接了现实事件与虚拟场景，使透过虚实交合的幻境，让逝者与家人告别。“想开飞机离爸爸近一点”，儿子用孩童典型的、极为具象化的方式表达了对于生死的理解和对父亲的思念。短视频前半部分表达了诸多英雄牺牲所引发的遗憾：对于妻子而言，她失去了相濡以沫的爱人，也需要教育儿子理解自己父亲的死亡；对于父母而言，他们失去了自己的儿子；对于朋友而言，他目睹了好友的死亡却无力施救；对于学生而言，她失去了无条件支持自己梦想的恩师……英雄的牺牲虽然意味着他成为社会的榜样力量，但也意味着他身边的人不得不面对悲痛。告别和社会关怀都是短片的内核。母亲流着泪用手拂拭全家福照片，一颗流星划过，显现出王老师的虚影。回忆与更久远的回忆嵌套，纸张发黄色的背景暗示了更久远的时间。在此，王红旭一个个宽慰难过的人，他在视频中最后一次成为自己家人、朋友和学生的英雄。值得注意的是，与朋友的告别方式，使用了脚印和泪水作为镜头的象征语言，一方面是避免过于有冲击力的镜头，另一方面是避免重复交代同一事件，而使每个镜头直接服务于情感表达。最后，通过搜救和缅怀等实拍场景，英雄完成了与他人现实意义上的告别，永远活在人们心中。

四、宏观层面：人文关怀触发沉浸传播

“凝聚共识工作不容易做，大家要共同努力。为了实现我们的目标，网上网

下要形成同心圆。”[①] 在新时代的长征路上，聚焦“时代楷模”王红旭老师典型事迹的典型报道作品《体育老师王红旭生命中最后一次百米冲刺》，在报道中创新探索，将一位凡人英雄的大爱呈现得淋漓尽致。作品取得了良好的传播效果，弘扬了伟大时代的英雄精神，营造出“学习英雄”的氛围，以贴近人心的情感链接了社会情感，彰显了主流媒体在典型人物报道中的人文关怀。

相比于传统的典型人物报道，该作品触动人心的原因，在于其基于王红旭勇救落水儿童这一新闻，围绕见义勇为、告别亲友、社会反响三方面展开，将宏大主题和社会热点事件故事化，广泛传播平凡英雄的人生价值。没有豪言壮语，没有伟大成就，这位体育老师最后的冲刺，留下一堂最深刻的生命教育课。身边随处可见的榜样，也可以是平凡人背后的大义之光。作品中对话式的描述恰恰体现了典型人物在自我实现与社会风险、家庭和事业冲突时的困惑、挣扎和犹豫，再现了一个普通人的生活世界。[②] 这种生活世界的展现符合现代社会最广泛的群体对于良善与公义的共识，于是成为连接更广泛群体情感与共识的公约数。在社会的共鸣中，引导大家见贤思齐、择善而从。

① 习近平.在网络安全和信息化工作座谈会上的讲话[N]. 人民日报，2016-04-26（02）.

② 江作苏，孙志鹏.典型人物报道模式的变迁——基于1990年—2015年中国新闻奖典型人物报道的分析[J].新闻与写作，2016（08）：38-41.

作品九：《“东北黑土保护调查”系列报道》

吴炜华　石宇杭[①]

作品信息

作品标题：“东北黑土保护调查”系列报道

所获奖项：第32届中国新闻奖舆论监督报道一等奖

主创人员：李建平、杨思琪、王松、马知遥、孙彪、时建国、孙志平、张平锋、李杰、王健、吕馨慧、李俞辉

编　　辑：孙志平、张平锋、李杰、王健、孙彪、时建国、吕馨慧、李俞辉

原创单位：新华社

发布日期：2021年4月1日、4月28日

发布平台：新华社客户端

作品简介

我国东北黑土区是世界主要黑土区之一，也是我国最大的商品粮基地，其粮食生产能力和农业可持续性事关国家粮食安全。然而，在粮食高产、稳产的同时，多年的风侵、雨蚀、不合理开发，甚至是盗挖、盗掘不断让黑土地“变薄、变硬、变瘦”，为国家粮食安全埋下隐忧。

---

① 吴炜华，中国传媒大学电视学院教授、博士研究生导师；石宇杭，中国传媒大学电视学院硕士研究生。

《“东北黑土保护调查”系列报道》由《新华全媒+｜盗挖屡禁不止、环境遭破坏、电商售卖无监管……谁来保护东北黑土资源?》和《新华全媒+｜禁不住的黑土交易　斩不断的“黑色”利益——黑土盗卖产业追踪调查》两条专题短视频组成。记者以高度的政治责任感和历史使命感忠实履职，两赴中国黑土核心区，行程上千公里，冒险揭开黑土盗卖产业“黑幕”。

报道以极具冲击力的航拍、隐蔽拍摄和特写等画面，全方位展现黑土贩卖者的嚣张气焰以及黑土地被破坏的惨状。在报道中，记者暗访黑土盗挖者、售卖者、绿化公司人员、知情村民等，调查网络黑土卖家，梳理黑土盗卖完整产业链条，掌握大量一手素材及黑土盗卖线索；与当地恶势力斗智斗勇，突破重重困难，采访自然资源、农业农村、公安、财政等部门，完整还原黑土盗卖产业关键环节及巨大需求催生的利益集团。

这组报道发出后，在社会引发重大反响，各类媒体竞相转发，推动相关部门及时为黑土地保护立法，严厉打击偷采盗挖黑土行为，有力地保护了黑土地，长效地保护了“中国粮仓”。

《“东北黑土保护调查”系列报道》作品二维码

作品分析

2020年7月22日，习近平总书记在吉林省考察时指出，东北是世界三大黑土区之一，是“黄金玉米带”“大豆之乡”，黑土高产丰产，同时也面临着土地肥力透支的问题。一定要采取有效措施，保护好黑土地这一“耕地中的大熊猫”。[①]

五谷者，万民之命，国之重宝。《“东北黑土保护调查”系列报道》关注粮食安全这一“国之要事”，将镜头聚焦黑土地保护，深入挖掘此前监管保护的“真空地带”——商业盗采、盗挖。为此，记者深入我国黑土地核心区展开调查，用极具震撼力的航拍画面清晰展现黑土地被破坏的惨状，冒险暗访获取一手资料，在短视频为主的浅阅读时代，形成有深度的舆论监督系列报道。

报道发布后，迅速成为全网焦点，总浏览量达1.2亿人次，引发中央和地方高度关注，进一步促进国家黑土地保护立法。该作品以媒体职责使命捍卫中国粮食安全，彰显了主流媒体记者的责任与担当，是全媒体时代下做好舆论监督报道的优秀典型案例。

一、紧扣粮食安全，直面黑土保护之问

保障国家粮食安全的根本在耕地，耕地是粮食生产的“命根子”。习近平总书记高度重视黑土地保护，多次作出要保护好黑土地的重要指示。《“东北黑土保护调查”系列报道》选题有着高度的政治敏锐性，以黑土资源保护为切口破题国家粮食安全，抛出“谁来保护东北黑土资源”的灵魂拷问，完整揭露了黑土盗采、售卖的非法产业链，充分贯彻习近平总书记关于东北黑土地保护指示精神，以舆论监督之力守卫我国最大粮食生产基地的“中国饭碗”。

（一）深耕重大主题，巧掘新鲜切口

主流媒体的新闻舆论工作始终与国家战略、社会需要和人民需求同频共振、同向同行。粮食安全是国家安全的重要基础，党中央、国务院始终把解决人民吃饭问题作为治国安邦的首要任务。坐拥黑土地这一“耕地中的大熊猫”，东北地区粮食连年丰收增产，产量超全国五分之一，肩负着维护国家粮食安全的重任，是我国最大的商品粮基地，是保障国家粮食安全的“压舱石”。

多年来，新华社始终将黑土保护当作一个“新闻富矿”来挖掘，以黑龙江分社为代表的东北地区各地方分社每年都会出品许多以此为主题的新闻报道。

① 坚持新发展理念深入实施东北振兴战略　加快推动新时代吉林全方位振兴[N]. 人民日报，2020-07-25（01）.

这些报道切合实际、贴近基层、服务群众，密切跟踪黑土地面临的严峻形势，及时报道政策方针出台、高标准农田建设，宣传推广农业科技及黑土地保护优势经验方法。在采写过程中，新华社积累了不少权威专家资源，培养了一批黑土保护专家型记者。

在选题角度上，《“东北黑土保护调查”系列报道》区别于其他同主题报道，以黑土商业盗挖倒卖为切口，直击黑土破坏盗挖一线，画面张力十足，现场感极强，直观呈现出黑土地保护所面临的严峻挑战。

报道选题上的巧妙构思，来源于一次偶然中的必然。记者偶然从地方媒体获得线索——“中国优质稻米之乡”五常市有人承包土地后大面积盗挖黑土，于是迅速判断这是一个重大新闻。[①] 一支由分社总编室副总编辑带队，文字、图片、视频记者组成的全媒体报道小分队即刻成立，奔赴事发现场展开报道。在长期的黑土地保护报道中，新华社的记者们练就了一双敏锐的“新闻眼”，始终关注领域最新动向，以崇高的责任感面对黑土保护事业，才能将偶然转化为必然，在第一时间堵上黑土保护的巨大漏洞。

（二）追问现象原因，深挖事件本质

“问题”是调查报道的灵魂。调查报道通过调查现实问题、寻求事件真相、解释问题本质来唤起大众关注，并吸引相关部门介入，从而促进社会问题的解决。[②] 在《“东北黑土保护调查”系列报道》中，“谁来保护东北黑土资源”这一问题从一而终，贯穿全篇。记者由这一问题出发，不断追问与回答，最终完整呈现出黑土盗挖非法产业的各个环节链条。

《“东北黑土保护调查”系列报道》没有停留在对个例现象的简单报道上，而是不断挖掘背后所隐藏的深层原因，展开连环追问。从田间地头惨烈的黑土盗挖现场，到跟踪黑土运输车辆，再到黑土临时存放地点，最后到与政府部门、黑土贩卖者正面采访。报道团队力求在每一个环节都找到最核心的当事人，了解到最真实情况。之后结合自然资源、公安机关等政府部门干部，人大代表、政协委员、权威专家等业内人士的观点，梳理黑土盗挖、贩卖这条产业链上的

---

① 笔者对《“东北黑土保护调查”系列报道》主创人员的访谈，2023年8月。

② 甘险峰，靳睿.深度报道何以守望时代[J].新闻战线，2021（21）：21-23.

各个环节，从而点明黑土盗卖产业屡禁不止的深层次原因，回答“谁来保护东北黑土资源”之问。

报道团队对问题本质的把握推动着调查环节层层递进，进而完成了东北黑土违规商业开发利益链条之间关系的梳理，实现黑土盗卖产业“黑幕”的揭露。

采访前，报道团队针对性地就黑土盗挖进行了详细的前期调研，对事件性质、可能走向有着清晰明确的预判。他们清楚认识到，黑土本质是一种矿产资源，黑土贩卖产业链和煤炭、钢铁、稀土等矿产资源的生产销售环节是一样的，这明确了事件的性质。随着采访进一步深入，记者从简单个案的背后逐渐发掘出完整利益驱使链条，反映出黑土盗挖事件的复杂性。事件中所涉及的农民、盗挖者、贩卖者都是黑土贩卖产业链上的获利者，他们构成了黑土贩卖产业链的上下游。对利益链条的探讨则透露出农民保护黑土资源意识淡薄、政府相关部门“九龙治水”监管乏力、国家层面缺乏系统性、规范性法律法规等深层次问题。

二、深入田间地头，暗访揭露土地疮疤

仿佛是大地疮疤的黑色取土坑、气焰嚣张的商业盗挖者、面目可憎的黑土贩卖者……一幕幕直击人心、极具视觉与情绪冲击力的场景与画面是《“东北黑土保护调查”系列报道》最直观的亮点。这些画面都源于报道团队在田野一线的扎实调查与卧底暗访。出发前，报道团队确定了以纪实、暗访报道为主的总体思路[①]，并制订了周密详细的整体采访计划，紧盯新闻现场，深入田间地头。只有当记者真正俯身面朝泥土时，才能看见坑洼的裂痕，才能听见大地的哭声。

（一）克服重重阻力，获取一手资料

舆论监督报道历来是采访的难点，对记者的信息获取能力提出很高的要求，不仅要有磨练“脚力”深入基层摸清实情的钻劲韧劲，而且要有冲破重重困难摸到一手材料的闯劲。在《“东北黑土保护调查”系列报道》中，报道团队总体上克服了来自两方面的阻力，获得了最具生命力的新闻现场素材。

第一重阻力来自基层政府部门——不接受采访、推诿扯皮、避重就轻。对

① 李建平.“东北黑土保护调查”系列报道[J].中国记者，2022（11）：106.

此，记者采取在事件发生现场采访村民、知情人士的方式，详细了解事件的每个细节，掌握大量、翔实的盗挖、盗卖黑土证据，收集大量鲜活的一手材料。这样再与政府部门对话的时候，记者就有了底气，占据主动地位，对方就会感觉无法应付、欺骗记者。

第二重阻力来自当地农民——黑土盗挖者、倒卖者。他们是既得利益者，敏感、多疑、小心谨慎，采访难度极大。面对这样一群社会背景复杂、社会经验丰富的群体，想要在暗访中得到他们的信任，让他们讲出违法违规的过程，同时进行摄影、摄像、录音等，采访难度极高。

报道团队灵活运用探查、暗访等多种采访方法，广开信息搜集渠道，牢牢占据新闻现场核心位置。整个《“东北黑土保护调查”系列报道》采访期间，团队一共采访上百人，文字素材积累至少三万字，调查行程上千公里，获取了大量真实可靠的一手资料，为后续深入分析、报道撰写提供有利条件。

（二）潜入事件一线，开展暗访调查

暗访调查是寻找真相、守护公义的有效手段之一，是舆论监督类报道的有力武器。在常规采访难以获取真相时，暗访则成为获取隐藏事实的可行方法。在新媒体环境下，新闻生产的职业边界被打破，优秀调查记者人才流失严重①，专业的新闻暗访调查显得更为难能可贵。

在《“东北黑土保护调查”系列报道》的暗访调查中，报道团队同时按照多条线索展开摸排，接近暗访对象。以发生盗采黑土的村屯为重点，在村屯外围寻找知情人士，并跟踪黑土运输车辆，找到黑土存放地点，进而联系到盗挖、贩卖黑土的核心当事人。同时根据全省黑土分布情况、水稻种植情况、绿化用土需求情况等，大概研判黑土买卖比较猖獗的地区，有针对性地进行重点采访。此外，还通过网络寻找贩卖黑土的商人，取得联系后，以购买黑土为理由，约见贩卖黑土的商人。

面对不同采访对象，报道团队采用不同方法分类应对，“对症下药”，展现了较高的采访水平与极强的应变智慧。面对村民，记者直接亮明身份提出采访

① 曹艳辉，张志安.地位、理念与行为：中国调查记者的职业认同变迁研究[J].现代传播（中国传媒大学学报），2020，42（12）：158-163.

要求，尽管遭到多数人拒绝，但也有心怀正义感的村民会跟记者介绍情况，甚至接受去其家中视频采访的要求。面对黑土贩卖商人，记者以购买黑土者身份取得其信任，并以交易量巨大，需要面谈为由，约见黑土贩卖商人。记者利用采访前积累的大量黑土相关知识，从黑土的种类、分布、用途等角度与黑土贩卖商人周旋，取得其信任，甚至通过砍价等方式，让其觉得记者比较专业，确实是业内人士，慢慢放松警惕，说出行业内幕。在暗访过程中，记者不断与黑土贩卖商人展开斡旋。一个机位，一个角度拍摄很容易暴露，于是报道团队采取轮流用手机拍摄的多机位方式进行暗访拍摄，取得了较好效果，同时也完成了对周围环境的调查取证。

暗访黑土贩卖商人所取得的珍贵画面，成为黑土盗挖非法产业链的重要证据，彰显了舆论监督报道的客观性和真实性，增添了视频报道中的现场感，使报道更具传播魅力。

三、融合移动传播，短视频下的深思考

媒体融合背景下，移动社交短视频的快速发展带来全新的传播形态，建构了崭新的传播格局。当下，短视频已成为激活融合新闻报道形态，击破主流媒体在网络传播环境下重构新闻叙事与视觉议程设置壁垒的主要方法之一。[①]《“东北黑土保护调查”系列报道》融合深度调查报道的传统经验与移动传播短视频的视觉形态，打造既富有画面张力，又具有深刻内涵，启迪用户冷静思考的主流媒体融合新闻作品。

（一）移动传播优先，情感视觉双重冲击

《“东北黑土保护调查”系列报道》既尊重传统深度调查的采写经验，又融合短视频、社交平台等新媒体的传播规律。团队在策划前期即拟定了以移动互联网传播为主的思路，围绕移动小屏端展开系列报道的整体策划、采访、制作、呈现。在报道制作过程中，编辑、记者前后台实时联动，结合现场采访情况及网络关注热点，随时调整采访思路，及时披露事件真相，回应网民关切。

① 吴炜华.技术疆域、文化构型与话语实践：新文化图景中的短视频[J].青年记者，2022（01）：13-16.

在视频的剪辑制作过程中，报道团队注意选取最具冲击力的画面，不断增加悬疑感，铺陈新看点，辅以特效、音乐，切中短视频语境中高情绪表达、注意力短缺的传播特点，准确把握用户在观看时的情感波动。通过大量航拍、全景、特写等画面展现黑土地被破坏的惨状，以现场感极强的暗访视频展现黑土贩卖者的嚣张气焰，以丰富、直观的视听表达，从视频开始就一直牢牢抓住用户眼球，更加方便受众对报道内容与主题的理解。

在节奏上，视频紧抓短平快的特点，在短时间内尽可能呈现出最高信息密度的新闻内容。片头不断跳动的字符和画面，用触目惊心的事实不断冲击着观者的视觉，叩问短视频的主题，直面黑土保护之问。暗访画面中，记者与黑土贩卖商人间看似稀松平常、不经意的一问一答里却透露出大量事实真相，宛如高手对决，看似轻松却招招致命，惊心动魄。

产品播发后，报道团队注重多时段、多平台、多形式传播推广，根据不同传播介质、不同平台特点因时因地制定推广策略，实现了报道产品的全网、全平台、多渠道、多角度即时分发，注意正向引导，诸多主流媒体纷纷跟进、配发评论，形成网络讨论热点议题，对推动问题及时有效解决起到重要作用。

（二）现象结合深度，系列报道追踪热点

尽管《“东北黑土保护调查”系列报道》以短视频为主要载体，但并不因其内容短而停留在“泛”和“浅”的层面。作品在内涵深处下苦功夫、做大文章，不失深度舆论监督报道的本质。系列报道中的两个融媒体作品发掘不同侧重点，一个突出表象，一个深挖本质，互为表里，响应实时舆论话题，形成报道追踪合力。

《盗挖屡禁不止、环境遭破坏、电商售卖无监管……谁来保护东北黑土》作为系列报道的首个短视频率先与用户见面，作品主要呈现不法分子以承包土地的方式挖掘黑土的现象，点出这一现象在东北地区普遍存在，突出惨烈的“盗挖”表象，主要是“解剖麻雀”。产品播发后，便迅速引起各方强烈反响。记者也在采访中进一步发现，黑土盗挖的深层次原因是利益驱使的“盗卖”，而这背后是法律法规缺失等深层次问题。报道团队总结成功经验，梳理网络舆情，保持这种现场暗访、强视觉画面冲击的模式，成为系列特征，继续制作追踪报道。

而后，《禁不住的黑土交易　斩不断的“黑色”利益——黑土盗卖产业追踪调查》的推出顺应舆论呼唤，对黑土盗挖问题追踪到底，完成了深层次的调查报道。如果说第一个作品聚焦的是“土”，那么第二个作品聚焦的就是“人”，通过大量暗访画面，展示倒卖黑土者唯利是图的丑恶嘴脸，揭开其背后的利益本质，借助权威专家的观点，阐明黑土盗挖事件背后隐藏的农民保护黑土意识淡薄、法律不健全等深层次问题症结。

“东北黑土保护调查”系列报道表明，深度调查报道不仅可以通过短视频的方式呈现，还能重新发掘短视频新闻生产的融合张力，更好把握舆论引导工作的时、度、效。碎片化视听与深度化内容并非完全对立，在巧妙的操作下能够实现深与短的平衡统一。这恰是深度调查报道应对短视频时代的发展逻辑与未来趋势，亦是回击新媒体环境浅表化信息泛滥的有力武器。

四、推动问题解决，彰显舆论监督力量

舆论监督报道最大的价值就是推动问题解决。2016年2月19日，习近平总书记在党的新闻舆论工作座谈会上指出，舆论监督和正面宣传是统一的。舆论监督是党和人民赋予新闻媒体的重要责任。推动问题的解决，正是建设性舆论监督报道的出发点和落脚点。《“东北黑土调查”系列报道》作为一组舆论监督报道作品，所提出的问题引起从中央到地方的高度重视，起到了舆论监督的正面作用，有力推动国家黑土地保护法出台。

（一）抵制恶意炒作，不为流量做新闻

当下，深度调查报道极易落入为了扩大影响力而片面夸大负面事实的陷阱，忽视了作品的正面引导意义。随着技术的发展，媒体格局、舆论生态、受众对象、传播方式都在发生深刻变化，新媒体发展壮大给传媒事业发展带来了强劲动力，也给传统媒体生存、发展带来挑战。在此背景下，传统媒体在做舆论监督报道时容易片面追求影响力、点击率，为监督而监督，把握不好时度效，不考虑全局利益，或者从媒体或者个人利益出发进行选择性监督等。

《“东北黑土保护调查”系列报道》在内容与画面表达上谨慎克制，准确披露现存真实问题，客观还原事件样态原貌，不过度渲染负面情绪，做到积极主动引导，着力推动黑土保护现有问题妥善解决。《“东北黑土保护调查”系列报

道》从黑土商业盗挖这一反面角度切入，从共同珍惜、保护黑土地的正面角度出发，积极正向引导，真正起到激浊扬清、匡扶正义的作用，取得了良好的社会影响和效益。

不为流量做新闻，坚持正向引导，注重问题解决是坚持舆论监督报道的基本原则，是媒体应有的社会责任。正确的舆论监督不仅仅是揭露矛盾，重要的是化解矛盾、促进问题的解决；不是为批评而批评，而是在监督中有引导。

（二）提出专业建议，迈向建设性新闻

建设性新闻是全球新闻实践和新闻研究中的一种新兴方式，是回应当下新闻业危机的创新行动路径。建设性新闻强调新闻应具有最终致力于解决问题的建设性价值，强调从积极的一面关注问题的解决。党的新闻工作一贯注重舆论监督报道的建设性，坚守报道初心，围绕中心、服务大局。

《“东北黑土保护调查”系列报道》关注黑土盗掘猖狂现状，报道黑土保护实际困境，用深入的实地调查与暗访为问题精准把脉，以独到的见解剖析深层次症结、展开诊断。报道采访自然资源、农业农村、公安、财政等多部门负责人，以权威专家、基层干部群众呼吁立法之声表明观点，为黑土长效保护开具针对性处方。

主创团队认为，舆论监督报道必须要坚持马克思主义新闻观，站在党和人民立场，针对党和国家明令禁止、人民群众深恶痛绝的问题，着眼于帮助各级党委政府改进工作、解决问题，选择具有普遍意义的典型事例，深入调查研究，听取多方意见，充分掌握材料，做到有头有尾，向积极方面引导，多做建设性监督报道，要审慎研判、精准出击，提升针对性、贴近性、建设性，确保在关乎人民根本利益的重大问题上不缺位、不失语。①

五、结语

在以中国式现代化全面推进中华民族伟大复兴的新时代，舆论监督承担了让人们更加了解社会发展、变化，构建社会认识、共识，在纷繁复杂的现象中挖掘事件本质，从而更有力地推动问题解决，为社会进步贡献智慧和力量，推

① 笔者对《“东北黑土保护调查”系列报道》主创人员的访谈，2023年8月。

动社会进步的使命和任务。

《“东北黑土保护调查”系列报道》以巧妙切口直击粮食安全的国家命题。记者心怀“国之大者”走入田间地头、深入一线暗访，揭露黑土商业倒卖的利益链条，为黑土保护做诊断、开药方，在融合媒体语境中深入“短”出，取得较高的舆论关注度、较好的社会影响力，有力推动国家黑土地保护立法进程。

舆论监督报道对维护国家和人民利益有着重要作用。而要做好舆论监督报道，则需要记者深入践行“四力”，以高度的政治责任感和历史使命感，积极拥抱媒体融合的进程，参与中国式现代化建设的实践。

作品十："全球连线"

曾祥敏　吴雨纱[①]

作品信息

作品标题：全球连线（GLOBALink）

所获奖项：第32届中国新闻奖新闻专栏一等奖

主创人员：孙承斌、倪四义、班玮、王进业、刘洁、孙志平、许基仁、赵丹平、阎涛、魏建华、李志昂、米立公、李拯宇、张正富等

编　　辑：王璐、曹剑杰、徐海静、闫珺岩、孙浩、商洋、卫铁民、石鹏、李琴、侯东涛、王雪、袁梦晨、侯润天、林天娇、胡隽欣、阎鼓润等

原创单位：新华社

创办日期：2020年12月28日

发布平台：新华网

作品简介

"全球连线"（GLOBALink）是新华社国际传播融合平台倾力打造的中外文融媒旗舰产品，依托新华社遍布全球的新闻采集网络和传播渠道，聚焦重大突

① 曾祥敏，中国传媒大学电视学院教授、博士研究生导师；吴雨纱，中国传媒大学电视学院硕士研究生。

发新闻、时事热点事件、舆论焦点话题和中外交往故事，第一时间以现场直击、记者出镜、多点连线、独家采访等形式全媒体呈现最新资讯和权威解读，推出融媒体视频产品。2021年，新华社“全球连线”在报道美国国会骚乱、缅甸政局突变、美军仓促撤离阿富汗等重大国际突发事件中多次抢占第一落点，采制独家报道，在传播中国声音、讲好中国故事中取得突出实绩。“全球连线”目前发稿量稳定在每日近30条，采用量不断提升，影响力迅速扩大，社会知名度持续攀升，已成为新华社国际传播报道中最有影响力的融媒栏目之一。

“全球连线”作品二维码

作品分析

伴随传统媒体不断调整节奏以顺应全媒体时代的大趋势，按照习近平总书记对新华社提出的“建成国际一流新型全媒体机构”[①] 的要求，新华社积极践行媒体融合，思考国际传播新思路。“全球连线”作为由新华社国际传播融合平台倾力打造的中外文融媒旗舰栏目，是新华社在媒体融合和国际传播上的又一次“重拳出击”。新华社依托遍布全球的新闻采集网络和传播渠道，聚焦重大突发新闻、时事热点事件、舆论焦点话题和中外交往故事，第一时间以现场直击、记者出镜、多点连线、独家采访等形式全媒体呈现最新资讯和权威解读，推出融媒体视频产品。

“全球连线”栏目结合新华社对外报道各类资源优势，充分考虑当前国际传播领域对于现场直击类短视频的需求[②]，通过“直播态”形式，突出“全球”及

① 赓续红色血脉坚持守正创新　努力建成国际一流新型全媒体机构[N].人民日报，2021-11-07（01）.

② 笔者对“全球连线”主创人员王雪的访谈，2023年8月。

“连线”特色，呈现全球大事要事及重要涉华最新资讯，在多主体、立体式的大外宣格局下，成功抢占国际舆论主阵地，在传播中国声音、讲好中国故事方面取得突出实效。截至目前，“全球连线”共策划播发中外文视频产品约2万条，多组精品报道刷屏网络，采用量不断提升，影响力迅速扩大，社会知名度持续走高。

“新闻专栏”作为中国新闻奖中的一个重要奖项，不仅是彰显传媒专业能力的表征，也是构建传媒品牌影响力的基石。[①]“全球连线”连点成线、聚线成面，以全球视野、中国视角连接中外、沟通世界，释放新闻专栏的价值增量，为媒体融合纵深发展注入新动能。

一、握指成拳，聚合优势资源

在新的媒体生态下，传统主流媒体顺应时代发展，将自身优势条件转化为国际传播的资源平台，通过媒体融合转型，打造符合受众需求的产品形态。“全球连线”便是新华社顺应时代的重磅之作，其在采、编、发各个生产环节上，打通了新华社各部门、国内外各分社，由国际传播融合平台统筹全社报道资源——跨部门、跨“兵种”，握指成拳，聚合优势资源。[②]“全球连线”栏目既发挥了新华社分社遍布全球的驻点优势，又施展了新华社总社连线全球的统筹能力。

（一）遍布全球，发挥驻点优势

“全球连线”日均发稿量稳定在近30条，这些稿件不仅数量可观，而且内容丰富，从政治经济到社会文化，从全国两会现场到加沙武装冲突前线，真正做到“看中国，观世界”。这样的新闻涵盖度是如何做到的呢？答案就在于“全球连线”强大的信息资源采集网络。[③]“全球连线”的信息资源采集主要依托新华社遍布全球的驻点，31个国内分社和180多个海外分社，每天都有海量信息资源，为“全球连线”提供一手新闻资料。

---

① 刘勇，徐红.新闻专栏何以成“名”——以第29～31届中国新闻奖“新闻名专栏”获奖栏目为例[J].新闻战线，2022（13）：48-52.

② “全球连线”带你“连线”全球，“看中国观世界”[N]. 新华每日电讯，2021-05-25（08）.

③ 笔者对“全球连线”主创人员王雪的访谈，2023年8月。

前方分社记者第一时间采集时事热点，策划视频内容，上报编辑部及总社后，确定题目及大致内容，然后由前方分社进行视频采集和简单制作，再进入编辑部进行精编、发稿。① 当然，也有很多无法策划的突发现场，如汤加火山猛烈喷发，土耳其、叙利亚发生强震，美国国会遭暴力冲击等，现场情况完全不可控，视频质量完全依赖采访记者的应变能力和业务素养。面对全球24小时不断发生的新闻，前方分社记者时刻保持高度集中的工作状态，不仅要在热点发生的第一时间作出反应，还要在直击报道之后，挖掘深度报道的可能性。新华社各分社记者从世界各地发回现场报道，用“敬业”“职业”“专业”精神，践行脚力、眼力、脑力、笔力；用新华人的责任担当，回应融媒体时代对前线记者提出的更高要求。

（二）连线全球，施展统筹能力

“全球连线”栏目每天都会收到来自全球各个角落的大量新闻信息资源，那么如何处理海量信息、保证新闻质量呢？这就需要新华社总社发挥“主脑”作用，施展统筹组织能力，对栏目每天的发稿进行统筹规划、精心选编。

“全球连线”的全部发稿都采用“先申报后冠栏”机制：利用新华社“每日策划会”机制集中统筹策划当日“全球连线”栏目的发稿稿件，再由各发稿部门严格按照“三审一校”“四审一校”采编流程冠栏播发。② 新华社国内外各分社在参与“全球连线”报道时，必须遵循对外传播规律，突出全球视野，关注重大突发新闻和重大主题报道，同时充分涵盖中外交流故事以及内外联动报道。报道以英文为主，但也鼓励采制中英文同步报道，以确保信息的准确传达。在选题方面，原则上不允许仅报选中文选题，时效性不强的地方性选题、新闻价值不高的软性题材。每天近30条的发稿量看似可观，但却只是海量信息资源的“冰山一角”，因此“全球连线”发稿稿件的筛选条件尤为严苛，从视频内容、时效性，到出镜人的自身素质，再到系列报道的连贯性等都需以更高标准对待，要将有限的采编资源集中到全球最热点、最有吸引力、最适合进行短视频报道的新闻线索上，呈现出最好的视觉效果，以实现传播效能的最大化。

---

① 笔者对“全球连线”主创人员王雪的访谈，2023年8月。

② 同上。

二、融媒表达，牢抓内容核心

对于媒体而言，“内容为王”从未过时，前沿独家、一手画面、深度调研，优质内容无论在何种时代，都是传播的核心。融合发展也必须坚持内容为王，以内容优势赢得发展优势。“全球连线”栏目创新融媒呈现方式，以多样化报道形式牢牢抓住内容质量，实现了内容生产与形式创新的融合统一，为对外讲好中国故事打下了坚实基础。

（一）直击突发，记者现场连线

新媒体时代，突发事件发生后的现场视频是社交平台用户和海内外受众最需要的新闻产品。“全球连线”开栏伊始便将“突发事件+现场视频”作为突破口，以直击现场、记者连线的形式做到国际重大突发事件快速响应、全面覆盖。[①]

2021年1月6日，美国国会大厦遭“围攻”，“全球连线”迅速播发报道《全球连线|现场直击美国国会遭暴力冲击　国际社会震惊视频》，引发国内外广泛关注。新华社华盛顿分社记者檀易晓通过Vlog形式，骑着自行车直击美国国会骚乱，通过第一视角晃动的镜头，带领受众近距离感受混乱但却真实的新闻现场。2022年俄乌冲突发生后，“全球连线”迅速播发报道《全球连线|遇炸桥封路荷枪逼停　新华社记者驱车夜行550公里奔赴基辅实录》，记录了新华社驻明斯克分社记者鲁金博克服重重困难，逆行闯关，勇抵基辅的全过程，成为当时全网对乌克兰局势最热门的“直击式”独家报道，收获广泛关注。这两则视频报道叙述客观、结构紧凑，新闻性强，现场感突出；与之相关的文字图片报道也是简洁清晰、重点突出、现场感足，是兼具时效性和现场感的融媒体报道。

从美国国会骚乱到缅甸政局突变，从美军仓促撤离阿富汗到俄乌冲突骤起，从汤加火山猛烈喷发到土耳其、叙利亚发生强震……两年多来“全球连线”凭借快速高效的连线出镜、近距离的现场画面刷屏网络，成功在国际重大突发新闻上抢占第一落点，实现“连线全球”。

（二）聚焦热点，宣介中国主张

① 笔者对“全球连线”主创人员王雪的访谈，2023年8月。

习近平总书记强调，加强和改进国际传播工作，要广泛宣介中国主张、中国智慧、中国方案。①我国日益走近世界舞台中央，有能力也有责任在全球事务中发挥更大作用，同各国一道为解决全人类问题作出更大贡献。"全球连线"聚焦热点，向世界发出"中国声音"，推出一大批影响大、传播广的报道，以全球视野宣介中国主张，彰显中国智慧。②

建党百年和党的二十大分别是贯穿2021年和2022年的重大主题报道，也是海内外媒体和受众高度关注的热点事件。"全球连线"为此推出一系列专题性子栏目，如"百国百党　看百年大党""全球瞩目中共二十大"等。为了打造这些子栏目，"全球连线"统筹70余个海外分社，遍访百余名海外政党政要，讲述各国政党政要与中国共产党交往交流的生动故事，客观评价中国共产党百年来治国理政的实践成就，共播发中英文专访视频200余期。与此同时"全球连线"还推出《我是中共党员Vlog》《海外看百年中共》《"洋"记者看两会》等系列报道。《我是中共党员Vlog》以各行各业的党员讲述亲历的中国故事；《海外看百年中共》以海外政党专家的他者视角解读中共执政的"成功密码"；《"洋"记者看两会》以外国记者身份拉近海外受众与我们的距离……这些系列报道中"人"的元素的加入，使新闻有了"温度"，在增加海外受众对"全球连线"报道亲近感、信任感、认同感的同时，多角度、多层次地展现了中国共产党的辉煌历程和卓越成就。

两年来"全球连线"围绕"一带一路""北京冬奥会"等热点，形成常态化发稿机制，确保对这些热点事件及时、深入、全面报道，从而为全球受众提供真实、准确、全面的信息。"全球连线"成功塑造了一个全球化、开放化的中国媒体形象，通过传递与时俱进、丰富多元的热点议题，纠正国际受众刻板印象、改善国际受众对华态度，为传播中国声音、展现中国智慧作出重要贡献。

（三）独家一线，抢占舆论先机

信息全球化的今天，国际舆论场是不可忽视的舞台。在国际传播上，新华社一直致力于发挥其内在优势，强调一线采访和独家报道，以抢占国际舆论的

① 习近平. 加强和改进国际传播工作 展示真实立体全面的中国[N]. 人民日报，2021-06-02（01）.

② 笔者对"全球连线"主创人员王雪的访谈，2023年8月。

制高点。“全球连线”栏目在此基础上强化了“挖新闻”的意识，一批重事实、重调查的报道一经发出就受到国内外广泛关注，起到了良好的国际舆论传播效果。[①]

长期以来，关于我国新疆问题的虚假新闻在国际舆论场上此起彼伏，针对这些屡见不鲜的不实报道，我国媒体一直积极应对，竭尽全力持续反击。2021年2月，“全球连线”推出报道《全球连线 | “两赴新疆，我揭穿西方涉疆谎言”》。法国作家、记者马克西姆·维瓦斯在接受新华社记者专访时，讲述了他两次亲赴新疆考察、历时4年完成著作《维吾尔族假新闻的终结》的经历。“有些人散布了无数关于新疆的谣言，实际他们从未去过新疆！”维瓦斯表示，“建议我的读者亲自到新疆走一走，这样才能看到真相。”[②] 这则报道及相关的“谣言与真相”系列视频，在海外平台总浏览量超过500万次，有力驳斥了个别西方国家有关新疆的谬论。同年3月，瑞士良好棉花发展协会（BCI）因所谓“强迫劳动”而停止了对新疆棉花的认证，新华社驻日内瓦分社记者第一时间展示了其敏锐的新闻嗅觉和迅速的行动能力。他们立即奔赴BCI总部探访，采制推出报道《全球连线|不专业，不透明，不独立，揭开BCI真面目》。这则报道不仅以现场视频佐证，更有深入调查解析，独家披露BCI众多不为人知的问题和荒谬做法，揭露其“草台班子”本色，给人以震撼的同时，更是在抨击BCI的舆论浪潮中起到重要作用。

在面对重大事件及国际舆论时，“全球连线”以“一线调查”“独家专访”抢占国际舆论的制高点，在第一时间发出独家的、权威的声音，起到良好的国际舆论传播效果，有力地捍卫了国家的利益和尊严。

三、两个“结合”，扩大产品影响力

提升产品国际影响力，制定有效的传播策略尤为关键。“全球连线”的定位是新华社国际传播旗舰融媒产品，所以在产品制作过程中，国际传播的需求占

---

① 笔者对“全球连线”主创人员王雪的访谈，2023年8月。

② 新华社.全球连线 | “两赴新疆，我揭穿西方涉疆谎言”[EB/OL].（2021-02-19）[2023-09-2]. http://www.xinhuanet.com/world/2021-02/19/c_1211032064.htm.

据主导地位，具体到实际工作中，同一个新闻事件的报道，优先以国际传播视野进行策划播发，同时兼顾对内传播。“全球连线”将传统渠道与新媒体渠道相结合，多声道、立体式传播与靶向传播相结合，按照“以我为主，发出中国声音、塑造中国形象、讲好中国故事”的整体原则，将产品的国际传播影响力最大化。[①]

（一）多元渠道，奠定传播基石

融媒时代，内容渠道皆为王，要想实现产品影响力的最大化，不仅要以内容优势赢得发展优势，还得要以多元渠道奠定传播基石。“全球连线”栏目充分利用新华社的强大传播平台，整合传统媒体和新媒体资源，为其产品提供了全面多元的传播渠道，使其有足够体量和实力实现连接中外、沟通世界。[②]

作为国家通讯社，新华社拥有中、英、法、西、俄、阿、葡等15条多语言国别互联网专线，以及推特、脸书、优兔等7个海外社交平台上20个语种近70个账号，实现全天候对外传播。新华网多语种网站、中英文客户端等各类自有终端平台也为“全球连线”提供了更加多元个性的传播途径，进一步拓宽了其影响力和覆盖范围。在新华社客户端、新华网，“全球连线”栏目被首页推荐；在推特、脸书、优兔海外三大社交平台，“GLOBALink”是新华社新闻中的“常见词”；在海内外版抖音、微博、微信客户端，“全球连线”视频号影响力逐步上升。与此同时，“全球连线”还在传统媒体渠道上力争创新，将其优质新闻资源与电视平台渠道优势相结合，推出新闻子栏目和大型直播活动。国际电视新闻周刊栏目《全球连线·周观天下》在中国教育电视台CETV1播发，每周日晚传递独家、权威、客观的现场声音，速览一周世界大事、小事、新鲜事；《全球连线：为了人民的美好生活》系列全媒体直播与深圳卫视合作，设置沉浸式虚拟演播室，邀请百位嘉宾共探中国共产党海外足迹，直播时同步推出“打卡”红色圣地、歌唱小舞台等线下活动，全方位展示中国共产党的百年大道、辉煌历程……此外，“全球连线”也在《新华每日电讯》以及新华FM中展露身影，真正实现不忽略任何一条传播渠道的目标。

① 笔者对“全球连线”主创人员王雪的访谈，2023年8月。

② 同上。

（二）全面部署，构建国际传播新格局

为进一步提升栏目的国际传播影响力，“全球连线”深入贯彻落实习近平总书记关于推进媒体融合发展的重要论述精神，紧紧把握国际传播领域移动化、社交化、可视化的趋势，将多声道、立体式传播与靶向传播相结合，多点发力、全面部署，构建国际传播新格局。

“全球连线”重视产品多形式的报道，多主体的构建，多平台、多终端的播发，通过多声道、立体式传播，确保其信息丰富多元，信息覆盖力度大。与此同时“全球连线”利用靶向传播策略完善国际传播布局，面向重点国家，针对不同受众群体，跨越语言文化、意识形态等差异，用心用情制定“一国一策”传播方案，实现信息传播的本土化和个性化，扩大国际传播的感召力和有效性。“全球连线”栏目主创人员指出：“‘全球连线’栏目今后将进一步适应国际传播特点和海外受众需求，探索采用AIGC视频、动画漫画、脱口秀、卫星新闻、微纪录片等形式，制作社交化特色明显、互动性强的连线全球的报道。”①

四、结语

“全球连线”栏目依托新华社遍布全球的新闻采集网络和传播渠道，聚焦重大突发新闻和时事热点事件，第一时间以现场直击、记者出镜、多点连线、独家采访等形式，全媒体呈现最新资讯和权威解读，实现了以全球视野、中国视角连接中外、沟通世界。“全球连线”通过栏目建设带动新华社对外融媒报道的整合与革新，加快了与国际一流新型全媒体机构相匹配的新闻采编组织体系的构建，健全统合了有力的全媒体生产传播体系。“全球连线”致力于当好中国故事“主讲人”、舆论斗争“扛旗者”、国际传播能力建设“排头兵”，让中国故事越来越精彩，中国声音越来越洪亮。

---

① 笔者对“全球连线”主创人员王雪的访谈，2023年8月。

作品十一："军事最前沿"

吴炜华　苗琨鹏①

作品信息

作品标题：军事最前沿

所获奖项：第32届中国新闻奖新闻专栏一等奖

主创人员：李东航、李鹏、何友文、李小琳、王玉、刘福生

编　　辑：集体

原创单位：解放军新闻传播中心

创办日期：2012年10月1日

发布平台：中国军网

作品简介

2012年10月1日，中国军网新媒体新闻专栏"军事最前沿"上线。专栏定位为军营新视窗、军事新视点、军人新视角，每日发布原创军事短视频，采编方面海选创意、掐尖制作、多屏联动，力求短、实、新、活，发布原创作品近8000条，累计播放量147亿次。该作品获得第32届中国新闻奖新闻专栏一等奖。

① 吴炜华，中国传媒大学电视学院教授、博士研究生导师；苗琨鹏，中国传媒大学电视学院硕士研究生。

“军事最前沿”作品二维码

作品分析

新媒体新闻专栏“军事最前沿”致力于建设军事短视频创作引擎。作为解放军新闻传播中心主管、中国军网八一视频下设的新媒体新闻专栏，“军事最前沿”已持续运营十余年，2021年度发布新闻短视频953条，截至2023年底，60条作品播放量过亿。“军事最前沿”作品有思想、有温度、有力量，以网友喜闻乐见的原创短视频形式，展现新时代革命军人精气神，传递新时代强军实践成效。其中《战斗宣言》引起BBC、CNN、《华盛顿邮报》《金融时报》等西方主流媒体关注和热评，《我宣誓》在北京市廉政教育基地循环播放，《中国力量》成为国防大学教学案例，《军礼》等26条作品全网多媒体多平台首屏转载。

坚守党的宣传思想阵地，是军事媒体的鲜明政治特色。习近平主席在视察解放军报社时指出：“要强化政治意识、政权意识、阵地意识，勇于举旗帜、打头阵、当先锋，当好意识形态领域斗争的生力军。”[①] 在推进中国式现代化伟大事业的历史进程中，军事新闻在鼓舞军心士气，凝聚国防和军队建设力量，振奋革命英雄主义和爱国主义精神等方面发挥着重要作用。新媒体新闻专栏“军事最前沿”唱响忠诚、奋斗的强军主旋律，在坚守党的宣传思想阵地、践行马克思主义新闻观、创新媒体融合方式方法、坚持正确舆论导向等方面发挥了重要作用。

---

① 坚持军报姓党坚持强军为本坚持创新为要　为实现中国梦强军梦提供思想舆论支持[N]. 人民日报，2015-12-27（01）.

一、创新军旅叙事，传播强军正能量

军事新闻的新媒体呈现，需要相应地在新闻叙事、新闻视角、新闻选题、新闻创意等方面进行创新。新媒体新闻专栏“军事最前沿”创新军旅叙事，以鲜活视角直击军事热点，以创意视听呈现军旅生活，将用户思维融入新闻采编全流程，以选题时新性、内容创新性与视点独特性讲好军人故事，传播强军正能量，弘扬强军主旋律。

（一）鲜活视角直击军事热点

新媒体新闻专栏“军事最前沿”以前沿视角透视军事热点、军营生活与军人故事。军队媒体必须因势而谋、应势而动、顺势而为，通过不断的创新，传播更强劲的正能量，弘扬更高昂的主旋律。[①]“军事最前沿”定位为军营新视窗、军事新视点、军人新视角，其“最前沿”体现于选题时新性、内容创新性与视点全新性。

第一，选题时新性。“军事最前沿”突出在“最前沿”三个字，这意味着新闻专栏报道的内容是新近内容，而非历史事实。2023年暑期，我国北方发生连续强降雨，京津冀地区上游洪水到达天津，防汛抗洪进入攻坚阶段，驻地官兵迅速组织力量抢险救灾。“军事最前沿”编辑第一时间对官兵进行跟踪报道，全平台发布新闻短视频《加固堤坝：与时间赛跑　与洪水赛跑》。该短视频现场报道了驻地官兵争分夺秒加高加固堤坝风险区的场景，体现人民军队和老百姓之间同呼吸、共命运的鱼水深情。

第二，内容创新性。“军事最前沿”专栏采编方面海选创意、掐尖制作。“我们注重报道那些受众未知、欲知、应知的消息，越是独家的信息，其新闻价值越高。有大漠孤烟中的伫立、有湍急洪水中的‘人墙’，有耄耋老人与战友重逢时的感动瞬间、有狙击手潜伏射击后的‘灵魂拷问’……”[②]“军事最前沿”专栏努力实现新闻资源的最大化利用，其短视频的精彩内容多来自“战位”，以及对军

---

① 陈卓.增强军事报道影响力 促进军事软实力建设——以近年来军队媒体获“中国新闻奖”作品为例[J].新闻春秋，2021（03）：89-95.

② 笔者对“军事最前沿”主创人员李鹏的访谈，2023年9月。

事电视节目的二次加工。专栏编辑在海量信息中“掐尖”，在平凡中寻找不凡。

第三，视角独特性。军人形象的短视频呈现，应着力挖掘平凡岗位中不平凡的故事。“八一”期间，“军事最前沿”专栏推出《强军有我》系列微视频，另立视角，选取一批锚定一线战位、建功强军事业的“铆钉”式岗位，有陆军轻武器精度试射手、航空兵部队保伞员、万吨大驱机电兵等。系列微视频通过情节设计和反差营造，赋予平凡军旅不平凡的意义，生动呈现普通官兵为实现建军一百年奋斗目标拼搏进取的新风貌、新作为。

（二）创意视听呈现军旅生活

“军事最前沿”专栏以创意视听呈现军旅生活，使熟悉的拍摄题材陌生化。军事题材摄制的难点并不在于拍摄备战演训的技术要求，而在于更高层次的经验与审美要求。军事题材拍摄的画面容易同质化，“军人好像还是那些军人、装备还是那些装备，动作还是那些动作”[①]，这种同质化问题实则一种欠缺用户思维的体现。为了求新求变，“军事最前沿”专栏精益求精，将创意视听融入前期拍摄与后期制作，以新视角呈现军旅生活。

在前期拍摄中，“军事最前沿”专栏以多角度、多视角、勤蹲守的拍摄手法捕捉精彩的军旅画面。首先是多角度的花样拍摄。摄影师在拍摄同一辆装甲车时，为了呈现不同的视觉效果，需要变换摄影角度、切换摄影场景，进行花样拍摄。运动状态上，可以选择在静止、运动中拍；数量状态上，可以选择单个拍、集群拍；时间状态上，可以选择在白天、黄昏与星空下拍；场景状态上，可以选择在雪地、沙漠、草地、泥泞、江河等不同环境中拍摄。其次是注重在现场抓拍镜头。军旅生活十分生动丰富，训练场是易出摄像佳作的地方，军事短视频的核心要义便是捕捉军旅生活与演训现场中的“决定性瞬间”。作为一种摄影手法，“决定性瞬间”特指通过抓拍手段，在瞬间概括具有决定性意义的事物，并用强有力的视觉构图表达出来。军事摄影应有随时抓拍的意识，耐心蹲点第一现场。短视频新闻《炮弹出膛 战神怒吼》中，摄影师及时捕捉多型火炮精确打击演练的画面，构成该条新闻的核心画面素材。

在后期制作中，“军事最前沿”专栏海选创意、掐尖制作，集思广益，众筹

① 笔者对“军事最前沿”主创人员李鹏的访谈，2023年9月。

生产。“军事最前沿”专栏每日发布原创军事短视频，这种高频次的新闻发布，意味着专栏主创人员需要经常面对新闻创新的难题。专栏主创人员形象地将军事短视频的创意策划比喻成“提炼贵金属”，需要从海量日常信息中获得稀有灵感。[①]在微纪录片《安心》的选题过程中，主创人员进行多轮海选、掐尖，从50多个选题中挑选“安心”进行创作。视觉层面，项目成员各取所长，综合运用文字、视频、图片、漫画等多种素材进行创作，通过手绘让定格视频变身水彩画，强化作品的视觉冲击力。听觉方面，《安心》通过混音将多首曲子化零为整，利用拟音还原多重安心场景，加之繁情寡采、饰而不诬的解说词，让整体的听觉感受浑然一体、行云流水。微纪录片制作完成后，项目团队随即邀请其他同事试看，以用户的初看体验验证制作成效。在制作的前期选题、中期制作与后期加工多个阶段，“军事最前沿”专栏综合运用多种媒体技术，融合多维艺术形式，以“海选创意、众筹生产”的创作模式保质保量地制作军事短视频。

二、传递强军成效，唱响强军主旋律

在国际舆论环境复杂的今天，军事新闻专栏应勇担时代重任，以权威性与专业性稳定舆论风向标，以强军主旋律点燃大众激情。“军事最前沿”通过多样化、年轻态的创意视听“先声夺人”，并通过强化问题导向，主动设置议题等方法，展现中国军队威武之师 文明之师 和平之师的形象，发挥短视频正向传播的引导作用。

（一）多屏多端联动，提升传播声量

“军事最前沿”新闻专栏坚持移动优先原则，多屏联动塑造军队新形象、展示军人新面孔。首先，短视频创作力求“先声夺人”。专栏作品在视频配乐的选取上逐渐年轻化，多选用网络流行歌曲进行伴奏，配上“高燃”的演训现场、“泪目”的军旅故事，以争取年轻用户群体的注意力。其次，矩阵推送展现军人新风貌。专栏在解放军报客户端、中国军网短视频账号同步推送，用“网感”与“美感”兼备的视听语言展现新时代革命军人的新风新貌。最后，台网融合助推作品跨平台传播。专栏先后与湖北卫视《长江军势》、中央广播电视

① 笔者对“军事最前沿”主创人员李鹏的访谈，2023年9月。

总台《中国舆论场》等节目合作，跨平台进行话题设置、内容制作和作品宣推。其中，《中国力量》《舰证》等作品在大屏播放后，分别创下当日节目收视高点。专栏取“移动优先”原则之精髓，通过“内容创优+矩阵传播+台网联动”的传播方略，实现优质军事短视频大小屏联动传播。

媒体深度融合时代，军队新闻媒体应通过强化问题导向、主动设置议题的方法，引导舆论走向、提升传播声量。军队新闻媒体承担着发布重要军事信息、塑造人民军队形象的职责使命，权威性与专业性是其核心竞争力。而“移动优先”战略则为军队新闻媒体在互联网端的舆论引导提出了新的要求。一是强化问题导向，在人人都是发言人的时代，军事宣传报道更应该强化问题导向，引导舆论，展示军人好形象，讲述军队好故事，增强部队对青年群体的吸引力；二是主动设置议题，如重要节点提前预设话题，科学统筹，精心设置，最大限度地提高信息供给量，更好地满足网友期待。“军事最前沿”专栏以演训现场展现大国军威，合理利用新媒体打造中国军队和平之师、正义之师、威武之师的形象。专栏始终聚焦部队练兵备战，结合中外联演、航母下水、武器列装、实弹打靶等，采编“沙场战报”，准确展现军队硬实力，生动展示军威，振奋国人士气。

（二）强化话题设置，振奋军民士气

“军事最前沿”专栏作品巧设议题，为党在新时代的强军目标提供有力舆论支撑。建党百年，全民爱党爱国爱军热情不断高涨，“强国必须强军，军强才能国安”的声音深入人心。与此同时，一段时间以来，美台勾连不断，动作频频，外交部、国台办、国防部新闻发言人相继严词表态，一时间台海局势风起云涌，网络平台各类言论层出不穷，舆论氛围错综复杂。在此背景下，中国军网八一视频抓住民众渴望强国强军的普遍心理，在严格把握官方口径和基调基础上，以短视频作品《时刻准备着!》强势回应。

短视频作品《时刻准备着!》以高质量创作内容振奋军民士气。该作品精选、编排强军路上各军兵种士兵与武器列阵的雄壮画面，恢宏磅礴的鼓点与全副武装的兵阵气势高度吻合。作品上线之后，各方评价空前热烈且正面积极，引发多媒体、跨平台的转载，以及网友的参与式传播。24小时内短视频作品《时刻准备着!》在短视频平台播放量超过3亿次，点赞量达1600多万次，评论区留言近50万条，转发量超过50万次，各项数据均创下中国军网短视频账号历史新高。今日头条、腾讯新闻、新浪微博等网络平台纷纷引用转载该作品，在短视频平台和社交平台上，许多网友下载模仿，引发参与式创作的二次传播。

军事新闻创作应坚持正确舆论导向，讲好强军故事。军事新闻传播创新发展，根本目的是壮大主流思想舆论，为实现党在新时代的强军目标、全面建成世界一流军队提供强有力的舆论支撑。[①]短视频作品《时刻准备着!》仅有短短十几秒，却用灵动的剪辑、跳动的画面、跃动的节奏发出“时刻准备战斗”的军事最强音，瞬间唤起民众“保卫国家、人人有责”的决心和士气。该作品牢牢把握传播主动权和主导权，时机恰当、巧设议题、借力打力，以军事新闻的强感染力进行正向舆论引导，是网络媒体开展舆论反制的经典案例。主创人员感言：“播放量、转发量与留言数量不是我们追求的目的，短视频正向传播的引导作用才是创作初衷。”[②]

三、打造精品专栏，奏响强军最强音

“军事最前沿”通过语态创新与多维视点打造精品新媒体军事专栏，以小切口呈现真实军旅生活，以平易近人的语态拉近与用户的距离，以前沿、权威、专业的内容打造品牌优势。在重大主题的创作上，“军事最前沿”将精兵个人成长同实现强军梦紧密结合，通过“人物—场景—故事”的蒙太奇呈现方式与视觉表征，映照“忠诚使命，奋斗强军”的创作主题。

（一）以短见长：军旅短视频的语态创新

“军事最前沿”专栏在内容制作与传播策略上以短见长，奏响强军战歌。面对互联网“人人都有麦克风”的新传播模式，军事新闻制作必须倡导“短实新”，摒弃“长空假”，推动新闻语态创新，使新闻内容平易近人，贴近用户的信息接收习惯。在内容制作上，专栏切口小、落点实，不过度渲染，无刻意拔高，拍摄“去技巧”，制作“不留痕”，给用户呈现出最真实、最生动的军旅生

---

① 梅世雄，黄庆华.坚持守正创新 提升军事新闻传播力引导力影响力公信力[J].中国记者，2022(07)：85-90.

② 笔者对“军事最前沿”主创人员李鹏的访谈，2023年9月。

活。短视频军事新闻并不是将传统军事视频节目剪短，而是着力创新呈现、改变表达方式，让受众身临其境，产生共情共鸣。在传播策略上，专栏专攻更适合当下移动网络传播的短视频，发力军事微视频、小视频。有别于动辄三四十分钟的电视节目，不同于十分钟的长视频，短视频不仅要有因果、讲故事、带情节，还要有引起网友共鸣的“痛点”“燃点”“爆点”，更必须规避可能引发负面评价甚至负面舆情的“槽点”。

作为中国军网八一视频下设的专栏，“军事最前沿”助力建设军事短视频创作引擎。从推出震撼世界的征兵宣传片《战斗宣言》，到打造红遍中国的入党誓词歌《我宣誓》，中国军网八一视频逐渐成为我国最前沿、最权威、最专业的军事短视频制作平台之一，在采编模式、新闻语态与技术应用上凸显平台优势。采编模式上，八一视频将生产链向全军部队延伸，向军地接合部延伸，追求第一现场、第一时间和第一落点；新闻语态上，八一视频持续研发生产适应新媒体传播特点、具备中国军队气质、符合中外网友审美需求的军事短视频产品；技术应用上，八一视频注重以新技术融入创作实践，先后推出军媒智能主播、两会全息直播等创新作品，首个竖屏作品《行走》获评全国党媒“十佳创意短视频”。借助平台优势，“军事最前沿”专栏以短视频网络流行语讲好强军故事，助力中国故事的国际传播，作品《战斗宣言》引起BBC、CNN、《华盛顿邮报》《金融时报》等西方主流媒体关注和热评。

（二）以小见大：军旅新视点的多维呈现

“军事最前沿”新闻专栏以小见大，将精兵个人成长同实现强军梦紧密结合，找准重大主题的创作落点。作为军队庆祝中国共产党成立100周年的重点选题，短视频作品《强军！强军！我们是忠诚于党的中国精兵》以典型人物、创意摄制、创新叙事讲述重大主题。该作品刻画新域新质部队党员先锋、精兵典型，通过讲述个体奋斗强军的故事，表达“忠诚使命，奋斗强军”的创作主题。

人物选取上，该作品以典型人物塑造出“铁心向党、奋斗强军”的军人形象。记者深入全军和武警部队遴选精兵典型、党员先锋，“坦克兵王”丁辉、“空疆隐翼”白龙、“刀尖舞者”袁伟、“金牌号手”何贤达、“铁骑神医”张俊凯、“网联三军”王明磊、“三栖精兵”彭星等7位采访对象分别出镜，覆盖陆军、空军、海军、火箭军、联勤保障部队等军兵种，围绕

“勇”“谋”“智”“技”“韧”“新”“钻”7个关键词表达精兵心声。

叙事手法上，该作品采用小切口、大主题的叙事手法，通过讲述主人公这十年来的成长蜕变，映射装备的发展、时代的变化。这样的叙事手法令人物形象更可亲、可感，故事更生动，官兵好似“邻家典型”，既拉近了官兵和网友的距离，展现新时代人民军队建设的伟大成果，又鼓励广大官兵立功创模，不负时代。视频上线后有网友留言：“这才是军人该有的样子！”“莫名就流出眼泪，这是喜悦的泪水。”

摄影制作上，该作品融合典型人物与作战场景，给用户以“排山倒海”的视听感受。拍摄方面，精兵群体与三战装备同框，寓“人”于“境”，突出“向党报告”的仪式感；制作上，通过混剪、快切手法塑造人物的同时提升观感，七个人物的同期声简短有力，画面编排紧凑耐看。作品通过挖掘一个人物，搭建一个场景，渲染一个故事，实现了小切口映照大主题。

该作品在中国共产党成立100周年前夕推出，传递出鼓舞人心的力量，提振了广大军民的爱党爱国热情。短视频作品《强军！强军！我们是忠诚于党的中国精兵》一经发布便引发广泛传播，24小时播放量超过5000万次，人民网、新华网、央视网等10余家中央重点新闻网站首页转发；在庆祝中国共产党成立100周年活动新闻中心，作品被循环播放展示；今日头条、腾讯新闻开屏页推送；网易新闻、搜狐新闻、百度新闻首屏转载。

四、结语

新媒体新闻专栏“军事最前沿”以优质短视频奏响强军时代强音。区别于一般的新闻题材，军事新闻具有很强的政策性和敏感性，在采编摄制方面更强调保密守纪的要求，这也对军事新闻工作者提出更高的要求：军事新闻工作者在采编摄制过程中应该以保密为首要前提，在遵守宣传纪律的前提下出新求快，求真求实。[①]“军事最前沿”专栏坚守党的宣传思想阵地、坚持正确舆论导向，强化话题设置，善于从演训现场、军旅生活中捕捉细节，有效运用网络特色视听语言与传播技术，创意策划、多维呈现、跨屏联动，立体展现了国威军威。

---

① 笔者对“军事最前沿”主创人员李鹏的访谈，2023年9月。

在专栏运营、摄制创新与视听创意方面，“军事最前沿”专栏也有所创新。专栏运营上，专栏每日坚持发布原创军事短视频，借助平台优势打响品牌，以高质量、年轻态的短视频内容拓展用户存量、话题热量与传播声量。摄制创新上，专栏直击演训现场、军旅故事与时新的军事新闻，转换叙事语态，以官兵小故事展现强军大主题。视听创意上，专栏成熟运用融合叙事手法，以高燃配乐、现场声与解说词“先声夺人”，以极具视觉冲击力的画面为用户打造“置身现场”的沉浸式观看体验。面向未来，期待“军事最前沿”专栏以更新、更暖、更燃的高质量内容讲好强军故事。

作品十二："北京时间接诉即办融合应用"

曾祥敏　蒲　月[①]

作品信息

作品标题：北京时间接诉即办融合应用

所获奖项：第32届中国新闻奖应用创新一等奖

主创人员：余俊生、潘全心、宗昊、丁晓阳、孙兵、齐婷、兰惠、张晓峰、祝天一、赵景盛

编　　辑：李雅琪、李泽伦、赵雪伦

原创单位：北京广播电视台

创办日期：2021年4月26日

发布平台：北京时间客户端

作品简介

北京时间接诉即办融合应用是北京广播电视台新媒体创新产品。2021年北京时间与北京市12345市民热线服务中心打通数据后台，将技术与内容结合，开创北京市首家视频接诉媒体项目。市民可以在该应用中线上提交图文、视频诉求，对政府接诉即办工作进行实时跟踪，北京时间还提供记者跟踪报道服务供

① 曾祥敏，中国传媒大学电视学院教授、博士研究生导师；蒲月，中国传媒大学电视学院硕士研究生。

用户选择。该应用实现了“新闻+政务+服务”的创新模式，形式新颖，实用性强，为社会公共服务治理提供了互联网时代新方案。

“北京时间接诉即办融合应用”作品二维码

作品分析

党的十八大以来，习近平总书记从党和国家事业发展全局的战略高度，就新闻舆论工作作出一系列重要论述，提出要运用信息革命成果，推动媒体融合向纵深发展。

为顺应媒体融合发展趋势，着眼前沿引领实践，第32届中国新闻奖新增“应用创新”奖项。中国记协评奖办公室解释道，新增这一奖项，是因为近年来我国各级各类媒体实践中涌现大量应用创新，这类产品注重“新闻+服务”，拓展媒体效能，更好地服务公众，是不同于传统新闻作品、与媒体融合相伴相生的“新物种”。

其中，获得本届中国新闻奖应用创新一等奖的作品“北京时间接诉即办融合应用”便是典型代表。该应用由北京时间和12345市民热线合作，打通系统后台，实现数据连通，设置互联网图文、视频诉求渠道，是对政府接诉即办工作进行初审、转办和跟踪服务的新媒体应用。

“北京时间接诉即办融合应用”作为首个获得应用创新奖项一等奖的作品，集合“新闻+政务+服务”多维多样创新，具备服务性、交互性、平台化和可持续性等鲜明特征，切实服务于民，不忘媒体初心，助力社会治理，彰显主流品质。

一、顺势而为，需求导向下的创新性突破

2016年4月，北京广播电视台在北京市委宣传部指导下上线了北京时间网站和新闻客户端。以“首善媒体”为目标北京时间立足首都资源，紧跟时代步伐，坚持移动优先发展战略，建设为全网用户提供综合服务的智慧融媒体平台。继“时间视频”“时间号”等融媒品牌后，“北京时间接诉即办融合应用”成为北京时间响应助力国家治理现代化和探索媒体深度融合新模式双重需求的又一品牌力作。

（一）超大城市治理的必然要求

2019年，北京市对12345热线进行改造，建立起以“接诉即办”为牵引的超大城市治理机制，极大提高了首都治理能力现代化水平。社会治理难在基层，随着“接诉即办”规模扩大，如何将诉求渠道的“最后一公里”打通，真正与市民建立连接，提升诉求接通率、解决率和满意率，成为12345服务热线新的议题。为此，北京市也持续推进接诉即办，完善大数据化、平台化和互联网化。

2020年，中共中央办公厅、国务院办公厅印发《关于加快推进媒体深度融合发展的意见》，该意见指出，要坚持贴近群众服务群众，创新实践党的群众路线。强化媒体与受众的联结，以开放平台吸引广大用户参与信息生产传播，生产群众更喜爱的内容，建构群众离不开的渠道。① 聚焦党政关注、群众关心的问题，搭建互联网平台，为舆论保驾护航，重塑主流媒体传播力、引导力、影响力和公信力，是新时代主流媒体的自身使命。

在超大城市治理这一共同课题下，12345热线与北京时间二者达成共识，致力于满足公众需求，提升民生服务能力，在互联网接诉媒体平台搭建上进行积极的探索和尝试。

（二）媒体融合纵深发展的实践需求

《关于加快推进媒体深度融合发展的意见》提出，主流媒体应提升市场竞争意识和能力，探索建立“新闻+政务服务商务”的运营模式。针对新媒体用户使用信息内容偏好的调查显示，用户需求排在前三位的依次是：社会交往、娱乐

① 加快推进媒体深度融合发展[N]. 人民日报，2020-09-27（01）.

休闲、获取新闻。[①] 由此可见，当今媒体市场上新闻内容并不再是“刚需”，而主流媒体融合发展的目的便是建构以内容为本，以“新闻+”多样态产品和服务为拓展的新兴传播阵地。

在此之前，北京时间作为新型主流媒体，在网页端和平台端上线了系列直播、系列短视频、精品微纪录片、互动H5等多形态创新拓展内容，但还未有过媒体监督、民生诉求的专门栏目。为了达成目的，北京时间从各部门抽调精兵强将，在项目方案上多次商讨研判，与12345市民热线服务中心的技术专项人员历经近8个月的磨合、研发，依托自身的产品技术研发队伍，最终打通数据后台，将技术与内容结合，开创北京市首家视频接诉媒体产品——北京时间接诉即办融合应用。

平台搭建完成后，北京时间接诉即办融合应用的队伍仍在扩大，与12345服务中心多次深度交流，培育技术开发、内容生产、审核把关、运营宣传等多个岗位相关编辑运营人员，确保该应用每时每刻平稳高效运转。

二、双重革新，自研技术与传统优势协同赋能用户连接

用户及用户关系，是移动互联网时代一切产业逻辑的中心和基点。媒体的传播链条从以往的单向传播逐渐演化为多个节点构成的信息网络，作为节点的用户，也不再满足于被动接受新闻，而是主动制造、分享、传播和接受信息。因此，“北京时间接诉即办融合应用”用过硬技术搭建平台提供服务，把握核心价值，发挥传统优势，回答了“如何以用户为中心重塑媒体逻辑”这一问题。

（一）自研实用高效的媒体融合信息化平台

当市民有诉求时，只需要点开北京时间App，在下方导航栏选择“服务”—“诉求提交”，便可以填写相关诉求，并上传问题图片、现场视频等相关支撑材料。同时，用户可选择媒体介入由记者跟踪报道，推动问题解决。诉求提交后，在“服务”—“诉求进展”中，市民还可以随时查询和了解诉求进度，接诉即办的进程实时响应，可感可知，极大提升了接诉即办服务的体验感和满意度。

---

① 赖永强.主流媒体应用创新赋能用户连接探析——基于“使用与满足”理论视角[J].中国出版，2023（01）：28-33.

这些应用的背后，平台使用混合架构，在图文、视频、LBS定位、实名认证等多个维度使诉求更加精准；深入对接12345平台，使用大数据算法实现毫秒级数据实时同步、转发、追踪、反馈，及时归纳整理诉求信息。

作为首个和12345热线实现系统数据共通，支持图文视频诉求和政府工作转办跟踪服务的新媒体应用，“北京时间接诉即办融合应用”由北京时间技术团队自主研发，拥有独立知识产权。

当新闻受众转向互联网用户后，主流媒体不仅需要坚持内容为本吸引用户，同时要依靠为用户提供与思想情感交流密切相关的服务，将其与新闻信息服务相结合，建构群众离不开的渠道，扩大主流价值影响力版图。① 从接收诉求的单一功能入口，到集诉求材料可视化上传、媒体跟踪自主化选择、诉求进程实时化更新为一体的多功能服务体系，北京时间接诉即办融合应用在接诉即办管理平台之上，明晰和细化平台核心功能需求，瞄准实用性和实效性，实现了多维度便民技术革新。

（二）搭建良性稳定的政民沟通桥梁

截至2023年7月，北京时间接诉即办融合应用受理诉求总条数约为4万余条，月均条数3000条左右。相比于12345服务中心后台日均上万条诉求数据，“北京时间接诉即办融合应用”的成功并不取决于数量，而在于另一优势——作为市民与政府部门之间的连心桥，“北京时间接诉即办融合应用”发挥和移植了主流媒体传统功能和优势，做到了事事有回应，于民有关怀，于政府有督促。

一方面是责任意识突出，坚持为民发声，尽职尽责。2021年6月，北京海淀区某社区居民反映25年前住进楼房后，一直未成功办理房产证，至今“租住”在此。房产证办理有较为复杂的办理流程，该楼的房产证办理更是多年遗留难题，北京时间记者在与楼房所属街道、社区和居民多次沟通后，推动事件顺利解决。2023年6月，北京东城区有居民向接诉即办平台反映，有雷劈中胡同口的大树，导致集体停电，希望修剪树枝。原本社区准备修剪树枝，却因环境操作难度和居民顾虑而搁置。记者了解情况后，在网络上邀请网友建言献策，同时

① 唐胜宏，彭琪月，韩韶君.新技术条件下主流媒体舆论引导能力提升策略[J].新闻战线，2021(21)：91-94.

联络街道，最终多方联动定制可行方案，成功消除安全隐患。在类似的诉求事件中，基层部门往往难以动用多方资源，而“北京时间接诉即办融合应用”的记者运用媒体优势，针对事件联络相关单位，了解多方需求，提升办事效率，迅速有效破局。

另一方面是服务意识真诚，投入人文关爱，用心用情。2022年1月，“北京时间接诉即办融合应用”接到家住右安门外宋大爷的诉求，表示家门口公交站一直都叫“右安门外”，现在旁边新建的地铁站却命名为“景风门”，这让市民们感到疑惑和不便。接到诉求后，记者进行走访调查，并联系参与站台取名的地理学教授来答疑解惑，不仅回答了市民的疑惑，也揭示了北京悠久的文化和历史，引发了社会热议。2022年7月，北京丰台区的一位业主反映，自家楼下一家医院常年有殡仪车进出。小区里年龄大的居民非常多，经常看到殡仪车进出小区，甚至偶尔长时间停放，严重影响居民生活环境和心理健康。记者展开走访调查后与医院和物业协商，将医院临近道路的东门打开，便于殡仪车停靠，不再让殡仪车进入小区绕行。“市民的事无小事”，居民提出诉求不仅是客观物理层面的问题，更是一种心理需求。“北京时间接诉即办融合应用”的负责人表示：“如果居民的诉求有地方表达、有人关注和反馈的时候，这会减轻他身心上的一些负担，不会有情绪的堆积。这对于整个社会情绪环境，起到正向的引导和良性的释放作用。”①

党的新闻舆论工作是党的一项重要工作，是治国理政、定国安邦的大事。治国理政、定国安邦，其根本在于人心向背。“北京时间接诉即办融合应用”作为“新闻+政务+服务”创新模式先行者和实践者，充分发挥了“新闻+”的属性，运用传统媒体资源加以新媒体化的运营手段，既为百姓奔走，又为政府分忧，在超大城市社会治理机制中起到了润滑剂和加速器的功效，在政府和市民之间建立起稳定、良性且有效的桥梁。

三、生态重塑，新型主流媒体助力超大城市治理新路径

截至2023年7月，北京时间融媒平台被评为全国广播电视媒体融合先导单

---

① 笔者对“北京时间接诉即办融合应用”主创人员兰惠的访谈，2023年8月。

位，在国家广播电视总局媒体融合新品牌推选活动中获评“平台品牌”，“北京时间接诉即办融合应用”获得2021年北京市广播电视媒体融合成长项目、首届新视听媒体融合创新创意大赛媒体融合模式创新赛道运营模式创新科目优胜奖，以及第32届中国新闻奖应用创新一等奖[①]。未来，北京时间还将不断优化“北京时间接诉即办融合应用”，向媒体融合纵深发展迈进，持续探索“媒体+”新发展模式，以高质量发展打造具有强大影响力和市场竞争力的新型主流媒体。

（一）深度融合优化平台生态

媒体深度融合是国家大势、时代所趋、行业所向，已经超越了以往传媒业内部的结构重组、整合升级。[②]平台的搭建和运转并不是北京时间在接诉即办这条赛道上的终点，从平台搭建以来，“北京时间接诉即办融合应用”团队一直持续调整组织架构，更新生产理念，再造生产流程。

在“新闻+政务+服务”的模式下，北京时间逐步融入北京城市治理，不断强化自身业务。截至2023年8月，经手北京时间接诉的案件，有效跟进和解决的比例达80%，平台的反馈满意度保持在98%以上。[③]在跟进过程中，“北京时间接诉即办融合应用”团队也不断积累经验，整理分类新闻线索，建立信息网络，并形成数据库；在听取市民对社会事件的意见中，强化民生意识，指导新闻报道，实现用新媒体应用实践反哺媒体融合创新。

“北京时间接诉即办融合应用”也在不断延展平台内容，融合各方资源。“北京时间接诉即办融合应用”团队吸纳了北京广播电视台全台主持人及一线记者加入，作为接诉即办帮帮团，深入诉求一线采访报道，有效推动诉求解决。

“北京时间接诉即办融合应用”在优化平台生态的道路上不断前行，提升内容生产能力、技术应用能力和公共服务能力，进一步强大自身传播力、影响力、公信力和引导力。

---

① 兰惠，祝天一.发挥媒体优势，助力首都城市治理——以“北京时间”接诉即办平台为例[J].新闻战线，2022（23）：53-55.

② 黄楚新，薄晓静.深度融合下主流媒体助力社会治理的创新路径[J].南方传媒研究，2022（05）：56-61.

③ 笔者对“北京时间接诉即办融合应用”主创人员兰惠的访谈，2023年8月。

（二）推广引领多媒共创治理新模式

作为“新闻+政务+服务”媒体融合创新模式的先遣队，“北京时间接诉即办融合应用”的运营模式已成为行业标杆，在北京市推广开来。北京市“接诉即办融媒工程”正在实施，“北京云”开发建设“接诉即办管理平台”，建立诉求问题基础数据库，打造“12345”民生词典，开设群众留言、诉求解答、用户评价等板块，助力城市治理。北京日报客户端开设“接诉即办”频道，与“政府与市民”“我们日夜在聆听”栏目联动，设置“提问”功能，征集投诉建议，推动问题解决。朝阳区、海淀区、昌平区融媒体中心客户端与本区“12345”接通，有力促进网上诉求办理。①

曾经，传统主流媒体在社会治理中往往扮演着信息发布者和传递者的角色，但随着媒体融合纵深发展，转型中的主流媒体也意识到万物皆媒时代媒体的角色转变。资源整合者、治理参与者、矛盾协调者，甚至变革的组织者，媒体在社会发展中所扮演的新角色逐渐深入。在社会治理全流程中，主流媒体逐渐摸索形成参与社会治理的新模式，帮助社会治理创新创优。

三、结语

新时代新目标，北京时间作为媒体融合进程下孵化的新型主流媒体，一直以活化媒体资源、回应公众期待、创新优质内容为自我要求。在现有的网络内容生态下，不断创新表达方式，用每一次报道和传播去实践和提升，用一次次重大突破和主流品质引领媒体融合与转型的时代革命。

北京时间接诉即办融合应用是北京时间又一次全新出发，有着对“北京探索构建超大城市治理体系”这一重大时代课题的积极响应，有着对“从未知领域到独立知识产权”的自我突破，有着“兼顾媒体责任和人文关怀”的专业秉持，有着“提质增效不断优化”的持之以恒，有着“从先遣队到模范生”的前沿引领。唯有这样，北京时间方可问心无愧地说，这是新型主流媒体推动社会治理新发展的担当与贡献。

① 莫高义.坚持守正创新，全力打造首都新型主流媒体[J].新闻战线，2023（05）：4-8.

Abstracts

英文摘要

Chapter 1. General Report

1.1 Systematization and Restart: A Study on the High-Quality Convergence and Development of New Mainstream Media

ZENG Xiang-min,KUANG Yi-fan,DONG Hua-xi

Abstract: Over the past decade, China's strategy on media convergence has entered a new stage characterized by deepening reform, integrating resources, innovating the system, and reshaping the ecological landscape. To implement the spirit of the 20th CPC National Congress and identify high-quality development goals for 2021, China's mainstream media have concentrated on strengthening their omni-media layout. This was achieved by re-examining their development routes and continuously reinventing themselves to enhance the influence of mainstream public opinion. This study investigates the cognitive upgrading and strategic shifts in media convergence over the past decade at a macro level. It focuses on two key aspects: the relaunch of mainstream media at a mid-scope level and the construction and analysis of a 'five-pillar' support structure, enabling mainstream media to achieve systematic convergence and development at a micro level. And meanwhile, this study suggests that, in this new stage, China's mainstream media should focus on content to enhance their influence on mainstream public opinion. They should build differentiated market competitiveness through cross-border initiatives and deep cultivation. Additionally, a systematic approach to convergence should be adopted, based on institutional mechanisms, self-built platforms, media technology as a driving force, all-media talents as the engine, and industrialized operations as a guarantee for achieving true ecological convergence in the future.

Keywords: Deep media integration, all-media communication system; new pattern of mainstream public opinion, new mainstream media

1.2 Research on the Innovative Power of Mainstream Public Opinion Communication in Chinese New Media

HU Yu, WANG Jia-jing

Abstract: China's new media has become an important carrier and an important driving force for promoting innovation in the dissemination of mainstream public opinion. This article investigates the innovative power of mainstream public opinion communication in China's new media environment by conducting research regarding to the understanding of the connotation, degree of emphasis, innovative methods, difficulties, and effectiveness of innovation in the dissemination of mainstream public opinion. It was found that China's new media spontaneously and actively participated in mainstream public opinion innovation, understanding the connotation of mainstream public opinion from a more diversified view, actively expanding the extension of innovation, and exploring the balance between mainstream public opinion innovation and business ecology. In the future, further development possibilities can be sought in shaping innovative concepts, cultivating innovative talents, ensuring innovative mechanisms, and creating a rational public opinion atmosphere.

Keywords: New media, mainstream public opinion, innovation

Chapter 2. Important Focus

2.1 Constructing Omni-media Communication Systems: Development, Obstacles, and Optimization Strategies

ZHI Ting-rong, ZHANG Ying-lin

Abstract: One of the primary goals in constructing omni-media communication systems is the creation of a "Key Node Network" which can help establish, entrench, and expand the mainstream media frontiers. The evaluation of this network should be considered from multiple dimensions, such as products, channels, and users. Currently, China's omni-media communication achievements have advanced steadily in different areas, including producer, communicator, and consumer networks. Nonetheless, efficiency should be further optimized. Furthermore, in the process of policy realization, many obsticles, such as ideas, institutions, and technological innovations, can be overcome. In addition, this paper provides preliminary explorations for the omni-media communication network on a grand scale.

Keywords: Omni-media communication system, media convergence, key node network

2.2 The Platformization of Media: A Perspective to Building Artificial-intelligence-driven Media Ecosystem

ZHANG Yue, XV Yu-xi

Abstract: As media convergence steps into an in-depth level, the journalism industry has been largely impacted by artificial-intelligence technologies. The platformization of internet giants has urged mainstream media to construct their own position. Where should the construction of the media's own instance lead? How can an information platform with strong communication power be built? What other directions can mainstream media explore in their own instance construction besides information dissemination? This paper takes *The Cover* and *National Business Daily* in Sichuan province as cases to analyze the artificial-intelligence-driven evolution of abovementioned two media. The findings reveal that both of the two media promote integration reform firmly from the decision-making link, and simultaneously stick to their unique features and advantages. They follow the trend of technology, expanding the space for technological empowerment from the intelligence of the entire content production process, and deeply combining content-orientation approaches with technology-driven ones, whether it focuses on innovation driven by "engineers" or connection driven by "product managers". In the future, the deep driving force of media integration should leverage the characteristics of platformization communication so as to transform new media's own instances into information infrastructure, form a good operating ecosystem, and gather strong forces to promote high-quality development of media integration.

Keywords: Platformization, main stream media instances, media convergence, AI technologies

Chapter 3. Industry Report

Section 1. Content

3.1.1 What Makes an Excellent Short Video: Characteristics of Innovative Convergence and the Shift from Long-Form to Short-Form Discourse Representation.

WANG Wen-bin

Abstract: In the context of fusion and transformation driven by new technologies, the short videos have become the most popular and favorite media for the users. The transition from long video to short video not only means a simple change in communication form, but also contains a huge change in audience habits and the continuous deepening of mainstream media integration. This article begins by discussing the changes and characteristics of discourse representation, then explains the current trends, narrative styles, and key elements essential for creating impactful short videos. It outlines a replicable implementation path for creating excellent short videos. Additionally, it offers more specific perspectives and practical recommendations for facilitating the transformation of the mainstream media's discourse system.

Keywords: Media convergence, long videos, short videos, good short videos

3.1.2 The Advancement of Live Broadcasting: Concepts,Technologies and Governance

WANG Xiao-hong, DING Shu-shan

Abstract: Under the broad background of media convergence, the new audio-visual communication ecosystem, constructed by mainstream media and new media platforms, plays a role in consolidating efforts and serving the larger scheme of things. In this regard, live streaming has become an indispensable form. In recent years, the rapid development of online live streaming has changed the way information is disseminated and has injected new elements into thematic reporting. How to fully exploit the potential of big-screen and small-screen live streaming, promote deep convergence of media, and enhance the dissemination power, appeal, and influence of mainstream media remains a significant challenge faced by mainstream media. This article takes live streaming as the research object, and unfolds observations from three aspects: ideology, technology, and governance. It is found that since 2023, the live streaming of mainstream media has witnessed three pursuits: ideologically pursuing the construction of a full-dimensional live streaming ecosystem that integrates big and small screens, technically pursuing the use of innovative technology to broaden human perception and enhance interaction, and continuously extending policy supervision to vertically segmented domains in terms of governance.

Keywords: Mainstream media, live streaming, media convergence

3.1.3 The Presentation of the "Made in China" Topic in American Social Accounts and Its Construction of China's Image

SU Lin-sen, WU Yu-ting

Abstract: China-related issues have increasingly become the focus of foreign social accounts. This study analyzes the characteristics of posts, topic distribution, sources, and netizen engagement on the Facebook accounts of both The *People's Daily* and The *New York Times* in relation to the topic of "Made in China" from

2017 to 2022. The analysis shows that there were significant differences between the two media outlets in terms of topics, sources, news frames and China's image. The *People's Daily's* coverage focuses on economic policy and trade, with sources from the Chinese government and officials, while The *New York Times* covers a more balanced range of topics, with sources from its own journalists and foreign governments and officials. The "Made in China" posts of the two newspapers' Facebook accounts are characterized by the distribution of posts on the topic, sources, and netizen engagement. In addition, this study also proposes suggestions for the international communication of "Made in China", including focusing on establishing superior news frames, utilizing the image of science and technology, breaking stereotypes, eliminating communication barriers through third-party sources, and further engaging netizens to improve the effectiveness of international communication. This study has certain reference value for understanding the presentation and external communication of "Made in China" in domestic and foreign media.

Keywords: Made in China, national image, social media accounts

3.1.4 Media Convergence and Breaking Circle, Competitive and Cooperative Relationship: New Features and Trends in the Production of Internet Audio-Visual Content

JIANG Yu-jia

Abstract: Under the background of media convergence, the production of online audio-visual content by mainstream media and new online audio-visual media has shown new characteristics in terms of content form, cultural expression, market pattern and other aspects. The short videos have become more like mainstream media and the mainstream media have gradually had the characteristics of short videos, which has become an important phenomena and trend of in-depth media convergence. Mainstream media and short videos inject new momentum into each other, the competitive and cooperative relationship between short and long videos continues to evolve. An ecosystem of vertical and horizontal integration, symbiosis and mutual prosperity is gradually constructed. Middle video has become a track of integrated innovation, and the pan-knowledge video has gained sufficient development space. In the practice of short video production and communication of mainstream media, exploration and upgrading have been conducted from various aspects such as topic selection perspective, narrative discourse, expression voice, technology application, brand operation, etc., forming a fusion and breaking path that fits the era of short videos.

Keywords: Short video, mainstream media, middle video, media convergence and breaking circle

3.1.5 Research on the Value of Public Opinion Guidance in News Commentary in the Digital Era

LI Hong-jiang

Abstract: Digital information technologies are reshaping the pattern of news dissemination. In the new media environment, the subject of news commentary is becoming increasingly diverse, and a structure of comment subjects, including professional comment subjects, individual citizen comment subjects, and organizational comment subjects, is being formed. The various types of subjects make the public opinion ecosystem complex and diverse. How to disseminate mainstream values and reach public consensus better is an important issue that mainstream media are currently confronted with. At present, mainstream media is innovating at the discourse level, with the main directions of innovation being the visualization of comment forms, the equalization of comment postures, and the heterogeneity of comment styles. In order to exert their own public opinion guidance better, mainstream media news comments should firmly adhere to the correct value orientation in their comments, authoritative and accurate interpretation of the party and state policy propositions, clarification of fallacies, and dissemination of rational voices, adhere to scientific thinking and seek public recognition through equal and rational dialogue.

Keywords: Digital era, news commentary, public opinion guidance

Section 2. Technology

3.2.1 New Transformation of the Media Industry Driven by Generative Artificial Intelligence

PENG Lan

Abstract: Generative artificial intelligence technologies such as ChatGPT will be increasingly applied in the media industry and drive new transformation in the media industry. From the perspective of media content production, generative artificial intelligence will bring normalization of human-machine collaborative news reporting, enrichment of knowledge products, and the possibility of customized news and information production. This technology will also bring intelligent content production with the participation of ordinary people, which will construct a digital space where facts and fiction, truth and illusion further blend. The creation of civilians using intelligent technology will also enrich and develop the artistic content ecology. From the perspective of content distribution and consumption, the cross platform intelligent distribution model driven by individuals demand will gradually emerge, and users' information consumption will probably be based on machine constructed content consumption center which can be called "personal portal". In that situation, media institutions' power will be further eroded, and even their role and value as an independent information source will be weakened. Intelligent platforms will also have an impact on existing social and content platforms and may further evolve into new power centers.

Keywords: ChatGPT, generative artificial intelligence, AIGC, intelligent platform, man-human coordination

3.2.2 Report on Communication Content Production Applications of Large Language Models（2022-2023）

YAN Dong-qi, LIN Run, ZHANG Hong-zhong

Abstract: Conversational applications based on large language models（LLMs）have surpassed traditional dedicated AI complication at the technical level, thus triggering a new iteration of communication technology and paradigms, which has affected the Internet ecology and mode of content production. This article sorts out the four stages of the development of artificial intelligence generated content（AIGC）, observes it from the perspective of content production field, and summarizes the current application status of LLMs. Firstly, AIGC is intertwined with LLMs and enters the stage of multi-modal content. Secondly, multi-modal models are combined with multiple aspects of news production and are widely used in creative fields such as literature, art, animation and games, and even the commercial field like digital marketing. The iteration of production has expanded new content production methods, created greater space for innovation, and accelerated the upgrading of industrial competition. Finally, the paper discussed the key development directions of LLMs and the impact of the popularization of LLMs-driven AIGC in the future.

Keywords: LLMs, AIGC, ChatGPT, industrial development, intelligent communication technology

3.2.3 Digital and Intelligent Evolution of Media in the 5.5G Era

ZHAO Zi-zhong, LU Di, DU Yang, LIU Xiang-mei

Abstract: The comprehensive application of multiple digital technologies with 5G as the information base leads to the development and innovation of media convergence. “5G+” has become an advanced technology-driven media convergence development model. In recent years, with the creative and comprehensive application of mainstream media at all levels, 5G has not only built a media convergence technology foundation, enriched media convergence communication forms, and improved media convergence communication efficiency, but also served as a new means to connect with the masses and serve users better, exploring a new model of media convergence operation. 5.5G, also known as 5G-Advanced, which is the only way and transitional stage for the evolution from 5G to 6G. The technical strength and communication capabilities of 5G-Advanced are another upgradation based on 5G. In the post-5G era, innovative communication scenarios such as immersive real-time, intelligent uplink, synaesthesia integration, 100 billion Internet of Things, and the convergence of heaven and earth will be fully opened to promote the digital and intelligent development of media into the "fast lane" in an all-round and three-dimensional way.

Keywords: 5G; 5G-A; media convergence, digital intelligence of media

3.2.4 Empowering Scalable Media Content Production with Artificial Intelligence: Advances and Case Studies

ZHOU Baohua, ZHAO Luming, and LIU Yiming

Abstract: The emergence of artificial intelligence (AI) presents challenges to positioning of traditional media in ecosystem, while also offering prospects for in-depth intellectualized transformation. In recent years, AI technologies have been applied to processes like news clues collection, production, and editing. This paper analyzes the technological principles and progress of AI-enabled media content production, and conducts case studies on national, provincial, and county-level media. As media convergence transformation deepens, the advanced large language models of AI are expected to further surpass production based on fixed rules and templates by leveraging autonomous learning and higher comprehension capabilities. Media agencies can utilize AI to achieve multifaceted transformations in business logic, production efficiency and identity positioning.

Keywords: Artificial intelligence, intelligent media, news production, scalability, digital journalism

Section 3. Management

3.3.1 Research on the Efficiency Evaluation and Model Innovation of County-Level Media Convergence Center Construction from the Perspective of Rural Revitalization

LI Biao

Abstract: With the steady recommendation of the national strategy for rural revitalization, the construction of county-level media convergence center is gradually integrated into primary-level governance. This article summarizes the four models of the current media convergence center construction, including the "central kitchen" of " television and newspaper industry", the mobile communication matrix generated by radio and television networks, the county-level media group, and the provincial media cloud platform. Based on it, a county-level media convergence center construction efficiency evaluation system is under reconstructing. Through this system, the achievements and specific problems in the current county-level media convergence center are summarized. Targeted measures and strategies are proposed to address these specific issues.

Keywords: Rural revitalization, county-level media convergence center, effectiveness evaluation, media integration, model innovation

3.3.2 The Construction and Improvement Path of the "Smart Brain" of Media

LUO Xin, ZHANG Jin-jie

Abstract: In the process of media convergence towards intelligent development, the "smart brain" of media has emerged. There are different forms of media selfconstruction or joint construction with multiple parties in the construction subject. In terms of construction methods, there are single business lines or "smart brains" to drive industrial upgrading and even media organizational structure changes. Regarding construction goals, there is a gradual shift towards smart services and governance, including improving the intelligence level of news production, opening up provincial, municipal, and county-level media processes, mining data value, and breaking down barriers to government service business. The current problems in the construction of the "smart brain" of media include: a lack of top-level planning, thus existing a prominent "small scattered weak" phenomenon; focusing on news production, while narrow application fields turn out to be too narrow; dissociating from the "city brain", resource barriers have not been cleared, the operational model is unclear and lacks sustainable development conditions. To further develop the "smart brain" of media, it is necessary to focus on overall planning, strengthen top-level design, continuously explore ways and methods of integrating into social governance, form deep cooperation with the "urban brain", and mobilize multiple factors to form a virtuous cycle operation model.

Keywords: "Smart Brain" of media, media convergence, social governance, media technology

3.3.3 Difficulties and Countermeasures of China's Supervision of New Media: A Perspective of Collaborative Governance

GU Jie, WU xue

Abstract: The 18th National Congress of the Communist Party of China put forward the requirements for the construction of a comprehensive network governance system of "party committee leadership, government management, enterprise responsibility, social supervision, and netizen self-discipline", pointing out the fundamental direction of the development of the comprehensive network governance system. The intrinsic situation was besieged between the discourse of the comprehensive network governance system and the theoretical logic of collaborative governance. This paper thus aims to analyze the difficulties and challenges regarding China's new media supervision from such conservation. The three major difficulties are summarized as follows: the main dilemma of lack of multi-subject coordination, the main dilemma of lack of process openness, and the boundary dilemma of government and enterprise resource convergence to be optimized. Then, three new media regulatory system construction countermeasures were proposed: the collaborative supervision system led by the party committee and government, the collaborative supervision system with legal, technical, and economic means complementing each other, as well as the collaborative supervision boundary system created by consensus.

Keywords: Collaborative governance, China's comprehensive network governance system, new media regulatory system

Chapter4. Special Attention

4.1 Practice and Innovation of China's External Convergence and Communication Content Production

ZHAO Shuping, LI Chaopeng, ZHOU Qian

Abstract: The new features of global communication era make cross-board convergence communication become an important way to represent the national image and build international communication capability that match China's comprehensive national strength and international status. In the face of current major changes, it is more necessary and urgent than ever to systematically promote the construction of an omni-media communication system, strengthen and improve international communication network, and enhance cross-boarded convergence communication capabilities. This paper takes *China Daily*, China News Service, CGTN and Hainan International Communication Center as cases to deeply analyze the current situation and innovative measures of content production of mainstream media, and evaluates the production situation of external integrated communication content in the future digital background from three aspects: intelligent collection, big data support and immersive expansion.

Keywords: External communication, media convergence, mainstream media, content production

4.2 Research on Information Publication and Content Construction of Central Enterprises New Media Platform

FU Xiao-guang, JI Qian-he

Abstract: State-owned enterprises, especially those centrally managed, occupy a dominant position in major industries and key areas related to national security and the national economy's lifeline, thus forming important pillars of the national economy. In recent years, the technology of new media platforms and the construction of user groups have advanced significantly, with new media promotion channels gradually occupying an important position in the ideological propaganda work of central enterprises. The new media accounts of central enterprises have become an important way to establish the image of new era corporation, connect business channels, and build user bridges. With the formation of a unique ecosystem within the internet field by new media of central enterprises, their information dissemination and content construction have formed a unique logic. This article analyzes opportunities, policy support, and past research of the construction of new media platforms in central enterprises, summarizes the development characteristics and practical problems of new media in central enterprises of the new era, and extracts future development ideas. It is found that the content production of new media in central enterprises showcases certain corporate characteristics in terms of theoretical weapons, business characteristics, and cultural promotion. In the future, there exists space for progress and development trend for new media in central enterprises. It is necessary to further optimize the development measures of new media content from the perspective of division of responsibilities, brand promotion, and mass communication.

Keywords: Central enterprises, new media, information publication, content construction

4.3 The Regional Linkage and Technological Empowerment of Provincial-level Media Convergence Platform

CUI Lin, WU Hao, MAO Li-meng

Abstract: The rapid development of digital technology enables provincial-level media convergence platform to achieve revolutionary changes in functions and roles. Based on the observation of three representative provincial-level media convergence platforms — *Jiyun Platform*, *Lightning News*, and *Electric Shock News* — this paper summarizes and analyzes their breakthrough measures in regional linkage and technological innovation. Based on the advantages of provincial financial media platform technology and resources, this paper discusses the focus and feasible path for their future development, in order to provide a practical reference for regional media integration.

Keywords: Media convergence, provincial cloud platform, digital technology, regional linkage

4.4 Urban Media Participation in Social Governance in the Context of "Digital China"

CAO Wanhong, CAI Minjun, ZHAO Zilong

Abstract: The development of media convergence is an important and application field of information technology. In the era of building-up a digital China and of enhancing a strong cyber power, the process of media convergence in China is accelerating. The functions and applications of the omni-media communication system are also extending to a deeper level. Media convergence helps mainstream media participating in social governance as multiple subjects. The intelligent development of urban media and urban social governance form a natural coupling mechanism in terms of governance subjects, participation forms, governance means, etc., which provides multi-directional support for social governance. Moreover, by virtue of adhering to the guidance of public opinion, giving play to the function of financial media, multiple collaborative co-governance, co-construction and sharing improve governance efficiency can be improved. And promote the development of modern cities in our country can be promoted.

Keywords: Intelligent media, urban governance, cooperative governance

4.5 The Innovative Path of Rural Revitalization Promoted by Mainstream Media

ZHAO Shuping, ZHU Xiaoxi, WANG Zixiao

Abstract: With the comprehensive advocacy of the rural revitalization strategy, mainstream media have been adhering to the developing principles of innovation and integrity, and contributing media strength to the revitalization of rural areas through resource integration, communication with society, digital empowerment. This article dynamically observes the practical cases of three different platforms of mainstream media, namely the *People's Daily* video client "*Vision*", *Hunan Radio and Television Station*, and *Yuanjiang County-level Media Convergence Center*, in promoting rural revitalization. It summarizes and analyzes the innovative measures in content aggregation, mode expansion, and agricultural enhancement, in order to provide reference and broaden the ideas of rural revitalization for mainstream media in the future.

Keywords: Rural revitalization, mainstream media, media integration, path

4.6 Research on the Convergence and Development of Provincial and Municipal Media in Western China: Current Situation, Path, and Characteristics

TU Ling-bo, PU Jun-chen, LIU Meng-qing

Abstract: From the current process of in-depth media convergence, whether it is to improve the four-level convergence development pattern or to focus on the convergence development of relatively weak local media, the convergence transformation of provincial and municipal media in the western region deserves attention. This study focuses on the convergence and transformation of provincial and municipal media in the western region of China. It takes the media platform construction and the constructive weekly sampling method as the indicators, uses data to horizontally present its overall development, content supply and dissemination status, and analyzes the provincial media in the western region by dividing them into the three echelons of the pioneers, explorers, and potentials for media convergence. This study adopts case analysis to summarize the convergence path of media in the western region from three perspectives: institutional mechanism construction, talent team building, serving local and social governance. Overall, the convergence of provincial and municipal media in the western region started relatively late and has a certain scale. However, there are also problems such as the large-scale but not profound platform construction, insufficient differentiation of content supply, loss of audience, and the large gap between the communication power and the influence, etc. It is still necessary to continue to make efforts in the convergence of platform resources, differentiation high-quality content production, local links as well as serving local and social governance.

Keywords: The provincial and municipal media, media convergence, deep convergence, institutional mechanism construction, development path